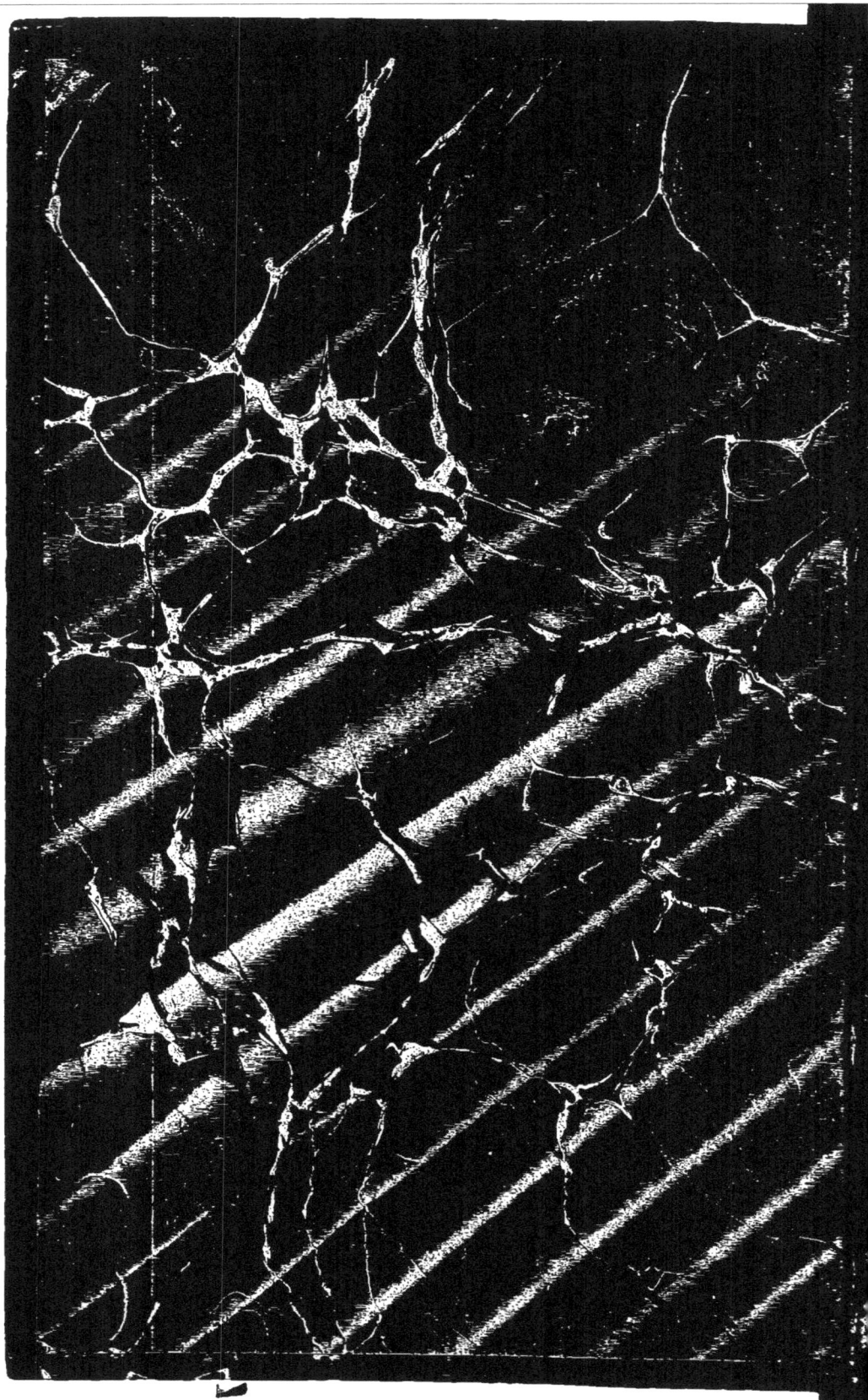

PRÉCIS

DE

DROIT INTERNATIONAL PRIVÉ

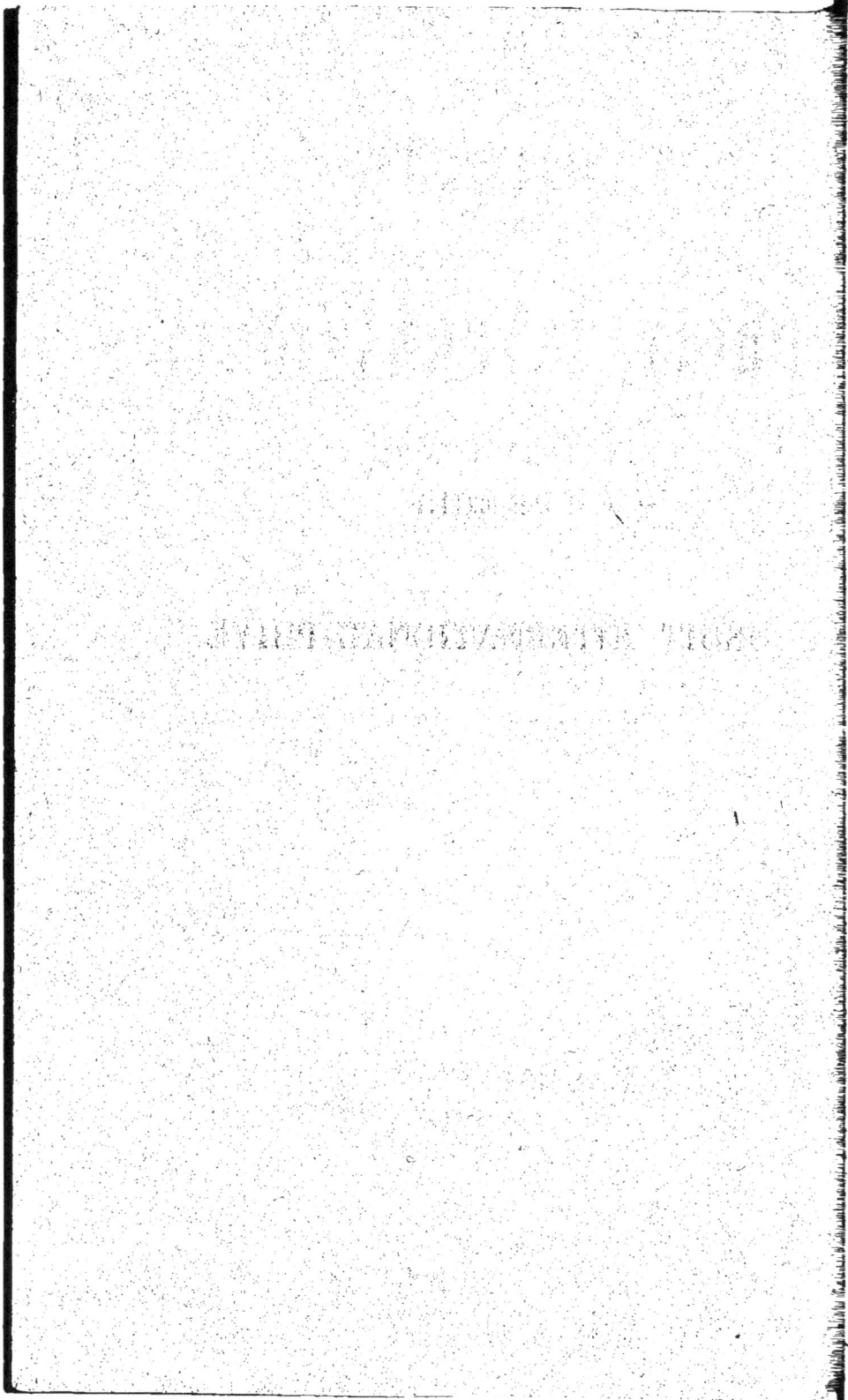

PRÉCIS

DE

DROIT INTERNATIONAL

PRIVÉ

PAR

Frantz DESPAGNET

AVOCAT A LA COUR D'APPEL

PROFESSEUR AGRÉGÉ A LA FACULTÉ DE DROIT DE BORDEAUX

PARIS

L. LAROSE ET FORCEL

Libraires-Éditeurs

22, RUE SOUFFLOT, 22

—

1886

PRÉFACE

Depuis assez longtemps déjà, on avait signalé la lacune que présentait le programme de nos facultés de Droit relativement à l'enseignement du Droit international privé : cette lacune n'a été comblée que par le décret du 28 décembre 1880. En présence des hésitations de la doctrine et des contradictions de la jurisprudence sur les questions, souvent si délicates, que soulèvent les conflits de lois privées, il était devenu indispensable d'organiser un enseignement spécial et nouveau qui permît aux maîtres de tourner leurs investigations vers une matière dont l'importance et l'intérêt pratique rendent inexplicable l'espèce d'oubli dans lequel on l'avait laissée jusqu'à ces dernières années, et qui procurât en même temps aux élèves les principes essentiels pour résoudre les difficultés que la pratique rend tous les jours plus fréquentes et plus graves, étant donné le progrès constant des relations internationales.

Mais l'innovation introduite dans le programme des facultés de Droit rendait nécessaire un ouvrage dans lequel les étudiants pussent retrouver, exposés aussi succinctement et aussi simplement que possible, les principes généraux du Droit international privé ; un livre en un mot qui, sans rendre inutile le cours dont les avantages, je crois, ne se remplacent jamais, fût cependant l'aide et le complément de l'enseignement oral. C'est cette œuvre que j'ai entreprise.

J'aurai dit toute ma pensée sur le caractère que j'ai voulu donner à cette œuvre, en déclarant que le titre de *Précis* en exprime le véritable esprit et le but. Résumer

sous une forme méthodique les principes du Droit international privé et leurs applications importantes : voilà ce
que j'ai voulu faire.

Mais si le caractère même de mon livre se trouve ainsi
suffisamment indiqué, je dois au lecteur quelques explications sur la méthode que j'ai suivie.

Les principes fondamentaux du Droit international
privé se réduisent à un petit nombre de règles générales
dont quelques-unes se représentent d'une manière presque
inévitable dans toutes les questions de conflits de lois :
mettre à part ces règles générales et les explications
qu'elles comportent, tel a été mon premier soin. Pour les
grouper et signaler le caractère commun qui les unit, je
les ai qualifiées de *Théories préliminaires*, parce que leur
connaissance préalable est indispensable, à mon avis,
avant d'aborder les autres problèmes juridiques auxquels
donnent lieu les conflits de lois privées : du reste, les
explications fournies au début des chapitres consacrés à
ces théories développeront davantage ma pensée sur ce
point.

Dois-je encore justifier le surplus de la division que j'ai
adoptée? Je ne le crois pas, car cette division est déduite
tout entière de la portée que j'ai donnée aux mots Statut
réel et Statut personnel et de la signification restreinte
que j'ai cru devoir leur attribuer, conformément aux ten-
dances de la science moderne : tout ce qui ne m'a pas
paru rentrer dans l'un ou l'autre de ces statuts a fait
l'objet d'une division tirée de la nature même des choses
et dans laquelle je me suis efforcé d'embrasser toutes les
matières de Droit civil et de Droit commercial pouvant
donner lieu à des conflits de lois. Si enfin on se demande
pourquoi je n'ai pas compris le Droit criminel dans mes
explications, j'en donnerai pour raison que cette matière
ne rentre pas dans le domaine de notre science, ainsi que
je crois l'avoir démontré plus loin (v. n° 14).

Peut-être s'étonnera-t-on de l'abondance de citations d'auteurs et de décisions de jurisprudence que l'on trouvera dans cet ouvrage, et qui semblera à quelques-uns favoriser beaucoup trop cette tendance déjà bien marquée des juristes à se contenter d'autorités faute d'arguments positifs. Mais que l'on veuille bien remarquer que notre science n'est pas encore formée définitivement, qu'elle est encore en évolution, si je puis ainsi dire, dans l'esprit des jurisconsultes, des législateurs et dans la jurisprudence des tribunaux; et l'on reconnaîtra qu'il était nécessaire d'indiquer, au moyen de citations, les jalons de la marche progressive suivie par le Droit international privé. De plus, en l'absence de textes, en présence de controverses multiples sur toutes les questions relatives aux conflits de lois privées, il y aurait eu quelque témérité à présenter des principes comme universellement admis, en même temps que cette façon de procéder n'aurait pas donné le véritable état actuel de notre science. D'ailleurs, désireux d'être utile aux praticiens comme à ceux qui n'en sont encore qu'à l'étude théorique du Droit, je me suis attaché à présenter toujours à côté l'une de l'autre, sur chaque question, la solution qui m'a paru satisfaisante au point de vue rationnel et juridique et celle que la pratique consacre.

J'ai dû aussi, bien souvent, fournir quelques indications sur la jurisprudence et sur la législation étrangères : ces données, qui n'ont jamais la prétention d'être complètes puisqu'elles ne sont fournies qu'à titre d'exemples ou pour renseigner sur la marche générale des idées à l'étranger, ont été contrôlées avec le plus grand soin. Est-ce à dire que je les garantis toutes d'une exactitude parfaite ? Ceux qui ont quelque expérience de l'étude de la législation comparée, de la difficulté de se procurer des renseignements en cette matière et surtout du vague et de la contradiction de ceux que l'on peut recueillir, ne seront pas surpris si je déclare ne pas vouloir assumer une pareille

responsabilité. Aussi compté-je sur le concours des jurisconsultes français et étrangers pour compléter et rectifier
ces indications.

En finissant, je prie les étudiants à qui ce livre est spécialement destiné, ainsi que leurs maîtres qui, comme moi,
n'ont qu'un souci, celui d'être utile à la jeunesse de nos
écoles, de me signaler les défauts de mon œuvre. Par cette
collaboration étendue elle pourra, peut-être, devenir pro-
fitable ; car je n'en aurai donné que l'idée première et le
canevas, tandis que ceux qui m'auront accordé leur précieux concours y auront mis les qualités qui lui manquent
encore et qu'elle attend d'eux.

Bordeaux, le 12 octobre 1885.

FRANTZ DESPAGNET.

ABRÉVIATIONS

Laurent, *loc. cit.*, ou Laurent désigne le *Droit civil international* de M. Laurent.

J. Clunet, désigne le *Journal de Droit international privé* fondé
et dirigé par M. Clunet.

Asser, *loc. cit.*, ou Asser désigne les *Eléments de Droit international privé* de M. Asser.

C. C. désigne le Code civil français.

INTRODUCTION

1. Le Droit des gens. — Tout état est régi par un ensemble de lois qui réglementent l'organisation et les rapports de ses divers éléments : la source de ces lois est l'autorité souveraine qui, dans chaque état, est investie de la puissance législative. Mais toute loi est ordinairement limitée dans ses effets à un double point de vue. Tout d'abord elle ne s'applique qu'à un territoire déterminé ; car, si l'Etat a sa base, il a aussi sa limite dans le territoire (1) : c'est en ce sens que la loi est qualifiée de *réelle*. D'autre part, la loi n'est normalement destinée à s'appliquer qu'à ceux qui sont rattachés au législateur par le lien de sujétion, c'est-à-dire aux nationaux : à ce dernier point de vue la loi est dite *personnelle*. C'est généralement avec cette double restriction que le droit positif de chaque pays nous apparaît ; très exceptionnellement on y trouve quelques dispositions applicables aux étrangers ou au delà des frontières (v. art. 3, C. C., § 1 et 3).

Mais, de même que les individus dépendant d'un même état sont entre eux en rapports constants que règle la loi commune, de même les états, êtres collectifs, ont des relations d'une nature juridique semblable que doivent gouverner des principes de droit. L'ensemble de ces règles relatives aux rapports des états constitue le *Droit des gens*.

2. Le Droit international. — Pour les Romains le *jus gentium* comprenait les institutions dont pouvaient user les pérégrins aussi bien que les citoyens, par opposition au *jus civile* exclusivement réservé à ces derniers. Il semble bien du reste que sous cette même expression, *jus gentium*, ils désignaient aussi les règles des relations internationales, par exemple les traités, le droit de la guerre, la diplomatie (2). Mais, de nos jours, une modification

---

(1) Bluntschli, *Théorie de l'Etat*, p. 12, trad. de Riedmatten.
(2) Isidore de Séville, *Origines*, V. 4.

complète s'est opérée dans le sens du mot *Droit des gens* : on ne désigne plus par là que les règles ayant pour objet les rapports internationaux. L'autre élément que les Romains y faisaient entrer, c'est-à-dire les dispositions législatives applicables aux pérégrins, font partie désormais du droit interne de chaque pays, auquel il appartient de fixer comme il l'entend le droit accessible aux étrangers et celui qui est réservé aux nationaux.

Aussi, pour éviter toute confusion, les auteurs anglais ont-ils créé l'expression *jus inter gentes* (1), que Bentham n'a plus eu qu'à traduire pour en faire celle qui est universellement adoptée depuis son temps : *international law, droit international.*

3. Le Droit international public et privé. — Le Droit des gens ainsi compris, ou Droit international, a un double objet suivant les deux espèces de relations qui peuvent exister entre les états.

Deux ou plusieurs états peuvent être en rapport à propos d'intérêts publics ou collectifs de chacun d'eux : c'est ce qui a lieu dans les traités de paix, d'alliance, les conventions de postes, de douanes, etc...

En second lieu, ils peuvent se trouver en présence dans une question touchant seulement à l'intérêt privé d'un ou de plusieurs de leurs nationaux, soit qu'il s'agisse des rapports d'un état avec un particulier appartenant à une autre nation, soit qu'il s'agisse d'un conflit entre deux individus de nationalité différente. C'est une question de ce genre qui se présente lorsqu'un étranger demande, sur le territoire d'un autre pays, l'application de sa loi nationale, ou lorsque deux personnes appartenant à deux états différents se trouvent intéressées à la fois dans un même rapport de droit.

La première catégorie de relations internationales forme l'objet du *Droit international public,* la seconde du *Droit international privé.*

4. Rapport du Droit international public et du Droit international privé. — Bien que nous n'ayons à nous occuper que du Droit international privé, il est toutefois nécessaire de montrer le lien intime qui l'unit au Droit international public. Ce lien est facile à saisir d'après ce qui vient d'être dit : ces deux sciences

(1) Zouch, *De jure feciali sive de jure inter gentes* (Londres, 1650).

sont les rameaux d'un même tronc, les deux espèces d'un même genre ; ayant toutes les deux pour objet les rapports internationaux, elles diffèrent en ce que chacune fait entrer dans son domaine des rapports d'une nature distincte. L'exactitude de ce point de vue a été niée cependant par certains auteurs ; pour eux, le Droit international privé se rattache au Droit privé interne de chaque pays dont il ne serait que le complément (1). En effet, disent-ils, après avoir étudié le Droit civil et commercial d'un état dans son application normale aux nationaux et sur le territoire de cet état, il ne reste plus qu'à en examiner l'application possible aux étrangers et sur le sol d'un autre pays ; mais comme il ne s'agit, en pareil cas, que d'intérêts individuels et de conflits où des particuliers sont engagés, il ne saurait être question de Droit international proprement dit. En raisonnant ainsi, on oublie qu'avant de régler le rapport de Droit privé, il est indispensable de trancher deux questions préjudicielles dont la solution se rattache à la limitation même de la Souveraineté des états et, par suite, aux relations internationales : il faut se demander si la loi étrangère est applicable sur le territoire d'un autre pays, et dans quelle mesure l'application de cette loi pourra se concilier avec le respect de la souveraineté de ce pays qui a peut-être établi des principes d'ordre public absolument incompatibles avec les dispositions de la loi étrangère. Ces deux points, complètement indépendants du Droit privé interne de chaque nation, se réfèrent évidemment au règlement des rapports internationaux (2). Du reste, la relation entre le Droit international public et le Droit international privé se révèle encore par leur mode de formation en tant que droits positifs. Ni l'un ni l'autre ne se constituent par voie de décisions émanant d'une autorité supérieure qui n'existe pas au-dessus des nations, mais bien par un accord

(1) Le scepticisme à l'égard du Droit international privé considéré comme science distincte, la négation de cette idée qu'il se rattache aux relations internationales et qu'on puisse arriver pour lui, comme pour le Droit international public, à une entente générale, sont très vigoureusement exposés dans un article de M. Harrison sur le conflit des lois au point de vue analytique (Journal Clunet, 1880, p. 417 et 533). Pour cet auteur, ce droit, qu'il qualifie d'*intermunicipal*, n'est qu'une partie substantielle du droit municipal ou local de chaque pays (*loc. cit.*, p. 537).

(2) Fœlix et Demangeat, *Traité de Droit international privé*, 4e édit., t. I, no 14, p. 27 ; Pasquale Fiore, *Droit international privé*, trad. Pradier-Fodéré p. 6 et 7 ; Mailher de Chassat, *Traité des Statuts*, p. 85 et 86. — *Contra :* Asser, *Éléments de Droit international privé*, trad. Rivier, p. 4, nte 1.

entre les états, accord qui se manifeste par les traités ou la coutume, suivant qu'il est exprès ou tacite (1).

5. Notion de l'Etat. — L'Etat est un facteur essentiel en Droit international public, puisqu'il constitue le terme dont les rapports avec un autre terme semblable sont à réglementer ; mais il en est de même dans le Droit international privé. Les relations qui forment l'objet de ce dernier droit peuvent exister en effet entre un état et un particulier d'un autre état, ou bien entre deux individus appartenant à deux états différents : or, dans les deux cas, la notion de l'Etat est indispensable pour savoir si l'on est en présence d'un état véritable et, par conséquent, d'une véritable question de Droit international, même privé.

L'Etat peut être défini : « Un ensemble de familles obéissant à » une autorité commune, établies sur un territoire fixe, tendant à » se faire respecter dans son indépendance collective et la conser- » vation de chacun de ses membres (2) ».

De cette définition il résulte que quatre conditions sont indispensables pour la constitution d'un état.

1º Il faut un ensemble d'hommes ; il serait du reste puéril de fixer un chiffre minimum, comme les anciens auteurs ont essayé de le faire : le nombre des hommes réunis doit seulement être assez important pour que le groupe d'individus puisse sauvegarder son indépendance.

2º Tout état doit avoir un gouvernement qui peut être quelconque pourvu qu'il soit établi sérieusement. Du reste, les variations, les vicissitudes de ce gouvernement, les attaques dont il est l'objet n'ont pas la moindre influence sur la notion même de l'Etat. On exigera seulement que l'autorité commune soit telle que les individus agglomérés constituent un ensemble régulier et non une masse confuse : les relations internationales seraient évidemment impossibles avec un grand nombre de personnes qui n'auraient pas de représentants officiels et reconnus.

3º L'Etat suppose encore un territoire fixe ; sans cela pas d'autorité stable, ni de cohésion : les nomades ne peuvent donc former un état.

4º Enfin l'Etat doit avoir un but social, c'est-à-dire tendre au

(1) Laurent, *Droit civil international,* t. I, p. 11.
(2) Bluntschli, *Théorie de l'Etat,* p. 11 et suiv.

respect de son indépendance à l'extérieur et, par suite, à sa conservation, afin d'assurer le développement rationnel et aussi complet que possible de la liberté de ses membres. On ne saurait donc voir un état dans un groupe, si puissant qu'il soit, ayant un but spécial, par exemple le commerce, comme c'était le cas des anciennes compagnies coloniales et surtout de la Compagnie des Indes qui a pris fin le 1er novembre 1858. Toutefois l'ancienne association des villes marchandes, connue sous le nom de *Ligue hanséatique* dès 1315, a été organisée en corps politique faisant la guerre pour son compte et passant des traités avec les puissances ; mais, aujourd'hui, le Droit international ne reconnaîtrait plus de pareilles personnalités. A plus forte raison dénierons-nous le caractère d'état à des associations dont le but est illicite, comme celle des pirates des mers de Chine ou des Pavillons-Noirs du Tonkin.

Cependant le degré inférieur de civilisation, se traduirait-il par des attaques injustes contre les autres peuples, n'empêcherait pas un ensemble de familles de former un état, les conditions déjà énumérées étant d'ailleurs remplies par hypothèse; c'est ainsi que les sauvages peuvent constituer de véritables états susceptibles d'entrer en relations avec les peuples les plus civilisés.

6. Souveraineté des Etats. — Un ensemble de familles satisfaisant aux conditions indiquées plus haut, forme une personne morale qui peut figurer dans les relations internationales. En effet, grâce à ces conditions, un groupe d'hommes a une indépendance complète, ne s'absorbe dans aucun autre, a droit au respect de groupes semblables, comme il le doit aux autres. Cette personnalité de l'Etat se traduit par son pouvoir indépendant que l'on appelle la *Souveraineté*. On distingue d'ailleurs deux espèces de souverainetés. L'une, dite *intérieure* ou *interne*, permet à l'Etat de régler, comme il l'entend et par le moyen de lois, son organisation, son gouvernement, les rapports entre ses divers éléments. L'autre, qualifiée d'*extérieure* ou *externe,* fait que l'Etat peut s'affirmer comme personne morale indépendante vis-à-vis des autres états, se faire représenter auprès d'eux par des agents diplomatiques, passer des traités, faire la guerre pour attaquer ou se défendre, exiger des belligérants le respect de sa neutralité, protéger ses membres à l'étranger, contraindre les nationaux des autres pays à respecter ses lois sur son territoire, etc...

Pour que cette souveraineté existe, l'assentiment des autres peuples, que l'on appelle dans le langage diplomatique la *reconnaissance,* n'est pas nécessaire. L'existence d'un état est une pure question de fait, dépendant exclusivement de la réunion, dans un agrégat d'êtres humains, des conditions précédemment énumérées. Bien qu'elle ait lieu assez fréquemment dans la pratique, la *reconnaissance* n'a qu'un but politique : acceptation des relations avec un nouvel état ou même un nouveau gouvernement ; confirmation des relations anciennes malgré une révolution survenue dans l'un des états, etc...

Dans le cas spécial où une fraction d'un état se sépare pour constituer un état indépendant, l'existence comme état distinct doit lui être reconnue dès que, remplissant d'ailleurs les conditions générales auxquelles tout état doit satisfaire, elle ne peut plus, en fait, être ramenée à l'obéissance par le pays dont elle se détache, ou que celui-ci a renoncé à la maintenir sous son autorité. Les autres peuples ne peuvent du reste critiquer le fait de cette séparation dont la légitimité dépend du droit public interne du pays où elle s'opère. Seulement l'état nouveau, ainsi formé par démembrement, devra respecter les engagements contractés par la nation dont il se sépare, proportionnellement à la partie de territoire qu'il occupe. Ces divers principes ont été consacrés dans la pratique, lors de la séparation des Etats-Unis, des états de l'Amérique du Sud, de la Grèce et de la Belgique (1).

Les états disparaissent d'ailleurs comme les individus et leur extinction est la conséquence de la perte d'un de leurs éléments essentiels. Sans parler de la mort de tous les membres d'un état, fait qui n'arrive guère que pour les sauvages que l'on décime, ni de la perte du territoire et de la dispersion dont on trouve un exemple chez la nation juive, il faut surtout signaler, comme cause de la disparition d'un état, son absorption dans un autre, en un mot la perte de la souveraineté.

7. Classification des Etats. — Les états ne se présentent pas toujours avec la simplicité d'une personnalité parfaitement une et indépendante : il arrive souvent qu'ils sont réunis par une

---

(1) Heffter, *Le Droit international de l'Europe,* trad. Bergson, 3ᵉ édit. française, p. 46-47.

combinaison plus ou moins compliquée dont le résultat est, parfois, d'atténuer leur autonomie et leur souveraineté individuelles. Ces états ainsi réunis constituent, dans la langue du droit international, un *Systema civitatum*.

On peut distinguer deux ordres de combinaisons possibles qui, eux-mêmes, se subdivisent en plusieurs variétés.

1º Soumission plus ou moins étendue d'un état à l'autorité d'un autre état.

a. Etats tributaires ; tels étaient jadis les états barbaresques vis-à-vis de la Porte. Le simple tribut, en lui-même et si rien ne s'y ajoute, ne fait nullement échec à la souveraineté et n'entrave aucunement les relations extérieures de l'état qui y est soumis. Il faut en dire autant des servitudes imposées par un pays à un autre, comme la défense d'élever des forteresses sur un point, d'agglomérer des troupes sur la frontière, d'entraver la navigation d'un fleuve, etc....

b. Etats vassaux, concédés comme fiefs avec obligation d'hommage envers un autre état. Ces états, communs sous la féodalité pendant laquelle un exemple des plus remarquables était celui des Deux-Siciles vassales du Saint-Siège, n'ont guère été rétablis dans les temps modernes que par Napoléon Iᵉʳ dans quelques principautés italiennes, comme celles de Lucques et de Piombino. Du reste, le lien de vassalité ne détruit pas la souveraineté externe, sauf à l'état vassal à respecter, dans ses relations extérieures, le lien qui le rattache à son suzerain.

c. Etats protégés. Le protectorat consiste dans l'union de deux états dont l'un, plus puissant, s'engage à défendre l'autre, trop faible, avec ou sans compensation de la part de ce dernier. La restriction apportée à la souveraineté interne et externe de l'état protégé dépend des clauses du traité qui crée le protectorat ; mais, en fait, il est vrai de dire que l'état protecteur s'immisce toujours dans les relations extérieures de celui qu'il protège, quand même il ne les accapare pas complètement à son profit. En réalité, le protectorat est une situation anormale qui doit, tôt ou tard, se terminer par l'une des deux solutions suivantes. S'il s'agit d'un état épuisé, sans vigueur ni ressources, le protectorat n'est que la préface de l'annexion définitive : tel est le cas, pour ne citer que des exemples récents, de l'île de Taïti, d'abord protégée, puis annexée par la

France le 30 décembre 1880 ; telle sera aussi, probablement, l'issue du protectorat que nous avons obtenu sur la Tunisie par le traité du 12 mai 1881. S'agit-il au contraire de nations fortes, jeunes, pleines de vie, le protectorat n'est que la période préparatoire où se fait leur éducation politique pour l'indépendance complète et prochaine : on peut citer en ce sens les provinces danubiennes qui, placées successivement sous le protectorat de la Russie (traité d'Andrinople en 1829) et des puissances signataires du traité de Paris en 1856, ont obtenu, pour la plupart, l'autonomie et la souveraineté complètes par le traité de Berlin du 13 juillet 1878.

Lorsque, dans les divers cas qui viennent d'être indiqués, la souveraineté externe d'un état est limitée par l'autorité d'un autre pays, on qualifie cet état de *mi-souverain*.

2° Union d'états.

On en distingue plusieurs espèces :

a. *L'union personnelle* qui se présente quand deux états, tout en conservant leur autonomie complète au point de vue interne et externe, ont cependant un même souverain : telle a été la situation de l'Angleterre et du Hanovre de 1714 à 1837 ; telle est encore celle de la Hollande et du grand-duché de Luxembourg.

b. *L'union réelle* a lieu quand deux états, conservant l'autonomie interne, ne forment qu'un seul et même état au point de vue des relations extérieures : telles sont la Suède et la Norwège, en vertu de l'acte d'union du 31 juillet et du 6 août 1815 ; tels sont aussi les divers états de la monarchie autrichienne. — Dans le cas où tout se confond entre les états, souveraineté intérieure et extérieure, l'union est dite *incorporée* : c'est le cas de l'Angleterre, de l'Écosse et de l'Irlande.

c. La *confédération* est un lien politique permanent, par lequel plusieurs états exercent en commun une partie de leur souveraineté, pour obtenir ensemble le respect de leur personnalité collective et individuelle. Si ce lien n'était que temporaire il ne constituerait plus que la simple alliance.

On distingue la *confédération d'états* (Staatenbund) et *l'état fédéral* (Bundesstaat).

Dans la confédération d'états, chaque état garde sa souveraineté externe et interne, a ses agents diplomatiques, fait des traités pour son compte, etc.... ; en un mot, agit comme une personne morale distincte : seules certaines questions, limitées dans le pacte d'union, sont, dans les rapports extérieurs, réglées par le pouvoir fédéral commun à tous les états de la confédération. L'Allemagne a été une confédération d'états de 1815 à 1866 ; en 1867, l'Allemagne du Nord forma une confédération à part sous la domination de la Prusse : on sait enfin que, depuis 1870, l'Allemagne a été organisée en empire.

Dans l'Etat fédéral, chaque état particulier peut avoir son organisation interne complètement autonome, mais toutes les relations extérieures sont communes et dirigées par le pouvoir fédéral. Ainsi chacun des états compris dans l'union n'a de personnalité que vis-à-vis des autres qui en font aussi partie, et non vis-à-vis de l'étranger; à ce dernier point de vue il n'y a qu'un état, l'état fédéral. Les Etats-Unis d'Amérique et la Suisse, depuis 1848, présentent ce caractère (1).

8. Par l'exposé sommaire qui précède sur la nature des différents états, on voit que bon nombre peuvent avoir leurs rapports diplomatiques considérablement restreints et se trouver, par conséquent, dans l'impossibilité de conclure des traités. Or, comme nous l'établirons plus loin, les traités sont la source la plus claire et la plus sûre du droit international privé : de là découle donc la nécessité d'avoir une idée précise de la situation d'un état, avant d'apprécier le caractère de ses relations avec un autre pays. Au surplus, il est bon de remarquer que les classifications d'états ont toujours quelque chose d'arbitraire et de trop absolu à cause de la variété infinie que peuvent présenter les combinaisons de la politique, sous l'influence des circonstances et de la volonté des hommes. De là des divergences assez sensibles entre les auteurs, en ce qui concerne le classement des états dans telle ou telle catégorie. Toutefois, les types généraux qui ont été définis sont généralement acceptés et suffisent au point de vue où nous nous plaçons (2).

9. **Preuve de l'existence du Droit international**. — Ayant ainsi rattaché le Droit international privé au Droit interna-

---

(1) Toutefois, les divers cantons suisses peuvent passer des traités ; mais leurs conventions sont révisibles par l'Assemblée fédérale sur la réclamation du Conseil fédéral ou d'un autre canton.

(2) Comparez : Heffter, *loc. cit.*, p. 40 et suiv. ; Martens, *Traité de Droit international*, trad. Léo, p. 312 et suiv.; Carnazza-Amari, *Droit international public en temps de paix*, trad. Montanari-Revest, t. I, p. 269 et suiv.

tional **général** dont il forme une branche, tandis que le Droit international public forme l'autre, nous nous heurtons à une objection fondamentale : on nie l'existence du Droit international public et, par voie de conséquence, du Droit international privé qui présente le même caractère. La seule façon, dit-on, de donner à ce dernier une existence sérieuse, c'est de ne l'envisager que comme un complément du Droit privé interne de chaque pays (1).

Etablissons d'abord, quoi qu'on en dise, l'existence du Droit international public ; il nous sera possible ensuite de démontrer celle du Droit international privé, en lui maintenant le caractère que nous lui avons reconnu.

Il ne saurait y avoir, prétend-on, de droit sans un législateur qui le promulgue, un tribunal qui l'applique, un pouvoir exécutif qui sanctionne les décisions de ce tribunal. Or rien de semblable n'existe pour le règlement des relations entre les peuples, considérés comme être collectifs et se trouvant en rapport à propos d'intérêts généraux de chacun d'eux. Le Droit international public n'est donc qu'un vain mot ; les conflits entre les états ne se dénouent jamais que par la guerre, et l'on ne voit qu'une sanction aux prétendues règles du Droit international : le canon apparaissant comme *ultima ratio !*

Cette objection qui ne peut paraître grave qu'à un esprit superficiel, n'a même pas le mérite d'être spécieuse : elle repose en effet sur une grossière confusion. Sans doute le droit se révèle par un législateur, un juge et une sanction; ainsi traduit il forme le droit positif. Mais ce n'est là que sa manifestation ; antérieurement il est comme principe rationnel préexistant. En effet, parmi les relations des choses de la nature, il en est certaines de contingentes et de variables ; d'autres qui, dans certaines conditions déterminées, sont nécessaires et inéluctables : ce sont ces dernières que Montesquieu appelait des lois. La science n'a pour but que de dégager et de formuler ces lois ; puis l'art, utilisant les données fournies par elle, cherche à les appliquer, à les modifier les unes par les autres, de manière à obtenir un résultat utile matériellement ou moralement. Or, peut-on nier que, dans notre ordre d'idées, il y ait de ces rapports constants et nécessaires comme il en existe entre tou-

(1) V. au nº 4.

tes les choses naturelles, puisque les sociétés, la démonstration n'en est plus à faire, sont des faits naturels, absolument comme l'homme de l'essence duquel elles dérivent. Dès qu'il y a eu deux hommes en présence, leurs rapports ont été dominés par des principes rationnels de droit ; il en a été de même quand deux états sont entrés en relations : l'adage *Ubis societas, ibis jus* est vrai dans les deux cas. Comme le dit Phillimore, en effet, se mouvoir, vivre dans la grande communauté des nations est la condition normale d'une société particulière, comme vivre en société est la condition normale de l'individu. Or, un pareil état de choses amène fatalement des rapports entre les peuples ; le rôle de la science est de déterminer ceux qui sont constants, qui forment des lois, et elle y arrive par deux moyens : l'observation, c'est-à-dire l'étude de l'histoire, et, en second lieu, l'examen de la nature même des termes du rapport, c'est-à-dire des états qui, formés d'hommes, présentent dans leur collectivité la plupart des caractères de l'homme lui-même. Là ne se borne pas le rôle du jurisconsulte en droit international ; à la science il doit joindre l'art, c'est-à-dire appliquer et combiner les principes qu'il a dégagés ou que les peuples ont acceptés dans leurs relations. A cette condition seulement on maintiendra la vie des états, car la vie c'est l'ordre, et l'ordre n'est que le règlement des rapports entre les choses.

10. Le développement du Droit international a dû se produire comme celui du Droit interne dans chaque agglomération d'hommes. Les individus réunis en groupe permanent ont dû nécessairement se soumettre à des lois émanant d'une autorité qu'ils avaient constituée, ou, à défaut, maintenir par eux-mêmes l'ordre au milieu d'eux, ce qui a donné naissance au Droit coutumier. De même chaque état a établi, d'abord pour son compte et sans entente avec les autres états, les règles de ses rapports internationaux. Puis, ces relations augmentant sans cesse, il s'est formé, conventionnellement ou par la coutume, un Droit constant des rapports entre peuples et plus ou moins uniforme pour tous. Ce droit va du reste se perfectionnant chaque jour, et basé d'abord sur la nécessité, il s'inspire de plus en plus des idées de morale et de justice (1). Cependant l'accord des peuples, dans l'acceptation de règles

(1) Heffter, *loc cit.*, p. 3 et 4 ; Ahrens, *Cours de Droit naturel,* 7e édit., Leipsig, 1875, t. II, nos 499 et suiv.

communes des relations internationales, n'a jamais été universel : c'est ainsi que les sauvages n'ont que quelques rapports accidentels, au moyen de rares traités, avec les nations civilisées ; mais la tendance moderne est à l'extension constante de ces rapports. Au moyen âge, seuls les pays catholiques étaient en relations ; depuis le traité de Westphalie (1648), la communauté s'étend à tous les pays chrétiens, sans distinguer les confessions ; enfin le traité de Paris (30 mars 1856) a fait entrer la Turquie dans le concert européen. On verra aussi, dans la suite, que nous avons des rapports suivis, réglés par des traités, avec les nations de l'extrême Orient, telles que la Chine et le Japon.

Cette tendance à généraliser les rapports internationaux correspond à une idée parfaitement vraie : par définition, un vrai Droit de gens ou international comprend toutes les nations, sans distinction de races ni de religions, comme un vrai Droit privé comprend tous les hommes assujétis à la même législation, Cependant le vieux préjugé subsiste encore : à chaque instants les auteurs anglo-américains nous parlent d'un droit des nations *chrétiennes,* et Heffter intitule son livre : *le Droit international de l'Europe.*

11. En tant qu'on le considère comme un ensemble de principes rationnels devant présider aux relations entre les peuples, le Droit international public est qualifié de *théorique, absolu, nécessaire, primitif.* Mais il se révèle aussi comme droit positif, et alors on lui donne l'épithète de *pratique.*

Envisagé à ce dernier point de vue, il est *coutumier* ou *conventionnel.*

La coutume s'établit surtout par l'histoire des relations internationales, des négociations, par l'étude desquelles on peut connaître les droits acquis des divers pays, leur façon d'agir, les anciennes traditions. Le Droit international public conventionnel résulte des traités.

On peut citer encore comme sources de ce droit, considéré comme positif : *a.* les décisions des arbitres internationaux ; par exemple celle de la commission arbitrale réunie à Genève pour la fameuse affaire de l'*Alabama* qui donna lieu à un si grave conflit entre l'Angleterre et les Etats-Unis (1) ; *b.* les déclarations des gouverne-

(1) V. aussi arbitrage de la Cour de cassation de France, pour trancher un différend entre le gouvernement français et celui de Nicaragua, le 29 juillet 1880

ments sur la conduite qu'ils entendent tenir dans certaines circonstances : par exemple les Instructions pour les armées en campagne, rédigées par le professeur Lieber, à l'instigation du président Lincoln, lors de la guerre de sécession ; c. enfin les écrits des jurisconsultes et autres publicistes : ces derniers n'ont d'ailleurs qu'une autorité doctrinale auprès des gouvernements qui peuvent s'inspirer de leurs idées.

Ainsi révélé comme droit positif par ces diverses sources, le Droit des gens ou Droit international public doit être soigneusement distingué de la *Politique extérieure* ou *Diplomatie* qui est l'art d'appliquer le Droit des gens d'une manière conforme aux intérêts d'un pays. Il est vrai de dire seulement qu'il devrait y avoir un étroit rapport entre les deux : la Diplomatie ne devrait jamais violer les principes théoriques du Droit international public, et ce dernier devrait admettre ce qui, d'ailleurs juste en soi, est exigé par les nécessités de la politique. C'est là, on le pense bien, un idéal que la pratique contredit bien souvent.

12. Les préceptes dictés par le Droit des gens théorique ou découlant de ses sources positives peuvent être violés : quelle sera la sanction ? Les uns disent la guerre ; mais cette idée est inacceptable, car la guerre ne prouve que la force et non le droit (1). Il faudra chercher cette sanction dans les conséquences habituelles du droit méconnu : l'isolement du peuple injuste, les représailles dont il est tôt ou tard la victime et qui ont fait dire cette parole, beaucoup plus profonde et moins optimiste qu'on ne pourrait le croire : « L'histoire du monde est le tribunal du monde ». A cela on peut ajouter un élément de sanction dont l'influence grandit tous les jours : l'opinion publique. Les idées de justice, qui ne sont, au fond, que celles d'intérêt bien entendu, se développant sans cesse avec les progrès de la civilisation, les états tendent à s'unir contre les abus de la force triomphante. Par le *concert européen*, ils s'efforcent de réaliser cet idéal toujours plus ou moins violé que

(Renault, *Rev. de Droit intern.*, 1881, p. 22). Consult. Rouard de Card, *L'Arbitrage international dans le passé, le présent et l'avenir*, Paris, 1877.

(1) On trouvera une apologie de la guerre dans Bacon, *Serm. fidel.*, t. **X**, p. 86 ; dans Heffter, *loc. cit.*, p. 6 ; enfin dans la lettre écrite par M. de Moltke, en réponse aux « Lois de la guerre sur terre » de Bluntschli, *Rev. de Droit international*, 1881, p. 80.

l'on appelle : *l'équilibre des états* (1). Voilà pourquoi, au début de toute entreprise, les états modernes essaient de justifier leur conduite, souci qu'ils n'avaient guère jadis : c'est ainsi que s'expliquent les manifestes récents de la France et de l'Angleterre lors des derniers événements de Tunisie et d'Egypte.

Le Droit international public a donc son existence au point de vue rationnel et positif. Mais, il faut l'avouer, cette existence est assez précaire; ce Droit n'a, la plupart du temps, que la valeur d'une théorie et, quand il se révèle comme droit positif, ses manifestations sont bien restreintes, limitées à quelques points spéciaux; il est loin d'apparaître comme une règle générale et absolue; enfin, et surtout, sa sanction est des plus aléatoires. On peut dire seulement que c'est un Droit en formation, et l'on ne saurait espérer de le voir réalisé sérieusement au point de vue positif que par le progrès des idées de justice et de solidarité internationales.

13. La preuve acquise de l'existence du Droit international public facilite considérablement la tâche pour démontrer que le Droit international privé n'est pas non plus une chimère. Les objections alléguées sont en effet les mêmes, à peu près.

Quel est en effet, dit-on, le législateur ayant autorité au-dessus des nations pour établir les règles servant à trancher les conflits de lois privées de divers pays ? A cet égard, chaque état a ses lois spéciales et presque toujours très dissemblables : en France, on se guide d'après les principes très généraux de l'art. 3 du Code civil ; l'Angleterre et les Etats-Unis excluent presque systématiquement l'application de la loi étrangère sur leur territoire, en vertu de leur droit commun (common law); l'Italie au contraire, dans son nouveau Code civil de 1866, accorde très libéralement aux étrangers l'application de leur loi nationale : nulle part on ne trouve d'accord international ni d'idée d'ensemble.

Si le défaut de la loi commune se fait sentir dans le Droit international privé aussi bien que dans le Droit international public, il faut reconnaître néanmoins qu'il existe entre les deux une profonde différence. Les questions relatives au conflit de lois privées de deux ou plusieurs états sont portées devant les tribunaux d'un de ces

---

(1) V. sur ce point : Heffter, *loc. cit.*, p. 7 et 8; Ahrens, *loc. cit.*, t. II, p. 504 et suiv.

états, et y reçoivent une solution. La sanction ne manque donc pas aussi absolument que dans le Droit international public.

Cependant, on ne saurait songer à réunir les décisions rendues en ces matières par les tribunaux des différents pays, pour en former des recueils pratiques : à ce compte, nous n'aurions pas une science qui, par définition, est un ensemble de principes fixes et coordonnés desquels on peut déduire des conséquences logiques (1).

Mais ce qui a été dit pour démontrer l'existence du Droit international public peut et doit être répété ici. Les états, faits naturels, ont des rapports nécessaires au point de vue des intérêts privés, comme ils en ont au point de vue de leurs intérêts publics et collectifs. L'étude théorique ou scientifique permet de dégager les principes rationnels et constants, c'est-à-dire les lois, qui président à ce genre de rapports ; puis, au point de vue positif, l'usage ou les traités internationaux doivent les formuler au mieux des intérêts respectifs des divers peuples. Ces traités, qui vont se multipliant à l'heure actuelle, doivent se généraliser, et l'idéal serait que les nations en vinssent à trancher ainsi conventionnellement toutes les questions se rattachant à ce genre de relations qui peuvent exister entre elles.

Il ne faut du reste attendre que du temps la réalisation de ce *desideratum*. A plusieurs reprises déjà, M. Mancini, le célèbre jurisconsulte et homme d'état italien, a tenté de convoquer les divers gouvernements à une réunion générale dans laquelle devaient se résoudre, par traité, les principales difficultés du Droit international privé. La motion favorable votée en ce sens par la Chambre des députés d'Italie, le 24 novembre 1873, est malheureusement demeurée à l'état de lettre morte, par suite de l'indifférence, ou peut-être de l'opposition, des autres états (2). On peut signaler aussi une tentative analogue faite par le gouvernement hollandais, en 1874, par l'intermédiaire de son ministre des affaires étrangères, le baron Gericke de Hercoynen (3).

---

(1) C'est cependant la conclusion à laquelle conduit la théorie de **M. Harrison** (v. p. 3, n^te 1).

(2) V. le remarquable rapport lu par **M. Mancini** à la session de l'Institut du Droit international à Genève, le 31 août 1873 (Journal Clunet, 1874, p. 221).

(3) Journal Clunet, 1874, p. 159.

14. Objet du Droit international privé. — Après avoir démontré l'existence du Droit international privé, il est essentiel d'en déterminer l'objet bien précis.

En principe, avons-nous dit, la loi est doublement limitée au point de vue réel et personnel, et ne doit normalement s'appliquer qu'aux nationaux et dans l'étendue du territoire où elle a été promulguée (1). Il importe de rechercher si cette double limitation est absolue.

L'homme peut être en rapport avec la loi au point de vue : 1° de sa personnalité, c'est-à-dire de sa condition juridique et de sa capacité ; 2° des droits qu'il peut avoir sur les choses ou vis-à-vis des personnes ; 3° de l'accomplissement des actes juridiques. Or, il peut se faire qu'une personne ait à faire apprécier et déterminer, en pays étranger, sa condition juridique et sa capacité, les droits qu'elle peut invoquer sur des biens situés dans ce pays, la façon dont elle réalisera un acte ayant des conséquences légales. Par l'application de quelle loi trancherons-nous ces diverses questions ? C'est le droit international privé qui nous renseignera à cet égard (2).

On définit quelquefois notre science : L'ensemble de règles par lesquelles se résolvent les conflits de lois privées, civiles, commerciales ou criminelles (3). Mais on a fait observer, avec raison, que le Droit criminel rentre dans le Droit public : la loi pénale a directement pour objet l'intérêt collectif de l'Etat se prémunissant contre les agressions de ceux qui troublent l'ordre social, en vertu de son droit acquis à la conservation de son existence. On a bien essayé de ranger les relations internationales en deux catégories : la première comprendrait celles qui interviennent entre deux états et formerait l'objet du Droit international public ; dans la seconde rentreraient celles qui existent entre un état et un particulier d'un autre état ou entre deux particuliers de nationalité différente : ce serait la matière du Droit international privé (4). Mais cette classification, basée sur ce que des individus interviendraient dans le

(1) V. n° 1.
(2) Pasquale Fiore, *loc. cit.*, p. 3.
(3) Fœlix, *loc. cit.*, t. I, p. 2.
(4) Demangeat sur Fœlix, *loc cit.*, t. I, p. 2, note *a*; Brocher, *Cours de Droit international privé*, 1882, t. I, p. 1, n° 2, et p. 21 à 22 ; Weiss, *Traité élémentaire de Droit international privé*, 1885, p. XXXV.

second cas et non dans le premier, semble bien artificielle et ne correspondre à rien de réel. Le caractère d'un rapport se détermine par la nature de son objet : si donc il est démontré que, dans les conflits de lois criminelles, bien qu'il y ait des particuliers en cause, l'intérêt principal qui s'agite est collectif pour un état, on est véritablement autorisé à dire qu'il y a là une question de Droit international public (1).

Cette précision ainsi faite, on peut définir notre droit : *Celui qui a pour but, étant donné un rapport juridique qui, à raison de la nationalité des parties intéressées, du lieu où il a pris naissance, de la situation de son objet ou pour toute autre cause, présente des points de contact avec plusieurs législations, de déterminer celle qui lui est applicable en vertu de sa nature.*

On le définit encore exactement de la manière suivante : *Le Droit qui détermine le domaine respectif des lois civiles des diverses nations, lorsque ces lois se rencontrent à l'occasion d'un rapport privé entre particuliers.*

15. Les conflits de lois privées que notre science a pour but de résoudre peuvent d'ailleurs ne pas avoir lieu entre deux nations différentes. Nombre de pays, bien que dépendant d'une même souveraineté, ne formant, par suite, qu'un seul état, n'ont pas un droit privé uniforme et présentent encore, d'une manière plus ou moins frappante, le spectacle qu'offrait jadis la France régie par une foule de coutumes. De la définition que nous avons donnée du Droit international privé, il résulte que les conflits s'élevant entre ces législations applicables aux diverses parties du territoire d'une même nation relèvent aussi de notre science. Cette observation a son utilité pour des pays tels que l'Angleterre et l'Ecosse, les états de l'Union américaine, les divers cantons Suisses, etc... Nous aurons seulement l'occasion de remarquer plus tard que, dans des conflits de ce genre, l'élément de la nationalité perd son importance et est remplacé par celui du domicile (2).

16. Terminologie. — A la science que nous venons de définir on donne le nom de Droit international privé, par opposition au Droit international public. Mais le mot Droit éveille l'idée d'un ensemble de règles fixes, promulguées par un pouvoir régulier : or,

(1) Asser, *loc. cit.*, trad. Rivier, p. 5.
(2) Pasquale Fiore, *loc. cit.*, p. 8, n° 6.

en notre matière, on ne trouve ni de Code, ni même de lois, car il n'y a pas de législateur. Au fond, notre prétendu droit n'est que l'exposé des principes rationnels qui doivent présider aux conflits de lois privées, combiné avec l'indication des solutions pratiques qui sont admises sur ce point par les usages, les traités, les lois et la jurisprudence des divers pays. Nous assistons, à notre époque, à une évolution, lente il est vrai, mais de plus en plus accentuée, par laquelle les peuples tendent à adopter des principes uniformes pour la solution de ce genre de difficultés. Cet accord se révèle par les traités, véritables contrats internationaux, ce qui devrait faire qualifier notre droit de *conventionnel* ou *contractuel.* Aussi, le jurisconsulte, dans notre science, doit-il dégager les vrais principes, en frayant ainsi la voie aux traités, et, juriste en même temps que théoricien, connaître les décisions déjà adoptées dans la pratique, sauf à les critiquer si elles sont contraires à celles que l'étude théorique lui a révélées.

Un nom plus exact à donner à notre étude serait donc celui de *Théorie des conflits de lois privées,* adopté du reste par un certain nombre d'auteurs (1). Nous garderons cependant l'expression ordinaire Droit international privé, sous le bénéfice des observations qui précèdent et qui montrent combien le mot *Droit* est employé ici d'une manière abusive. Il est bon de remarquer aussi que l'on emploie souvent les mots *Droit des gens* pour indiquer les principes théoriques, ce qui doit être, par opposition au Droit international qui désigne alors plus spécialement ce qui est consacré dans la pratique. Du reste, Droit des gens est souvent synonyme aussi de Droit international public.

17. Causes des conflits de lois. — Deux faits sont la cause constante des conflits de lois privées des divers pays, et, par suite, du Droit international privé qui a pour objet de les résoudre : ce sont la variété des lois d'une part, et, de l'autre, leur souveraineté.

18. Tout d'abord les lois varient d'une nation à l'autre d'une manière très sensible; si un examen, même superficiel, des législations ne suffisait déjà à convaincre de l'exactitude de cette asser-

(1) Les titres de quelques ouvrages célèbres accusent, chez leurs auteurs, cette manière de voir : Huber, *De Conflictu legum;* Hert, *De Collisione legum* ; P. Voët, *De Statutis eorumque concursu;* Wœchter, *Ueber die Collision der Privatrechtsgesetze verschiedener Staaten;* Story, *Commentaries on the conflict of laws...;* etc.

tion, on pourrait aisément et *a priori* l'établir sans témérité. Si, en effet, les peuples arrivés à un degré approximativement égal de civilisation possèdent tous un ensemble d'idées communes de droit, par suite du développement à peu près pareil de leur raison, il n'en est pas moins vrai que, dans l'application de ces idées, ils apportent une variété presqu'infinie. Il ne saurait en être différemment si l'on songe que les nations obéissent fatalement, en pareille matière, aux influences particulières sous lesquelles chacune d'elles se trouve placée et au premier rang desquelles il faut faire figurer la race et le climat. Comme le dit F. Bacon, il existe bien une source commune de toute justice ; mais, de même que les fleuves partis d'un même point se font un lit différent suivant le terrain qu'ils traversent, de même les principes de justice se modifient suivant la nature, le caractère du peuple qui les applique.

On s'est demandé si cette variété était destinée à toujours subsister. Pour certains, l'uniformité des lois est une utopie (1) ; d'autres entrevoient, dans l'avenir, une harmonie parfaite, l'organisation générale du monde sous une loi unique (2). Quoi qu'il en soit de ce dernier idéal, sa réalisation est, dans tous les cas, suffisamment lointaine encore pour qu'il soit opportun de s'occuper pendant longtemps du conflit des législations.

On ne peut disconvenir cependant qu'une grande tendance, sinon à l'uniformité absolue, du moins à une assimilation très sensible, se révèle dans l'évolution générale des législations modernes. Ce n'est là, du reste, que la résultante de grands faits historiques qui ont eu eux-mêmes pour effet de faire accepter par les peuples soumis à leur influence des idées communes sur bien des points. Au point de vue moral, l'adoption du Christianisme par tous les peuples civilisés ; au point de vue politique, la Révolution de 1789 dont le contre-coup, plus ou moins immédiat dans les divers pays, n'en a pas moins été presque universel ; au point de vue du droit pur, l'extension du Droit romain à la suite de la constitution d'Antonin Caracalla qui donna le *jus civitatis* à tous les sujets de l'empire, et, de nos jours, l'importation de notre Code civil dans nombre de pays à la suite des conquêtes de Napoléon : tous ces faits ont con-

(1) P. Fiore, p. 1 et 2 ; Laurent, *loc. cit.*, t. I, p. 14.

(2) Bluntschli, *Le Droit international codifié*, trad. Lardy, 2e édit., Introduction, p. 3 et 4, et *Théorie générale de l'Etat*, p. 25.

tribué à la généralisation des mêmes principes juridiques. Cette tendance s'accuse surtout chez les peuples qui, à l'exemple de la France, codifient leur législation et, abandonnant peu à peu leurs vieilles lois ou coutumes, cherchent à formuler leur droit dans une rédaction méthodique, en y apportant les modifications provoquées par les idées modernes (1).

Actuellement, il est une partie du droit pour laquelle les divergences entre les différentes législations se réduisent de plus en plus à des points de détails : c'est le Droit commercial. Par suite de la prodigieuse facilité des communications obtenue par la science moderne, le commerce international va se développant chaque jour ; et comme le commerçant a partout les mêmes besoins de rapidité, de sécurité et de crédit dans les opérations, ce qui a fait dire avec raison, à ce point de vue, que le commerce n'a pas de patrie, partout le Droit commercial et, d'une façon générale, les règles des obligations, tendent à l'uniformité. Au contraire, les institutions qui tiennent davantage au caractère spécial de chaque peuple, aux circonstances particulières dans lesquelles il se trouve placé, telles que l'organisation de la famille et les règles des successions, présentent encore et présenteront peut-être toujours des différences beaucoup plus marquées.

19. La seconde cause du conflit des lois est la souveraineté de chaque législateur. « L'Etat, a dit Bluntschli, est l'incarnation et la personnification de la puissance de la nation » (2) ; or, comme cela résulte de la notion même de l'Etat donnée plus haut, cette puissance doit être complètement indépendante, sans quoi l'Etat ne pourrait pas figurer comme terme distinct dans les relations internationales. En conséquence, la loi, qui n'est que la manifestation de ce pouvoir souverain de l'Etat, doit être absolument sans rivale dans l'étendue du territoire où elle a été promulguée ; à tel point que en théorie, et sauf les restrictions qui seront indiquées plus tard, on comprend qu'elle exclue, sur ce même territoire, l'application de toute loi étrangère, à un point de vue quelconque.

Les lois des différents pays contenant, sur les mêmes points, des

---

(1) On trouvera le dernier état des lois des différents peuples, au point de vue de la codification, dans l'étude de M. Amiaud : *Aperçu de l'état actuel des législations civiles de l'Europe, de l'Amérique*, etc..., 1884 (v. *Bulletin de la Société de législation comparée*, 1884, p. 419 et suiv.).

(2) *Théorie générale de l'Etat*, p. 420.

dispositions contraires, chacune d'elles étant d'ailleurs souveraine sur son territoire, on voit que le conflit est inévitable.

20. Théorie de la *Comitas gentium*. — On pourrait cependant être tenté de croire que, des deux faits qui ont été signalés comme amenant les conflits de lois, il en est un dont le résultat est au contraire de les éviter. Si, en effet, chaque loi est souveraine dans l'étendue de son territoire, ne va-t-il pas en résulter que l'application de toute loi étrangère sera écartée et qu'il faudra, dans un pays déterminé, s'en tenir uniquement à la loi locale. Ce ne sera plus le conflit, au sens où le mot est entendu dans notre matière, et la recherche du point de savoir quelle est la législation à appliquer deviendra parfaitement inutile.

On a cherché à résoudre cette difficulté en disant que chaque législateur est absolument maître chez lui ; que rien, par conséquent, ne peut *à priori* imposer sur un territoire l'application d'une loi étrangère ; mais que, cependant, par concession gracieuse et bénévole de sa part, il arrive souvent qu'un pays accepte sur son territoire l'application de la loi d'une autre nation. Pour consentir à cet échec apporté à son droit de souveraineté, un législateur, dit-on, s'inspire de l'intérêt bien entendu de son peuple, du désir d'assurer à ses nationaux, par voie de réciprocité, l'application de leur propre loi en pays étranger, de faciliter et d'étendre les relations internationales, de se concilier l'amitié et l'appui des nations puissantes, etc.... Le rôle du jurisconsulte, avec une pareille théorie, se borne à constater les cas où les concessions dont il s'agit ont été faites dans chaque pays ; à conclure, par voie d'analogie, à des concessions semblables dans d'autres cas ; enfin à indiquer, par avance, les circonstances où il serait avantageux de procéder de même.

On a donné à ce système le nom de *Comitas gentium* ou *Courtoisie internationale*, expression qui paraît avoir été employée pour la première fois par Paul Voët, professeur à Utrecht, dans son traité *De Statutis eorumque concursu*, publié en 1663. Quant à l'idée même de la *Comitas*, elle forme le fond de la doctrine de la plupart des anciens auteurs (1). Aujourd'hui, généralement rejetée par les

---

(1) Bouhier, *Observations sur la coutume de Bourgogne*, ch. 23, n°ˢ 62 et 63 ; Huber, *Jus publicum universale*, lib. III, cap. 8, § 7 ; Boullenois, *Traité de la personnalité et de la réalité des lois*, t. I, p. 4, sixième principe.

jurisconsultes du continent, à de rares exceptions près (1), elle n'est guère acceptée que par les auteurs anglo-américains (2), qui l'appellent : « *Comity or consideration and courtesy as betwen nations* », et dont l'un d'eux, Sir Robert Phillimore, intitule son ouvrage : *Comity*.

Cette idée doit être également écartée, que l'on se place au point de vue théorique ou au point de vue pratique.

En théorie, tout d'abord, elle n'est qu'une manifestation d'un système plus général qui donne pour base du droit l'intérêt. Or, sans entrer dans l'examen philosophique d'une question qui sortirait trop du cadre de cette étude, il suffit de remarquer que la condition essentielle du droit, c'est-à-dire la garantie, fait absolument défaut avec une idée semblable. Il faudrait, à ce compte, en revenir à la fameuse définition que l'école utilitaire a donnée du droit, par l'organe de Stuart Mill : « Un pouvoir que la société est intéressée à accorder aux individus ». Les facultés les plus essentielles et le plus naturellement inviolables de l'homme se trouveront ainsi sacrifiées à l'intérêt du moment. En vain cherche-t-on à idéaliser cet intérêt, à le moraliser, pour ainsi dire, en le confondant avec ce qui est juste ; l'intérêt n'est apprécié que s'il est sensible et assuré, et, dès lors, un avantage tangible et certain l'emportera toujours sur le droit le plus sacré.

On a cru pouvoir, avec la théorie de la *Comitas*, fonder une science du Droit international privé (3) ; mais tout se borne, alors, à une compilation d'arrêts ou des dispositions des lois des différents pays sur les conflits de législations, chaque nation appréciant à son point de vue, essentiellement variable, l'intérêt qu'elle peut avoir à accepter ou non, dans tel cas déterminé, l'application de la loi étrangère. On le voit bien en consultant les ouvrages des jurisconsultes anglais ou américains qui se sont occupés de notre matière : malgré la richesse prodigieuse de renseignements qu'ils contiennent sur les solutions pratiques adoptées par les différents tribunaux à propos des conflits de lois, il est bien difficile d'en dégager un principe général pouvant servir à résoudre un ensem-

---

(1) Fœlix, *loc. cit.*, t. I, nos 9 à 13.

(2) Story, *Commentaries on the conflict of Laws*, §§ 20 à 25, 7e édition. — Sir Robert Phillimore, *Commentaries upon International Law*, t. IV : *Private International Law, or Comity*, 3e édit., 1880.

(3) Fœlix, *loc. cit.*, no 13.

ble d'hypothèses semblables. C'est là du reste, comme l'a dit spirituellement un écrivain, une manifestation des penchants innés de la race anglo-saxonne : « Goût des choses observables, amour » de l'expérience et de l'induction, besoin de certitude matérielle. » On amasse des faits et des exemples comme des pièces d'or ; » quant aux idées générales, on ne les admet que comme des billets » de banque, dont toute la valeur est d'être convertibles en numé- » raire (1) ».

Si, maintenant, nous nous plaçons sur le terrain pratique, nous voyons que la conséquence du système de la *Comitas* ne peut être que de paralyser les relations internationales. L'étranger, en effet, n'étant jamais assuré de conserver le bénéfice de sa loi nationale, dont l'application dépend de l'intérêt et par conséquent du caprice du pays où il se trouve, se gardera bien de se fixer d'une façon stable dans un territoire où une pareille théorie est consacrée ou d'y faire des opérations importantes (2). On en vient, en outre, avec des idées semblables, à justifier par la raison d'intérêt les rigueurs les plus excessives et les plus contraires à la raison à l'égard des étrangers, telles que le droit d'aubaine (3). Au surplus, qui appréciera l'avan- tage qu'il peut y avoir à accepter l'application de la loi étrangère ? Le législateur est généralement muet sur la question, les traités internationaux sont rares ; il ne reste plus qu'à donner ce pouvoir au juge. Mais, chacun appréciant à son point de vue cette ques- tion très délicate de l'intérêt national, dans quelles contradictions ne va-t-on pas tomber ? Où est le critérium qui donnera quelque unité aux décisions des tribunaux en ces matières ? On verra peut- être se renouveler le fait de ce juge américain qui, très logique- ment du reste avec la théorie de la *Comitas*, décida qu'un étranger aurait sa capacité régie par sa loi nationale ou par la loi américaine, suivant l'avantage que pouvait avoir au maintien ou à la nullité du contrat fait par lui son cocontractant américain (4).

(1) Fouillée, *l'Idée moderne du Droit en Allemagne, en Angleterre et en France*, p. 82.

(2) Mailher de Chassat, *Traité des Statuts*, p. 87 et 88 ; de Savigny, *Système de Droit romain*, trad. Guenoux, t. VIII, p. 29 à 31.

(3) V. notamment *Patrie, Essai de politique légale*, par M. Hubbard, cité par Pradier-Fodéré dans l'avant-propos de la traduction de l'ouvrage de Pasquale Fiore.

(4) Story, *loc. cit.*, p. 26, n° 28, et p. 79, n° 77.

21. En écartant la théorie de la *Comitas,* il faut justifier d'une autre façon l'application de la loi étrangère, en la conciliant avec le principe de la souveraineté de chaque législation sur son territoire.

Il est, sans doute, possible à chaque état d'exclure systématiquement et en toute circonstance l'application de la loi d'une autre nation ; mais, si c'est là une conséquence de la souveraineté, ce n'en est qu'une conséquence de fait, matérielle et nous dirions presque brutale. Au point de vue du droit, un état, en procédant ainsi, méconnaît les principes rationnels qui dominent les relations internationales et qui seront développés dans la suite (1) ; il se met en dehors de la loi générale des peuples formant ce que Wolff appelait la « *maxima respublica gentium* ». Nous ne parlerons pas du reste des résultats pratiques d'une pareille conduite : les représailles à l'étranger, la difficulté ou même la rupture des relations avec les autres états, l'isolement ruineux pour soi-même dont ont été déjà victimes les empires fermés, comme l'étaient jadis la Chine et le Japon. Ce n'est donc pas en vertu d'une concession gracieuse, mais bien en obéissant à une règle de droit, c'est-à-dire de raison et de justice, tirée de la nature même des relations internationales, que chaque pays accepte, dans certains cas, sur son territoire, l'application de la loi étrangère.

Le principe de la souveraineté n'est d'ailleurs nullement compromis par cette soumission à un principe supérieur de droit qui commande souvent de s'en référer aux dispositions de la loi d'un autre pays. Ce n'est en effet que parce que la loi locale l'accepte, soit d'une manière expresse, soit d'une manière tacite en ne l'écartant pas et en laissant au juge l'initiative de s'inspirer des règles du Droit international privé, que la loi étrangère est appliquée en pareil cas. Au fond, par conséquent, même en adoptant les prescriptions de la législation étrangère, le juge ne fait, dans les questions qui nous occupent, que se conformer à sa propre loi. De là il résulte que, avant de consulter les principes théoriques de notre droit, il doit avant tout appliquer les dispositions positives de son propre législateur, fussent-elles d'ailleurs contraires, ce qui arrive assez souvent, aux vraies notions scientifiques sur les conflits de

(1) V. n° 107.

lois privées. Le magistrat est, tout d'abord, lié par le texte : il ne recouvre l'indépendance que lorsque la loi est muette, et lorsqu'il en fait la critique comme jurisconsulte.

22. Il est encore possible de concilier la souveraineté des états avec l'application, sur leur territoire, de la loi étrangère, par l'effet d'un autre principe facile à établir : celui de *l'égalité des états*.

Quelque sensible que puisse être la différence entre les états au point de vue de la force, de la richesse ou de l'influence, il n'en est pas moins vrai qu'ils forment tous des personnes morales absolument égales, constituées par la réunion, dans un groupe d'hommes, des conditions indiquées plus haut dans l'exposé de la notion de l'Etat. Par le fait seul qu'il existe, ce dernier a un droit acquis au maintien de son existence et à son développement normal que les diverses nations doivent respecter chez lui, comme il doit les respecter chez les autres (1). On voit par là l'analogie très grande, pour ne pas dire l'identité parfaite des relations entre les peuples et entre les individus. L'homme aussi peut développer ses facultés dans leur limite naturelle ; il le sent et a la notion de son droit ; mais la raison lui montre aussitôt que ce pouvoir se trouve le même chez son semblable et y est également respectable : dès lors lui apparaît la notion corrélative du devoir qui, suivant l'expression consacrée et fort juste, n'est que le sentiment de notre propre droit dans autrui. Les rapports entre particuliers se trouvent par conséquent régis par ce principe, que le développement normal des facultés de chacun est limité par celui des facultés de ses semblables. Or, par l'analyse de l'Etat, il est facile de voir qu'une de ses facultés naturelles est de régir tous ceux qui sont rattachés à lui par le lien de sujétion. L'exercice de ce pouvoir peut et doit donc, en vertu du principe d'égalité, être supporté par les autres états, en tant qu'il ne compromet pas une autre faculté essentielle de ces derniers : cette faculté essentielle qui pourrait, en pareil cas, subir un échec, est celle, pour chaque pays, d'exclure sur son territoire certains faits ou certaines règles de droit en contradiction avec d'autres prescriptions absolument impératives ou prohibitives établies par son législateur. L'ensemble de ces dernières prescriptions forme ce que l'on appelle *l'ordre public* de chaque pays, expres-

(1) Sur l'égalité des états, v. Heffter, *loc. cit.*, p. 52, § 27.

sion qui sera mieux précisée plus tard (1). Ces règles n'étant pas violées, la souveraineté de l'état est sauve, et, en même temps, ce dernier peut avoir la conscience du devoir accompli, c'est-à-dire d'avoir respecté, dans la mesure commandée par son propre droit, le droit des autres états égaux à lui-même.

On peut donc établir comme axiome du Droit international privé que : chaque état doit accepter, sur son territoire, l'application de la loi étrangère à un rapport de droit, quand elle est commandée par la nature de ce rapport, sous la seule réserve de faire toujours respecter ce qui, d'après sa propre législation, est considéré comme étant d'ordre public.

23. Rôle du juge en Droit international privé. — Si, dans les questions de droit interne, la tâche du juge est relativement simple en ce sens qu'il n'a qu'une législation à considérer et à appliquer, elle est au contraire beaucoup plus compliquée dans celles de Droit international privé. En réalité, toute question de ce genre en comporte plusieurs qu'il est important de préciser, en fixant le rôle que le magistrat doit remplir vis-à-vis de chacune d'elles. Un rapport de droit présentant des points de contact avec plusieurs législations étant soumis à un juge et des étrangers étant intéressés dans le débat, ce qui arrive ordinairement en pareille circonstance, la première question qui se pose est celle de savoir si les étrangers peuvent invoquer le droit dont il s'agit. La réponse dépend évidemment de la loi du tribunal saisi du litige et des dispositions qu'elle contient sur la condition des étrangers. Si, par exemple, la sucession d'un Anglais s'ouvre en France, il y aura lieu, tout d'abord, de se demander si les héritiers, Anglais eux-mêmes, peuvent succéder dans notre pays. Ce n'est pas là, on le voit, une question de conflit de lois proprement dite, mais une sorte de question préjudicielle qu'il est indispensable de trancher avant d'aller plus loin.

La question véritable de Droit international privé se posera lorsque, le droit de l'étranger étant reconnu, on se demandera quelle est la loi à appliquer au rapport juridique qui fait l'objet du procès ; quand, par exemple, pour reprendre l'hypothèse citée plus haut, on recherchera si la transmission héréditaire des biens laissés en France par un Anglais doit être réglée par la loi française ou par la loi anglaise.

(1) V. n° 110.

Bien souvent, du reste, cette dernière question se présente seule. Si nous supposons, notamment, deux Français faisant un contrat d'adoption à l'étranger, il y aura lieu seulement d'examiner quelle est la loi qui a dû être observée au point de vue des conditions requises de l'adoptant et de l'adopté, sans que la faculté pour des Français de réaliser une adoption en pays étranger puisse être l'objet d'un doute pour un tribunal français.

Mais si, par l'analyse du rapport de droit qui lui est soumis, le juge est conduit à appliquer la loi étrangère, faut-il en conclure qu'il devra connaître cette dernière pour l'appliquer en connaissance de cause ? La conclusion serait évidemment déraisonnable : trop rares sont les hommes qui possèdent suffisamment la loi de leur pays, pour imposer à un nombre considérable de magistrats la connaissance de toutes les législations. Il suffira à ces derniers de pouvoir dire quelle est, dans tel cas déterminé, la loi applicable, en s'inspirant des règles du Droit international privé. Quant à la connaissance des lois étrangères que l'on appelle la science de la *Législation comparée*, bien que d'un grand secours pour le praticien qui veut éclairer les parties, et pour le théoricien qui veut apprécier les progrès réalisés en d'autre pays et y suivre l'évolution du mouvement législatif, elle n'est pas indispensable au juge.

Ceci conduit à se demander comment on établira, devant un tribunal qui s'est prononcé pour leur application, les dispositions de la loi étrangère, et, en second lieu, quelle sera la sanction, si les juges ne veulent pas les appliquer ou en font une interprétation erronée.

24. Preuve des dispositions de la loi étrangère. — Suivant une opinion très répandue et consacrée notamment par la jurisprudence française, belge, allemande et anglaise (1), la question de savoir quelles sont les dispositions de la loi étrangère est considérée comme une pure question de fait qui, au point de vue de la preuve, doit être assimilée à une question de fait ordinaire. De cette idée générale découlent deux conséquences particulièrement importantes au point de vue pratique.

1° C'est à la partie qui a demandé et obtenu l'application de la loi étrangère à en établir les dispositions. Quels moyens pourra-

(1) Story, *loc. cit.*, § 637, p. 787 ; — Westlake, *Revue de Droit international*, t. XIV, p. 304 ; Fœlix, *loc. cit.*, t. I, n° 18.

t-elle employer pour démontrer quelles elles sont ? — On sait que, dans l'ancien droit, on recourait, pour établir une coutume douteuse, à des *enquêtes par turbes* faites par des praticiens dont l'ignorance et la vénalité firent supprimer le concours en 1667. *Les actes de notoriété*, ou déclarations faites par des avocats et des officiers de justice, qui remplacèrent les anciennes enquêtes, n'offrirent pas d'ailleurs plus de garantie. Mais, aujourd'hui, il serait impossible d'employer l'un ou l'autre de ces deux moyens pour faire la preuve soit d'une ancienne coutume, soit d'une loi étrangère : nulle autorité n'a en effet compétence pour intervenir en pareil cas, et les enquêtes par turbes, comme les actes de notoriété, ont été définitivement supprimées avec toutes les règles de notre ancienne procédure (Art. 1041 P. C.) (1). On devra donc utiliser les preuves habituelles : les écrits et les témoignages. Les premiers consisteront dans les textes officiels des lois étrangères quand il sera possible de se les procurer ; les seconds seront surtout les attestations ou consultations des juristes étrangers dont le concours est très utile et très fréquemment employé dans la pratique. Enfin, les décisions de la jurisprudence étrangère seront aussi d'un grand secours, surtout pour les questions que la loi dont on veut faire l'application ne tranche pas formellement.

Malgré l'assimilation acceptée entre la preuve de la loi étrangère et celle d'une simple question de fait, nous croyons cependant qu'il y aurait exagération à admettre, en notre matière, l'aveu ou le serment des parties, comme on pourrait le faire pour s'assurer de l'exactitude d'un fait ordinaire. Si en effet le juge s'est prononcé pour l'application de la loi étrangère, c'est qu'à ses yeux telle est la véritable solution du litige, qu'en un mot tel est le *droit* pour lui, dans l'espèce. Or il est inadmissible qu'il abandonne à la partie intéressée la décision même qu'il doit rendre et qui ne peut être que le résultat de sa propre conviction. Sans doute on comprend, à la rigueur, qu'il réclame le concours des intéressés pour lui fournir des renseignements sur les dispositions de la loi étrangère, car, en pareil cas, il est toujours à même d'apprécier la valeur des preuves (écrits ou témoignages) qui sont produites devant lui. Mais l'aveu et le serment échappent à tout contrôle de

---

(1) Cass. Rej., 14 avril 1824, Dal., *Répert.*, v° Actes de notoriété, n° 4, 2°.

la part du juge : ce sont de véritables transactions par lesquelles il s'en rapporte à la bonne fois des parties, et sa sentence ne peut certainement être abandonnée à ces dernières (1).

On ne voit pas davantage comment on pourrait user des présomptions pour établir quelles sont les règles contenues dans la loi étrangère : quel est le fait connu dont on pouvait induire cet autre fait inconnu. Tout au plus peut-on admettre que les décisions de la jurisprudence étrangère, sur une hypothèse très-voisine de celle qui est soumise au tribunal, amèneront celui-ci à statuer de même dans le cas qu'il a à examiner, l'analogie le conduisant à penser que telle est sans doute la manière de voir du législateur étranger.

2° Il résulte encore de ce que la question de savoir quelles sont les dispositions de la loi étrangère est considérée comme une question de fait, que le juge n'a pas à intervenir d'office ni à faire des recherches personnelles pour arriver, à cet égard, à la connaissance de la vérité. Sans doute on admet bien, en général, que cette initiative ne lui est pas interdite, mais encore n'y voit-on qu'une simple faculté pour lui et non une obligation. Tout le fardeau de la preuve incombant ainsi à la partie, on la déboutera purement et simplement de sa demande si elle n'arrive pas à éclairer suffisamment le tribunal (2).

Cette conclusion doit être rejetée par un double motif. D'une part, il faut remarquer que si le juge se prononce pour l'application de la loi étrangère, c'est que telle est pour lui la véritable solution commandée par les principes, soit de sa loi positive, soit, dans le silence de cette dernière, du Droit international privé. Or, si l'on comprend, à raison de l'impossibilité où il se trouve de connaître dans leurs détails les lois des différents pays, qu'il accepte le concours des parties qui lui fournissent des renseignements dont il apprécie la valeur, on ne conçoit pas qu'il se désintéresse absolument de la question et qu'il ne provoque pas lui-même, quand les preuves qu'on produit devant lui sont insuffisantes, des recherches propres à l'éclairer mieux. D'autre part, l'inaction du juge en pareil cas

---

(1) *Hoc sensu :* Laurent, *loc. cit.*, t. II, p. 487-488.

(2) Westlake, *Revue de droit international*, t. XIV, p. 304 ; décision du tribunal supérieur de commerce de Leipsig, 14 février 1871 (Journal Clunet, 1874, p. 800).

conduit à ce résultat que, si les dispositions de la loi étrangère ne lui sont pas suffisamment démontrées, la décision qu'il aura adoptée relativement à leur application deviendra lettre morte : le Droit international privé risque donc de n'être, dans nombre de cas, qu'un ensemble de principes théoriques sans la moindre portée réelle.

Aussi est-il plus juste de conclure à l'obligation pour le juge de rechercher, par tous les moyens possibles, la teneur de la loi étrangère quand les parties ne le font pas elles-mêmes (1).

A plus forte raison faut-il répudier l'opinion de ceux qui pensent que, en l'absence de preuves ou dans le cas d'incertitude sur la véritable disposition de la loi étrangère, le juge peut appliquer sa propre loi. Si on adopte cette solution comme le font les juristes anglo-américains, quelle est donc la valeur du Droit international privé ? Cela revient à dire que, tout en reconnaissant la loi étrangère seule applicable en droit, le juge s'en tient à la sienne trouvant l'autre trop difficile à connaître (2).

25. Caractère obligatoire pour le juge de la loi étrangère. — Si, en vertu des règles du Droit international privé, le juge se trouve conduit à appliquer la loi étrangère, il y a lieu de se demander à quelle sanction on devra recourir pour le contraindre, d'une part à faire cette application, et, en second lieu, à interpréter cette loi conformément à son sens véritable. En langage pratique, cela revient à se demander si le pourvoi en cassation est possible pour défaut d'application ou application erronée de la loi étrangère.

En France, où la Cour de cassation n'a été organisée que pour maintenir l'unité de la jurisprudence dans l'interprétation *de la loi française,* on est unanime pour reconnaître que le pourvoi n'est pas possible à raison de la violation des principes théoriques du Droit international privé qu'aucun texte positif ne consacre. La Cour suprême n'a donc pas à intervenir quand, au mépris de ces principes, on n'applique pas la loi étrangère ; il en est évidemment de même dans le cas où le juge interprète mal cette législation. C'est là du reste une manière de voir qui s'impose dans tous les pays où

---

(1) *Hoc sensu :* Asser, *loc. cit.*, p. 34-35 ; Laurent, *loc. cit.*, t. II, p, 470 et suiv. ; Bar, *Das internationale Privat und Strafrecht*, 1862, § 32.

(2) Laurent, *loc. cit.*, p. 475.

le tribunal de cassation présente les mêmes caractères qu'en France, par exemple en Belgique et en Hollande (1).

A cette règle générale la pratique a apporté deux exceptions parfaitement logiques, étant donné la raison sur laquelle la règle elle-même repose.

1º Le pourvoi en cassation est possible pour défaut d'application de la loi étrangère quand on arrive, en n'appliquant pas cette dernière, à violer une disposition des lois françaises. Cette première exception comporte elle-même deux cas distincts.

a. Tout d'abord, il peut se faire que la loi française commande positivement l'application de la loi étrangère ; c'est ce qui a lieu dans les art. 47, 170 et 999 du Code civil en ce qui concerne les formes des actes juridiques accomplis en pays étranger. — Mais il est essentiel de remarquer que, en pareil cas, un tribunal aura satisfait à la loi en acceptant l'application de la loi étrangère ; il importera peu qu'il fasse ensuite une interprétation fausse de celle-ci. Ainsi on devra bien reconnaître comme valable, d'après l'art. 170 C. C., un mariage célébré entre Français en Angleterre dans les formes anglaises ; mais le tribunal pourra souverainement apprécier les dispositions de la loi anglaise quant aux formalités exigées pour la validité du mariage. Sur ce dernier point, seul l'appel sera possible et non le pourvoi en cassation, car il ne s'agit plus que d'une question de fait (2).

b. En second lieu, la loi française peut se trouver indirectement violée par le défaut d'application de la loi étrangère, sans que son texte prescrive expressément cette application. Deux exemples, tirés de la jurisprudence, feront voir comment est entendu ce nouveau cas assez difficile à préciser et dont on a fait parfois des extensions abusives. Un Français traite à Hong-Kong, possession anglaise, avec une compagnie anglaise de navigation pour le transport de sa personne et de ses bagages à Marseille : le bulletin qu'on lui délivre porte que la compagnie décline toute responsabilité pour la perte des bagages. Ces derniers ayant été

---

(1) Fœlix, *loc. cit.*, t. I, nº 18, note 1 ; Asser, *loc. cit.*, p. 37, nº 44.—Cass. Req., 17 juillet 1833, Sir., 1833. 1. 663.

(2) Cass., 4 juin 1872, Sir., 72. 1. 160 ; Cass., 12 novembre 1872, Sir., 73. 1. 17 ; Cass., 31 mars 1875, Journal Clunet, 1876, p. 272 ; Cass., *Req.*, 23 février 1874, *id.* 1875, p. 116.

effectivement perdus, successivement le tribunal de Marseille et la Cour d'Aix accordèrent une indemnité à leur propriétaire, en appliquant la loi du lieu d'exécution du contrat qui était Marseille, c'est-à-dire la loi française. La Cour suprême s'est prononcée pour l'application de la loi anglaise, parce que l'art. 1134 C. C. dispose que les conventions légalement formées sont la loi des parties, et que ces dernières avaient implicitement adopté la législation anglaise (1). De même a été cassée la décision en vertu de laquelle une concession territoriale faite par un gouvernement étranger pouvait être l'objet d'un apport dans une société, contrairement au texte du décret de concession et aux déclarations du gouvernement étranger : la loi française ne permet pas, a-t-on dit, un apport en propriété portant sur une chose dont le détenteur ne peut librement disposer parce qu'elle est hors du commerce (2).

2° Il y aurait encore lieu à un pourvoi en cassation si un tribunal se refusait à faire l'application d'une loi étrangère stipulée dans un traité. La convention diplomatique régulièrement faite est comparable à la loi en ce qui concerne son caractère obligatoire pour le juge. — Certains traités contiennent une clause de réciprocité en vertu de laquelle les nationaux respectifs des deux pays contractants bénéficient de l'application de leur propre loi, pour certains points déterminés, comme s'ils étaient sur le territoire de leur patrie : en pareil cas, il ne suffira pas pour les tribunaux français d'appliquer leur loi nationale aux étrangers dont le gouvernement a passé une semblable convention avec la France, il faudra qu'ils en fassent une juste et exacte application. Toute la loi étrangère est en quelque sorte sous-entendue dans le traité, en vertu de la clause de réciprocité, et devient obligatoire dans toutes ses dispositions comme le traité lui-même. L'application de cette idée a été faite à propos de la faculté réciproque de succéder, accordée dans des traités avant la loi du 14 juillet 1819 qui a abrogé l'art. 726 C. C. (3).

De ce qui vient d'être dit, découle cette conclusion que les traités

(1) Cass., 23 février 1864, Sir., 64. 1. 385, v. critique de cet arrêt : Demangeat, Journal Clunet, 1874, p. 13 à 17.

(2) Cass., 18 juillet 1876, Dal., 76. 1. 497, et Journal Clunet, 1877, p. 425 ; Cass., 12 février 1879, Journal Clunet, 1881, p. 152.

(3) Cass., 15 juillet 1811, Sir., XI. 1. 301, et 1er février 1813, Sir., XIII, 1. 113

doivent se multiplier le plus possible en assurant l'application obligatoire pour le juge de la loi étrangère, quand les principes du Droit international privé la commandent, afin de garantir la sanction du recours devant la Cour suprême et l'unité de jurisprudence dans une matière où l'accord est encore bien loin d'exister.

26. Sources du Droit international privé. — Le Droit international privé, n'émanant pas, contrairement au Droit interne de chaque pays, d'une autorité souveraine, dont on ne conçoit même pas l'existence au-dessus des nations, n'a pas de texte général et ne saurait être codifié. Cependant il se révèle comme loi positive dans diverses sources et parfois avec un caractère obligatoire, au moins pour les juges de certains pays. Ces sources sont au nombre de quatre : les traités, les usages internationaux, la loi et la jurisprudence des divers pays, enfin la doctrine des jurisconsultes (1).

27. A. — Un traité peut être défini un accord obligatoire intervenu entre deux ou plusieurs états. — Pour savoir si un état jouit de la souveraineté extérieure et peut, par conséquent, faire des traités, il n'y a qu'à apprécier sa situation en se référant à ce qui a été dit plus haut sur la classification des états (v. n° 7).

Les accords internationaux prennent différents noms suivant leur objet. On appelle :

a. Traités, les accords les plus importants et d'une portée générale ;

b. Conventions, ceux qui portent sur un point spécial, par exemple les conventions de postes, de douanes, etc...;

c. Déclarations, communes ou unilatérales, les constatations faites que deux ou plusieurs états se sont entendus sur certains points et qu'ils fixent en tel sens la conduite à suivre à leur sujet ;

d. Cartels, les accords moins importants relatifs à une affaire toute spéciale : par exemple, un échange de prisonniers, de déserteurs, le règlement du service des douanes sur la frontière, etc....

Par *protocole,* on désigne le procès-verbal des réunions des négociateurs qui préparent et rédigent le traité. Le procès-verbal ou protocole de clôture des négociations est particulièrement important, parce qu'on est dans l'usage d'y expliquer ou compléter les clauses obscures ou insuffisantes de la convention internationale.

(1) V. sur cette matière : Renault, *Introduction à l'étude du Droit international,* 1879, p. 32 et suiv.

3

A un autre point de vue, on peut partager les traités en deux grandes catégories (1). Les uns tendent à mettre fin à une situation pendante, comme les traités de paix. On se préocupe généralement, dans de semblables conventions, de régler les affaires politiques, sans poser de principes généraux des relations internationales. On peut cependant citer, à titre exceptionnel, le traité de Washington du 8 mai 1871, dans lequel l'Angleterre et les Etats-Unis, en faisant un compromis pour trancher la question de l'*Alabama*, établirent des règles générales d'arbitrage qu'ils déclarèrent accepter dans l'avenir pour des cas semblables. — Les autres ont pour objet de réglementer d'une manière constante certains rapports internationaux ; tels sont ceux qui intéressent le Droit international privé, notamment ceux qui déterminent la condition des nationaux respectifs de deux pays sur le territoire de chacun d'eux, ou bien qui fixent les conditions d'exécution des jugements.

28. Le texte des traités se trouve dans des recueils dont quelques-uns sont classiques. Pour l'antiquité, on peut consulter : Egger, *Etudes historiques sur les traités publics chez les Grecs et les Romains, depuis les temps les plus anciens jusqu'aux premiers siècles de l'ère chrétienne*, 1866. — Pour le moyen-âge : *le Corps universel diplomatique du Droit des gens*, de Jean Dumont, publié en Hollande de 1726 à 1731 et complété par Rousset. Dans ce recueil, les traités antérieurs à Charlemagne ont été réunis par Barbeyrac. — Pour les temps modernes, l'ensemble des traités depuis 1761 se trouve dans la vaste compilation de Martens, fondée à Gœttingue en 1791. Continué successivement par plusieurs auteurs, ce recueil l'a été en dernier lieu par MM. Samwer et Hopf, et, actuellement, par ce dernier seul, depuis le décès de M. Samwer.

Enfin, pour la France en particulier, il faut consulter le *Recueil des traités de la France depuis* 1713, publié par M. de Clercq, sous les auspices du Ministère des affaires étrangères.

29. La validité des traités dépend du droit constitutionnel de chaque pays qui détermine les autorités ayant le pouvoir de les conclure.

Il faut distinguer, du reste, dans la formation d'un traité deux phases : la négociation et la ratification. La *négociation* consiste

(1) Renault, *loc. cit.*, p. 34 à 37.

dans la préparation de l'accord international et dans l'entente préalable après discussion. Elle est faite par des fonctionnaires diplomatiques que l'on qualifie, en pareil cas, de *plénipotentiaires*, à raison des pouvoirs dont ils sont investis par leurs *lettres de créance*. Ces pouvoirs, d'ailleurs plus ou moins restreints dans la pratique au moyen *d'instructions*, leur sont donnés, dans la plupart des pays, par le chef du pouvoir exécutif qui a ainsi l'initiative des négociations.

Le traité, une fois rédigé et signé par les plénipotentiaires, n'est point parfait : il doit être *ratifié*. — Ce point a été contesté, surtout par les anciens auteurs ; ils soutenaient que l'autorité qui avait donné le mandat se trouvait liée par les actes du mandataire accomplis dans les limites qui lui avaient été assignées, conformément aux principes juridiques en cette matière (1). — Mais on a répondu, avec raison, que le chef du pouvoir exécutif, même quand c'est un prince, n'est plus, dans la plupart des constitutions modernes, la personnification même de l'Etat : les actes faits par lui ou par ses mandataires ne peuvent donc lier l'Etat lui-même. Dans les monarchies absolues où le souverain absorbe la nation dans sa personne, il faut au moins reconnaître que le pouvoir qui lui appartient d'engager l'Etat lui est propre, qu'il ne peut le déléguer à des plénipotentiaires dont il doit revoir tous les actes (2).

On reconnaît donc aujourd'hui la nécessité d'une ratification pour la validité du traité, et le pouvoir pour un état de répudier les engagements souscrits par ses ambassadeurs. Seulement, les convenances internationales demandent qu'on justifie le défaut de ratification par des motifs sérieux, tels qu'un changement dans les circonstances qui avaient amené les négociations, l'opposition de l'opinion publique du pays aux clauses du traité, etc. (3).

Qui peut ratifier ? — Dans la plupart des peuples modernes, où le prince n'est plus l'incarnation même de l'Etat, il est plus logique d'accorder ce pouvoir à l'autorité législative plutôt qu'au chef du pouvoir exécutif. Il est naturel que le traité, acte de souveraineté, général et obligatoire pour tous les nationaux d'un pays comme la

(1) Grotius, Vattel, Puffendorf, Heffter, *loc. cit.*, § 84, p. 173. — Art. 1998 C. C.
(2) Carnazza-Amari, *loc. cit.*, t. II, p. 437 et suiv.
(3) Calvo, *Traité de Droit international public*, édit. 1870, t. I, p. 716; Bluntschli, *Droit international codifié*, § 420.

loi, émane aussi du pouvoir législatif, c'est-à-dire de la nation ou de ses représentants.

En fait, il faudra suivre le Droit constitutionel des divers pays qui, à cet égard, peuvent se partager en trois classes. Dans les uns le pouvoir exécutif ratifie les traités ; c'est le cas de l'Angleterre où cependant la reine doit, pour les affaires particulièrement graves, consulter le Parlement qui ne donne qu'un simple avis. Les Etats-Unis, malgré leur constitution démocratique, suivent les mêmes errements. — Dans presque toutes les nations modernes, on distingue suivant l'importance des traités pour exiger ou non le concours des Chambres à la ratification du chef du pouvoir exécutif : c'est le système adopté en Allemagne, Autriche, Belgique, Italie, France, etc... — Enfin, dans les pays de gouvernement despotique, comme la Russie et la Turquie, tous les engagements du souverain lient l'Etat.

Quand il est légalement ratifié, le traité devient obligatoire pour les états qui y ont adhéré. Seulement son exécution peut être paralysée pour deux causes. D'abord en vertu du Droit constitutionnel de chaque pays : par exemple, le pouvoir législatif refuse à l'exécutif, qui a seul ratifié le traité comme il en avait le droit, les ressources nécessaires, les finances indispensables pour sa mise en pratique. En second lieu, le pouvoir même qui a ratifié l'accord international peut ne pas vouloir s'y conformer : il n'existe alors d'autre sanction pour l'y contraindre que les représailles, la rupture des relations ou même la guerre.

30. En France, les règles relatives à la confection des traités ont varié avec nos nombreuses constitutions depuis la Révolution. Celle du 14 janvier 1852 donnait, dans son art. 6, tout pouvoir de négociation et de ratification à l'Empereur ; mais celle du 21 mai 1870, qu'on n'eut du reste jamais l'occasion d'appliquer, exigeait une loi pour les traités modifiant les tarifs de postes ou de douanes (art. 18). De 1870 à 1875, faute de constitution, on a considéré l'Assemblée nationale comme souveraine en cette matière, le chef du pouvoir exécutif ne faisant qu'agir sous son contrôle (Loi du 31 août 1871, art. 1er). Enfin la constitution du 16 juillet 1875 donne au Président de la République le pouvoir de ratifier les traités ; le concours des Chambres n'est exigé que pour les suivants : 1° traités de paix ; 2° de commerce ; 3° ceux qui engagent les finances de l'Etat ; 4° ceux qui sont relatifs à l'état des personnes et au droit de propriété des Français à l'étranger ; 5° enfin ceux qui ont pour objet la cession, l'adjonction ou l'échange d'un territoire (art. 8).

On a prétendu, en s'inspirant de l'esprit de la loi, des travaux préparatoires et de la pratique du gouvernement qui a soumis aux Chambres des traités ne rentrant pas dans l'énumération de l'art. 8, par exemple des traités d'extradition, que cette énumération n'est pas limitative, et que tous les traités *créant de nouveaux droits ou de nouvelles obligations* pour les Français à l'étranger doivent être approuvés par une loi (1). Mais il semble plus sûr de s'en tenir au texte très clair de la loi constitutionnelle, qui n'exige le concours du législateur que pour les traités relatifs *à l'état des personnes ou au droit de propriété* des Français (2). Il faudrait cependant conclure à la nullité des traités assez nombreux qui, de 1870 à 1875, n'ont pas été approuvés par le législateur, ainsi que de ceux qui, rentrant dans l'énumération de l'art. 8 de la loi constitutionnelle, n'ont pas été ratifiés par les Chambres depuis 1875 (3).

31. Même quand ils ne sont pas formellement limités à une période de temps déterminée, les traités ne doivent jamais être regardés comme perpétuels. Indépendamment des causes de résolution communes à tous les contrats, telles que le consentement réciproque des parties, l'inexécution des obligations de la part de l'une d'elles, etc..., les traités peuvent toujours être *dénoncés*, suivant l'expression diplomatique. Toutes les fois que les raisons qui les ont motivés viennent à disparaître et qu'ils nuisent au développement de la prospérité d'un pays, ils perdent leur raison d'être et on peut en demander la cessation. Seulement, pour maintenir les bons rapports internationaux, l'état qui dénonce un traité conclu par lui doit en avertir la nation avec laquelle il a contracté, donner des motifs sérieux pour justifier sa manière d'agir ; l'équité commande même quelquefois qu'il accorde une indemnité à ceux qui souffrent un préjudice de la cessation du traité. — On soutient encore que la guerre éclatant entre deux nations met fin à tous les

(1) M. Clunet, dans son Journal, 1880, p. 5 à 55.

(2) Comparez Constitutions d'Allemagne du 16 avril 1872, art. 2 ; d'Autriche du 21 décembre 1867, art. 6 ; de Belgique du 7 février 1831, art. 68 ; d'Espagne du 30 juin 1876, art. 55.

(3) V. l'indication de ces traités dans l'article de M. Clunet cité plus haut, p. 20 à 28.

traités intervenus entre elles. Il y a là une exagération : en réalité la guerre ne peut faire obstacle qu'au maintien des traités qui sont incompatibles avec l'état de choses qu'elle amène, comme par exemple, un traité d'alliance. Mais on ne voit pas trop la raison pour laquelle la plupart des conventions relatives à des questions de Droit international privé, par exemple à l'exécution des jugements, au règlement des successions, pourraient se trouver modifiées par la guerre qui n'existe qu'entre les états et non entre les individus (1).

Lorsqu'un état disparaît en tout ou en partie, absorbé dans un autre par l'annexion, que deviennent les traités conclus par lui, soit en entier, soit en tant qu'ils doivent s'appliquer à la partie annexée ? — On dit souvent que le pays annexé prend la situation de celui auquel il est incorporé, au point de vue des relations diplomatiques, et que les traités conclus par ce dernier s'appliquent nécessairement à lui. Mais cette formule tendrait à faire croire que toutes les conventions du pays annexé, intervenues avant l'annexion, disparaissent après que celle-ci s'est réalisée. Or, cette proposition est fausse, au moins dans sa généralité. En réalité il n'y a que les traités incompatibles avec la constitution générale du pays qui réalise l'annexion qui ne subsistent plus pour le pays annexé : tels sont les traités politiques. Ceux au contraire qui sont d'un intérêt purement local, comme les conventions de postes, peuvent parfaitement être maintenus, après l'annexion, pour le territoire annexé (2).

32. B. Les usages suivis dans les rapports internationaux sont la seconde source du Droit international privé. La façon constante d'agir des peuples dans leurs relations a une grande autorité, car elle accuse un accord basé sur une idée de justice communément acceptée et un sentiment des nécessités pratiques. On constate les usages par l'histoire, surtout celle des relations diplomatiques. Les documents qui font connaître ces relations sont, dans la plupart des états modernes, communiqués aux Chambres par le gouvernement, sous la forme de recueils que l'on appelle : le *Livre jaune* en France, *bleu* en Angleterre, *vert* en Italie, *rouge* en Autriche. Bien

(1) Carnazza-Amari, t. II, p. 550
(2) Carnazza-Amari, t. II, p. 515 et suiv.

que ces actes se réfèrent surtout au Droit international public, il arrive souvent qu'ils servent à établir les usages reçus dans des questions de Droit international privé ; c'est ainsi que l'immunité des ambassadeurs, connue sous le nom d'*Exterritorialité*, dont les conséquences sont importantes au point de vue du Droit international privé, n'est établie en France que par la coutume suivie dans les rapports avec les autres états.

33. C. La législation et la jurisprudence des divers pays. — Dans chaque état, les dispositions de la loi positive relatives aux conflits de législations sont obligatoires pour le juge, si contraires qu'elles soient aux vrais principes de notre science. Du reste, la plupart des codes sont bien insuffisants au sujet de ces questions. On verra, plus tard, combien l'art. 3 de notre Code civil laisse subsister de lacunes à cet égard ; on ne trouve guère de principes assez développés que dans le Code civil italien de 1866 (art. 6 à 12 des dispositions générales) et dans celui de la République Argentine de 1869 (Titres préliminaires, I, art. 6 à 14).

Quant à la jurisprudence, n'ayant qu'une autorité morale plus ou moins considérable dans chaque pays, à plus forte raison n'a-t-elle pas plus de force en pays étranger. Cependant, elle n'est invoquée dans aucune matière plus que dans la nôtre, par suite de cette habitude naturelle aux jurisconsultes de chercher des autorités, faute de textes positifs.

34. D. La doctrine des jurisconsultes. — Les solutions indiquées par les savants dans leurs écrits ou leurs consultations n'ont pas évidemment de valeur légale, les tribunaux peuvent seulement s'en inspirer. En Angleterre, en particulier, les décisions des conseillers de la Couronne jouissent d'une très grande autorité ; en Italie et en France, on a organisé un Comité consultatif du contentieux près le ministère des affaires étrangères dont les consultations sont aussi généralement écoutées ; c'est ainsi que le Livre jaune de 1869 contient une déclaration de ce Comité établissant que la loi ottomane de 1867 sur la Naturalisation n'est pas contraire, comme on l'avait cru, au régime des Capitulations (1).

C'est surtout dans notre science que le rôle du jurisconsulte est considérable. Sans avoir à se cantonner dans l'exégèse d'un texte qui, la plupart du temps, n'existe pas, il doit déterminer, par l'ana-

(1) Ce Comité a été réorganisé par décret du 17 juillet 1882.

lyse des relations internationales et de la vraie nature des rapports juridiques, la législation applicable parmi plusieurs qui se trouvent en conflit. Il est ainsi véritablement législateur et peut voir ses solutions théoriques, adoptées par les tribunaux, devenir le droit positif. Aussi le Droit international privé a-t-il attiré les esprits les plus éminents qui ont donné à cette étude, vieille de cinquante ans à peine sous sa forme nouvelle et vraiment scientifique, un essor qui va toujours grandissant (1). Certains ont même été tentés par le grandiose projet de faire une codification générale de ce droit, en formulant, dans un ensemble de règles méthodiquement distribuées, ses principes généraux et leurs principales applications. De ces essais, les deux plus remarquables sont : 1° l'ouvrage de M. Dudley-Field, paru à New-York en 1872 et intitulé : *Draft outlines of an international code,* traduit en français par M. Albéric Rolin, professeur à Gand, sous ce titre : *Projet d'un code international;* 2° et, surtout, le *Droit international codifié* de Bluntschli, traduit en français par M. Lardy et qui a déjà paru en quatorze langues, même en chinois. C'est la plus belle tentative de synthèse dont le Droit international, soit public, soit privé, ait été l'objet jusqu'à présent.

Des sociétés spéciales travaillent aussi au développement du Droit international. En première ligne, il faut signaler l'*Institut de Droit international,* fondé en 1873 par M. Rolin-Jæquemyns, ministre de l'intérieur en Belgique. Cette association tient des sessions annuelles dans les principales villes d'Europe et, depuis 1877, publie l'*Annuaire de l'Institut de Droit international* contenant ses résolutions, les traités importants conclus dans l'année, une bibliographie et le résumé des faits pouvant intéresser la science. — En second lieu, dans la même année 1873, a été fondée à Bruxelles l'*Association pour la réforme et la codification du Droit des gens,* qui publie chaque année, à Londres, un volume : *Report of the annual conference.*

Pour suivre les progrès de notre Droit, connaître ses modifications et l'état de la jurisprudence internationale, il est indispensable de consulter les périodiques qui lui sont particulièrement consacrés. Signalons, tout d'abord, la *Revue de Droit international et de légis-*

---

(1) On trouvera un tableau sommaire de l'état actuel de notre science en Europe et en Amérique dans Asser, *loc. cit.,* p. 12 à 27.

lation comparée, paraissant à Bruxelles et à Leipsig tous les mois : fondée en 1869 par MM. Asser, Westlake et Rolin-Jæquemyns, cette revue est actuellement dirigée par MM. Arntz (1), Asser, Westlake et Rivier. — En second lieu paraît à Paris, depuis 1874, le *Journal de Droit international privé,* fondé et dirigé par M. Clunet : c'est l'auxiliaire le plus précieux du praticien en notre matière.

De plus, pour l'étude et la vulgarisation des législations étrangères, si utiles dans la pratique, on trouve à Paris la *Société de législation comparée,* reconnue d'utilité publique depuis 1873. Elle publie, en sept fascicules par an, un *Bulletin* contenant des études analytiques et critiques des institutions juridiques étrangères, et, tous les ans, deux Annuaires, l'un de *législation étrangère,* donnant la traduction des principales lois promulguées à l'étranger dans le courant de l'année, l'autre de *législation française.* La Société s'occupe encore de faire traduire et publier les principaux codes étrangers dont quelques-uns ont déjà paru.

Enfin, par arrêté ministériel du 27 mai 1876, il a été formé au ministère de la justice une collection des lois étrangères dont la conservation et le classement sont confiés à un comité spécial (2).

(1) Décédé le 23 août 1884.
(2) V. le catalogue publié en 1879, Imprimerie nationale.

LIVRE I

Théories préliminaires.

CHAPITRE I

CONDITION DES ÉTRANGERS

35. On a vu, plus haut, qu'avant de se préoccuper de déterminer la loi applicable à un rapport de droit, le juge doit se demander si les étrangers, quand il y en a d'intéressés dans la question, peuvent invoquer le droit dont il s'agit dans le débat soumis à l'appréciation de la justice. Il y a là une sorte de question préjudicielle dont la solution doit nécessairement précéder celle de la question de Droit international proprement dit. Pour la résoudre, chaque juge doit consulter les dispositions de sa propre loi en ce qui concerne la condition des étrangers (1).

Avant de donner l'exposé de la condition des étrangers en France d'après notre législation actuelle, et l'indication sommaire des règles contenues à cet égard dans les principales législations étrangères, il est indispensable de fournir un aperçu général sur la marche suivie par les idées en cette matière, spécialement dans notre pays. On pourra mieux se rendre compte ainsi de l'évolution progressive de notre législation sur ce sujet, et de la carrière qu'elle a encore à parcourir pour arriver à un état parfaitement satisfaisant.

SECTION I

L'ANTIQUITÉ

36. Un caractère commun de toutes les législations anciennes est leur extrême rigueur vis-à-vis de l'étranger. A l'origine, par suite

(1) Nº 23.

de leur faiblesse qui leur fait redouter l'immixtion des autres tribus ; plus tard, à cause de leurs profondes dissemblances de religion (1), de traditions, de mœurs, les nations antiques mettent systématiquement hors la loi quiconque n'appartient pas à la même communauté humaine. Peut-être les besoins du commerce amenèrent-ils quelques adoucissements chez les peuples marchands, comme les Phéniciens et les Carthaginois ; mais les documents nous font complètement défaut à cet égard. En revanche, toutes les lois anciennes sur lesquelles nous possédons des renseignements nous apparaissent comme très dures vis-à-vis des étrangers.

Les Juifs, par suite de leur constitution théocratique, en vertu de laquelle ils se considéraient comme un peuple prédestiné que Dieu voulait garder pur de tout mélange, repoussaient tous ceux qui n'étaient pas de leur race. On connaît les malédictions terribles que l'Ecriture contient contre les étrangers (2) ; elles furent la règle de conduite des Hébreux vis-à-vis des autres nations, jusqu'à ce que, leur puissance ayant été un peu plus affermie, ils contractèrent quelques alliances, à l'époque des Rois.

En Grèce, tous ceux qui n'étaient pas de race hellénique, les Barbares, étaient mis hors la loi ; à Athènes, on les séquestrait dans un quartier spécial et ils devaient payer un impôt particulier ; à Sparte, on leur interdisait l'entrée de la ville. Quant aux diverses républiques grecques, bien qu'individuellement très exclusives dans leurs rapports respectifs, elles en vinrent peu à peu à se faire des concessions réciproques que commandaient leurs relations très fréquentes, la communauté de race et de mœurs.

Parfois des traités, ou même des décrets particuliers d'une cité, accordent aux habitants d'une autre ville grecque des droits civils, par exemple la faculté de se marier, d'être propriétaire ; ou encore créent des juridictions spéciales pour les étrangers (3). A Athènes, les étrangers qui avaient aussi obtenu certains droits étaient appelés *Isotèles*. Par *Métèque* on entendait l'étranger autorisé à s'établir à Athènes après enquête.

D'autres traités concèdent la jouissance de tous les droits civils,

(1) Fustel de Coulanges, *Cité antique*, liv. III, chap. XII.
(2) Deutéronome, VII, 1 à 4.
(3) Laurent, *loc. cit.*, t. I, p. 128 ; Egger, *loc. cit.*, *Traité entre Œanthéa et Chaleion*, p. 36.

assimilant ainsi certains étrangers aux nationaux : c'est l'*isopolitie* dont les exemples sont assez rares (1). Pour trancher des conflits internationaux, on organisait aussi quelquefois des tribunaux composés d'arbitres qui, d'après certains traités, étaient pris par moitié dans chacun des deux pays divisés par le litige : en cas de partage, on appelait des juges d'une troisième cité (2). — Enfin, des citoyens d'une ville assumaient souvent la charge, faisant ainsi une application de l'hospitalité antique, de défendre certains étrangers devant les tribunaux et de les prendre, d'une façon générale, sous leur protection au point de vue du droit. Ces protecteurs étaient les *proxènes* ; d'ailleurs la *Proxénie* était souvent héréditaire : c'est ainsi que, d'après ce que nous apprend Xénophon, les Alcibiades étaient, de père en fils, les proxènes des Lacédémoniens à Athènes (3).

37. A l'origine, la loi romaine ne distingue que les citoyens romains et ceux qui ne le sont pas ; ces derniers étaient exclus de toute participation au droit propre de Rome, *jus civile*. D'ailleurs, la haine contre l'étranger, à cette époque, se révèle encore par l'expression *hostis* qui désigne également l'étranger et l'ennemi. Ce n'est que plus tard que l'on discerna l'étranger ami, *peregrinus*, de celui avec qui l'on était en guerre, *hostis* (4). Plus tard encore, par suite de modifications successives dans la législation romaine qui sont bien connues, on en vint à distinguer, parmi les pérégrins, des catégories plus nombreuses.

En bas de l'échelle on trouve les *Barbares,* c'est-à-dire les peuples qui n'ont avec Rome aucune relation suivie, et vis-à-vis desquels elle se considère comme étant en guerre perpétuelle sans déclaration préalable : tels furent les Germains.

Les *Latini veteres* étaient les membres de la confédération des villes latines dans laquelle Rome entra, en 260, après la bataille du

---

(1) Egger, *loc. cit.,* p. 79 et 130.

(2) Dans le même ordre d'idées, il faut citer le conseil des Amphictyons dont l'origine est incertaine et qui était composé de délégués de la plupart des cités grecques : une de ses principales attributions était de concilier les états de la Grèce qui étaient en conflit.

(3) V. Ch. Tissot, *des Proxénies grecques et de leurs analogies avec les institutions consulaires modernes,* Dijon, 1863 ; *Traités relatifs à la Proxénie,* Egger, *loc. cit.,* p. 273, 276, 277.

(4) Festus, *De verborum significatione,* v° Hostis.

lac Régille, en leur accordant deux éléments du *jus civitatis* :
le *connubium* et le *commercium* (1). Rome détruisit cette confédération en 416 et, plus tard, à la suite de la guerre sociale, le *jus civitatis* complet fut concédé à tout le Latium par la *lex Julia* rendue en 664 (2).

Les *Latini coloniarii* n'avaient que le *commercium* ; c'étaient les membres des colonies latines ou les habitants d'un pays auxquels la concession de ce titre était directement faite, comme les Espagnols à qui Vespasien donna cette faveur (3).

Les *Latini juniani*, créés en vertu des dispositions des lois *Junia Norbana* et *Ælia Sentia* dans certains cas d'affranchissement, avaient, comme les précédents, le *commercium*, mais avec des restrictions considérables au point de vue de la *factio testamenti*.

Les *peregrini* proprement dits comprenaient les peuples étrangers à Rome, mais entretenant avec elle des relations, et aussi les nations soumises mais qui n'avaient pas reçu le *jus civitatis*. Les pérégrins ne bénéficiaient que des institutions du *jus gentium*, puisqu'ils n'avaient pas le *jus civitatis*, et des dispositions spéciales des lois, des sénatus-consultes, des constitutions qui les visaient, ainsi que des édits des gouverneurs de province. Ils avaient du reste la faculté d'user du droit propre de leur cité (4). Au point de vue de la juridiction, on convenait souvent, dans des traités conclus avec d'autres nations, que les conflits entre citoyens romains et pérégrins ou entre pérégrins seulement seraient jugés par des *recuperatores*, au nombre de trois ordinairement, et parmi lesquels figurait probablement un pérégrin (5). Du Droit international, cette institution passa dans le Droit privé ; on en usa même dans les conflits entre citoyens romains, de même que l'*unus judex* intervint parfois dans les litiges entre citoyens romains et pérégrins (6). De plus, en 246 avant Jésus-Christ (507 de la fondation de Rome), fut créé le *prætor peregrinus* qui avait la *jurisdictio* dans les procès où des pérégrins se trouvaient intéressés.

(1) Tite-Live, II, 33.
(2) Cicéron, *pro Balbo*, 8.
(3) Pline, *Natur. Histo.*, III, 4.
(4) Gaius, III, 96, 120 ; *Rég.* d'Ulpien, XX, 14 ; *Table d'Héraclée*, ch. XXIII.
(5) Festus, *loc. cit.*, vᵒ *Reciperatio*.
(6) Accarias, *Précis de Droit romain*, t. II, p. 804, nᵒ 737

Enfin, parmi les pérégrins, les *deditices*, c'est-à-dire les peuples qui s'étaient rendus à discrétion, vaincus par les armes romaines, avaient la pire des conditions, réserve faite des esclaves, *pessima libertas* : incapables de jamais devenir citoyens romains, ils ne pouvaient résider à Rome ni dans un rayon de cent milles autour de la Ville.

Avec l'empire, le titre de *civis romanus* fut de plus en plus commun : après la concession de Claude qui l'accorda à une grande partie de la Gaule, après les nombreuses faveurs de Marc-Aurèle qui le prodigua, il faut citer la fameuse constitution de Caracalla qui le donna à tous les habitants de l'empire (1). Suivant l'opinion générale, cette constitution, ne statuant que pour le présent, laissa subsister la situation de pérégrins pour tous les peuples soumis plus tard à la domination romaine. Sous Justinien, toute distinction est effacée : tous ceux qui obéissent à l'empereur sont *cives Romani ;* en dehors d'eux il n'y a plus que des barbares.

Du reste, à cette époque, l'intérêt de la distinction des citoyens romains et des pérégrins a beaucoup perdu de son importance, par suite de l'extension toujours croissante du *jus gentium* qui absorbe nombre d'institutions spéciales au *jus civile.* C'est ainsi que la *cognatio* remplace l'*agnatio* et que la tradition s'applique à toute espèce de biens.

Déjà, à l'époque ancienne, la rigueur de la loi romaine pour les étrangers se trouvait atténuée par deux institutions : l'*hospitium* et le *patronatus.*

Par l'*hospitium*, un étranger se plaçait sous la protection d'un citoyen romain qui le défendait comme lui-même, à charge de réciprocité si celui-ci avait des droits à faire valoir dans le pays de son protégé. Par le patronat, tous ceux qui étaient établis sur le territoire de Rome et qui n'étaient pas rattachés à une *gens* particulière, par conséquent les pérégrins, se mettaient sous la puissance ou patronat d'un citoyen, en qualité de clients, au moyen d'un contrat spécial : *applicatio.* Le patron défendait son protégé comme l'*hospes*, mais sans la perspective de la réciprocité : le patronat était donc unilatéral, à la différence de l'*hospitium* qui était synallagmatique. Souvent aussi le patronat appartenait à des

(1) L. 17, Dig., *de Stat. hom.*, I, 5.

citoyens pour tout un peuple, par exemple à Cicéron pour la Sicile, à Caton pour Chypre, aux Fabii pour les Allobroges, aux Claudii pour les Lacédémoniens. C'est, comme on le voit, le pendant de la Proxénie grecque. Du reste, devenu inutile par suite de la facilité pour les pérégrins d'ester en justice sous le système formulaire, le patronat tomba en désuétude et disparut à partir de Cicéron (1). Au temps où il subsistait encore, il était souvent stipulé à la suite d'un traité qui accordait certains droits à des étrangers et que l'on qualifiait alors de *fœdus patrocinii*; tel était le traité de 416 par lequel Rome accorda le *connubium* et le *commercium* aux *Latini veteres* (2).

SECTION II

LE MOYEN-AGE ET L'ÉPOQUE MONARCHIQUE

38. Si, pour exposer la condition des étrangers d'après les diverses législations qui ont régi la Gaule depuis les temps les plus anciens jusqu'à la Révolution, on veut remonter jusqu'à la période celtique, il est difficile de fournir, pour cette dernière, autre chose que de vagues renseignements. Il est permis de conjecturer seulement que l'étranger n'était pas autrement traité, chez les Celtes, que l'homme du peuple ordinaire. Comme ce dernier, il devait se placer sous la protection d'un noble auquel il devait en retour un dévouement absolu en qualité de client; ou se résigner, s'il voulait vivre indépendant mais isolé, aux entreprises les plus violentes de tout le monde, à être traité en un mot comme un individu hors la loi (3).

39. Les barbares qui envahirent l'empire romain considéraient l'étranger comme exclu de toute participation à leurs institutions juridiques (4); pour se rendre compte de ce fait, il suffit de constater quelle était l'organisation politique des peuplades germaniques (5). Les tribus barbares formaient des associations d'hommes

---

(1) Ihering, *Esprit du Droit romain*, trad. de Meulenaere, t. I, p. 233 et suiv.

(2) Ihering, *loc. cit.*, p. 234.

(3) César, *De Bello galico*, VI, 15, 13, 19.

(4) Montesquieu, *Esprit des lois*, livre XXI, ch. 17.

(5) Pour l'histoire de la condition des étrangers en France, il faut consulter surtout la monographie remarquable de M. Demangeat : *Histoire de la condition civile*

libres qui étaient réunis par la plus étroite solidarité. Ces associés constituaient ce que les historiens latins appellent le *pagus* ou la *civitas*, et prenaient différents noms suivant les tribus : *arimanni* ou *hermani* chez les Lombards, *friborgi* chez les Anglo-Saxons, *rachimburgii* chez les Francs. Entre eux tout était commun, la réparation de l'offense commise, comme la vengeance du préjudice souffert : la somme due en pareil cas, le *wehrgeld*, était réclamée à tous, comme tous pouvaient l'exiger (1). Tous ceux qui ne faisaient pas partie d'une de ces associations étaient qualifiés de *warganei* ou *gargangi*, et tels étaient les étrangers. Aussi l'extranéité ne consiste-t-elle pas à cette époque dans une origine différente de celle des hommes de la nation, suivant la conception moderne, mais bien dans le défaut d'affiliation à la société des hommes libres. Ne pouvant prendre part à l'assemblée de ces derniers, le *mallum*, l'homme étranger, au sens qu'avait ce mot à cette époque, ne pouvait non plus porter les armes : il était hors la loi et, chez quelques peuples, était même réduit en esclavage, par exemple chez les Saxons. Sa condition était améliorée quand il avait dans la tribu un protecteur qui était en même temps son garant, et qui répondait pour lui du *wehrgeld* qu'il pouvait avoir à payer. On admit même qu'au bout d'un an de séjour toléré par la tribu, l'étranger serait considéré comme faisant partie de celle-ci (2).

Au point de vue des droits civils, l'étranger ne pouvait avoir, ni la propriété qui était probablement inconnue des Germains, ni même la jouissance individuelle de la terre dont l'usufruit était partagé entre les seuls membres de l'association. A plus forte raison ne pouvait-il pas disposer de la terre par acte entre-vifs ou succession *ab intestat*, sans parler du testament dont les barbares eux-mêmes n'usaient pas à cette époque (3). Enfin, suivant une opinion qui paraît accréditée, l'étranger ne pouvait exiger de *wehrgeld ;* en

des étrangers en France, 1844. Plusieurs des solutions du savant auteur sont combattues par la critique plus moderne : v. Durand, *Essai de Droit international privé, précédé d'une étude historique sur la condition des étrangers en France,* 1884.

(1) Tacite, *Germania,* § 13.

(2) Lex Salica, tit. 48, *de Migrantibus,* § 2.

(3) Tacite, *Germania,* § 20.

cas d'offense faite à un étranger, le coupable devait seulement une amende, *fredum*, au roi (1).

40. Quand les barbares se furent fixés en Gaule, une profonde modification commença à s'opérer dans la notion même de l'étranger. Sans doute les anciennes associations d'hommes libres qui existaient en Germanie subsistèrent pendant assez longtemps (2); mais la propriété immobilière individuelle, l'*alleu*, fut constituée, le territoire apparut comme un des éléments essentiels de l'Etat; la tribu se fixa et l'étranger devait bientôt être celui qui, par son origine, ne se rattachait pas à elle, parce qu'il était né hors de son territoire. D'ailleurs, la condition générale de l'étranger ne semble pas s'être améliorée à cette époque : on le présumait esclave fugitif et on le torturait pour lui faire avouer quel était son maître (3). Très généralement aussi il était assimilé à un serf et frappé du cens (4). Il faut reconnaître du reste que, tandis que certains auteurs voient dans la défense répétée qu'on trouve dans les lois de l'époque de ne pas maltraiter ni tuer les étrangers une preuve de leur triste situation (5), d'autres en concluent que leur sort était bien meilleur : pour ces derniers, on pouvait bien s'opposer à l'établissement de l'étranger et l'expulser en confisquant ses biens, mais sa personne aurait été à l'abri de toute entreprise (6).

Pour améliorer sa condition, l'étranger devait réclamer l'aide d'un seigneur à qui il abandonnait son indépendance et qui, en retour, lui accordait sa protection : c'était la *recommandation* que Charlemagne, désireux de trouver des personnes qui répondissent des actes des étrangers, rendit obligatoire pour ces derniers sous peine, pour eux, de ne pouvoir passer de contrats (7). Au point de vue des droits privés, l'étranger ne put pas plus qu'avant avoir la propriété de la terre salique ni de l'alleu, épouser une femme franke libre et en avoir des enfants légitimes (8). L'impossibilité

---

(1) Demangeat, *loc. cit.*, p. 30 à 33; *contra*, Durand, *loc. cit.*, p. 80-81.

(2) Lex Salica, tit. 48, *de Migrantibus*, § 1.

(3) *Loi des Burgondes*, tit. 49, § 1 ; *Formules* de Marculphe, liv. I, form. 8.

(4) Montesquieu, *loc. cit.*, XXX. 15.

(5) *Loi des Bavarois*, tit. III, § 14 ; capit. V de Charlemagne, de l'an 803, et III, chap. 8, de l'an 813 ; Demangeat, *loc. cit.*, p. 47.

(6) Durand, *loc. cit.*, p. 115 et suiv.

(7) Capit. I de l'an 806, § 3.

(8) *Loi des Lombards*, liv. III, tit. 15.

d'être propriétaire entraînait celle de transmettre les biens par acte entre-vifs ou par succession; par exception, la *Charta divisionis regni Francorum* accorda cette faculté aux sujets respectifs des trois héritiers de Charlemagne sur le territoire de l'un des deux autres (1), et Louis le Débonnaire procéda de même lors du partage de son empire.

41. Lorsque le droit coutumier remplaça les lois barbares, les étrangers furent qualifiés d'*aubains*. Quelques-uns ont vu l'étymologie de ce mot dans l'expression *Albani*, les habitants d'Albion et spécialement les Ecossais, parce que, de tous les étrangers qui venaient en France, ceux-ci étaient les plus nombreux (2); mais il semble plus naturel de ne voir dans ce mot qu'une contraction de *alibi natus*, celui qui est né ailleurs. Plus particulièrement, et sans que du reste aucun intérêt pratique s'attachât à cette précision, on désignait sous le nom d'*Epaves* les étrangers dont l'origine était inconnue.

Il importe beaucoup au contraire de distinguer les aubains de baronnie à baronnie ou *forains*, c'est-à-dire les individus soumis à l'autorité d'un seigneur qui se trouvaient sur le territoire d'un autre seigneur, et les étrangers proprement dits, c'est-à-dire ceux qui étaient nés hors du territoire de la France.

42. Les seigneurs féodaux, devenus propriétaires héréditaires de leurs fiefs, transformèrent à leur profit l'ancienne recommandation germanique. Tout habitant de leur territoire était leur serf ou leur vassal, et ils pouvaient le revendiquer s'il se rendait ailleurs. S'il n'était pas réclamé, l'émigrant devait *faire aveu*, c'est-à-dire se soumettre en qualité de serf et payer le cens au seigneur sur le territoire duquel il s'était rendu, dans l'an et jour de son arrivée. S'il décédait avant l'expiration de ce dernier délai, le seigneur percevait sur sa succession le droit d'*aubainage* ; l'aubain devait du reste léguer au seigneur la valeur représentant le droit d'aubainage après lui avoir fait aveu, sous peine de la confiscation de tout son mobilier ou d'une amende qui était le plus souvent de 60 sols (3).

(1) Cap. 1. de l'an 806, § 9.
(2) Demangeat, *loc. cit.*, p. 67 à 69. V. autres étymologies, Durand, *loc. cit.*, p. 123.
(3) *Etabliss. de St-Louis*, Liv. I, § 87; coutume de Loudenois, titre de *Moyenne justice*, art. 5 ; de Touraine, art. 43.

En outre, quiconque plaidait devant une autre cour que celle de son seigneur devait fournir, quand il était demandeur, la caution *judicatum solvi* dont il sera parlé plus tard d'une manière plus détaillée (1). Le Parlement de Paris supprima cette formalité pour les aubains de baronnie à baronnie, le 14 février 1569.

La première catégorie d'aubains dont il vient d'être question disparut peu à peu sous l'influence de deux causes. Tout d'abord, les communes affranchies qui tiraient toute leur puissance de leur richesse, désirant faciliter le développement du commerce et de l'industrie, voulurent se montrer aussi accessibles que possible à leurs voisins. Presque toutes leurs chartes suppriment le droit d'aubainage, et déclarent que, après un an de séjour sur leur territoire, tout individu d'une autre baronnie aura droit de bourgeoisie (2). D'autre part, la royauté, qui cherchait à abaisser par tous les moyens possibles la puissance féodale, s'arrogea peu à peu les droits que les seigneurs s'étaient attribués sur les aubains : elle y réussit grâce à un long travail qui commence au XIVe siècle sous Philippe VI et qui s'achève au XVIe siècle. Mais, pour les rois de France, il n'y avait véritablement d'aubains que ceux qui ne relevaient pas de leur autorité parce qu'ils étaient nés hors du royaume : de seigneurie à seigneurie, la royauté ne pouvait établir de différence, car partout elle ne trouvait que des sujets directs.

43. Les aubains proprement dits, c'est-à-dire les étrangers tels que nous les entendons aujourd'hui, furent aussi réduits par les seigneurs à la condition de serfs. Ils étaient en outre, en leur qualité d'aubains, assujétis à certains impôts particuliers. Le droit de *chevage* était exigé d'eux ainsi que des bâtards : il consistait en une taxe dont le montant variait suivant les pays (3). De plus, l'aubain ne pouvait épouser qu'une femme de sa condition et relevant du même seigneur, afin de ne point enlever à ce dernier ses droits sur la lignée des aubains. Pour obtenir l'autorisation de s'unir à une femme d'une autre seigneurie, c'est à-dire *forligner*, suivant le langage féodal, il devait payer une redevance, variable aussi suivant les coutumes, et que l'on appelait le droit de *formariage*. Faute

(1) De Beaumanoir, *Cout. de Beauvoisis*, ch. 43, p. 32.
(2) De Beaumanoir, *id.*, ch. 45, § 36.
(3) Du Cange, *Glossaire*, vo Albani.

d'acquitter cet impôt, l'aubain était frappé d'une très grosse amende, et même, jusqu'au XIIe siècle, son mariage était nul (1).

Mais, plus tard, une modification qui a été déjà signalée à la fin du numéro précédent s'opéra dans la condition des étrangers. Les rois, devenus plus puissants, firent admettre que tout aubain se plaçant sous leur *avouerie* échapperait à l'autorité des seigneurs ; il fut même défendu dans la suite de faire aveu à tout autre qu'au roi (2). D'ailleurs, pour relever directement du roi, les aubains ne virent pas leur condition bien améliorée : ils étaient la proie désignée des monarques besoigneux et les victimes des représailles exercées à raison des violences commises par leur pays contre les Français. Ainsi, en 1242, Saint Louis fit saisir les biens de tous les marchands anglais parce qu'Henri III d'Angleterre avait fait mettre à mort tous les marchands français pris sur mer ; Philippe VI confisqua les biens des Italiens, le 12 février 1347 ; Louis XIII et Louis XIV frappèrent tous les étrangers d'amendes arbitraires en 1639, 1646, 1656, 1697 (3).

44. Au point de vue du droit privé, la condition des étrangers fut déterminée par la jurisprudence des Parlements sous l'influence des légistes. Ces derniers, dans leur admiration, aveugle à bien des égards pour le Droit romain, transportèrent en France la distinction classique du *jus gentium* et du *jus civile,* et ils amenèrent les tribunaux à accorder la jouissance du premier aux aubains en leur refusant celle du second, comme faisait la loi romaine pour les pérégrins. C'était introduire une distinction que ne justifiaient nullement les traditions de la loi coutumière et qui, de plus, ainsi que nous l'établirons plus tard, est fausse en elle-même : ne s'expliquant jadis que par le caractère exclusif du peuple romain qui répudiait toute communauté de droit avec les autres nations, cette distinction était en désaccord avec les idées déjà admises au moyen-âge où le Christianisme, le développement naissant du commerce créaient au contraire un fonds commun de principes de droit entre les états. Cela est si vrai, que les légistes avaient été forcés de restreindre considérablement le *jus civile* tel que les Romains l'enten-

---

(1) De Beaumanoir, *loc. cit.*, ch. 45.
(2) *Etablissements de St-Louis,* liv. II, ch. 30 ; lettres-patentes de Charles VI pour la Champagne, du 5 septembre 1386.
(3) Demangeat, *loc. cit.*, p. 105-107.

daient, et d'accorder notamment la faculté d'être propriétaire et de se marier aux aubains; deux droits que les pérégrins n'auraient pu exercer à Rome faute d'avoir le *commercium* et le *connubium*.

45. Par application de cette idée générale, on permettait aux étrangers d'accomplir les actes juridiques rentrant dans ce qu'on appelait alors le *jus gentium;* par exemple, acheter, vendre, louer, hypothéquer, faire des donations, même des dons mutuels entre époux dans les coutumes qui les admettaient, des institutions contractuelles (1). On reconnaissait aussi, en général, aux aubains la faculté d'avoir un domicile; on en déduisait que, mariés sans contrat, ils étaient placés sous le régime dotal ou de communauté, suivant la coutume du lieu où ils avaient leur domicile : cependant, ce dernier point était controversé (2). Enfin, l'étranger usait de la prescription libératoire : quant à la prescription acquisitive, on la lui accordait ordinairement en la faisant venir de la *prescriptio longi temporis* qui était *juris gentium,* et non de l'*usucapio* qui rentrait dans le *jus civile.* Pothier la lui refusa d'abord; plus tard il lui accorda celle de trente ans et non celle de dix à vingt ans (3).

Au contraire, les institutions suivantes ne pouvaient être invoquées par l'aubain comme rentrant dans le *jus civile :* l'adoption tant qu'elle subsista et, plus tard, l'*affiliation* dans les coutumes qui l'admirent (4); la puissance paternelle qui, cependant, était loin d'avoir conservé le caractère qu'elle avait dans la législation romaine; enfin la tutelle.

46. Mais, de toutes les mesures rigoureuses qui frappaient les étrangers à cette époque, la plus saillante est celle que l'on désignait sous le nom de *Droit d'aubaine.* Dans un sens très large, cette expression indique toutes les règles défavorables pour les aubains au point de vue fiscal, la faculté pour le roi de recueillir leur succession : mais, dans sa signification spéciale, le droit d'aubaine exprime la double incapacité pour les aubains d'acquérir ou de transmettre par succession *ab intestat* ou testamentaire. C'est en remarquant que cette double faculté était du *jus civile* chez les

(1) Loysel, *Institutes coutumières,* liv. 1, reg. 51 ; Pothier, *Donations entre mari et femme,* n° 160.

(2) Pothier, *Communauté,* n° 21.

(3) Pothier, *Prescription,* n° 20, et *Des personnes,* tit. II, sect. II, n° 8.

(4) Bouteiller, *Somme rural,* liv. II, tit. 94.

Romains, que les légistes en refusèrent la jouissance aux étrangers. De plus ils firent considérer (il serait difficile de dire pour quelle raison plausible), les aubains comme des affranchis *dediticies* qui avaient pour patron, et par conséquent pour héritier, le roi.

En ce qui concerne le droit de recueillir une succession, l'incapacité était absolue : « Aubains ne peuvent succéder », disait Loysel (1). Mais on admit deux exceptions pour la faculté de léguer et de transmettre. L'aubain put en effet tester pour cinq sols, afin d'obtenir la sépulture en terre sainte que l'Eglise refusait à ceux qui ne lui laissaient rien. Il put aussi transmettre son hérédité à ses enfants français, nés et résidant en France ou naturalisés. C'est ce qu'exprimait l'ancien adage : « Aubain mort ne peut avoir d'héritier que de son corps (2). » De même, si un étranger laissait un enfant aubain et un autre français, le premier venait à la succession, car l'Etat, écarté par l'enfant français, n'avait plus d'intérêt à invoquer le droit d'aubaine (3).

47. De nombreuses exceptions furent d'ailleurs apportées à cette incapacité générale (4). Sans parler de l'étranger qui avait reçu du roi des *Lettres de naturalité* et qui, devenu Français, pouvait même aspirer aux fonctions publiques, il faut dire que nombre de pays n'admettaient pas le Droit d'aubaine : on peut citer Châlons-sur-Marne en vertu d'une charte de Charles V accordée en 1364 ; Calais, l'Artois, en vertu de l'art. 40 de sa coutume ; beaucoup de pays de droit écrit qui en obtinrent dispense des rois, malgré les légistes qui voulaient le leur imposer (5). Les habitants de certains pays en étaient dispensés aussi, parce que les rois de France invoquaient des droits de souveraineté sur eux, et qu'il eût été contradictoire avec ces prétentions de les regarder comme des étrangers soumis au droit d'aubaine : c'est ce qui avait lieu pour la Bourgogne, Avignon, la Flandre, la Bretagne, la Franche-Comté.

Jusqu'à Charles VIII, les princes étrangers qui ne résidaient pas en France étaient exempts du droit d'aubaine, et c'est ainsi que

(1) *Instit. Cout.*, liv. I, reg. 50.

(2) Cout. d'Anjou, art. 41 ; du Maine, art. 48 ; de Péronne, art. 7.

(3) Cout. de Péronne, art. 8.

(4) V. Demangeat, *loc cit.*, p. 155 à 223.

(5) Lettres-patentes de Louis XI en 1475 pour le Languedoc, confirmées par Charles VIII en 1483.

s'expliquent les nombreuses transmissions entre les rois d'Angleterre des provinces qu'ils possédaient sur notre territoire : la Normandie, la Guyenne, etc., etc. Depuis Charles VIII, cette exemption paraît avoir été subordonnée à une concession par lettres-patentes du roi, telles que Charles IX en donna à son frère, plus tard Henri III, quand ce dernier devint roi de Pologne et, par conséquent, Polonais.

Dans l'intérêt du commerce, de nombreuses dispenses furent accordées aux marchands qui venaient dans certaines foires (1), et plus tard, par arrêt du 27 juin 1579, le Parlement de Paris donna la même faveur à tous ceux qui venaient trafiquer en France. Pour développer le commerce maritime, Louis XI dispensa du droit d'aubaine les navigateurs des Flandres et des Pays-Bas, en 1461. De plus, pour favoriser l'industrie française, le titre de français fut accordé aux étrangers qui travaillaient aux manufactures de tapisserie en 1607 ; aux Gobelins en 1667 ; en 1687, la même concession fut étendue à ceux qui servaient cinq ans sur mer, et, en 1715, aux aubains catholiques après dix ans passés dans l'armée de terre. Enfin, malgré quelque controverse, on reconnaissait généralement la dispense du droit d'aubaine aux étudiants qui venaient dans les universités françaises (2).

Le Droit international avait aussi fait introduire de nombreuses exceptions. Les ambassadeurs, en vertu du principe d'*exterritorialité*, déjà admis à cette époque et qui sera expliqué plus tard, étaient fictivement considérés comme se trouvant dans leur pays : leur personne et leur mobilier échappaient donc à toute action de la loi territoriale ; mais les immeubles qu'ils possédaient en France étaient au contraire frappés du droit d'aubaine (3). En outre, des traités conclus avec presque toutes les puissances étrangères avaient fait disparaître ce droit inique pour la plupart des étrangers (4). Cependant, dans toutes ces conventions, une clause spéciale contraint l'étranger héritier d'un Français à payer au fisc un droit de 10 ou 20 % de l'hérédité : c'était le droit de *détraction*.

---

(1) Ordon. de 1344 pour les foires de Champagne ; de 1443 et 1462 pour les foires *franches* de Lyon.

(2) Ordon. de Louis X en 1315 ; Choppin, *Du Domaine,* liv. I, tit. II.

(3) Arrêt du Parlement de Paris du 14 janvier 1747.

(4) V. Demangeat, *loc. cit.*, p. 215.

48. Au point de vue des règles de la procédure, la condition des étrangers était encore particulière à bien des égards.

Pour les ajournements qui devaient leur être adressés, on procéda d'abord par l'affichage dans la ville la plus proche de la frontière du pays où ils se trouvaient (1). Cet *ajournement à la frontière*, un peu primitif dans sa forme, fut remplacé dans l'ordonnance de 1667 (titre II, art. 7) par une signification aux procureurs généraux des Parlements, ce qui peut être regardé comme l'origine de l'art. 69, n° 9, de notre Code de procédure civile.

En ce qui concerne la compétence, elle était toujours déterminée, en matière réelle immobilière, par la situation du bien objet du litige ; mais, en matière personnelle, le demandeur français était autorisé à assigner devant son propre tribunal le défendeur étranger, contrairement à la règle : *actor sequitur forum rei* (2).

En outre, tout demandeur étranger était astreint à fournir une caution pour répondre des frais du procès et des dommages et intérêts. Les légistes, qui voulaient tout ramener au Droit romain, qualifièrent cette garantie de *cautio judicatum solvi*, expression que l'on trouve bien dans les lois romaines, mais qui, on le sait, y désigne une institution complètement différente. Cette caution n'était plus exigée en matière de commerce et quand l'étranger avait des biens suffisants en France. Mais il importe de remarquer, pour trancher une controverse assez vive dans notre droit actuel, qu'elle était due par le demandeur étranger, même quand le défendeur était étranger lui-même (3).

La question si délicate de l'exécution des jugements étrangers fut tranchée par l'ordonnance de 1629 qui, du reste, ne fit que formuler d'anciens usages. Cette exécution était subordonnée à la concession de la formule exécutoire ou *exequatur* de la part d'un tribunal français. Quant à l'autorité de la chose jugée, elle était ou non reconnue à la sentence étrangère suivant la distinction suivante : le jugement était-il rendu contre un étranger, il n'y avait pas lieu de revoir l'affaire quant au fond ; était-il rendu contre un Français, un nouveau procès s'engageait devant le tribunal français, comme si rien n'était intervenu à l'étranger.

(1) Bouteillier, *Somme rural*, liv. I, tit. 3.
(2) Bourjon, *Droit commun de la France*, tit. VII, ch. 1er ; comparez art. 14 C. C.
(3) Arrêt du Parlement de Paris du 23 août 1571.

On peut enfin signaler, dans le même ordre d'idées, car sur bien des points cette matière se rattache à la procédure, l'impossibilité pour l'étranger de bénéficier de la cession de biens : il était toujours contraignable par corps. Il en fut ainsi même quand l'ordonnance de 1667 (titre 34, art. 1er) eut restreint, pour les Français, la contrainte par corps à des dettes spéciales.

49. Pour compléter cet exposé sommaire de la condition des aubains dans l'ancien droit, nous devons signaler la naissance et le développement, dès le moyen-âge, d'une institution qui eut pour but et pour effet d'adoucir la condition des étrangers, et qui, actuellement, est peut-être la meilleure sauvegarde de leurs droits : nous voulons dire les *consulats*.

Dès que le commerce international prit quelque importance, à la suite du grand déplacement d'hommes que provoquèrent les croisades à partir du XIe siècle, et du développement de la navigation dans les petites républiques italiennes, les étrangers établis dans un pays pour les besoins de leur négoce, surtout dans les villes du sud de l'Europe, prirent l'habitude d'élire parmi eux un magistrat chargé de vider leurs différends. Ces juges, d'abord simples arbitres désignés par les parties, pouvaient être changés au gré de ces dernières ; mais bientôt, ils se pourvurent auprès du gouvernement de leurs pays qui en vint à les nommer directement (1).

La France se montra d'abord assez hostile à l'admission des consuls étrangers sur son territoire, parce qu'ils s'opposaient à l'exercice du droit d'aubaine contre leurs nationaux. Mais dans les traités de commerce, de plus en plus nombreux, on stipula la création de ces consulats avec la plupart des états. Du reste, il a toujours été établi comme principe qu'un consul ne peut exercer sa mission dans un pays sans la permission, dite *exequatur*, du gouvernement de ce pays. Cette mission était à peu près la même qu'aujourd'hui : constater les décès, naissances, mariages des nationaux ; faire l'inventaire de leur succession et prendre pour elle les mesures conservatoires quand il n'y avait pas de droit d'aubaine ; enfin exercer, pour le compte des nationaux, la juridiction civile et criminelle, mais sans exécution directe, sauf dans les pays orien-

(1) Lawrence, *Commentaire sur Wheaton,* t. IV, p. 2 ; de Clercq et de Vallat, *Guide pratique des Consulats,* t. I, p. 1, 4e édition.

taux avec lesquels avaient été conclus des traités spéciaux dits *capitulations* dont il sera parlé plus loin (1).

SECTION III

DROIT INTERMÉDIAIRE

50. Les législateurs de la Révolution, profondément imbus des principes libéraux et humains de la philosophie du XVIIIe siècle, ne pouvaient manquer de supprimer les dispositions odieuses qui existaient contre les étrangers, dispositions que Montesquieu avait déjà qualifiées d'insensées et que J.-J. Rousseau avait flétries. Ce n'est pas à dire cependant que la Constituante n'ait obéi en pareille circonstance, comme on l'a cru quelquefois, qu'à l'entraînement d'une philanthropie un peu creuse dans le fond et déclamatoire dans la forme : c'est avec un sentiment très juste des véritables intérêts du pays que le droit d'aubaine fut supprimé ; car, comme le disait Necker en 1787, dans son compte-rendu sur l'administration des finances, ce droit ne rapportait que quelques milliers d'écus et fermait la France au commerce et aux capitaux étrangers.

La loi du 6 août 1790, précédée de considérants qui expriment les sentiments les plus élevés, se contenta d'abroger les droits d'aubaine et de détraction. Mais une précision était nécessaire, car l'aubaine, au sens strict et fiscal du mot, ne désignait que l'incapacité de transmettre sa succession et la faculté pour le roi de se l'approprier : aussi la loi du 8 avril 1791 accorda-t-elle formellement aux étrangers la capacité de recueillir, à n'importe quel titre, les successions ouvertes à leur profit. Ces principes nouveaux furent étendus aux colonies par la loi du 13 avril 1791 ; on les reproduisit encore dans la constitution de 1791 et dans celle de 1795 (an III), art. 355.

La Révolution continua d'ailleurs à assujétir les étrangers aux lois de police et de sûreté, à les exclure de toutes les fonctions publiques ; la loi du 28 vendémiaire an VI permit même au gouvernement d'expulser tout étranger du territoire, sans jugement et par simple mesure administrative. On continua encore à se montrer

---

(1) Les consulats furent organisés par Colbert : Mémoire au roi de 1669, ordonnance de 1681 ; voir aussi ordonnance de 1781.

plus rigoureux pour les étrangers que pour les nationaux au point
de vue de la contrainte par corps : la loi du 4 floréal an VI les y
soumettait en effet toujours en matière commerciale, s'ils n'avaient
en France ni terre ni établissement de commerce.

SECTION IV

DROIT ACTUEL

51. Sous l'influence des idées admises par la Révolution, on con-
sacra tout d'abord, dans le premier projet du Code civil, une égalité parfaite entre les Français et les étrangers. Trouvant cette
concession dangereuse, la section de législation du Conseil d'Etat
proposa de traiter les étrangers en France comme les Français
seraient traités dans leur pays : c'était la réciprocité pure et simple, dite encore *réciprocité législative*. Mais le Tribunat fit observer
que l'on se trouverait ainsi à la merci des états étrangers qui, sans
avantage peut-être pour la France, mais avec grand profit pour
eux, donneraient à leurs nationaux une condition très favorable
dans notre pays, par le fait seul qu'ils feraient une concession semblable aux Français sur leur territoire. On voulut permettre au
gouvernement de juger de l'opportunité qu'il y aurait à accorder
telle ou telle faveur aux habitants d'un pays, et lui laisser la faculté
de s'entendre à cet égard avec les autres nations dans des traités :
on en vint ainsi au système de la *réciprocité diplomatique* qui est
consacré dans l'art. 11 C. C. En même temps, on donnait une situation privilégiée aux étrangers autorisés par le gouvernement à
fixer leur domicile en France. De là deux catégories d'étrangers
dont la condition est très différente.

I. *Etrangers non autorisés à fixer leur domicile en France.*

52. Aux termes de l'art. 11 du Code civil, ces étrangers n'auraient que les droits civils qui sont accordés aux Français dans des
traités conclus avec la nation à laquelle ils appartiennent : il s'agit
donc d'une réciprocité *diplomatique* ou *convenue* et non d'une réciprocité *de fait* ou *législative*. On essaya, lors de la discussion de
l'art. 11, de justifier ce principe en disant qu'il fournissait le moyen
le plus sûr d'obtenir des autres gouvernements l'abrogation de
toutes les dispositions rigoureuses contre les étrangers. En effet,

dit-on, le libéralisme de la Constituante ayant été accepté par les autres pays sans la moindre compensation de leur part, il fallait déterminer ces derniers à renoncer, dans des conventions diplomatiques, à toute mesure défavorable pour les étrangers, en leur accordant, en retour, une concession semblable (1). Il y aurait beaucoup à dire, au point de vue moral, contre ce procédé qui consiste à maintenir une législation reconnue inique, pour amener indirectement les autres états à l'abolir : la justice s'observe pour elle-même et abstraction faite de semblables considérations. Mais, au fond, le vrai motif qui fit adopter la règle contenue dans l'art. 11, c'est qu'on ne voulut pas, par un sentiment d'amour-propre et d'intérêt, se montrer généreux en pure perte, ni renouveler ce que l'on avait appelé *la sublime niaiserie* de la Constituante.

Le système de la réciprocité diplomatique est du reste très critiquable : outre que, tel qu'il est formulé dans l'art. 11, il suppose admise une distinction entre les droits civils et les droits des gens que nous aurons à réfuter plus tard, il présente de plus, en lui-même, des défauts considérables. En l'adoptant, on fait dépendre de l'accord des peuples, c'est-à-dire de leur amitié ou de leur haine, la condition des étrangers qui devrait être déterminée par des principes fixes de justice. De plus, rendus variables et changeants comme l'entente des états, les droits des étrangers ne présentent plus de stabilité : aussi les habitants des autres pays, craignant sans cesse une modification dans leur condition juridique, hésitent-ils à venir sur le territoire d'une nation qui leur offre si peu de sécurité, au grand détriment du commerce international. Enfin, la conséquence logique du système est de dénier les droits civils aux habitants d'un pays qui se refuse à toute concession, et de conduire ainsi fatalement dans la voie des représailles, si iniques qu'elles puissent être (2).

53. Les rédacteurs du Code civil ont aggravé les défauts inhérents au système qu'ils ont consacré, en formulant ce dernier dans un article peu précis dont le véritable sens fait l'objet d'une grande controverse. Mais, pour comprendre cette question, il est indispensable de donner une idée d'ensemble de la condition qui a été faite

---

(1) *Exposé des motifs de Treilhard*, n° 9; Locré, *Légis.*, t. I, p. 468.
(2) Pasquale Fiore, *loc. cit.*, p. 26 et 64.

aux étrangers par le Code civil, dans d'autres dispositions qui complètent celle de l'art. 11.

L'art. 726 frappait les étrangers de l'incapacité de recueillir une succession, et l'art. 912 de recevoir une donation entre-vifs ou testamentaire. Les nouvelles dispositions étaient d'un côté moins dures et de l'autre plus rigoureuses que l'ancien droit d'aubaine : moins dures en ce qu'elles ne frappaient l'étranger que de l'incapacité d'hériter *ab intestat* et non de transmettre sa succession, et que, de plus, la succession dévolue à un étranger passait aux autres héritiers français, au lieu d'être directement prise par le fisc comme dans l'ancien droit (1) ; plus rigoureuses, en ce qu'elles étendaient l'incapacité de recueillir aux donations que les légistes faisaient rentrer dans le *jus gentium.*

En second lieu, l'art. 14 du Code civil permet au demandeur français d'assigner son défendeur étranger, en matière personnelle et mobilière, devant les tribunaux de France, contrairement à la maxime : *Actor sequitur forum rei.*

Troisièmement, le demandeur étranger est astreint à fournir la *cautio judicatum solvi,* aux termes de l'art. 16 C. C. et 166 P. C.

Enfin l'art. 905 P. C. refuse aux étrangers le bénéfice de la cession de biens, et la loi du 17 avril 1832 (art. 14 et 15) était beaucoup plus sévère pour eux que pour les Français en ce qui concerne l'application de la contrainte par corps.

De ces mesures de défaveur contre les étrangers, désignées quelquefois sous le nom de *privilegia odiosa,* la plupart on taujourd'hui disparu. Les art. 726 et 912 C. C. ont été abrogés par la loi du 14 juillet 1819, sauf une restriction qui sera étudiée plus tard à propos des successions considérées en Droit international privé ; la loi du 22 juillet 1867 a aboli celle de 1832 relative à la contrainte par corps ; il ne reste donc plus aujourd'hui que les art. 14 et 16 C. C. comme contenant des dérogations au droit commun au préjudice des étrangers.

54. En dehors de ces dispositions claires et précises, mais spéciales, il faut, pour fixer la condition des étrangers en France, en revenir au principe général de l'art. 11. Mais quel est le sens exact de ce texte ? Trois opinions ont été émises à ce sujet.

(1) Les enfants français héritaient jadis de leur père étranger ; v. n⁰ 46 *in fine.*

A. — Les uns, prenant au pied de la lettre la disposition de l'art. 11 C. C., en ont conclu que l'étranger ne jouit en France d'aucun droit civil, c'est-à-dire d'aucune capacité juridique reconnue par la loi et relative au droit privé : la jouissance d'un droit de cette nature pour les étrangers serait toujours subordonnée à une concession formelle faite dans un traité conclu avec le pays auquel ils appartiennent (1).

Cette interprétation est généralement rejetée, bien qu'elle semble correspondre assez bien au texte de l'art. 11, à cause des conséquences inacceptables auxquelles elle conduit. A ce compte, en effet, à moins d'une disposition formelle de la loi ou d'un traité, les étrangers n'auraient pas de droits privés en France, pas même ceux dont l'exercice est indispensable à l'homme pour vivre dans la société, tels que la faculté de se marier, d'être propriétaire, d'ester en justice. Or, ni la tradition de l'ancien droit si dur cependant pour les aubains, ni les explications fournies dans les travaux préparatoires ne donnent à croire que l'on a voulu se montrer si rigoureux envers les étrangers et en faire de vrais parias dans la société. En vain objecte-t-on que la loi elle-même accorde implicitement aux étrangers les droits les plus essentiels : par exemple l'art. 3, § 2, leur reconnaît la faculté d'être propriétaire, en supposant que des immeubles peuvent leur appartenir en France ; l'art. 12, la faculté de se marier, en prévoyant le cas où une étrangère épouse un Français ; les art. 14 et 15 indiquent encore qu'ils peuvent ester en justice. — On a fait voir, avec raison, que cette réponse n'est au fond qu'une pétition de principe : les articles cités n'ont pour but, en effet, que d'établir des règles spéciales au cas où des étrangers usent de certains droits, mais non de nous dire à quelle condition ces droits eux-mêmes peuvent être invoqués par les étrangers ; la question demeure donc entière. Si, pour la résoudre, on interprète l'art. 11 ainsi que le font les partisans du système que nous critiquons en ce moment, il faudra en conclure qu'à défaut de traités les étrangers ne pourront invoquer les droits dont il s'agit.

B. — Très généralement en doctrine, et constamment en jurisprudence, on distingue entre les droits des gens et les droits civils ;

(1) Demolombe, t. I, nᵒˢ 240 à 246.

les premiers reconnus à tous les hommes sans distinction de nationalité, à cause de leur caractère général qui les fait consacrer
par toutes les législations, car ils correspondent à l'exercice d'une
faculté naturelle de l'homme, comme le droit de se marier, d'être
propriétaire, de contracter ; les autres spéciaux à la loi d'un pays
et accordés seulement aux nationaux. C'est pour donner la jouissance de ces derniers aux étrangers qu'un traité serait nécessaire (1).

Cette manière de voir trouve une base très forte dans la tradition ; nos anciens Parlements avaient en effet consacré la distinction romaine du *jus civile* et du *jus gentium*. Or, à maintes reprises
dans le cours des travaux préparatoires, on a affirmé, dit-on, l'intention de maintenir le même principe (2). On fait remarquer, en
outre, que le chapitre I du titre I du Code civil est intitulé : *De la
jouissance des droits civils*, et, dans le corps de ce chapitre, l'art. 8
n'accorde cette jouissance qu'aux Français, tandis que l'art. 11 la
subordonne, pour les étrangers, à la réciprocité diplomatique, et
l'art. 13 à l'autorisation de fixer leur domicile en France : il semble bien que l'opposition est manifeste entre la condition des
Français et celle des étrangers, à ce point de vue. On dit enfin que,
dans le chapitre II qui traite *de la privation des droits civils*, il n'est
question que des Français, par l'excellente raison que les étrangers
ne peuvent être dépouillés de droits dont ils ne jouissent pas.

Au point de vue théorique, l'interprétation de l'art. 11 qui vient
d'être exposée a le grave défaut de reposer sur une distinction du
jus civile et du *jus gentium* que rien ne justifie plus. Explicable chez
les Romains, par suite du caractère exclusif de leur législation et
du défaut de communauté de droit entre les nations de l'antiquité,
cette distinction, nous avons déjà eu l'occasion de le dire, n'avait
plus sa raison d'être quand les légistes l'introduisirent en France.
Aujourd'hui elle est en contradiction avec la conception moderne et
parfaitement juste des droits civils ou privés : les droits de ce genre
ne sont, en effet, que des facultés naturelles de *l'homme*, sanctionnées

(1) Aubry et Rau, t. 1, p. 291, 4ᵉ édit. ; Cass., 7 juin 1826, Sir., 1826. 1. 330 ;
Bordeaux, 28 juillet 1863, Sir., 64. 2. 17.

(2) Exposé général de Portalis au Corps législatif, le 3 frimaire an X, Locré
Législ., t. I, p. 330, n° 13 ; Rapport de Siméon au Tribunat, Locré, *Lég.*, t. II,
p. 246 et 247, n° 8.

et réglementées par la loi dans leur exercice pour la bonne organisation sociale. De là découle la conséquence que ces droits doivent être reconnus à tout homme, abstraction faite de sa nationalité, à la différence des droits politiques qui supposent une agrégation à un corps politique spécial, c'est-à-dire à un état particulier. On peut dire, en un mot, qu'il n'y a plus de droits civils ; il ne doit plus subsister que des droits des gens (1). On essaie bien de justifier cette distinction et de dire qu'elle n'est pas en opposition avec la conception moderne du droit privé, puisqu'elle s'efface peu à peu et suit même le progrès des idées nouvelles ; le *jus civile* perd tous les jours du terrain, au bénéfice du droit des gens qui s'accroît sans cesse (2). Mais cette évolution du droit des gens, que l'on avoue et qui a pour résultat d'amener la disparition progressive du droit civil tel qu'on l'entend, est la condamnation même de la distinction proposée : si, en effet, cette distinction est destinée à disparaître avec le développement du droit, c'est qu'elle n'est pas rationnelle et se trouve, par le fait, condamnée au point de vue scientifique.

Si, maintenant, on se place au point de vue exégétique, il n'est pas aussi certain qu'on l'affirme que la distinction du droit civil et du droit des gens ait été conservée par les rédacteurs du Code civil. Les déclarations de Portalis et de Siméon, qui n'ont après tout que la valeur d'une opinion personnelle à ceux qui les ont émises, peuvent être combattues par les paroles de Chazal et de Ganilh qui affirmaient le peu de fondement de la distinction admise entre le droit des gens et le droit civil (3). D'autre part, l'ancienne tradition semble avoir été au contraire répudiée dans le Code civil, et ce qui le prouve, ce sont les art. 726 et 912. Le premier prive les étrangers de la capacité de recueillir une succession ; il ne dit rien de celle de transmettre qui était cependant considérée jadis comme rentrant dans le *jus civile*. On ne peut d'ailleurs expliquer cette disposition en disant que l'on a restreint, à cet égard, le droit civil, car on ne verrait pas de bonne raison pour faire rentrer dans le droit des gens la faculté de transmettre et non celle de recueillir. D'autre part, l'art. 912 enlève aux étrangers la capacité de rece-

(1) Laurent, *loc. cit.*, t. II, p. 22 ; Asser, *loc. cit.*, p. 39 ; Demolombe, t. I, n° 243.

(2) Aubry et Rau, *loc. cit.*, p. 293, note 15.

(3) *Archives parlementaires*, t. III, n°° 210 et 247.

voir des donations entre-vifs, ce qui cependant, pour tous les anciens légistes, était une faculté du droit des gens. Sur ce point, contrairement à la tendance générale, le droit civil aurait gagné du terrain ! La vérité, croyons-nous, c'est que ces deux textes accusent, chez le législateur, l'intention d'établir un droit tout nouveau pour les étrangers, et non d'adopter purement et simplement les règles anciennes.

C. — Dans une troisième opinion, préférable à notre avis, les étrangers jouissent en France de tous les droits privés, sauf de ceux qui leur sont enlevés par un texte formel : pour ces derniers, ils ne peuvent en profiter qu'en vertu de la réciprocité convenue dans un traité, conformément à l'art. 11 C. C. Cette interprétation, en apparence contraire au texte de l'art. 11, s'explique par les travaux préparatoires. Quand notre article fut présenté au Tribunat, celui-ci se récria en disant que les étrangers dont la nation n'aurait pas conclu de traités avec la France pour la jouissance des droits civils de la part de ses nationaux, seraient pour ainsi dire mis hors la loi. Mais le rapporteur Grenier répondit que l'art. 11 n'avait pas la portée générale que son texte semblait indiquer, et que les droits privés enlevés aux étrangers seraient énumérés dans la suite : à l'égard de ces derniers seulement la réciprocité diplomatique est exigée (1).

Ces droits, formellement enlevés aux étrangers en dehors d'un traité, sont indiqués, en ce qui concerne le Code civil, dans les art. 14, 16, 726, 912 dont les deux premiers subsistent seuls aujourd'hui, depuis la loi du 14 juillet 1819. Ce n'est qu'en interprétant de cette façon l'art. 11 que l'on comprend les précisions faites par la loi dans les articles qui viennent d'être cités : si, en effet, les étrangers étaient privés de tous les droits civils, à quoi bon faire une mention spéciale de quelques-uns de ces droits et en donner ainsi une énumération incomplète? D'autre part, l'art. 726 n'enlevant aux étrangers que la capacité de recueillir une succession, il faudrait conclure que celle de transmettre, regardée unanimement comme étant du *jus civile*, leur est aussi retirée par le principe général de l'art. 11 qui les dépouille de tous les droits civils : or, la loi de 1819, dont le but certain était d'abroger tous les restes

---

(1) Fenet, t. VII, p. 166 et 240.

du droit d'aubaine, ne fait cesser que l'incapacité de recueillir ; ce qui prouve que, dans l'esprit du législateur lui-même, l'incapacité de transmettre n'existait pas d'après l'art. 11 (1).

55. En terminant cette controverse, il est bon de remarquer qu'elle est loin d'avoir l'importance pratique qu'on serait tenté de lui attribuer de prime-abord. Même, en effet, pour les partisans de la distinction des droits des gens et des droits civils, ces derniers se réduisent aujourd'hui à fort peu de chose : on ne discute plus guère que pour l'adoption, l'hypothèque légale des incapables, l'usufruit légal des père et mère ; quant à la tutelle, l'accord paraît se faire de plus en plus en ce sens qu'elle est accessible aux étrangers. De nombreux traités du reste, qui seront indiqués au fur et à mesure que seront étudiés les droits auxquels ils se réfèrent, ont reconnu aux étrangers la jouissance des droits qui leur sont formellement enlevés par la loi ou que l'on qualifie de droits civils.

Enfin, nombre de lois postérieures au Code civil ont étendu expressément le bénéfice de leurs dispositions aux étrangers. On peut citer : le décret du 16 janvier 1808 pour le droit d'être actionnaire de la Banque de France ; les décrets du 5 février 1810 et 28 mars 1852 pour la protection des œuvres littéraires et artistiques; la loi du 21 avril 1810, art. 13, pour les concessions de mines, la loi du 5 juillet 1844, art. 27, pour les brevets d'invention ; les lois du 23 juin 1857, art. 5 et 6, et 26 novembre 1873, pour les marques de fabrique ; la loi du 12 juillet 1861, art. 3, admettant les étrangers à participer à la caisse de retraite pour la vieillesse.

56. Indépendamment des droits civils dans les conditions qui viennent d'être déterminées, les étrangers ont la jouissance des droits dits *publics,* c'est-à-dire de ces facultés inhérentes à la nature humaine et dont l'exercice met en rapport avec l'ensemble de la société : telles sont les diverses libertés de la parole, de la presse (2), de conscience, d'enseignement (3), dans les limites fixées par les lois.

(1) Demangeat, *loc. cit.,* p. 255 à 258.

(2) Cependant le gérant d'un journal doit être Français et résider en France ; mais cette règle ne concerne pas les rédacteurs (loi sur la presse du 29 juillet 1881, art. 7). Les directeurs et administrateurs des Syndicats professionnels ne peuvent être étrangers (loi du 21 mars 1884, art. 4).

(3) Pour les conditions exigées des étrangers au point de vue de l'enseignement, v. loi du 15 mars 1850, art. 78 ; décret du 5 décembre 1850, art. 1 et 7;

Les droits *politiques* qui supposent la qualité de citoyen, c'est-à-dire de membre d'un groupe politique particulier, sont, au contraire, refusés aux étrangers. Ces derniers ne peuvent en conséquence exercer aucun de ces actes qui font participer plus ou moins directement à l'exercice de la souveraineté nationale : voter, remplir des fonctions publiques, électives ou non, des charges d'officiers ministériels, être témoins dans les actes notariés (1) et dans les saisies (art. 980 C. C. et 585 P. C.), ou jurés. Ils peuvent être témoins dans les actes de l'état civil ou en justice, experts, arbitres volontaires (2). On leur refuse la faculté d'être arbitres forcés, parce qu'ils ne peuvent recevoir de délégation de la justice (3), ou avocats, car ils pourraient éventuellement être appelés à remplacer un juge (4). Enfin, les étrangers ne peuvent servir dans l'armée française, sauf dans la Légion étrangère (5).

II. *Etrangers autorisés à fixer leur domicile en France.*

57. L'art. 13 du Code civil les assimile complètement aux Français quant à la jouissance des droits civils ; ils ne tomberont donc pas sous le coup des art. 14 et 16, d'après le système que nous avons adopté sur l'interprétation de l'art. 11, et, dans le système suivi par la jurisprudence, aucun droit privé ne leur sera refusé comme ayant le caractère d'un droit civil.

Malgré la faveur résultant de l'autorisation de fixer son domicile en France, l'étranger dont parle l'art. 13 a cependant une situation profondément différente de celle du Français.

1° Il ne jouit pas des droits politiques ;

2° Tandis que le Français ne peut perdre ses droits civils qu'en vertu de la loi ou d'un jugement, l'étranger peut être privé de sa condition privilégiée par décision arbitraire du gouvernement,

loi du 12 juillet 1875 sur l'enseignement supérieur, art. 9, et décret du 25 janvier 1875, art. 8.

(1) Cependant l'erreur générale sur la nationalité d'un témoin fait que l'acte notarié est réputé valable, bien que ce témoin soit étranger : *error communis facit jus* (v. Cassat. Req., 6 mai 1874, J. Clunet, 1875, p. 193, et C. de Paris, 24 avril 1882, id. 1883, p. 65).

(2) Chambéry, 15 mars 1875, J. Clunet, 1876, p. 101.

(3) L'arbitrage forcé a disparu (loi du 17 juillet 1856).

(4) Décision du Conseil de l'ordre de Grenoble du 6 février 1830, Sir., 1832. 2. 96 ; Cass., 15 février 1864, Sir., 64. 1. 113.

(5) Loi du 27 juillet 1872, art. 7, et décret du 30 juin 1859.

révoquant l'autorisation qui lui a été accordée (loi du 3 décembre 1849 sur la naturalisation, art. 3) ;

3° Le Français garde la jouissance de ses droits même en dehors du territoire ; l'étranger qui tire l'avantage à lui concédé, non pas de sa condition personnelle, mais de l'autorisation de fixer son domicile en France, le perd en s'établissant dans un autre pays. Il va sans dire, du reste, qu'un changement momentané de résidence n'aurait aucun effet à cet égard;

4° L'étranger, malgré l'autorisation dont parle l'art. 13, est passible de la disposition de la loi du 14 juillet 1819, art. 2;

5° Ses enfants sont étrangers, sauf l'application du bienfait de la loi pour ceux qui naissent en France (art. 9 C. C.) ;

6° Son état et sa capacité demeurent fixés, ainsi que tout son statut personnel, par sa loi nationale, conformément au principe qui sera établi plus tard. On a bien soutenu qu'il y avait lieu de lui appliquer, à cet égard, la loi française, en faisant observer que l'autorisation de fixer son domicile en France est accordée à l'étranger, dans la pratique, pour lui faciliter son séjour dans notre pays pendant le stage obligé de la naturalisation, et qu'on serait loin d'atteindre ce but en le maintenant sous l'empire de sa loi nationale dont l'application entraînera souvent de grandes difficultés (1). Mais, étant donné qu'il n'y a pas lieu, en pareille matière, ainsi qu'il sera démontré plus loin, de tenir compte du domicile, les principes commandent, ici comme toujours, l'application de la loi nationale de l'étranger.

Il ne faudrait pas croire non plus que l'étranger, après avoir perdu sa nationalité d'après les lois de son pays, par suite de son établissement en France, sans d'ailleurs avoir acquis la nationalité française, ait son statut personnel régi par notre Code civil (2) : resté étranger aux yeux de la loi française, il demeurera toujours placé sous l'empire de la loi de son pays, jusqu'à ce qu'il soit devenu Français.

58. L'autorisation accordée à l'étranger de fixer son domicile en France lui est-elle personnelle, ou s'étend-elle aux personnes placées sous sa puissance, c'est-à-dire à sa femme et à ses enfants mineurs? — On a dit que cette autorisation, basée sur la confiance

(1) Demangeat, *loc. cit.*, p. 414.
(2) Demante, t. I, 28 *bis*, II.

particulière qu'inspire celui qui la demande, ne pourrait être étendue à ceux qui ne l'ont pas directement sollicitée et pour lesquels aucune enquête préalable n'est faite (1). Mais les principes juridiques en matière de domicile conduisent à une solution contraire. La femme et les enfants ont, en effet, sauf dans les cas exceptionnels prévus par la loi, le même domicile que le chef de famille ; en conséquence, le domicile autorisé de ce dernier, avec les avantages qui en résultent, profitera à tous ceux que la loi répute domiciliés chez lui (2) : ceux-ci devront seulement satisfaire à la condition prescrite par l'art. 13, c'est-à-dire résider effectivement en France.

59. Admis à séjourner en France, avec ou sans autorisation, les étrangers doivent, bien entendu, respecter toutes les lois de police et de sûreté en vigueur sur le territoire. Le gouvernement est armé à cet égard d'un pouvoir très étendu qui lui permet d'expulser tout étranger, sans jugement et par mesure administrative (loi du 3 décembre 1849, art. 7). Cette faculté, très critiquée par les uns, justifiée par d'autres au nom de la conservation même des états, est reconnu du reste dans tous les pays (3), sauf en Angleterre (4) où les étrangers jouissent, comme les Anglais, du privilège de l'*habeas corpus ;* seulement dans beaucoup d'états, notamment en Autriche et en Belgique, la loi réglemente les conditions dans lesquelles l'expulsion peut être pratiquée.

SECTION V

CONDITION DES PERSONNES MORALES

60. La question fondamentale qui se pose à l'égard des personnes morales, êtres abstraits qui n'ont point de vie dans la réalité et qui ne doivent leur existence qu'à une fiction de la loi, est celle de savoir si l'on doit les accepter en dehors du pays où elles ont été reconnues et organisées. Il y a lieu, pour répondre à cette question, de distinguer entre les personnes morales en général d'une part, et, d'autre part, les sociétés commerciales, industrielles ou financières qui sont assujéties à des règles particulières.

(1) Mourlon, *Répétitions écrites sur le Code Napoléon,* t. I, p. 89, 9e édit.
(2) Aubry et Rau, *loc. cit.,* p. 113, note 20.
(3) Arthur Desjardins, *Revue des Deux-Mondes,* 1er avril 1882; René Millet, *Bulletin de la Société de législation comparée,* 1882, p. 588 et suiv.
(4) Renault, Bulletin de la Société de législation comparée, t. XIII, p. 715.

I. *Des personnes morales en général.*

61. On a voulu contester que les personnes de ce genre eussent une existence quelconque hors du territoire où elles ont été créées. En effet, a-t-on dit, elles sont le résultat d'une fiction admise par un législateur ; or, cette fiction elle-même ne saurait produire le moindre effet dans un pays où ce législateur n'a plus d'autorité. D'ailleurs, en attribuant l'existence à ces personnes morales, chaque législateur s'inspire de l'utilité qu'elles peuvent présenter pour son peuple, et, surtout, tient compte de ce qu'elles ne compromettront pas l'ordre public, soit par leur organisation, soit par le but qu'elles poursuivent ; si donc on admet l'existence de ces personnes en tout pays, on risque fort d'aller à l'encontre des principes de bien des lois qui s'opposent peut-être à leur reconnaissance. Aussi conclut-on qu'une personne morale étrangère ne peut se prévaloir de son existence que moyennant une autorisation formelle du législateur local. On ne fait d'exception que pour l'Etat qui, diplomatiquement, est reconnu comme une personne morale dans les relations internationales, et, par voie de conséquence, pour les démembrements de l'Etat ayant le même caractère, comme par exemple, en France, le département et la commune (1).

Ce système exclusif est généralement rejeté, et c'est avec grande raison. La création des personnes morales n'est que la manifestation d'une des facultés de l'homme les plus essentielles et les plus utiles dans leur exercice, la liberté d'association : or, si l'on admet l'étranger, être particulier, à exercer ses facultés sur le territoire d'un autre pays, quelle raison donnera-t-on pour agir différemment vis-à-vis d'un groupe plus ou moins considérable d'étrangers. « La liberté, chez les nations civilisées, doit appartenir aux personnes morales aussi bien qu'aux personnes physiques » (2). Toutefois, on sait qu'il est une limite de concessions au-dessous de laquelle un état ne descend jamais : il ne peut laisser compromettre, sur son territoire, les principes qu'il regarde comme étant d'ordre public. Or bien souvent, soit par leur but, soit par la façon dont elles sont constituées, soit même par leur puissance, les personnes morales

---

(1) Laurent, *loc. cit.*, t. IV, p. 232, 233, 256 et 257 ; Cass., 1er août 1860, Sir., 1860. 1. 866.

(2) Vavasseur, Journal Clunet, 1875, p. 6 ; Lyon-Caen, *De la condition légale des sociétés étrangères en France*, 1870, n° 7.

peuvent être dangereuses pour la société, étant donné le point de vue spécial auquel chaque législateur se place à cet égard. De là il suit que les personnes morales qui ne sont pas admises par la loi d'un pays ne pourront, dans ce pays, se prévaloir de l'existence qui leur est accordée par la loi étrangère : telles sont en France les congrégations religieuses non reconnues. D'autre part, si ces personnes morales étrangères, bien qu'acceptées en France, y subissent cependant dans leur capacité certaines restrictions que la loi de leur pays ne leur impose pas, elles ne devront pas moins supporter dans notre pays ces restrictions qui sont motivées par des considérations tirées de l'ordre public.

Ainsi se trouve complètement écartée, on le voit, l'objection de ceux qui soutiennent que l'admission des personnes morales étrangères peut contrarier les principes les plus essentiels de la loi locale : c'est en effet sous la réserve que cette contradiction n'a pas lieu, que l'existence de ces personnes est acceptée.

62. C'est dans le sens qui vient d'être indiqué que la question est tranchée en France (1). Un avis du Conseil d'Etat, du 12 janvier 1854, a formellement reconnu l'existence des personnes morales étrangères, en leur accordant la faculté de recevoir des donations, depuis la loi du 14 juillet 1819 qui a abrogé l'incapacité dont les étrangers étaient frappés à cet égard. Mais en même temps, et par application des principes énoncés plus haut, le Conseil d'Etat a décidé que, bien que non assujéties à cette formalité par la loi de leur pays, les personnes de main-morte étrangères n'en devaient pas moins se soumettre à l'art. 910 C. C. qui exige l'autorisation du gouvernement pour la validité des donations faites à ces établissements.

Il va sans dire, du reste, que les personnes morales étrangères ne sont pas autrement traitées que les particuliers étrangers. En conséquence, au point de vue de la jouissance des droits civils, il y a lieu de leur appliquer l'art. 11 C. C. : et aussi de leur imposer les règles spéciales des art. 14 et 16 C. C. ; d'autre part, suivant le principe qui sera établi plus loin, leur état et leur capacité sont déterminés par leur loi nationale, sauf les restrictions d'ordre public, telles que celle de l'art. 910 en ce qui concerne la capacité de recevoir des donations.

(1) Fœlix, *loc. cit.*, t. I, p. 65, n° 31.

63. Les mêmes idées sont généralement admises par la loi ou la jurisprudence des différents pays : telle est notamment la doctrine suivie en Allemagne et en Italie dont le Code civil de 1866, dans son art. 3, accorde aux personnes morales étrangères les mêmes droits qu'aux particuliers étrangers, c'est-à-dire tous les droits civils, sauf les restrictions d'ordre public (1). — Le système exclusif rejeté plus haut n'est consacré qu'en Angleterre et aux Etats-Unis où l'on exige, pour les reconnaître, que les personnes morales étrangères, corporations ou sociétés de commerce, satisfassent aux conditions d'existence prescrites par la loi anglaise et américaine. L'existence des divers états de l'Union n'est même pas reconnue sur le territoire d'un autre de ces états. Cependant, et malgré le peu de logique de cette solution, on admet les personnes morales étrangères à ester en justice devant les tribunaux anglais et américains (2).

II. *Des Sociétés de commerce, de finance ou d'industrie étrangères.*

64. La législation française actuelle relative à la reconnaissance de ces sociétés a été provoquée par des difficultés qui s'étaient élevées entre la France et la Belgique. A raison des relations fréquentes qui existent entre ces deux pays, il y avait souvent lieu de se demander si une société anonyme belge pouvait agir en France, et réciproquement. L'administration de notre pays exigeait, pour ces sociétés, l'autorisation gouvernementale que l'art. 37 du Code de commerce imposait alors aux sociétés anonymes françaises elles-mêmes ; la jurisprudence admettait, au contraire, que ces sociétés pouvaient directement et sans formalité préalable ester en justice. Une convention, intervenue le 27 février 1854, contenait une clause en vertu de laquelle le gouvernement belge s'engageait à présenter un projet de loi destinée à trancher la question en ce qui le concernait. En exécution de ce traité, fut promulguée la loi belge du 14 mars 1855 qui reconnut l'existence des sociétés anony-

---

(1) Wæchter, *Archiv für die civilistische Praxis*, t. XXV, p. 182 ; Bar, *Das internationale Privat-und Strafrecht*, § 41. — Exceptionnellement, et par des raisons qui n'ont rien de juridique, les sociétés d'assurances françaises ont été écartées en Alsace-Lorraine, à partir du 1er mai 1881 (v. Kauffmann, Journal Clunet, 1882, p. 129 et 260, et 1883, p. 605.)

(2) Dudlay-Field, *International code*, 2e édit., p. 381, no 545 ; Wharton, *Conflict of laws*, p. 55, § 48 a ; Story, édit. de 1872, p. 705, note 4 ; Alderson Foote, Journal Clunet, 1882, p. 469 et suiv.

més étrangères, sous la condition de la réciprocité de la part de la loi étrangère pour les sociétés belges. Mais cette loi resta lettre morte, parce qu'on considéra, en Belgique, que la pratique libérale de la jurisprudence française ne suffisait pas pour assurer la réciprocité qu'exigeait la loi du 14 mars 1855 ; on demanda, pour admettre les sociétés françaises en Belgique, que les sociétés belges fussent *légalement* acceptées elles-mêmes en France. C'est ainsi que le gouvernement français fut amené à proposer et faire voter la loi du 30 mai 1857 qui est ainsi conçue :

ART. 1er. Les sociétés anonymes et les autres associations commerciales, industrielles ou financières, qui sont soumises à l'autorisation du gouvernement belge, et qui l'ont obtenue, peuvent exercer tous leurs droits et ester en justice en France, en se conformant aux lois de l'Empire.

ART. 2. Un décret impérial rendu en Conseil d'Etat peut appliquer à tous les autres pays le bénéfice de l'art. 1er.

Depuis lors, la loi belge du 18 mai 1873, art. 128, a été plus loin : elle reconnaît l'existence en Belgique de toutes les sociétés étrangères régulièrement constituées dans leur pays, abrogeant ainsi la condition de réciprocité prescrite par la loi du 14 mars 1855 (1).

65. La loi française du 30 mai 1857 ne tranche la question qu'en ce qui concerne les sociétés anonymes et autres soumises à l'autorisation gouvernementale dans le pays où elles sont organisées ; il y a donc lieu de distinguer cette première catégorie d'associations de toutes celles qui ne présentent pas les mêmes caractères.

A. *Sociétés anonymes ou soumises à l'autorisation du gouvernement étranger.*

66. De la loi de 1857, il résulte que ces sociétés étrangères n'ont d'existence en France qu'à la condition d'y être autorisées. C'est de trois façons d'ailleurs que l'autorisation peut leur être accordée.

1o Par la loi, ce qui est le cas des sociétés belges seulement, en vertu de l'art. 1er de la loi de 1857.

2o Par décret en Conseil d'Etat (art. 2, loi de 1857). Des décrets de ce genre sont déjà intervenus pour un grand nombre de pays (2).

---

(1) *Annuaire de législation étrangère*, 1874, p. 338.
(2) Turquie et Égypte, décret du 7 mai 1859 ; Portugal, 27 février 1861 ; Luxembourg, 27 février 1861 ; Sardaigne, 8 septembre 1860 ; Suisse, 11 mai 1861 ;

3° Par traité : celui du 30 avril 1862 a reconnu l'existence des sociétés de France et d'Angleterre sur le territoire respectif des deux pays. Ce traité du reste est beaucoup plus large que la loi de 1857, car il s'applique à toutes les associations, anonymes ou non, soumises ou non à l'autorisation gouvernementale, sous la seule condition qu'elles soient régulièrement constituées suivant les prescriptions de la loi de leur pays.

Au premier abord, il semble que la nécessité d'une autorisation, pour les sociétés dont il est question actuellement, est en contradiction avec le principe déjà admis que l'existence des personnes morales constituées dans un pays doit être universellement reconnue dans tous les territoires où elles voudront exercer leurs droits [1] : mais ce n'est là qu'une fausse apparence. On sait, en effet, que l'existence des personnes morales étrangères n'est plus acceptée toutes les fois qu'elle est de nature à compromettre l'ordre public tel que chaque législateur l'entend : or, par leur puissance même, par la facilité avec laquelle elles peuvent capter et ruiner le crédit public, les sociétés anonymes présentent de très grands dangers. C'est pour cela que les sociétés de ce genre, même françaises, ont été assujéties à la nécessité de l'autorisation gouvernementale qui n'était accordée qu'après examen de leurs statuts et de leur organisation. Depuis 1867, l'autorisation n'est plus exigée, mais cette garantie est remplacée par l'observation des formalités nombreuses et rigoureuses de la loi du 24 juillet 1867 qui assurent (le législateur du moins l'a cru) contre tout inconvénient de la part de ces associations. Quant aux sociétés étrangères, faute des garanties de la loi de 1867 dont elles n'ont pas évidemment à observer les prescriptions, on maintient l'ancienne mesure, c'est-à-dire l'autorisation. Ce n'est là qu'une sage précaution, absolument justifiée par les principes théoriques exposés plus haut ainsi que par l'intérêt pratique, et qu'ont certainement eu tort de ne pas conserver la loi belge du 18 mai 1873 déjà citée, et la jurisprudence allemande qui ne fait pas de différence entre les sociétés anonymes et les autres personnes morales étrangères [2].

Russie, 25 février 1865 ; Espagne, 5 août 1861 ; Grèce, 9 novembre 1861 ; Pays-Bas, 22 juillet 1863 ; Prusse, 19 décembre 1866 ; Saxe, 23 mai 1868 ; Autriche, 20 juin 1868 ; Suède et Norwège, 14 juin 1872 ; Etats-Unis, 6 août 1883.

[1] V. n° 61.

[2] Journal Clunet, 1878, p. 629.

67. L'autorisation exigée par la loi de 1857 ne fait d'ailleurs que reconnaître l'existence des sociétés étrangères dont il est traité actuellement, et leur donner la faculté d'exercer leurs droits. Mais ces sociétés n'en demeurent pas moins des personnes étrangères, soumises par conséquent aux règles défavorables particulières aux étrangers dans notre législation, notamment aux dispositions des art. 14 et 16 du C. C. (1). En outre, la fin de l'art. 1er de la loi de 1857 leur impose l'obligation de se soumettre « *aux lois de l'Empire* ». Ces mots ne se réfèrent pas assurément aux règles de constitution, de publicité et d'administration prescrites actuellement par la loi de 1867 pour les sociétés : à ces divers points de vue, les sociétés étrangères n'ont qu'à observer les lois du pays où elles sont fondées, conformément à la règle *Locus regit actum* qui sera expliquée plus loin (2). Les seules lois françaises auxquelles les sociétés étrangères aient à se conformer sont celles qui rentrent dans l'ordre public tel qu'il est entendu dans notre pays ; on peut citer spécialement en ce qui les concerne : le paiement des impôts particuliers dont elles sont frappées ; les dispositions relatives à la négociation de leurs titres à la Bourse (décret du 6 février 1880) ; l'art. 15 de la loi du 24 juillet 1867, interdisant dans l'émission des actions certaines fraudes ayant pour but de tromper les souscripteurs (3).

68. Quant aux sociétés étrangères, anonymes ou soumises à l'autorisation de leur gouvernement qui, en France, n'ont pas été autorisées conformément à la loi de 1857, elles n'ont chez nous aucune espèce d'existence légale, et ne peuvent accomplir aucun acte de la vie civile ou commerciale. Elles ne peuvent notamment agir en justice, et l'on devrait logiquement en conclure qu'il est impossible de les assigner comme défenderesses. Cependant la jurisprudence décide, d'une manière constante, qu'elles constituent au moins des sociétés de fait, responsables des actes qu'elles accomplissent. Il serait d'ailleurs peu équitable que la société puisât dans l'inaccomplissement des formalités légales un moyen de s'exonérer de ses obligations (4).

(1) Cass., Rej., 17 juillet 1877, Dal., 1878. 1. 366.
(2) Cass., 16 juin 1885, *Le Droit*, 18 juin 1885.
(3) Cass., 16 août 1873, *Le Droit*, 19 août 1873. V. pour le projet de loi actuellement à l'étude *sur les Sociétés*, J. Clunet, 1883, p. 479, et 1884, p, 215.
(4) Cass., 19 mai 1863 ; Dal., 63. 1. 218 sur le réquisitoire de Dupin ; Cass., 14 novembre 1864 ; Dal., 64. 1. 466.

69. Mais, la loi française de 1867 ayant supprimé la nécessité de l'autorisation pour toutes les sociétés anonymes, on s'est demandé si toutes les sociétés étrangères demeuraient toujours assujéties à cette condition de la loi de 1857 ; il a même été jugé que cette formalité ne s'imposerait plus qu'aux sociétés étrangères antérieures à 1867, ou de la nature de celles pour lesquelles l'autorisation a été maintenue en France, c'est-à-dire les tontines et les sociétés d'assurances sur la vie (art. 66, loi du 24 juillet 1867) (1). Cette solution doit être rejetée, car, si l'on a supprimé en France la garantie de l'autorisation préalable, on l'a remplacée par les règles sévères et minutieuses de la loi de 1867 : or rien ne dit que les lois étrangères, sous l'empire desquelles des sociétés se sont organisées, présentent les mêmes sauvegardes au point de vue du crédit public : c'est pourquoi la nécessité de l'obligation préalable, exigée par la loi de 1857, s'impose encore. Décider le contraire, c'est permettre aux sociétés étrangères d'exercer librement leurs droits en France, sans être entravées peut-être par une législation bien rigoureuse, tandis que les sociétés françaises seraient paralysées par l'obligation d'observer les dispositions multiples de la loi de 1867 : on irait ainsi à l'encontre de la loi de 1857 dont le but certain a été d'établir une juste réciprocité entre les sociétés françaises et étrangères. Du reste, en fait, plusieurs décrets d'autorisation, comme on peut le voir en consultant les citations faites ci-dessus, ont été accordés depuis 1867.

D'autre part, entrant dans la voie ouverte par l'acte anglais du 17 juillet 1856, nombre de pays ont supprimé la condition de l'autorisation pour toutes les sociétés anonymes : c'est ce qu'ont fait l'Allemagne le 11 juin 1870; la Belgique, le 18 mai 1873; l'Espagne, le 19 octobre 1869; la Hongrie dans son code de commerce de 1873; c'est aussi ce que se proposent de faire l'Italie et l'Autriche. On en a conclu que les sociétés anonymes de ces différents pays, n'ayant plus l'autorisation de leur gouvernement prescrite par l'art. 1er de la loi de 1857, ne pourraient plus recevoir en France l'autorisation d'exercer leurs droits et devraient même perdre celle qui leur a été concédée. En effet, dit-on, la loi de 1857 ne permet d'autoriser que les sociétés étrangères autorisées déjà dans

(1) Trib. de commerce de la Seine, 8 juillet 1881, Sir., 81. 2. 169, et Cour de Paris, 15 février 1882, *La Loi*, 26 mars 1882.

leur pays ; cette dernière condition faisant défaut, toute existence
doit leur être déniée en France (1). Cette conclusion est bien dure et
ne manquerait pas, si elle était admise, de provoquer en pays étranger des représailles ruineuses pour les sociétés françaises. Il est
plus sage de décider que, si le législateur français a supprimé la
garantie de l'autorisation pour les sociétés fondées en France et l'a
remplacée par les formalités de la loi de 1867, on peut parfaitement
procéder de même en ce qui concerne les sociétés étrangères, dispensées désormais de l'autorisation en vertu de la loi sous l'empire
de laquelle elles se sont organisées. Si donc on estime que la loi
étrangère les assujétit à des conditions suffisamment rigoureuses
pour qu'elles ne présentent pas de danger, on pourra reconnaître
leur existence : dans le cas contraire, la garantie de l'autorisation
du gouvernement étranger leur faisant d'ailleurs défaut, il y aura
lieu de leur refuser l'autorisation exigée en France par la loi de
1857, ou même de leur retirer celle qui leur avait été antérieurement
concédée (2).

B. *Sociétés en nom collectif ou en commandite non soumises à l'autorisation d'un gouvernement étranger.*

70. La loi du 30 mai 1857 ne parle, on l'a vu, que des sociétés
étrangères anonymes, ou revêtant une autre forme, mais soumises
à l'autorisation de leur gouvernement : pour elles seules l'autorisation préalable du gouvernement français est exigée. On n'a
jamais douté, au contraire, que les sociétés étrangères en nom collectif ou en commandite qui n'ont pas besoin d'autorisation dans
leur pays en sont aussi dispensées en France. Il est du reste assez
difficile d'expliquer la distinction établie par l'art. 1er de la loi de
1857 entre les sociétés étrangères en nom collectif ou en commandite non soumises à l'autorisation de leur gouvernement et celles
qui y sont assujéties. La conséquence pratique du système adopté
par notre législateur est, en effet, que les sociétés en commandite
par actions étrangères, qui n'ont pas besoin d'autorisation pour se
constituer, pourront librement exercer leurs droits en France, sans
être astreintes d'ailleurs à une législation bien rigoureuse, ni peut-
être même bien prudente; tandis que les sociétés françaises de

(1) Thaller, *Journal des Sociétés*, 1881, p. 312.
(2) V. article de M. Buchère, Journal Clunet, 1882, p. 37 et suiv.

même nature devront se conformer aux prescriptions multiples et sévères de la loi de 1867. Tout le monde est unanime pour critiquer une pareille disposition si préjudiciable aux légitimes intérêts économiques de notre pays (1).

SECTION VI

LÉGISLATION COMPARÉE

71. Sans entrer dans le détail des législations étrangères, entreprise considérable qui sortirait des limites de cette étude, l'indication sommaire des règles fondamentales adoptées dans les principaux états pour fixer la condition des étrangers suffira pour convaincre que, partout, les anciens sentiments de haine et de méfiance sont de plus en plus abandonnés, et que l'on en vient chaque jour à assimiler davantage la condition des étrangers à celle des nationaux.

72. La loi anglaise a toujours contenu des dispositions assez contradictoires en ce qui concerne la condition des étrangers. Tandis que les réfugiés politiques trouvaient sur le territoire de l'Angleterre un asile assuré ; que tous les étrangers y jouissaient des droits civils et de la plus grande liberté pour faire le commerce, que même ils bénéficiaient de la faveur, réservée partout aux nationaux, de ne pouvoir être expulsés qu'en vertu d'un jugement et non par simple mesure administrative ; par contre la loi anglaise refusait aux étrangers la faculté d'être propriétaires fonciers. C'est en s'inspirant des principes féodaux qui sont encore la base de leur législation, que les juristes anglais arrivaient à cette dernière conséquence. Le souverain d'Angleterre étant suzerain de tout le territoire, tout détenteur du sol devenait son vassal et ne devait, par suite, relever d'aucune autre autorité : or l'étranger, soumis à son gouvernement, ne satisfaisait pas à cette condition. Cependant, à la suite de l'acte du 6 août 1844, les étrangers furent admis à prendre des immeubles en qualité d'emphytéotes pour une durée de plus de vingt ans, période qu'ils ne pouvaient dépasser antérieurement. Enfin, l'acte du 12 mai 1870 leur permet de devenir propriétaires sans aucune espèce de restriction : toutefois les navires anglais ne peuvent jamais appartenir à des étrangers.

(1) Lyon-Caen, *loc. cit.*, n° 26 *bis*.

73. Le code civil autrichien (§ 33) concède en principe les droits civils aux étrangers, mais en autorisant les mesures de rétorsion à l'égard de ceux dont la loi se montrerait rigoureuse pour les Autrichiens, par exemple en maintenant les droits d'aubaine ou de détraction (1). C'est la même règle de réciprocité qui est adoptée dans presque tous les états de l'Allemagne, par exemple en Prusse (Code de Prusse, introduction §§ 41-43).

74. La Belgique ayant adopté notre Code civil, la condition des étrangers dans ce pays se trouve déterminée par la disposition de l'art. 11. Quant aux incapacités contenues dans les art. 726 et 912, auxquelles a mis fin en France la loi du 14 juillet 1819, elles n'ont été supprimées chez nos voisins que par la loi du 27 avril 1865. Nous aurons du reste occasion de montrer, plus tard, que la loi belge du 26 mars 1876 a beaucoup adouci la rigueur de l'art. 14 du Code civil, et que les tribunaux belges se reconnaissent généralement compétents dans les contestations entre étrangers, contrairement à ce que décide la jurisprudence française (2). On a déjà vu aussi que la loi du 18 mai 1873 (art. 128) admet toutes les sociétés étrangères à exercer librement et sans distinction leurs droits en Belgique. Enfin, une loi du 1er juillet 1880 a réglementé et limité le droit du gouvernement d'expulser les étrangers (3).

75. En Espagne, l'art. 18 du Code de commerce de 1829, revisé en 1868, assimile, au point de vue de la faculté de faire le commerce, les étrangers naturalisés espagnols à ceux qui sont domiciliés en Espagne. Pour les étrangers non domiciliés, leur condition, au même point de vue, est fixée par les traités internationaux ; à défaut de traités, on suit le principe de la réciprocité législative. L'art. 2 de la constitution de 1876 donne du reste aux étrangers pleine liberté de s'établir en Espagne.

76. La loi commune (common law), qui est le fond de la législation des Etats-Unis comme de l'Angleterre, exclut encore par ses principes féodaux les étrangers de la propriété foncière dans les états de l'Union américaine. De plus, ces pays qui tirent leur prospérité de l'immigration ont tout intérêt à faire désirer la qualité de

(1) V. Stoerk, Journal Clunet, 1880, p. 329.
(2) V. Laurent, Journal Clunet, 1877, p. 505 et suiv.
(3) *Annuaire de législation étrangère*, 1881, p. 389. — V. aussi loi du Luxembourg du 26 novembre 1880, *Ann. de législ. étrang.*, 1881, p. 439.

citoyen américain, en y attachant des avantages, dans l'espoir que les étrangers, après leur naturalisation, resteront fixés sur le territoire où ils se sont rendus. Cependant, un certain nombre d'états ont accordé aux étrangers la faculté d'être propriétaires fonciers ; d'autres mettent pour condition à cette concession que l'étranger s'engagera sous serment à devenir citoyen américain, tels sont la Caroline du Sud, l'Arkansas, etc.; dans d'autres enfin, on exige que l'étranger réside dans l'état ou du moins sur le territoire de l'Union : c'est la règle de la Virginie, du Connecticut, de New-York depuis 1877, etc. (1). Du reste, les Etats-Unis ont réglé particulièrement la condition des étrangers par de nombreux traités ; dans ces conventions, on réserve l'approbation particulière de chaque état dont la législation peut être en désaccord avec les engagements du gouvernement fédéral (2).

77. En Grèce, en Russie depuis 1860, en Turquie depuis la loi du 18 juin 1867, les étrangers peuvent être propriétaires fonciers.

78. Le code civil hollandais de 1838, tout en accordant aux étrangers très libéralement la jouissance des droits civils, autorise, dans son art. 9, les lois de rétorsion contre les pays qui ne se montreraient pas aussi généreux. On suivait aussi le système de la réciprocité législative en ce qui concerne le droit d'aubaine qui n'a été définitivement abrogé que par la loi du 7 avril 1869. — Au contraire, le code civil italien de 1866 (art. 3) assimile complètement les étrangers aux nationaux au point de vue de la jouissance des droits civils, sans aucune condition de réciprocité législative ou diplomatique : c'est là le système vraiment juste et libéral dont se rapprochent sans cesse les législations, sous l'influence des progrès de la science.

79. En Suisse, il y a lieu de distinguer les habitants des différents cantons dans leurs rapports vis-à-vis des autres cantons, et l'étranger proprement dit à l'égard de l'ensemble de l'Etat fédéral helvétique. En ce qui concerne ce dernier, le seul dont il soit utile de s'occuper au point de vue du Droit international privé, chaque canton a des règles particulières pour fixer sa condition : cependant, en vertu de la constitution du 22 mai 1874, le Conseil fédéral a le pouvoir

(1) V. Lawrence, *loc. cit.*, t. III, p. 89 et suiv.
(2) Lawrence, *loc. cit.*, p. 85 et suiv., et p. 88.

6

d'établir des lois générales relatives à la capacité des personnes et à l'exercice du commerce : c'est ainsi qu'une loi commune à tous les cantons, dont il sera question plus tard à propos de la Nationalité, a unifié les règles concernant l'obtention et la perte de la qualité de citoyen Suisse. Du reste, la plupart des législations cantonales sont assez dures pour les étrangers à qui elles refusent la faculté d'être propriétaires fonciers sans l'autorisation du Conseil cantonal, et même parfois du Conseil fédéral. Ce n'est aussi qu'en 1874 qu'a été aboli l'impôt spécial qui pesait sur les étrangers et que l'on désignait sous le nom de *traite foraine*.

80. Parmi les états européens, la Suède est peut-être celui qui se montre encore le moins favorable pour les étrangers. Le code de 1736 leur interdisait le commerce, et ils ne peuvent encore le faire qu'avec l'autorisation du roi (loi du 18 juin 1864 et du 20 juin 1879). Ce n'est encore que par la loi du 31 octobre 1873 que la liberté religieuse a été admise soit pour les étrangers, soit même pour les nationaux. En sens inverse, les étrangers jouissent de tous les droits civils, sous la condition de la réciprocité, sauf qu'ils ne peuvent être tuteurs en aucune façon, ni propriétaires fonciers sans autorisation du gouvernement (ordon. du 3 octobre 1829). Le droit de détraction a été aboli le 9 décembre 1818 (1).

CHAPITRE II

DÉVELOPPEMENT HISTORIQUE DE LA THÉORIE DU CONFLIT DES LOIS PRIVÉES

81. Après avoir constaté quelle est la condition de l'étranger, et vu que, suivant la loi du pays où le litige est soulevé, l'étranger peut invoquer le droit dont il s'agit, le juge doit se demander quelle législation il appliquera, alors que plusieurs sont en conflit à propos du rapport juridique qui lui est soumis. La réponse à cette très délicate question a donné lieu, suivant les temps et les lieux, à une foule de théories dont l'exposé critique forme l'histoire du Droit international privé, ou le développement historique de la théorie du conflit des lois privées. Il est à noter du reste que, anciennement

(1) V. Dareste, Journal Clunet, 1880, p. 434 et suiv.

ment, alors que l'on accordait peu ou point de droits aux étrangers, la question que nous venons d'indiquer se présentait rarement à propos du conflit des lois de différentes nations : c'était surtout le conflit des lois ou coutumes régissant les diverses parties du territoire d'un même pays qui attirait l'attention des jurisconsultes, par exemple à Rome et dans l'ancienne France. Nous avons déjà eu aussi l'occasion de dire que nombre de pays modernes sont obligés de se préoccuper encore de ce genre de conflits, parce qu'ils ne possèdent pas l'unité de législation (1).

SECTION I

LE DROIT ROMAIN

82. Malgré le vague des textes paraissant viser les conflits de lois, de Savigny a émis, sur les idées adoptées par les jurisconsultes romains à cet égard, une conjecture très sérieuse et généralement acceptée (2).

L'Italie, en dehors de Rome, était divisée en circonscriptions territoriales, ayant généralement le titre de municipes ou de colonies et possédant chacune leur juridiction et leur législation particulières : au III\e siècle, on peut dire que ces espèces de communes couvraient le territoire entier de l'Empire (3), et chaque citoyen se rattachait à elles soit par l'*origo*, soit par le *domicilium*. L'*origo* n'était autre chose que le droit de cité dans un municipe ou dans une colonie : on l'obtenait par la naissance, ou par l'adoption, car l'adopté prenait la cité de l'adoptant, ou par l'affranchissement, puisqu'il en était de même pour l'affranchi vis-à-vis du patron, ou enfin par l'*allectio*, c'est-à-dire l'admission prononcée par les magistrats municipaux. Quant au *domicilium,* c'était, comme dans le droit français actuel, le lieu du principal établissement.

Le fait d'être rattaché à une cité par l'un de ces deux liens, l'*origo* ou le *domicilium*, avait pour résultat de soumettre aux charges municipales *(munera)*, à la juridiction et au droit de la cité.

Étant donné ces idées générales, on peut résumer dans deux pro-

(1) V. n° 15.
(2) V. cependant Asser, *loc. cit.*, p. 6, note 1.
(3) De Savigny, *Système de Droit romain*, trad. Guenoux, t. VIII, p. 24, 46 et 47; *Histoire du Droit romain au moyen-âge*, t. I, chap. 2.

positions la théorie des Romains en ce qui concerne les conflits de lois privées : 1° s'il s'agit d'étrangers proprement dits, c'est-à-dire de personnes ne relevant pas de la puissance romaine, on n'applique que le *jus gentium ;* 2° s'agit-il au contraire de personnes sujettes de Rome, on applique à chacune le droit particulier de la cité à laquelle elle appartient par son *origo* ou son *domicilium* (1). Comme un individu pouvait avoir plusieurs *civitates*, il est vraisemblable que l'on s'attachait de préférence à celle qui était déterminée par l'*origo* et non par le *domicilium*, et que, parmi toutes les causes de l'*origo*, la naissance l'emportait comme étant la plus ancienne.

Si les choses se passaient réellement ainsi, les Romains, il faut le dire, ne s'étaient jamais préoccupés du conflit de lois proprement dit, c'est-à-dire de la conciliation de la loi étrangère, qui suit l'individu étranger comme personnelle, avec la souveraineté de la loi territoriale. En fait, le droit de chacun dépendant de la *civitas*, et la *civitas* étant personnelle, il est vrai de dire que les Romains avaient adopté le principe de la *personnalité des lois* que l'on va trouver chez les barbares (2).

SECTION II

ÉPOQUE BARBARE

83. Les barbares, sans assujétir les peuples qu'ils avaient vaincu à l'observation de leurs propres lois, les laissèrent sous l'empire de leur législation nationale, de telle sorte que chacun fut régi par un droit qui lui était personnel en vertu de son origine. Aussi, au début de chaque procès, le juge interrogeait les parties, non pas pour leur demander la loi qu'elles voulaient se voir appliquer, comme l'a cru à tort Montesquieu, mais bien pour savoir quelle était celle dont elles relevaient par leur nationalité particulière (3). Cependant les clercs étaient toujours régis par le Droit romain, et la femme mariée pouvait obtenir de conserver sa loi sans prendre celle de son mari, ce qu'elle faisait de plein droit une fois devenue veuve.

Suivant Montesquieu, ce système de la *personnalité des lois* prove

(1) De Savigny, *loc. cit.,* VIII, p. 79 et 84.
(2) De Savigny, *Hist. du Droit rom. au moyen-âge,* t. I, p. 90, note *c*, de traduction française.
(3) Savigny, *loc. cit., supra* t. I, ch. III, § 43.

naît de l'esprit de profond individualisme qui caractérisait les Germains, et qui leur faisait considérer l'homme en lui-même, sans se préoccuper de son absorption dans l'État. Pour de Savigny, les barbares ne procédèrent ainsi que par fierté de conquérants qui ne veulent pas associer les vaincus à leurs coutumes nationales (1). Peut-être est-il plus simple de constater que c'est là une façon de procéder presqu'inévitable, toutes les fois qu'une conquête violente met brusquement en présence des peuples dont les mœurs, la religion, les lois sont absolument différents et sans la moindre analogie, même dans les principes fondamentaux. C'est ainsi que les Turcs ont compris l'impossibilité de soumettre à leur législation les Grecs, les Arméniens et les Slaves, et qu'ils ont dû laisser aux Européens l'application de leurs lois personnelles par des traités appelés les *Capitulations*; d'ailleurs les Anglais et les Français ont agi ainsi vis-à-vis des Indous et vis-à-vis des Algériens habitant leurs possessions.

Quoi qu'il en soit de la vraie raison d'être de ce système anormal et si peu conforme au principe de la souveraineté des états, il est certain que, pendant la période barbare, seuls les Capitulaires des rois avaient une application générale à tous les sujets, sans distinction de nationalité d'origine. D'ailleurs, lorsque les parties en présence avaient une nationalité différente, il est assez difficile de dire comment on observait le principe de la personnalité des lois. S'en tenait-on à la loi du défendeur, comme dans le procès de l'abbaye de Prüm en 707? Appliquait-on à la fois la loi des deux parties, comme on le fit dans le procès du monastère de Farfa contre les rois Lombards (900 à 1014), ainsi que l'affirment les anciens auteurs; et, dans ce cas, comment s'y prenait-on pour faire l'application cumulative de deux lois peut-être contradictoires? On en est, sur ce point, réduit aux conjectures (2).

Au surplus, le système disparut assez promptement; la dernière trace que l'on en trouve est un *mallum* judiciaire tenu à Narbonne en 933 et où l'on voit figurer des juges de diverses nationalités correspondant à celles des parties. Il ne pouvait en être différemment, étant donné, d'une part, la fusion des races qui rendait impossible la recherche de l'origine et par conséquent de la loi de

(1) *Esprit des Lois*, liv. XXVIII, ch. 2 ; Savigny, *ubi suprà*.
(2) De Savigny, *Hist. du Droit rom. au moyen-âge*, t. I, ch. III, § 46.

chacun ; et, d'autre part, l'ignorance des juges de l'époque qui étaient complètement incapables de posséder tant de législations diverses.

SECTION III

LA FÉODALITÉ

84. Quand la faiblesse des successeurs de Charlemagne eut laissé démembrer le vaste empire qu'il avait fondé, chaque duc, comte ou baron devint maître quasi-souverain et héréditaire dans sa seigneurie, et la Féodalité fut fondée. Chaque seigneur eut, sur son territoire, ses armées, sa juridiction et aussi sa loi ; cette dernière, limitée dans son autorité au domaine seigneurial, y était au moins souveraine absolue et y excluait l'application de toute autre : c'était ce que l'on a appelé depuis la *territorialité des lois*. Malgré une certaine communauté de race et de traditions entre les divers pays du Nord d'un côté et entre ceux du Midi de l'autre, ce qui amena la distinction bien connue des pays de Coutumes et des pays de Droit écrit, la variété ne fut pas moins très grande entre les nombreuses législations locales. Chacune d'elles en effet se développa sous la forme d'une coutume particulière, ne recevant pour ainsi dire en aucune façon l'influence des coutumes voisines, à cause de la grande difficulté des communications à cette époque et de l'isolement farouche dans lequel vivaient les seigneurs. Jaloux de ne point laisser compromettre une autorité usurpée par eux et en butte à des attaques incessantes, les quasi-souverains plus ou moins puissants de chaque territoire entendaient ne laisser appliquer que leur loi et s'opposaient systématiquement à toute immixtion d'une coutume étrangère. C'était, on le voit, le contre-pied de la personnalité des lois admise par les barbares et l'application du vieil adage féodal : « *Toutes coutumes sont réelles* » (1). On en déduisait, comme conséquence logique, que le fait seul de se rendre sur le territoire régi par une autre coutume que la sienne assujétissait à toutes les dispositions de cette coutume, à quelque point de vue que ce fût ; de sorte que, suivant l'expressive parole de Mignet : « L'homme était en quelque sorte possédé par la terre » (2).

(1) Bouhier, *loc. cit.*, ch. XXIII, nº 38 ; Loysel, *Instit. Coutu.*, liv. II, tit. IV, art. 3 et 4.

(2) *De la Féodalité*, 1re partie, chap. III. — Le caractère absolu de la territorialité a été contesté, V. Asser, *loc. cit.*, p. 8, note 1.

SECTION IV

LA THÉORIE DES STATUTS

§ I. *Origine de la théorie.*

85. La théorie des statuts vient d'Italie et est due aux glossateurs (1); elle tire son nom des statuts ou coutumes locales des villes commerçantes et des petites républiques qui, en Italie, remplacèrent peu à peu les seigneuries féodales.

Grands admirateurs du Droit romain, objet de leur patiente étude, les glossateurs se montraient au contraire fort dédaigneux pour les statuts locaux qu'ils allaient jusqu'à qualifier de *jus asinorum*. Forcés cependant de les admettre, ils imaginèrent de considérer le Droit romain comme le droit commun, tandis que les statuts ne formaient que des exceptions. Or, le propre du droit commun est d'être général, tandis que l'exception est d'interprétation étroite : ils en conclurent que le Droit romain était d'une application universelle, pouvait s'invoquer en tout pays, tandis que les statuts, en vertu de leur caractère exceptionnel, devaient être restreints au territoire où ils avaient été acceptés (2). Cette première opposition d'un droit universel et d'un droit territorial devait conduire les glossateurs plus loin, c'est-à-dire à formuler la théorie des statuts elle-même.

En Italie, la féodalité fut promptement battue en brèche par la fondation des républiques commerçantes; aussi la territorialité des coutumes locales y fut-elle bien moins tenace que dans notre pays. Le commerce, en effet, est cosmopolite par nécessité, et de là l'obligation pour tout peuple qui vit du négoce d'accueillir favorablement l'étranger, notamment en lui accordant, dans la mesure du possible, l'application de sa propre loi. On fut amené ainsi à distinguer les statuts pour lesquels on s'en tiendrait aux dispositions de la loi locale et appelés pour cela *réels*, de ceux pour lesquels on accepterait que l'étranger restât soumis aux dispositions de sa propre loi et que l'on qualifia, pour cette raison, de *personnels*. C'était

(1) Pour l'historique de cette théorie, v. l'exposé remarquable de Laurent, *loc. cit.*, t. I, p. 273 à 542.
(2) De Savigny, *Hist. du D. romain au moyen-âge*, t. III, p. 67 et suiv.

établir, entre les statuts, la distinction déjà admise entre le Droit romain d'une part et les statuts en général de l'autre.

L'idée fondamentale admise, il s'agissait de trouver un critérium permettant de discerner les statuts rentrant dans l'une ou l'autre des deux catégories. Barthole le premier imagina de considérer un statut comme personnel ou réel suivant que le premier mot de son texte était relatif aux personnes ou aux biens : ainsi la disposition suivante : « *Primogenitus succedat* », aurait constitué un statut personnel ; et celle-ci : « *Immobilia veniant ad primogenitum* », un statut réel (1). La grande autorité de Barthole fit accepter ce critérium par bon nombre de ses disciples, à l'exception de quelques-uns, comme Balde, par exemple ; mais, plus tard, en France, Dumoulin qualifia cette distinction de *verbalis,* car elle ne reposait que sur un jeu de mots, et d'Argentré déclara que les enfants rougiraient de la proposer (2).

Il est du reste fort difficile de préciser la doctrine des glossateurs en ce qui concerne le détail des différents statuts. Il semble cependant résulter de l'ensemble de leurs écrits sur cette matière qu'ils avaient une tendance assez marquée à favoriser le statut personnel et à restreindre le statut réel, sans doute à cause de l'influence qu'exerçait sur eux le développement des relations commerciales en Italie. C'est ainsi qu'ils faisaient rentrer dans le statut personnel l'état et la capacité des personnes, et qu'ils admettaient que l'effet des conventions conclues sur un territoire pût se produire en tout pays : deux importants principes que devait consacrer plus tard la jurisprudence française et que confirme la science moderne.

Les glossateurs cherchaient encore à expliquer leur système par une nouvelle distinction très mal définie et qui n'était guère de nature à élucider le problème ardu qu'ils avaient posé. Ils opposaient les statuts *défavorables* aux statuts *favorables ;* ces derniers étaient relatifs à des points qui devaient être tranchés d'une manière favorable aux intérêts de la personne, et on les considérait comme personnels précisément parce qu'on les regardait comme favorables : rien de moins clair, comme on le voit.

(1) Commentaire du titre de *Summá Trinitate,* au Code, liv. 1, tit. 1.
(2) Froland, *Mémoires sur les Statuts,* t. 1, p. 30, n° 4.

roit / ium / des / un / son / tion / per- / un / ·ité- / ues- / nce, / sait / ·ou- / eurs / en- / u'ils / nnel / nce / ales / on- / que / e en / plus / rne. / par / de / po- / iers / ière / ime / les

---

troverses interminables; c'est ce qui faisait dire à Hert : « *In iis defi-niendis mirum est quàm sudant doctores!* » Ainsi les droits du mari sur les biens de sa femme et des parents sur ceux de leurs enfants rentraient dans le statut réel pour les uns, parce qu'ils se référaient aux biens ; dans le statut personnel pour les autres, parce qu'ils avaient pour résultat de modifier la capacité de la femme ou des enfants.

Voulant trancher la difficulté, d'Argentré imagina *les statuts mixtes* dans lesquels il faisait rentrer toutes les dispositions concernant à la fois les biens et les personnes, par opposition aux statuts personnels et réels, comprenant toutes celles qui avaient uniquement pour objet les personnes ou les biens. D'ailleurs d'Argentré assimilait, au point de vue pratique, ces nouveaux statuts mixtes aux statuts réels, puisque, pour les uns aussi bien que pour les autres, il appliquait la loi territoriale. D'autres, au contraire, auraient voulu que l'on appliquât aux statuts mixtes distributivement la loi personnelle et la loi locale, l'une pour la partie du statut concernant la personne, l'autre pour la partie relative aux biens : mais comment pouvait-on arriver, pratiquement, à cette application cumulative de deux coutumes différentes pour un même rapport de droit? Aussi la division tripartite des statuts créée par d'Argentré fut-elle généralement répudiée.

Plus tard, cependant, Jean Voët imagina de faire une catégorie à part, sous ce même nom de statuts mixtes, des dispositions législatives concernant les formalités des actes juridiques pour lesquelles on appliquait les règles de la loi du lieu où l'acte était accompli, conformément à l'adage *Locus regit actum.* Certains encore faisaient entrer dans le statut mixte ainsi compris les règles de procédure et celles qui sont relatives à l'exécution des jugements.

En définitive, la confusion devint si grande que Bouhier, au XVIIIᵉ siècle, mit en doute jusqu'à la distinction des statuts elle-même, et proposa, à l'exemple de Paul Voët, de considérer un statut comme réel ou personnel, suivant que, en fait, il était ou non appliqué en dehors du territoire où il avait force de loi (1). Il y avait de la témérité, pensaient ces deux auteurs, à définir ce que le législateur n'avait pas lui-même indiqué, et l'on devait se borner à

_____

(1) *Cout. de Bourgogne,* ch. XXIII, nᵒˢ 58 et 59, t. I, p. 662.

constater ce qui, dans la pratique, était décidé par les tribunaux des diverses coutumes.

87. Ce serait une entreprise bien longue, fastidieuse et d'un mince profit, que d'analyser les discussions interminables des jurisconsultes *statutaires* (1) qui étaient en désaccord sur les principes eux-mêmes. Il importe seulement, pour apprécier le développement de notre science, d'indiquer la marche générale suivie par leur doctrine.

Bien qu'adoptant tous le principe imposé par les traditions féodales : « Toutes coutumes sont réelles », nos anciens auteurs se partageaient cependant en deux écoles assez nettement tranchées, celle des *réalistes* et celles des *personnalistes ;* elles eurent pour chef, en France, l'une d'Argentré, l'autre Dumoulin. Etant donné que toutes les deux adoptaient le même principe, la différence n'apparaît plus entre elles qu'en ce que l'une y était plus strictement attachée, tandis que l'autre y apportait un plus grand nombre d'exceptions, en faisant une part plus large au statut personnel.

En ce qui concerne l'état et la capacité, tous, réalistes et personnalistes, étaient d'accord pour les faire entrer dans le statut personnel (2). Mais les réalistes apportaient immédiatement à ce principe une double restriction qui en détruisait toute la portée pratique. Suivant eux, tout d'abord, bien qu'un individu dût être considéré comme capable suivant les dispositions de sa coutume personnelle, cependant il ne pouvait disposer des biens situés sur le territoire d'une coutume d'après laquelle il aurait été incapable à cet égard : l'état et la capacité déterminés par la loi personnelle se réduisaient donc à une simple qualification juridique, sans conséquence pratique sur le territoire régi par une autre loi, toutes les fois que les dispositions de cette dernière n'étaient pas d'accord avec celles de la loi personnelle. — En second lieu, les réalistes, n'acceptant le statut personnel que comme une exception à la réalité des lois, en concluaient qu'il devait être strictement interprété. Or, disaient-ils, si l'état et la capacité considérés d'une manière générale, par exemple la situation de majeur ou de mineur,

(1) Pour plus de brièveté, on désigne sous ce nom les jurisconsultes qui ont développé la théorie des statuts.

(2) D'Argentré, *Com. in patrias Britonum leges,* art. 347, p. 1793, n° 4, édit. de 1621.

constituent un statut personnel, il ne doit plus en être de même des capacités et incapacités spéciales, par exemple de la capacité de tester pour un mineur, ou de l'interdiction pour une femme, fille majeure ou veuve, de se porter caution, conformément au Sénatus-consulte Velléien : dans ces derniers cas, il ne s'agit plus d'éléments de l'état et de la capacité en général, mais au contraire de dérogations à cet état et à cette capacité ; on n'est donc plus dans les termes de l'exception qui ne vise que l'état et la capacité considérés dans leur ensemble, et il faut revenir au droit commun, l'application de la loi territoriale.

Toutes ces subtilités, on le comprend, n'avaient qu'un but : restreindre le plus possible l'extension du statut personnel. Nous aurons du reste occasion de les réfuter plus tard, car elles ont été reproduites par des auteurs modernes (1).

Sur un autre point important encore, les deux écoles se trouvèrent en divergence. Les réalistes estimaient que, pour déterminer l'effet des contrats, il fallait se référer aux dispositions de la loi du lieu où cet effet devait se produire. Mais Dumoulin, remarquant que les conventions sont l'œuvre de la volonté des parties et non de la loi, que la volonté de l'homme est de sa nature une et indivisible, déclara qu'elle devait, en tout pays, être considérée comme invariable, et qu'il fallait partout en accepter les conséquences telles que les contractants les avaient déterminées dans leur intention. Faisant l'application de cette idée profondément juste, le grand jurisconsulte décidait que des personnes mariées sans contrat dans le ressort d'une coutume étaient censées adopter le régime de droit commun de cette coutume pour leurs biens situés en n'importe quel pays.

Représentant des idées rationnelles, les personnalistes devaient triompher tôt ou tard, et ce sont en effet leurs solutions en ce qui concerne l'état, la capacité et l'effet des contrats qui furent adoptées par la jurisprudence des Parlements (2). Il faut noter du reste que le conflit se présentant alors entre les diverses coutumes d'un même pays et non entre les lois de nations différentes, le statut personnel se déterminait par le domicile et non par la nationalité : c'est un point sur lequel nous aurons à revenir plus tard (3).

(1) V. nos 303 et 304.
(2) Froland, *loc. cit.*, t. 1, p. 365.
(3) V. nos 292 et suiv.

Enfin, relativement aux biens, les statutaires étaient unanimes pour adopter une distinction fondamentale entre les immeubles et les meubles, Pour les premiers, il était de principe que tout ce qui les concernait était du statut réel et dépendait de la loi de leur situation. Sans aller aussi loin que les réalistes qui, comme on l'a vu plus haut, s'attachaient à cette loi pour déterminer la capacité d'aliéner ces biens, les personnalistes cependant considéraient comme autant de statuts réels : les règles de la transmission héréditaire des immeubles, *ab intestat* ou par testament, la réserve sur les immeubles, les droits des parents ou des époux sur les biens de cette nature appartenant à leurs enfants ou à leur conjoint, etc., etc... — Quant aux meubles, comme ils n'avaient pas d'assiette fixe, on disait d'eux : « *Mobilia ossibus personæ inhærent.* » On les considérait donc comme ayant fictivement leur assiette au domicile de leur propriétaire, et on leur appliquait, en principe, la loi de ce domicile (1).

88. A un autre point de vue, on distingue trois écoles de jurisconsultes statutaires dont chacune a eu successivement son influence prédominante.

1° L'école française du XVIe siècle. Elle a été illustrée par d'Argentré, seigneur breton très fortement attaché aux principes féodaux, par conséquent à la réalité des coutumes, et remarquable par la vigueur de son raisonnement et l'énergie, souvent un peu violente, avec laquelle il attaque ses adversaires : il est l'auteur des *Commentarii in patrias Britonum leges, seu consuetudines antiquissimi ducatûs Britanniæ* (Paris, 1621). Cette école a surtout l'honneur d'être représentée par Dumoulin, l'adversaire déclaré des doctrines de d'Argentré. Sur notre matière, on doit surtout consulter de ce jurisconsulte : les *Commentarii in Codicem (Conclusiones de statutis et consuetudinibus localibus)* (2), et les *Commentarii in consuetudines Parisienses*. On peut citer enfin Guy Coquille, plus hardi encore que Dumoulin dans le sens de la personnalité des lois. (*Questions, réponses et méditations sur les Coutumes,* surtout les questions 159, 227, 237, 135, 131.)

2° L'école belge et hollandaise du XVIIe siècle. Cette école se dis-

(1) V. autorités, P. Fiore, p. 316-317, notes 1, 2, 3 ; et p. 333, note 1.
(2) V. Opera, 1681, t. III, p. 554 et suiv.

tingue par un attachement très marqué à la souveraineté absolue
des lois locales, en un mot à la réalité, ce qui s'explique du reste
par la puissance de l'autonomie municipale dans les Pays-Bas et
le soin jaloux avec lequel les communes y défendaient leur indépendance contre tout empiétement d'une autorité étrangère. On
cite dans cette école : Bourgoingne (Burgundus, 1586-1649), auteur
du traité *Ad consuetudines Flandriæ ;* Paul Voët (1619-1677), qui a
écrit l'ouvrage intitulé *De Statutis eorumque concursu ;* Jean Voët,
fils du précédent (1647-1714), un des plus remarquables de cette
école, auteur des Commentaires sur les Pandectes ; il a traité des
conflits de lois, sous la rubrique *De statutis,* dans la deuxième
partie du commentaire sur le titre *De constitutionibus principum*
(Dig., I, 4.) ; Rodenburgh (1618-1668), auteur du *Tractatus de jure
conjugum, cum tractatione præliminari de jure quod oritur ex statu-
torum discrepantium conflictu ;* Huber (1636-1694), *De conflictu
legum diversarum in diversiis imperiis,* dans ses *Prælectiones ;* enfin
Hert (1652-1710) qui, quoique Allemand, peut être rattaché à cette
école (*De collisione legum,* 1668).

3° Ecole française du XVIII° siècle ; cette dernière, sous l'influence
des idées philosophiques de l'époque, consacre les solutions les
plus libérales et par conséquent les plus favorables au développement du statut personnel. Ses principaux représentants sont :
Boullenois (1680-1762), *Traité de la personnalité et de la réalité des
lois, coutumes et statuts ;* Froland, *Mémoires concernant la nature et
la qualité des statuts* (1729) ; le Président Bouhier, lettré, membre
de l'Académie française en même temps que juriste (1673-1746),
auteurs des *Observations sur la Coutume du duché de Bourgogne.*

§ III. *Critique de la théorie des statuts.*

89. On pourrait, *à priori*, apprécier à sa juste valeur la théorie
des statuts, en voyant nos anciens jurisconsultes, malgré leur
grande science du droit, ne point arriver à s'entendre dans son
application ; il y a évidemment dans ce fait l'indice d'un défaut
essentiel de la théorie elle-même.

Si, tout d'abord, on veut juger la distinction classique au point
de vue des principes rationnels, on remarque bien vite qu'elle
repose sur une base absolument factice. Comme nous l'établirons

plus loin (1), les lois sont faites, en règle générale, par chaque législateur en vue de la situation particulière de ses nationaux, en tenant compte des diverses influences de mœurs, de traditions, de climat sous lesquelles ils peuvent être placés : il est donc naturel que chacun demeure régi, en quelque pays qu'il se transporte, par sa loi nationale, sauf à respecter les dispositions absolument impératives ou prohibitives, imposées par la souveraineté de l'état sur le territoire duquel il se rend comme étant d'ordre public (2). Les barbares avaient fait une application abusive de cette idée de la personnalité des lois, car ils l'étendaient aux peuples devenus leurs sujets par la conquête, et n'y apportaient point la restriction commandée par le respect même de la souveraineté de l'Etat. Sous la féodalité, on déjà vu que la règle absolument inverse fut adoptée et que l'on ne tint aucun compte du caractère naturellement personnel de toute législation, en appliquant l'adage : « *Toutes coutumes sont réelles* ». Or la théorie des statuts repose encore sur ce dernier principe, et elle consiste uniquement à y apporter un nombre plus ou moins considérable d'exceptions sous le nom de statuts personnels. C'est placer la règle à la place de l'exception ; prendre pour point de départ la territorialité des lois, quand on devrait s'attacher à la personnalité, sauf à la restreindre par certaines dérogations venant du respect de la souveraineté de la loi locale. Du reste, pour justifier les exceptions au principe féodal se présentant sous la forme de statuts personnels, les statutaires n'avaient que des considérations de nécessité pratique, comme, par exemple, l'impossibilité de laisser varier la capacité d'une personne suivant les provinces. Essayant, en outre, d'expliquer d'une façon rationnelle ces exceptions, les jurisconsultes de l'école des Pays-Bas, au XVIIᵉ siècle, créèrent la théorie de la *Comitas gentium,* ou de l'abandon gracieux de la part du souverain motivé par l'intérêt : or, on a déjà vu ce que vaut, au point de vue du fait comme du droit, cette théorie de la courtoisie internationale (3).

90. Considérée maintenant au point de vue pratique, la distinction des statuts a le triple inconvénient d'être *trop vague, insuffisante* et *trop absolue.*

(1) V. nº 106.
(2) V. nº 22.
(3) V. nº 20.

Trop vague, car il était bien difficile, avec le critérium proposé, d'affirmer si un statut était réel ou personnel. Il est rare, en effet, que le législateur ne parle pas tout à la fois des biens et des personnes, et il est bien téméraire, en pareil cas, de rechercher son intention pour savoir si l'objet principal de sa disposition est le bien ou la personne : chacun peut, à cet égard, avoir son appréciation personnelle et tout se réduit à une question d'inspiration, comme semblait, d'ailleurs, l'avoir compris Froland qui invoque les Muses au début de ses *Mémoires sur la nature des statuts*. De plus, la loi s'occupe toujours des biens au point de vue des droits que les personnes peuvent avoir sur eux ; ce sont donc ces dernières qui forment encore l'objet des prétendus statuts réels qui, par ce fait, deviennent personnels.

La distinction des statuts est encore insuffisante pour trancher nombre de conflits de lois. Sans doute, en présence d'une question simple, il suffira souvent de décider qu'il s'agit d'un statut personnel ou réel, par exemple, lorsqu'il faudra apprécier la majorité d'un étranger ou dire si des étrangers peuvent établir, sur un bien situé en France, un droit réel inconnu dans notre législation : dans le premier cas la loi personnelle devra être appliquée, et, dans le second, la loi territoriale. Mais il est des rapports de droit beaucoup plus complexes, qui présentent des points de contact avec plusieurs législations à la fois : il ne suffit pas, en ce qui les concerne, de déclarer, d'une manière générale, que l'on est en face d'un statut personnel ou d'un statut réel et d'appliquer, en conséquence, la loi personnelle des parties ou la loi territoriale ; on arriverait, en procédant ainsi, à négliger nombre d'éléments du rapport de droit en question pour lesquels s'impose peut-être l'application d'une loi différente. C'est ainsi que, dans un contrat, il faut apprécier la capacité des parties qui dépend de leur loi personnelle ; le sens de leur convention qui dépend de leur intention et pour la fixation duquel on devra se référer à la loi présomptivement acceptée par elles ; enfin les formalités qui constatent l'acte juridique et qui sont réglées par la loi du lieu où cet acte est accompli.

De plus, désireux d'établir une règle qui leur permît de résoudre commodément la question de savoir si une disposition législative pouvait ou non s'appliquer en dehors du territoire où elle était en vigueur, les anciens jurisconsultes confondirent complètement les statuts réels avec les dispositions légales exclusivement applicables sur le territoire, et les statuts personnels avec celles qui suivaient la personne dans des pays régis par d'autres coutumes. Or, il existe un très grand nombre de règles de droit qui ne se réfèrent pas plus à la condition juridique des biens qu'à celle des personnes, comme celles qui concernent les formalités des actes juridiques ou l'interprétation des contrats : ce n'était donc qu'au prix des plus grandes subtilités et en donnant lieu à des discussions multiples, qu'on arrivait à faire de ces règles des statuts réels ou personnels, suivant qu'on voulait, en ce qui les concernait, appliquer la loi territoriale ou la loi personnelle des parties intéressées. En réalité, la distinction ancienne est beaucoup trop absolue, car toute disposition légale qui n'a pas directement pour objet de régler la condition juridique des personnes ou celle des biens n'est ni un statut personnel ni un statut réel ; elle doit donc demeurer en dehors de la classification adoptée.

Malgré tous ses défauts, la théorie des statuts mérite d'être étudiée dans les écrits mêmes des anciens jurisconsultes qui, bien que partant d'un principe erroné, sont arrivés souvent, grâce à leur savante analyse, à déterminer la loi applicable à bon nombre de rapports juridiques. De plus, les expressions statut réel et statut personnel sont encore employées, et même, suivant l'opinion générale, notre droit actuel n'aurait fait que consacrer l'ancienne théorie.

§ IV. *La théorie des statuts dans le Code civil.*

91. On est à peu près unanime, en France, dans la doctrine et la jurisprudence, pour penser que l'ancienne théorie des statuts a été reproduite dans l'art. 3 du Code civil, sauf une modification consistant dans la substitution de la loi nationale à la loi du domicile pour régler le statut personnel, par suite du caractère nouveau des conflits de lois qui se présentent désormais entre législations de pays différents, et non plus entre coutumes de diverses provinces d'un même état (1). On fonde cette manière de voir sur le texte même de l'art. 3 qui paraît très positif en ce sens, par suite de

_____

(1) V. le développement brillant et complet de cette idée dans : *La théorie traditionnelle des statuts* de M. Barde, Bordeaux, 1880.

l'opposition très nette que les §§ 2 et 3 établissent entre le droit des immeubles d'une part, et celui des personnes de l'autre ; le premier dépendant toujours de la loi de la situation des biens, le second de la loi nationale. De plus, les déclarations faites au cours des travaux préparatoires ne laissent, ajoute-t-on, aucun doute à cet égard. Portalis disait : « On a toujours distingué les lois qui sont relatives à l'état et à la capacité des personnes d'avec celles qui règlent la disposition des biens » ; le tribun Faure : « L'art. 3 contient les principales bases d'une matière connue dans le droit sous le titre de statuts personnels et de statuts réels » ; enfin le tribun Grenier déclarait que ce même article contenait les principes enseignés par tous les publicistes (1).

Pour éviter de trancher les conflits de lois privées en recourant à la distinction des statuts, si critiquable au point de vue théorique et pratique, il serait avant tout désirable qu'une modification opérée dans le texte de l'art. 3 montrât bien que l'on a rompu avec les anciennes traditions. Mais, en attendant, il est permis de soulever un doute sérieux sur la reproduction de la théorie des statuts par notre législation moderne, et, grâce à ce doute, d'interpréter notre droit d'une manière plus conforme aux principes de notre science et aux intérêts pratiques (2).

Tout d'abord, les rédacteurs du Code civil n'auraient pu faire qu'un renvoi à une théorie purement doctrinale que le juge pourrait encore accepter et modifier à sa guise, puisque, jadis, personne n'était d'accord sur son application. Si l'on prétend que l'art. reproduit implicitement le dernier état de la doctrine des statutaires, tel qu'il se présentait à la veille de la rédaction du Code, on peut rappeler qu'à cette époque Bouhier niait jusqu'au fondement même de la théorie des statuts, comme on l'a vu plus haut ! — Ce serait dans tous les cas, en un langage bien énigmatique que l'ancienne distinction des statuts aurait été indiquée : le mot statut, si couramment employé cependant par les jurisconsultes, ne figure pas dans l'art. 3 ; de plus, il n'est question, dans ce texte, que des immeubles et des personnes, sans un mot pour les meubles qui tenaient cependant une si large place dans les controverses des statutaires.

(1) Locré, Législ. franç., t. I, p. 580 et suiv., nos 12 à 16 ; 612, n° 8 ; p. 600, n° 1
(2) V. notre étude sur la Théorie des Statuts dans le Code civil, Revue critique de législation et de jurisprudence, 1884, p. 487.

En réalité, les trois paragraphes de cet article ne nous indiquent que les trois points suivants : 1° soumission de tous aux lois de police et de sûreté; 2° règlement des droits sur les immeubles par la loi française, quelle que soit la nationalité du propriétaire; 3° fixation de l'état et de la capacité du Français par sa loi nationale, en quelque lieu qu'il se trouve. Or, il est bien exact que l'on a toujours fait cette distinction entre les biens et les personnes; que ce sont là des principes enseignés par tous les publicistes, comme l'ont dit Portalis et Grenier; il est même vrai d'ajouter, avec le tribun Faure, que la théorie des statuts a pour bases *principales* les deux propositions contenues dans les §§ 2 et 3 de l'art. 3 : mais rien n'indique que le législateur ait voulu donner à ce texte une portée plus grande et y résumer, d'une manière fort peu claire du reste, toute cette théorie telle qu'on pourrait la faire sortir des écrits de nos anciens auteurs.

On comprend, au contraire, que les rédacteurs du Code civil s'en soient tenus à formuler les trois principes contenus dans l'art. 3, estimant qu'ils seraient suffisants pour résoudre les conflits de législations qui pourraient se présenter dans la suite, et voulant, pour les points non prévus, laisser aux tribunaux un large pouvoir d'appréciation. Craignant de provoquer le retour des difficultés inextricables et des controverses infinies auxquelles avaient donné lieu l'ancienne théorie, ils ont évité d'employer les expressions de statuts réels et personnels. D'autre part, ils ont pu croire que, grâce à l'unité nouvelle de la loi française, les conflits, jadis si fréquents entre les diverses coutumes, ne se présenteraient plus qu'assez rarement et que les trois règles de l'art. 3 suffiraient pour les trancher. Il est du reste permis de penser que l'on ne se préoccupait guère, à cette époque, du conflit de la loi française avec celle des autres pays, car les relations internationales étaient alors bien loin du développement qu'elles ont atteint depuis, et, de plus, la guerre générale dans laquelle la France était engagée n'était pas de nature à les favoriser. On peut remarquer, à l'appui de cette idée, que le législateur, dans l'art. 3, ne s'est préoccupé que des Français ou de la France. Il ne parle des étrangers que pour les assujétir à la loi française en ce qui concerne les lois de police et de sûreté et les règles de la propriété immobilière; à propos de l'état et de la capacité, le § 3 ne vise que le Français, alors qu'il eût été si naturel

d'accorder aux étrangers, sur le même point et par juste réciprocité, l'application de leur loi nationale : il a fallu que la doctrine
comblât à cet égard la lacune de la loi.

De toutes les observations qui précèdent découle cette conclusion
que : la *théorie des statuts peut être répudiée dans notre droit positif
français* ; de sorte que l'art. 3 du Code civil ne fait nullement obstacle à l'adoption d'une autre théorie beaucoup plus rationnelle
pour la solution des conflits des lois privées. Mais il ne faut pas se
dissimuler que cette conclusion n'a guère de chance d'être acceptée
encore, en présence de l'opinion contraire adoptée en doctrine et
confirmée par la jurisprudence.

§ V. *Véritable notion du statut réel et du statut personnel.*

92. Cependant, et quelle que soit l'opinion que l'on adopte sur le
maintien de l'ancienne théorie dans le Code civil, il n'en est pas
moins vrai que les expressions statuts réels et personnels sont
encore couramment employées dans la langue moderne du Droit
international privé ; on voit même désignées sous cette rubrique
deux parties, les plus importantes assurément, de presque tous les
traités écrits sur notre science. Il importe donc de fixer le sens
exact de ces mots et d'éviter de le confondre avec celui qu'on leur
donnait jadis.

Le vice capital de la distinction des statuts, telle que les anciens
auteurs l'avaient formulée, était, nous l'avons déjà dit, sa trop
grande généralité. De gré ou de force, toute règle de droit devait
être considérée comme un statut réel ou personnel, afin que l'on
pût résoudre du même coup la question de savoir si elle s'appliquait
ou non en dehors du territoire où elle était en vigueur, par suite de
la fausse synonymie que l'on avait admise entre les mots statut
réel et loi territoriale, statut personnel et loi suivant l'individu dans
les divers territoires où il se transporte. C'est cette confusion que
l'on doit écarter, en ne donnant à la distinction des statuts que son
véritable champ d'application, dans lequel il faut bien se garder de
faire entrer tout ce qui n'a trait ni à la condition juridique des
biens ni à celles des personnes. Les partisans de l'opinion générale,
d'après laquelle l'art. 3 C. C. ne serait que la reproduction de
l'ancienne théorie des statuts, l'ont bien compris en rejetant du

domaine de la distinction classique les règles de droit que l'on ne saurait, sans abus de langage, qualifier de statuts réels ou personnels, telles que celles qui concernent les formalités des actes ou l'interprétation des contrats (1). C'est donc la véritable portée du statut personnel et du statut réel qu'il est essentiel de déterminer.

93. Par les mots *Statut personnel*, on ne peut désigner que l'ensemble des dispositions légales réglant la condition juridique de la personne, par exemple celles qui concernent son état et sa capacité, ses relations de famille : majorité, interdiction, adoption, émancipation, tutelle, mariage, filiation, etc.... Le propre de toutes ces règles, comme on le verra dans la suite, est d'être attachées à la personne en quelque pays qu'elle se transporte. Mais ce n'est pas là le caractère exclusif du statut personnel : nombre de dispositions législatives, n'ayant nullement pour objet de régler la condition juridique des personnes, peuvent avoir une portée extraterritoriale, comme, par exemple, celles qui sont relatives aux formes des actes, à l'effet des contrats. On ne saurait donc faire entrer ces dernières dans le statut personnel qu'en maintenant l'ancienne confusion entre ce statut et toute règle de droit susceptible de suivre la personne en pays étranger.

94. Les mots *Statut réel* doivent désigner le droit des choses en général *(res)*, et non celui des immeubles seulement dont parle le § 2 de l'art. 3 C. C. On ne peut donc voir dans ce dernier texte la reproduction du statut réel tel que le comprenaient les anciens auteurs qu'en acceptant la confusion fréquemment commise jadis entre les qualificatifs réel et immobilier, parce que les immeubles étaient considérés autrefois comme les choses par excellence. Aujourd'hui, ceux qui se prétendent liés par la tradition font entrer dans le statut réel tout ce qui, de près ou de loin, a un rapport quelconque avec les immeubles, notamment les règles des successions immobilières, de l'usufruit légal des parents sur les immeubles appartenant à leurs enfants, des hypothèques légales. Sur ce premier point, ils sont fidèles à la doctrine des statutaires. En ce qui concerne les meubles, les anciens auteurs appliquaient la

---

(1) Aubry et Rau, *loc. cit.*, t. I, p. 82, note 8, 4e édit. — A ce propos, remarquons qu'en procédant ainsi on est bien peu fidèle à la doctrine que l'on prétend maintenir.

loi du domicile du propriétaire, en vertu de la fiction qui faisait considérer les meubles comme ayant leur assiette dans le lieu où leur propriétaire était domicilié (1). Quelques-uns seulement, à l'exemple de d'Argentré, expliquaient cette règle d'une manière différente, en disant que les meubles étaient attachés à la personne, et que, par conséquent, tout ce qui les concernait rentrait dans le statut personnel, lequel, à cette époque, dépendait de la loi du domicile (2). Dans tous les cas, ce serait toujours la loi du domicile qu'il faudrait suivre pour les meubles si l'on voulait être absolument fidèle à la tradition, ainsi que le commande, prétend-on, l'art. 3 du Code civil (3). Cependant, la plupart des auteurs qui entendent l'art. 3 dans ce sens distinguent entre les meubles considérés comme universalité, par exemple dans une succession, et les meubles pris individuellement, par exemple au point de vue de la prescription (art. 2279), de la transmission (1690), de la saisie et des différents cas prévus par les art. 2074, 2076, 2119, 2075 C. C., etc.... Dans la première hypothèse, ils appliquent la loi du domicile ; dans la seconde, la loi de la situation matérielle du meuble (4).

Quelques-uns encore, considérant que jadis les règles relatives aux meubles faisaient partie du statut personnel (5) et que, en vertu du § 3 de l'art. 3 C. C., ce statut est régi maintenant par la loi nationale, en concluent que c'est par cette même loi nationale du propriétaire qu'il faudra trancher les questions se rattachant aux meubles, par exemple leur transmission héréditaire (6).

Pour avoir une idée juste du statut réel, il faut répudier les deux solutions adoptées dans la pratique soit pour les immeubles, soit pour les meubles.

95. En ce qui concerne les immeubles, la façon si large d'entendre le statut réel qui comprendrait toutes les règles de droit se

(1) Boullenois, t. I, p. 338.
(2) Pothier, *Introduction générale aux Coutumes*, nos 21, 23, 24 ; Hert, *de Collisione legum*, section IV, § 6.
(3) Barde, *loc. cit.*, p. 216.
(4) Demolombe, *Titre préliminaire*, ch. III, no 96 ; Aubry et Rau, *loc. cit.*, t. I, p. 102. — C'est aussi la distinction admise en jurisprudence : Cass., 19 mars 1872, Dal. 1874. 1. 465.
(5) V. note 2 *suprà*.
(6) Laurent, *loc. cit.*, t. II, p. 319, no 173 ; Renault, Journal Clunet, 1876, p. 343.

rapportant à eux, directement ou indirectement, ne saurait plus être acceptée aujourd'hui. Elle s'expliquait jadis par le régime féodal qui reposait tout entier sur les liens de vassalité, dépendant eux-mêmes de la possession du sol. Alors, on l'a dit avec raison, l'homme était un accessoire de la terre dont la possession, la transmission, la jouissance constituaient des éléments essentiels de l'organisation politique. On comprend donc que toutes les fois qu'il s'agissait des immeubles, même dans les successions, l'usufruit légal, les hypothèques légales, etc., on appliquât exclusivement la loi territoriale, la *lex rei sitæ* : toutes ces questions avaient en effet un rapport étroit avec la constitution même de la société, avec ce que nous appellerions aujourd'hui l'ordre public (1). Mais, actuellement, la Féodalité n'existe plus, la terre n'est point l'élément essentiel de l'organisation sociale et il n'y a pas de raison pour appliquer aux immeubles, *à priori* et dans tous les cas, la loi de leur situation.

La disposition de l'art. 3, § 2, ne prouve nullement, malgré sa généralité, que l'on ait voulu reproduire l'ancien principe si absolu. Cette règle : « Les immeubles, même ceux possédés par des étrangers, sont régis par la loi française », signifie seulement que la condition juridique des immeubles situés en France, l'organisation de la propriété foncière en un mot, dépend de la loi française. Quand le législateur parle des immeubles, sans autre précision, il vise, sans nul doute, ces biens considérés en eux-mêmes, et on ne saurait, sans fausser sa pensée, étendre sa disposition à tous les cas où les immeubles peuvent faire l'objet d'un droit quelconque. C'est en effet par l'objectif direct d'un article de loi que se détermine son champ d'application ; or, pour citer les exemples qui donnent lieu aux plus grandes difficultés, les immeubles ne sont à considérer qu'indirectement et comme l'objet des droits en question dans les successions, l'usufruit des parents et les hypothèques légales : ce sont les droits successoraux eux-mêmes, ceux qui viennent de la puissance paternelle, de la tutelle, du mariage, qui, dans ces différents cas, constituent la matière même à réglementer par l'application de telle ou telle loi. Mais, en ce qui concerne les conflits auxquels peuvent donner lieu ces droits, notre législation est

---

(1) V. Asser, *loc. cit.*, p. 90.

muette et il faut, pour les résoudre, recourir aux principes généraux de notre science.

Ainsi entendu dans son sens vrai et strict, l'art. 3, § 2, vise donc uniquement l'organisation de la propriété foncière que l'on peut résumer dans les trois points suivants :

1° Classification des biens, détermination de ceux qui sont meubles ou immeubles, dans le commerce ou hors du commerce ;

2° Indication des droits réels que l'on peut avoir sur les biens et de leur étendue : propriété, servitudes, usufruit, hypothèques, etc.;

3° Conditions de la transmission de la propriété ou de ses démembrements entre les parties ou à l'égard des tiers : transcription, inscription.....

Avec cette portée, notre texte s'explique très bien à la suite du § 1 dont il ne forme qu'une application importante. Il est aisé de démontrer en effet, comme on le verra dans la suite (1), que les trois points signalés plus haut rentrent directement dans les lois de police et de sûreté, ou, si l'on veut, dans l'ordre public, en tant qu'ils intéressent l'ordre économique du pays. A ce titre seul, le principe de la souveraineté territoriale les place sous l'empire de la loi du lieu où les immeubles sont situés. C'est de la même manière qu'il faut entendre l'art. 7, § 2, du Code civil italien de 1866, dont la disposition est identique à notre art. 3, § 2 : on ne saurait y voir, en effet, une reproduction du statut réel si large des anciens auteurs, puisque les successions, même immobilières, sont formellement régies en Italie par la loi nationale du défunt (art. 8 des Dispositions générales).

On s'est bien efforcé, il est vrai, en se plaçant à ce même point de vue de l'ordre public, de soutenir que l'intérêt collectif d'un état commande toujours que sa loi seule s'applique en ce qui concerne les immeubles situés sur son territoire : mais la réfutation de cette idée, qui vient d'une notion de l'ordre public fausse dans son exagération, sera mieux à sa place dans l'étude des successions en Droit international privé (2).

96. Pour les meubles, il est évident que, en s'en tenant aux trois points signalés au numéro précédent comme rentrant seuls

(1) V. Livre V, *du Statut réel.*
(2) V. n° 489.

dans le statut réel, toute distinction établie entre eux et les immeubles n'a pas sa raison d'être : les uns comme les autres seront régis par la loi de leur situation effective pour tout ce qui tient à l'organisation de la propriété, car l'intérêt économique du pays est en jeu dans un cas aussi bien que dans l'autre.

En conséquence, s'il s'agit : 1° de savoir si un bien est meuble et dans le commerce ; 2° de déterminer les droits réels que l'on peut établir sur ce meuble et d'en fixer l'étendue ; 3° d'indiquer les conditions exigées pour le transfert de la propriété ou d'un droit réel sur ce meuble, surtout à l'égard des tiers ; il faudra uniquement consulter la loi du pays où le meuble est matériellement situé. Pour tous les autres cas, par exemple pour les successions mobilières, la loi à appliquer ne pourra être déterminée que par l'analyse du rapport juridique ayant des meubles pour objet, conformément au principe qui sera développé plus loin. Comme l'a dit fort justement M. Asser (1), dans le statut réel, « il s'agit de régler » l'état juridique des choses, non dans leurs rapports avec une » personne déterminée, mais objectivement, tel qu'il doit être reconnu » et respecté à l'égard de n'importe qui. Telle est bien la nature de » ce que l'on appelle les *droits réels,* et précisément parce qu'elle » est telle, il faut reconnaître aux lois qui concernent les droits » réels un caractère territorial. Ces lois fixent, dans un pays donné, » les droits d'une personne (propriétaire ou possesseur, usufruitier, » etc.), non pas vis-à-vis d'une autre personne déterminée, mais » envers et contre tous, dans une mesure générale et absolue ; » peut-on admettre qu'elles perdent leur empire et soient rempla- » cées par des lois différentes, parce que ce propriétaire ou posses- » seur, cet usufruitier, vient à transporter son domicile ou à être » naturalisé dans un autre pays ? »

On voit par là combien est peu fondée l'ancienne distinction entre les immeubles assujétis à la loi territoriale, et les *meubles* régis par la loi du domicile du propriétaire : il fallait l'influence des idées féodales qui donnaient toute prépondérance à la terre pour expliquer cette différence.

D'autre part, quelle bonne raison donner à l'appui de la distinction moderne qui n'a même pas l'excuse d'être conforme à la tradition ? Pourquoi assujétir les meubles considérés comme universalité

(1) *Loc. cit.,* p. 96.

à la loi du domicile du propriétaire, et les meubles pris individuellement à la loi de leur situation effective ? Au fond, et sans l'avouer, les partisans de cette distinction sentent que, presque toujours, sinon toujours, l'ordre public est intéressé au point de vue économique quand il s'agit des meubles considérés individuellement, notamment dans les différents cas prévus par les art. 1141, 1690, 1691, 2074 à 2076, 2119, 2279 du Code civil, et dans la saisie mobilière. Mais alors, on retombe complètement dans la théorie développée plus haut et dans la véritable conception, suivant nous, du statut réel.

Du reste, la science moderne répudie de plus en plus ces distinctions factices établies entre les meubles et les immeubles. Déjà de Savigny les avait écartées, mais par une raison peu concluante : ce n'est pas, comme il le disait, parce que tout individu venant dans un pays se soumet volontairement aux dispositions de la loi locale, que les meubles lui appartenant et apportés par lui seront régis par cette loi ; cette dernière, en effet, s'impose à lui qu'il le veuille ou non, en vertu du principe de la souveraineté qui est absolue toutes les fois que l'intérêt général du pays, l'ordre public en d'autres termes, est en cause (1). Plus exactement, la raison juridique de l'assimilation établie entre tous les biens, au point de vue qui nous occupe, dit Wæchter, c'est que le législateur, quand il s'occupe de l'organisation de la propriété, n'a en vue que les choses situées sur son territoire, mais il les a toutes en vue : l'intérêt économique est toujours le même, qu'il s'agisse de meubles ou d'immeubles (2).

En Angleterre même, où cependant les anciennes traditions féodales sont encore si vivaces, l'ancienne distinction est de jour en jour plus abandonnée (3).

97. A l'étranger, c'est l'ancienne conception des statuts qui domine, telle que la comprenaient les jurisconsultes coutumiers, et telle que la maintient la jurisprudence française, par interprétation de l'art. 3, § 2, du Code civil.

On trouve la reproduction à peu près textuelle de cette der-

---

(1) De Savigny, *loc. cit.*, t. VIII, § 366, p. 170 et suiv.

(2) Wæchter, *Archiv. für die civil. Praxis*, t. XXIV, p. 292-298 ; t. XXV, p. 199-200 ; 383-389 ; Bar, *Das Internationale Privat-und Strafrecht*, § 58.

(3) Wharton, *A Treatise on the conflict of Laws*, § 297 et 305-311 ; Westlake, *A Treatise on Private International Law*, §§ 140-142.

nière disposition, entendue d'ailleurs comme elle l'est en France, dans les législations suivantes : code prussien (Introduction, §§ 28, 31, 32, 35), code autrichien (§ 300), code hollandais (art. 7), de Vaud (art. 2), de Fribourg (art. 1), de la Louisiane (art. 9) (1). Dans tous ces pays, on soumet les immeubles, à quelque point de vue que ce soit, par exemple en ce qui concerne les successions, à la loi territoriale.

Le code bavarois applique la *lex rei sitæ*, en matière réelle et mixte, à tous les biens meubles et immeubles, corporels et incorporels (partie I, ch. II, § 17), supprimant ainsi, dès le XVIIIe siècle, car il date de 1756, l'ancienne distinction surannée entre les biens mobiliers et immobiliers. Le code de Berne (art. 4) étend aussi, sans différence, la loi locale à *toutes les choses* soumises à la souveraineté de l'Etat.

En Angleterre et aux Etats-Unis, l'application de la *lex rei sitæ* est tellement absolue pour les immeubles qu'on l'impose même pour les formalités des actes relatifs à des immeubles situés en Angleterre ou aux Etats-Unis, contrairement à la règle qui sera établie plus tard : *Locus regit actum*. Ainsi, le *Statute of frauds* exigeant un écrit pour la constatation des actes qui ont un immeuble pour objet, un acte passé dans un pays étranger en la forme orale, conformément à la loi de ce pays, sera sans effet sur les biens situés en Angleterre et aux Etats-Unis. Cette règle rigoureuse est appliquée même dans les rapports des différents Etats de l'Union américaine et entre l'Angleterre et l'Ecosse (2). Fidèles encore aux idées traditionnelles, les Anglo-américains disent des meubles : « *Personal property has no locality*, » variante de l'adage des statutaires : *mobilia ossibus personæ inhærent*. Ils en concluent qu'il faut leur appliquer la loi du domicile du propriétaire. Cependant, nous avons déjà signalé la réaction qui s'opère dans la doctrine anglaise et américaine pour assimiler les meubles aux immeubles (3).

Il n'est guère qu'une législation qui consacre les vrais principes théoriques exposés plus haut : c'est le Code italien de 1866. Dans son art. 7 des Dispositions générales, il assujétit bien les immeubles à la loi de leur situation ; mais cela ne peut être entendu que

(1) Fœlix, *loc. cit.*, t. I, p. 120, no 59.
(2) Lawrence, *Commentaire de Wheaton*, t. III, p. 73 et 74.
(3) No 96 *in fine*.

des points se rattachant à l'organisation même de la propriété foncière, comme il a été dit ci-dessus, et non de toutes les règles de
droit ayant un rapport quelconque avec les immeubles, puisque les
successions immobilières sont régies par la loi nationale du défunt
(art. 8). Pour les meubles, le même art. 7 les soumet à la loi nationale du propriétaire, « sauf les dispositions contraires de la loi du
» pays où ils se trouvent. » Cette exception fait allusion aux règles
de l'organisation de la propriété mobilière qui rentrent dans le statut réel comme celles de l'organisation de la propriété foncière.
Ainsi, le Code italien assimile avec raison, au point de vue du statut réel justement compris, les meubles et les immeubles.

SECTION V

THÉORIES MODERNES

98. Répudiant la théorie des statuts, condamnée par ses défauts
essentiels, les jurisconsultes modernes ont proposé un grand nombre de systèmes pour résoudre la délicate question qui forme tout
l'objet de notre science, c'est-à-dire pour déterminer quelle est la
législation applicable quand plusieurs se trouvent en conflit à propos du même rapport de droit. Le défaut de la plupart de ces
systèmes est de reposer sur un critérium beaucoup trop absolu et
insuffisant, par conséquent, pour répondre à toutes les hypothèses
possibles.

99. Les jurisconsultes anglo-américains, profondément imbus
des traditions féodales qui dominent le droit commun anglais
(common law), lequel est devenu aussi celui des Etats-Unis, demeurent fermement attachés à l'ancien principe de la territorialité des
lois. Pour eux, comme on le verra dans la suite, le statut personnel lui-même n'existe pour ainsi dire pas, en ce sens qu'ils s'en
tiennent presque exclusivement à l'application de la loi territoriale.
Exagérant l'idée de la souveraineté, ils méconnaissent le caractère
des lois qui sont faites, en principe, pour les nationaux de chaque
état, en vue de leur situation particulière, et qui sont appelées à les
régir, même en pays étranger, toutes les fois qu'elles ne sont pas
contraires aux règles d'ordre public de ce dernier pays. Si parfois
ils admettent l'application de la loi étrangère, c'est en vertu d'une
concession purement gracieuse motivée par l'intérêt, de la *Comitas*

gentium en un mot, telle que l'avaient comprise les jurisconsultes des Pays-Bas au XVIIᵉ siècle (1).

Il est inutile de revenir sur la réfutation de cette dernière théorie (v. nº 20) ; mais il faut remarquer, en outre, que la *Comitas* ne répond nullement à la question posée. Après avoir décidé que l'étranger peut invoquer tel ou tel droit, en vertu des dispositions de la loi du pays où le litige est soulevé (v. chapitre Iᵉʳ), le juge se demande si, dans son pays, la loi étrangère est applicable en principe : il peut, à la rigueur, répondre à cette dernière question par le système de la *Comitas ;* mais, en supposant qu'il soit dans un de ces cas où la courtoisie internationale commande l'application de la loi étrangère, il n'a pas de critérium pour déterminer celle à laquelle il doit s'attacher, en présence de plusieurs qui sont en conflit. Ce dernier point est cependant celui qui forme l'objectif direct du Droit international privé. Aussi voit-on des Anglais eux-mêmes avouer l'insuffisance de la théorie générale acceptée par leurs compatriotes (2).

100. Hauss, professeur à Gœttingue, a imaginé le *système de la loi présomptivement acceptée par les parties*. Suivant lui, on rechercherait, d'abord, la loi sous l'empire de laquelle les parties ont voulu se placer ; faute d'indications à cet égard, le juge saisi du litige appliquerait sa propre loi ; enfin, si cette dernière était muette sur la question, on appliquerait tantôt la loi du domicile, tantôt celle de la situation de l'objet du litige (3).

Cette théorie conduit à ce résultat inacceptable que la volonté des particuliers se mettrait au-dessus de la loi, puisque, par une soumission volontaire à une législation étrangère, il serait possible d'échapper aux prescriptions les plus impératives de sa loi nationale. De plus, indépendamment de la difficulté pratique qu'il y a à rechercher l'intention des parties toutes les fois qu'elles n'ont pas indiqué la loi acceptée par elles, ce qui est le cas ordinaire, on forcerait ainsi le juge à appliquer nécessairement la législation

(1) Wharton, *A Treatise on the conflict of Laws*, Philadelphie, 1872, § 84, p. 81 ; Westlake, *A Treatise on Private International Law,* Londres, 1858, § 402, p. 384 ; Story, *loc. cit.*, 7ᵉ édit., § 20, p. 20.

(2) Westlake cité par Lawrence, *loc. cit.*, t. III, p. 56 et 57.

(3) *De principiis a quibus pendet legum sibi contrariarum auctoritas*, etc..., Gœttingue, 1824.

qu'elles auraient désignée, fût-elle contraire aux principes d'ordre
public admis dans le pays où il siége.

Tout ce qu'il y a de vrai, dans cette manière de voir, c'est qu'il
est certains rapports juridiques dans lesquels la volonté des parties
domine, et dans lesquels, par conséquent, il faut rechercher leur
intention pour désigner la loi applicable : ce sont les conventions,
comme il sera dit dans la suite.

101. D'après Wæchter, il faudrait, en cas de conflit, appliquer la
loi qui respecte les droits légitimement acquis (1). Cette formule
vague est d'un mince secours en pratique ; elle n'indique aucun
critérium pour distinguer la loi qui respecte les droits acquis.
Plusieurs lois, du reste, peuvent, aussi bien l'une que l'autre, satisfaire à cette condition : laquelle appliquer en pareil cas ? Enfin, on
peut faire remarquer qu'il y a dans la formule de ce système une
véritable pétition de principe : pour savoir si des droits sont acquis,
il faut connaître la loi sous l'empire de laquelle ils ont été acquis
et qui seule peut en déterminer la légitimité ; de sorte que, pour
indiquer la loi applicable, il faut déjà la connaître !

102. Schæffner a proposé d'appliquer la *loi du lieu où prend
naissance le rapport de droit* (2). Ainsi, pour les conventions, on
appliquerait la loi du lieu où les parties sont tombées d'accord ;
pour l'état et la capacité, celle du domicile ; pour les biens pris
comme universalité, la loi du domicile aussi ; pour les biens pris
individuellement, celle de leur situation.

Le critérium proposé dans cette théorie n'est guère plus pratique
que celui du précédent système. Si, en effet, il est parfois aisé d'indiquer le lieu de naissance du rapport de droit, par exemple pour
les conventions, la plupart du temps on n'arrivera à le déterminer
que par une analyse, souvent très délicate, du rapport juridique,
par exemple lorsqu'il s'agit des successions (3). En outre, on ne
tient compte, en procédant ainsi, que d'un élément du rapport ;
souvent (c'est ce qui résultera des explications fournies au cours de
ce livre), il faudra accorder une influence prépondérante, soit à
la volonté des parties dans les conventions, soit à la situation des

(1) *Archiv. für die civil. Praxis*, t. XXIV et XXV, 1841-42.
(2) *Entwickelung des internationalen Privatrechts*, Francfort, 1841.
(3) De Savigny, *loc. cit.*, t. VIII, p. 131.

biens dans le statut réel, soit à la nationalité dans le statut personnel.

103. Suivant d'autres, il faudrait toujours appliquer *la loi du lieu où se réalise l'exécution du rapport juridique.*

Ce système mérite, tout d'abord, la même critique que celui de Hauss cité plus haut : les parties étant libres de désigner tel pays qu'il leur plaît pour l'exécution des obligations résultant d'un rapport de droit, il sera vrai de dire qu'elles pourront adopter telles règles qu'elles voudront, même sur des points relativement auxquels leur loi nationale n'admet aucune dérogation, par exemple sur l'état et la capacité. D'autre part, en ne considérant que l'une des circonstances qui peuvent servir à déterminer la loi applicable, c'est-à-dire le lieu d'exécution du rapport de droit, on néglige toutes les autres qui, suivant les cas, peuvent avoir une influence plus grande, telles que la situation des biens, la volonté des parties, la nationalité, etc.

104. On a dit encore que le juge, saisi d'une question à propos de laquelle plusieurs lois sont en conflit, doit, sauf exceptions, s'en tenir exclusivement à la sienne (1).

On répond peut-être ainsi à la question de savoir si un tribunal d'un pays quelconque peut appliquer la loi étrangère, sans même admettre le tempérament de la concession gracieuse inspirée par la *Comitas,* mais on ne résout nullement le problème posé : loin de trancher le conflit de lois, on l'écarte. A l'appui de cette manière de voir, il est allégué que le juge n'a pour mission que d'appliquer la loi de son pays. Soit; mais encore doit-il l'appliquer aux cas pour lesquels elle a été faite : or, le législateur a-t-il entendu l'imposer dans telle circonstance où plusieurs lois sont en conflit ? Telle est la question à résoudre. De plus, des juges de différents pays pouvant être également compétents pour une même question, et le demandeur ayant le choix entre eux, la loi à appliquer variera suivant le caprice de ce dernier (2).

Il ne faut retenir de cette théorie que les deux points suivants : le juge appliquera nécessairement sa propre loi : 1° quand elle est formelle en ce sens ; 2° quand il s'agit de questions intéressant l'ordre public tel qu'il est compris dans son pays.

(1) Zachariæ, trad. Massé et Vergé, t. I, p. 37.
(2) De Savigny, *loc. cit.*, t. VIII, p. 127 à 129.

105. D'après une opinion assez répandue, à moins d'exception contenue dans la loi positive, un tribunal devrait, en principe, appliquer la *loi du domicile des parties* (1).

Sans nier que le domicile serve souvent à déterminer la loi applicable parmi plusieurs qui sont en conflit, il faut reconnaître cependant qu'il ne peut être pris pour critérium général. Comme nous l'avons dit à propos des systèmes précédemment indiqués, la nature même du rapport de droit indiquera souvent comme devant être appliquée la loi nationale, ou celle de la situation de l'objet, ou celle acceptée par les parties, etc.... D'ailleurs, si plusieurs personnes sont en présence, chacune peut avoir un domicile distinct : quelle loi devra-t-on choisir en pareil cas ?

106. Une nouvelle théorie donne la préférence à la loi nationale des parties. Ce système dérive d'une idée politique relativement récente, en vertu de laquelle tous les hommes unis par une communauté de race, de traditions, de mœurs, d'institutions et de langue, sentant entre eux, en un mot, la « conscience de la nationalité », suivant l'expression consacrée, doivent briser les liens prétendus factices qui les rattachent à des états divers par suite des accidents de la politique, et constituer des états nouveaux correspondant chacun à des nations particulières. On sait quelles révolutions cette idée a provoquées, combien de sang a coulé notamment pour que tous les Italiens formassent un état distinct, et quand les Hongrois cherchèrent à en fonder un autre. Ce n'est pas ici le lieu de discuter cette idée des nationalités qui, quoique contenant une grande part de vérité puisqu'elle correspond à quelque chose de naturel, risque souvent de froisser les sentiments et les intérêts des peuples, en brisant les liens anciens et légitimes pour en créer d'autres fragiles ou impossibles, ou bien sert de masque hypocrite à des ambitions inavouables d'envahissement et de conquêtes. Retenons seulement que cette idée a été la cause de la théorie d'après laquelle la loi nationale doit l'emporter en cas de conflit de législations. C'est en Italie, où la lutte pour l'unité politique sous l'influence du sentiment de nationalité a été la plus active et la plus heureuse, que la théorie a pris naissance et s'est développée, grâce aux efforts

_____

(1) Savigny, *loc. cit.*, t. VIII, p. 124, note *g*.

de Mancini, jurisconsulte et homme d'Etat, de Pasquale Fiore, d'Esperson, de Carle, de Lamonaco, etc... (1).

En principe, dit la doctrine italienne, les lois sont faites dans chaque pays eu égard à la condition particulière de ses habitants, de manière à consacrer les institutions juridiques conformes à leur caractère, à leurs mœurs, à leurs traditions. Il est donc rationnel que les lois ayant, par leur nature même, un caractère contingent, relatif et personnel, suivent en tout pays ceux pour qui elles ont été faites ; que chacun, en un mot, relève de sa loi nationale.

A cette règle on apporte deux exceptions. La première concerne ce que les Italiens appellent la *partie volontaire* du droit, c'est-à-dire les conventions, dans lesquelles l'intention des parties est la chose principale à considérer ; de telle sorte qu'on applique la loi qu'elles ont choisie. La seconde, commandée par le respect de la souveraineté, se présente toutes les fois que la loi nationale de l'étranger est en contradiction avec l'ordre public du pays ; dans ce dernier cas on s'en tient exclusivement à la loi territoriale.

Du domaine de la théorie, le système italien est passé dans celui de la pratique, formulé notamment dans les art. 3, 6, 8, 9, 11 et 12 du Code civil de 1866 (titre préliminaire).

La législation d'Italie a un double mérite. Tout d'abord, elle est d'un libéralisme équitable et rationnel envers les étrangers qu'elle assimile aux nationaux pour la jouissance des droits civils, sans cette condition de réciprocité législative ou diplomatique qui dépare encore la loi de presque tous les états (art. 3 Code italien). En second lieu, elle affirme le vrai caractère des lois qui, nous avons déjà eu l'occasion de le dire, faites pour un peuple placé dans telles conditions déterminées, sont naturellement personnelles, c'est-à-dire attachées à l'individu qu'elles suivent même en pays étranger. Ainsi s'explique, sans recourir à l'idée de concession gracieuse et intéressée qui fait le fond de la théorie de la *Comitas,* l'application dans un pays de la loi étrangère.

Cependant la théorie de la nationalité présente encore le défaut de reposer sur un critérium trop général et ne pouvant, par conséquent, servir à trancher tous les conflits possibles de législations. Née d'une idée préconçue qui dominait tous les esprits en Italie, au

---

(1) Pierantoni, *Storia degli studi del diritto internazionale in Italia.* — Holtzendorff, *Revue de Droit international,* t. 11, p. 92.

fort de la lutte pour l'indépendance et la conquête de l'unité de la Péninsule, elle est devenue, comme on l'a dit avec raison, une sorte d'arme de guerre que l'on a eu le tort d'employer en toute matière même en Droit international privé. Malgré, en effet, les deux exceptions acceptées et relatives, l'une aux conventions, l'autre à l'ordre public, il faut reconnaître que, dans un certain nombre de rapports juridiques, la nationalité est sans influence. Comment, par exemple résoudre avec le système italien le conflit de lois en ce qui concerne les formalités des actes juridiques? On n'est plus ni dans l'une ni dans l'autre des deux exceptions prévues, et cependant on ne voit pas trop le rôle que peut jouer en pareil cas la loi nationale.

SECTION VI

VÉRITABLE THÉORIE

107. Pour formuler le vrai principe dirigeant en matière de conflits de lois privées, il faut recourir à l'idée fondamentale émise par de Savigny (1).

Il existe, dit le grand jurisconsulte, entre tous les peuples parvenus à un degré sensiblement égal de civilisation, une *communauté de droit*, c'est-à-dire une manière uniforme de comprendre et de résoudre les problèmes juridiques, étant donné le développement égal, chez ces différents peuples, de la raison appliquée aux choses du droit. Aussi, un rapport juridique doit être apprécié en tout pays civilisé de la même manière, à l'aide des lumières de la raison universelle. Le problème du Droit international privé revient donc à celui-ci : « Déterminer, pour chaque rapport de droit, *le domaine » de droit* (c'est-à-dire la législation), le plus conforme à la nature » propre et essentielle de ce rapport. »

Il n'est donc pas vrai de dire que les lois sont essentiellement territoriales, puisque l'analyse de la nature du rapport juridique peut conduire à l'application d'une loi étrangère, comme étant la plus conforme à la nature de ce rapport. Ce n'est pas non plus par courtoisie internationale *(Comitas)*, que l'on accepte l'application d'une loi étrangère; mais bien pour réaliser une solution rationnelle commandée par l'étude d'un rapport de droit.

(1) *Loc. cit.*, t. VIII, p. 27 à 41.

Toutefois, de Savigny ajoute aussitôt que, malgré le caractère rationnel d'une solution qui conduirait à appliquer la loi étrangère, le juge doit cependant s'en tenir d'une manière exclusive à sa propre législation, toutes les fois que l'ordre public, tel qu'il est compris dans son pays, se trouverait violé par l'application de la loi étrangère. Le respect de la souveraineté des états, condition essentielle de leur existence, commande cette exception au principe général.

On a fait à de Savigny divers reproches, surtout celui de donner trop d'importance à la loi du domicile et de n'en pas accorder suffisamment à la nationalité (1). Mais il faut remarquer que, quelque fondée que soit cette critique, elle n'attaque en rien le fond même de la théorie proposée par ce jurisconsulte. Tout ce que l'on peut dire, en effet, c'est que de Savigny n'a pas toujours compris la véritable nature des rapports de droit et qu'il a été ainsi conduit à attribuer au domicile une influence qui, souvent, aurait dû être reconnue à la nationalité. Il n'en demeure pas moins toujours vrai que c'est par l'étude de la nature des rapports juridiques que l'on arrivera à déterminer la législation dont ils relèvent particulièrement.

108. Il faut donc bien se garder de s'attacher à un système conçu *à priori*, à un critérium général, beaucoup trop absolu pour répondre à tous les cas de conflits possibles entre les législations. Certes, la tâche du jurisconsulte n'est pas facilitée, l'examen de la nature du rapport de droit qu'on lui demande est presque toujours fort délicat ; mais du moins on évite ainsi les solutions contradictoires ou sans raison, amenées par un principe vague comme la distinction des statuts, ou arbitraire, comme la plupart des théories modernes indiquées plus haut : il y a lieu, en effet, d'espérer que les inspirations de la raison et du droit seront partout écoutées.

Pour le moment, la plupart des solutions auxquelles on arrive, pour déterminer la loi applicable aux différents rapports de droit par l'examen de leur nature, ne sont encore que théoriques, car elles ne résultent que de la doctrine générale des jurisconsultes. Mais peu à peu, par la force même de la vérité, celles qui ont un caractère rationnel finissent par être consacrées dans les législations les plus récentes et celles qui se transforment, ou, mieux encore,

(1) Laurent, *loc. cit.*, t. I, p. 612 et suiv. ; Mancini, Journal Clunet, t. I, p. 287. — V. aussi n° 105.

dans les traités internationaux. Le *desideratum* suprême en effet est que, tout en maintenant la variété peut-être inévitable des législations, les principes rationnels pour la solution des conflits de lois privées soient formulés et rendus obligatoires par les traités toujours plus complets et plus nombreux : alors le jurisconsulte n'aura, en Droit international privé, qu'à appliquer la loi conventionnelle des peuples, comme il applique, dans chaque état, la loi souveraine (1).

109. De tout ce qui précède, il résulte que la théorie générale du Droit international privé peut se résumer dans les deux propositions suivantes :

1° Il se forme, ou plutôt il se dégage peu à peu un Droit commun des peuples comprenant les règles rationnelles qui servent à indiquer la loi applicable à tel rapport de droit donné ;

2° Le jurisconsulte, ne s'attachant pas à une règle conçue *à priori*, doit rechercher la loi applicable en vertu de la nature du rapport de droit qui lui est soumis, sans se préoccuper de savoir s'il arrive ainsi à l'application d'une loi étrangère, sauf à s'en tenir toujours à la sienne quand l'ordre public de son pays est intéressé. Ainsi se trouve confirmée la définition qui a été donnée du Droit international privé : « La science qui a pour objet, étant donné un » rapport juridique présentant des points de contact avec plusieurs » législations, de déterminer celle qui lui est applicable en vertu de » sa nature (2) ».

109 *bis*. La mission du juge est parfois facilitée, en ce sens que sa propre loi lui indique d'une manière formelle quelle est la législation applicable à tel rapport de droit. En pareil cas, le magistrat n'a qu'à s'incliner et à se conformer au texte positif. Mais ce renvoi à la loi étrangère indiqué dans certains cas par la loi du tribunal saisi, la *lex fori*, provoque souvent une difficulté dont on peut se rendre compte par les deux exemples suivants.

Par interprétation de l'art. 3, al. 3, C. C., on admet, en France, que l'état et la capacité des étrangers sont déterminés par leur loi nationale ; or, dans beaucoup de pays, l'état et la capacité sont réglés par la loi du domicile. Si donc nous supposons un étranger domicilié

(1) V. notre étude sur la *Théorie des Statuts dans le Code civil*, Rev. critique de législation, 1884, p. 507.
(2) V. n° 14 *in fine*.

en France, faudra-t-il décider que son état et sa capacité seront fixés par la loi française, parce que notre loi décide qu'il faut, sur ce point, s'en référer à sa loi nationale et que cette dernière prononce, en pareil cas, l'application de la loi du domicile ?

En Italie, la transmission des biens par succession *ab intestat* est réglée par la loi nationale du défunt; en France, la jurisprudence, par interprétation de l'art 3, al. 2, C. C., se prononce pour la loi de la situation des biens, en ce qui concerne la transmission héréditaire des immeubles. En supposant qu'un Français décède laissant des biens immobiliers en Italie, la disposition du Code civil italien d'après laquelle on devrait appliquer la loi nationale du défunt, c'est-à-dire la loi française, signifiera-t-elle que, conformément à ce que décide la jurisprudence française, il faudra appliquer la *lex rei sitæ*, c'est-à-dire la loi italienne?

Nous ne croyons pas qu'il soit possible d'hésiter sur cette question. Lorsqu'un législateur renvoie à la loi étrangère pour le règlement d'un rapport de droit, c'est qu'il estime, conformément aux principes développés plus haut, que l'application de cette loi est commandée par la nature même du rapport juridique dont il s'agit. Il se réfère donc aux dispositions de la loi étrangère sur la réglementation de ce rapport; mais il n'entend nullement s'en rapporter aux idées du législateur étranger sur la détermination de la loi applicable, ni accepter de sa part un renvoi à sa propre législation qu'il a cru devoir écarter dans l'espèce. Ainsi, lorsque la loi française fait dépendre l'état et la capacité des étrangers de leur loi nationale, elle entend dire que les dispositions de cette loi sur la majorité, l'aptitude des personnes à accomplir des actes juridiques, etc..., devront être appliquées, et non qu'il faudra appliquer telle autre législation désignée par la loi nationale de l'étranger pour régler ces différents points. Admettre le contraire serait déraisonnable, car ce serait supposer chez le législateur le désintéressement complet de la question qu'il entend régler : en effet, au lieu de se prononcer sur la législation applicable, comme il parait vouloir le faire, le législateur s'en rapporterait à la loi étrangère pour trancher cette difficulté ! Une pareille façon de procéder, on l'a dit avec raison, ne serait ni digne, ni rationnelle (1).

(1) V. Labbé, *Du conflit entre la loi du juge saisi et une loi étrangère*, J. Clunet, 1885, p. 5 à 16; Laurent, Sir., 1881. 4. 41.

110. Notion de l'ordre public. — Mais la difficulté intrinsèque de tout problème de Droit international privé, c'est-à-dire l'analyse du rapport de droit ayant pour but de déterminer la législation applicable, se complique de la question de savoir si l'application de la loi étrangère ne violera pas des règles d'ordre public consacrées par la loi territoriale. L'examen de cette dernière question est imposé par la nécessité de concilier l'obligation pour les états d'accepter l'application de la loi étrangère sur leur territoire, quand les principes du Droit international le commandent, avec le respect de leur souveraineté, c'est-à-dire de leur existence même comme personnes morales indépendantes (1). C'est là du reste un point admis dans toutes les législations, soit d'une manière implicite, soit même d'une façon expresse, comme dans le Code civil français (art. 3, § 1er) et dans celui d'Italie (art. 12).

Mais que faut-il entendre au juste par l'ordre public ; quels sont ces cas où la loi territoriale devra seule s'appliquer, à l'exclusion de toute loi étrangère dont les dispositions ne seraient pas parfaitement d'accord avec les siennes ?

On ne saurait, tout d'abord, songer à restreindre l'ordre public aux seules lois pénales, comme on a essayé de le faire, sous prétexte que toute autre extension est vague, arbitraire et donne lieu à mille discussions. Si les lois pénales sont certainement d'ordre public, il faut bien reconnaître aussi que nombre d'autres règles législatives présentent le même caractère, sans être accompagnées d'une sanction pénale que l'on n'a pas jugé nécessaire d'y attacher pour la conservation de la société. Une convention dont la cause est immorale peut parfaitement échapper à la justice répressive : est-ce à dire que la loi qui la prohibe n'intéresse pas l'ordre public tel que le législateur l'a compris ?

Par cette expression *ordre public*, vague et mal définie comme la chose même qu'elle désigne, il faut entendre l'*ensemble des règles légales qui, étant donné les idées particulières admises dans tel pays déterminé, sont considérées comme touchant aux intérêts essentiels de ce pays.* Peu importe du reste qu'il s'agisse d'intérêt religieux, moral, politique ou économique ; la liberté religieuse comme la défense de professer publiquement un culte, la prohibition du

(1) V. nos 22 et 107.

divorce ou de la polygamie, l'admission ou l'exclusion des inégalités sociales, la limitation du taux de l'intérêt, quelque différentes qu'elles soient au point de vue de l'idée sur laquelle elles reposent, n'en sont pas moins toutes des règles d'ordre public. C'est à ce point de vue, parfaitement exact en théorie, que s'est placé notre législateur en édictant la disposition si large et si compréhensive de l'art. 3, § 1ᵉʳ : « Les lois de *police et de sûreté* obligent tous ceux » qui habitent le territoire. » Il s'est bien gardé de donner une formule plus précise qui aurait été inexacte, ou une énumération fatalement incomplète ; il a pris le sage parti de laisser au juge le soin d'examiner, dans chaque cas particulier, si l'ordre public, tel qu'il résulte des principes généraux de notre droit, est ou non intéressé.

111. Il est essentiel cependant de faire une précision, pour avoir une idée juste de l'ordre public tel qu'on l'entend en Droit international privé,

Dans toute législation, il existe un ordre public que l'on peut qualifier d'*interne,* parce qu'il a pour trait caractéristique de s'adresser aux nationaux seulement. On le distingue, au point de vue pratique, en ce qu'il comprend l'ensemble des dispositions légales auxquelles les nationaux ne peuvent déroger dans leurs conventions. C'est celui dont parle l'art. 6 du Code civil : « On ne peut déroger » par des conventions particulières aux lois d'ordre public et de » bonnes mœurs. »

L'ordre public *international,* au contraire, c'est-à-dire celui dont il est question dans notre science, s'impose, sans distinction de nationalité, à tous ceux qui habitent le territoire (1). Un exemple fera voir la différence qui existe entre les deux. L'état et la capacité des Français, tels qu'ils sont réglés dans le Code civil, sont certainement d'ordre public, en ce sens que des Français ne pourraient y apporter des modifications par contrat ; au point de vue international, au contraire, on accepte que l'état et la capacité des étrangers soient fixés d'une manière toute différente par la loi de leur pays. Si même la loi nationale de l'étranger autorisait ce dernier à déroger conventionnellement à son état ou à sa capacité, c'est sans difficulté que l'on admettrait en France l'effet d'une pareille convention.

112. Cet ordre public, qualifié d'international parce qu'il s'im-

---

(1) Brocher, *Cours de Droit international privé,* t. I, n° 44.

pose également aux étrangers et aux nationaux, est évidemment très variable suivant les pays. Sans aborder une discussion qui sortirait du cadre de cette étude sur le caractère plus ou moins absolu des principes moraux, il suffit de constater qu'en fait les législations accusent de grandes divergences dans la façon de comprendre, chez les différents peuples, la morale et, à plus forte raison, l'organisation sociale, politique ou économique. En présence de cette variété, chaque législateur excluera-t-il systématiquement sur son territoire l'application de toute loi étrangère qui ne règle pas les questions de ce genre comme il le fait lui-même ; devra-t-on, dans chaque pays, se cantonner dans la conception nationale de l'ordre public, en répudiant toute autre qui ne serait pas parfaitement semblable ?

Pour trancher cette question si délicate, on peut classer en trois catégories les règles d'ordre public international contenues dans chaque législation.

Les premières, relatives toutes ou presque toutes à la morale, sont universellement admises par tous les peuples civilisés et présentent, dans toutes les nations qui s'inspirent des mêmes idées générales, un caractère à peu près absolu : telle est notamment la prohibition de la polygamie et du mariage entre parents en ligne directe ou entre frère et sœur. Il est certain que les dispositions contraires que l'on peut rencontrer dans la législation de certains peuples dont la religion et la morale sont complètement différentes de celles des nations civilisées, au sens propre que l'on attache à ce mot, ne seront jamais admises dans leur application sur le territoire de ces dernières. C'est ainsi que la polygamie ne pourra être pratiquée par un Turc dans aucun pays chrétien.

D'autres règles, sans être universellement admises par les peuples qui participent à la civilisation moderne, sont cependant considérées par les législateurs qui les consacrent comme l'application des vrais principes de morale ou de bonne organisation sociale ; de telle sorte que, malgré l'exemple d'autres pays tout aussi civilisés qui ne les admettent pas, ils les imposeront nécessairement à tous les étrangers sur leur territoire, comme s'ils avaient, à cet égard, le monopole de la morale et de la vérité absolue. Le divorce par exemple, bien qu'en vigueur dans des nations nombreuses qui suivent le courant de la civilisation européenne, est rejeté dans d'autres d'une manière complète, comme contraire à la morale et à la constitution de la famille. Il faut bien, tant qu'elles durent, accepter ces idées particulières à chaque pays, dues principalement à l'influence traditionnelle, religieuse ou à des caractères de race. Le juge ne peut que s'incliner devant la loi positive et l'appliquer à l'exclusion de la loi étrangère, toutes les fois qu'elle se présente comme une règle d'ordre public dans son pays.

Enfin, il est d'autres dispositions qui, quoique impérativement imposées, non-seulement ne sont pas universellement admises dans les nations civilisées comme celles de la catégorie précédente, mais encore, à la différence de ces dernières, ne se rattachent pas, de l'aveu même du législateur qui les promulgue, à un principe général de morale ou de bonne organisation sociale. Il est reconnu, même dans le pays où elles sont édictées, qu'elles proviennent de la condition particulière de ce pays et que, d'ordre public ici, elles seraient loin ailleurs de présenter le même caractère, les circonstances n'étant plus les mêmes. C'est ainsi que la limitation du taux de l'intérêt n'est plus motivée, à notre époque, que par la situation économique spéciale d'un pays : dans tout autre état qui ne l'admet pas, on avoue qu'elle constituerait peut-être une erreur économique féconde en conséquences préjudiciables. Aussi est-on beaucoup moins rigoureux pour les règles d'ordre public de cette troisième catégorie. Etant donné le motif sur lequel elles reposent et qui leur donne un caractère tout contingent et relatif, on n'excluera, en ce qui les concerne, l'application d'une loi étrangère différente qu'autant qu'elle serait de nature à compromettre l'intérêt général du pays où elles sont admises. C'est ainsi, comme on le verra plus loin, qu'un prêt à intérêt dépassant le taux légal pourra être invoqué en France, s'il a été réalisé en pays étranger, et même si, le prêt étant fait en France, l'emploi des fonds a eu lieu dans un pays où le taux conventionnel est libre.

113. Malgré cette très grande variété qui existe entre les différents pays pour la conception de l'ordre public international, il est permis de croire que l'uniformité se réalisera peu à peu. Elle est presque acquise entre les nations civilisées pour les règles de la première catégorie qui concernent la morale généralement admise par elles. De jour en jour elle s'accentuera pour les secondes, par suite de l'abandon de plus en plus universel des anciens préjugés et l'acceptation des idées modernes : c'est ainsi que le divorce n'est plus, dans notre pays, rejeté au nom de l'ordre public. Quant aux règles de la troisième classe, le courant des idées nouvelles en emportera un bon nombre, notamment celle qui a été citée à titre d'exemple, la prohibition de l'usure. Seules, peut-être, celles qui tiennent à certaines particularités, inévitables dans chaque pays, subsisteront dans l'avenir.

Il faut d'ailleurs remarquer, pour compléter ce qui vient d'être dit sur l'ordre public international, que les conséquences d'une disposition de la loi étrangère contraire à cet ordre public tel qu'il est compris dans un pays, peuvent souvent être acceptées dans ce dernier pays sans difficulté. On verra, par exemple, qu'un individu, divorcé conformément à sa loi nationale, peut se remarier dans un pays où le divorce n'est pas admis, et qu'un étranger peut invoquer en France sa filiation naturelle paternelle, judiciairement établie dans sa nation, malgré l'art. 340 C. C. qui prohibe la recherche de la paternité. C'est que les conséquences d'une institution regardée comme contraire à l'ordre public local peuvent parfaitement n'avoir pas le même caractère.

CHAPITRE III

LA NATIONALITÉ

114. Le mot nationalité peut être pris dans deux sens différents. Au point de vue politique, il désigne cette idée en vertu de laquelle les peuples qui ont entre eux une communauté de race, de traditions, de langue, etc..., doivent se grouper pour former autant d'états distincts. On a déjà vu quelle influence cette idée a eue sur le développement du Droit international privé, spécialement en Italie (1). Au point de vue juridique, le seul dont nous ayons à nous occuper, la *nationalité* désigne le lien qui rattache chaque individu à un état déterminé. La théorie de la nationalité est donc celle qui a pour objet d'indiquer l'état dont chacun dépend (2).

(1) V. n° 106.
(2) V. surtout sur cette matière : Cogordan, *La nationalité au point de vue des rapports internationaux*, 1879. — De Folleville, *Traité de la naturalisation*, 1880.

A divers égards la détermination de la nationalité des personnes a une importance capitale dans notre science. La plupart des législations, en effet (1), établissent des différences souvent très marquées entre la condition des nationaux et celle des étrangers. D'autre part, le lien qui rattache une personne à sa nation subsistant malgré les migrations de cette personne, il importera souvent de fixer la nationalité de cette dernière pour savoir si elle peut se prévaloir de la protection des agents diplomatiques à raison d'attaques dont elle aurait été l'objet en pays étranger, ou si elle doit à tel pays certaines obligations, par exemple le service militaire. Enfin et surtout, sans dire avec la théorie italienne que la nationalité détermine toujours la loi applicable, il faut reconnaître cependant que la loi nationale est celle dont l'application est la plus fréquente en cas de conflit de législations, car c'est elle, comme il sera établi plus loin, qui est appelée à régir les matières si nombreuses et si importantes comprises dans le statut personnel.

Pour toutes ces raisons, la connaissance exacte de la théorie de la nationalité s'impose avant d'aborder les problèmes de Droit international privé proprement dit. La question de nationalité se présente en effet, presque toujours, sous la forme d'une question préjudicielle dont la solution est nécessaire afin d'arriver ensuite à la détermination de la loi applicable.

Ce n'est pas à dire que les questions de nationalité elles-mêmes ne donnent pas lieu à des conflits de lois : on verra au contraire bientôt que les conflits de ce genre sont très nombreux et très graves. Mais, comme chaque législateur est maître absolu pour régler comme il l'entend l'acquisition ou la perte de la nationalité dans son pays, il est plus vrai de dire qu'il y a ici contradiction entre deux lois qui tranchent différemment un même point. Aussi n'est-il pas possible, en recourant aux principes de notre science, de dire quelle est celle des deux qui doit l'emporter : chacune est formelle et souveraine, et il ne reste plus que la ressource des traités pour arriver à les concilier.

115. L'idéal à atteindre serait que tout homme eût une nationalité bien certaine et qu'il n'en eût qu'une seule. Le défaut d'harmonie entre les lois des divers pays sur cette matière fait que, bien

(1) V. chap. Ier, sect. VI.

fréquemment, l'une ou l'autre de ces deux règles est violée. Souvent une législation fait dériver l'acquisition de la nationalité de certains faits qui n'ont nullement pour résultat d'entraîner la perte de sa première nationalité pour celui qui les accomplit : ce dernier se trouve donc avoir deux patries à la fois. Réciproquement, une loi peut prononcer la perte de la nationalité dans certains cas, alors que cependant celui qui subit cette perte n'acquiert aucune nationalité nouvelle et se trouve ainsi n'avoir plus de patrie.

Par suite de la variété et du défaut d'accord des lois qui régissent les diverses parties de leur territoire, les états confédérés ou fédéraux sont plus que les autres exposés au double inconvénient qui vient d'être signalé. Notamment les gens sans patrie étaient très nombreux en Suisse où l'on appelle leur situation le *Heimathlosat*. Un remède a été apporté à cet état de choses par une loi du 3 décembre 1850 qui autorise le pouvoir fédéral à répartir les *heimathlossen* ou gens sans patrie entre les divers cantons Suisses. L'Allemagne s'est aussi débarrassée en grande partie du même inconvénient par un accord intervenu entre les états qui la composent, le 15 juin 1851 (1). On l'écarterait en tout pays et d'une manière complète, en n'attachant jamais la perte de la nationalité à des faits qui n'ont pas pour résultat d'en faire acquérir une nouvelle aux termes de la loi d'un autre pays. Que la naturalisation acquise dans un état entraîne la perte de la première nationalité, rien de mieux ; mais on comprend moins bien que le même effet se produise dans les trois cas de l'art. 17 C. C., par exemple à la suite de l'acceptation de fonctions publiques à l'étranger (2). Les lois de la Révolution, ressuscitant la *media capitis diminutio* des Romains, avaient rejeté sur les autres peuples certains condamnés, contrairement aux principes du droit des gens et à l'intérêt des bonnes relations internationales (3). Sans aller aussi loin, le Code civil fait dériver la perte de la nationalité de circonstances qui n'en attribuent pas une autre, et crée ainsi un grand nombre de *heimathlossen*.

Pour éviter qu'il y ait des individus appartenant à deux pays,

(1) Bluntschli, *Droit international codifié*, art. 369, note 1.
(2) On pourrait se borner à prononcer en pareil cas certaines déchéances, par exemple celle des droits politiques.
(3) Constit. de 1791, art. 6 ; de 1793, art. 5 et 6 ; de l'an VIII, art. 12 et 13.

la fois, ce qui peut entraîner des conflits très graves, notamment au point de vue du service militaire, il serait bon d'imiter partout la sage disposition contenue dans la loi Suisse du 3 juillet 1876, art. 2, et Luxembourgeoise du 27 janvier 1878, art. 2. Ces deux lois déclarent en effet que la naturalisation ne sera accordée à un étranger qu'autant que sa situation vis-à-vis du pays auquel il appartient ne pourra donner lieu à aucun conflit ; ce qui suppose qu'il ne conserve plus son ancienne nationalité.

116. Indépendamment du double *desideratum* indiqué au numéro précédent, une bonne théorie de la nationalité doit consacrer les deux principes suivants : 1° Tout homme a une nationalité en naissant ; 2° il peut changer de nationalité. La première règle est commandée par la force même des choses, la seconde est une conséquence de la liberté humaine (1). C'est en prenant pour guide la législation française que nous allons fournir le développement de l'une et de l'autre.

SECTION I

ACQUISITION DE LA QUALITÉ DE FRANÇAIS

117. Cette acquisition peut se réaliser de quatre manières : par la naissance, par le bienfait de la loi, par la naturalisation, enfin par l'annexion.

§ I. *Acquisition par la naissance.*

118. Au point de vue législatif on peut choisir entre deux systèmes pour déterminer la nationalité de l'homme à sa naissance : on peut la fixer d'après la filiation, en lui attribuant celle de ses parents ; ou bien d'après le lieu de la naissance, en lui donnant la nationalité du pays où il voit le jour.

Le premier système, dit du *jus sanguinis*, a été adopté par les Romains qui, à l'exemple de tous les peuples de race arienne, ne voyaient dans l'Etat qu'une extension de la famille, et le faisaient surtout reposer sur la communauté de traditions et de culte existant entre ses membres. Le second *(jus soli)* fut consacré sous la Féodalité qui rattachait tout à la terre, et soumettait à la loi locale

(1) Bluntschli, *Droit international codifié*, art. 370.

quiconque se trouvait sur le territoire régi par elle. Cependant, à la fin de l'ancien régime, les deux principes étaient cumulativement admis, de sorte que l'on était Français soit parce qu'on était issu de parents qui l'étaient eux-mêmes, soit parce qu'on naissait en France (1).

Le *jus sanguinis* a évidemment une supériorité marquée sur le *jus soli*, en ce qu'il fait dépendre la nationalité d'origine d'une circonstance qui permet bien mieux de supposer l'attachement à une patrie que la naissance souvent accidentelle sur un territoire. C'est par les traditions de famille, par l'influence de l'éducation et aussi par la communauté d'intérêts avec les proches parents que se forme le sentiment d'amour pour la patrie qui n'est que la famille agrandie. Il est bon cependant de tenir compte, dans une certaine mesure, du lieu de la naissance qui, joint à une manifestation sérieuse d'adopter la nationalité du pays où l'on est né, doit faciliter l'acquisition de cette dernière. C'est cette théorie intermédiaire, adoption du *jus sanguinis* avec facilité pour la naturalisation à raison du *jus soli*, qui tend à l'emporter aujourd'hui et qui est particulièrement consacrée en France (art. 9 C. C. et loi du 7 février 1851).

119. Pour fixer la nationalité d'origine, notre Code s'attache d'une manière générale à la filiation (art. 10, § 1er) : dans l'application de cette règle, il faut distinguer entre l'enfant légitime et l'enfant naturel.

120. L'enfant légitime prendra sans difficulté la nationalité de ses père et mère si ceux-ci ont la même, ce qui arrivera le plus souvent. Dans le cas où les parents ont une nationalité différente, l'enfant prendra celle du père qui est le chef de la famille et qui, à ce titre, doit transmettre sa condition à ses descendants.

Si la nationalité du père avait subi des changements depuis la conception de l'enfant, les Romains attribuaient à ce dernier la nationalité qu'avait le père au moment de la conception, en se fondant sur ce que c'était à ce moment qu'il lui donnait à la fois la vie et sa condition juridique. Quelques auteurs modernes partagent encore cette manière de voir (2). — Suivant d'autres, il faudrait se placer au moment de la naissance : avant, dit-on, l'enfant n'est pas

(1) Pothier, *Traité des personnes,* part. I, tit. 2, sect. 1, n⁰ˢ 43 et 46.
(2) Demante, I, p. 65.

vivant, il ne constitue pas une personne juridique et il n'y a pas lieu de régler sa condition (1).

Plus généralement, on décide que l'enfant sera Français pourvu que son père l'ait été à un moment quelconque depuis la conception, par application de l'adage : *Infans conceptus pro nato habetur, quoties de commodis ejus agitur*. Il n'est pas douteux que, pour notre législateur, l'intérêt de l'enfant est d'avoir la nationalité française, et il y a d'autant plus lieu de faire ici l'application de l'adage, que la loi le consacre quand il ne s'agit que d'intérêts pécuniaires, dans les successions et les donations (art. 725 et 906 C. C.) (2).

On a bien proposé, mais sans succès, de laisser à l'enfant le droit de choisir, à sa majorité, entre la nationalité du père et celle de la mère, ou entre les diverses nationalités que le père a pu avoir depuis la conception (3). Outre, en effet, que cette manière de procéder est absolument contraire à la tradition romaine qui attribue toujours à l'enfant légitime la nationalité de son père et que le Code civil a consacrée, elle est aussi de nature à empêcher l'unité dans la famille au point de vue des intérêts moraux et pécuniaires, en favorisant les différences de nationalité entre proches parents. D'ailleurs, si l'on veut tant respecter la liberté de l'enfant dans le choix de sa nationalité, ce qui est le motif allégué à l'appui de cette théorie, il faut aller jusqu'au bout et lui donner la faculté d'option, même quand ses parents ont une nationalité identique; la liberté n'est pas moins respectable en effet dans ce dernier cas.

121. L'enfant naturel suivra, au point de vue de la nationalité, la condition de celui de ses parents qui l'aura reconnu. Si le père et la mère ont fait la reconnaissance, il est logique que l'enfant prenne la nationalité du père qui est investi de la puissance paternelle. Toutefois, la reconnaissance de la part du père étant très facilement attaquable, la jurisprudence n'admet cette solution qu'autant que l'enfant accepte cette reconnaissance, soit formellement, soit tacitement en ne la contestant pas. La reconnaissance de la part de la mère n'étant guère susceptible de contradiction, on éviterait bien des difficultés en donnant toujours à l'enfant naturel

(1) Mourlon, *Répétitions écrites sur le Code Napoléon*, t. I, p. 95, note 1, 9e édit.

(2) Aubry et Rau, *loc. cit.*, t. I, p. 230, 4e édit.

(3) Laurent, *Droit civil international*, t. III, p. 191, no 106.

la nationalité de sa mère : c'est ce qu'a décidé la loi allemande du 1er juin 1870, art. 3.

La reconnaissance du père peut intervenir après celle de la mère, et l'on a prétendu qu'en pareil cas l'enfant conserve la nationalité qui lui vient de sa mère comme un droit acquis, ce qui, du reste, est conforme à la tradition romaine : *Vulgo quæsiti matrem sequuntur* (loi 26 *de Statu homi.* Dig.) (1). Mais on est unanime à peu près, aujourd'hui, pour adopter une opinion contraire. Notre Code civil, en effet, à la différence de la loi romaine, établit un lien légal, analogue, sinon absolument semblable, à celui de la filiation légitime, entre le père naturel et son enfant : il est donc logique que ce dernier prenne la condition de son auteur. D'ailleurs, la reconnaissance et la légitimation ne sont que la constatation d'un fait ; ce dernier doit donc produire les conséquences qu'il aurait entraînées s'il avait été antérieurement connu : or, établi au moment de la naissance de l'enfant, il aurait fait attribuer à ce dernier la nationalité de son père (2). D'autres législations, cependant, paraissent considérer la légitimation comme un fait nouveau ayant pour résultat de donner, par lui-même, la nationalité du père à l'enfant légitimé (3).

Enfin, l'enfant naturel peut n'être reconnu par personne : on le considère comme Français, en pareil cas, par le fait seul qu'il est né en France. Il est en effet probable que cet enfant est issu de Français, et c'est pour cela que le décret du 19 janvier 1811, art. 19, appelle sous les drapeaux les enfants trouvés, abandonnés et orphelins élevés par l'Etat. D'ailleurs, laisser à ces enfants non reconnus le droit de choisir leur nationalité quand ils sont devenus majeurs, comme on l'a proposé, c'est prolonger longtemps une incertitude pleine d'inconvénients, et favoriser les calculs égoïstes de ceux qui n'adopteront une nationalité étrangère que pour échapper aux charges de la qualité de Français, par exemple au recrutement.

L'enfant adultérin désavoué par son père n'a plus de filiation certaine que du côté de sa mère ; il prendra la nationalité de celle

(1) Duranton, t. I, 123 à 126.
(2) Trib. d'Albertville, 15 mars 1879; Journal Clunet, 1879, p. 393; Trib. d'Avesnes, 12 juin 1880; Journal Clunet, 1880, p. 472.
(3) Loi allemande du 1er juin 1870, art. 2.

ci. Pour l'enfant incestueux, on admet que l'acte de mariage de ses parents, joint à celui de sa naissance, lui constitue une filiation certaine du côté paternel et maternel, et on déterminera sa nationalité comme on le fait pour les enfants naturels reconnus (1).

122. Le principe de la filiation ou *jus sanguinis* conduit à une difficulté qui, de prime-abord, paraît insurmontable pour établir la nationalité d'origine. Il semble, en effet, qu'on ne prouvera sa qualité de Français qu'en démontrant que l'on est issu de parents qui l'étaient eux-mêmes, qui, par conséquent, sont nés aussi de parents français, et ainsi de suite en remontant à l'infini. Mais, en fait, il suffira d'établir qu'on a eu un aïeul né en France avant la promulgation du Code ; en vertu du *jus soli* alors en vigueur, cet aïeul était Français de plein droit et l'on n'a pas besoin de remonter plus haut que lui.

D'ailleurs, il est admis en doctrine et en jurisprudence, par argument d'analogie tiré des art. 197, 320 et 321 C. C. relatifs aux contestations d'état, que la nationalité peut s'établir par présomption, en prouvant la possession d'état de Français pour soi-même, pour son père et ses autres ascendants paternels actuellement vivants. Les juges auront, en pareil cas, un pouvoir discrétionnaire pour apprécier la valeur de cette possession d'état. La difficulté au surplus est aujourd'hui bien diminuée par la loi du 7 février 1851 qui déclare Français tout individu né en France d'un étranger qui y est né lui-même (2).

123. Les diverses législations sont loin d'être d'accord sur la manière de déterminer la nationalité d'origine, et leurs divergences sur ce point conduisent souvent à des conflits.

L'Angleterre, dont la législation repose encore sur les principes juridiques admis durant la Féodalité, s'en tenait, jusqu'à ces derniers temps, au système du *jus soli*. Mais l'acte du 12 mai 1870, sur la condition légale des étrangers et des sujets britanniques, décide, dans son art. 4, que l'individu né à l'étranger de parents anglais est Anglais lui-même. D'autre part, celui qui naît en Angleterre et qui, à sa naissance, est regardé en pays étranger comme national de ce dernier pays, peut, à sa majorité, répudier la natio-

(1) Aubry et Rau, t. VI, p. 222.
(2) Aubry et Rau, *loc. cit.*, t. I, p. 233 à 235, 4e édit.

nalité anglaise qui lui est imposée *jure soli* et opter pour la nationalité étrangère (1). En Portugal, on suit une règle semblable (art. 18 du Code civil); les parents étrangers peuvent même opter pour leur propre nationalité au nom de leur fils mineur né en Portugal.

En Allemagne (loi du 1er juin 1870, art. 2), en Suisse (loi du 3 juillet 1876), en Autriche-Hongrie (Code civil d'Autriche de 1811, art. 18; loi hongroise du 24 décembre 1879, art. 2), et en Suède (Code de 1734, *titre des Successions*, ch. XV, art. 7), on ne tient compte que de la filiation, sans favoriser l'obtention de la qualité de national à raison de la naissance sur le territoire.

Le Code italien de 1866 consacre aussi le principe du *jus sanguinis* (art. 4 et 8); mais le fait qu'un étranger est né sur le territoire italien a son influence : celui qui naît en Italie d'un étranger qui y est établi depuis plus de dix ans est Italien de plein droit, sauf à opter pour la nationalité de ses parents au moment de sa majorité. Si les parents sont établis en Italie depuis moins de dix ans, l'enfant demeure étranger, mais il a la faculté d'opter pour l'Italie à sa majorité.

La Belgique est régie par notre Code civil.

La plupart des Etats de l'Amérique latine, à l'exception du Mexique, de Costa-Rica et du Brésil qui accordent une certaine influence au *jus sanguinis* (2), s'en tiennent au principe du *jus soli* : c'est que ces pays ne se peuplent guère que par l'immigration et doivent, dans la crainte d'être débordés, imposer la qualité de nationaux à tous les descendants de ceux qui sont venus se fixer sur leur sol. Les enfants des Français établis dans l'Amérique du Sud étant Français en vertu de l'art. 10 C. C., et revendiqués comme nationaux par les états américains, il en est résulté des conflits, spécialement pour l'obligation du service militaire. Ces difficultés n'ont pas encore été tranchées par des traités.

En Espagne, sans admettre exclusivement le *jus soli*, on permet cependant à tout individu né sur le territoire de devenir facilement

_____

(1) Lawrence, *Commentaire de Wheaton*, t. III, p. 232; *Annuaire de législation étrangère*, 1872, p. 8.

(2) Cogordan, *loc. cit.*, p. 36-39. — V. pour le Brésil, *Ann. de législat. étrang.* 1877, p. 837.

Espagnol par une manifestation de volonté de sa part (1). La convention consulaire franco-espagnole du 7 juin 1862, art. 5, déclare que les Espagnols nés en France et appelés au service militaire en seront exemptés, en produisant un certificat attestant qu'ils y sont astreints en Espagne ; la réciproque est admise pour les Français nés en Espagne. Mais il est difficile de déterminer la portée de cette convention. En réalité, il n'est pas exact que les Français nés en Espagne y soient considérés comme Espagnols de plein droit et soumis au service militaire ; ils ont simplement la faculté d'obtenir aisément la nationalité espagnole. D'autre part, il est bien certain qu'un individu né en France de parents espagnols n'est pas Français, ni assujéti au recrutement, puisque notre loi consacre la règle du *jus sanguinis*. On ne voit donc pas la prétendue réciprocité consacrée par la convention consulaire.

On trouve enfin le système français de la filiation, combiné avec la facilité de naturalisation pour ceux qui sont nés sur le territoire (art. 9 et 10 C. C.), dans le Luxembourg (loi du 27 janvier 1878), à Monaco (ordonnance du 8 juillet 1877 et Code de 1880, art. 8), en Hollande (loi du 29 juillet 1850), en Russie (ukase du 6 mars 1864, art. 12), en Turquie (loi du 19 janvier 1869, art. 2).

Deux exemples suffiront pour donner une idée des difficultés auxquelles peut donner lieu cette variété des législations sur notre matière.

En vertu de l'acte anglais de 1870 précité, celui qui naît en Angleterre de parents français est Anglais, sauf à opter pour la France à sa majorité. Mais, aux yeux de notre législateur, il ne cesse jamais d'être Français depuis sa naissance ; de telle sorte que, jusqu'à son option prescrite par la loi anglaise, il sera Français en France et Anglais en Angleterre. De là mille difficultés pour l'extradition, le recrutement et la fixation du statut personnel.

Le conflit est même possible entre deux législations identiques. Un enfant naît en Belgique de parents français : il est Français dans les deux pays et devra donc satisfaire en France, dans le cours de sa vingt et unième année, à la conscription. Mais, aux termes de l'art. 9 C. C. en vigueur aussi en Belgique, il peut, à sa

(1) Projet de Constitution de 1837, Constitution du 30 juin 1876, et décret du 17 novembre 1852, art. 1er, 3º.

majorité, opter par la nationalité belge et devoir le service militaire
à sa nouvelle patrie. Cette option de l'art. 9 permettant bien en
France à des étrangers de devenir Français, mais n'étant pas
reconnue comme un moyen de devenir étranger, il s'ensuivra un
conflit insoluble entre les deux législations (1).

§ II. *Acquisition par le bienfait de la loi.*

124. L'acquisition de la qualité de français par le bienfait de la
loi est celle qui résulte, comme un droit acquis, de l'accomplissement de certaines conditions prescrites par le législateur. Elle diffère
donc essentiellement de la naturalisation qui, comme on le verra
plus loin, constitue toujours une faveur que le gouvernement peut
refuser d'une façon arbitraire, malgré l'observation de toutes les
conditions légales exigées pour l'obtenir. Cette différence s'explique
parce que l'acquisition de la nationalité par le bienfait de la loi est
accordée à ceux qui, soit par le lieu de leur naissance, soit par leurs
relations de famille, peuvent être supposés avoir déjà un certain
attachement pour notre pays : les conditions que la loi leur impose
pour devenir Français n'étant d'ailleurs qu'une affirmation formelle
de cet attachement présumé, il est naturel que l'obtention de la
nationalité soit la conséquence de droit de leur accomplissement.

Le bienfait de la loi peut être invoqué par cinq catégories de
personnes : 1° les étrangers nés en France ; 2° les enfants d'un ci-
devant Français ; 3° les enfants d'un étranger naturalisé Français ;
4° les femmes étrangères qui épousent des Français ; 5° les descendants des protestants français expulsés de France par la révocation de l'édit de Nantes.

125. Étranger né en France. — Celui qui naît en France de
parents étrangers, Français jadis en vertu du *jus soli*, est aujour-
d'hui étranger *jure sanguinis*. Mais, aux termes de l'art. 9 C. C., le
fait que sa naissance a eu lieu sur notre territoire lui facilite considérablement l'acquisition de la nationalité française.

Il importe peu du reste que cette naissance dans notre pays soit
accidentelle et ait eu lieu, par exemple, dans le cours d'un voyage
que la mère faisait en France. Mais l'art. 9 exige formellement que

_____

(1) Cass., 3 août 1871, Sir., 71. 1. 200 ; Douai, 14 décembre 1881, J. Clunet
1882, p. 416.

l'étranger soit né sur le territoire français ; la simple conception ne suffirait donc pas (1). On considère, en outre, comme une portion détachée du territoire les navires français de commerce qui sont dans les eaux territoriales de la France ou en pleine mer, mais non ceux qui sont dans les eaux territoriales étrangères. Il en est différemment des navires de guerre et des paquebots qui, en tout lieu, sont regardés comme le sol même du pays dont ils portent le pavillon. Mais il n'y aurait pas lieu d'appliquer en notre matière la fiction d'exterritorialité qui, à certains égards, fait considérer l'hôtel des ambassadeurs comme le territoire même de leur nation : donc le fils d'un agent diplomatique né à l'hôtel d'une ambassade étrangère en France est véritablement né dans notre pays. Décider le contraire serait dépasser l'esprit même du principe d'exterritorialité qui n'a été admis que pour assurer l'indépendance des ambassadeurs. — Enfin, il ne serait pas juste non plus d'appliquer l'art. 9 à un étranger né dans un pays qui depuis a été cédé à la France ; on a bien soutenu que l'annexion a un effet rétroactif, de telle sorte que le territoire annexé est censé avoir toujours appartenu à la France (2) ; mais quelle est la raison, ou le texte, ou la tradition de Droit international que l'on puisse invoquer à l'appui de cette idée ? Il n'y en a pas, et le prétendu principe de la rétroactivité se réduit à une affirmation arbitraire.

126. Pour devenir Français, l'étranger né en France n'a que deux conditions à remplir :

1° Déclarer qu'il veut fixer son domicile en France et l'y établir, s'il ne l'y a déjà, dans l'année qui suit sa déclaration. L'étranger remplit cette formalité devant l'officier de l'état civil de la commune où il veut se fixer, et, s'il est hors de France, devant l'agent diplomatique ou consulaire français (3).

2° La déclaration précédente doit être faite dans l'année qui suit la majorité de l'étranger.

127. L'étranger devenu Français par application de l'art. 9 C. C. est censé l'avoir été depuis sa naissance ; il obtient, en d'autres termes, la nationalité française avec effet rétroactif. De là il résulte,

(1) Req., 15 juillet 1840, Sir., 40. 1. 900.

(2) Lettre du garde des sceaux au préfet de la Gironde du 17 novembre 1876, Journal Clunet, 1877, p. 101.

(3) Aubry et Rau, *loc. cit.*, t. I, p. 237, note 6.

entre autres conséquences remarquables, que les enfants qu'il aura eus avant d'accomplir les formalités prescrites par l'art. 9 seront Français, comme nés d'un père Français ou qui, du moins, est considéré comme l'ayant toujours été.

On a objecté que rien n'explique cette rétroactivité, puisque l'étranger dont parle notre texte n'a jamais appartenu à notre pays ; à ce compte, dit-on, pourquoi ne pas attribuer le même effet rétroactif à la naturalisation ordinaire qui, cependant, n'a de conséquences que pour l'avenir ? De plus, ajoute-t-on, l'enfant d'un ex-Français ne devient Français lui-même, en remplissant les formalités de l'art. 9, que pour l'avenir (art. 10 et 20 C. C.) ; cependant il est mieux traité que l'étranger ordinaire né en France, puisqu'il peut obtenir la nationalité française à tout âge et non pas seulement dans l'année qui suit sa majorité : *à fortiori* par conséquent n'y a-t-il pas de rétroactivité au bénéfice de l'étranger dont parle l'art. 9.

Mais les travaux préparatoires et le texte de la loi confirment la proposition émise plus haut. L'art. 9, dans sa rédaction primitive, consacrait l'ancien principe de la nationalité obtenue par le fait seul de la naissance sur le territoire ; mais le Tribunat craignit qu'on en vînt aussi à déclarer nationaux les étrangers qui, nés sans doute en France, n'avaient cependant aucun attachement pour notre patrie. Aussi, à la suite d'une conférence entre la section de législation du Tribunat et celle du Conseil d'Etat, on adopta la rédaction actuelle de l'art. 9 qui a pour but de laisser en suspens la nationalité de l'étranger né en France, jusqu'à ce qu'il ait manifesté son attachement à notre pays en remplissant les formalités de l'art. 9 : ces dernières nous apparaissent donc comme une condition suspensive de l'obtention de la nationalité française, et on sait que toute condition a un effet rétroactif (art. 1179 C. C.) (1). C'est ce qu'exprime l'art. 9 lui-même en disant que l'étranger pourra *réclamer* la qualité de Français ; cette qualité lui appartient en effet sous la condition d'observer les formalités prescrites par la loi. Enfin il est un dernier argument auquel on n'a jamais répondu d'une manière sérieuse : l'art. 20 C. C., en décidant qu'il n'y aura pas de rétroactivité quand la qualité de Français sera obtenue en vertu

(1) Aubry et Rau, *loc. cit.*, t. I, p. 238, note 10.

des art. 10, 18 et 19, montre bien, *à contrario*, qu'il en est différemment dans le cas prévu par l'art. 9 (1).

Toutefois, malgré la rétroactivité qui vient d'être établie, l'étranger né en France ne peut, avant d'avoir accompli les formalités de l'art. 9, se prévaloir des avantages attachés à la qualité de Français : si, en effet, il a ce dernier titre sous condition suspensive, il n'en est pas encore investi (2). Du reste, pour éviter les calculs égoïstes faciles à comprendre, il n'est appelé sous les drapeaux que dans l'année qui suit sa déclaration qu'il veut devenir Français, et pour le temps imposé aux jeunes gens de la classe à laquelle il appartient d'après son âge (loi du 27 juillet 1872, art. 9). Avant de tirer au sort et après avoir fait la déclaration de l'art. 9 C. C., il peut aussi contracter l'engagement conditionnel d'un an (Instruct. ministé., 1er décembre 1872, § 2) ; il peut enfin concourir pour les écoles de Saint-Cyr et Polytechnique à condition d'avoir servi deux ans dans l'armée et d'avoir moins de vingt-cinq ans au 1er juillet de l'année du concours (3).

128. L'art. 9 indique comme terme fatal du délai dans lequel doivent être accomplies les formalités qu'il indique, la fin de l'année qui suit la majorité; mais de quelle majorité s'agit-il, celle de la loi française ou celle de la loi du pays auquel appartient l'étranger qui veut devenir Français ? On a argumenté de l'effet rétroactif des formalités prescrites par l'art. 9 pour dire que, l'étranger qui les accomplit étant censé avoir toujours été Français, il y a lieu de le déclarer régi par la loi française pour son statut personnel, conformément au principe qui sera développé plus loin et en vertu duquel ce statut dépend de la loi nationale. Mais à cela il est aisé de répondre que l'étranger né en France est Français sous condition suspensive; avant l'accomplissement de cette dernière, il est encore étranger et relève, par suite, pour la fixation de sa majorité, de la loi du pays auquel il appartient. Cela est si vrai que, de l'avis de tout le monde, comme il a été dit à la fin du numéro précédent, il ne peut, avant d'avoir rempli les formalités de l'art. 9, se prévaloir des avantages attachés à la qualité de Français.

(1) En ce sens : Cass., 19 juillet 1848, Sir., 48. 1. 529, et note de M. Devilleneuve.

(2) Cas. Req., 31 décembre 1860, Sir., 61. 1. 227.

(3) Journal officiel, 5 avril 1877.

On objecte encore que, si la majorité est fixée par la loi étrangère plus tôt qu'en France, par exemple à 18 ans, l'étranger qui satisfaira aux conditions de l'art. 9 dans le courant de sa dix-neuvième année deviendra mineur en devenant Français. Mais, quelque bizarre que puisse être ce résultat, il faut bien l'accepter s'il est une conséquence logique du principe qui fait régir le statut personnel de chacun par sa loi nationale actuelle. Aussi n'y aurait-il pas lieu, croyons-nous, d'accepter le tempérament de certains auteurs qui pensent que, en pareil cas, il faudrait attendre, pour remplir les conditions de l'art. 9, que l'étranger eût au moins atteint l'âge de 21 ans : rien ne justifie une pareille exception (1). D'ailleurs, l'inconvénient signalé est presque chimérique : toutes les législations à peu près fixent la majorité à 21 ans ou à un âge plus avancé. On peut même remarquer à ce propos que, si l'on s'en tient à la majorité telle que la fixe la loi française, l'étranger appartenant à un pays où la majorité est plus reculée, ce qui est assez fréquent, ne pourra pas, vu son incapacité d'après sa loi nationale, faire à 21 ans l'option dont parle l'art. 9 ; le délai fatal prescrit par ce dernier texte s'écoulera et le bénéfice de la loi sera perdu pour l'étranger.

Il faut donc s'en tenir au principe général d'après lequel le statut personnel dépend de la loi nationale, et décider que l'individu né en France de parents étrangers, étranger lui-même avant d'avoir rempli les formalités de l'art. 9, aura sa majorité fixée par la loi de son pays, même au point de vue de l'observation de ces formalités. Au surplus, la loi du 7 février 1851 qui déclare Français de plein droit celui qui est né en France d'un étranger qui lui-même y est né, sauf à opter pour la nationalité de ses parents dans l'année qui suit sa majorité, ajoute que cette majorité sera réglée par la loi française. C'est que l'individu dont il s'agit ici est Français sous condition résolutoire, provisoirement régi par la loi française, tandis que celui dont il est question dans l'art. 9 n'est Français que sous condition suspensive, et, provisoirement étranger, demeure aussi régi par la loi étrangère (2).

129. Le système consacré par l'art. 9 était parfois trop favorable, parfois trop dur pour les étrangers ; on a essayé de corriger

(1) V. Vallette, *Code civil*, t. I, p. 48.
(2) Jug. trib. de la Seine, 1er décembre 1883, J. Clunet, 1884, p. 395.

ces deux défauts en sens inverse par des lois ultérieures qui ont profondément modifié la règle générale.

130. La loi des 22-25 mars 1849 a permis de remplir, *à tout âge*, les formalités de l'art. 9 et de devenir ainsi Français à ceux qui, ayant particulièrement témoigné leur attachement à notre pays, avaient par négligence laissé passer le délai d'un an après leur majorité sans user du bienfait de la loi. Cette faveur est accordée : 1° à ceux qui ont servi ou servent dans l'armée de terre ou de mer (1) ; 2° à ceux qui ont satisfait à la loi du recrutement sans exciper de leur extranéité qui les en exemptait.

On a essayé de permettre à ceux qui ont laissé passer le délai de l'art. 9 de faire leur déclaration, en se prétendant omis sur les listes du recrutement ; mais la Cour de cassation a déclaré, avec raison, cette façon de procéder illégale (2) ; car il n'y a pas eu omission de ceux qui, par leur nationalité, ne sont pas astreints au service militaire.

131. Loi des 7-12 février 1851. — A la différence de la précédente qui est une loi de faveur, celle-ci est une loi de méfiance contre les étrangers. Elle a eu pour but d'éviter l'établissement définitif en France de familles étrangères qui, tout en profitant de la protection de nos lois et des avantages qu'elles pouvaient trouver dans notre pays, évitaient les charges inhérentes à la qualité de Français, spécialement le service militaire. L'art. 1er de la loi de 1851 déclare Français *de plein droit* tout étranger né en France d'un étranger qui lui-même y est né. Cependant, l'individu placé dans ce cas peut répudier la nationalité française et opter pour celle de ses parents, au moyen d'une déclaration faite devant l'officier de l'état civil de sa résidence en France, ou devant les agents diplomatiques et consulaires français à l'étranger, dans l'année qui suit sa majorité *telle qu'elle est fixée par la loi française*.

De là il résulte que celui qui naît en France d'un étranger qui lui-même y est né est Français sous la condition résolutoire de son option pour la nationalité étrangère. En attendant que cette dernière ait lieu, il jouit de tous les avantages attachés à la qualité de

---

(1) A moins d'erreur sur sa nationalité qui le fasse incorporer dans l'armée comme Français, l'étranger ne peut prendre du service que dans la Légion étrangère.

(2) Cass., 27 janvier 1869.

Français et, notamment, peut concourir pour les écoles du gouvernement ; son statut personnel, par exemple pour la fixation de sa majorité, comme le dit formellement la loi de 1851, dépend de la loi française. Que si l'individu placé dans la situation prévue par la loi de 1851 opte pour la nationalité étrangère, il est censé n'avoir jamais été Français ; de sorte que les actes antérieurement accomplis par lui et qui exigent la qualité de Français pour être valablement faits sont nuls et non avenus.

Il n'est pas d'ailleurs exigé, pour que la loi de 1851 s'applique, que celui qui l'invoque ou ses parents résident en France. Le bénéfice de cette loi pourra aussi être invoqué par celui qui est né en France d'une mère qui y est née elle-même, son père fût-il né à l'étranger : c'est ce qui résulte des termes très généraux dont s'est servi le législateur : « tout individu né en France d'*un étranger* qui lui-même y est né. »

132. On a fait à la disposition contenue dans l'art. 1er de la loi de 1851 de graves reproches dont quelques-uns ne sont plus justifiés aujourd'hui.

Il n'est pas vrai de dire que la loi de 1851 favorise les calculs égoïstes, parce que les personnes qu'elle vise opteront pour la nationalité étrangère pour éviter l'obligation du service militaire, sauf à continuer de résider en France en conservant tous les avantages qu'elles y trouvent. Ceux qui sont nés dans notre pays d'un étranger qui y est né lui-même ne sont en effet appelés à tirer au sort qu'après l'expiration du délai d'option pour la nationalité étrangère et quand celle-ci n'a pas eu lieu. Ils sont donc contraints de se prononcer sur leur nationalité, abstraction faite de toute préoccupation du service militaire dont ils ne peuvent prévoir la charge pour eux avant le tirage au sort et la décision du conseil de révision (loi du 27 juillet-17 août 1872, art. 9).

Mais on peut toujours critiquer dans la loi de 1851 deux conséquences qu'elle entraîne souvent. Tout d'abord, elle attribue la qualité de Français à des gens qui, soit par négligence, soit par ignorance, laissent passer le délai fatal pour l'option en faveur de la nationalité étrangère, et qui, cependant, n'ont pas le moindre attachement pour notre patrie. On aurait évité cet inconvénient en déclarant ces personnes françaises sous la condition suspensive de l'option pour notre nationalité dans l'année qui suit leur majorité, et non, comme on l'a fait, sous la condition résolutoire de leur option pour la nationalité étrangère. D'autre part, il arrivera souvent que les individus placés dans le cas prévu par la loi de 1851 continueront à être considérés comme des nationaux dans le pays de leurs parents, malgré le défaut de l'option exigée par notre loi : de là des conflits de législations en vertu desquels ces individus, Français en France, seront traités à l'étranger comme des nationaux.

On a remarqué aussi qu'il était dangereux de reconnaître la qualité de françaises à des personnes qui en profiteront pour obtenir certains avantages, quelquefois au détriment d'autres Français, et qui ensuite opteront pour une nationalité étrangère. Par exemple, un jeune homme placé dans le cas de la loi de 1851 entre à l'école Polytechnique ; à l'âge de 21 ans accomplis il opte pour la nationalité étrangère et transporte ainsi dans un autre pays le bénéfice de l'instruction qu'il aura acquise en France, en excluant du même avantage un de ses concurrents français. Une loi nouvelle a écarté cet inconvénient.

133. Loi du 16 décembre 1874. — Aux termes de l'art. 2 de cette loi, les jeunes gens placés dans le cas prévu par la loi de 1851 peuvent concourir pour les écoles du gouvernement, contracter un engagement volontaire ou l'engagement conditionnel d'un an, en renonçant, autorisés par leur père, ou à défaut de celui-ci par leur mère, ou enfin à défaut des deux par leur conseil de famille, à la faculté d'opter pour la nationalité étrangère. Cette renonciation n'a lieu qu'après les examens et si leur résultat est favorable au candidat. Ainsi se trouve évité le reproche que l'on adressait jadis à la loi de 1851 et qui a été signalé à la fin du précédent numéro.

Mais cette même loi de 1874, dans son art. 1er, contient une innovation plus considérable encore. Souvent il arrivait que l'option pour la nationalité étrangère dont parle la loi de 1851 n'était faite que pour éviter le service militaire en France, et qu'en même temps on déclarait, en pays étranger, avoir opté pour la nationalité française. Bien des gens continuaient ainsi à résider en France sans payer l'impôt du sang, et pouvaient même se rendre en pays étranger sans crainte d'y être traités comme réfractaires, puisqu'on les y croyait Français. Aussi la loi de 1874 exige-t-elle, pour la validité de l'option en faveur de la nationalité étrangère de la part de celui qui est né en France d'un étranger qui y est né lui-même, qu'elle soit accompagnée d'un certificat des autorités du pays étranger, attestant que l'individu en question a conservé la nationalité de ce pays. On décide que ce certificat doit être produit dans l'année qui suit la majorité (1).

Cette dernière exigence de la loi française a donné lieu a des difficultés avec certains états. On impose en effet à celui qui opte pour la nationalité étrangère la production d'un certificat qu'aucune autorité étrangère n'a peut-être pouvoir de délivrer, et pour la rédaction duquel aucun fonctionnaire ne serait compétent en France si une législation étrangère l'exigeait. On est cependant parvenu à s'entendre avec l'Angleterre sur la façon dont cette pièce serait fournie (2).

134. Enfant d'un ci-devant Français. — L'art. 10, § 2, C. C., le déclare étranger s'il est né à l'étranger; mais il en serait de même s'il était né en France, étant donné le principe général du *jus sanguinis* consacré dans notre Code. Ces mots « né en pays étranger » que l'on lit dans l'art. 10 font allusion à l'ancien système du *jus soli,* en vertu duquel la simple naissance sur le territoire donnait la nationalité française, et que l'on avait consacré dans le premier projet de l'art. 9. Mais, après la modification qu'a subie ce dernier texte, les mots cités plus haut auraient dû disparaître de l'art. 10. Cependant, si le fils d'un ex-Français est né en France et que l'un de ses auteurs y soit né lui-même, il est Français *ipso jure* en vertu de la loi de 1851. Si ces deux conditions ne sont pas réunies, il est étranger, mais peut obtenir notre nationalité en remplissant les formalités de l'art. 9. Il faut observer : 1° qu'il peut satisfaire aux conditions de l'art. 9 à n'importe quel âge ; 2° qu'il devient Français sans effet rétroactif (art. 20 C. C.) Ces deux règles ont entre elles un étroit rapport. Si en effet l'étranger qui est dans le cas de l'art. 9 doit opter dans le délai d'un an après sa majorité, c'est qu'il devient Français avec effet rétroactif et qu'il importe de fixer promptement sa situation dans le passé. Au contraire, l'étranger dans le cas de l'art. 10 ne devenant Français que pour l'avenir, il n'y a pas d'inconvénient à lui accorder tout le temps qu'il veut pour se prononcer sur sa nationalité (3).

(1) Douai, 7 novembre 1876, Sir., 77. 2. 260.
(2) Circul. du ministre de la guerre du 26 décembre 1877.
(3) Aubry et Rau, *loc. cit.*, t. I, p. 241, note 16.

135. L'art. 10 s'applique à celui qui est né d'une ex-Française comme à celui qui est issu d'un père ayant perdu la qualité de Français, par conséquent à celui qui a pour mère une femme française devenue étrangère en épousant un étranger. C'est en vain que la jurisprudence allègue en sens contraire l'esprit de la loi qui, suivant elle, est de donner à l'enfant la nationalité qu'il aurait eue si son père avait conservé la sienne (1). Les mots : « né d'un Français qui aurait perdu la qualité de Français » sont aussi généraux que possible et visent à la fois le père et la mère, comme les mots : « né d'un étranger », que l'on lit dans la loi de 1851, se réfèrent aussi aux deux : *Pronunciatio sermonis in sexu masculino ad utrumque sexum plerumque porrigitur*. D'autre part, le but de la loi n'est-il pas de faciliter l'acquisition de la nationalité française à quiconque se rattache à la France par ses liens de famille, et ces liens n'existent-ils pas également du côté du père et de la mère (2) ?

Le texte général de l'art. 10 doit conduire aussi à appliquer sa disposition à ceux qui sont nés d'un individu ayant été temporairement Français, par suite d'une annexion qui plus tard a cessé. On n'a émis contrairement à cette manière de voir qu'un argument tiré du prétendu effet rétroactif de l'annexion, en vertu duquel un pays, d'abord incorporé à la France, puis séparé d'elle, est censé ne lui avoir jamais appartenu (3). Nous avons déjà eu l'occasion de dire que rien ne justifie cette rétroactivité ainsi créée arbitrairement (4).

Cependant, il faudrait limiter l'effet de l'art. 10 aux descendants de l'ex-Français au premier degré ; c'est ce qui paraît résulter des mots : « enfant *né* d'un Français.... »

136. Enfant d'un naturalisé Français. — Aux termes de la loi du 7 février 1851, art. 2, les enfants d'un naturalisé Français, nés avant la naturalisation de leur père, peuvent devenir Français en remplissant les formalités de l'art. 9. Le délai qui leur est accordé pour profiter ainsi du bienfait de la loi est d'une année à partir de leur majorité, s'ils sont mineurs d'après leur statut personnel au moment de la naturalisation de leur père, ou à compter

---

(1) Cour de Paris, 30 juillet 1855, Sir., 56. 2. 275.
(2) Aubry et Rau *loc. cit.*, t. I, p. 241, note 17.
(3) Aubry et Rau, t. 1, p. 240, note 12.
(4) Mourlon, *Rev. pratique*, 1858, t. V, p. 245 et suiv. ; v. n° 125 *in fine*.

de cette même naturalisation, s'ils sont majeurs au moment où elle se réalise.

137. La loi du 14 février 1882 étend aux enfants mineurs de l'étranger naturalisé Français, même nés à l'étranger avant la naturalisation des parents, le bénéfice de l'art. 2 de la loi du 16 décembre 1874, pour l'engagement volontaire ou conditionnel d'un an, ou enfin pour l'entrée dans les écoles du gouvernement (1).

Cette même loi de 1882 ajoute, dans la partie finale de son article unique : « La même faculté est accordée, et aux mêmes condi-
» tions, aux enfants mineurs d'un Français qui aurait perdu la
» qualité de Français par l'une des trois causes exprimées dans
» l'art. 17 du Code civil, si le père recouvre sa nationalité d'ori-
» gine, conformément à l'art. 18. »

Enfin, la loi se termine par la disposition suivante qui ne se trouvait pas dans le projet primitif et dont on ne semble pas avoir remarqué le défaut d'harmonie avec le Code civil : « Les enfants
» majeurs pourront réclamer la qualité de Français par une décla-
» ration faite *dans l'année qui suivra le jour où le père a recouvré sa*
» *nationalité.* »

Or, aux termes de l'art. 10, § 2, l'enfant d'un ex-Français peut, *à tout âge,* devenir Français en remplissant les formalités de l'art. 9. Il résulterait donc de la loi de 1882 que cet enfant serait moins bien traité si son père redevenait Français conformément à l'art. 18, puisque, dans ce cas, il n'aurait pour user du bienfait de la loi qu'un délai d'un an à compter du jour où son père a recouvré la nationalité française. Il est peu probable que l'on ait voulu faire une pareille différence entre les deux cas, et se montrer plus rigoureux dans celui qui, précisément, est le plus favorable à l'enfant, puisque son père redevient Français. Aux termes de l'art. 10 C. C., sinon de la loi de 1882, l'enfant d'un père ex-Français en vertu de l'art. 17 et recouvrant sa nationalité conformément à l'art. 18 C. C. pourra donc user du bienfait de la loi à tout âge. Il est vraisemblable que cette disposition de la loi de 1882 disparaîtra dans la refonte générale de nos lois sur la Naturalisation qui est actuellement à l'étude.

138. Dans le même ordre d'idées, la loi du 28 juin 1883 accorde

(1) V. n° 133.

la faculté de concourir pour les écoles du gouvernement, de contracter un engagement volontaire ou l'engagement conditionnel d'un an, en se conformant aux conditions de la loi du 14 février 1882 (v. loi du 16 décembre de 1874) : 1° aux enfants mineurs *nés en France* d'une femme française mariée avec un étranger, lorsqu'elle recouvre la qualité de française conformément à l'art. 19 C. C. ; 2° aux mineurs orphelins de père et de mère, *nés en France* d'une femme Française mariée avec un étranger.

En exigeant, pour leur appliquer le bénéfice de la loi du 28 juin 1883, que les enfants d'une française mariée avec un étranger soient nés en France, on a sans doute supposé que la mère n'était pas née elle-même sur notre territoire : sinon, en effet, ces enfants seraient Français de plein droit, puisqu'ils seraient nés en France d'un étranger qui lui-même y est né (loi de 1851) (1). Comme la femme française qui a perdu sa nationalité en épousant un étranger est le plus souvent née en France, on voit que la loi de 1883 n'est pas de nature à s'appliquer bien souvent. Du reste, l'extension de la règle aux enfants nés hors de France a été réservée jusqu'au moment de la discussion de la loi générale sur la Naturalisation (2).

139. Etrangère épousant un Français. — Elle est Française de plein droit (art. 12 C. C.). Il en est ainsi malgré sa minorité et malgré aussi toute convention contraire, insérée par exemple dans le contrat de mariage. Les termes impératifs de l'art. 12, le caractère de cette disposition qui vise une question d'état et qui a pour but d'éviter entre les époux les différences de nationalité si fécondes en inconvénients pratiques, tout montre qu'il s'agit ici d'une règle d'ordre public à laquelle les parties ne peuvent déroger (art. 6 C. C.). Il est certain aussi que l'étrangère, devenue Française par son mariage, ne perd pas sa nationalité après son veuvage ou son divorce (3).

140. Descendants des protestants émigrés à la suite de la Révocation de l'Edit de Nantes en 1685. — La loi des 9-15 décembre 1790, art. 22, leur permet, à quelque degré qu'ils

---

(1) V. n° 131 *in fine*.

(2) Rapport de M. Batbie, J. Offic. Documents parlementaires de juin 1883, p. 813.

(3) Cass. Req., 22 juillet 1863, Sir., 63. 1. 430.

soient de leur ascendant primitivement émigré, de devenir Français, sous la seule condition de fixer leur domicile en France. Le serment civique jadis exigé d'eux n'existe plus aujourd'hui. Ceux qui étaient déjà nés au moment de la promulgation de la loi de 1790 et qui ont usé de celle-ci sont devenus Français du jour de la promulgation ; ceux qui, nés depuis, ont fixé leur domicile en France, le sont du jour de leur naissance. Quant aux mineurs, ils ne peuvent invoquer le bénéfice de cette loi qu'avec l'autorisation de leur père, ou de leur mère, ou du conseil de famille. On a cru à tort, pendant quelque temps, que la loi de 1790 ne pouvait s'appliquer à ceux qui avaient perdu la qualité de Français par une des causes indiquées au Code civil, comme l'établissement à l'étranger sans esprit de retour ou l'acceptation de fonctions publiques. La loi de 1790 crée une manière particulière de devenir Français qui ne produit son effet que si ceux qui l'invoquent rentrent en France : elle ne saurait donc être écartée par des faits antérieurs au moment où cette dernière condition se réalise (1); on ne peut faire perdre la qualité de Français à quelqu'un qui ne l'a pas encore.

§ III. *Acquisition par la naturalisation.*

141. Le mot Naturalisation est susceptible de trois acceptions : dans un sens très large, il désigne tout changement de nationalité résultant d'un fait quelconque ; d'une manière plus restreinte, il signifie tout moyen indiqué par les lois pour obtenir la nationalité. Enfin, dans le sens le plus strict et le plus propre, celui dans lequel le mot est pris dans le présent paragraphe, on entend par Naturalisation : La concession de la qualité de national faite par l'autorité compétente à l'étranger qui la demande.

142. Ancien Droit. — Avant 1789 la naturalisation s'opérait par la remise de *lettres de naturalité,* délivrées par le Roi en grande chancellerie. La naturalisation n'était d'ailleurs accordée qu'aux catholiques (2) et ne produisait son effet qu'après que l'étranger avait fixé son domicile en France ; les lettres de naturalité devaient aussi être vérifiées à la Chambre des comptes du domicile du natu-

---

(1) Aix, 15 mars 1866, Sir., 66. 2. 171.
(2) On faisait parfois des exceptions, par exemple pour Law et Necker qui étaient protestants.

ralisé et à la Chambre du domaine. Le naturalisé était sur quelques points différemment traité du Français d'origine : il ne pouvait notamment aspirer aux hautes fonctions ecclésiastiques (Ordon. de Blois de 1579, art. 4) (1).

143. De 1789 jusqu'à la promulgation du Code civil, il est peu de matières qui aient été aussi souvent remaniées que celle de la naturalisation. Les conditions exigées pour devenir Français ont varié dans la loi des 30 avril-2 mai 1790 ; dans les constitutions des 3-14 septembre 1791, art. 3, du 24 juin 1793, du 5 fructidor an III et enfin du 22 frimaire an VIII (2). Du reste, pour caractériser toutes ces lois, il suffit de remarquer qu'elles font résulter l'obtention de la nationalité française de l'accomplissement de certaines conditions, sans que le gouvernement ait à intervenir pour l'accorder ou la refuser suivant son appréciation. La naturalisation de l'époque révolutionnaire ressemble donc beaucoup plus à ce que nous appelons aujourd'hui le bienfait de la loi qu'à la naturalisation proprement dite.

144. Après la promulgation du Code civil, la Constitution de l'an VIII demeura en vigueur ; mais, pour donner au gouvernement la faculté d'écarter ceux qui ne lui paraîtraient pas dignes, un avis du Conseil d'Etat des 18-20 prairial an XI décida que le stage de 10 ans en France, prescrit par la constitution de l'an VIII, ne produirait effet pour la naturalisation qu'autant qu'il aurait été autorisé par le gouvernement, conformément à l'art. 13 C. C. Plus tard, le décret du 17 mars 1809 disposa même que, toutes les conditions légales une fois remplies, la naturalisation ne serait acquise qu'après l'obtention de *lettres de naturalisation* émanant du chef de l'Etat. Ainsi la naturalisation reprenait, comme sous l'ancien régime, son vrai caractère de concession gracieuse. Avant, le Sénatus-consulte du 26 vendémiaire an XI avait créé la naturalisation extraordinaire ou privilégiée, en permettant au gouvernement de réduire le stage pour les étrangers qui avaient rendu des services à la France. D'après le Sénatus-consulte du 19 février 1808, le stage pouvait même être supprimé en pareil cas.

L'ordonnance du 4 juin 1814 créa ensuite la *grande naturalisa-*

---

(1) Demangeat, *Hist. de la cond. des étrangers*, n° 43.
(2) V. Aubry et Rau, *loc. cit.*, t. 1, p. 247-249.

tion qui était accordée, après approbation des deux Chambres, aux étrangers ayant rendu de grands services au pays, et qui, seule, donnait le droit de siéger à la Chambre des pairs ou à celle des députés. La Constitution de 1848 n'établissant aucune différence (art. 25 et 26) au point de vue de l'éligibilité politique, cette grande naturalisation se trouva supprimée. Puis vint le décret du 28 mars 1848 qui permit au ministre de la justice de naturaliser tout étranger après un stage de cinq ans. Mais la loi du 3 décembre 1849, en rétablissant les trois naturalisations, ordinaire, extraordinaire ou privilégiée et la grande naturalisation, rendit au pouvoir exécutif le droit de statuer sur cette matière. La grande naturalisation disparut encore par le décret-loi du 2 février 1852, art. 12 et 26, sur les élections.

145. Droit actuel. — La loi qui règle actuellement la naturalisation est celle du 29 juin 1867 dont il faut combiner les dispositions avec celles de la loi du 3 décembre 1849 qu'elle n'a pas abrogées. Trois décrets du gouvernement de la défense nationale des 12 septembre, 26 octobre, 19 novembre 1870, destinés à favoriser la naturalisation aux étrangers qui étaient venus défendre notre pays envahi, ne sont plus en vigueur.

Aujourd'hui, la naturalisation a complètement repris son caractère de concession gracieuse qui peut être refusée malgré l'accomplissement des conditions prescrites pour l'acquérir. Ces conditions sont au nombre de trois.

1° L'étranger doit demander et obtenir l'autorisation de fixer son domicile en France (art. 13 C. C.). Avant que la naturalisation soit accordée, cette autorisation peut toujours être retirée par décret rendu en Conseil d'Etat (loi du 3 déc. 1849, art. 3). La naturalisation elle-même est accordée à l'étranger, après enquête sur sa moralité et expiration du stage qui sera indiqué ci-après, par décret rendu en Conseil d'Etat. L'avis du Conseil d'Etat n'a plus besoin d'être favorable ainsi que l'exigeait la loi de 1849. C'est que, lors de la discussion de cette dernière loi, on avait hésité pour savoir si l'on ferait accorder la naturalisation par le pouvoir législatif ou par le pouvoir exécutif. On se prononça pour ce dernier, mais avec ce correctif que le Conseil d'Etat, alors indépendant du pouvoir exécutif, devrait approuver la décision prise. En 1867, comme aujourd'hui, le Conseil d'Etat étant nommé par le chef du pouvoir, son indépendance n'était plus suffisante pour qu'on lui reconnût un pareil contrôle.

2° L'étranger doit avoir 21 ans quand il demande à fixer son domicile en France. Il eût été plus conforme aux principes de décider que l'étranger doit avoir la majorité fixée par son statut personnel, car il doit être capable pour changer de nationalité. C'est ce que décident les lois allemande (1er juin 1870, art. 8), anglaise (12 mai 1870, art. 7).

3° Le futur naturalisé doit faire un stage de trois ans dans notre pays. Le délai est réduit à un an pour ceux qui ont rendu des services à la nation : c'est la naturalisation extraordinaire ou privilégiée. Le point de départ du délai est le jour de l'enregistrement, au ministère de la justice, de la demande de fixer son domicile en France. D'ailleurs, le séjour à l'étranger pour le service de la France compte pour le stage. Quant à la naturalisation elle-même, elle est acquise depuis l'insertion du décret qui la concède au Bulletin des Lois (1).

Les lois de 1849 et de 1867 ont été étendues aux colonies qui ne sont pas assujéties à un régime spécial par la loi du 29 mai 1874 (2).

146. Effets de la Naturalisation. — On peut les caractériser en trois mots : ils sont non rétroactifs, absolus et individuels.

1° Ils ne sont pas rétroactifs, c'est-à-dire que le naturalisé ne peut se prévaloir de sa qualité de français qu'à compter du jour où la naturalisation lui est acquise.

2° Ils sont absolus, car le naturalisé est complètement assimilé au Français d'origine, même au point de vue de l'éligibilité politique, puisque la grande naturalisation est aujourd'hui abolie (loi de 1867, art. 2). Cependant, par oubli sans doute, la loi du 27 juillet 1872 n'astreint pas les naturalisés au service militaire.

3° Enfin, ils sont individuels, c'est-à-dire qu'ils ne se produisent que pour le naturalisé lui-même, et non pour ses enfants mineurs ni pour sa femme placés sous sa puissance.

En ce qui concerne les enfants, tout d'abord, le point de savoir s'ils subissent les conséquences de la naturalisation de leur père est

(1) Cour de Paris, 19 février 1877, Dal., 1877. 2. 68.
(2) Au point de vue fiscal, le naturalisé doit payer deux droits de chancellerie de 175 fr. 25 c. chacun, l'un en demandant à fixer son domicile en France, l'autre en demandant la naturalisation.

un problème diversement résolu dans les législations modernes (1).
Il semble bien cependant que, en bonne théorie, la naturalisation
doit être individuelle et non collective. On objecte, il est vrai, et
c'est ce qui a déterminé beaucoup de législateurs à lui donner ce
caractère, que la naturalision collective a le grand avantage d'éviter
entre les parents et les enfants les différences de nationalité qui sont
de nature à entraîner tant de conflits dans les matières nombreuses
et graves du statut personnel. Mais il est bien difficile d'admettre
aussi qu'un père puisse, à son gré, modifier la nationalité de ses
enfants et leur imposer, suivant ses préférences personnelles, une
patrie qu'ils ne veulent pas adopter : la puissance paternelle ne
saurait avoir cette portée exorbitante. D'autre part, la naturalisation est une concession gracieuse, motivée par les bons résultats de
l'enquête sur la moralité de celui qui la demande. Comment s'expliquer, dès lors, que ses effets s'étendent à ceux pour lesquels cette
enquête n'a pas eu lieu ? On peut faire remarquer encore que la
naturalisation est un véritable contrat entre le naturalisé qui demande
la nationalité d'un pays, à la condition d'en supporter les charges,
et l'état qui la lui accorde en s'engageant à le protéger comme un
de ses nationaux : n'est-il pas vrai de dire par conséquent, en ce
qui concerne les enfants qui n'ont pas participé à cette convention :
Res inter alios acta aliis neque nocet neque prodest ?

Au point de vue de notre droit positif, la question ne saurait faire
de doute : les enfants d'un naturalisé français peuvent devenir
Français en se conformant à l'art. 9 ; ils ne le sont donc pas par le
fait même de la naturalisation de leur père (loi de 1851, art. 2) (2).

Pour la femme du naturalisé, bien qu'il n'y ait point de texte qui
tranche la question, il faut décider qu'elle ne profite pas de la
naturalisation de son mari, à moins qu'elle ne la demande et ne
l'obtienne en même temps que lui, ce qui, d'ailleurs, arrive le plus
souvent. Les raisons théoriques qui ont fait adopter la même règle
pour les enfants mineurs du naturalisé ont évidemment ici la même
force. On allègue bien que, d'après les art. 12 et 19 C. C., la femme
suit la condition de son mari ; mais cela n'est vrai que de la condition qu'a le mari au point de vue de la nationalité au moment du

(1) V. no 147, 3o.
(2) V. no 136.

mariage. Comme le disait très justement Napoléon, la femme, libre de se marier avec un homme de nationalité étrangère, accepte les conséquences de cette union telles qu'elles sont fixées par la loi de son mari, et peut être considérée comme adoptant la patrie de ce dernier. Mais, une fois soumise à l'autorité maritale, ce n'est plus volontairement peut-être qu'elle suit son époux qui se fixe dans un autre pays et en prend la nationalité; à moins de déclaration formelle de sa part, il y aurait donc tyrannie à lui imposer une nationalité dont elle ne veut pas (1).

147. Législation comparée. — Les législations des différents pays sont très variables sur les règles de la naturalisation, notamment sur le point capital de savoir si la naturalisation doit émaner du pouvoir législatif ou exécutif. Sans entrer dans des détails qui seraient nécessairement incomplets, il suffira de signaler les particularités les plus remarquables des principales législations modernes sur notre matière.

1° Très généralement aujourd'hui, on considère la naturalisation comme subordonnée à la volonté de l'étranger qui doit la demander, de sorte qu'on ne la lui impose pas de plein droit par le fait seul qu'il a satisfait à certaines conditions, ainsi que le décidaient les lois de la Révolution. C'est ainsi qu'à Monaco l'ordonnance du 8 juillet 1877 exige une demande pour la naturalisation, tandis qu'antérieurement un séjour de 10 ans dans la principauté l'entraînait de plein droit. Cependant, en Danemark et en Norwège, on est sujet par le simple établissement du domicile, et les différents droits reconnus aux nationaux s'obtiennent après des délais de stage échelonnés : quant aux droits politiques ils n'appartiennent qu'à l'indigénat qui, en Danemark, est accordé par une loi (2). Les Etats de l'Amérique du Sud ont aussi adopté la règle générale, sauf la Bolivie où quiconque épouse une bolivienne ou bien achète un immeuble est citoyen, et le Vénézuela où tous les immigrants sont déclarés nationaux (3). Cette naturalisation imposée aux Français qui se rendent au Vénézuela a donné lieu à des difficultés, à la suite des-

(1) Locré, *Législ.*, t. II, p. 48 n° 25; Cass., 19 juillet 1875, Journal Clunet, 1876, p. 183. — *Contrà :* Varambon, *Rev. pratique*, 1855 t. VIII, p. 55.
(2) Danemark : Constit. du 5 juin 1849, art. 54; loi du 15 mai 1875, art. 7 *Ann. de législ. étrang.*, p. 801. Norwège : Constit. art. 92; loi du 15 juin 1878, *Ann. de législ. étrang.*, 1879, p. 616.
(3) Loi du 18 mai 1855, art. 7, et Résolution du 1er décembre 1865.

quelles le gouvernement français a déclaré que nos nationaux établis dans ce pays ne pouvaient plus compter sur la protection de nos agents consulaires (J. officiel, 18 et 20 mai 1875). Cette dernière décision est des plus regrettables, car elle a le tort de ne point maintenir énergiquement les droits de la mère-patrie à l'égard de ceux qui lui demeurent toujours attachés par le lien de nationalité (1).

2° Pour que la naturalisation soit sérieuse on exige aussi, à peu près partout, qu'elle soit accompagnée de la fixation du domicile dans le pays où elle est obtenue. Cependant l'Italie (art. 10 Code civil) n'impose aucune condition de séjour préalable, et le Luxembourg dispense aussi du stage un certain nombre de naturalisés, par exemple ceux qui sont nés sur son territoire et ceux qui recouvrent la nationalité luxembourgeoise (2).

Récemment encore la simple admission dans un canton Suisse donnait la nationalité fédérale ; aussi, certains cantons vendaient-ils la qualité de national suisse, sans aucune condition, même d'établissement du domicile sur le territoire du canton. Nombre de personnes, voulant divorcer ou fuir le service militaire, usèrent de ces facilités ; mais la jurisprudence française refusa d'accepter ces naturalisations frauduleuses. Le gouvernement suisse s'émut de cet état de choses et déclara que la naturalisation serait désormais affaire fédérale : en conséquence, la loi fédérale du 3 juillet 1876, indépendamment des conditions particulières exigées dans chaque canton, subordonne la naturalisation à un séjour de deux ans sur le territoire suisse (art. 2).

3° On a déjà vu qu'en France la naturalisation est individuelle, mais on ne trouve guère la même règle qu'en Belgique qui a adopté notre Code civil, en Turquie (loi du 19 janvier 1869, art. 8) et en Espagne. La plupart des autres législations étendent le bénéfice de la naturalisation aux enfants mineurs et à la femme de celui qui l'obtient, pour éviter les inconvénients pratiques résultant de la différence de nationalité entre les membres de la même famille. Cependant le caractère collectif de la naturalisation est souvent atténué. En Italie, la naturalisation ne s'étend à la femme et aux enfants mineurs que s'ils résident sur le territoire italien,

(1) V. Robinet de Cléry, J. Clunet, 1875, p. 180.
(2) Loi du 12 novembre 1848 modifiée par celle du 27 janvier 1878, art. 1

et les enfants peuvent, à leur majorité, opter pour la nationalité étrangère que leur père a quittée (art. 5 et 10 C. civil italien).
La femme peut aussi opter pour l'ancienne nationalité de son mari
(art. 14 C. C). De même, l'acte anglais du 12 mai 1870, art 10, 1°,
exige que les enfants du naturalisé résident avec leur père sur le sol
britannique pendant leur minorité, pour que la naturalisation produise ses effets quant à eux. En Allemagne, on peut formellement
déroger à la généralité de la naturalisation (loi du 1er juin 1870, art.
11). Enfin, en Suisse, la naturalisation est individuelle toutes les
fois qu'en l'étendant aux enfants mineurs et à la femme, on arriverait à des conflits de législations préjudiciables pour le gouvernement fédéral (loi du 3 juillet 1876, art. 3).

4° Indépendamment des deux naturalisations, ordinaire et privilégiée, cette dernière moins rigoureuse au point de vue de la durée
du stage pour ceux qui ont rendu des services au pays, nombre
d'états ont encore la grande naturalisation qui a disparu chez nous,
ou des naturalisations diverses parce qu'ils sont morcelés en plusieurs états unis, par exemple par la confédération. En Belgique,
la grande naturalisation seule donne les droits politiques (loi du 27
septembre 1835) ; en Italie la grande naturalisation est accordée par
une loi, et celle que l'on qualifie d'ordinaire par un décret royal
(Code civil, art. 10). La naturalisation s'obtenait en Espagne soit
par des lettres de naturalisation, soit par le droit de cité dans une
ville (*vecindad*) ; mais, depuis la loi du 18 juin 1870, art. 103, sur
l'état civil, celui qui a le droit de cité doit demander la naturalisation pour être Espagnol.

En Autriche, on distingue deux naturalisations spéciales, l'une
pour l'Autriche, l'autre pour la Hongrie. Un Hongrois doit même
obtenir la première pour être Autrichien et prêter le serment de
fidélité à l'empereur d'Autriche à qui il le doit déjà comme roi de
Hongrie (Constit. du 31 décembre 1867, art. 1er).

La loi allemande du 1er juin 1870 (1), à côté de la naturalisation
proprement dite d'un étranger en Allemagne qui est arbitrairement
accordée ou refusée malgré l'observation des conditions prescrites,
en organise une autre, dite admission (*aufnahme*), qui consiste
dans l'adoption, par un Allemand d'un état, de la nationalité d'un

(1) *Ann. de législ. étrang.*, 1872, p. 185.

autre état de la confédération ; cette dernière est acquise de droit quand un Allemand fixe son principal établissement dans un des états dont il veut devenir le national.

L'acte du 12 mai 1870 a refondu la matière de la naturalisation, jadis assez compliquée, en Angleterre. La nationalité anglaise est accordée par le Secrétaire d'Etat après 5 ans de séjour en Angleterre ou de services rendus à ce pays dans les 8 années qui précèdent la demande ; le requérant doit de plus déclarer son intention de fixer son domicile dans le royaume et prêter le serment d'allégeance au souverain (art. 7). La *Denization* qui, sans donner la qualité d'Anglais ni enlever, par conséquent, la nationalité que l'on a, accorde simplement la jouissance de certains droits civils, a été maintenue par l'art. 13 de l'acte de 1870. Il semble aussi qu'on ait laissé subsister la grande naturalisation, accordée par acte des deux Chambres des Lords et des Communes, qui donne le droit de siéger au Parlement et au Conseil privé, car la liste des naturalisés anglais publiée le 8 mai 1878 énumère ceux qui ont obtenu cette naturalisation organisée par l'acte du 6 août 1844. D'ailleurs, les colonies anglaises ont conservé, même depuis 1870, leurs lois particulières sur la naturalisation.

148. Naturalisation en Algérie. — La naturalisation en Algérie est réglée par le Sénatus-consulte du 14 juillet 1865 et le décret du 21 avril 1866 qui ont eu pour but de la faciliter, afin d'augmenter la proportion des citoyens français : ces derniers ne formaient en effet dans notre principale colonie, il y a peu d'années encore, que 17 % de la population totale, tandis que les étrangers en constituaient les 12 centièmes et les indigènes les 71 centièmes (1). Il faut, en cette matière, distinguer les indigènes musulmans, les indigènes israëlites et les colons étrangers.

1° Les indigènes musulmans sont *sujets français* et, comme tels, soumis aux autorités françaises dont ils peuvent aussi demander la protection en tout pays (2). Mais ils diffèrent des Français de la métropole à deux égards :

a. Quoique Français, ils ne sont pas citoyens; ils ne peuvent donc être ni électeurs, ni éligibles, ni aspirer aux fonctions publiques. Cette règle elle-même subit deux exceptions : 1° ils peuvent servir

(1) Rouard de Card, *Revue d'Administration*, t. IX, 1880, p. 385.
(2) Proclamation du 5 mai 1865 et Exposé des motifs du S.-C. de 1865.

dans les armées de terre ou de mer ; 2° ils peuvent exercer, en Algérie, certaines fonctions civiles énumérées dans le tableau annexé au décret de 1866, et parmi lesquelles figurent celles de notaire, greffie conseiller général ou municipal, professeur dans les lycées, etc.

b. Ils sont régis, pour leur statut personnel et pour tout ce qui concerne les droits civils, par la loi musulmane ; par exemple pour la majorité, le mariage, la filiation, les successions (1).

Pour obtenir leur assimilation complète aux citoyens français, les indigènes musulmans n'ont qu'à manifester leur intention à cet égard, devant les autorités civiles ou militaires, suivant qu'ils sont dans un territoire organisé civilement ou militairement. La seule condition exigée pour cette naturalisation très facilitée est l'âge de 21 ans, sans qu'il soit besoin de l'autorisation de fixer son domicile et du stage de 3 ans (2). La demande de naturalisation est transmise par le gouverneur général de l'Algérie au ministre de la justice, et il est statué sur elle par décret du chef du pouvoir exécutif rendu en Conseil d'Etat. Le décret du 24 octobre 1870, art. 3, avait attribué la décision définitive au gouverneur général après avis du comité consultatif siégeant auprès de lui ; mais, ce dernier comité ayant été supprimé le 1er janvier 1871, on en est revenu à la procédure de 1866, et c'est le chef de l'Etat qui accorde la naturalisation (3).

Après sa naturalisation, l'indigène musulman est traité comme un Français de la métropole et doit se conformer à toutes les dispositions de notre Code civil pour le règlement de son statut personnel : il doit, par conséquent, renoncer aux institutions de la loi musulmane contraires à notre ordre public, comme la polygamie.

Il faut reconnaître, du reste, que les préjugés de religion et de race ont rendu presque illusoires les facilités accordées pour les naturalisations : de 1865 à 1878 on n'en a compté que 428.

2° Les indigènes israélites bénéficiaient des mêmes faveurs que les musulmans pour devenir Français et n'en usèrent pas davantage,

(1) Une loi du 23 mars 1882 a organisé leur état civil.
(2) Le décret du 24 octobre 1870, art. 1er, § 2, permet, à défaut d'acte de naissance, d'établir l'âge du postulant par un acte de notoriété dressé par le juge de paix ou le cadi.
(3) Rapport du gouverneur général, M. Alb. Grévy, 1879, p. 2.

puisque, de 1865 à 1878, 200 seulement se firent naturaliser. Mais, sous l'influence de M. Crémieux, le gouvernement de la Défense nationale rendit le décret du 24 octobre 1870 d'après lequel ils furent déclarés citoyens français, c'est-à-dire assimilés aux Français au point de vue des droits civils et politiques. C'était commettre une faute grave que de préférer les Israélites aux Arabes qui les méprisent ; le dédain de la nationalité française ne devint que plus fort de la part de ces derniers et on peut, sans exagération, considérer le décret de 1870 comme la cause principale de l'insurrection de 1871. Cependant, malgré une tentative faite pour l'abroger le 21 juillet 1871, le décret de 1870 a été maintenu, toujours par l'influence de M. Crémieux.

3° Les colons étrangers sont nombreux en Algérie, surtout les Italiens et les Espagnols ; pour leur faciliter la naturalisation, le Sénatus-consulte de 1865 les dispense de demander l'autorisation de fixer leur domicile : il leur suffit d'avoir 21 ans et de justifier d'un stage de 3 ans. De plus, ils n'ont à payer qu'un droit fiscal insignifiant, un franc, au lieu des deux droits de 175 fr. 25 c. qui sont exigés en France. L'étranger aussi naturalisé en Algérie est d'ailleurs assimilé au Français, même dans la métropole. Malgré ces avantages, cependant, il n'y avait en 1876 que 4,020 étrangers naturalisés en Algérie, contre 158, 837 qui ne l'étaient pas.

149. Un décret du 15 novembre 1882 permet d'accorder, après enquête, la naturalisation aux étrangers fixés à la Nouvelle-Calédonie depuis trois ans, à la seule condition qu'ils justifient de l'âge de 21 ans (1).

En Cochinchine, le décret du 25 mai 1881 organise pour les étrangers immigrés une naturalisation semblable à celle qui a été indiquée pour la Nouvelle-Calédonie. Quant aux indigènes, ils n'ont qu'à justifier de l'âge de 21 ans et de la connaissance de la langue française. Cette dernière condition n'est même pas exigée de ceux qui ont une décoration française, (art. 1. et 2 *in fine*).

§ IV. *Acquisition par l'annexion.*

150. L'annexion consiste dans l'incorporation de tout ou partie

_____

(1) J. Clunet, 1882, p. 687.

du territoire d'un pays au territoire d'un autre pays (1). Son effet essentiel est d'amener un changement de souveraineté dans le territoire annexé et, entre autres conséquences, de donner aux habitants de ce territoire la nationalité de l'état qui opère l'annexion à son profit. C'est, pour le moment, de ce dernier effet qu'il y a seulement lieu de s'occuper.

Sans examiner si l'annexion est justifiable au point de vue théorique, ce qui est fort douteux quelque soit le fondement qu'on lui donne (2), il est certain que, pratiquée de tout temps, elle a toujours eu pour effet de soumettre les annexés à l'autorité de l'état annexant.

Massacrés d'abord, puis réduits en esclavage, les habitants des pays conquis furent enfin, dans l'Antiquité, déclarés sujets de l'état vainqueur, sans être assimilés aux citoyens de ce dernier. Telle était la situation des pérégrins et surtout des déditices dont on connaît l'infériorité de condition vis-à-vis des citoyens romains. Dans les temps modernes, au contraire, les annexés sont déclarés non-seulement sujets, mais encore citoyens du pays auquel ils sont soumis, sans que l'on maintienne de différence entre eux et les nationaux de l'état auquel ils sont incorporés. Par exception, pour les acquisitions de territoires lointains, ou quand il y a une profonde différence de race, de religion ou de mœurs entre les deux peuples, comme cela avait lieu dans l'Antiquité, on déclare les annexés simples sujets et non citoyens : c'est ce que les Etats-Unis ont fait pour les Peaux-Rouges, ce qu'on a admis lors de la cession par la Russie aux Etats-Unis du territoire de l'Alaska (3), ce que la France a fait aussi pour les Indous, les Arabes, les nègres du Sénégal et les Annamites. — Plus rarement encore, le pays annexé garde son autonomie, comme la Norwège réunie à la Suède en 1814.

Cet effet capital de l'annexion, c'est-à-dire la *dénationalisation*, s'opère au moment de la signature du traité quand il y en a un, ou au jour fixé dans ce traité (4), et non quand le traité est ratifié et promulgué (5). S'il n'y a pas de traité, la simple occupation mili-

(1) V. sur cette matière : Selosse, *Traité de l'annexion au territoire français et de son démembrement*, 1880.
(2) Selosse, *loc. cit.*, p. 61-91.
(3) *Archives diplomatiques*, 1867, t. III, p. 1115.
(4) Bluntschli, *Droit international codif.*, art. 421.
(5) Cass., 12 août 1871, Sir., 71. 1. 168.

taire est insuffisante pour produire le changement de nationalité; il faudra que l'état annexant manifeste son intention de s'incorporer définitivement le territoire qu'il occupe. C'est ainsi que l'Algérie n'a été déclarée officiellement partie intégrante de la France que dans l'art. 109 de la Constitution du 4 novembre 1848; mais, en fait, l'annexion était réalisée par l'ordonnance du 10 août 1834 qui avait organisé la justice française en Algérie (1).

Après avoir exposé les principes théoriques du Droit des gens sur l'annexion, nous indiquerons les règles pratiques adoptées dans les principaux traités intéressant la France depuis la Révolution; enfin, nous étudierons les effets de l'annexion sur les mineurs et les femmes mariées.

151. Théorie de l'annexion. — Cette théorie, si l'on ne se préoccupe que du changement de nationalité, se résume dans la réponse aux deux questions suivantes : 1° quels sont ceux qui sont atteints par l'annexion? 2° quels moyens doivent-ils avoir pour éviter le changement de nationalité?

152. Pour déterminer les personnes atteintes par une annexion, on a imaginé, au point de vue théorique, différents systèmes.

Pour les uns, les dénationalisés sont tous ceux qui ont leur domicile dans le pays annexé. Ce système, le plus ancien, est en même temps le plus logique, sauf à être complété par une distinction qui sera indiquée plus bas : l'annexion porte en effet sur le territoire, et ce qui attache les habitants d'un pays à telle portion du sol de ce pays plutôt qu'à telle autre, c'est le domicile, c'est-à-dire le principal établissement (2).

Dans une seconde théorie, on propose d'étendre les effets de l'annexion à tous les originaires du pays annexé. Mais on n'est plus d'accord pour déterminer ce qu'il faut entendre par originaires. Pour les uns, il ne faut regarder comme tels que ceux qui sont nés sur le territoire annexé de parents qui y sont nés eux-mêmes ou qui, du moins, y sont établis depuis quelque temps. Mais cette idée a été rejetée comme restreignant beaucoup trop les effets de l'annexion (3). Plus généralement, on désigne par originaires tous

(1) Aubry et Rau, *loc. cit.*, t. I, p. 259, note 8.
(2) Pothier, *Des personnes*, partie 1, tit. 2, sect. 1 ; Aubry et Rau, *loc. cit.*, 1, p. 258, note 3.
(3) Annecy, 9 juillet 1874; Sir., 75. 2. 225.

ceux qui sont simplement nés dans le pays annexé. Ce système a l'avantage pratique de permettre de déterminer aisément ceux qui changent de nationalité : il suffit, pour cela, de consulter les actes de l'état civil. Mais, en revanche, on arrive, en procédant ainsi, à des résultats souvent iniques : la dénationalisation atteindra, en effet, des personnes qui, nées sans doute sur le territoire annexé, n'y ont conservé ni relations ni intérêts, et qui, établies ailleurs, investies peut-être de fonctions publiques, peuvent être profondément lésées par le changement de nationalité. Ces inconvénients se sont souvent manifestés à la suite du traité du 30 avril 1814 qui a enlevé la nationalité française à tous ceux qui étaient nés dans les pays annexés à la France depuis 1791. — Cependant, comme dans toute convention les mots doivent être pris dans leur sens ordinaire, il faudra entendre par originaires, lorsque cette expression se trouvera dans un traité, tous ceux qui sont nés sur le territoire incorporé (1).

On a proposé encore de déclarer annexés seulement tous ceux qui seraient à la fois domiciliés et originaires ; mais il est peu probable que cette manière de procéder réussisse jamais dans la pratique, car elle restreindrait trop les droits du vainqueur.

D'autres enfin, cumulant deux des précédents systèmes, font subir le changement de nationalité et aux originaires et aux domiciliés.

La meilleure solution est assurément dans la distinction suivante. S'agit-il de l'annexion d'un état entier, comme celle de la Belgique et de la Hollande à la France, sous la première République, ou du Hanovre et de Francfort à la Prusse ? En ce cas l'annexion porte sur tous les nationaux de cet état : ce dernier disparaissant, quelle nationalité auraient donc ses anciens habitants s'ils ne prenaient celle du pays annexant ? S'agit-il, au contraire, de l'incorporation à un état d'une fraction du territoire d'un autre état, ce qui est le cas le plus ordinaire ? Alors, les domiciliés sur la partie du territoire annexée changeront de nationalité, car ce sont ceux qui, dans le pays subissant l'annexion, ont un lien particulier avec cette partie de territoire. La simple résidence ne suffirait pas pour entraîner les effets de l'annexion ; le domicile seul a assez

_____

(1) Trib. de Lyon, 24 mars 1877, v. Cogordan, *loc. cit.*, annexe F.

d'importance et de stabilité pour donner lieu à d'aussi graves conséquences (1).

Il est bien entendu, d'ailleurs, que les étrangers nés ou domiciliés sur le territoire annexé, suivant le système que l'on adopte pour déterminer ceux qui changent de nationalité, échappent complètement aux conséquences de l'annexion : celle-ci, résultant d'un acte intervenu entre deux états desquels ils ne relèvent pas, est pour eux une *res inter alios acta*.

153. Avant de répondre à la seconde question posée : quels moyens doit-on donner aux annexés pour conserver leur nationalité, il faut tout d'abord remarquer que la concession de ces moyens est également commandée par l'équité et par l'intérêt pratique. Il est juste, en effet, par respect pour la liberté individuelle, de permettre à chacun de conserver la nationalité qui lui convient. Il est politique, d'autre part, de ne point imposer la nationalité de l'état annexant à des personnes qui n'en veulent pas et qui ne feront que de mauvais serviteurs de cet état.

Quant aux moyens eux-mêmes d'éviter les conséquences personnelles de l'annexion, l'histoire des traités nous offre des changements assez variés. Jusqu'à Louis XIV, pour échapper à la dénationalisation après la conquête, on devait émigrer sans délai et liquider toute sa fortune mobilière ou immobilière, de manière à ne conserver aucune attache dans le pays annexé. Sous Louis XIV, on maintint les autres conditions mais on dispensa de la liquidation des immeubles (2). La première République, en faisant revivre toutes les obligations exigées avant Louis XIV, inaugura un système nouveau, consistant dans une déclaration formelle de l'intention de garder son ancienne nationalité : c'est *le droit d'option* (3).

Enfin, la pratique actuelle, consacrée dans les traités de Turin en 1860 et de Francfort en 1871, se résume dans les deux points suivants : 1o déclaration d'option de la part des annexés, en faveur de leur nationalité ancienne ; 2o émigration hors du territoire annexé, sans obligation de liquider la fortune qu'ils y possèdent.

(1) Système suivi pour la cession de l'île de Saint-Barthélemy par la Suède à la France, traité du 10 août 1877, art. 1er.

(2) Traités d'Utrecht, 11 avril 1713, et de Radstadt, 6 mars 1714.

(3) Traités de Campo-Formio, 17 octob. 1797, art. 9 *in fine;* d'Amiens, 27 mars 1802, art. 13.

Cette manière de procéder a été critiquée au point de vue de la condition d'émigrer exigée pour l'exercice du droit d'option. On a dit que cette condition, presque toujours fort dure, était en outre contraire aux intérêts de l'état annexant dont le but est de s'assimiler peu à peu les populations des pays conquis. Cependant, au point de vue du droit strict, cette condition se justifie très bien. Tout état doit être armé du droit d'expulsion contre les étrangers dont la présence sur son territoire lui paraîtrait dangereuse : or, on a tout particulièrement lieu de se méfier de ceux qui ont montré leur peu de sympathie pour l'état annexant en usant du droit d'option. Du reste, cette obligation d'émigrer est toujours imposée, sauf pour les annexions très restreintes ou d'un caractère tout pacifique ; (v. cession de la Californie aux Etats-Unis par le Mexique le 2 février 1848; de l'île de Saint-Barthélemy par la Suède à la France le 10 août 1877, dans laquelle la France s'est réservé le droit d'exiger l'émigration de ceux qui opteraient pour la Suède, sans les y contraindre en principe ; traité de Berne du 8 octobre 1862, conclu entre la Suisse et la France pour la rectification des frontières dans la vallée des Dappes).

154. Principaux traités intéressant la France depuis la Révolution. — Le traité de Campo-Formio, art. 3, et le décret de la Convention du 9 vendémiaire an IV pour la Belgique ; le traité du 9 pluviôse an VI (28 janvier 1798) pour Mulhouse ; du 7 floréal an VI (27 avril 1798) pour la République de Genève, déclarèrent annexés tous les nationaux de ces différents pays qui formaient autant d'états distincts. C'est l'application de la première règle du système exposé plus haut. Cependant, on permit d'éviter les conséquences de l'annexion en émigrant. Mais que devenait un Gènevois qui se contentait d'émigrer sans adopter une nationalité nouvelle? Il restait évidemment Français, son pays tout entier ayant été incorporé à la République française.

Dans les nombreux traités d'annexion qui se succédèrent de 1790 à 1814, on ne trouve pas, la plupart du temps, des indications sur le point de savoir quels sont les dénationalisés. Mais l'esprit de ces différents traités est assez clair : ils ont pour but d'annexer les habitants et non le territoire ; leur effet porte donc sur tous les originaires des pays annexés. En 1810, on affirme même nettement que l'on cède les *âmes* et subsidiairement le sol. En conséquence, comme l'a décidé la Cour de cassation le 12 janvier 1874, tous ceux qui sont nés dans les pays alors incorporés à la France, n'y fussent-ils pas domiciliés, sont devenus Français.

Les traités du 30 avril 1814, art. 17, et du 20 novembre 1815, art. 7, ont donné lieu à des difficultés particulières : dans les articles précités ces deux traités disposent que tous les habitants *naturels et étrangers* des pays qui changent de maître auront six ans pour disposer de leurs propriétés et émigrer. On a cru que ce délai de six ans était accordé pour permettre, aux conditions ci-dessus, d'opter pour la nationalité française, de la conserver en un mot malgré la séparation de la France des pays conquis par elle depuis la Révolution (1). Mais il est reconnu aujourd'hui que les traités de 1814 et de 1815 n'ont eu pour but que de faire considérer comme nulles et non avenues toutes les annexions de la République et de l'Empire, de sorte que les habitants des pays incorporés à la France reprenaient *ipso facto* la nationalité qu'ils avaient avant l'annexion (2).

Seulement, comme on redoutait que les nouveaux maîtres des pays ainsi séparés de la France ne s'opposassent à l'émigration de leurs habitants, on stipula que, pendant six ans, ces derniers seraient absolument libres d'aller où bon leur plairait. Ce qui prouve qu'il ne peut être question ici d'un droit d'option, c'est que les textes dont il s'agit visent les naturels et les *étrangers* : or, on sait déjà que ces derniers, bien qu'habitant le pays annexé, restent complètement en dehors des effets du traité d'annexion (3). En conséquence, ceux qui n'étaient devenus Français que par les conquêtes de la Révolution et de l'Empire ont cessé de l'être *ipso jure* par l'effet des traités de 1814 et de 1815 ; ceux qui, Français pour une autre cause, ont continué à habiter les pays séparés de la France en 1814 et 1815, ont conservé leur nationalité, à moins qu'ils n'aient perdu l'esprit de retour (art. 17 C. C.) (4).

Une loi du 14 octobre 1814 facilita le recouvrement de la nationalité française à ceux qui l'avaient perdue par l'effet des traités de 1814

(1) Fœlix, *Rev. de Droit franç. et étrang.*, 1845, t. II, p. 327 et suiv.
(2) Comp. Paris, 11 juin 1883, Sir., 83. 2. 177, et Cass., 7 décembre 1883, Dal. 84. 1. 209.
(3) V. nᵒ 152 *in fine.*
(4) Aubry et Rau, *loc. cit.*, t. I, p. 259, note 11.

et de 1815. Ces derniers n'avaient qu'à déclarer, dans les trois mois, leur intention de fixer leur domicile sur le territoire français, et, après un stage de dix ans en France à compter de leur majorité, ils obtenaient du roi des *Lettres de déclaration de naturalité* qui les rendaient Français avec effet rétroactif. Le délai de trois mois indiqué dans la loi de 1814 a été prorogé à diverses reprises pour les militaires et les membres de la Légion d'honneur : enfin, la loi elle-même a été abrogée par celle du 3 décembre 1849, art. 3.

155. Le traité de Turin du 24 mars 1860 déclare annexés à la France (art. 5 et 6) : 1o les originaires du comté de Nice et de la Savoie : par originaires, il faut entendre tous ceux qui sont nés dans ces pays (v. Trib. de Lyon, 24 mars 1877, cité plus haut) ; 2o les domiciliés ; le domicile se détermine conformément à la loi sarde, et la résidence ne suffit pas pour entraîner le changement de nationalité.

L'art. 6 organise aussi l'exercice du droit d'option aux deux conditions suivantes : 1o déclaration devant les autorités compétentes ; 2o émigration en Italie. Mais on s'est montré peu rigoureux pour cette dernière condition et contenté de l'émigration hors des territoires annexés, en n'importe quel pays. Le délai pour exercer le droit d'option était d'un an à compter du 30 mars 1860 (1).

Ces dispositions, fort claires par elles-mêmes, ont été obscurcies par un décret inexplicable du 30 juin 1860. L'art. 1er de ce décret décide que les Sardes majeurs, domiciliés dans les territoires cédés à la France, pourront, dans le délai d'un an, acquérir la qualité de Français par une demande adressée au préfet et sur le rapport du ministre de la justice. De là il résulterait que les personnes en question seraient Françaises sous la condition suspensive de l'accomplissement des formalités prescrites par le décret ; or, l'art. 6 du traité de Turin déclare Français tous les domiciliés sur le territoire annexé, sous la condition résolutoire de leur option pour la nationalité sarde : la contradiction est flagrante.

On ne saurait un instant songer à soutenir cette hérésie juridique qu'un décret, simple acte du pouvoir exécutif, peut modifier un traité, convention entre deux peuples, et qui, d'ailleurs, participe de tous les caractères d'une loi (2). Aussi a-t-on cherché des conci-

(1) De Clercq, *Traités de la France*, t. VIII, p. 80.
(2) V. Cependant Annecy, 9 juillet 1874, et Chambéry, 4 mai 1875 ; Sir., 75, 2. 225.

liations ; mais aucune de celles que l'on a proposées n'est heureuse.

Le décret de 1860, a-t-on dit (1), a eu pour but de permettre aux
Sardes, habitant d'autres provinces que celles qui ont été annexées,
de devenir Français eux-mêmes, en se fixant, après l'annexion, dans
le comté de Nice ou la Savoie, afin de partager le sort de ceux de
leurs parents qui ont été atteints par l'annexion parce qu'ils étaient
domiciliés dans ces pays où y étaient nés : on a voulu éviter ainsi
que les familles ne fussent divisées au point de vue de la nationalité. Cette façon de procéder est fort naturelle, et on la retrouve
dans le traité de Zurich du 12 novembre 1859 entre la Sardaigne et
l'Autriche, relativement au Piémont. — Si l'on acceptait cette explication, le décret de 1860 serait certainement illégal et inconstitutionnel, puisqu'il créerait une manière particulière de devenir
Français au bénéfice de certaines personnes, alors que la loi seule
peut réglementer la naturalisation. Suivant d'autres (2), le décret
ne modifie pas le traité et, par conséquent, n'est pas illégal à
ce chef : il a eu simplement pour but de permettre aux majeurs
domiciliés dans les pays annexés de ne pas attendre la fin du délai
d'option, afin de fixer tout de suite leur qualité de français :
serait, suivant l'expression que l'on a employée, un moyen de
satisfaire les impatients. — Cette explication n'est pas plus acceptable que la précédente, car il ne reste pas moins toujours vrai
qu'en prolongeant le délai pour devenir Français jusqu'au 30 juin
alors que, d'après le traité, tous ceux qui n'avaient pas opté pour
la nationalité sarde le 30 mars étaient définitivement annexés,
le décret modifie la convention intervenue entre la France et la
Sardaigne. Si, d'ailleurs, on voulait faciliter l'obtention définitive
plus rapide de la qualité de français, pourquoi ne parler que des
domiciliés, alors que les originaires se trouvaient dans le même cas
Enfin, on remarquera qu'il est assez bizarre de satisfaire les impatients en leur accordant jusqu'au 30 juin 1861 pour devenir Français
alors que le traité ne leur donnait que jusqu'au 30 mars pour fixer
leur nationalité.

(1) Robillard, *Essai sur l'acquisition et la perte de la qualité de Français*
IIe partie, chap. 2, sect. 3.
(2) Alauzet, *De la qualité de français et de la Naturalisation*, appuie son
nº 134 ; 1re édit. ; décisions du ministre de la justice des 6 et 7 août 1870.

Il ne reste donc plus qu'à tenir le décret du 30 juin 1860 pour nul et non avenu, ainsi que l'a justement décidé le tribunal de Lyon, le 24 mars 1877 (1).

Du traité du 24 mars 1860 on peut rapprocher la convention du 2 février 1861 à la suite de laquelle la principauté de Monaco a cédé à la France Menton et Roquebrune, et dans laquelle l'option était subordonnée aux mêmes conditions : déclaration devant les autorités compétentes et émigration.

156. Dans l'art. 2 du traité de Francfort du 10 mai 1871 (2), sont déclarés Allemands tous les Français originaires des territoires cédés *et* domiciliés sur ces territoires au moment de l'annexion.

Par originaires, la chancellerie allemande déclara entendre tous ceux qui étaient nés sur les territoires cédés, fussent-ils issus de parents nés ou domiciliés ailleurs. Mais la conjonctive *et* qui se trouve dans le texte du traité et qui a été soulignée ci-dessus semblait bien indiquer que les originaires n'étaient dénationalisés qu'autant qu'ils étaient en même temps domiciliés en Alsace-Lorraine. Cependant, l'Allemagne maintint une interprétation différente, en vertu de laquelle les originaires, domiciliés ou non, étaient annexés. La France accepta cette interprétation dans la convention additionnelle du 11 décembre 1871, dont l'art. 1er accorde aux originaires non domiciliés en Europe jusqu'au 1er octobre 1873 pour pouvoir opter.

Dans tous les cas, il était bien certain, soit d'après le traité, soit d'après la convention additionnelle, que les individus simplement domiciliés sur les territoires cédés n'étaient pas atteints par l'annexion; l'Allemagne accepta même d'abord cette interprétation (3). Mais, plus tard, elle fit déclarer par son chargé d'affaires que les domiciliés en Alsace-Lorraine, même non originaires de ces pays, seraient Allemands s'ils n'usaient du droit d'option pour la France. Cette déclaration, faite quelques jours seulement avant l'expiration du délai d'option, surprit beaucoup de personnes qui, simplement

(1) *Hoc sensu* : Nice, 26 mai 1879, J. Clunet, 1879, p. 395. — *Contrà* : Albert-ville, 15 mars 1879, id., p. 394.

(2) Villefort, *Recueil des traités.... concernant la paix avec l'Allemagne*, 5 vol., 1872-1879.

(3) Protocole de Francfort du 6 juillet 1871, et lettre de M. d'Arnim à M. de Rémusat du 18 décembre 1871.

domiciliées en Alsace-Lorraine, se croyaient en dehors des terme
du traité et qui n'eurent pas le temps d'opter pour la nationali
française (1).

Le gouvernement français porta cette décision à la connaissanc
des intéressés (2), mais sans l'accepter, car elle était manifesteme
contraire au traité.

En résumé, par conséquent, les originaires des pays cédés
l'Allemagne en 1871, domiciliés ou non, sont Allemands s'ils n'o
pas opté pour la France ; quant à ceux qui n'étaient que domicilié
sur le territoire annexé, Allemands pour l'Allemagne, ils sont Fra
çais en France.

Le changement de souveraineté pour l'Alsace-Lorraine a été fix
dans le traité de Francfort au 2 mars 1871.

Pour l'option, le traité du 10 mai 1871 exige, comme celui d
Turin du 24 mars 1860, une déclaration devant les autorités com
pétentes et l'émigration hors du territoire annexé. D'après l'Alle
magne, qui les considère comme dénationalisés, les domiciliés no
originaires ont pu opter en émigrant dans le délai fixé par l
traité pour l'option, c'est-à-dire jusqu'au 1er octobre 1872, san
avoir à faire de déclaration.

Les Alsaciens-Lorrains qui ont usé régulièrement du droit d'op
tion sont censés n'avoir jamais cessé d'être Français ; les autre
sont Allemands à partir du 2 mars 1871, époque fixée par le trait
pour le changement de souveraineté. Ces derniers peuvent d'ai
leurs revenir en Alsace-Lorraine après avoir émigré ; cependant l
gouvernement allemand a annulé souvent comme fictives de
options pour la France suivies du retour dans les pays annexé
bien que le principal établissement des optants fût resté hors de
territoires cédés. Depuis 1875, on force les Alsaciens-Lorrain
restés Français qui reviennent dans leur pays à se faire naturalise
Allemands, sous peine d'expulsion (v. décret du statthalter d'Alsac
Lorraine du 28 août 1884, J. Clunet, 1884, p. 678). Si un Alsacie
Lorrain dénationalisé en 1871 veut redevenir Français, il n'a que l
ressource de la naturalisation ordinaire ; c'est à tort qu'on a voul
faire l'application, en pareil cas, de l'art. 18 C. C. qui ne peut êtr

(1) Ordon. du président supérieur d'Alsace-Lorraine du 7 mars 1872, e
dépêche de M. d'Arnim à M. de Rémusat du 1er septembre 1872.
(2) J. officiel, 14 septembre 1872.

invoqué que lorsque la qualité de français a été perdue pour l'une des causes indiquées dans l'art. 17 C. C. (1).

Dans l'intervalle de temps compris entre le changement de souveraineté, réalisé le 2 mars 1871, et l'expiration du délai d'option, le 1er octobre 1872, les Alsaciens-Lorrains ont été provisoirement Allemands (2). A compter du 2 mars 1871, en effet, la dénationalisation s'est opérée, sauf la condition résolutoire de l'option pour la France dans le délai fixé : si donc cette dernière n'a pas eu lieu, le changement de nationalité subsiste depuis le moment où il s'est accompli, c'est-à-dire depuis le 2 mars 1871. Il en résulte que les enfants nés, dans cet intervalle, de parents qui se trouvaient sous le coup de l'annexion, sont Allemands si leur père n'a pas usé de l'option qui le fait regarder comme n'ayant jamais cessé d'être Français.

157. Influence de l'annexion sur les mineurs et les femmes mariées. — L'annexion s'accomplissant en dehors de la volonté des habitants des pays cédés, a un effet général et s'étend à tous ceux qui se trouvent compris dans les termes du traité, capables ou non. Mais il y a lieu de se demander si les enfants mineurs et les femmes mariées peuvent user du droit d'option pour leur compte personnel, ou s'ils suivent nécessairement celui sous la puissance duquel ils se trouvent dans le parti qu'il prend relativement à l'exercice du droit d'option.

Cette question est diversement résolue suivant que l'on adopte, en législation, le principe de la naturalisation collective ou individuelle. En Angleterre, en Allemagne, en Italie, etc., on décidera que les enfants mineurs et la femme mariée bénéficieront de plein droit de l'option faite par le père ou le mari, ou seront nécessairement dénationalisés si le père ou le mari accepte pour lui les conséquences de l'annexion. En France, au contraire, il résulte de la loi du 7 février 1851 que la naturalisation est individuelle au père et ne s'étend pas aux enfants mineurs, et l'on décide de même en ce qui concerne la femme mariée quand son mari change de nationalité. On devra donc reconnaître aux mineurs et aux femmes mariées un droit d'option personnel, de telle sorte qu'ils pourront, à la suite

(1) Instruct. du préfet d'Alger aux maires du départ., 27 avril 1874.
(2) Exposé des motifs de la Convention du 11 décembre 1871.— *Contrà* : Vesoul, 19 juillet; Nancy, 31 août 1871; Sir., 1871. 2. 129 et 185.

d'une annexion, prendre un parti tout différent de celui qu'a adopté leur père ou leur mari.

Pour opter, la femme devra être autorisée par son mari, ou, à défaut de celui-ci et quand il lui refuse son consentement, par la justice.

Quant aux mineurs, on peut décider qu'ils opteront dans les délais ordinaires fixés par le traité, avec l'assistance de leurs représentants légaux, le père, la mère ou le conseil de famille ; ou bien que, pour eux, les délais d'option ne courront qu'à compter de leur majorité, de sorte qu'ils pourront opter par eux-mêmes. Cette dernière solution est évidemment la préférable, car elle permet à l'intéressé de se prononcer lui-même et en connaissance de cause sur une question d'un caractère tout personnel, dans laquelle on ne comprend guère l'intervention de ses protecteurs légaux : aussi a-t-elle été consacrée dans le traité du 10 août 1877 pour la cession de l'île de Saint-Barthélemy par la Suède à la France (Protocole du 31 octobre 1877, art. 2). La majorité dont il est question dans ce traité est la majorité fixée par la loi française, ce qui est logique puisque l'annexion, du jour où elle se réalise, change la nationalité de ceux qui sont atteints par elle.

158. Les traités sont généralement muets sur l'exercice du droit d'option par les mineurs et les femmes mariées, mais voici les solutions adoptées dans la pratique, en ce qui concerne les deux principaux traités d'annexion intéressant la France dans les temps modernes.

Le traité de Turin du 24 mars 1860, ne disant rien en ce qui concerne les femmes mariées, on leur permit d'opter individuellement, avec l'autorisation de leur mari, même quand ce dernier n'usait pas de l'option.

Pour les mineurs, la question a été diversement résolue par la jurisprudence, à propos de l'espèce suivante qui est comme le type de toutes les questions semblables. Un Savoisien, mineur lors du traité de Turin, opta pour la Sardaigne le 11 juin 1861, par conséquent dans le délai fixé par le traité, avec l'autorisation de son père qui, n'ayant pas usé du droit d'option, devint Français. Le 11 juin 1862, après sa majorité, ce Savoisien renouvela son option. Assigné devant le tribunal de Saint-Jean-de-Maurienne par le préfet de la Savoie, pour s'entendre déclarer Français et astreint au service militaire, ce jeune homme fut au contraire reconnu Sarde comme ayant valablement opté (1). Mais la cour de Chambéry réforma le jugement, en décidant que l'option était impossible de la part d'un mineur qui devait fatalement suivre la nationalité de son père à la suite d'une annexion (2).

Ce dernier arrêt est contraire au principe général de notre législation qui considère tout changement de nationalité comme personnel, et admet une indépendance complète, à cet égard, des enfants vis-à-vis de leur père. En outre, le traité de 1860 ayant concédé d'une façon générale le droit d'option à tous ceux qui sont atteints par l'annexion, il faut bien l'admettre au profit des mineurs qui sont dans ce cas, sauf à eux à observer les règles de leur statut personnel pour obtenir l'assistance des personnes sous l'autorité desquelles ils sont placés. La Cour de cassation de Turin a même été plus loin, en décidant que le délai d'option fixé par le traité de 1860 n'a couru pour les mineurs qu'à partir de leur majorité, afin qu'ils puissent se prononcer par eux-mêmes sur la question de nationalité (3). Si l'on objecte que, d'après le traité, le délai expirait nécessairement le 30 mars 1861, on peut répondre, à la rigueur, que, le traité n'ayant pas prévu la question en ce qui concerne les mineurs, il faut recourir aux principes rationnels. Or, un mineur ne pouvant exercer le droit d'option qui est personnel par l'intermédiaire d'autrui, la prescription pour l'exercice de ce droit ne saurait courir à son préjudice : *Contrà non valentem agere non currit præscriptio*.

Le décret du 30 juin 1860, dont l'art. 1er, on l'a déjà vu, est inapplicable, contient sur notre question une disposition qui fait l'objet de son art. 2 et dont le sens n'est pas plus saisissable que celui de l'art. 1er. D'après cet art. 2, les originaires de Nice et de la Savoie, mineurs au moment de l'annexion, ont pu devenir Français en remplissant les formalités de l'art. 9 C. C. dans l'année qui suit leur majorité. Mais, d'après l'art. 6 du traité de Turin, *tous les originaires* des pays annexés, ainsi que tous ceux qui y sont domi-

(1) Jug. du 3 juillet 1862 ; Dal., 63. 2. 98.
(2) Chambéry, 22 décembre 1862, Sir., 63. 2. 113 ; dans ce sens, Aix, 17 mai 1865, Sir., 65. 2. 269. — V. Cass., 3 août 1871, Sir., 71. 1. 200 ; Lyon, 21 mars 1872, Sir., 72. 2. 149.
(3) J. Clunet, 1875, p. 138.

ciliés, deviennent Français, sauf la condition résolutoire de leur option pour la Sardaigne : comment donc les mineurs *originaires* peuvent-ils être Français sous la condition suspensive de l'observation de l'art. 9 C. C. ?

Sur ce point encore, malgré les tentatives d'explication (1), il faut se résigner à regarder le décret du 30 juin comme lettre morte, car il ne saurait contredire un traité (2). On peut cependant trouver une application de l'art. 2 du décret du 30 juin 1860. Par un accord diplomatique intervenu en 1874 entre la France et l'Italie, il a été convenu que les individus nés dans les pays annexés en 1860 de parents italiens établis dans une autre partie de l'Italie, et qui étaient mineurs au moment de l'annexion, seront regardés comme Italiens et astreints au service militaire en Italie, à moins qu'ils n'optent pour la France dans l'année de leur majorité. C'est pour cette dernière option que le décret de 1860, art. 2, peut s'appliquer. Par cet accord de 1874, on a dérogé au traité de 1860 qui déclare Français, sauf option pour la Sardaigne, tous ceux qui sont originaires des pays annexés, parce que grand nombre de jeunes gens dans ces conditions, mais établis sur le territoire italien avec leur famille, échappaient au service militaire en Italie en se disant Français, sans d'ailleurs jamais venir en France ni y satisfaire au recrutement. Mais l'accord de 1874 n'a qu'un caractère diplomatique ; il ne constitue donc pas une dérogation légale au traité de 1860 que les tribunaux peuvent continuer à appliquer à la lettre (3).

159. Le traité de Francfort du 10 mai 1871 ne contient aucune règle sur l'exercice du droit d'option par les mineurs et les femmes mariées. Les plénipotentiaires allemands reconnurent cependant que les mineurs pouvaient opter avec le concours de leurs représentants légaux ; mais la France ne put obtenir que le point de départ du délai pour l'option fut reporté à l'époque de leur majorité (4). Le gouvernement français crut pouvoir conclure de cette déclaration que les mineurs Alsaciens-Lorrains, assistés de leurs représentants légaux, avaient un droit d'option personnel et indé-

---

(1) Cogordan, *loc. cit.*, p. 333 et suiv.
(2) Lyon, 24 mars 1877.
(3) J. Clunet, 1877, p. 104, 105, 148.
(4) Villefort, t. II, p. 187.

pendant (circulaire du ministre de la justice du 30 mars 1872). Mais l'Allemagne, fidèle à son principe de la naturalisation collective, décida que les mineurs ne pouvaient avoir une nationalité différente de celle de leur père ou de leur mère tutrice ; de sorte que, si ces derniers n'usaient pas du droit d'option, les mineurs étaient eux-mêmes Allemands, malgré l'option qu'ils auraient pu faire pour leur compte (1)

Le gouvernement français protesta contre cette décision contraire aux principes de notre droit et à l'accord intervenu entre les plénipotentiaires de la France et de l'Allemagne. Aussi un mineur, frappé par l'annexion de 1871, qui a opté pour la France avec l'assistance de son père, de sa mère ou de son tuteur autorisé du conseil de famille, est regardé comme Français dans notre pays et Allemand en Allemagne, lorsque le père, la mère ou le tuteur n'ont pas usé pour eux-mêmes du droit d'option (2). Mais il ne faudrait pas aller jusqu'à dire que l'option faite par le père pour son compte a pour effet de conserver aux enfants mineurs leur nationalité : le principe de notre législation est, en effet, que le changement de nationalité est individuel ; il faudra donc qu'à son option personnelle le père joigne une déclaration formelle pour le compte de son enfant (3).

Quant aux femmes mariées, si, d'après le gouvernement allemand, elles suivent nécessairement la nationalité de leur mari, elles ont pu, aux yeux de la France, valablement opter pour leur compte personnel avec l'autorisation du mari ou de la justice (4).

160. On s'est peu occupé de l'exercice du droit d'option par les personnes pourvues d'un conseil judiciaire ou interdites. Pour les premières, il n'est pas douteux qu'elles puissent en user, puisqu'elles sont capables pour tous les actes qui ne leur sont pas interdits, et, parmi ces derniers, ne figure pas le changement de nationalité (art. 513 C. C.). Quant aux interdits, le caractère tout personnel de l'option semblerait devoir faire décider qu'elle est impossible pour

(1) Ordonn. du président supérieur d'Alsace-Lorraine du 16 mai 1872, confirmée par le gouvernement allemand le 15 juillet 1872, v. Villefort, *loc. cit.*, t. II, p. 534.

(2) J. Officiel, 14 décembre 1872.

(3) *Contrà :* C. de Paris, 13 août 1883 ; J. Clunet, 1883, p. 626.

(4) Circul. minist. de la justice : 31 mars 1872, Villefort, t. II, p. 284.

eux par l'intermédiaire de leur tuteur ; il faudrait ne faire courir le délai que du jour de la main-levée de l'interdiction, afin qu'ils puissent opter par eux-mêmes : mais ce serait prolonger indéfiniment peut-être une incertitude très grave sur leur nationalité, car l'option a un effet rétroactif. Toutefois, puisqu'on admet que les mineurs peuvent opter avec le concours de leurs représentants légaux, même à un âge où leur intervention dans l'acte est aussi peu sérieuse que celle d'un interdit, on ne voit pas pourquoi on ne procéderait pas de même pour ces derniers.

SECTION II

PERTE DE LA QUALITÉ DE FRANÇAIS

161. Dans notre législation, la perte de la nationalité résulte de sept causes dont l'une seulement, la première qui va être étudiée, comporte des explications assez étendues.

I. *Naturalisation acquise en pays étranger* (art. 17 C. C., 1°).

162. Pour faire perdre la nationalité, cette naturalisation doit satisfaire à plusieurs conditions : 1° être demandée ; une naturalisation imposée par un gouvernement étranger, comme au Venezuela, par exemple (1), ne ferait pas supposer l'abandon de la nationalité française ; 2° être obtenue du gouvernement étranger, car l'art. 17 C. C., 1° exige qu'elle soit *acquise* ; 3° constituer une véritable naturalisation ; il ne suffirait donc pas de la concession de certains droits qui ne donnent pas d'ailleurs la qualité de national en pays étranger, comme la *Denization* en Angleterre, l'autorisation de fixer son domicile en Belgique (art. 13 C. C.), les lettres de bourgeoisie à Hambourg, etc. (2).

163. Le changement de nationalité n'étant pas réalisable par un incapable qui ne peut même faire des actes juridiques relatifs à son patrimoine, il s'ensuit que la naturalisation en pays étranger n'entraînera la perte de la qualité de français pour un incapable, mineur, femme mariée, qu'autant qu'elle aura été obtenue avec l'autorisation des représentants légaux de cet incapable, par exem-

(1) V. n° 147, 1°.
(2) Paris, 27 juillet 1859, Sir., 59. 2. 677 ; Bordeaux, 14 mars 1850, Sir., 52. 2. 561.

ple le père, le tuteur autorisé du conseil de famille, le mari ou la justice (1). Mais l'individu pourvu d'un conseil judiciaire pourra changer seul de nationalité, car il est capable de faire tous les actes qui ne lui sont pas limitativement interdits.

164. De très graves difficultés se sont élevées cependant en ce qui concerne la femme séparée de corps, à propos d'une affaire célèbre, la plus retentissante assurément du Droit international privé. La princesse de Caraman-Chimay, belge de naissance, épouse de M. de Bauffremont, officier supérieur français, obtint en 1874 la séparation de corps contre son mari. Le 3 mai 1875, elle se faisait naturaliser dans le duché de Saxe-Altenbourg, et le 24 octobre 1875 elle épousait, à Berlin, le fils de l'ex-prince régnant de Valachie, M. de Bibesco. Sur la demande du prince de Bauffremont, le tribunal de la Seine (10 mars 1876), la Cour de Paris (17 juillet 1876), la Cour de cassation (18 mars 1878) (2) déclarèrent successivement nulle la naturalisation de la princesse, obtenue sans l'autorisation de son mari, et tinrent pour non avenu le mariage qui l'avait suivie. Le prince de Bauffremont ayant demandé l'exequatur en Belgique de deux arrêts de la Cour de Paris des 7 août 1876 et 13 février 1877 qui enlevaient à Mme de Bauffremont la garde de ses enfants et la condamnaient à une forte somme par jour de retard apporté par elle à l'exécution de cette sentence, le tribunal belge de Charleroi, sur l'intervention de M. de Bibesco, déclara, le 3 janvier 1880, la naturalisation et le mariage de la princesse valables. Mais la Cour de Bruxelles, le 5 août 1880, réforma cette décision en consacrant la solution de la jurisprudence française.

La question qui forme le fond même de cet important débat peut se formuler d'une manière très simple. Il n'y a pas lieu de se préoccuper, comme on l'a trop fait, du second mariage de Mme de Bauffremont, après la transformation de sa séparation de corps en divorce, conformément à l'art. 734 de la loi générale de Prusse (3) ; ni

(1) Certains, considérant que la femme a nécessairement la nationalité de son mari (art. 12 et 19 C. C.), estiment qu'elle ne peut en changer, même avec l'autorisation du mari ou de justice (Brocher, *loc. cit.*, t. I, p. 295-296). Mais la règle des art. 12 et 19 ne s'applique qu'en ce qui concerne la nationalité du mari au moment du mariage; dans la suite, les deux époux peuvent avoir une nationalité différente (v. n°s 146, 157 à 160).

(2) Req., Dal., 78. 1. 201.

(3) Ce second mariage était probablement nul en Saxe-Altenbourg. V. Stolzel, J. Clunet, 1876, p. 260.

du caractère frauduleux de sa naturalisation qui avait pour but de lui permettre de divorcer contrairement à son statut personnel ; ni du point de savoir si sa naturalisation était valable en Allemagne, bien que la loi allemande du 1er juin 1870 exige que celui qui se fait naturaliser soit capable de disposer de sa personne d'après la loi de son pays (art. 8) (1) : il suffit de se demander, au point de vue de notre Droit français, si une femme séparée de corps peut se faire naturaliser en pays étranger sans l'autorisation de son mari ou de justice ?

Pour l'affirmative, on dit que la femme séparée de corps fixe son domicile où elle veut et que rien ne l'empêche, dès lors, en s'établissant définitivement dans un pays, d'en adopter la nationalité : l'obligation pour la femme mariée d'avoir la même nationalité que son mari résulte de l'obligation de vivre avec lui ; cette dernière disparaissant avec la séparation de corps amène l'extinction de la première (2).

Si l'on fait dépendre ainsi la faculté pour la femme séparée de corps de changer de nationalité, de celle qui lui appartient d'avoir un domicile séparé de celui de son mari, il faut en conclure qu'une femme, même non séparée, peut se faire naturaliser, sans l'autorisation de son mari, dans un pays qui, pour la naturalisation, n'exige pas l'établissement du domicile sur son territoire, comme cela avait lieu en Suisse avant 1876 : or qui oserait accepter une pareille conséquence ? La vérité c'est qu'une femme séparée de corps ne saurait même s'établir à l'étranger sans esprit de retour, de manière à perdre sa nationalité par application de l'art. 17 C. C. 3° (3). La séparation de corps laisse en effet subsister pour la femme mariée les incapacités établies par les art. 215 et suiv. C. C., sauf deux exceptions ; elle peut : 1° avoir un domicile séparé de celui de son mari ; 2° gérer son patrimoine dans les limites fixées par l'art. 1449 C. C. Si donc elle ne peut, par exemple, disposer seule de ses immeubles, quelque minime qu'en soit la valeur, à

---

(1) *Ann. législ. étrang.*, t. I, p. 183 et loi du 16 avril 1871, *id.*, p. 263. — Labbé, J. Clunet, 1877, p. 9. — Compar. Holtzendorff, *id.*, 1876, p. 10.

(2) Blondeau, *Rev. de Droit franç. et étrang.*, 1845, p. 151 ; Bluntschli, *Rev. pratique*, XLI, 1876, p. 305 à 334 ; de Holtzendorff, J. Clunet, 1876, p. 5 ; de Folleville, *Naturalisation en pays étranger des femmes séparées de corps en France*, Paris, 1876.

(3) Labbé, J. Clunet, 1877, p. 5 et suiv.

fortiori ne pourra-t-elle pas disposer de sa nationalité qui a une importance autrement considérable (1). De plus, comme on l'a fort justement remarqué, le but du législateur est d'éviter que la femme séparée fasse seule des actes qui pourraient trop gravement compromettre sa condition pécuniaire ou morale, pour permettre plus tard une réconciliation que l'on veut tout particulièrement favoriser : le changement de nationalité étant précisément de nature à mettre une barrière nouvelle entre les époux, serait-il conforme à l'esprit de la loi de permettre à la femme de la réaliser seule (2)? En vain objecte-t-on que la validité de la naturalisation dépend absolument de la loi du pays où elle est accordée. Au point de vue de l'état où la naturalisation est obtenue, c'est possible ; mais il faut bien tenir compte aussi de la question de savoir si l'ancienne nationalité est perdue, et cette dernière dépend de la loi du pays auquel appartient le naturalisé au moment où il veut changer de nationalité : sinon rien ne serait plus aisé à un état que de s'attribuer comme nationaux tous les habitants des autres pays (3).

165. La disposition de l'art. 17, 1°, C. C., relative à la naturalisation acquise en pays étranger, a été profondément modifiée par un décret du 26 août 1811 (4). Ce décret exige que le Français qui se fait naturaliser à l'étranger obtienne l'autorisation du gouvernement. Cette condition remplie, il conserve la faculté de succéder et de recevoir des donations, bien que les nationaux du pays où il se fait naturaliser n'aient pas le même droit en vertu de la réciprocité diplomatique consacrée par l'art. 11 C. C. Mais cette disposition a perdu toute application, depuis la loi du 14 juillet 1819 qui a abrogé les art. 726 et 912 C. C.

En revanche, le Français naturalisé à l'étranger sans autorisation de son gouvernement est frappé de certaines peines dont quelques-unes subsistent encore : telles sont la défense de revenir en France, la privation des décorations nationales et des titres de noblesse, enfin l'incapacité de succéder, même si ce droit appartient, en vertu

---

(1) Aubry et Rau, t, V, p. 137; Valette, *Explication sommaire du Code civil*, p. 148, n° VIII; Laurent, *Principes de Droit civil*, t. III, p. 396.

(2) Labbé, J. Clunet, 1875, p. 409 et suiv.

(3) Renault, J. Clunet, 1880, p. 178; Asser, *Rev. de Dr. international*, 1875, p. 276; loi allemande du 1er juin 1870, art. 8.

(4) V. aussi décret du 6 avril 1809.

de l'art. 11 C. C., aux nationaux du pays où le Français s'est fait naturaliser. Quoi qu'on en ait dit, cette dernière déchéance subsiste malgré la loi de 1819 qui a abrogé les art. 726 et 912 C. C., car cette loi n'a eu pour but que de supprimer les derniers restes du droit d'aubaine, et le décret de 1811 établit une peine particulière pour un cas tout spécial. D'autres peines, au contraire, ont cessé de frapper le Français naturalisé étranger sans autorisation : telle est la confiscation des biens qui a été absolument supprimée par la Charte de 1814, art. 66.

Le décret de 1811 est certainement inconstitutionnel, car il règle des matières qui sont de la compétence exclusive du législateur ; mais, le Sénat n'ayant pas usé du pouvoir qui lui appartenait de l'annuler dans les délais fixés par la Constitution, on admet qu'il a acquis force de loi et qu'il est encore en vigueur. Cependant, la Constitution du 22 frimaire an VIII, art. 37, accordait dix jours pour déférer au Sénat les décrets inconstitutionnels du Corps législatif ; or, il s'agit ici d'un décret du chef de l'Etat. Quoi qu'il en soit, ce décret devrait disparaître, car il est contraire à ce principe de la liberté individuelle en vertu duquel chacun est maître, sans la moindre restriction, de changer sa nationalité comme il l'entend (1). Aussi, dans la pratique, ne l'applique-t-on guère, étant donné surtout que l'autorisation pour se faire naturaliser à l'étranger n'est accordée que moyennant le versement d'un droit de chancellerie de 660 fr. 35 c.

166. La naturalisation en pays étranger a, au point de vue de notre droit positif français, les mêmes caractères que la naturalisation obtenue en France : elle n'est ni rétroactive ni collective.

De ce qu'elle n'opère que pour l'avenir, il résulte que le service militaire est dû en France lorsque l'inscription sur les listes du recrutement a précédé la naturalisation à l'étranger. Le naturalisé, dans ce cas, sera coupable d'insoumission s'il ne satisfait au recrutement en France ; mais, malgré sa condamnation, il ne devra pas le service militaire puisqu'il est devenu étranger (2).

La naturalisation d'un Français en pays étranger étant individuelle, il en résulte que sa femme et ses enfants mineurs conser-

---

(1) Martens, *Précis de Droit des gens,* liv. III, ch. 3, § 91, édit. Vergé de 1858, t. I, p. 259.

(2) Lawrence sur Wheaton, t. III, p. 261 et 262.

vent la nationalité française. Ce point, hors de doute dans notre législation (1), amène des conflits avec la plupart des autres pays qui, comme l'Angleterre, l'Allemagne, la Suisse, etc.., donnent à la naturalisation du chef de famille un effet collectif : les enfants mineurs d'un Français naturalisé Allemand seront Allemands pour l'Allemagne, et resteront Français d'après la loi de notre pays.

La Convention du 23 juillet 1879 conclue avec la Suisse a mis fin à ce conflit avec ce dernier état. L'art. 1er dispose que les enfants mineurs d'un Français naturalisé Suisse conservent leur nationalité, sauf à opter pour la Suisse dans le courant de leur vingt-deuxième année. Ces mineurs ne sont appelés au service militaire qu'après l'expiration de leur vingt-deuxième année et si, seulement, ils n'ont pas opté pour la nationalité suisse. Provisoirement, ils peuvent contracter des engagements militaires et concourir pour les écoles du gouvernement, en renonçant par avance à opter pour la Suisse, avec l'autorisation de leurs représentants légaux. Ce traité n'est conclu que pour cinq ans, mais il est indéfiniment renouvelable sauf dénonciation un an à l'avance.

167. Expatriation frauduleuse. — Souvent la naturalisation n'est acquise en pays étranger que pour éviter certaines dispositions de la loi nationale, par exemple pour échapper au service militaire ou pour se donner la faculté de divorcer quand on ne l'a pas d'après son statut personnel. Il est certain que, malgré la fraude ainsi commise, la naturalisation pourra produire tous ses effets dans le pays où elle est obtenue ; car l'état qui l'accorde est seul juge de sa validité, en se plaçant au point de vue de sa propre loi et sans se préoccuper des dispositions de l'ancienne loi nationale de celui qui se fait naturaliser. Mais, en France, tiendra-t-on compte de cette naturalisation frauduleuse acquise à l'étranger et en acceptera-t-on les conséquences? Cette question, toujours pratique à d'autres points de vue, s'est fréquemment présentée à propos du divorce avant la loi du 27 juillet 1884 qui a rétabli cette institution en France.

La jurisprudence et nombre d'auteurs pensent qu'il faut appliquer, en pareil cas, l'adage *Fraus omnia corrumpit*, et tenir pour non avenue une naturalisation qui n'a été motivée que par le désir

(1) Cour de Lyon, 19 mars 1875, J. Clunet, 1876, p. 183 ; Cass., 13 janvier 1873, id., 1874, p. 243 ; Cass. Req., 6 mars 1877, Sir., 1879. 1. 305.

d'échapper à une règle impérative ou prohibitive de la loi française (1). Cette solution est assez critiquable ; car, d'une part, la
la fraude ne se présume pas ; il faudra l'établir d'après les circonstances et cette recherche de l'intention qu'a eue un Français en se
faisant naturaliser à l'étranger peut, dans bien des cas, être très
délicate et très aléatoire. D'autre part, la faculté de changer de
nationalité étant un droit pour toute personne, il importe peu de
rechercher le motif qui la détermine à en user : on a toujours une
raison quand on prend un parti aussi grave, et le désir de modifier
son statut personnel, en se plaçant sous l'empire d'une loi qui consacre des institutions non admises par sa loi nationale, vaut bien,
comme motif déterminant du changement de nationalité, un intérêt
pécuniaire provenant d'un établissement avantageux ou de l'investiture de fonctions publiques à l'étranger. Aussi plusieurs jurisconsultes, notamment de Savigny, pensent-ils que l'expatriation constitue un droit acquis que l'on doit respecter quelles qu'en soient
les conséquences, parce que celui qui en use ne fait qu'exercer une
faculté reconnue par la loi elle-même.

Peut-être cependant serait-il juste d'apporter un correctif à cette
dernière solution un peu absolue. Si l'on accepte les effets de la
naturalisation acquise en pays étranger pour échapper aux dispositions de la loi nationale, encore faut-il que cette naturalisation
soit sérieuse. Lorsque le naturalisé à l'étranger ne profite en aucune
façon de sa nationalité nouvelle, soit en revenant aussitôt sur le
territoire de son ancienne patrie, soit en reprenant bien vite sa
première nationalité, il est vrai de dire que l'expatriation n'a été
qu'un subterfuge pour échapper à son statut personnel et qu'il n'en
faut pas tenir compte. C'est du reste ce qui avait lieu dans la plupart des cas où la jurisprudence a refusé de déclarer valables des
naturalisations à l'étranger comme faites *in fraudem legis*; par
exemple, lorsqu'une femme française, naturalisée à l'étranger, obtenait le divorce et aussitôt après, par un nouveau mariage, prenait
une nationalité nouvelle, quelquefois même la nationalité française
qu'elle venait de quitter (2).

(1) Trib. de la Seine, 10 mars 1876 ; C. de Paris, 17 juillet 1876 ; J. Clunet,
1876, p. 350 ; C. de Paris, 30 juin 1877, id., 1878, p. 268, et Dal., 1878. 2. 6. — Brocher, *loc. cit.*, t. I, p. 229. — Cass., 19 juillet 1875, Dal., 76. 1. 5.
(2) Laurent, *loc. cit.*, t. III, p. 533, et V, p. 340. — Req., 16 décembre 1845,
Dal., 1846. 1. 7.

Pour éviter que des fraudes semblables ne soient commises par la naturalisation en pays étranger, certains pays, comme l'Allemagne et la Suisse, ainsi qu'on le verra plus bas, ne la reconnaissent valable que si elle est précédée de l'obtention d'un permis d'expatriation : mais ce procédé a le défaut d'apporter une entrave peu justifiée à l'exercice d'un droit essentiel dérivant de la liberté individuelle. Les Etats-Unis, dans les nombreux traités qu'ils ont conclus en 1868 avec des états de l'Europe et de l'Amérique et qui seront indiqués aussi plus loin (1), ont inauguré un moyen bien préférable d'éviter les expatriations frauduleuses. Tout étranger naturalisé aux Etats-Unis ne peut revenir s'établir dans son ancienne patrie avant l'expiration d'un séjour de cinq ans sur le territoire de l'Union, afin de montrer son intention sérieuse de changer de nationalité ; s'il ne satisfait pas à cette condition, sa naturalisation est nulle et non avenue.

La France devrait établir une règle semblable dans ses rapports avec les autres états, au moyen des traités ; elle pourrait seulement réduire le délai du séjour exigé en pays étranger à trois ans, afin de le mettre en harmonie avec le stage de la naturalisation d'après la loi de 1867.

168. Législation comparée. — On a aujourd'hui, à peu près partout, répudié l'ancienne règle : *Nemo potest exuere patriam*, qui n'était qu'une conséquence des principes féodaux en vertu desquels l'homme était attaché à la glèbe. On reconnaît donc à chacun la libre faculté : 1º d'émigrer ; 2º d'adopter la nationalité d'un autre pays. Un rapport étroit existe d'ailleurs entre ces deux facultés, car on a déjà vu qu'on ne regarde comme sérieuse une naturalisation qu'autant qu'elle est accompagnée de l'établissement du domicile dans le pays où l'on se fait naturaliser. Avant que la loi suisse du 3 juillet 1876 eût exigé un séjour de deux ans sur le territoire fédéral pour obtenir la naturalisation, la jurisprudence française ne tenait aucun compte des naturalisations acquises par des Français en Suisse, sans quitter la France (2). En 1876, des jeunes gens de Francfort ayant acheté la nationalité suisse pour échapper au service militaire, le gouvernement prussien ne reconnut pas non plus

(1) V. nº 170.
(2) V. nº 147, 2º.

12

la validité de leur naturalisation. En Grèce, on accordait aussi la nationalité à des sujets grecs du Sultan sans exiger d'eux l'immigration; mais cet abus a cessé à la suite d'un accord intervenu en 1875 entre la Porte et le gouvernement grec.

En sens inverse, la naturalisation en pays étranger ne doit jamais résulter du simple fait qu'on s'est établi sur le territoire de ce pays; une manifestation de volonté expresse ou tacite est nécessaire pour le changement de nationalité. Si un état, comme le Vénézuela (1), viole cette règle, les pays auxquels appartiennent les émigrants peuvent et doivent ne point tenir compte de cette naturalisation imposée à leurs nationaux.

169. Aucun conflit n'est possible entre notre législation et celles qui font, comme elle, résulter la perte de la nationalité de la naturalisation acquise en pays étranger : telles sont les lois de Belgique, Luxembourg, Monaco, Italie, Suède, Espagne, Brésil, Colombie, Uruguay, etc. Mais des difficultés sont possibles avec les états qui ont maintenu d'une manière plus ou moins complète l'ancienne règle : *Nemo potest exuere patriam.*

170. L'Angleterre, dont la législation est demeurée profondément imbue des principes de la féodalité, a admis pendant longtemps la règle de l'*allégeance perpétuelle.* En vertu de cette règle, chaque Anglais, considéré comme vassal du souverain de son pays, ne pouvait se soustraire à cette vassalité en se faisant naturaliser dans un autre état. On en venait ainsi à méconnaître cette conséquence de la liberté individuelle, déjà admise par les Romains (2), que chacun est libre d'adopter la nationalité qui lui convient. Par application de cette idée, un Anglais naturalisé à l'étranger pouvait, une fois revenu en Angleterre, avoir à répondre de tous ses actes comme s'il n'avait jamais changé de nationalité ; par exemple, il était traité comme félon s'il avait porté les armes contre son ancienne patrie (3). Cette question donna lieu à de vifs démêlés entre l'Angleterre et les Etats-Unis en 1812, la première de ces puissances menaçant de mettre à mort tous les prisonniers d'origine anglaise naturalisés Américains.

(1) V. n° 147, 1°.
(2) Cicéron, *pro Balbo,* 13.
(2) Lawrence sur Wheaton, t. III, p. 228 et 229.

Enfin, l'acte du 12 mai 1870 a abrogé l'allégeance perpétuelle, qualifiée par les juristes et les hommes d'état de l'Angleterre eux-mêmes *de reste des temps de barbarie*. Aujourd'hui, d'après l'art. 6 de l'acte de 1870, tout Anglais perd sa nationalité par la naturalisation acquise en pays étranger.

Les Etats-Unis, dont le droit commun *(common law)* est le même que celui de l'Angleterre, adoptent encore le principe d'allégeance perpétuelle qu'aucune loi n'est venu abroger, ainsi que l'a fait en Angleterre l'acte de 1870. Cependant, lors de la discussion du bill de 1868 sur la protection des Américains à l'étranger, on n'hésita pas à reconnaître le caractère suranné et même inique de toute entrave apportée à la liberté d'expatriation (2). Aussi, grâce aux traités dus aux négociations du ministre plénipotentiaire américain Bancroft, le principe de l'allégeance a-t-il été écarté dans les relations des Etats-Unis avec plusieurs autres états. Parmi ces traités, il faut particulièrement citer celui du 22 février 1868 conclu avec la confédération de l'Allemagne du Nord, pour régler la condition des émigrants de ce dernier pays qui sont en si grand nombre aux Etats-Unis. Au bout de cinq ans de séjour en Amérique, un Allemand est considéré comme citoyen des Etats-Unis et, réciproquement, un Américain de l'Union est Allemand après cinq ans de séjour en Allemagne. Lorsqu'un Allemand, devenu citoyen des Etats-Unis, retourne dans sa première patrie, il recouvre son ancienne nationalité s'il a perdu l'esprit de retour en Amérique : cet esprit de retour est présumé perdu au bout de deux ans passés en Allemagne.

Des conventions semblables ont été conclues entre les Etats-Unis d'une part et, d'autre part, la Belgique (16 nov. 1868), le Mexique (10 juillet 1868), l'Angleterre (13 mai 1870), l'Autriche-Hongrie (20 septembre 1870), la Suède et la Norwège (1871) (2).

On retrouve encore le principe de l'allégeance perpétuelle dans les pays suivants : la République Argentine où la naturalisation acquise en pays étranger ne fait perdre que les droits politiques (loi du 1er octob. 1869, art. 8); le Vénézuela où cette naturalisation est sans effet (art. 7 de la Constitution). En Suisse, ce principe a

(1) Lawrence, *loc. cit.*, t. III, p. 239.
(2) Lawrence, *loc. cit.*, t. III, p. 256-263.

disparu dans tous les cantons, par exemple dans celui de Genève [1], par l'art. 6 de la loi du 3 juillet 1876.

276. D'autres états, sans enlever absolument à leurs nationaux la faculté d'expatriation, la restreignent cependant par l'exigence de certaines autorisations.

En Allemagne les émigrants ne peuvent perdre leur nationalité que s'ils sont munis d'un *congé* (Entlassungsschein) : cette pièce ne peut être refusée à ceux qui ont moins de 17 ans et plus de 25 ans, deux limites qui ont été fixées au point de vue du service militaire. L'expatriation ainsi obtenue est qualifiée : par congé sur demande, *entlassung auf antrag* (loi du 1er juin 1870, art. 13, 1°). A défaut de congé, l'établissement en pays étranger ne peut entraîner le changement de nationalité, à moins qu'il ne se prolonge pendant 10 ans et que, en même temps, l'émigrant n'ait plus de passeport valable et ne se soit pas fait immatriculer au registre de son consulat (art. 21). On a déjà vu, du reste, que, dans le traité de 1868 avec les Etats-Unis, le délai de dix ans a été réduit à cinq ans.

En Turquie, les sujets de la Porte, désireux d'échapper aux vexations des fonctionnaires ottomans, avaient pris le moyen de se placer sous la protection des consuls étrangers. Cette ressource leur ayant manqué depuis l'arrangement de 1863, intervenu entre la Porte et les ambassadeurs étrangers, pour limiter le droit de protection qui appartient à ces derniers, les sujets turcs prirent le parti plus radical de se faire naturaliser à l'étranger, surtout en Grèce. Pour mettre fin à cet abus, la loi turque du 19 janvier 1869 (art. 5 et 6) dispose que les sujets ottomans ne pourront s'expatrier qu'avec l'autorisation de leur gouvernement ; à défaut de cette dernière, leur naturalisation en pays étranger est tenue pour nulle, ils perdent leurs droits de sujets et peuvent être expulsés.

En Autriche-Hongrie, l'expatriation n'est efficace pour faire perdre la nationalité que si elle a lieu avec l'autorisation des autorités militaires, quand on doit encore le service (loi du 21 décembre 1867, art. 4). En Russie, le principe de l'allégeance perpétuelle a été aboli depuis l'ukase du 6 mars 1864. Les étrangers naturalisés russes peuvent s'expatrier de nouveau (loi de 1864, part. II) ; quant aux Russes d'origine, ils ne peuvent se faire naturaliser en pays étran-

_____

(1) Bluntschi, *Droit inter. codifié,* art. 370, note 1.

ger qu'avec l'autorisation de leur gouvernement et après avoir satisfait au service militaire (loi du 1er janvier 1874).

II. *Acceptation de fonctions publiques à l'étranger sans autorisation* (art. 17 C. C., n° 20).

171. Il s'agit ici de toutes fonctions faisant participer à l'exercice de la puissance publique en pays étranger, comme celles de juge, d'administrateur, etc. Il en est de même des fonctions ecclésiastiques lorsque le clergé est organisé par l'état étranger d'une manière officielle. Un décret du 7 janvier 1808 exige même l'autorisation pour les évêques français nommés *in partibus infidelium* par le Saint-Siége. Mais la prestation du serment de fidélité à un souverain étranger ne suffirait pas pour entraîner la perte de la qualité de Français (1). Il en est de même de l'acceptation d'un service personnel auprès d'un prince étranger, à moins que ce service ne constitue une fonction publique (2). Il est à noter enfin que le Français qui perd sa nationalité pour avoir accepté des fonctions publiques à l'étranger sans autorisation du gouvernement tombe sous le coup des dispositions du décret du 26 août 1811 (3).

III. *Etablissement à l'étranger sans esprit de retour* (art. 17 C. C., n° 3).

172. L'examen du point de savoir si l'esprit de retour subsiste chez l'émigrant est laissé, comme celui de toute question de fait, à l'appréciation des tribunaux. Cependant les Arabes qui ont quitté l'Algérie depuis plus de trois ans sont présumés avoir perdu l'esprit de retour (4). Exceptionnellement, et dans un intérêt économique facile à comprendre, les établissements de commerce ne sont jamais censés faits sans esprit de retour. Toutefois, un commerçant français établi en pays étranger peut parfaitement être réputé, à raison d'autres circonstances indépendantes de son établissement commercial, avoir renoncé à jamais revenir en France (5).

Le décret du 26 août 1811 ne s'applique pas à ceux qui perdent leur nationalité en vertu de l'art. 17 C. C., n° 3.

(1) Bordeaux, 14 octobre 1841.
(2) *Contrà*, Avis du Conseil d'Etat du 21 janvier 1812.
(3) Aubry et Rau, t. I, p. 271.
(4) Circulaire du 25 avril 1856.
(5) Aubry et Rau, t. I, p. 272, note 19.

IV. *Mariage d'une Française avec un étranger* (art. 19, § 1er, C. C.).

173. Il y a lieu de répéter ici ce qui a été dit à propos du cas inverse de l'art. 12 C. C., celui où une étrangère épouse un Français. Malgré toute convention contraire, la femme suit nécessairement la nationalité de son mari; mais cela ne s'entend que de la nationalité qu'a le mari au moment du mariage, sans que les expatriations qu'il réaliserait pour lui dans la suite puissent avoir la moindre influence sur sa femme. C'est un point à peu près unanimement accepté aujourd'hui (1).

Cependant, en décidant que la femme française qui épouse un étranger suit la condition de son mari, le législateur va peut-être un peu loin, car il peut se faire que le pays auquel le mari appartient ne reconnaisse pas la femme comme investie de sa nationalité. Ainsi, jadis, la femme étrangère d'un Anglais n'était pas Anglaise d'après la loi britannique : cette règle n'a été admise qu'en 1844. Ce n'est même que depuis l'acte du 12 mai 1870, art. 10, que l'Anglaise épousant un étranger perd sa nationalité : auparavant, le lien de perpétuelle allégeance rendait ce résultat impossible. Tout ce que peut décider le législateur français, c'est que la femme française qui épouse un étranger sera, à ses yeux, considérée comme ayant la même nationalité que son mari. Il serait même bon d'imiter, à cet égard, l'art. 14 du Code civil d'Italie, d'après lequel l'Italienne qui épouse un étranger prend la condition de son mari si, d'après la loi de ce dernier, il en est de même; sinon elle garde sa nationalité.

V. *Fait de prendre du service militaire à l'étranger sans autorisation du gouvernement français* (art. 21, alin. 1er).

174. Le Français qui perd sa nationalité pour cette cause est frappé par les dispositions du décret du 26 août 1811. Mais une autorisation postérieure, expresse ou tacite, provenant, par exemple, d'une nomination à une fonction publique en France, couvrirait toute déchéance, même celle de la nationalité (2). La loi suppose du reste qu'il s'agit d'un enrôlement dans une armée étrangère, et non dans une garde bourgeoise organisée pour un but de police, ou dans des bandes d'insurgés, comme celles de don Carlos

(1) V. n° 146 *in fine*, et Aubry et Rau, *loc. cit.*, t. I, p. 272, note 21.
(2) Cass. Req., 20 février 1877, Dal., 78. 1. 26.

en Espagne (1). Enfin, comme un mineur ne peut disposer seul de sa nationalité, il faut que cet enrôlement ait lieu après la majorité. Il importerait peu que l'enrôlé mineur demeurât dans l'armée étrangère après sa majorité, car il ne lui est pas toujours possible de quitter le service militaire qu'il a pris pendant sa minorité (2).

VI. *Démembrement du territoire français.*

175. Il suffit, sur ce point, de se référer à ce qui a été déjà dit à propos de l'annexion.

VII. *Trafic des esclaves.*

176. Voyez le décret du 27 avril 1848 et la loi du 7 mai 1858.

SECTION III

RECOUVREMENT DE LA QUALITÉ DE FRANÇAIS

177. La loi se montre généralement plus facile pour permettre de recouvrer la qualité de français que pour l'accorder à un étranger qui ne l'a jamais possédée. Il y a lieu de distinguer trois catégories d'ex-Français, au point de vue des conditions exigées d'eux pour qu'ils reprennent leur ancienne nationalité.

178. 1° Ceux qui ont cessé d'être Français en vertu de l'une des trois causes indiquées dans l'art. 17 C. C. : naturalisation acquise à l'étranger, acceptation de fonctions publiques à l'étranger sans autorisation, établissement hors de France sans esprit de retour, n'ont qu'à se conformer aux deux conditions prescrites par l'art. 18 C. C. pour redevenir Français. Ils doivent : *a.* rentrer en France avec l'autorisation du chef de l'Etat ; *b.* déclarer qu'ils veulent y fixer leur domicile.

L'art. 18 exige en outre que l'ex-Français renonce à toute distinction contraire à la loi française. Cette disposition provient de ce que l'art. 17 prononçait d'abord la perte de la nationalité contre quiconque acceptait d'un gouvernement étranger des distinctions qui n'étaient plus admises en France depuis l'abolition de la noblesse. Mais, Napoléon Ier ayant rétabli les titres nobiliaires, cette disposition dut logiquement disparaître. Cependant, on oublia d'effacer

(1) Bordeaux, 14 mars 1850, Sir., 50. 2. 561.
(2) Amiens, 24 janv. 1849. Sir., 49. 2. 587.

en même temps la partie correspondante de l'art. 18 qui subsiste encore, mais à l'état de lettre morte. Il est à remarquer toutefois que, d'après un avis du Conseil d'Etat du 21 janvier 1812, il faut assimiler à l'acceptation de fonctions publiques à l'étranger celle d'un titre héréditaire : cette acceptation entraînerait donc la perte de la qualité de Français par application de l'art. 17, 2°.

Les ex-Français qui sont frappés par le décret du 26 août 1811, parce qu'ils n'ont pas eu l'autorisation du gouvernement en se faisant naturaliser ou en acceptant des fonctions publiques à l'étranger, bénéficient de l'art. 18 C. C. ; mais ils ne sont relevés des déchéances qui les atteignent qu'en obtenant des *lettres de relief* délivrées en la forme des lettres de grâce (décret de 1811, art. 12).

179. 2° La femme française devenue étrangère en épousant un étranger peut, une fois libre au point de vue de la puissance maritale, c'est-à-dire après son veuvage ou son divorce, redevenir Française en rentrant en France avec l'autorisation du chef de l'Etat, et en déclarant qu'elle veut y fixer son domicile (art. 19, alin. 2). Lorsque la femme réside en France au moment de la dissolution de son mariage, elle n'a qu'à déclarer son intention de s'y fixer définitivement, sans être obligée de demander l'autorisation d'y entrer. La jurisprudence décide même que, en pareil cas, la femme redevient Française de plein droit et sans avoir de déclaration à faire (1). Mais il suffit de lire le texte de l'art. 19, pour se convaincre que la résidence en France ne supplée qu'à la demande de fixer son domicile sur le territoire français, et que la déclaration qu'elle s'y établit définitivement est exigée de la femme dans tous les cas. Cette solution est d'ailleurs conforme à ce principe rationnel, consacré par notre loi positive (art. 9, 10, 18 et 19), que le changement de nationalité n'est jamais imposé, et qu'il doit résulter d'une déclaration de volonté de la part de l'intéressé. Or, peut-on affirmer que la femme française, devenue étrangère par son mariage, ne veut pas conserver sa nouvelle nationalité, malgré sa résidence dans notre pays (2) ?

180. 3° Ceux qui ont perdu la qualité de Français pour avoir pris du service militaire à l'étranger sans autorisation n'ont pas de

_____

(1) Req., 19 mai 1830, Sir., 30. 1. 325; Lyon, 11 mars 1835, Sir., 35. 2. 191; Req., 13 janvier 1873, Dal., 73. 1. 297.

(2) Laurent, *Droit civil intern.*, t. III, p. 304.

faveur particulière pour redevenir Français : ils doivent se conformer aux conditions de la naturalisation ordinaire (art. 21 C. C., alin. 2). Tant qu'ils demeurent étrangers, ils ne peuvent même venir en France sans autorisation spéciale, et se trouvent passibles des peines édictées dans l'art. 75 du Code pénal s'ils portent les armes contre la France. Une fois redevenus Français, ils peuvent être relevés des déchéances qui les atteignent en vertu du décret du 26 août 1811 moyennant l'obtention de *lettres de relief* (1).

181. Dans tous les cas où il se réalise, le recouvrement de la qualité de Français n'est pas rétroactif (art. 20 C. C.). De plus, il est individuel : obtenu par le chef de famille, il ne s'étend pas de plein droit à la femme ni aux enfants mineurs (2).

182. On a vu, par les explications qui ont précédé, combien les dispositions légales relatives à la nationalité sont nombreuses, éparses dans des lois diverses, et même parfois peu en harmonie entre elles. Aussi s'est-on préoccupé de réunir en une loi d'ensemble ces dispositions multiples, en profitant de ce travail de codification pour compléter les lacunes et corriger les défauts de notre théorie de la nationalité. Un projet de loi sur cette matière a été présenté, le 1er avril 1882, par M. Batbie au Sénat ; ce dernier l'a pris en considération et renvoyé à l'examen du Conseil d'Etat qui a rédigé un projet modifiant sur plusieurs points les propositions de M. Batbie (3).

CHAPITRE IV

LE DOMICILE

183. Quand le conflit de lois se présentait entre coutumes régissant les diverses provinces d'un même pays, ainsi que cela avait lieu en France avant la Révolution, le domicile avait une importance capitale. Comme les parties en cause avaient toutes la

(1) Plusieurs pensent que les lettres de relief rendent la nationalité française en dispensant des formalités de la naturalisation; mais rien ne prouve que le décret de 1811 ait modifié sur ce point l'art. 21 C. C. — V. Aubry et Rau, I, p. 274, note 2.

(2) V. no 146, 3o, Paris, 23 juin 1859, Sir., 1860. 2. 261.

(3) V. Weiss, *Traité élémentaire de Droit inter. privé*, p. 297 à 304.

même nationalité, on devait recourir au domicile pour déterminer la loi dont chacune d'elles relevait. C'est pour cette raison que les jurisconsultes statutaires considéraient comme critérium du statut personnel, entendu dans le sens si large qu'ils lui donnaient, le domicile établi sur le territoire régi par telle coutume. Aujourd'hui, grâce à l'unité de législation qui existe en France, le conflit des lois a pris un tout autre caractère : il est international. Aussi est-ce par la nationalité qu'il faut déterminer la loi applicable à chaque individu au point de vue de sa condition juridique; le domicile ne peut plus servir à cet égard que dans les pays qui n'ont pas encore l'unité de législation pour trancher les conflits s'élevant entre les lois applicables dans les diverses parties de leur territoire.

Si le rôle du domicile a ainsi considérablement perdu de son importance en Droit international privé, il n'est pas cependant complètement effacé. On a déjà vu que, suivant une théorie moderne, le domicile servirait à déterminer la loi applicable lorsque plusieurs sont en conflit (1). Il y aura lieu de réfuter, plus tard, une opinion d'après laquelle le statut personnel dépendrait encore de la loi du domicile ; enfin, il faudra rechercher l'influence véritable du domicile dans les questions de successions mobilières, dans les conventions matrimoniales lorsque les époux n'ont pas fait de contrat, etc.

A ces différents titres, la théorie du domicile nous apparaît, ainsi que celle de la nationalité, comme une question préjudicielle dont la connaissance approfondie est indispensable avant d'aborder les problèmes auxquels donne lieu le conflit des législations.

184. Sans avoir à rechercher comment s'établit le domicile, question qui dépend du droit positif interne de chaque pays (v. art. 102 à 110 C. C.), il faut se demander quelle est la situation d'un Français domicilié à l'étranger, et, réciproquement, celle d'un étranger domicilié en France. A propos du domicile, nous exposerons aussi la théorie de l'*exterritorialité* qui présente avec notre matière un rapport étroit.

(1) V. n° 105.

SECTION I

FRANÇAIS DOMICILIÉS A L'ÉTRANGER

§ I. *Principes généraux.*

185. Etabli à l'étranger, un Français conserve sa nationalité s'il n'a point perdu l'esprit de retour (art. 17 C. C., 3º) : rien ne s'oppose, en effet, à ce que la nationalité et le domicile ne se confondent en aucune façon (1).

En conséquence, suivant un principe qui sera développé plus loin, ce Français demeure régi par la loi française au point de vue de son statut personnel ¡(art. 3, alin. 3, C. C.). Il demeure aussi assujéti aux obligations que lui impose sa nationalité ; par exemple, il peut être soumis au droit de rappel *(jus advocandi)* par son gouvernement, en temps de guerre (2). Pendant la paix, ce rappel n'a lieu que pour le service militaire, et, depuis la loi du 27 juillet 1872, nos consuls ont reçu l'ordre de refuser leur protection aux insoumis qui n'y ont pas répondu.

Par contre, le Français établi à l'étranger peut toujours réclamer aide et protection auprès des agents diplomatiques et consulaires de la France. Pour assurer cette sauvegarde, les Français se font *immatriculer* sur les registres de leur consulat ; formalité du reste qui n'a rien d'obligatoire, mais qui a l'avantage de prouver aisément leur nationalité et d'éviter qu'on ne les considère comme ayant perdu l'esprit de retour. On a déjà vu, au contraire, que la loi allemande du 1ᵉʳ janvier 1870 fait résulter la perte de la nationalité d'un séjour de dix ans à l'étranger sans immatriculation au consulat.

La protection des agents consulaires ne peut d'ailleurs être demandée que s'il s'agit d'attaques provenant de l'état étranger ou de ses agents. Si elles viennent d'un particulier, c'est à la justice locale à intervenir, sauf aux agents diplomatiques et consulaires français à prendre en main la défense de leurs nationaux, quand il

(1) Bluntschli, *Droit inter. codifié*, art. 367 ; Req., 21 juin 1865 ; Sir., 65. 1. 313. Compar. Fœlix et Demangeat, *loc. cit.*, t. 1., nº 28, p. 58, note *b.*, Demombe, t. I, 349.

(2) Décret du 6 avril 1809,

y a complicité, connivence avec les coupables, ou déni de justice de la part des autorités étrangères : c'est ce qui a souvent lieu dans les pays orientaux. Si le préjudice souffert par des Français provient d'une guerre qui a éclaté ou d'une insurrection qui a été réprimée dans le pays où ils sont établis, aucune indemnité ne leur est due en principe. Les étrangers fixés dans un pays sont censés, en effet, accepter toutes les conséquences de leur établissement sur son territoire : décider le contraire serait par trop restreindre la liberté d'action des belligérants ou la répression des émeutes (1). Si, dans ces derniers temps, des indemnités ont été accordées dans des circonstances semblables, par exemple à propos de l'insurrection de Cuba, du massacre des Espagnols dans la province d'Oran par des Arabes révoltés, du bombardement d'Alexandrie par les Anglais, c'est à titre purement gracieux et, la plupart du temps, sous la condition de réciprocité (2).

186. Bien que continuant à être rattaché à sa patrie par les liens qui viennent d'être indiqués, le Français établi à l'étranger n'en est pas moins soumis à bien des égards à l'autorité des lois du pays où il s'est fixé. Pour tous les points qui intéressent l'ordre public de ce pays, le respect de la souveraineté commande qu'il obéisse à la loi locale. C'est ce qui aura lieu pour les règlements de police et de sûreté, ainsi que pour la juridiction : les questions litigieuses dans lesquelles se trouvent intéressés des Français établis en pays étranger seront jugées par les tribunaux de ce pays, toutes les fois que la loi étrangère leur attribue compétence pour en connaître. Un édit de juin 1778, art. 2, défendait aux Français, sous peine d'amende, de saisir les tribunaux étrangers de leurs contestations : mais cet édit, si contraire aux bonnes relations internationales par l'idée de méfiance à l'égard des juridictions étrangères qui l'a inspiré, doit être considéré comme implicitement abrogé. Il est inadmissible que les Français ne puissent trouver devant les tribunaux étrangers la protection de leurs droits que les juges de France sont impuissants à leur accorder. On comprend d'ailleurs d'autant

(1) Réclamations de l'Angleterre à propos des révoltes de Messine et de Livourne en 1849 et 1850. Lawrence, *loc. cit.*, t. III, p. 128 et suiv.

(2) Traité avec les Etats-Unis du 20 juillet 1880 (J. Clunet, 1880, p. 615) pour réparation du préjudice souffert par des Français dans la guerre de sécession, et par des Américains dans celles du Mexique, de 1870-1871 et pendant la Commune. Traité du 2 nov. 1882 avec le Chili, à propos de la guerre avec le Pérou.

mieux l'intervention de la justice étrangère en matière civile ou commerciale, que l'art. 5 du Code d'instruction criminelle l'admet en matière pénale : un Français coupable d'un crime ou d'un délit en pays étranger est à l'abri de toute poursuite en France quand il a été définitivement jugé par un tribunal étranger (1). Au surplus, on accorde en France la force exécutoire à des jugements rendus en pays étranger à propos de procès dans lesquels des Français se trouvent engagés.

Cependant, comme l'édit de 1778 a été enregistré par le Parlement d'Aix devant lequel se portaient les appels des décisions rendues par les consuls dans les Echelles du Levant, et que, comme on le verra bientôt par les explications qui seront fournies sur les capitulations, les raisons qui avaient motivé l'édit subsistent encore pour ces pays, on admet que les Français ne peuvent saisir de leurs litiges les tribunaux turcs : ils doivent s'adresser nécessairement aux tribunaux consulaires (2).

§ II. *Traités d'établissement.*

187. Les principes généraux qui viennent d'être indiqués sont souvent modifiés par des traités, dits d'*Etablissement,* qui ont pour but d'accorder, presque toujours avec réciprocité, une situation plus favorable aux habitants d'un pays établi sur le territoire d'un autre. La France a malheureusement peu de ces traités ; la Suisse au contraire en a conclu un grand nombre, et notamment avec la France, le 30 juin 1864. Cette dernière convention a d'ailleurs été remplacée par celle du 23 février 1882, conclue pour dix ans, avec renouvellement tacite et indéfini d'un an, à moins de dénonciation une année à l'avance. D'après l'art. 1er, une réciprocité complète d'avantages en ce qui concerne les personnes et les propriétés est stipulée pour les Suisses en France et pour les Français en Suisse. Pour fonder un établissement en Suisse ou y fixer leur domicile, les Français devront avoir un certificat d'immatriculation au Consulat, délivré par les agents diplomatiques ou consulaires de la France. (art. 2). Le service militaire n'est jamais exigé des Français en

(1) Bertauld, *Questions pratiques,* t. I, p. 143.
(2) Instruction générale du 8 août 1814 aux consuls du Levant ; Féraud-Giraud, *Juridiction française dans les Echelles du Levant,* t. II, p. 265 ; Req., 19 décembre 1864, Sir., 65. 1. 247 ; v. note de M. Labbé.

Suisse, ni des Suisses en France (art. 4). Les nationaux de l'un des deux pays contractants expulsés par l'autre devront être reçus dans le pays dont ils sont originaires et où ils ont conservé leurs droits (art. 5) : cette dernière clause n'est que l'application d'un principe de Droit des gens (1). Tous les avantages que l'un des deux pays concédera à un autre pour l'établissement de ses nationaux et l'exercice des professions industrielles, appartiendront de plein droit à ceux du pays cocontractant (art. 6). Les dispositions du traité ont été déclarés applicables de plein droit à l'Algérie, et, sauf réserve spéciale, aux autres colonies.

Comme traité d'établissement intéressant la France, on peut signaler aussi la Convention de commerce conclue avec l'Espagne le 6 février 1882 : l'art. 3 concède la plénitude des droits civils aux Français en Espagne et aux Espagnols en France. Ainsi se trouve assurée, d'une manière absolue, la réciprocité diplomatique exigée, d'après l'art. 11 C. C., pour la jouissance des droits civils en France de la part des sujets étrangers.

Enfin, un grand nombre de conventions de commerce intervenues entre la France et des états de l'Europe et de l'Amérique réglementent l'exercice de certains droits, spécialement l'exercice du commerce, de la part des Français, sur le territoire de ces états.

Parfois on stipule un minimum de relations, de telle sorte que l'on ne reconnaît au bénéfice des nationaux de l'un des états sur le territoire de l'autre, que l'exercice des droits prévus dans la convention : c'est ce qui se fait dans les traités passés avec les peuples sauvages (2).

§ III. *Situation des Français établis en Orient.*

188. Les Européens, habitués à l'organisation des pays civilisés, n'auraient pu que bien difficilement se soumettre au régime arbitraire et despotique des gouvernements orientaux. Aussi la plupart des nations européennes, et spécialement la France, ont-elles conclu avec les principaux états de l'Orient des traités relatifs à l'établissement de leurs nationaux sur le territoire de ces états, afin de les soustraire d'une manière à peu près complète, notam-

---

(1) Bluntschli, *Droit inter. codifié*, art. 368.
(2) Traité du 9 janvier 1855 avec le roi des Iles Tonga en Océanie.

ment au point de vue de la juridiction, à l'influence des autorités locales. Cet échec si grave porté à la souveraineté de ces états doit être étudié d'une manière distincte pour l'Empire ottoman, pour l'Egypte et enfin pour les pays de l'extrême Orient.

I. *Empire Ottoman.*

189. Pour assurer la protection de ses nationaux établis dans l'Empire ottoman, la France, la première ou, tout au moins, après les Italiens (1), a conclu des traités connus sous le nom de *Capitulations*, sans doute parce qu'ils sont divisés en chapitres (caput). A proprement parler, les capitulations n'étaient pas des conventions véritables, mais bien des concessions gracieuses et unilatérales de la part des sultans : c'est ce qui explique quelles aient été renouvelées à l'avènement de chaque souverain turc, depuis la première qui date de 1535 et qui fut accordée par Soliman II à François Ier, jusqu'à la dernière qui subsiste encore et que Louis XV obtint de Mahmoud, en 1740. Cependant, les capitulations ont été confirmées comme engagement synallagmatique dans le traité de commerce franco-turc du 29 avril 1861 (2).

190. Jadis, l'établissement des Français dans l'Empire ottoman était entravé par de nombreuses restrictions. D'après l'édit du 3 mars 1781, cet établissement n'était permis qu'avec autorisation du gouvernement ou de la chambre de commerce de Marseille et moyennant un cautionnement; de plus, les Français établis dans les Echelles du Levant étaient considérés en France comme solidairement responsables les uns des autres. L'ordonnance du 18 avril 1835 a fait disparaître toutes ces entraves. Notre Code civil, en ne la reproduisant pas, a abrogé aussi la défense qui frappait les français de se marier en Orient sans l'autorisation du roi (3). D'autre part, d'après la loi turque, les Français, pas plus que les autres étrangers, ne pouvaient être propriétaires fonciers; mais la loi du 18 juin 1867 a effacé cette prohibition (4).

Dans les Echelles du Levant, les Français réunis formaient la *Nation* qui élisait des représentants appelés *députés*. On retrouve

(1) Féraud-Giraud, *loc. cit.*, t. I, p. 27, note 1.
(2) Lawrence, *loc, cit.*, t. IV, p. 127.
(3) Edit de 1781, tit. II, art. 24.
(4) V. n° 77.

bien encore les députés de la Nation dans les villes importantes, Constantinople, Smyrne, Alexandrie....., mais ils n'ont plus qu'une autorité morale et sont réduits au rôle de représentants officieux de leurs nationaux, depuis que les consuls, investis de leurs pouvoirs par le gouvernement, en sont les représentants officiels.

191. Actuellement, la situation des Français établis dans l'empire turc se trouve réglée par la capitulation de 1740 qui est encore en vigueur. Les art. 2, 3, 20 et 21 de ce document reconnaissent aux Français une liberté complète pour faire le commerce (v. aussi traité de 1861, art. 2 à 5); d'après les art. 24, 25 et 67, ils sont dispensés des impôts arbitraires qui frappent si souvent les sujets de la Porte; enfin, leur domicile est inviolable (art. 70).

Mais c'est surtout au point de vue de la juridiction que les capitulations ont introduit des dérogations remarquables aux principes de droit commun. Ces dérogations se présentent soit au point de vue de la juridiction civile et commerciale, soit au point de vue de la juridiction criminelle.

1° Juridiction civile et commerciale.

192. Plusieurs cas sont à distinguer :

a. Si le procès s'élève entre Français, le tribunal consulaire est seul compétent (Capitul. de 1740, art. 26, alin. 2). Ce tribunal est composé du consul et de deux Français choisis parmi les notables de la localité (Edit de 1778, art. 6). A Alexandrie, il existe un juge-consul spécial pour remplacer le consul absent ou empêché (décret du 3 décembre 1863); à Constantinople, la juridiction particulière donnée au chancelier de l'ambassade par l'ordonnance du 2 juillet 1842 a disparu; depuis la création d'un consulat dans cette ville, c'est au consul qu'appartient le pouvoir judiciaire (décret du 22 mai 1872).

b. Si le litige s'élève entre des Français et d'autres étrangers, Anglais, Italiens, etc..., l'autorité turque se déclare désintéressée dans la question; on peut s'adresser aux tribunaux indigènes, mais ce n'est là qu'une faculté (Capit. de 1740, art. 52).

Pour résoudre ces conflits, il intervint, en 1820, un accord entre les ambassadeurs de France, d'Angleterre, d'Autriche et de Russie, avec l'assentiment tacite des autres nations, en vertu duquel les procès de ce genre étaient jugés par une commission mixte composée de trois arbitres : deux choisis par la légation du défendeur et un par celle du demandeur. L'homologation et la force exécutoire étaient données à la sentence par le consul du défendeur (1). La jurisprudence française a décidé que ce tribunal, ainsi composé en vertu d'un accord diplomatique et non en vertu d'un traité, pouvait être accepté par les parties à titre d'arbitre, mais qu'il était impossible de forcer quelqu'un à se soumettre à sa compétence (2). Aussi, dans la pratique, en est-on venu aujourd'hui à appliquer la règle : *Actor sequitur forum rei,* et le tribunal compétent est le tribunal consulaire du défendeur.

c. Entre Français et indigènes, les tribunaux turcs redeviennent compétents, mais ils ne peuvent statuer qu'en présence d'un drogman du consulat français (Capit. 1740, art. 26, alin. 2) (3). En 1856, le gouvernement ottoman a organisé des tribunaux mixtes, connus sous le nom de *Tidjaret-Meglis,* à Constantinople, à Alexandrie et au Caire (4) : chacun de ces tribunaux comprend trois sections et une chambre spéciale pour les faillites ; dans chaque section siégent un président et deux juges nommés par le gouvernement ottoman, auxquels on adjoint deux assesseurs européens pour les procès entre Turcs et Européens. Ces assesseurs sont désignés chaque année par les ambassadeurs. Bien que ces tribunaux n'aient été constitués à l'origine que pour les contestations en matière commerciale, il arrive très-souvent que les Européens leur soumettent les procès civils qu'ils ont avec des Ottomans.

La loi du 18 juin 1867, en permettant aux étrangers d'être propriétaires fonciers, a en même temps décidé que les procès en matière de propriété immobilière seraient de la compétence exclusive des tribunaux turcs, même s'ils s'élevaient entre deux Européens de même nationalité. Les questions de ce genre ont un rapport trop étroit avec la souveraineté de l'état ottoman, pour qu'on puisse accepter, en ce qui les concerne, l'intervention des tribunaux consulaires (5).

Enfin, le protocole du 9 juin 1868 dispense les tribunaux indi-

(1) Féraud-Giraud, t. II, p. 250.
(2) Aix, 28 nov. 1864, Dal., 65. 2. 112 ; Cass., 18 avril 1865, Dal., 65. 1. 342.
(3) Lawrence, *loc. cit.,* t. IV, p. 125 ; Féraud-Giraud, t. II, p. 259.
(4) Ces deux derniers ont disparu depuis la réforme judiciaire en Égypte.
(5) Martens, *Nouveau recueil général de traités,* continué par MM. Samwer et Hopf, t. XVIII, p. 234 à 238.

gènes de l'obligation de ne statuer qu'en présençe du drogman du consulat, dans les contestations de médiocre importance entre Ottomans et Français, lorsque ces derniers sont domiciliés à plus de neuf heures de la résidence de leur agent consulaire (1).

2° Juridiction criminelle.

193. Pour les infractions commises par un Français au préjudice d'un autre Français, le tribunal consulaire est seul compétent (art. 15, Capit. de 1740). La loi du 28 mai 1836 donne au consul statuant seul les pouvoirs d'un juge de simple police; assisté de deux assesseurs français, il forme le tribunal correctionnel. Pour les crimes, le consul a les pouvoirs d'un juge d'instruction; s'il y a lieu, il fait arrêter le coupable qui est embarqué pour la France. La chambre des mises en accusation d'Aix statue sur le renvoi devant une juridiction spéciale, composée de la chambre des appels correctionnels et de la première chambre civile de la même cour qui, réunies, rendent la sentence définitive sans le concours du jury.

Si un Français est coupable d'un crime ou d'un délit envers un étranger ou un indigène, le tribunal turc devrait être compétent, à la condition de ne connaître de l'affaire qu'en présence du drogman ou d'un délégué du consulat français (art. 65. Cap. 1740). Mais, dans la pratique, les Français ne sont jamais jugés que par leurs tribunaux consulaires (2).

Les consuls français peuvent d'ailleurs, dans les Echelles du Levant, faire, à l'instar des maires en France, des règlements de police obligatoires pour leurs nationaux (3); ils peuvent aussi faire saisir et embarquer les Français réclamés dans la mère-patrie, ce qui rend l'extradition inutile dans l'empire ottoman (Edit de 1778 art. 82).

194. Le bénéfice des Capitulations obtenues par la France s'étend à un certain nombre d'étrangers qui sont placés sous la protection de nos consuls. Jadis, tous les Européens qui n'avaient pas de consulats en Orient profitaient de cette protection : aujourd'hui, bien

(1) Circul. de l'ambassadeur de France à Constantinople du 17 août 1865. De Clercq, t. X, p. 76 et 173.

(2) Féraud-Giraud, loc. cit., t. II, p. 86 à 88.

(3) En fait, la distinction entre les quartiers européens et musulmans n'étant plus aussi marquée, ce pouvoir de police ne s'exerce plus.

que restreinte par la création de consulats pour la plupart des états de l'Europe, cette intervention de nos consuls subsiste encore pour un certain nombre d'étrangers (1) et spécialement pour des établissements religieux, notamment en Terre-Sainte (2).

D'ailleurs, le régime exceptionnel créé par les Capitulations est en vigueur, non seulement dans l'empire ottoman proprement dit, mais encore dans les pays qui en relèvent d'une manière plus ou moins directe, comme les provinces danubiennes. Le traité de Berlin du 13 juillet 1878 qui a accordé l'indépendance et le caractère d'état souverain à quelques-unes de ces provinces (Roumanie et Serbie), qui attribue à d'autres une situation particulière, et, dans tous les cas, les dégage dans une large mesure de l'autorité de la Porte (Bulgarie et Roumélie orientale), qui donne à l'Autriche la Bosnie et l'Herzégovine, déclare formellement que les avantages stipulés au bénéfice des Européens, au point de vue de la juridiction, continueront à subsister jusqu'à ce qu'une convention nouvelle soit venu organiser différemment la justice dans ces différents pays (art. 49, 50, 37, 25 du traité). La Serbie a stipulé l'abrogation des capitulations avec plusieurs états, notamment avec la France, sauf quelques réserves (traité du 18 juin 1883, art. 26). En Bosnie, l'Autriche a supprimé les capitulations qui devaient y être maintenues. Malgré les prétentions contraires de l'Angleterre, qui a subsistué une haute-cour britannique à la juridiction consulaire, il devrait en être de même dans l'île de Chypre qui, d'après la convention du 4 juin 1878, reste soumise à l'autorité du sultan et dont le protectorat seulement appartient aux Anglais (3).

Le régime des capitulations existe encore au Maroc et à Tripoli (4); mais il a disparu en Tunisie, depuis que les diverses nations ont renoncé à s'en prévaloir, à la suite de la loi du 27 mars 1883 qui a organisé la justice française dans ce pays soumis à notre protectorat. Cette loi n'accordait compétence aux tribunaux

(1) La Suisse est le seul Etat européen qui n'ait pas conclu avec la Porte des traités analogues aux capitulations.

(2) Féraud-Giraud, loc. cit., t. II, p. 77. La protection de nos consuls s'étend encore aux sujets turcs employés à leur service comme fonctionnaires ou domestiques.

(3) Esperson, Rev. de Droit international, 1878, p. 587. — V. Saripolos, id., 1880, p. 389, La législation anglaise dans l'île de Chypre.

(4) V. Documents dans Féraud-Giraud, loc. cit., t. I, p. 204 et 250.

français que pour les procès entre Européens, ou lorsque les Français et autres Européens, en contestation avec les indigènes, étaient défendeurs; mais un décret du Bey, en date du 31 juillet 1884, a étendu leur compétence au cas où les indigènes eux-mêmes sont défendeurs (1).

II. *Egypte.*

195. Le firman de la Porte qui, en 1841, donna l'Egypte à Méhémet-Ali à titre héréditaire, déclarait que les capitulations seraient maintenues dans ce pays. Mais, dans la pratique, on y renonça pour suivre la règle *Actor sequitur forum rei ;* de sorte que, tant au point de vue criminel qu'au point de vue civil, chacun était jugé par le tribunal consulaire de sa nation. Comme à Alexandrie seulement il n'y avait pas moins de seize juridictions consulaires sans compter les tribunaux indigènes, on en vint bien vite à des complications inouïes, éminemment propres à rendre les procès interminables et à favoriser la mauvaise foi des débiteurs. Pour y mettre fin, le gouvernement égyptien, par l'intermédiaire de son ministre Nubar-Pacha, présenta à l'agrément des nations étrangères un projet de réforme judiciaire, ayant pour but la constitution de tribunaux mixtes compétents pour les procès s'élevant entre les Européens établis en Egypte, ou entre eux et les indigènes. Commencée en 1867, l'étude de cette réforme ne fut terminée qu'en 1875 : cependant, après une convention provisoire du 10 novembre 1874, la France adhéra définitivement au projet, en vertu de la loi du 17 décembre 1875 (2). Les autres puissances européennes ont aussi accepté la réforme. L'acceptation de la France, donnée pour cinq ans seulement et à titre d'essai, a été prolongée pour cinq ans encore, à partir du 1er février 1884, malgré les récents événements de la guerre en Egypte (3).

D'après la nouvelle organisation, on compte en Egypte une Cour

(1) Lenepveu de la Font, J. Clunet, 1884, p. 489 et suiv.

(2) J. Clunet, 1875, p. 473. — V. Renault, *Bulletin de la Soc. de législ.,* comp. 1875, p. 255 ; Lavollée, *Rev. des Deux-Mondes,* 1er février 1875 ; rapport de M. Rouvier, J. Officiel, 16, 17, 18, 19, 20, 24, 25 décembre 1875.

(3) Une commission a été nommée pour étudier les modifications à apporter dans l'organisation des tribunaux mixtes, spécialement au point de vue de l'extension de la compétence en matière criminelle : son travail est actuellement soumis aux puissances. — V. article de M. Martin-Sarzeaud, J. Clunet, 1884, p. 584 et suiv.

d'appel, à Alexandrie, composée de 11 conseillers, dont 7 étrangers et 4 indigènes, et trois tribunaux de première instance, à Alexandrie, au Caire et à Ismaïlia (1), comprenant chacun 7 juges, 4 étrangers et 3 indigènes. Pour les affaires commerciales, les tribunaux s'adjoignent deux négociants en qualité d'assesseurs, l'un indigène, l'autre étranger et désignés par élection. Tous les membres des tribunaux mixtes sont nommés par le Khédive, mais les magistrats européens doivent recevoir l'autorisation de leur gouvernement.

La Cour d'assises se compose de trois conseillers à la Cour d'Alexandrie, dont l'un a le rôle de président et doit toujours être un indigène, tandis que ses deux assesseurs sont étrangers, et de douze jurés dont six au moins sont pris parmi les nationaux de l'accusé, si celui-ci le demande. — Le tribunal correctionnel comprend trois juges dont un indigène, et quatre assesseurs étrangers pris pour moitié parmi les nationaux du prévenu, si celui-ci l'exige.

En matière réelle immobilière, les tribunaux mixtes sont compétents entre toutes personnes, même de nationalité semblable ; sauf, bien entendu, entre indigènes pour lesquels les tribunaux égyptiens reprennent leur autorité (art. 9, loi de 1875, alin. 2).

Ils sont compétents pour les actions personnelles et mobilières, en matière civile et commerciale, quand les parties sont de nationalité différente. Seulement, les questions de statut personnel sont toujours réservées à l'appréciation du tribunal consulaire de celui dont le statut est en cause (art. 9 id.).

Entre Français, le tribunal consulaire conserve sa compétence.

En matière pénale, les contraventions de simple police sont toujours jugées par un magistrat étranger des tribunaux mixtes délégué par ses collègues. Quant aux crimes et aux délits, ils ne relèvent de la Cour d'assises et du tribunal correctionnel dont la composition a été indiquée ci-dessus, qu'autant qu'ils constituent des attentats à l'organisation des tribunaux mixtes ; par exemple, outrages aux juges, résistance à l'exécution de leurs sentences, etc..., ou quand ils sont commis par des magistrats dans l'exercice de leurs fonctions.

Les nouveaux tribunaux appliquent des codes, à peu près calqués sur les nôtres, que l'Egypte a fait accepter par les puissances

(1) Le projet primitif indiquait Zagazig.

européennes et auxquels on ne peut apporter de modifications sans leur consentement.

III. *Extrême Orient.*

196. *a.* CHINE. — Après la guerre, dite de l'opium (1842), la Chine fut en partie ouverte aux Européens ; ses relations avec la France furent réglées dans le traité du 24 octobre 1844, remplacé par celui de Tien-Tsin, le 25 juin 1858, confirmé lui-même par celui du 25 octobre 1860, après la la guerre franco-chinoise. Les art. 7, 8, 10 et 11 du traité de 1858 reconnaissent aux Français la liberté de faire le commerce en Chine. Les litiges entre Français sont [de la compétence de leurs consuls; entre Français et Chinois, ils sont jugés par le consul et le magistrat chinois conjointement, mais après une tentative de conciliation faite par le consul (art. 35) : enfin, entre étrangers de nationalité différente, compétence appartient au consul du défendeur (art. 39).

En matière criminelle, le coupable est toujours jugé par le tribunal de sa nationalité, c'est-à-dire le tribunal chinois ou consulaire, quelle que soit la nationalité de la victime.

L'indépendance des Européens, et spécialement des Français, vis-à-vis des autorités chinoises s'affirme surtout dans ce que l'on appelle les *Concessions étrangères*, sorte de villes européennes, formées de quartiers distincts dans les grands centres, par exemple à Chang-Haï. Les concessions étrangères sont administrées par les consuls, et les mandats d'arrêt délivrés par les fonctionnaires chinois n'y sont même exécutés que sur le visa du consul. L'autorité locale n'intervient guère sur ces territoires que par la perception de l'impôt foncier et dans les mutations de propriétés immobilières.

b. JAPON. — Le traité de Yeddo du 9 octobre 1858, art. 6 et 7, établit, pour les Français, le même régime exceptionnel qu'en Chine (1).

c. Les Français jouissent encore de faveurs spéciales, au point de vue de la juridiction, dans les pays suivants : 1o la Perse, traité du 12 juillet 1855 ; 2o l'Annam, traité du 6 juin 1884, remplaçant celui du 15 mars 1874 et déclarant que, dans tout l'Annam, les

---

(1) J. Clunet, 1875, p. 169 et 249. *L'exterritorialité et les tribunaux mixtes dans l'extrême-Orient et particulièrement au Japon.*

contestations entre étrangers ou entre étrangers et indigènes relèvent de la compétence des tribunaux français ; 3° l'Imanat de Mascate, traité du 17 novembre 1844, art. 6 ; 4° Siam, traité du 15 août 1856 ; 5° Madagascar, traités du 12 septembre 1862 et 8 août 1868.

Les pouvoirs attribués aux consuls par la loi du 28 mai 1836 dans les Echelles du Levant (1) ont été étendus, sauf quelques modifications, aux consuls de Chine, de Mascate, de Perse de Siam et du Japon, par les lois du 8 juillet 1852, 18 mai 1858 et 28 avril 1869 (2). L'appel des décisions des tribunaux consulaires se porte à la Cour de Saïgon, à partir de 3,000 fr., pour la Chine, le Japon et Siam ; à la Cour de la Réunion, à partir de 1,500 fr. pour Mascate et Madagascar. Quant aux sentences des tribunaux consulaires d'Egypte ou de Turquie, elles sont déférées en appel à la Cour d'Aix, pour tout litige excédant la valeur de 1,500 fr. (Edit de juin 1878).

SECTION II

ETRANGERS DOMICILIÉS EN FRANCE

197. Les étrangers établis en France se partagent en deux catégories : ceux qui ont obtenu l'autorisation d'y fixer leur domicile, conformément à l'art. 13 C. C., et ceux qui n'ont pas reçu cette autorisation. La situation des premiers est connue par ce qui a été déjà dit à propos de l'art. 13 C. C., : on sait que, indépendamment des conséquences juridiques ordinaires du domicile, l'autorisation qu'ils ont reçue les assimile aux Français au point de vue de la jouissance des droits civils (3).

198. En ce qui concerne l'étranger établi en France sans autorisation, la première question qui se pose est celle de savoir s'il a dans notre pays un véritable domicile. On n'hésitait pas à admettre l'affirmative dans l'ancien droit (4) et pendant la période intermédiaire (5) ; mais des doutes se sont élevés depuis la promulgation du Code civil.

(1) V. n° 193.
(2) Féraud-Giraud, *loc. cit.*, t. II, p. 343.
(3) V. n° 57.
(4) V. n° 45.
(5) Req., 30 nov. 1814, Sir., 1815. 1. 186.

Il est impossible, tout d'abord, quoi qu'on en ait dit, de trouver des renseignements à cet égard dans les travaux préparatoires. D'une part, en effet, Portalis disait, le 16 fructidor an IX, qu'il ne fallait point fixer le domicile au lieu où s'exercent les droits politiques, parce que ces droits n'appartiennent ni aux femmes, ni aux *étrangers :* ce qui semble bien indiquer que l'on reconnaissait à ces derniers la possibilité d'avoir un domicile en France. D'autre part, le tribun Gary déclarait au Corps législatif, sans être contredit, que l'art. 13 C. C., d'après lequel l'étranger *ne peut avoir de domicile en France sans l'autorisation du gouvernement,* était accepté sans observation (1).

En présence de cette contradiction des travaux préparatoires, on a cru trouver un argument, pour soutenir que l'étranger ne peut avoir de domicile en France sans autorisation, dans un avis du Conseil d'Etat des 18-20 prairial an XI, qui déclare effectivement que l'étranger ne peut, sans cette autorisation, se fixer dans notre pays. — Mais il est à remarquer, en premier lieu, que cet avis n'ayant pas été inséré au Bulletin des Lois n'a pas force légale. D'autre part, il avait pour but de répondre à la question de savoir si un stage quelconque en France suffit pour obtenir la naturalisation, ou si ce stage doit être précédé de l'autorisation de fixer son domicile sur le territoire français : or, il n'est pas douteux que l'autorisation est indispensable en pareil cas.

Il n'y a pas lieu non plus de tenir compte de cette objection que l'art. 102 C. C. est ainsi conçu : « Le domicile *de tout Français,* quant à l'exercice de ses droits civils, est au lieu où il a son principal établissement » ; d'où il résulterait que le principal établissement ne sert à déterminer le domicile que pour les Français. En rédigeant ainsi l'art. 102, le législateur a voulu simplement montrer qu'il définissait le domicile quant à l'exercice des droits civils, et non quant à l'exercice des droits politiques : or, *tous les Français,* même mineurs, même les femmes mariées, ont les droits civils (art. 8 C. C.), tandis que tous n'ont pas les droits politiques.

Inutilement encore objecte-t-on que, d'après l'art. 13 C. C., l'étranger n'est véritablement domicilié en France qu'avec l'autorisation du gouvernement : cet article, Treilhard l'a reconnu lui-même, n'a

(1) Fenet, VIII, p. 326 ; Locré, *Législ.,* t. II, p. 343.

pour but que d'indiquer à quelle condition l'étranger est assimilé au Français au point de vue de la jouissance des droits civils, et non la condition exigée de lui pour qu'il ait un domicile en France (1).

La vérité est que, même en acceptant la distinction des droits des gens et des droits civils, il est impossible de refuser à l'étranger la faculté d'avoir un domicile en France, en faisant de cette faculté un droit de la seconde catégorie. La question de savoir où est le domicile d'une personne est une pure question de fait, dépendant, comme le dit l'art. 102 C. C., de cette circonstance que le principal établissement de cette personne est dans tel lieu : comment, dès lors, faire intervenir, en pareil cas, la question de nationalité ? Tout ce que l'on peut dire, quoique le contraire ait été parfois admis, c'est que le domicile de fait d'un étranger en France, quelque ancienne que soit l'époque à laquelle il remonte, ne pourra jamais assimiler cet étranger aux Français pour la jouissance des droits civils : l'art. 13 exige formellement l'autorisation du gouvernement pour que ce résultat soit obtenu (2).

En principe, la jurisprudence française paraît admettre que le domicile non autorisé de l'étranger en France ne vaut que comme domicile de fait, insusceptible de produire des conséquences juridiques. Mais les décisions de nos tribunaux sur cette question sont loin d'être en harmonie. Ainsi, tout en admettant que la succession mobilière se règle par la loi du domicile du défunt, on n'appliquera pas la loi française si le *de cujus* étranger n'avait en France qu'un domicile non autorisé (3) ; mais, en même temps, on attribuera compétence aux tribunaux français pour les questions relatives à cette succession qui, dit-on, s'est ouverte au *dernier domicile du défunt en France* (4). On a décidé encore que le simple domicile de fait, c'est-à-dire non autorisé, pouvait servir à indiquer le régime de droit commun implicitement adopté par des époux étrangers se mariant en France sans faire de contrat (art. 1400 C. C.) (5).

(1) Locré, *Législ.*, t. II, p. 319.
(2) *Contrà :* Rouen, 22 juin 1864, Dal., 65. 2. 13 ; Aix, 28 août 1872, Sir, 73. 2. 65.
(3) Cass., 12 janv. 1869, Sir., 69. 1. 138 ; Cass., 5 mai 1875, Dal., 75. 1. 343.
(4) Req., 7 juil. 1874, Dal., 75. 1. 271.
(5) Paris, 15 décembre 1853, Dal., 55. 2. 192 ; Id., 3 août 1849, Dal., 49. 2. 182.

199. Le rôle que le domicile peut jouer dans le Droit international privé comme critérium servant à déterminer la loi applicable, donne une importance particulière à deux questions qui sont discutées dans la doctrine : une personne peut-elle n'avoir pas de domicile ? Peut-elle en avoir plusieurs ? De Savigny accepte l'affirmative sur l'une et l'autre question, à l'exemple des jurisconsultes romains qui l'admettaient aussi, quoique à titre exceptionnel (1). En Amérique, au contraire, on se prononce pour la négative sur l'un et l'autre point (2).

En France, beaucoup d'auteurs pensent que la situation d'une personne qui n'aurait pas de domicile est antisociale et antijuridique, donne lieu à mille inconvénients et ne saurait, par conséquent, être acceptée. Il faudra donc, toutes les fois que le domicile d'origine d'une personne est connu, s'y référer, si cette personne n'en a pas acquis un nouveau, eût-elle d'ailleurs rompu toute espèce de relations avec le lieu où elle avait primitivement son domicile. On ne recourrait à la résidence, pour suppléer au domicile d'origine, que lorsque ce dernier serait inconnu (art. 69, 8°, P. C. et 59, alin. 2, P. C.). Pothier, ajoute-t-on, estimait que l'on ne perd son domicile qu'en en acquérant un nouveau (3) ; et le Code paraît bien reproduire la même idée en prévoyant le changement de domicile et non l'abandon pur et simple de celui que l'on possédait déjà (art. 103 C. C.) (4).

Il est peut-être plus conforme à la réalité des faits de reconnaître qu'un individu peut ne pas avoir de domicile, même d'origine : tel sera le cas d'un enfant de parents nomades, saltimbanques ou marchand ambulants, qui, depuis plusieurs générations peut-être, ne se sont fixés nulle part d'une manière stable. Il est d'ailleurs puéril, comme le dit M. Valette (5), de recourir au domicile d'origine de quelque aïeul avec lequel l'intéressé n'a plus la moindre relation. Cette façon de procéder a même quelque chose d'inique, car elle conduit à rendre opposables à une personne des significations et autres actes judiciaires dont elle n'a pu avoir connaissance, puisqu'on

(1) *Système*, t. VIII, p. 67-68.
(2) Lawrence, *loc. cit.*, t. III, p. 104-105 ; Stoy, *loc. cit.*, § 45, p. 42, note de Redfield.
(3) Introd. génér. aux Coutumes, n° 12.
(4) Cass., 12 décembre 1877, Sir., 78. 1. 18.
(5) *Cours de Code civil*, t. I, p. 138-139.

les fera dans un lieu qu'elle a abandonné pour toujours. Ce lieu du reste ne mérite plus d'être qualifié celui du principal établissement, comme dit l'art. 102, et n'est plus, dès lors, un vrai domicile. Au surplus, la loi prévoit si bien qu'il peut y avoir des gens sans domicile, qu'elle les punit comme vagabonds (art. 270. C. Pénal).

En conséquence, il est plus sage de décider que, lorsque le domicile d'origine d'une personne est connu mais abandonné par elle, on y supplée par la résidence, comme dans le cas où le domicile est inconnu. Si, cependant, cette personne veut accomplir des actes qui exigent la fixation d'un domicile, comme le mariage, elle devra se conformer à la condition de la loi, et en acquérir un nouveau.

200. On est, au contraire, assez généralement d'accord pour reconnaître qu'une même personne ne peut avoir plusieurs domiciles à la fois. La solution contraire serait doublement en contradiction avec le Code civil qui suppose toujours que l'acquisition d'un nouveau domicile fait disparaître l'ancien (art. 103), et qui définit le domicile le lieu du *principal* établissement : or le mot *principal* exprime un superlatif qui exclut toute idée de concours et de parité. En fait, cependant, une personne peut paraître domiciliée en plusieurs endroits à la fois, parce qu'il est difficile, vu l'importance des établissements qu'elle a en différents lieux, d'affirmer quel est le principal. Cette personne supportera les conséquences de la situation qu'elle s'est faite et pourra être traitée par les tiers comme domiciliée dans ces différents lieux ; par exemple, on pourra valablement l'assigner à l'un ou à l'autre. Cependant, s'il s'agit d'actes juridiques qui ne s'accomplissent qu'au véritable domicile, il y aura lieu de rechercher, par l'examen des circonstances de fait, quel est celui des divers établissements de la personne qui l'emporte sur les autres en importance : c'est ce que l'on devra faire notamment pour déterminer l'endroit où la succession s'est ouverte.

SECTION III

L'EXTERRITORIALITÉ

201. L'exterritorialité peut être définie : une fiction en vertu de laquelle les ambassadeurs et autres représentants des nations étrangères sont réputés avoir leur domicile dans le pays qu'ils représentent, et non dans le pays où ils exercent leurs fonctions.

Avant d'apprécier la valeur de cette fiction au point de vue rationnel et pratique, il y a lieu, pour bien la comprendre, d'en déterminer d'abord les effets et d'indiquer les personnes auxquelles elle s'applique.

202. Effets de l'exterritorialité. — 1° La succession des ambassadeurs étrangers s'ouvre dans le pays auquel ils appartiennent et non dans celui où ils sont accrédités.

2° Les ambassadeurs n'ont pas à se conformer pour l'accomplissement des actes juridiques à la règle *Locus regit actum*; ils peuvent faire ces actes dans les formes déterminées par la loi de leur pays, même quand une personne du pays où ils se trouvent est partie dans ces actes (1). Toutefois, ce n'est là qu'une faculté pour les représentants des puissances étrangères; ils peuvent, s'ils le préfèrent, observer les formalités prescrites par la loi du pays où ils se trouvent (2).

3° Les ambassadeurs ne relèvent à aucun titre de la juridiction civile du pays où ils habitent (3); si l'on a une action à exercer contre eux, il faut les assigner devant les tribunaux de leur pays (4). Ce point a été formellement consacré pour les ambassadeurs allemands à l'étranger par le Code de procédure civile de l'Allemagne du 30 janvier 1877, art. 16, et pour les ambassadeurs autrichiens par la loi sur la juridiction civile en Autriche du 20 novembre 1852, art. 27. Exceptionnellement, on soumet les représentants des nations étrangères à la juridiction locale quand ils ont eux-mêmes accepté la compétence de cette dernière. C'est ce qui arrive quand ils sont actionnés en paiement des frais d'un procès intenté par eux et qu'ils ont perdu; ou quand ils sont intimés en appel à propos d'un jugement par eux obtenu; ou, enfin, quand on intente contre eux une demande reconventionnelle dans une instance qu'ils ont engagée. Les ambassadeurs relèvent encore de la juridiction du pays où ils se trouvent en ce qui concerne les contestations relatives à des immeubles qu'ils possèdent dans ce pays.

(1) Laurent, *loc. cit.*, t. III, p. 159-160.
(2) Fœlix et Demangeat, *loc. cit.*, t. 1, p. 179.
(3) Consult. sur ce point : Slatin, *De la juridiction sur les agents diplomatiques*, J. Clunet, 1884, p. 329 et 463.
(4) C. de Lyon, 11 décem. 1883, J. Clunet, 1884, p. 56. — C'est le *jus domum revocandi* des Romains (l. 1. 2, §§ 3 à 6, 24, §§ 1 et 12, 1. 25 *de judiciis* Dig.).

On pousse même si loin cette indépendance des ambassadeurs étrangers vis-à-vis des tribunaux civils, qu'on les déclare exempts de l'obligation de témoigner en justice (1).

4° L'hôtel de l'ambassade est inaccessible aux gens de justice, et est considéré comme une fraction du territoire étranger.

5° Les biens meubles des ambassadeurs ne peuvent faire l'objet d'une saisie ni d'aucune mesure d'exécution. En général, on n'étend pas la même exemption aux immeubles (2).

6° Les ambassadeurs paient les contributions directes réelles comme l'impôt foncier, mais non celles qui ont un caractère personnel, comme la cote personnelle (3). Quant aux impôts indirects, ils les supportent à moins de convention internationale contraire.

7° Enfin, au point de vue criminel, les représentants des puissances étrangères ne peuvent être ni arrêtés, ni traduits devant les autorités locales, à raison des crimes ou des délits qu'ils ont commis : le droit des gens admet seulement qu'on peut demander à leur gouvernement de les rappeler, et, si ce dernier s'y refuse, les expulser du territoire (4). Du reste, on n'admet plus aujourd'hui le *droit d'asile* dans l'hôtel de l'ambassadeur, ni la *franchise du quartier* de l'ambassade qui, jadis, ont donné lieu à tant d'abus, en favorisant l'impunité des criminels, et provoqué de véritables conflits internationaux, notamment entre le gouvernement de Louis XIV et celui d'Innocent XI.

203. Personnes qui bénéficient de l'exterritorialité. — Les effets de l'exterritorialité s'appliquent à tous les fonctionnaires qui ont pour mission de *représenter* une nation auprès d'une autre : or cette mission est celle des ministres plénipotentiaires, des ambassadeurs et des chargés d'affaires.

Les mêmes faveurs s'étendent à la femme, aux enfants de l'ambassadeur, et, d'une manière générale, à tous les membres de sa famille habitant avec lui. Enfin, les personnes de la suite du représentant d'une nation étrangère, ou celles qui remplissent

(1) Calvo, *Droit international*, 3e édit., t. I, p. 588.

(2) Laurent, *loc. cit.*, t. III, p. 153.

(3) Calvo, *loc. cit.*, t. I, p. 601. — En France, on les exempte de la contribution personnelle, et de la contribution mobilière et des portes et fenêtres pour leur habitation officielle, soit en vertu des traités, soit sous la seule condition de la réciprocité. — V. Cons. de Préfecture de la Seine, 13 août et 26 septembre 1878, J. Clunet, 1878, p. 601 et 602.

(4) Calvo, *loc. cit.*, t. I, p. 578.

auprès de lui des fonctions diplomatiques, jouissent des mêmes immunités : tels sont les conseillers, les secrétaires d'ambassade et les attachés militaires (1). Toutefois, en ce qui concerne les personnes attachées au service de l'ambassadeur, l'exemption de la juridiction territoriale ne paraît justifiée qu'autant qu'elles appartiennent au pays que l'ambassadeur représente. L'immunité doit être reconnue au contraire, dans tous les cas, à ceux qui remplissent auprès de l'ambassadeur des fonctions diplomatiques (Slatin, *loc. cit.*, J. Clunet, 1884, p. 463).

Un Français peut être chargé de fonctions diplomatiques par un gouvernement étranger auprès du gouvernement français, sans perdre pour cela sa nationalité, s'il a reçu l'autorisation requise par l'art. 17, 2° C. C. (2) : mais le caractère dont il est investi lui donnera-t-il les immunités qui dérivent de l'exterritorialité sur le territoire de la France dont il demeure le national ? Les faveurs attachées aux fonctions diplomatiques venant de ces fonctions elles-mêmes et étant, par suite, indépendantes de la nationalité de celui qui les remplit, on décide qu'elles peuvent être invoquées par un Français chargé de représenter un gouvernement étranger en France (3),

204. Le principe de l'exterritorialité est généralement fondé sur un usage adopté par les nations civilisées dans leurs relations. On le trouve cependant formulé d'une manière précise dans la législation de quelques pays, par exemple en Angleterre (bill du 21 avril 1708), en Autriche (art. 38 du Code civil de 1811), en Allemagne (loi constitutionelle du 16 avril 1871). En France, il avait été consacré par le décret du 11 décembre 1789, et, sous la Convention, par le décret du 13 ventôse an II (3 mars 1794). Dans le projet du Code civil, on avait ajouté à l'art. 3 une disposition sur cette matière ; mais elle fut écartée, sur les observations de Portalis, non pas qu'on voulût rejeter le principe, mais parce qu'on estimait qu'il se référait au Droit des gens plutôt qu'au Droit civil, et qu'il valait

---

(1) Calvo, *loc. cit.*, t. I, p. 576 ; Trib. de la Seine, 31 juil. 1878, J. Clunet, 1878, p. 500 ; id., 12 juil. 1867, Sir., 68. 2. 201.

(2) Le décret du 26 août 1811, art. 24, prohibe l'acceptation des Français comme représentants d'un état étranger ; mais, en fait, cette disposition est parfois violée.

(3) V. Trib. de la Seine, 24 janvier 1875, J. Clunet, 1875, p. 90, et C. de Paris, 30 juin 1876, id. 1876, p. 272. — En Allemagne et en Autriche, les nationaux représentants des puissances étrangères relèvent de la juridiction de leur pays (v. Slatin, *loc. cit.*, J. Clunet, 1884, p. 463).

mieux, sur ce point, s'en rapporter aux usages internationaux généralement reçus.

Comment s'expliquent les dérogations si graves au droit commun dont profitent les ambassadeurs? On répond, en général, en disant que ces faveurs résultent de la fiction d'exterritorialité qui a été définie plus haut. Mais, il faut le reconnaître, cette explication prétendue n'est, au fond, qu'une véritable pétition de principe. Il faudrait, tout d'abord, donner la raison d'être de la fiction elle-même : en réalité, les immunités accordées aux ambassadeurs font dire que ceux-ci sont regardés comme conservant leur domicile dans le pays qu'ils représentent, bien qu'ils l'aient, matériellement, dans celui où ils exercent leurs fonctions; mais pourquoi ces immunités leur sont-elles reconnues? D'ailleurs, au point de vue de notre droit positif français, la fiction de l'exterritorialité ne donne pas l'explication de la plus importante dérogation au droit commun dont jouissent les représentants des puissances étrangères, c'est-à-dire la dispense de se soumettre à la juridiction locale. En effet, d'après l'art. 14 C. C., les étrangers, même ne résidant pas sur le territoire français, peuvent toujours être assignés en France par leurs créanciers français; il importe peu, par conséquent, que l'ambassadeur étranger soit réputé avoir conservé son domicile dans son pays : il serait toujours possible à un Français, d'après l'art. 14, de le citer devant nos tribunaux (1).

Il faut donc attribuer une cause moins arbitraire et plus satisfaisante aux immunités diplomatiques. Cette cause, disent les auteurs anciens et la plupart des modernes, c'est la nécessité de soustraire les représentants des puissances étrangères à toute influence des autorités du pays où ils exercent leurs fonctions, afin qu'ils puissent remplir en toute liberté la mission dont ils sont chargés, et que leur dignité, dans laquelle se résume celle de l'état qu'ils représentent, ne soit pas compromise par la soumission à une autorité étrangère qui n'a aucun droit à faire valoir sur cet état. Suivant la parole célèbre de Montesquieu, « les ambassadeurs sont la parole du prince qui les envoie, et cette parole doit être libre » (2).

(1) Pradier-Fodéré, *Cours de Droit diplomatique*, t. II, p. 104 n° 2.
(2) *Esprit des lois*, liv. XXVI, ch. 21; Vattel, *Le Droit des gens*, IV, ch. 7. Grotius, *De jure belli et pacis*, lib. II, c. VIII, § 4, n° 8.

Si l'on s'en tient aux deux raisons qui viennent d'être indiquées, il faut accepter toutes les immunités dont jouissent les ambassadeurs relativement à l'inviolabilité de leur personne et de leurs biens, leur complète indépendance, par conséquent, vis-à-vis de la juridiction civile ou criminelle du pays où ils habitent. Sinon, en effet, il y aurait lieu de craindre que l'on n'entravât leur liberté d'action par des procès, des saisies, des arrestations qui, peut-être justifiés en droit, n'en seraient pas moins un moyen de les empêcher de défendre comme ils doivent le faire les intérêts du pays qu'ils représentent, ou de se venger de l'indépendance et de l'énergie avec laquelle ils parlent et agissent vis-à-vis du gouvernement auprès duquel ils sont accrédités pour sauvegarder les droits ou la dignité de leur nation. De plus, représentation vivante de leur état, ils peuvent, au nom de la souveraineté de ce dernier, se refuser à toute sujétion envers les autorités étrangères.

Cependant, on a proposé la distinction suivante : pour les actes relatifs à l'exercice de sa mission, l'ambassadeur ne relève pas de la juridiction locale ; mais pour ceux qu'il accomplit en qualité de simple particulier, il rentre dans le droit commun. Ainsi, un représentant d'une puissance étrangère offense le chef de l'Etat français dans une protestation faite au nom de son pays : assurément le ministère public ne peut le poursuivre ; au contraire, cet agent diplomatique est engagé dans un litige comme commerçant, industriel, auteur dramatique, etc. : rien ne s'oppose à ce que les tribunaux français redeviennent compétents pour connaître du procès à propos duquel il sera assigné devant eux.

On a répondu, avec raison, que la distinction entre les actes accomplis par l'agent diplomatique comme tel ou comme simple particulier serait souvent fort difficile à faire. D'ailleurs, quelle serait l'autorité compétente pour l'établir. L'ambassadeur lui-même, le tribunal local ou l'un des deux gouvernements intéressés ? (1) De plus, les inconvénients que l'on veut éviter se présenteraient toujours : les procès faits à l'ambassadeur comme particulier pourraient être encore un moyen d'entraver indirectement son action diplomatique. C'est pour cette raison que l'on étend à la famille et à la suite de l'agent diplomatique les faveurs dont il

_____

(1) V. Slatin, J. Clunet, 1884, p. 337.

jouit : on veut éviter toute influence, même indirecte, des autorités locales sur lui.

Dans tous les cas, étant donné les raisons que l'on produit pour justifier les immunités des ambassadeurs, la fiction de l'exterritorialité ne semble pas acceptable : elle conduit en effet à des conséquences exagérées et sans rapport avec le résultat que l'on veut obtenir, c'est-à-dire le respect de la souveraineté étrangère représentée par l'ambassadeur, et l'indépendance complète pour ce dernier dans l'exercice de sa mission. On a vu, en effet, qu'il fallait déduire logiquement de cette idée que l'agent diplomatique est réputé conserver son domicile dans son pays, les conclusions suivantes : il n'a pas à observer la règle *Locus regit actum,* sa succession s'ouvre en pays étranger ; mais en quoi ces deux points se rapportent-ils au double but que l'on veut atteindre (1) ? La vérité est que, pour expliquer l'indépendance des ambassadeurs vis-à-vis des autorités locales, on a recouru à la fiction de l'exterritorialité : or, celle-ci devient déraisonnable si l'on en déduit toutes les conséquences logiques ; elle doit être limitée par les raisons mêmes qui l'ont fait accepter. Tout le monde par exemple a reconnu qu'un crime commis par un Russe en 1867, dans l'hôtel de l'ambassade de Russie à Paris, devait être jugé par les tribunaux français, et qu'il n'y avait pas lieu d'accorder l'extradition réclamée par le gouvernement du czar, sous le prétexte que l'hôtel de l'ambassade était fictivement une partie du territoire russe (2). Décider le contraire eût été donner à la fiction d'exterritorialité une portée qu'elle ne peut avoir, puisqu'elle n'a pour but que d'assurer le respect de la souveraineté étrangère et la liberté d'action de son ambassadeur.

205. Quelques auteurs, assez peu nombreux du reste, vont plus loin : à leur avis, l'indépendance des ambassadeurs vis-à-vis de la juridiction civile ou criminelle n'a plus même sa raison d'être (3). Jadis, disent-ils, pareille immunité s'expliquait pour les agents diplomatiques à cause de la violence et du manque de justice qu'on apportait trop souvent dans les relations internationales ; les exem-

---

(1) Laurent, *loc. cit.,* t. III, p. 160.
(2) Calvo, *loc. cit.,* t. I, p. 585.
(3) V. déjà Hotman, *Traité de l'Ambassadeur,* ch. V, nos 8 et 9 ; Pinheiro-Ferreira, *Notes sur le Précis du Droit des gens moderne de G.-F. Martens* ; Laurent, *loc. cit.,* t. III, p. 109 et suiv.

14

ples ne manquent pas dans l'histoire d'ambassadeurs qui ont été les victimes des haines suscitées contre le pays qu'ils représentaient : aussi fut-on contraint de leur donner un caractère sacré et inviolable qui conduisait à les exempter de toute soumission vis-à-vis des autorités locales, même quand ils auraient dû, en droit et en équité, relever d'elles. Mais, aujourd'hui, la bonne organisation de la justice dans les pays civilisés, son indépendance vis-à-vis du gouvernement qui ne peut la contraindre à rendre des décisions iniques, le respect que l'on observe pour la personne et pour les biens des étrangers quels qu'ils soient, rendent de pareilles précautions inutiles pour les ambassadeurs. Bien mieux, ces précautions ne présentent plus que des inconvénients : au point de vue de l'équité, elles rendent les agents diplomatiques irresponsables de leurs dettes et de leurs actes criminels, ce qui, loin d'augmenter leur considération, les abaisse et les compromet ; au point de vue même de l'intérêt pratique, il serait préférable pour les ambassadeurs de rentrer dans le droit commun, car la perspective de les voir échapper à toute réclamation en justice éloigne ceux qui voudraient traiter avec eux.

Mais ces considérations sont généralement regardées comme trop optimistes encore, et l'on maintient dans la pratique les immunités des agents diplomatiques. Peut-être cependant en viendra-t-on, dans un avenir peu éloigné, à ne maintenir que leur inviolabilité personnelle, sans les soustraire à la juridiction locale pour les procès dans lesquels ils peuvent être engagés.

206. La fiction de l'exterritorialité est universellement acceptée pour les navires de guerre qui sont considérés comme une fraction du territoire du pays dont ils portent le pavillon. En conséquence, les autorités étrangères ne peuvent jamais s'immiscer dans les affaires survenues à bord de ces navires, même lorsqu'ils sont dans un port étranger. Il est seulement possible d'exiger, sous peine d'expulsion, que les navires de guerre respectent les lois de police locale, par exemple les règlements sanitaires. En France, les vaisseaux de guerre étrangers jouissent de la franchise de douane et des taxes de consommation intérieure pour les subsistances qu'ils emportent ou consomment sur place. La réciprocité sur ce point a même été stipulée avec les Etats-Unis (1).

(1) J. Clunet, 1875, p. 87.

Les navires de commerce ne bénéficient de l'exterritorialité qu'autant qu'ils ne se trouvent pas dans les eaux territoriales d'un pays étranger : on sait que la limite des eaux territoriales est déterminée par la plus longue portée de canon. Cependant, pour tout ce qui concerne le régime intérieur du navire, l'autorité du bord reste toujours exclusivement compétente (1).

Les membres des armées en campagne dans un pays étranger ou qui y ont régulièrement obtenu un droit de passage relèvent aussi exclusivement de leurs chefs (2).

Il arrive souvent, dans les expositions internationales, que l'on accorde certaines faveurs aux exposants étrangers, comme l'exemption d'impôts pour leurs produits ou la protection de leurs inventions contre les contrefaçons, alors qu'ils n'y auraient pas droit d'après la loi du pays où l'exposition a lieu. Mais, quoi qu'on en ait dit, rien ne peut faire croire que le bénéfice de l'exterritorialité appartienne aux sections étrangères d'une exposition, aux exposants ou aux commissions étrangères chargées d'organiser l'exposition des produits d'un pays. On peut donc saisir les marchandises exposées, arrêter les exposants ou les membres des commissions étrangères (3).

207. Les consuls, vice-consuls et agents consulaires ne jouissent pas, en principe, des faveurs accordées aux ambassadeurs et ministres plénipotentiaires. Leur mission, en effet, diffère essentiellement de celle de ces derniers : ils ne sont pas chargés de *représenter* un pays auprès d'un autre comme les ambassadeurs, mais seulement de protéger les nationaux d'un état qui se trouvent sur le territoire d'un autre état (4).

La différence entre les deux fonctions se révèle encore par la manière dont est organisée l'investiture de chacune d'elles. Les ambassadeurs reçoivent de leur souverain ou de leur gouverne-

(1) Avis du Conseil d'Etat, 20 nov. 1806 ; Ordon., 29 octob. 1833, art. 22 et 23; Cass., 25 février 1859, Dal., 59. 1. 88.

(2) Calvo, *loc. cit.*, t. I, p. 616-617.

(3) V. Clunet, *De la saisie des objets appartenant aux exposants*, J. Clunet, 1878, p. 100 et suiv.

(4) Aussi la diffamation des agents diplomatiques relève, en France, de la Cour d'assises (loi du 29 juillet 1881, art. 3, 41 et 47) ; tandis que celle des consuls étrangers est de la compétence des tribunaux correctionnels (Cass., 9 février 1884, J. Clunet, 1884, p. 61).

ment des *lettres de créance* qu'ils remettent au chef de l'état auprès duquel ils sont accrédités ; les consuls sont munis par leur gouvernement d'un titre appelé *commission,* ou *lettres-patentes,* ou *lettres de provision,* qu'ils doivent faire revêtir de l'*exequatur* ou *placet* par le gouvernement du pays où ils doivent exercer leurs fonctions. Un consul ne peut agir avant que cette dernière formalité ait été remplie ; pour les ambassadeurs, on se contente, avant de les envoyer auprès d'un gouvernement étranger, de s'assurer officieusement qu'ils seront bien accueillis par lui, qu'ils sont, suivant l'expression consacrée, *persona grata.*

Cependant, au point de vue des avantages de l'exterritorialité, pour employer l'expression consacrée, les consuls doivent être partagés en deux catégories.

a. Dans les pays régis par les capitulations, les consuls ont les mêmes faveurs que les ambassadeurs (1) : ils ont même une garde de janissaires (*cwas*) à leur solde pour exécuter directement leurs ordres. Il en est de même, en vertu des traités qui ont été déjà cités, en Chine, au Japon, en Perse, à Mascate, etc. (2).

b. Dans les autres pays, les immunités reconnues aux consuls doivent être fixées d'après les traités ou par les coutumes et les lois de chaque état.

Dans les traités, on accorde souvent aux consuls l'exemption de toutes les contributions directes personnelles, à moins qu'ils ne soient sujets du pays où ils exercent leurs fonctions, ou commerçants ; parfois, on les déclare non justiciables des tribunaux locaux pour les délits, sinon pour les crimes (v. traité avec la Russie, art. 2 *in fine*) ; parfois enfin on les dispense de venir témoigner en justice (v. traité avec la Grèce, art. 6) (3).

Pour les coutumes et lois locales, elles varient beaucoup suivant les pays (4). En France, à défaut de traité, la jurisprudence s'atta-

(1) Préambule de la Cap. de 1740.

(2) V. n° 196.

(3) Conventions consulaires avec : Espagne (7 janv. 1862) ; Italie (26 juil. 1862) ; Etats-Unis (23 février 1853) ; Hollande (8 juin 1855) ; Vénézuela (24 octob. 1856) ; Brésil (25 octobre 1878) ; Portugal (11 juil. 1866) ; Autriche (11 décem. 1866) ; Grèce (7 janv. 1876) ; Salvador (5 juin 1878) ; Russie (1er avril 1874), etc., à leur date, dans le recueil de De Clercq, *Traités de la France.*

(4) V. le tableau des lois locales dans De Clercq et de Vallat, *Guide pratique des consulats,* t. I, p. 12 et suiv.

che au principe de la réciprocité, notamment pour l'exonération des impôts directs personnels (sauf ceux qui frappent l'exercice du commerce ou de l'industrie qui sont toujours dus par les consuls étrangers (1), et pour l'immunité vis-à-vis de la juridiction répressive ou civile française, à propos des actes accomplis par les consuls dans l'exercice de leurs fonctions (2).

APPENDICE : DES CONSULS

208. A propos de la théorie du domicile et de l'établissement des étrangers en France ou des Français à l'étranger, il y a lieu d'indiquer, au moins sommairement, le rôle que jouent les consuls pour la protection de leurs nationaux qui se trouvent en pays étranger. Pour ne parler que de la partie de ce rôle qui se rapporte au Droit international privé, on voit que les consuls ont des attributions très variées, même à ce point de vue particulier (3).

1° En ce qui concerne le droit maritime, les consuls ont une mission très complexe, mais présentant surtout un caractère administratif ou de juridiction gracieuse, par exemple pour l'engagement, débarquement et rapatriement des gens de mer, pour le jet, les avaries (art. 414-417 C. Com.), l'autorisation de vendre la cargaison ou d'emprunter sur le navire, etc.

2° La juridiction civile ou criminelle des consuls est limitée par l'usage ou les traités (4).

Dans les pays ottomans régis par les capitulations et ceux de l'extrême Orient avec lesquels la France a conclu des traités analogues aux capitulations, on a déjà vu combien la compétence des consuls est étendue.

Dans les autres états, le principe est que les étrangers relèvent des tribunaux locaux (5) ; cependant, l'usage accorde aux consuls certaines attributions de juridiction gracieuse. Ils peuvent : a. pro-

(1) Cons. de préfect. de la Seine, 26 sept. 1878, J. Clunet, 1878, p. 602.

(2) Cass. 23 décembre 1854, Sir., 54. 1. 811.

(3) L'institution des consulats, dont l'origine a été déjà indiquée (v. n° 49), est réglementée actuellement par une série d'ordonnances, spécialement par les ordon. des 20 août et 29 octobre 1833 (v. De Clercq et de Vallat, *Guide pratique des consulats*, t. II, p. 491 et 492).

(4) Ordon. de 1681, liv. 1, tit. IX, art. 12 ; Instruction du 29 octobre 1833.

(5) V. n° 186.

céder à bord des navires marchands de leur pays au réglement des affaires qui ne sont pas de la compétence des tribunaux étrangers; *b.* trancher, comme arbitres, les différends entre capitaines et matelots ou passagers de leur nation; *c.* dresser, en chancellerie, des actes authentiques de conciliation pour leurs nationaux; *d.* ils sont contraints d'accepter les arbitrages que leur soumettent leurs nationaux quand ceux-ci renoncent à porter leur litige devant les tribunaux étrangers; en pareil cas, l'acte dressé par le consul est authentique et directement exécutoire en France.

3° Les consuls sont souvent chargés de commissions rogatoires par les tribunaux français.

4° Enfin, ils ont souvent à intervenir dans l'intérêt de leurs nationaux pour la rédaction des actes de l'état-civil ou des actes notariés, la gestion des successions ouvertes à l'étranger, l'organisation de la tutelle des mineurs ou des interdits..... Leurs attributions à ces divers points de vue seront examinées au fur et à mesure que se présenteront les matières auxquelles elles se réfèrent.

CHAPITRE V

DE LA PROCÉDURE AU POINT DE VUE DU DROIT INTERNATIONAL PRIVÉ.

209. Une question de droit international privé étant soumise à un tribunal, il y a lieu, pour ce dernier, de déterminer tout d'abord comment se régleront les questions de procédure, quelle loi il faudra suivre pour l'organisation même de l'instance. L'ensemble des points se rattachant à cet ordre d'idées constitue par conséquent une théorie préliminaire de l'étude du Droit international privé proprement dit, au même titre que la théorie de la nationalité ou du domicile.

Cette matière sera divisée en quatre sections : 1° des formes de procéder ; 2° de la compétence ; 3° des voies d'exécution ; 4° des commissions rogatoires.

SECTION I

DES FORMES DE PROCÉDER.

210. Dans tout procès où se soulève une question de droit international privé, il faut soigneusement distinguer les points se ratta-

chant à la procédure, à la marche de l'instance et à son développement devant le tribunal, de ceux qui concernent la solution même
du litige, c'est-à-dire la détermination de la loi applicable parmi
plusieurs qui sont en conflit. Les premiers sont qualifiés d'*ordinatoria litis*, les seconds de *decisoria litis* (1) : ainsi la forme des assignations, la constitution d'avoué rentrent dans les *ordinatoria* ; au
contraire, l'appréciation du statut personnel d'un étranger d'après
sa loi nationale fait partie des *decisoria*.

Toutes les formes de procéder en justice doivent, d'après ce qui
précède, être qualifiées d'*ordinatoria* : il ne reste plus qu'à déterminer la loi applicable pour les questions de cette nature. Le principe absolu à cet égard, incontesté et incontestable, c'est que les
formes de procéder en justice sont exclusivement réglées par la loi
du pays où le procès est engagé, la *lex fori*. Les lois de procédure
ont pour but d'assurer la marche de la justice, l'organisation
régulière et ordonnée d'un service public, la recherche et la connaissance de la vérité par la réglementation des débats devant les
tribunaux. Or, à ces divers points de vue, les lois de procédure
constituent des lois d'ordre public dont il est impossible de se
départir, que les étrangers eux-mêmes doivent respecter. C'est
donc par la *lex fori* que seront déterminées les formes des exploits,
la constitution d'avoué, les délais, les voies de recours possibles,
la rédaction et la prononciation des jugements, ainsi que le moment
où ils ont l'autorité de la chose jugée, etc.

Le principe absolu qui vient d'être indiqué ne souffre d'exception
que dans les états orientaux où les consuls exercent le droit de
juridiction, en observant la procédure fixée par la loi de leur
pays.

La règle générale s'applique encore à la péremption d'instance ;
bien que celle-ci puisse amener parfois la perte même du droit
invoqué, par exemple quand il y a prescription d'une créance et
que l'instance périmée ne peut plus compter pour en arrêter le
cours, il ne faut pas croire qu'elle se rattache au fond même du
droit, aux *decisoria litis*. Le délai de péremption est, en effet, déterminé par chaque législateur comme mesure d'ordre pour éviter les
procès interminables : il constitue, par conséquent, une règle
d'ordre public dépendant exclusivement de la *lex fori*.

(1) Fœlix et Demangeat, *loc. cit.*, t. I, p. 275-276.

211. En France, les ajournements contre des personnes établies à l'étranger sont signifiés au procureur de la République qui en transmet la copie au ministre des affaires étrangères ; ce dernier s'efforce de la faire parvenir aux intéressés par la voie diplomatique (art. 69, n° 9, P. C.). Comme les délais courent du jour de la signification au parquet, le défendeur peut n'être averti que d'une façon tardive, si même il l'est jamais, malgré les prolongations de délai accordées par l'art. 73 P. C. Une excellente innovation consisterait à assigner directement le défendeur à son domicile, en observant les formalités prescrites par la loi du pays où il se trouve, conformément à la règle *Locus regit actum*. Cependant, comme les législations étrangères peuvent ne pas reconnaître la validité d'une assignation devant le tribunal d'un autre pays, on ne pourrait pas introduire cette règle comme un principe absolu dans notre Code de procédure : c'est par la voie des traités que l'on devrait arriver à une entente générale sur ce point (1).

212. Des preuves. — Les preuves produites à l'appui des faits allégués devant un tribunal semblent présenter, au premier abord, un rapport étroit avec la marche même de l'instance, avec la procédure en un mot. Devra-t-on en conclure que la question de savoir quelles sont les preuves admissibles devant un tribunal, pour établir un fait accompli en pays étranger, dépend de la *lex fori ?*

Certains l'ont prétendu, en disant que les preuves en elles-mêmes, ainsi que les circonstances dans lesquelles chacune d'elles peut être utilisée, sont fixées par le législateur d'après des considérations d'ordre public : il écarte, en effet, les preuves qui lui paraissent dangereuses, soit d'une façon absolue, soit dans certains cas, comme par exemple la preuve testimoniale au-dessus de 150 fr. Le juge ne peut donc, pour s'éclairer, qu'admettre les preuves qui, d'après la loi de son pays, sont de nature à former sa conviction et à ne pas donner à l'erreur ou au mensonge les apparences de la vérité (1).

(1) Résolution de l'Institut de Droit international, session de 1877 à Zurich (*Annuaire de l'Institut* t. II, p. 150). — En vertu de la déclaration du 14 mars 1884, les assignations lancées de France contre un habitant du Luxembourg sont transmises par le procureur de la République (art. 69, 9°, P. C.) au procureur général de la Cour de Luxembourg qui les fait parvenir aux intéressés. Du Luxembourg, on les expédie directement sous pli chargé aux personnes résidant en France.

(1) V. Bar, *Das internationale Privat und Strafrecht*, § 123.

Mais cette manière de voir est généralement rejetée, et, pour trancher la question, on distingue entre l'admissibilité même des preuves et la façon dont elles doivent être produites en justice.

213. Pour savoir si une preuve est ou non admissible, il faut consulter la loi du pays où s'est accompli le fait que l'on veut prouver, et non la loi du pays où le procès est engagé (1).

Lorsque des personnes accomplissent un fait juridique, elles se préoccupent de le constater de manière à pouvoir le prouver plus tard en cas de contestation, et, pour cela, elles observent les formalités prescrites par la loi du pays où elles se trouvent : ce n'est qu'une application de la règle *Locus regit actum* qui sera développée plus loin. Imposer aux parties l'observation de la loi du pays où le procès est engagé serait déraisonnable et même inique, car elles ne peuvent prévoir quel sera le pays où ce procès naîtra. Ainsi, tandis que la plupart des législations étrangères ne restreignent pas l'emploi de la preuve testimoniale, notre Code civil le rejette au-dessus de 150 fr. : si donc on suppose un contrat, portant sur une valeur supérieure à cette dernière somme, conclu dans un pays où les témoignages sont toujours écoutés, il faudra n'en pas tenir compte devant les tribunaux français, s'il n'est pas constaté par écrit, alors que les parties ne s'attendaient nullement à ce que la contestation dût être un jour examinée par eux ! De même, un débiteur en France peut compter qu'il prouvera en tout pays sa libération, si le titre de la créance lui est remis, en vertu de la présomption légale établie par les art. 1282 et suivants C. C. On verra enfin, dans l'étude qui sera faite plus loin de la règle *Locus regit actum*, que les conditions que doit remplir un acte écrit pour faire preuve d'un fait, ainsi que l'étendue de sa force probante, sont déterminées par la loi du pays où il a été rédigé.

214. Quant à la forme même dans laquelle une preuve doit être produite, il faut revenir à l'application de la *lex fori*, car il s'agit d'une véritable question de procédure. Ainsi, en admettant que la preuve testimoniale est acceptable en France au-dessus de 150 fr., si le fait à établir s'est accompli dans un pays qui l'admet pour les litiges d'une valeur quelconque, il faudra cependant observer la loi

(1) Asser, *loc. cit.*, p. 167, n° 79 ; Laurent, *loc. cit.*, t. VIII, p. 45 et suiv.; Institut de Droit international, session de Zürich, 1877 (*Annuaire de l'Institut*, t. II, p. 151).

française pour l'assignation, la comparution et la manière de déposer des témoins. L'incapacité des témoins est motivée par des raisons d'ordre public, se ramenant toutes à cette idée que certaines personnes n'offrent pas de garanties suffisantes de véracité ou de raison, soit à cause de leurs antécédents, soit à cause de leur âge ou de leur état mental : il faudra donc déterminer la capacité des témoins d'après la *lex fori*. Les dispenses de témoigner, par exemple pour les prêtres, les médecins, sont aussi motivées par des considérations d'ordre public ; elles seront donc réglées par la même loi.

Quant à la récusation, elle dépend de la volonté des parties qui peuvent l'exercer ou n'en pas user : on en a conclu qu'il fallait déterminer les cas de récusation d'après la loi qui dispose si la preuve testimoniale elle-même est admissible (1). N'est-il pas plus exact de dire que la faculté de récusation est accordée par le législateur pour éviter des témoignages suspects, que cette faculté intéresse par conséquent l'ordre public et qu'il faut la régler d'après la *lex fori*?

Des difficultés particulières se présentent pour la prestation de serment. Les uns soutiennent que la formule du serment est fixée par la loi du pays où s'est accompli le fait affirmé ; d'autres estiment qu'il faut sur ce point s'en tenir à la *lex fori* (2). Cette dernière solution paraît la plus sûre, étant donné que les formes dans lesquelles doivent être produites les preuves concernent la procédure et dépendent de la loi du pays où l'instance est ouverte ; il n'est pas douteux, en effet, que la formule du serment est la forme même de ce mode de preuve.

SECTION II

COMPÉTENCE

215. Pour fixer la compétence des tribunaux d'un pays, soit *ratione materiæ*, soit *ratione personæ*, il faut encore consulter uniquement la loi de ce pays, la *lex fori*, puisque le règlement de

(1) Asser, *loc. cit.*, p. 170.
(2) Fœlix et Demangeat, t. I, p. 479 et suiv. ; Laurent, *loc. cit.*, t. VIII, p. 99 et suiv. ; Cass., 3 mars 1846, Sir., 46. 1. 193.

la compétence tient à l'organisation même du service de la justice et, par conséquent, à l'ordre public.

Mais des règles particulières sont établies dans la plupart des législations pour fixer la compétence dans les procès où des étrangers sont engagés : ce sont ces dérogations au droit commun qui vont être indiquées, surtout au point de vue de la loi française. Il ne s'agit d'ailleurs que de la compétence en matière personnelle et mobilière, car, en matière réelle immobilière, le principe est toujours le même, quelle que soit la nationalité des parties : la compétence se détermine par la situation de l'immeuble objet du litige (art. 59, alin. 3, P. C.). Pour les actions mixtes, on applique soit cette règle, soit celles qui vont être indiquées pour la compétence en matière personnelle, suivant que l'on envisage l'action comme réelle ou comme personnelle (art. 59, alin. 4, P. C.(1).

La question ainsi restreinte aux actions personnelles et mobilières, il y a lieu de distinguer deux cas : contestations entre Français et étrangers, contestations entre étrangers seulement.

§ I, *Contestations entre Français et étrangers.*

216. Distinguons encore, suivant que l'étranger est demandeur ou défendeur.

I. *Etranger demandeur.*

217. Un étranger peut assigner un Français devant les tribunaux de France, même pour des obligations contractées en pays étranger (art. 15 C. C.). La loi n'exige pas que le Français défendeur soit domicilié en France, ni que la faculté réciproque soit accordée aux Français dans le pays auquel appartient l'étranger. L'art. 15 s'appliquerait donc même si la loi du pays étranger refusait aux Français la faculté d'assigner les nationaux de ce pays devant leurs tribunaux. Mais l'étranger demandeur ne pourrait pas se prévaloir en France des avantages particuliers que donne aux demandeurs la loi de son pays, cette loi les accordât-elle aux plaideurs français (2).

218. Pour éviter que l'étranger demandeur, qui souvent n'a pas de biens en France, ne puisse se soustraire au paiement des frais

(1) Bonfils, *De la compétence des tribunaux français à l'égard des étrangers*, n° 41.

(2) Fœlix et Demangeat, *loc. cit.*, t. I, p. 283, n° 130.

et des dommages et intérêts s'il perd son procès, la loi (art. 16, C. C. et 166 P. C.) l'astreint à fournir la caution *judicatum solvi*. Cette caution, bien que généralement admise dans les lois des différents pays, n'est peut-être qu'un reste de la vieille méfiance envers les étrangers : elle tend à disparaître dans les législations les plus récentes ; elle a été supprimée, par exemple en Italie et en Belgique (1).

219. Sans entrer dans tous les détails d'une matière qui est réglée par le droit positif interne de la France, il suffira de rappeler sommairement les principes généraux qui sont développés dans tous les traités de droit civil et de procédure civile français.

La caution ne répond que des frais et des dommages et intérêts dus pour une attaque injuste ou imprudente. Encore ne s'agit-il que des frais alloués au défendeur et non de ceux que ce dernier a pu faire pour son compte personnel, comme les honoraires d'avocat, ou qu'il a encourus par sa faute, comme l'amende de fol appel. De ce que la caution répond des dommages et intérêts qui viennent d'être indiqués et non pas seulement des frais, il devrait en résulter qu'elle est due, à ce premier point de vue, par les étrangers qui ont obtenu l'assistance judiciaire en vertu d'un traité intervenu entre la France et leur pays ; mais la plupart des conventions en dispensent d'une manière absolue tous ceux qui sont admis au bénéfice de l'assistance judiciaire (2).

Le jugement qui ordonne que la caution soit fournie, fixe approximativement la somme jusqu'à concurrence de laquelle elle doit s'engager (art. 167 P. C.).

Tout étranger demandeur, principal ou intervenant, doit la caution. Le défendeur en est exempt, par cette raison, dit-on habituellement, que la défense est de droit naturel : comme si la réclamation de son droit n'était pas aussi de droit naturel. Peut-être cette différence s'explique-t-elle par cette idée que le défendeur est réputé libre d'obligation jusqu'à sa condamnation, ou que l'on suppose plus facilement une demande vexatoire qu'une résistance non justifiée. Du reste, le défendeur qui fait appel continue sa défense et ne doit pas la caution devant la seconde juridiction.

(2) Loi belge du 25 mars 1876; *Ann. de législat. étrang.*, 1877, p. 467.
(1) V. notamment Conv. avec l'Allemagne du 20 février 1880 ; avec l'Autriche du 14 mai 1879 ; avec l'Italie, du 19 février 1870.

L'étranger demandeur en premier ressort qui fait appel doit la caution, sans qu'on puisse dire, lorsque la caution n'a pas été exigée en première instance, qu'il y a renonciation tacite de la part du défendeur à jamais la réclamer. Le défendeur a pu se montrer peu rigoureux pour les frais de minime importance, et demander des garanties à raison de l'augmentation de ces frais par suite de l'appel interjeté par le demandeur (1). Dans tous les cas, les voies de recours extraordinaires, comme le pourvoi en cassation, constituent de nouvelles instances dans lesquelles la caution est exigible.

La caution est due en toute matière, même devant les tribunaux administratifs (2) et pour les actions civiles portées devant les tribunaux répressifs. L'art. 16 C. C., établit une seule exception en matière commerciale, pour des motifs d'ordre économique bien connus.

Tout Français et tout étranger autorisé à fixer son domicile en France (art. 13 C. C.) peut exiger la caution.

En supposant résolue dans le sens de l'affirmative la question de savoir si les tribunaux français sont compétents dans les contestations entre étrangers, il y a lieu de se demander si le défendeur étranger peut exiger la caution du demandeur. On décide en général que cette faculté n'appartient pas à l'étranger défendeur, parce que l'art. 16 C. C. qui la consacre est placé au titre de la *jouissance des droits civils,* et ne se réfère qu'à ceux qui jouissent de ces droits, c'est-à-dire aux Français ou aux étrangers se trouvant dans le cas de l'art. 13 C. C. De plus, dit-on, il y a lieu de protéger le Français contre l'insolvabilité de l'étranger qui ne possède peut-être rien en France ; tandis qu'entre étrangers la situation à ce point de vue est parfaitement égale (3).

On commet une confusion en faisant de la faculté d'exiger la caution ce que l'on appelle un droit civil, c'est-à-dire un droit réservé aux nationaux : c'est plutôt la dispense de fournir la caution qui constituerait un droit de cette nature. De plus, dans l'an-

(1) Paris, 9 janv. 1884, *Le Droit,* 5 mars 1884 ; comp. Fœlix et Demangeat, *loc. cit.,* t. I, n° 138, et Bonfils, *loc. cit.,* n° 139.

(2) Avis du Conseil d'Etat, 23 janv. 1820.

(3) Aubry et Rau, t. VI, § 747 *bis,* note 22 ; Demolombe, I, 255 ; Cass., 15 avril 1842, Sir., 42. 1. 473.

cien droit, on ne faisait pas de différence au point de vue de la faculté d'exiger la caution entre le défendeur étranger ou français et les Code civil (art. 16) et de Procédure civile (art. 166) paraissent bien reproduire les mêmes errements, puisqu'ils n'indiquent aucune distinction entre les deux. Enfin, il semble peu juste de ne pas accorder aux défendeurs étrangers une garantie que l'on a jugée nécessaire pour les Français, alors que notre loi impose quelquefois aux étrangers la compétence des tribunaux français, par exemple en matière réelle immobilière quand l'immeuble objet du litige est situé en France (1).

C'est généralement par l'intervention d'un tiers s'engageant comme caution que l'étranger demandeur satisfait à l'obligation qui lui est imposée. La loi cependant accepte comme équivalents la consignation d'une somme fixée par le tribunal, ou un gage suffisant, ou enfin la possession en France de biens assez importants et libres (art. 16 C. C., 167 P. C., 2041 C. C.). On pourrait même se contenter d'un droit d'usufruit ou de nue-propriété sur des biens situés en France (2). Cependant le jugement qui constate que la valeur des biens offerts en garantie est suffisante n'emporte pas hypothèque, et, dans le silence de la loi, le défendeur ne pourrait pas exiger que cette hypothèque fût constituée.

On sait enfin que la caution *judicatum solvi* est demandée sous la forme d'une exception qui doit être présentée *in limine litis*, et même avant toute autre exception (art. 166 P. C.). Du reste, en présence de la contradiction qu'offrent les art. 166, 169 et 173 P. C. relativement à l'ordre dans lequel les diverses exceptions doivent être présentées, il est peut-être plus simple de décider que cet ordre importe peu et qu'aucune nullité ne peut être invoquée en pareil cas, le texte de la loi étant incompréhensible. Il suffira donc que l'exception de la caution *judicatum solvi* soit invoquée avant d'engager le procès au fond, *in limine litis*, sans se préoccuper du point de savoir si les exceptions d'incompétence et de nullité doivent être produites avant ou après elle (3).

220. L'obligation de fournir la caution cesse pour les étrangers autorisés à fixer leur domicile en France (art. 13 C. C.), et pour

(1) Demangeat sur Fœlix, t. I, p. 296, note *a*.
(2) Bonfils, *loc. cit.*, n° 125.
(3) Bonnier, *Procédure civile*, p. 159.

ceux qui peuvent invoquer la réciprocité diplomatique sur ce point (art. 11 C. C.). De nombreux traités sont effectivement intervenus entre la France et les autres états pour faire disparaître cette entrave aux actions en justice. On peut citer les suivants : avec la Suisse, du 15 juin 1869, art. 13 ; le Chili, du 15 sept. 1846, art. 3 ; la République Dominicaine, du 8 mai 1852, art. 3 ; le Paraguay, du 4 mars 1853, art. 9 ; le Portugal, du 9 mars 1853, art. 1 ; le Honduras, du 22 février 1856, art. 4 ; la Nouvelle-Grenade, du 15 août 1856, art. 4 ; San-Salvador, du 2 janv. 1858, art. 4 ; Nicaragua, du 11 avril 1859, art. 4 ; le Pérou, du 9 mars 1861, art. 3 ; l'Espagne, du 7 janv. 1862, et du 6 février 1882, art. 2 ; les îles Sandwich, du 29 octob. 1857 ; la Perse, du 12 juil. 1855, art. 5 ; la Serbie, du 18 janv. 1883 ; Bolivie, 9 décembre 1834 ; Costa-Rica, 12 mars 1848 ; Equateur, 6 juin 1843 ; Guatémala, 8 mai 1848 ; Russie, 1er avril 1874 ; Siam, 15 août 1856 ; Italie, 24 mars 1760 (conclu avec la Sardaigne, mais applicable aujourd'hui à toute l'Italie). — D'autres traités ne dispensent de la condition *judicatum solvi* que les étrangers admis au bénéfice de l'assistance judiciaire : conventions avec l'Allemagne, du 20 février 1880 ; l'Autriche-Hongrie, 14 mai 1879 ; la Bavière, 11 mars 1870 ; le Luxembourg, 22 mars 1870.

II. *Etranger défendeur.*

221. D'après l'art. 14 C. C., l'étranger, débiteur d'un Français, peut toujours être assigné devant les tribunaux français. Dans le projet primitif du Code, cette règle n'était établie que lorsqu'il s'agissait de dettes contractées en France, ou quand, la dette ayant été contractée à l'étranger, le débiteur se trouvait sur le territoire français ; mais toute distinction a été effacée, et l'art. 14 s'applique dans tous les cas. Ce texte déroge, comme on le voit, à cette règle de droit commun, qui est en même temps un principe d'équité : *Actor sequitur forum rei.*

On a essayé de justifier cette exception, en disant qu'elle est la conséquence naturelle de l'art. 15 C. C. d'après lequel les étrangers peuvent assigner les Français en France. Mais on n'a pas pris garde, sans doute, que l'art. 15 n'est que l'application du droit commun, tandis que l'art. 14 en est l'exclusion au préjudice des étrangers.

Aussi est-on à peu près unanime pour reconnaître que la disposition de l'art. 14 n'est qu'un reste de l'ancienne rigueur contre les étrangers, et de la méfiance que l'on avait envers la juridiction des autres états à laquelle on voulait soustraire les nationaux. Aujourd'hui, cette méfiance n'a plus sa raison d'être, étant donné la façon dont la justice est organisée dans les pays civilisés, et, dans ceux où des craintes pourraient être fondées relativement à l'impartialité et à la science juridique des magistrats, des précautions ont été prises par l'attribution du pouvoir judiciaire aux consuls : c'est ce qui a été fait, comme on l'a déjà vu, dans les pays orientaux. Aussi la disposition de l'art. 14 C. C. amène-t-elle des mesures de rétorsion dans les autres pays au préjudice des Français. Comme règle générale, on en revient à peu près partout à la maxime de droit commun : *actor sequitur forum rei*. C'est ainsi que la Belgique, qui nous a emprunté notre Code civil, a admis que les débiteurs étrangers des Belges seraient assignés, sauf quelques cas exceptionnels, devant les tribunaux de leur pays, pourvu que la loi de ces étrangers reconnaisse le même droit aux débiteurs belges : aussi l'art. 14 C. C., enlève-t-il aux Français en Belgique ce bénéfice basé sur la réciprocité législative (loi du 25 mars 1876, art. 52 à 54).

222. L'iniquité même de la disposition contenue dans l'art. 14 C. C. doit conduire à resteindre cette disposition le plus possible. Aussi, considérant qu'elle constitue un privilège dont les Français sont libres de ne pas se prévaloir, admet-on qu'un créancier est réputé y avoir renoncé, toutes les fois qu'il a assigné son débiteur étranger devant les tribunaux de son pays ; sauf aux magistrats Français à apprécier si l'instance est suffisamment engagée devant la juridiction étrangère, pour qu'on puisse en déduire l'intention de la part du créancier de ne pas invoquer l'art. 14 C. C. (1). Toutefois, la jurisprudence atténue considérablement la portée de cette règle, en décidant qu'on ne peut supposer chez le créancier la renonciation au bénéfice de l'art. 14 C. C. toutes les fois que l'assignation qu'il a faite devant la juridiction étrangère était nécessitée par les circonstances, par exemple par l'impossibilité d'obtenir une condamnation efficace en France, le débiteur n'y possédant rien (2). Il semble plus juste de dire que l'option faite par le créancier pour la juridiction étrangère est toujours motivée par une raison d'inté-

(1) Cass. Req. 9 décembre 1878, J. Clunet, 1879, p. 172.
(2) Cass., 23 mars 1859, Sir. 59. 1. 289, et 11 décembre 1860, Sir., 61. 1. 336.

rêt, et que si on ne voit pas dans cette option, quelle que soit la raison qui l'ait provoquée, une renonciation implicite à invoquer la compétence des tribunaux français, jamais cette renonciation ne pourra être présumée (1).

223. Bien que le texte de l'art. 14 C. C. ne semble établir de dérogation au droit commun qu'à propos des *obligations contrac-tées*, il ne faut pas restreindre sa portée aux actions résultant des obligations conventionnelles : la loi a statué *de eo quod plerumque fit*, et on ne verra pas de bonne raison pour distinguer entre les sources des diverses actions, contrats, quasi-contrats, délits et quasi-délits, au point de vue de la compétence. On décide même, dans la pratique, qu'un Français peut assigner en partage son cohéritier étranger devant les tribunaux français, lorsque la succession s'est ouverte en pays étranger, malgré l'art. 59, n° 6, P. C. qui donne compétence en pareil cas au tribunal du lieu où la succession s'est ouverte (2).

224. Un Français peut-il se prévaloir de l'art. 14 C. C. quand il est cessionnaire de la créance qu'avait un étranger contre un autre ?

Dans la pratique on distingue. Si la créance est cessible par les modes commerciaux, par exemple par endossement, on se pro-nonce pour l'affirmative, parce que le débiteur doit s'attendre à changer de créancier et sait bien qu'il ne peut invoquer vis-à-vis du dernier porteur de la créance que les moyens de défense et les exceptions qu'il a contre lui personnellement (3). Si la créance est civile et transmissible par la cession ordinaire, le débiteur pourra objecter au cessionnaire qu'il ne peut avoir que les droits à lui cédés par l'ancien créancier : or ce dernier était étranger et ne pouvait invoquer l'art. 14 (4).

La première solution relative aux créances commerciales est admise par tout le monde : elle est la conséquence des principes généraux relatifs à la cession des créances de cette nature. Mais, pour les créances civiles, on a dit que l'art. 14 pouvait être invoqué

---

(1) Bertauld, *Questions pratiques*, t. I, n° 174.
(2) Paris, 1er février 1836, Sir., 36. 2. 173. — Comp. Demangeat sur Fœlix, t. I, p. 360, note *a*.
(3) Cass. 18 août 1856, Sir., 57. 1. 586.
(4) Cass. 26 janv. 1833, Sir., 33. 1. 100 ; Paris, 27 mars 1835, Sir., 35. 2. 218.

par le cessionnaire français toutes les fois que le débiteur étranger réside en France, parce qu'il est impossible qu'un Français ne puisse pas obtenir justice devant les tribunaux de son pays [1].

Il faut aller plus loin et dire que le cessionnaire français peut toujours assigner le débiteur en France. Quelle que soit, en effet, la nature de la créance, il s'agit toujours d'un Français créancier d'un étranger ; donc, d'après les termes très généraux de l'art. 14, les tribunaux français deviennent compétents. D'ailleurs, quelque critiquable qu'elle soit, on ne peut nier que la disposition de l'art. 14 a pour but de soustraire toujours les Français à la juridiction étrangère. On objecte, il est vrai, en ce qui concerne les créances civiles, que le débiteur a un droit acquis à ne pas être soustrait à ses juges naturels, puisqu'il a pour créancier un étranger, et que, par conséquent, le cessionnaire français ne peut lui enlever ce droit. Mais la compétence d'un tribunal ne constitue jamais un droit acquis pour les parties ; une loi nouvelle peut la faire cesser, et l'on voit tous les jours les créanciers obligés d'assigner leur débiteur à un nouveau domicile, bien éloigné parfois de celui qu'il avait au moment où son obligation est née [2].

Pour les mêmes raisons, tirées du texte général et de l'esprit de l'art. 14, il faudra décider, malgré toutes les distinctions proposées, que l'héritier français d'un créancier étranger peut se prévaloir de la disposition de cet article.

225. On a prétendu que l'art. 14 ne s'appliquerait plus si le créancier français était domicilié à l'étranger. Il n'est plus nécessaire, a-t-on dit, d'éviter au Français l'inconvénient d'une assignation en pays étranger, puisqu'il peut la faire sans se déplacer. De plus, il serait inique de tromper le débiteur étranger qui a pu croire, en contractant, que le Français établi dans son pays relèverait de la juridiction des tribunaux locaux en cas de contestation.

Mais il n'y a pas lieu de se préoccuper de la question d'équité à propos d'une disposition inique en elle-même. Il suffit de constater la généralité de ses termes, son esprit, qui est d'attribuer aux tribunaux français seuls la connaissance des questions intéressant des Français, pour être convaincu qu'elle s'appliquera même dans cette hypothèse. Si d'ailleurs on décidait le contraire, le débiteur

---

(1) Fœlix, *loc. cit.*, t. I, p. 355 à 357.
(2) Demangeat sur Fœlix, t. I, p. 358, note *a;* Bonfils, *loc. cit.*, n° 67.

étranger n'aurait qu'à venir en France pour se soustraire à la condamnation des juges de son pays, et même à toute poursuite, puisque les tribunaux français seraient incompétents pour le condamner (1). Cette solution étant admise, l'art. 14 sera invoqué bien plus souvent par les Français domiciliés à l'étranger que par ceux qui y résident momentanément, parce qu'ils sont plus à même que ces derniers d'entrer en relation d'affaires avec des étrangers. En adoptant l'opinion contraire, on réduit à bien peu de chose l'application pratique de l'art. 14 en ce qui concerne les obligations contractées hors de France.

226. C'est encore en invoquant le texte absolu de l'art. 14 et son esprit qui est de soustraire toujours les Français, quels qu'ils soient, à la compétence des tribunaux étrangers, qu'il faudra admettre son application au bénéfice d'un créancier étranger devenu Français au moment où le procès est engagé. Il n'y a donc pas lieu de s'arrêter à ces objections que le débiteur va subir les conséquences d'un fait tout personnel au créancier, la naturalisation, et que, d'après l'art. 14, il faut qu'il s'agisse d'une dette *contractée envers un Français*. La naturalisation est personnelle, sans doute, mais au point de vue du changement de nationalité seulement; elle donne aussi des droits nouveaux que l'on peut invoquer contre les tiers. Quant aux termes de l'art. 14, ils montrent simplement que la loi a statué sur le cas le plus ordinaire (2).

227. Un Français peut-il user du bénéfice de l'art. 14 contre un gouvernement étranger qui est son débiteur?

Dans la pratique, la question ci-dessus se présente surtout à propos de l'assignation d'un gouvernement étranger devant un tribunal français, à l'effet de faire valider la saisie-arrêt opérée par un Français au préjudice de ce gouvernement qui est son débiteur. La Cour de Pau s'étant déclarée compétente, le 6 mai 1845, pour prononcer la validité d'une saisie-arrêt faite par un Français contre le gouvernement espagnol, la Cour suprême cassa cette décision en invoquant des raisons qui ont été réfutées point par point par M. Demangeat (3).

(1) Bonfils, *loc. cit.*, n° 61.
(2) Bonfils, *loc. cit.*, n° 63; *contrà :* Cass., 13 décembre 1865, Sir., 66. 1. 157.
(3) Cass., 22 janv. 1849, Dal., 49, 1, 81; Demangeat sur Fœlix, t. I, p. 418, note *a*. — La Cour suprême n'admet pas la validité d'une saisie-arrêt faite au

La Cour de Cassation déclare que quiconque traite avec un état étranger se soumet implicitement aux lois et à la justice de cet état. Mais c'est là une véritable affirmation gratuite ; chacun au contraire compte sur les dispositions de sa loi nationale quand celle-ci, comme c'est le cas dans l'art. 14 C. C., n'établit aucune distinction suivant que le débiteur est un particulier ou un gouvernement étranger.

L'art. 14, ajoute-t-on, n'a trait qu'aux engagements entre particuliers parce qu'il est placé au titre des Personnes. Mais l'art. 14 ne distingue pas entre le cas où s'il s'agit d'un débiteur particulier et celui où il s'agit d'une personne morale : les raisons qui l'ont motivé, quelque peu fondées qu'elles soient en elles-mêmes, sont plus fortes dans cette dernière hypothèse que dans la première, car c'est surtout lorsque l'action est exercée par un Français contre un état étranger que la partialité des tribunaux de cet état est à redouter, et qu'il est prudent d'accorder compétence exclusive aux tribunaux français. Si, d'ailleurs, on argumente de la place occupée par l'art. 14 dans le Code, il faudra dire que l'art. 8, qui accorde la jouissance des droits civils à tous les Français, ne vise que les particuliers : l'État ne jouirait donc pas de ces droits !

Il n'y a pas lieu de redouter, quoi qu'on ait dit, que l'état étranger, ne tenant pas compte du jugement intervenu en France sur la validité de la saisie-arrêt, ne force le tiers-saisi à lui payer ce qu'il lui doit, alors qu'il a peut-être déjà payé entre les mains du saisissant. C'est là un abus de la force qui ne prouverait rien contre l'interprétation juridique de l'art. 14, et qui, du reste, ne serait jamais commis par un état civilisé.

Il ne reste plus qu'un argument quelque peu sérieux : c'est que le principe de la souveraineté s'oppose à ce qu'un état relève d'une juridiction étrangère : il y a, dit-on, dans ce fait, une soumission incompatible avec l'idée d'indépendance respective des états.

Est-il bien vrai que le respect de la souveraineté soit violé par l'intervention de la justice française dans un procès qui intéresse le gouvernement d'un autre pays ? C'est comme pouvoir public indépendant qu'un état échappe à toute action des autorités étrangères ;

---

préjudice d'un gouvernement étranger, même quand elle a pour but d'assurer l'exécution d'un jugement rendu par les tribunaux français (Cass., 5 mai 1885, Le Droit, 6 mai 1885).

mais quand il est débiteur il est placé au même niveau qu'un particulier étranger et doit supporter, comme lui, les conséquences de la loi du pays où le paiement de sa dette lui est réclamé. Un état se soumet bien à la juridiction française en assignant un débiteur français devant les tribunaux de notre pays, conformément à l'art. 15 ; tout le monde reconnaît encore que si un état étranger est intéressé dans un débat portant sur un immeuble situé en France, la justice française sera compétente pour trancher le litige : or, en quoi la souveraineté de l'État est-elle moins compromise dans ces deux hypothèses que dans celle qui fait l'objet de la présente discussion (1) ?

On dit encore que la décision rendue par le tribunal français pourra compromettre l'ordre des finances de cet état, nuire au fonctionnement de ses services publics, attenter par conséquent à son indépendance comme puissance souveraine. Il suffit de répondre que l'on gêne toujours un débiteur en le condamnant à payer ses dettes, et que, comme on ne peut prêter à l'état étranger l'intention de ne pas payer ce qu'il doit, le désordre de ses finances proviendra de la dette qu'il a contractée et non de la condamnation qui en est la suite.

Toutefois, en ce qui concerne les saisies-arrêts faites aux préjudice d'un gouvernement étranger, il faut reconnaître que les tribunaux français ne pourront en apprécier la validité qu'au point de vue de la forme. Le bien fondé de la créance elle-même contre l'état étranger dépendant des règles de la comptabilité de cet état et des pouvoirs des fonctionnaires qui se sont engagés en son nom, échappe à la compétence de la justice française : il en est d'ailleurs ainsi en ce qui concerne les dettes de l'état français lui-même. Si donc le tiers-saisi ou le saisi, c'est-à-dire l'état étranger, demande la nullité de la saisie-arrêt, la question sera portée devant le tribunal du saisi (art. 567 P. C.), en d'autres termes devant la juridiction étrangère (2).

228. Très généralement aujourd'hui, à propos de la question de

(1) V. en ce sens : Jozon, *Des conséquences de l'inexécution des engagements pris par les gouvernements relativement au paiement de leur dette publique*, et la note sur la pétition adressée par M. Ch. Vergé au Sénat, à propos de cette question, *Rev. de Droit intern.*, 1869, p. 273 et 283.

(2) Bonfils, *loc. cit.*, n° 57.

savoir si un gouvernement peut être assigné devant les tribunaux d'un autre pays, on tend à adopter la distinction suivante : si ce gouvernement est actionné à propos de dettes se rapportant à un service public, comme des fournitures d'armes, l'assignation est impossible, car l'état étranger a agi comme souverain ; s'agit-il de dettes d'un caractère tout personnel, comme celles qui naissent d'achats faits par un prince étranger pour son compte, la souveraineté n'est plus en cause et l'assignation pourra avoir lieu. Ainsi la Cour de Paris s'est déclarée compétente pour statuer sur une action intentée à la reine d'Espagne à propos d'une fourniture de bijoux, et incompétente pour la réclamation adressée à l'empereur d'Autriche, héritier de Maximilien, empereur du Mexique, à l'effet d'obtenir le paiement de décorations commandées par ce dernier avant son départ pour l'Amérique ; quelque contestable que cela puisse être, la Cour a considéré une commande de décorations comme un acte de souveraineté se rattachant à un service public (1). La même distinction se retrouve dans la jurisprudence anglaise et belge (2).

Toute distinction nous semble arbitraire en présence du texte de l'art. 14 qui ne distingue nullement suivant la nature du débiteur étranger et le rôle qu'il joue ; toujours ce dernier pourra être assigné devant les tribunaux français. Quant à la souveraineté, outre qu'elle n'est pas compromise, d'après ce qui a été dit plus haut, puisque l'état étranger est actionné comme débiteur et non comme souverain, en quoi la respecte-t-on davantage en soumettant cet état à la juridiction étrangère pour certaines dettes plutôt que pour d'autres ?

Pour l'exterritorialité, que l'on a voulu faire intervenir ici, en disant qu'un état, comme ses représentants, ne relève pas de la juridiction étrangère, il suffit de dire, avec Bluntschli (3), qu'elle ne s'applique qu'à certains fonctionnaires habitant en pays étranger, et qu'elle n'a plus de sens pour les personnes qui se trouvent

____

(1) C. de Paris, 15 mars 1872 et 3 juin 1872 ; J. Clunet, 1874, p. 32 et 33.
(2) Belgique, v. article de M. Spée, J. Clunet, 1876, p. 328 ; Angleterre, Haute Cour d'amirauté, 7 mai 1873, J. Clunet 1874, p. 36 ; Lawrence sur Wheaton, t. III, p. 420 ; Cour de chancellerie, 6 novembre 1874, J. Clunet, 1875, p. 25 ; v. espèces diverses dans Calvo, loc. cit., t. I, p. 566 et suiv., 3e édit.
(3) Droit inter. codifié, art. 140, a.

sur le territoire de leur propre pays : or, c'est bien le cas d'un gouvernement étranger.

229. L'art. 14 C. C., en déclarant que le débiteur étranger d'un Français pourra être assigné devant les tribunaux de France, ne nous dit pas quel est celui de ces tribunaux que le créancier devra choisir.

Il n'y aura pas de difficulté si le débiteur a, en France, un domicile ou une résidence : on appliquera l'art. 59 P. C. Dans le cas contraire, certains auteurs distinguent : si l'obligation est née en France, le créancier invoquera l'art. 420 P. C. et portera son action devant le tribunal du lieu où la promesse a été faite et la marchandise livrée, ou devant celui du lieu où le paiement doit être effectué ; si l'obligation est née hors de France, le demandeur s'adresse à tel tribunal qui lui convient, sauf à ne pas faire un choix déraisonnable et de nature à augmenter les frais pour le débiteur en lui imposant des déplacements considérables (1).

Il est peut-être plus raisonnable de s'en tenir dans tous les cas, comme on le faisait dans l'ancien droit, au tribunal du domicile du demandeur. C'est la seule manière d'éviter le déplacement des deux parties (2).

230. La disposition anormale de l'art. 14 C. C. est écartée pour les étrangers dont le pays a conclu un traité avec la France à cet égard (art. 11 C. C.). Les Suisses ne sont plus soumis à cette règle rigoureuse, en vertu du traité du 15 juin 1869 qui a remplacé celui du 18 juillet 1828. Ce traité qui règle plusieurs questions importantes dont l'examen viendra plus tard, dispose ce qui suit en ce qui concerne la compétence pour les contestations entre Suisses et Français.

a. Actions personnelles et mobilières, civiles ou commerciales.

Elles sont portées devant le tribunal du domicile du défendeur ; il en est de même pour les demandes en garantie, quelle que soit la juridiction devant laquelle la demande originaire est pendante. Si le défendeur n'a ni domicile ni résidence connus, le demandeur l'assigne devant le tribunal de son propre domicile. Toutefois, s'il s'agit de l'exécution d'un contrat consenti hors du ressort des juges

---

(1) Demolombe, I, n° 252 ; Fœlix, *loc. cit.*, t. I, p. 351 ; Baudry-Lacantinerie, *Précis de Droit civil*, t. I, n° 151, 1re édit.

(2) Demangeat sur Fœlix, t. I, p. 351, note *a ;* Bonfils, *loc. cit.*, n° 297.

naturels du défendeur, l'action peut être portée devant le tribunal du lieu où le contrat a été conclu, si les parties résident dans ce lieu au moment où le procès est engagé (art. 1er). En cas d'élection de domicile, le juge compétent est toujours celui du lieu où l'élection a été faite (art. 3). C'est là, du reste, une règle générale qui fournit aux parties, en l'absence de traité, le moyen d'éviter l'application de l'art. 14 C. C.

Les mots « actions personnelles et mobilières » qui se trouvent dans le traité de 1869 sont généralement entendus comme désignant les actions ayant un objet pécuniaire, appréciable en argent, ce qui exclut les actions relatives à l'état des personnes et à leur statut personnel en général ; par exemple, les actions en séparation de corps. Cette observation s'applique aussi à l'art. 2 du traité qui sera étudié dans le paragraphe suivant, et qui règle la compétence entre Suisses ou entre Français (1).

b. Actions réelles immobilières.

Elles sont de la compétence du tribunal de la situation de l'objet litigieux (art. 4). Il en est de même des actions personnelles concernant la propriété ou la jouissance d'un immeuble ; c'est-à-dire, suivant le protocole explicatif du traité, des actions personnelles exercées contre un propriétaire considéré comme tel, mais sans réclamation de droits réels : tels sont le recours d'un locataire troublé dans sa possession ; les réclamations pour réparations à faire à l'immeuble loué, etc.

§ II. Contestations entre étrangers.

231. La loi française est muette en ce qui concerne la question de compétence pour les contestations entre étrangers : aussi s'est-on demandé si les tribunaux français ont à connaître des litiges s'élevant entre personnes dont aucune n'est française (2).

Les tribunaux français se refusent, en principe, à statuer sur les

(1) Brocher. Commentaire du traité franco-suisse du 15 juin 1869, p. 15 et suiv. ; Lehr, J. Clunet, 1878, p. 247 ; Paris, 28 avril 1882, J. Clunet, 1882, p. 546 ; Trib. de la Seine, 12 août 1881, id. 1882, p. 627 ; id. 13 février 1883, id. 1883, p. 294. — Contra : Rouen, 12 mai 1874, J. Clunet, 1875, p. 356 ; Req., 1er juillet 1878, id. 1879, p. 177 ; article de M. Demangeat, 1878, p. 450.

(2) Pour la négative, v. Féraud-Giraud, J. Clunet, 1880, pp. 137 et 225 ; pour l'affirmative : Glasson, id. 1881, p. 105.

procès de cette nature ; mais les raisons alléguées pour justifier cette incompétence ne sont rien moins que concluantes.

On objecte, tout d'abord, que les magistrats français n'ont pour mission que de rendre la justice aux nationaux ; ils n'ont pas été institués pour les étrangers. — Mais la justice est un devoir social qui s'impose vis-à-vis de tous ceux qui habitent le territoire d'un pays, sans distinction. L'ordre public de l'état commande l'intervention des magistrats dans les contestations entre tous les particuliers, pour éviter les iniquités et le désordre des vindictes individuelles : aussi, aux termes de l'art. 3, alin. 1 C. C., n'est-ce pas seulement un droit, mais bien une obligation pour les étrangers de se soumettre à la juridiction française, quand celle-ci est compétente d'après les principes généraux de notre Code de procédure civile. Que l'on ne redoute pas le préjudice causé aux Français par le retard résultant de l'examen des contestations n'intéressant que des étrangers : il est chimérique de supposer que ces contestations seront jamais assez nombreuses pour entraver la marche prompte de la justice. D'ailleurs, si cet inconvénient se réalisait, on devrait, étant donné le principe indiqué plus haut, augmenter simplement le personnel des tribunaux.

Pas une loi, ajoute-t-on, ne donne aux étrangers le droit d'accès devant la juridiction française. — Argument sans force si l'on pense, par interprétation de l'art. 11, que les étrangers ont tous les droits sauf ceux qui leur sont enlevés par la loi ; ou si, conformément à l'opinion commune, on leur reconnaît tous les droits des gens, sinon les droits civils (1) : il est impossible, en effet, de ne pas considérer le droit d'obtenir justice comme un de ceux qui doivent être accordés à tout homme sans distinction de nationalité, comme un droit des gens en un mot. L'argument invoqué par la jurisprudence française à l'appui de sa manière de voir implique l'acceptation de la troisième opinion sur l'art. 11 C. C., à savoir que les étrangers n'auraient que les droits qui leur sont positivement conférés par un texte de loi ; mais on a déjà vu que cette interprétation est généralement répudiée, et par la jurisprudence elle-même, comme conduisant à mettre les étrangers hors la loi, à les traiter plus rigoureusement que ne le faisait même notre ancien droit. En vain prétend-on que toute justice n'est pas refusée aux

(1) V. n° 54, B.

étrangers, puisqu'on les renvoie devant les tribunaux de leur pays : souvent les étrangers n'auront conservé dans leur nation ni domicile ni résidence, et n'y trouveront, par conséquent, aucune juridiction compétente pour trancher leur litige ; on en vient ainsi à un déni de justice déguisé.

Indépendamment de cette première contradiction qui consiste à donner, en ce qui concerne le droit d'ester en justice, une interprétation de l'art. 11 C. C. différente de celle qu'on adopte en principe, on peut en signaler une seconde. On verra, dans le chapitre suivant, que, d'après la jurisprudence française, la force exécutoire n'est donnée aux sentences des tribunaux étrangers qu'après révision du procès quant au fond (art. 2123 C C.) : ainsi les juges français seront compétents pour examiner un procès qui n'intéresse que des étrangers, afin d'accorder l'exequatur, et ils ne le seront plus si le litige naît en France et leur est directement soumis.

Reste une dernière objection : les juges français vont être contraints, en statuant sur les affaires qui leur sont soumises par des étrangers, de tenir compte des lois étrangères : or ils ne les connaissent pas et risquent de ne pas apprécier justement les droits des parties.

Accepter cette objection, c'est réduire à néant tout le Droit international privé qui repose en entier sur l'application de la loi étrangère dans les cas où ses principes commandent qu'on fasse cette application. D'ailleurs, la loi positive elle-même ordonne souvent aux juges d'observer les dispositions des lois étrangères, notamment pour l'application de la règle *Locus regit actum* (art. 47, 170, 999 C. C.) et pour l'appréciation du statut personnel des étrangers (art. 3, alin. 3, C. C.).

En réalité, le Code civil n'établit qu'une dérogation au droit commun pour la compétence des tribunaux français envers les étrangers, c'est celle de l'art. 14. Cambacérès ayant demandé que la question fût tranchée d'une façon spéciale en ce qui concerne les contestations entre étrangers, Tronchet répondit qu'il n'y avait, à cet égard, qu'à appliquer le droit commun ; que seulement, pour les procès ne relevant pas de leur compétence d'après le droit commun, les tribunaux pourraient en connaître, *s'ils le voulaient,* bien qu'il n'y ait que des étrangers engagés dans le débat (1).

(1) Locré, *Légist.* t. II, p. 44.

Si donc le défendeur étranger a en France un domicile, le demandeur, étranger lui-même, pourra l'assigner devant le tribunal de ce
domicile. Il suffit d'ailleurs d'un domicile de fait, l'autorisation de
l'art. 13 C. C. n'étant nécessaire, d'après ce qui a été déjà dit, que
pour la jouissance des droits civils (1). Si le domicile du défendeur
est inconnu en France et à l'étranger, l'assignation sera faite devant
le tribunal de la résidence (art. 59 P. C). Ce n'est donc que dans le
cas où le défendeur n'a sur le territoire français ni domicile ni résidence, ou, s'il y a une résidence, dans le cas où il justifie d'un véritable domicile en pays étranger, que les tribunaux devront se
déclarer incompétents. Mais cette incompétence viendra des règles
ordinaires en cette matière et non de l'extranéité des parties : les
choses se passeraient de même, en effet, si le débat s'élevait entre
deux Français et si le défendeur était domicilié à l'étranger ou aux
colonies. De même, pour les dérogations à la compétence ordinaire
établies dans l'art. 59 P. C., on ne tiendra pas compte de cette circonstance que des étrangers seulement sont intéressés dans le procès. C'est ainsi que les sociétés étrangères, reconnues en France
d'après la loi du 30 mai 1857, seront assignées à leur siège social
situé sur le territoire français.

232. La jurisprudence française apporte du reste un assez grand
nombre d'exceptions à la règle générale admise par elle, exceptions dont quelques-unes sont peu justifiées et contredisent la règle
elle-même. En voici l'énumération :

1° En matière d'actions immobilières, pétitoires, possessoires,
réelles ou mixtes, quand les immeubles sont situés en France (art. 59
P. C. n° 3). Mais une contestation née à propos de la détention d'un
immeuble et qui ne touche ni à la propriété ni à la possession ne
rentre plus dans les termes de l'exception admise par la jurisprudence (2).

2° Quand le défendeur a reçu l'autorisation de fixer son domicile
en France (art. 13 C. C.), il peut être assigné devant le tribunal de
son domicile ; réciproquement, le demandeur qui est dans le même
cas peut assigner en France son débiteur étranger, car il bénéficie
de la disposition de l'art. 14 C. C. comme un Français (art. 15 C. C.

(1) V. n° 198.
(2) Cass., 10 janv. 1883, Dal. 83. 1. 460.

et 59 P. C.) (1). On a déja vu que la jurisprudence ne considère pas comme un domicile de droit susceptible d'entraîner des conséquences légales, notamment au point de vue de l'attribution de compétence, le domicile qu'un étranger établit en France sans autorisation (2). Mais, conformément à ce qui a été déjà dit à ce sujet, il faut considérer ce domicile de fait comme un domicile véritable, fixant par suite la compétence, d'après l'art. 59 P. C.; l'autorisation n'est nécessaire que pour donner la jouissance des droits civils (3). Etant donné cette solution, si l'on n'admet pas que l'autorisation de l'art. 13 C. C. soit collective pour toute la famille, il faudra cependant déclarer justiciables des tribunaux français la femme et les enfants mineurs de celui qui l'obtient, s'ils ont en France un domicile de fait.

3° Quand les étrangers ont fait élection de domicile en France.

4° Quand il s'agit d'une action civile; si elle est portée concurremment avec l'action publique, parce qu'elle n'est que l'accessoire de cette dernière dont sont déjà saisis les tribunaux français; si elle est intentée directement devant le tribunal civil ou correctionnel, parce que la réparation des délits et des quasi-délits est une règle d'équité et d'ordre public dont l'observation s'impose aux étrangers eux-mêmes (art. 3, alin. 1, C. C.) (4).

5° Quand le débat porte sur une matière de droit public ou sur un acte de souveraineté du gouvernement français, car la juridiction étrangère ne peut s'immiscer dans des questions semblables; ainsi, un étranger peut demander la nullité d'un brevet d'invention qui est une concession du pouvoir souverain, même contre un autre étranger (5).

6° En matière commerciale, on admet que les tribunaux français sont compétents pour les contestations entre étrangers, toutes les

(1) Cass., 23 juil. 1855, Sir., 56. 1. 148.

(2) Cass., 12 février 1869, Sir., 69. 1. 38; id. 5 mai 1875, Sir., 75. 1. 409; Paris, 13 mars 1879, Sir., 79. 2. 289. — D'autres arrêts sont moins affirmatifs : Cass., 8 avril 1851, Sir., 51. 1. 335; id. 7 mars 1870, Sir., 72. 1. 361. Il semble même que la jurisprudence en vient peu à peu à considérer le domicile de fait de l'étranger en France comme attributif de compétence.

(3) V. n° 198.

(4) Paris, 21 mars 1862, Sir., 63. 2. 411.

(5) Trib. Seine, 26 juil. 1879, J. Clunet, 1880, p. 100.

fois qu'il est possible d'invoquer un des trois cas de compétence *ratione personæ* énumérés dans l'art. 420 P. C. (1).

Bien que l'on essaie de justifier cette exception en disant qu'elle était déjà admise dans l'ancien droit (ordon. de 1673, tit. 2, art. 17, et de 1681, tit. 11, art. 5), et que, le commerce étant du droit des gens, il faut sanctionner, sans distinction de nationalité, les engagements qui en résultent, il est bien difficile d'expliquer cette dérogation à la règle que l'on adopte en principe. Si, en effet, on admet que l'art. 420 P. C. peut être invoqué par les étrangers, pourquoi ne décide-t-on pas de même pour l'art. 59 P. C. qui n'est que la règle de droit commun ? Si, d'ailleurs, les engagements commerciaux sont du droit des gens, c'est-à-dire doivent être sanctionnés quelle que soit la nationalité des parties, ce n'est pas parce qu'ils sont commerciaux, mais bien parce qu'ils viennent de contrats et que la faculté de contracter est un droit naturel de l'homme : on ne voit donc pas de bonne raison pour distinguer entre les obligations civiles et commerciales.

7° Quand il s'agit de prendre des mesures urgentes commandées par l'ordre public (art. 3, alin. 1, C. C.); par exemple, autoriser la femme d'un étranger à quitter le domicile conjugal quand il y a danger pour elle d'y rester, pourvoir à la garde d'enfants étrangers abandonnés ou maltraités par leurs parents, faire payer une dette alimentaire quand il y a urgence, prendre des mesures conservatoires pour les biens d'un absent, d'un aliéné, etc... (2).

Mais, dans tous ces cas, les décisions des tribunaux français n'ont qu'un caractère provisoire, elles ne tranchent jamais la question quant au fond. A ce dernier point de vue, on renvoie les étrangers devant les tribunaux de leur pays, alors qu'ils n'en trouveront peut-être pas de compétents, faute d'avoir gardé sur le territoire de leur nation un domicile ou, tout au moins, une résidence. C'est surtout dans les questions d'état que la jurisprudence française se déclare incompétente, par cette mauvaise raison, déjà réfutée, que ces questions doivent être tranchées par l'application de la loi étrangère ignorée des juges français (3). Or, c'est surtout dans des questions de ce genre qu'on en arrive à des dénis de justice parti-

(1) Cass., 10 juil. 1865, Sir., 65. 1. 130 ; 22 nov. 1875, Sir., 76, 1. 213.
(2) Metz, 26 juil. 1863, Sir., 64. 2. 237.
(3) V. n° 231.

culièrement regrettables. En voici un exemple célèbre : une française mariée à un Polonais demande la séparation de corps ; on ne lui accorde que la faculté de quitter le domicile conjugal, en la renvoyant, pour la prononciation de la séparation, devant les tribunaux russes : or, le mari, réfugié politique, était mort civilement en Russie et incapable d'ester en justice ; la séparation de corps devenait donc impossible (1). Toutefois, on reconnaît, dans la pratique, la compétence des tribunaux français pour les questions d'état n'intéressant que des étrangers, quand ces questions se rattachent à une autre pour laquelle ils sont certainement compétents, et quand la femme française demande la nullité de son mariage avec un étranger : dans ce dernier cas, en effet, la nationalité même de la femme étant en cause (art. 19 C. C.), on ne peut affirmer que le débat s'élève entre deux étrangers (2).

8º Enfin, par application des règles de la procédure civile, on reconnaît que les tribunaux français sont compétents pour les demandes en intervention émanant d'étrangers et se rattachant à une demande dont ils sont déjà valablement saisis (3). De même, quand un créancier étranger a plusieurs débiteurs dont l'un est Français, il peut assigner ses débiteurs étrangers devant le tribunal du domicile de ce dernier (art. 59, alin. 2, P. C.) (4). Cependant, ce qui est assez difficile à concilier avec la première des deux solutions précitées, on n'admet pas qu'un tribunal, compétent pour statuer sur la demande d'un Français contre un étranger, puisse connaître de la demande en garantie exercée par le défendeur étranger contre un autre étranger (5).

233. La rigueur du système adopté par la jurisprudence, en ce qui concerne la compétence pour les contestations entre étrangers, est encore atténuée par le caractère qu'elle attribue à l'incompétence des tribunaux français en pareil cas. Il ne s'agit en effet, dit-on, que d'une incompétence relative et non absolue, *ratione personæ; et non ratione materiæ.*

---

(1) Cass., 16 mai 1849, Sir., 49. 1. 478 ; v. aussi, Trib. Seine, 23 février 1883, J. Clunet, 1883, p. 398.

(2) Lyon, 21 juin 1871, Sir., 72. 2. 202 ; Paris, 2 mars 1868, Sir., 69. 2. 332 ; Trib. Seine, 2 juin 1872, Sir., 72. 2. 248.

(3) Cass., 7 juil. 1845, Sir., 45. 1. 728 ; Lyon, 21 juin 1871, Sir., 72. 2. 201.

(4) Aix, 25 janv. 1876, J. Clunet, 1877, p. 227.

(5) Cass. 17 juil. 1877, Sir., 77. 1. 449.

De là découlent les trois conséquences suivantes :

1° Les parties peuvent ne pas se prévaloir de cette incompétence par une renonciation expresse, ou même tacite, par exemple en contractant en France et en déclarant que l'obligation y sera exécutée ;

2° Cette incompétence doit être invoquée *in limine litis* ; en engageant l'instance quant au fond, les parties sont censées renoncer à l'invoquer : on ne pourrait donc la proposer pour la première fois en appel ou en cassation (art. 169 P. C.) (1).

3° Enfin, si les parties ne font pas valoir cette incompétence, les tribunaux peuvent d'eux-mêmes se refuser à connaître de l'affaire (2). Du reste, pour les juges comme pour les parties, cette incompétence est couverte par le fait qu'elle n'a pas été invoquée, au début de l'instance, devant le premier degré de juridiction.

Le caractère relatif de l'incompétence dont il s'agit est accepté par la majorité des auteurs comme par la jurisprudence (3) ; mais il faut avouer qu'il se concilie assez mal avec le système même adopté pour la question de compétence dans les contestations entre étrangers. Si, en effet, on refuse aux étrangers l'accès de nos tribunaux, c'est que l'on considère le droit de saisir la justice française comme un droit civil *stricto sensu*, dont la jouissance est réservée aux nationaux (art. 11 C. C.) : or, les règles relatives à la jouissance des droits civils sont d'ordre public, et l'on ne comprend pas qu'il puisse y être dérogé par le consentement des parties ou des magistrats (4). Aussi quelques arrêts, d'ailleurs isolés, ont-ils déclaré, logiquement avec le principe général admis par la jurisprudence, que l'incompétence vis-à-vis des étrangers est absolue et qu'on peut l'invoquer en tout état de cause (5).

En appliquant aux étrangers les principes de droit commun en matière de compétence, on décidera simplement que les tribunaux français seront incompétents si le défendeur n'a en France ni domicile ni résidence, et, comme il s'agit bien en pareil cas d'une incompétence *ratione personæ*, on devra la faire valoir *in limine litis*, de même que si des Français étaient seuls engagés dans le débat

(1) Cass., 5 mars 1879, Sir., 79. 1. 208.
(2) Cass., 17 juillet 1877, Sir., 77. 1. 449.
(3) Aubry et Rau, t. VIII, p. 148; Demolombe, I, n° 261, §.4; Bonfils, *loc. cit.*, n° 227.
(4) Glasson, *loc. cit.*, J. Clunet, 1881, p. 109-110.
(5) Alger, 4 mars 1874, Sir., 74. 2. 103; Paris, 24 août 1875, Sir., 75. 2. 212.

(art. 169 P. C.). Mais, après le rejet du déclinatoire d'incompétence, l'étranger devra se borner à faire appel, sans recourir directement et *omisso medio* à la Cour de Cassation, afin d'obtenir un règlement de juges, ainsi que peuvent le faire les Français en vertu de l'ordonnance de 1737, art. 19, que l'on applique encore.

La Cour de Cassation ne peut, en effet, opérer un règlement de compétence entre les tribunaux français et étrangers, ces derniers ne relevant pas de son autorité. L'ordonnance de 1737 ne pourrait être invoquée par l'étranger défendeur que s'il soutenait qu'il a son domicile dans le ressort d'un autre tribunal français que celui devant lequel il a été assigné.

Le défendeur étranger ne pourrait pas non plus invoquer la litispendance, en se fondant sur ce que l'affaire est déjà portée devant un tribunal étranger : la litispendance n'est possible qu'entre deux tribunaux français. Cependant, en prouvant qu'il a son domicile dans le ressort du tribunal étranger déjà saisi de l'affaire, le défendeur pourra réussir dans son déclinatoire de compétence, bien qu'il ait qualifié à tort son exception de litispendance.

Si enfin le défendeur ne se prévaut pas de l'incompétence, le tribunal peut se refuser à connaître du litige sans déni de justice, puisqu'il n'est pas compétent *ratione personæ*, le défendeur n'ayant dans le ressort ni domicile ni résidence. Exceptionnellement, les juges de paix doivent accepter l'arbitrage que leur soumettent les parties qui ne relèvent pas de leur juridiction (art. 7, P.C.), peu importe qu'il s'agisse d'étrangers ou de Français.

Il est à noter cependant que l'incompétence dont il vient d'être parlé, quoique relative en principe, peut devenir absolue en vertu des traités. Ainsi la convention franco-suisse du 15 juin 1869, art. 11, dispose que, dans le cas où les tribunaux des deux pays seront incompétents d'après les règles contenues dans le traité, ils devront se dessaisir d'office, le défendeur fût-il absent. Il en serait de même si les parties acceptaient volontairement la compétence du tribunal dans une affaire dont il ne devrait pas connaître d'après le traité, car l'art. 11 de la convention de 1869 a eu pour but d'abroger l'art. 3 du traité de 1828, d'après lequel les juges devaient statuer quand les plaideurs n'invoquaient pas l'incompétence (1).

(1) Paris, 8 juil. 1870, Sir., 71. 2. 77. — *Contrà :* Rouen, 12 mai 1874, J. Clunet, 1875, p. 356.

234. Traités. — Les traités établissent parfois d'une manière formelle la compétence des tribunaux français dans les contestations entre étrangers de certains pays.

1° La convention franco-suisse du 15 juin 1869 dispose (art. 2), que, dans les procès entre Suisses domiciliés en France ou y ayant un établissement commercial, le demandeur peut saisir le tribunal du lieu où se trouve le domicile ou l'établissement du défendeur : la réciproque existe pour les Français en Suisse.

La règle est la même si un Suisse poursuit un étranger d'un autre pays domicilié ou résidant en France, ou si un Français poursuit un autre étranger qui a en Suisse son domicile ou sa résidence.

2° Tous les traités qui ont été déjà signalés comme abrogeant la nécessité de fournir la *cautio judicatum solvi* (1) contiennent une clause en vertu de laquelle les nationaux des deux pays auront libre et facile accès auprès des tribunaux, pour poursuivre et défendre leurs droits, à tous les degrés de juridiction. Donc les tribunaux français sont compétents pour trancher les litiges s'élevant entre des nationaux des pays qui ont conclu avec la France ces traités, si le défendeur a en France son domicile ou sa résidence (2).

Il a été jugé, avec raison, que le traité d'Utrecht du 11 avril 1713 n'accorde aux Anglais aucune faveur au point de vue de la compétence (3); mais, d'après le système qui a été déjà développé, il faudrait leur appliquer le droit commun de l'art. 59 P. C.

235. Législation comparée. — On comprend d'autant mieux le peu de fondement de la pratique suivie par la jurisprudence française en ce qui concerne les contestations entre étrangers, qu'on voit la plupart des pays reconnaître les mêmes droits qu'à leurs nationaux aux sujets des autres états qui viennent réclamer justice devant leurs juridictions.

---

(1) V. n° 220. Il est admis, avec raison, que tous les traités qui accordent aux étrangers le libre accès devant les tribunaux les dispensent, par le fait, de l'obligation de fournir la caution *judicatum solvi* (trib. de la Seine, 23 novembre 1880, 8 juin 1882, 29 décembre 1883, J. Clunet, 1880, p. 575 ; 1882, p. 300 ; 1883, p. 610).

(2) Bonfils, *loc. cit.*, n° 179.

(3) Cass., 27 janv. 1857, Sir., 57. 1. 161.

16

En Allemagne et en Autriche-Hongrie, les lois nouvelles sur la procédure ont laissé subsister les anciennes dispositions qui accordent aux étrangers comme aux nationaux le libre accès devant les tribunaux (Code général prussien, Introduction, § 45; Code civil autrichien, § 33). Il en est de même en Angleterre et aux États-Unis, à moins que le contrat conclu à l'étranger ne doive s'y exécuter et que le défendeur ne réside pas habituellement sur le territoire anglais ou américain (1); et en Hollande, en vertu de l'art. 9 du Code civil qui assimile les étrangers aux nationaux pour la jouissance des droits civils (2).

En Espagne, l'étranger domicilié est traité comme un national au point de vue de la compétence; l'étranger non domicilié relève de juges spéciaux appelés *juges conservateurs des étrangers* (3). En Portugal, le nouveau Code de procédure du 3 novembre 1876 a laissé subsister les juges spéciaux pour les étrangers, institués comme en Espagne. Certains étrangers, comme les Anglais et les Français, ont des juges particuliers; si un procès s'élève entre un Français et un Anglais, compétence appartient aux juges du pays qui a obtenu le premier l'organisation d'une juridiction spéciale, c'est-à-dire aux juges des Anglais.

En Italie, les étrangers sont assimilés aux nationaux en ce qui concerne l'accès devant les tribunaux, en vertu de l'art. 3 du Code civil qui leur accorde tous les droits civils. Seulement, les art. 105 à 107 du Code de procédure civile italien permettent d'assigner en Italie l'étranger qui n'y a pas son domicile ni sa résidence, dans quelques cas exceptionnels, notamment quand la loi du pays de cet étranger permet de procéder ainsi vis-à-vis d'un Italien : ainsi se manifestent contre les Français les représailles de l'art. 14 C. C.

La loi belge déclare les tribunaux de Belgique compétents pour les contestations entre étrangers dans neuf cas, et spécialement si le défendeur a, en Belgique, son domicile ou sa résidence (loi du 25 mars 1876, art. 52, n° 2).

---

(1) Story, *loc. cit.*, § 542; Westlake, *Rev. de Droit international*, 1874, p. 612; v. J. Clunet, 1875, p. 23.

(2) V. J. Clunet, 1875, p. 318 et suiv.

(3) *Novissima recopilacion*, liv. V, tit. XI, § 168.

SECTION III

DES VOIES D'EXÉCUTION.

236. Les voies d'exécution sont exclusivement régies par la loi du lieu où l'exécution s'accomplit, car elles se rattachent toutes à l'ordre public, soit en tant qu'elles assurent la garantie des actes de justice et la sauvegarde du crédit, soit en tant qu'elles intéressent le principe de la liberté individuelle, comme la contrainte par corps. Aussi les étrangers pourront-ils user en France de toutes les mesures d'exécution organisées par notre loi, comme la saisie, et ne pourront pas se prévaloir de celles qui, admises par leur législation, ne sont pas permises par la nôtre, par exemple de la contrainte par corps. Il y a lieu d'appliquer spécialement aux étrangers l'art. 822 P. C., d'après lequel un créancier peut opérer, sans titre ni commandement, avec la permission du président du tribunal ou du juge de paix, la saisie-gagerie des meubles de son débiteur forain, c'est-à-dire domicilié ailleurs, qui se trouvent dans sa commune : mais l'étranger ne mérite plus la qualification de forain s'il est domicilié, même sans l'autorisation de l'art. 13 C. C., dans la même commune que le créancier, et l'art. 822 P. C., est inapplicable.

Quelques difficultés se présentent pour les saisies-arrêts ou oppositions. Un étranger peut certainement pratiquer des saisies semblables contre un Français (1)́; mais le pourrait-il contre un autre étranger ? On sait que, ces saisies une fois opérées, il faut assigner le débiteur en validité de saisie, dans un délai de huit jours augmenté d'après les distances, devant le tribunal de son domicile (art. 563, 567, 565 P. C.). On en a conclu qu'entre étrangers cette saisie est impossible, car l'assignation en validité ne pourrait avoir lieu, les tribunaux français étant incompétents dans les contestations entre étrangers (2). Mais, aujourd'hui, on décide généralement que les étrangers peuvent opérer des saisies-arrêts contre d'autres étrangers, parce qu'il s'agit d'une mesure conservatoire nécessaire pour sauvegarder le crédit et, par conséquent, l'ordre public (art. 3

---

(1) V. Clunet, J. Clunet, 1882, p. 55 et suiv.
(2) Paris, 24 avril 1841, Sir., 44. 2. 537 ; Douai, 12 juil. 1844, Sir., 44. 2. 491 ; Fœlix, *loc. cit.*, t. I, nº 163, p. 341.

C. C., alin. 1er). Toutefois, on accorde au saisissant un délai pour obtenir devant le tribunal étranger la validation de la saisie; le jugement du tribunal étranger est ensuite revêtu de la formule exécutoire en France pour assurer le maintien de la saisie (art. 2123 C. C.) (1).

Dans l'opinion qui a été adoptée ci-dessus pour la compétence des tribunaux français vis-à-vis des étrangers, on décidera que l'assignation en validité de saisie-arrêt pourra et devra être portée devant le tribunal du lieu où le débiteur a son domicile ou sa résidence (art. 59 P. C.); ce n'est que dans le cas où ce débiteur serait domicilié à l'étranger qu'il y aurait lieu d'employer le procédé suivi dans la pratique (2).

SECTION IV

DES COMMISSIONS ROGATOIRES

237. On appelle commission rogatoire la requête qu'un juge adresse à un autre juge pour le prier de faire quelque acte judiciaire de procédure ou d'instruction, ou de fournir quelque renseignement dans l'intérêt de la justice. Parfois la loi d'un pays oblige les tribunaux à répondre à cette requête émanant d'un tribunal d'un autre pays; parfois cette obligation résulte d'un traité; c'est ainsi que la convention franco-suisse du 15 juin 1869, art. 21 contient l'engagement de faire exécuter les commissions rogatoires venant des juges respectifs des deux pays, à moins d'opposition d'après la loi du pays où la commission doit être exécutée, et dispose que ces commissions seront toujours transmises par la voie diplomatique (3). En dehors des deux cas précités, c'est volontairement et sans y être obligés autrement que par le désir de favoriser le service de la justice et les bonnes relations internationales, que les tribunaux d'un pays consentent à répondre à la requête qui leur

(1) Féraud-Giraud, loc. cit., dans J. Clunet, p. 235 ; Demangeat sur Fœlix, t. II, no 163, note a ; Bonfils, loc. cit., no 205 ; Cass., 23 mars 1878, Sir., 68. 1. 35; Paris, 8 avril 1874, Sir., 76. 2. 145.

(2) Glasson, loc cit., p. 130.

(3) L'Institut de Droit international a émis le vœu que les commissions rogatoires fussent transmises directement au tribunal étranger, sauf intervention ultérieure des gouvernements intéressés, s'il y a lieu (session de Zurich, Annuaire de l'Institut, t. II, p. 151).

est adressée par des juges étrangers. Cependant, à raison des avantages immenses que présente cette façon de procéder, par exemple pour interroger des témoins qui sont domiciliés dans un pays lointain ou pour avoir des indications sur une loi étrangère à appliquer, les commissions rogatoires sont universellement acceptées, sous la condition de réciprocité et pourvu que leur exécution ne soit pas contraire aux lois du pays où elle doit avoir lieu. Seuls, peut-être, les juges anglais et des Etats-Unis n'adressent pas de commissions semblables aux tribunaux étrangers : ils délèguent quelques-uns d'entre eux, ou même des citoyens anglais ou américains établis à l'étranger, pour accomplir les actes d'instruction qui leur sont nécessaires. Il va sans dire que les particuliers, par exemple les témoins appelés, n'ont pas l'obligation de se soumettre à ce que l'on demande d'eux ainsi, les autorités étrangères n'ayant aucun pouvoir sur le territoire où ils se trouvent. Les autorités locales pourraient même, à la rigueur, s'opposer à ces actes d'instruction judiciaire qui constituent un empiétement sur l'indépendance des états (1).

238. Quant à la façon dont doivent agir les juges chargés d'une commission rogatoire, il y a lieu de rappeler les principes déjà indiqués. Pour les formes de procéder et la manière de produire les preuves, par exemple les formalités de l'audition des témoins, les *ordinatoria litis* en un mot, ils suivront leur propre loi. On peut signaler, à ce propos, l'art. 334 du Code de procédure allemand, de 1877, d'après lequel, si l'administration d'une preuve devant une autorité étrangère a eu lieu conformément aux lois du pays où siège le tribunal saisi du procès, on ne pourra se prévaloir de ce qu'elle serait défectueuse d'après les lois du pays étranger.

Pour les questions de fond, les *decisoria litis*, les juges commissaires appliqueront la loi qui régit le rapport juridique en question. Ils se bornent à exécuter les points qui leur sont soumis, et si une difficulté s'élève quant au fond du litige, ils renvoient les parties devant le tribunal étranger saisi du procès (v. Code de procédure allemand, art. 331).

(1) Fœlix, *loc cit.*, t. I, p. 463-464.

CHAPITRE VI

DE L'AUTORITÉ DES JUGEMENTS RENDUS EN PAYS ÉTRANGER

239. La matière qui fait l'objet du présent chapitre se rattache à la procédure à bien des égards, mais son importance particulière exige qu'il en soit fait une étude à part (1).

Dans tout jugement il faut soigneusement distinguer, spécialement au point de vue du Droit international privé, la *force exécutoire* et l'*autorité de la chose jugée.*

En vertu de la force exécutoire dont il est muni, un jugement peut être ramené à exécution, même *manu militari* si c'est nécessaire, avec le concours de certains agents. Cette force exécutoire résulte d'un commandement écrit en tête de l'expédition du jugement, dont la formule varie suivant les pays et, dans un même pays, suivant les gouvernements ; on l'appelle : *formule exécutoire,* ou *pareatis,* ou *exequatur* quand on l'appose sur un jugement émanant d'une juridiction étrangère.

Il est tout d'abord évident, et ce point n'a jamais été contesté, que l'autorité judiciaire d'un pays, dépourvue de tout pouvoir sur le territoire d'un autre état, ne peut adresser un commandement aux agents de la force publique de cet autre état, pour qu'ils prêtent la main à l'exécution de ses sentences : admettre le contraire serait ne tenir aucun compte du principe élémentaire de la souveraineté. Cependant par des considérations, non pas de courtoisie internationale, comme on l'a dit (2), mais bien de justice, en s'inspirant de cette idée que le droit acquis par une personne dans un pays doit être respecté partout quand il est réellement fondé, on est arrivé, soit par des traités, soit par les usages internationaux, soit enfin par les dispositions des diverses lois positives, à assurer l'exécution dans tous les états des jugements rendus par les tribunaux d'une nation. Mais cette exécution n'a lieu que sur un ordre de l'autorité locale qui revêt le jugement étranger de l'*exequatur.*

(1) Consult. Moreau : *Effets en France des jugements en matière civile rendus par les tribunaux étrangers* (1884).
(2) Fœlix, t. II, n° 319.

ainsi les agents de la force publique n'obéissent qu'à leurs supérieurs hiérarchiques, et le principe de la souveraineté est complètement respecté.

Un jugement qui a l'autorité de la chose jugée est celui qui est considéré comme définitif, de telle sorte qu'il n'est plus possible de revenir sur la décision des juges qui l'ont rendu : tels sont, en France, les jugements pour lesquels les délais d'appel et d'opposition sont expirés, et les arrêts des Cours d'appel. On sait d'ailleurs que les voies de recours extraordinaires, comme le pourvoi en cassation, donnant lieu à de nouvelles instances, n'empêchent pas une sentence d'avoir l'autorité de la chose jugée.

Pareille autorité peut-elle être reconnue en France aux décisions des tribunaux étrangers ? Ou bien, en langage pratique, les juges français peuvent-ils réviser le jugement étranger quant au fond, examiner à nouveau les droits des parties, avant d'accorder l'exequatur ? Telle est la seconde question qui se pose, complètement différente, on le voit, de celle qui concerne la force exécutoire.

Enfin, il faut distinguer encore la question de savoir si un jugement étranger entraîne en France hypothèque judiciaire : cette hypothèque, garantie de l'exécution, suppose au préalable la concession de l'exequatur ; mais le point de savoir dans quel cas l'exequatur lui-même l'entraînera pour les jugements étrangers sera examiné plus tard, dans l'étude consacrée aux hypothèques en droit international privé.

La question de principe étant résolue pour la force exécutoire, on voit, au contraire, que l'accord est loin d'exister sur le point de savoir si l'autorité de la chose jugée appartient aux jugements étrangers. Pour les uns, l'affirmative n'est pas douteuse ; la Souveraineté de l'État est suffisamment respectée par l'observation des règles concernant la concession de l'exequatur ; d'autres pensent que, le jugement tirant sa force, au point de vue de l'autorité de la chose jugée comme à celui de la force exécutoire, du pouvoir d'une juridiction étrangère, le tribunal du lieu où l'exécution va se réaliser doit intervenir sur le premier point comme sur le second ; par conséquent, en accordant l'exequatur, examiner le bien fondé de la sentence étrangère en la révisant quant au fond. La question va être résolue dans la première section de ce chapitre, consacrée à l'étude du système suivi dans la législation française. Ensuite viendront : l'exposé sommaire des règles contenues dans les principales lois étrangères ; l'indication des traités conclus par la France pour assurer l'exécution des jugements étrangers ; les règles relatives aux jugements émanant des consuls, des tribunaux mixtes orientaux, des tribunaux organisés dans les pays annexés et envahis; enfin les principes particuliers aux sentences arbitrales.

SECTION I

LÉGISLATION FRANÇAISE

240. Les art. 2123 C. C. et 546 P. C., les seuls qui traitent de notre matière, ne font qu'établir le principe général relatif à l'exécution des sentences étrangères, en vertu duquel cette exécution n'est possible qu'autant qu'un tribunal français a accordé l'exequatur. Notre loi garde le silence sur la question de l'autorité de la chose jugée, et de là une grande divergence d'opinions dans la doctrine et la jurisprudence sur cet important problème.

241. Suivant une première opinion, il faudrait appliquer encore aujourd'hui l'art. 121 de l'ordonnance du 15 janvier 1629, dite Code Michaud, du nom de Michel de Marillac, son auteur : il est vrai que plusieurs Parlements refusèrent d'enregistrer cette ordonnance que l'on peut considérer comme ayant suivi son auteur dans sa disgrâce ; mais, étant donné qu'elle ne faisait que codifier d'anciens usages, on la réputa toujours en vigueur (1).

D'après l'art. 121 précité, un jugement étranger ne pouvait être exécuté en France que moyennant l'obtention préalable de l'exequatur. Quant à l'autorité de la chose jugée, le texte ajoutait que, si le condamné était français, il lui était permis de demander la révision quant au fond : on en concluait, par argument a contrario, que, si le condamné était étranger, l'autorité de la chose jugée appartenait à la sentence étrangère. Or, dit-on, l'art. 2123 C. et l'art. 546 P. C. ne reproduisent que la première partie de cette disposition, celle qui concerne la force exécutoire donnée par l'exequatur et l'hypothèque judiciaire qui en dérive : donc, pour l'autorité de la chose jugée, le législateur moderne s'en est implicite-

_____

(1) Pothier, *Procédure,* IVe Partie, ch. II, sect. II, art. 11, § 3.

ment référé aux anciens errements, et la révision quant au fond n'est possible que si le condamné est français (1).

Cette manière de voir est généralement rejetée, car l'ordonnance de 1629 était une loi de procédure, et l'on sait que toutes les anciennes règles sur cette matière ont été abrogées par l'art. 1041 P. C. On objecte, il est vrai, qu'il s'agit ici d'une question de droit civil autant que de procédure, et que le Code civil n'a abrogé les anciennes lois qu'autant qu'elles sont contraires à ses dispositions (art. 7 loi du 30 ventôse an XII) : or, l'art. 2123 ne vise que la force exécutoire des jugements étrangers, sans parler de leur autorité comme chose jugée. Mais, si le législateur moderne avait voulu maintenir la distinction établie par l'ordon. de 1629, il n'aurait pas manqué de s'en expliquer formellement : la différence établie entre le cas où le condamné est français et celui où il est étranger n'est pas si rationnelle et si équitable en elle-même, pour qu'on la considère comme reproduite par un simple sous-entendu.

242. D'autres, au contraire, concluent du silence gardé par les rédacteurs du Code civil sur la question de l'autorité de la chose jugée, qu'ils ont voulu abandonner l'ancienne distinction de l'ordonnance de 1629, et que toujours cette autorité doit être reconnue aux jugements étrangers. Les tribunaux français doivent donc se borner à accorder l'*exequatur*, sauf à examiner si la sentence des juges étrangers satisfait aux conditions nécessaires pour que son exécution soit possible en France, conditions qui seront indiquées plus loin (2), et dont la principale est que cette exécution ne viole pas les règles d'ordre public admises dans notre pays. Jamais, par conséquent, il n'y aura lieu de revoir à nouveau l'affaire quant au fond (3).

Un a objecté, tout d'abord, contre cette opinion que, d'après l'art. 2123 C. C., le tribunal tout entier doit intervenir pour donner l'exequatur aux jugements étrangers, tandis que pour les sentences arbitrales le président seul peut accorder la force exécutoire : or

(1) Valette, *Rev. de Droit franç. et étrang.* t. VI, p. 597 ; Fœlix, t. II p. 83 ; Aubry et Rau, t. VIII, § 769 ter ; Griolet, *De l'autorité de la chose jugée*, p. 95.

(2) V. infra n° 247, 1°, 2°, 2°.

(3) Bonfils, *loc. cit.*, n° 262 ; Colmet d'Aage sur Boitard. t. II, n° 801 ; Trib. de la Seine, 1er avril 1879, Journal Clunet 1881, p. 156 ; Versailles, 8 mai 1877, id. 177, p. 424.

cela s'explique par cette raison que l'on ne révise pas les sentences arbitrales, tandis qu'il est nécessaire d'examiner complètement les prétentions des parties quand il s'agit des jugements. — Mais les partisans de l'opinion exposée ci-dessus répondent assez facilement que l'examen de la question de savoir si le jugement étranger est régulier en la forme, si son exécution n'est pas contraire à l'ordre public tel qu'il est entendu en France, est souvent assez délicat pour que le législateur ne l'ait pas confié au président seul. Ils ajoutent, comme arguments positifs à l'appui de leur thèse, les considérations suivantes :

Si le tribunal français procède à une révision quant au fond, ce sera sa sentence et non plus un jugement étranger qui sera déclarée exécutoire en France, contrairement à ce que disent formellement les art. 2123 C. C., et 546 P. C. — A cela on peut répondre que c'est bien le jugement étranger qui est déclaré exécutoire, mais que la concession de l'exequatur est subordonnée à cette condition que ce jugement ne viole pas l'équité ou le droit, ce qui ne peut être constaté que par une révison quant au fond. Cette considération est d'autant plus juste, que le tribunal français, ainsi qu'on le verra plus loin (1), ne peut en rien modifier la décision des juges étrangers.

On ajoute qu'il est d'autant plus facile de reconnaître l'autorité de la chose jugée aux sentences étrangères rendues en matière civile, que l'art. 5 du Code d'inst. criminelle la reconnaît aux jugements émanant des juridictions répressives organisées dans les autres états : aux termes de cet article, en effet, un individu ne peut plus être poursuivi en France pour une infraction commise en pays étranger, s'il prouve qu'il a été définitivement jugé dans ce pays. — Mais on sait que l'art. 5, I. C. n'est que l'application d'un principe d'humanité *Non bis in idem*, dont on a fait une règle de droit criminel. Au surplus, la question est toute différente, puisqu'il ne s'agit pas de l'exécution en France d'un jugement rendu par un tribunal criminel étranger : la souveraineté des états s'oppose même à ce que l'exécution de sentences semblables se réalise jamais sur leur territoire.

On a allégué encore une sorte de quasi-contrat qui serait inter-

(1) V. infrà, n° 247, 4°.

venu entre les parties, et en vertu duquel elles auraient implicitement accepté la décision du tribunal étranger qui a tranché leur différend : or, il est inadmissible que les juges français puissent aller à l'encontre de la volonté des parties ; cela serait tout aussi déraisonnable que de leur permettre de réviser un contrat. — Ce raisonnement pèche par la base : ce n'est pas, en effet, volontairement que l'un des plaideurs au moins, c'est-à-dire le défendeur, s'est soumis à la juridiction étrangère ; il y a été contraint par l'autorité de cette dernière, et cela est si vrai que, en cas de non comparution, il a pu être condamné par défaut.

On a fait remarquer aussi l'assimilation établie par les art. 2123 C. C. et 546 P. C., au point de vue des formalités requises pour l'exécution, entre les jugements et les sentences arbitrales ; on ne révise pas ces dernières qui sont l'œuvre de la volonté des parties, et il doit en être de même des jugements.—L'assimilation établie par les articles précités entre les jugements et les sentences arbitrales s'explique par ce fait, qui a été déjà signalé, que ces articles ne parlent que de la force exécutoire et non de l'autorité de la chose jugée (1) : or, il est bien certain qu'au premier point de vue aucune distinction n'est à établir, c'est toujours l'exequatur qui permettra l'exécution en France d'un jugement ou d'une sentence arbitrale.

Il reste à voir enfin si la méfiance que l'on manifeste envers les tribunaux étrangers, en révisant leurs sentences, n'est pas contraire aux bonnes relations qui doivent exister entre pays civilisés, de nature à provoquer des mesures de rétorsion préjudiciables aux intérêts français ; et si la concession de l'exequatur, subordonnée à cette condition que l'exécution du jugement étranger est conforme à l'ordre public du pays où elle doit avoir lieu, n'est pas suffisante pour sauvegarder le principe de la Souveraineté. Mais l'examen de ces deux points va trouver sa place naturelle dans l'exposé de la troisième opinion.

243. La jurisprudence française et bon nombre d'auteurs interprètent les art. 2123 C. C. et 546 P. C. en ce sens que l'autorité de la chose jugée n'appartient pas aux jugements étrangers : les tribunaux français ne doivent donc pas se borner à accorder l'exequatur en s'assurant que l'exécution de la sentence étrangère n'est

(1) V. n° 240.

pas contraire à l'ordre public tel qu'il est entendu en France; ils doivent revoir le litige quand au fond (1).

Cette solution semble juste et conforme aux vrais principes du Droit international privé. Sans doute, il serait désirable, pour éviter aux parties des frais et des lenteurs préjudiciables, que le jugement rendu dans un pays fût partout accepté comme définitif. On éviterait ainsi encore des mesures de rétorsion de la part des autres nations qui peuvent voir dans la révision des décisions rendues par leurs tribunaux une méfiance offensante. Mais, quoi qu'on en dise, le respect de la souveraineté commande que l'on procède ainsi. Il ne suffit pas que l'exécution n'ait lieu que sur l'ordre des autorités locales et qu'elle ne viole pas l'ordre public : le devoir d'un gouvernement est de n'autoriser sur son territoire que l'exécution des jugements qui ne sont pas iniques en eux-mêmes ou mal fondés en droit; or, il est impossible de se rendre compte de ce dernier point si l'on ne révise pas le jugement rendu par la juridiction étrangère. Toutefois, l'organisation de la justice dans certains pays peut présenter suffisamment de garanties pour que cette révision soit considérée comme inutile, et pour qu'on se contente de la concession de l'exequatur après avoir examiné si l'exécution du jugement en elle-même ne viole pas l'ordre public. C'est ce qu'on réalise par le moyen de traités, qui sont comme le moyen de faire un choix parmi les différents pays à raison des lumières et de l'impartialité de leurs magistrats. A l'époque actuelle, ces traités pourraient être beaucoup plus nombreux qu'ils ne le sont, entre les états civilisés. Une tentative pour arriver à une entente à cet égard entre les principales nations a été faite en Hollande par le ministre des affaires étrangères; mais elle a échoué devant l'indifférence et le mauvais vouloir des autres gouvernements (2).

244. Les principes qui viennent d'être exposés, soit en ce qui concerne la nécessité d'obtenir l'exequatur, soit en ce qui concerne la révision, pour les jugements étrangers, souffrent exception s'il s'agit de jugements ayant pour effet de modifier l'état des personnes, tels que ceux qui prononcent la nomination d'un conseil judiciaire, une interdiction ou la nullité d'un mariage. Ces jugements,

---

(1) Cass. 11 décembre 1860, Sir. 1861. 1. 336 ; Req. 16 juin 1875 ; Sir. 76. 1. 213; Cass. 28 mai 1881 ; J. Clunet, 1882, p. 170 ; Demolombe, I, 263.

(2) J. Clunet, 1874, p. 159 et 1879, p. 373 et suiv.

en effet, étant constitutifs de l'état des personnes, du statut personnel desquelles ils forment des éléments, participent du caractère du statut personnel lui-même qui suit l'individu en tout pays. Comme d'ailleurs ils ne donnent pas lieu à une exécution proprement dite exigeant le concours des agents de la force publique, on s'explique très bien que leur acceptation sans condition ne compromette en aucune façon la Souveraineté des États (1).

La solution doit être la même pour les jugements rendus en matière criminelle qui ont pour résultat de modifier l'état des personnes ; par exemple pour une condamnation entraînant l'interdiction légale. Mais les déchéances prononcées par le tribunal étranger ne devront pas être contraires à l'ordre public du pays où on les invoque : c'est ainsi qu'en France, depuis la loi du 31 mai 1854, la mort civile est rejetée comme contraire à la morale et à l'humanité.

On objecte que les déchéances dont il s'agit constituent une peine et que l'application d'une peine est un acte de souveraineté dont l'exercice est impossible sur le territoire d'un autre état (2). Mais cela n'est vrai que d'une peine corporelle ou pécuniaire dont l'application exige le concours de la force publique ; les déchéances résultant des condamnations ne présentent rien de semblable ; elles sont, comme les jugements rendus par les tribunaux civils pour modifier l'état des personnes, constitutives du statut personnel, et doivent, par conséquent, suivre en tout pays l'individu qu'elles atteignent, pourvu qu'elles ne soient pas contraires à l'ordre public de l'état sur le territoire duquel on les invoque (3).

245. Les jugements en matière contentieuse sont les seuls assujétis aux règles énoncées plus haut pour l'exequatur et la révision au fond. Ceux qui ne constituent que des actes de juridiction gracieuse, tels que ceux qui ont pour objet d'homologuer une adoption, d'autoriser l'aliénation des biens d'un incapable, ne sont que la

(1) Aubry et Rau, t. VIII, § 748 ter ; Demolombe I, n° 203 ; Bonfils, *loc cit.* n° 257 etc... Cass. 28 février 1860 ; Sir, 1860. 1. 210.

(2) Demolombe I, n° 198 ; Cass., 14 avril 1868, Sir., 68. 1. 183. Comp. Pasquale Fiore, *Droit pénal international et extradition*, t. I, n° 143 et suiv. ; Aubry et Rau, t. I, p. 98, note 40 ; Humbert, *Conséquences des condamnations pénales*, n° 209.

(3) Bertauld, *Questions pratiques*, t. I, p. 129 ; Demangeat, *Hist. de la cond. des Étrang.*, p. 375 et 376.

constatation d'un acte juridique dont ils sont une formalité : on devra donc, en ce qui les concerne, appliquer l'adage qui sera développé plus loin : *Locus regit actum*, et se contenter de l'observation des formalités prescrites par la loi du lieu où l'acte s'est accompli. Il ne serait nécessaire d'obtenir l'exequatur pour des jugements semblables que s'ils devaient conduire à des actes d'exécution proprement dite. D'ailleurs la gestion d'un tuteur, curateur ou administrateur régulièrement nommé à l'étranger ne doit pas être regardée comme un acte d'exécution : il n'y a jamais lieu, en effet, en pareil cas, de recourir aux agents de la force publique, et la nécessité de l'exequatur ne se comprend pas (1).

246. Procédure pour obtenir l'exequatur. — Comment, tout d'abord, s'introduit la demande d'exequatur ?

Pour ceux qui estiment que le tribunal français n'a pas à réviser le jugement étranger, une simple requête suffit (2). La jurisprudence décide très logiquement, avec le système adopté par elle sur la question de l'autorité de la chose jugée pour les jugements étrangers, que, du moment qu'il s'agit de débattre à nouveau le fond même du litige, la partie condamnée doit être assignée devant le tribunal français (3). On ne pourrait procéder par simple requête que s'il s'agissait d'un de ces jugements qui, en France même, auraient pu être ainsi obtenus (4).

A quel tribunal peut-on demander l'exequatur ?

Les uns estiment que c'est au tribunal civil, quelle que soit la nature de l'affaire, parce qu'il ne s'agit que de l'exécution et non de la révision du jugement étranger (5). D'autres, et la jurisprudence avec eux, tout en reconnaissant la nécessité de réviser la sentence étrangère, adoptent la même solution, même pour les jugements rendus en matière commerciale, soit parce que les tribunaux de commerce ne connaissent pas de l'exécution de leurs sentences (art. 442 P. C.), soit parce que la concession de l'exequatur nécessite l'examen de questions d'ordre public et de droit inter-

---

(1) Paris 13 mars 1850. Sir., 51. 2, 791 ; Contrà : Pau, 6 janv. 1868. Sir., 68. 2,100.

(2) V. cep. Bonfils, *loc. cit.*, nº 278 et Fœlix, t. II, p. 77.

(3) V. J. Clunet, 1879, p. 65-66.

(4) Colmar, 10 février 1864, Sir., 64. 2. 122.

(5) Bonfils, *loc. cit.*, nº 277.

national que les membres des tribunaux de commerce ne sont pas à même de bien connaître (1).

Pour écarter cette considération, il suffit de remarquer que le litige apprécié par le tribunal étranger aurait pu naître en France ; or, s'il avait porté sur une question de droit commercial, les tribunaux de commerce auraient bien été compétents pour le trancher et supposés capables de le faire (2). Du moment d'ailleurs qu'il s'agit d'engager à nouveau le débat, puisque le jugement doit être révisé quant au fond, il est logique de suivre les règles ordinaires de la compétence *ratione materiæ* pour déterminer le tribunal qui doit être saisi.

A moins de disposition contraire contenue dans les traités, il n'y a pas lieu de s'adresser à un tribunal du même degré que le tribunal étranger duquel émane le jugement qu'on veut rendre exécutoire. C'est donc toujours à la juridiction du premier degré que l'on demandera l'exequatur : tribunal civil de première instance ou tribunal de commerce (3).

Les voies de recours contre la décision du tribunal français relative à l'exequatur sont les mêmes que celles qui existent contre toute décision de ce tribunal. Il n'est pas nécessaire que le jugement étranger soit susceptible d'appel à raison de la valeur du litige pour que l'appel soit possible : ce qu'il faut apprécier, c'est la décision du tribunal français sur la concession de l'exequatur ; or, cette dernière décision se rattachant à l'ordre public n'est pas appréciable au point de vue pécuniaire et peut toujours être déférée en appel (4).

Les frais de l'instance engagée pour obtenir l'exequatur seront à la charge du défendeur si l'exequatur est accordé, car ils proviennent de sa résistance à s'exécuter. C'est à tort que le contraire a été décidé, sous le prétexte que, l'exequatur étant une condition de la validité du titre du créancier, c'est à ce dernier à en supporter les charges (5).

(1) Paris, 16 avril 1855, Sir., 55. 2. 336.
(2) En ce sens : Colmar, 17 juin 1847, Sir., 48. 2. 270.
(3) Lyon, 19 mars 1880, J. Clunet, 1881, p. 255.
(4) Contrà, Paris 7 février 1880, J. Clunet, 1880, p. 584.
(5) Le Hàvre, 8 janvier 1875, J. Clunet, 1876, p. 103

247. Rôle du juge dans la concession de l'exequatur. — L'exequatur n'est accordé que si les trois conditions suivantes se trouvent réunies : 1° que l'exécution du jugement ne soit pas contraire à l'ordre public ;

2° Que le jugement étranger soit valablement rendu dans la forme et par l'autorité compétente d'après la loi étrangère ;

3° Que le jugement soit susceptible d'être ramené à exécution, c'est-à-dire définitif d'après la loi étrangère ;

4° Enfin, d'après l'opinion qui a été adoptée ci-dessus, le tribunal français doit s'assurer, par une révision du procès, que l'équité et le droit ne sont pas violés par le jugement étranger. Mais là se borne le rôle du tribunal qui accorde l'exequatur : il ne peut rien ajouter à la sentence étrangère, sinon il lui substituerait sa propre sentence qui seule recevrait exécution, contrairement aux art. 2123 C. C. et 546 P. C. (1). Il peut, au contraire, examiner les moyens nouveaux survenus depuis que le jugement étranger a été rendu, et ceux qui ont été omis devant les juges étrangers ou repoussés par eux. S'il lui est impossible d'examiner une demande nouvelle, on reconnaît cependant qu'il doit tenir compte de celles qui ont été déjà présentées devant la juridiction étrangère et rejetées par elle ; c'est la condition nécessaire pour se rendre compte de la valeur du jugement étranger au point de vue de l'équité. Rien ne s'oppose d'ailleurs à ce que l'exequatur ne soit accordé que pour partie, l'ordre public ou l'équité étant violés par le surplus du dispositif de la sentence ; mais, en pareil cas, le créancier ne pourra être contraint de délivrer quittance que pour la part qu'il obtient. Enfin, on considère que les faits et renseignements contenus ou visés dans le jugement étranger peuvent être tenus pour vrais par le tribunal français et acceptés comme base de sa décision (2).

248. L'intervention du tribunal n'est pas d'ailleurs toujours nécessaire au point de vue de la révision du jugement étranger. Si l'exécution forcée de ce jugement en France n'est possible qu'après obtention de l'exequatur, par respect pour le principe de souveraineté, rien n'empêche les parties d'accepter volontairement l'arbi-

(1) V. n° 242.

(2) Sur tous ces points. V. : Paris, 20 avril 1872 ; J. Clunet, 74, p. 125 ; Cass. 20 août 1872, Sir., 72. 1. 327 ; Paris, 28 janv. 1837. Sir. 37. 2. 173 ; Cass. 6 janv. 1875. J. Clunet, 1876, p. 104.

trage d'une juridiction étrangère et de se soumettre à sa décision en l'exécutant volontairement. On reconnaît même que le Français qui assigne son débiteur étranger devant le tribunal étranger est censé abandonner le bénéfice de l'art. 14 C. C., accepter par conséquent la sentence des juges étrangers et renoncer à la faire réviser par un tribunal français. Toutefois, pour admettre cette présomption, la jurisprudence exige que l'assignation du défendeur devant le tribunal de son pays ne soit pas imposée au Français par la nécessité des circonstances (1).

249. Effet en France d'un jugement étranger non revêtu de l'exequatur. — Si l'instance est encore pendante devant le tribunal étranger, l'effet est nul en France; il n'y aurait pas lieu en effet d'invoquer cette instance pour en arrêter une autre ouverte devant un tribunal français, car l'exception de litispendance (art. 171 P. C.) n'a été établie que pour éviter les contradictions entre des jugements français (2). Il n'y a pas non plus de règlement de juges possible en pareil cas, la cour de cassation étant évidemment sans autorité sur les juridictions étrangères. Cependant, si l'instance est engagée dans un pays qui a conclu avec la France un traité pour l'exécution des jugements, on devra surseoir à l'instance ouverte postérieurement devant le tribunal français : sinon, en effet, le jugement étranger ne pourrait plus être déclaré exécutoire en France après que le jugement français serait intervenu, et le traité serait violé (3).

Il en serait de même si la décision du tribunal français était subordonnée à la solution d'un procès déjà engagé à l'étranger; par exemple une plainte en adultère ne donnera lieu à une sentence qu'après que le tribunal étranger, valablement saisi d'une contestation sur la validité du mariage, aura lui-même statué (4).

Si enfin le jugement est rendu en pays étranger, mais non revêtu de l'exequatur en France, il ne pourra servir à l'accomplissement d'aucun fait qui exige un titre exécutoire, tel, par exemple, qu'une saisie mobilière ou immobilière. Mais ce jugement n'en constitue

(1) V. n° 222. — Comp. Aubry et Rau, t. VIII., § 748 *bis,* p. 142, note 27 et p. 447, note 5.
(2) Trib. Seine, 20 février 1884, J. Clunet, 84, p. 390.
(3) Trib. de la Seine, 13 nov. 1874, J. Clunet, 1876, p. 272, v° litispendance.
(4) Trib. corr. Seine, 9 décembre 1879, J. Clunet, 1880, p. 189.

17

pas moins un acte, même un acte authentique d'après la règle *Locus regit actum,* et peut être invoqué pour les cas où la loi ne demande pas un titre exécutoire, par exemple pour la séparation des patrimoines (art. 878 C. C.), l'apposition ou la levée des scellés (art. 909 et 930 P. C.), la saisie-arrêt (art. 557 P. C.).

SECTION II

LÉGISLATION COMPARÉE

250. Pour indiquer seulement le caractère essentiel des législations des principaux pays sur l'exécution des jugements étrangers, il suffira de signaler le principe général consacré par elles en cette matière. Pour cela, on peut classer les législations modernes en quatre groupes principaux (1).

251. A. Certaines législations tiennent pour non avenu le jugement étranger, et obligent les parties à recommencer l'instance devant les tribunaux locaux, comme si rien ne s'était passé à l'étranger ; cependant, dans le procès ainsi engagé à nouveau, le jugement étranger peut être produit comme preuve ; parfois même il constitue une preuve décisive, ce qui réduit la nouvelle instance à une simple formalité. Tel est le principe adopté, avec de nombreuses variations de détail :

1° En Angleterre (2).

2° Aux Etats-Unis (3).

3° En Hollande (4).

4° Au Pérou (5).

5° En Suède (6).

6° Dans la République Argentine (7).

7° En Danemark (8).

252. B. Dans d'autres états, on accorde l'exequatur sans révision, sans même exiger la réciprocité, pourvu que le jugement étranger

---

(1) Moreau, *loc. cit.* p. 181 à 227.

(2) Alexander, J. Clunet, 1878, p. 22 et 1879, p. 135 et 516.

(3) V. Coudert frères, J. Clunet, 1879, p. 21.

(4) Ordonnance judiciaire de 1838, art. 431.

(5) Pradier-Fodéré, J. Clunet, 1879, p. 250.

(6) D'Olivecrona, J. Clunet, 1880, p. 83.

(7) David, *Bulletin de la Société de législation comparée,* 1879, p. 266.

(8) Goss, J. Clunet, 1880, p. 368.

soit régulier en la forme, émane de la juridiction compétente, et que son exécution soit compatible avec l'ordre public du pays. Telle est la règle :

1). En Russie (Code de procédure art. 1276 à 1279 et ukase de 1827) (1).

2). En Italie (Code de procédure de 1865 art. 941 et suiv. et art. 10 et 12 du titre préliminaire du C. C.) (2).

253. C. Ailleurs, on adopte le système précédent, en y ajoutant la condition de réciprocité.

1). Allemagne (Code de procédure du 1er octobre 1877, art. 660 et 661) (3).

2). Autriche (jurisprudence sur les Hofdecret des 18 janvier et 18 mai 1799 et 15 février 1805 ; voir spécialement le Hofdecret du 1er mars 1809 écartant les jugements français parce qu'en France la révision est imposée aux jugements autrichiens) (4).

3). Espagne (Ley de Enjuiciamento civil du 5 octobre 1855, art. 923, 924, 926 à 929) (5).

4). Brésil (6).

5). Roumanie (art. 374 Code de procédure civile) (7).

254. D. Enfin, dans d'autres législations, on exige, comme en France, la révision du jugement avant d'accorder l'exequatur.

1). Belgique : la loi du 16 décembre 1851 a supprimé l'hypothèque judiciaire et abrogé l'art. 2123 du Code Napoléon adopté dans ce pays ; la loi du 25 mars 1876 en a fait autant pour l'art. 546 du Code de procédure civile. Actuellement, en cas de réciprocité diplomatique, l'exequatur est accordé sans révision ; à défaut de réciprocité, la révision est exigée. Quant aux jugements français en particulier, ils ont été déclarés sans valeur, de telle sorte qu'une nouvelle instance doit être recommencée en Belgique, par un arrêté-loi de Guillaume Ier, du 9 septembre 1814. Cependant, les uns interprètent cet arrêté dans ce sens strict qu'il faut ne tenir aucun

---

(1) De Martens, J. Clunet, 1878, p. 139.
(2) Pasquale Fiore, J. Clunet, 1878, p. 235 et 1879, p. 244.
(3) Keyssner, J. Clunet, 1882, p. 25, 1883, p. 239, et Beschorner, id., p. 43.
(4) Lombard, J. Clunet, 1877, p. 210.
(5) Silvela, J. Clunet, 1881, p. 20.
(6) Règlement du 27 juillet 1878, *Annuaire de législation étrangère*, 1879, p. 736.
(7) Petroni, J. Clunet, 1879, p. 351.

compte des jugements français, tandis que d'autres pensent qu'il y a simplement lieu de les réviser au fond (1).

2). Portugal : (Code civil, art. 31 et loi du 21 mai 1841, art. 11, n°s 5 et 567, et projet du Code de procédure du 9 novembre 1876, art. 717).

3). Haïti : (art. 1890 du Code civil, reproduisant l'art. 2123 de notre Code).

A Monaco, le prince régnant accorde ou refuse à son gré l'exequatur, sur le rapport de l'avocat général (2).

En Suisse, les règles varient suivant les cantons (3).

SECTION III

TRAITÉS CONCLUS PAR LA FRANCE RELATIVEMENT A L'EXÉCUTION DES JUGEMENTS ÉTRANGERS

255. L'art. 2123 C. C., après avoir établi les conditions exigées pour que l'exécution d'un jugement étranger soit possible en France, ajoute : « sans préjudice des dispositions contraires qui peuvent être dans les lois politiques ou dans les traités. »

Comme loi politique dérogeant aux règles de droit commun on ne peut citer que celle du 21 avril 1832. Cette loi avait été rendue en exécution de la convention du 31 mars 1832, renouvelée le 17 octobre 1868, qui était intervenue entre les puissances riveraines du Rhin, pour régler les difficultés relatives à la navigation sur ce fleuve ; ces difficultés devaient être jugées par des tribunaux mixtes. En vertu de l'art. 5 de la loi de 1832 précitée, les décisions de ces tribunaux étaient revêtues de l'exequatur par le tribunal civil de Strasbourg, sans révision au fond. Mais, depuis les événements de 1870-71, cette loi n'a plus d'application pour la France qui a perdu sa frontière du Rhin.

256. Les traités sont plus nombreux, quoique encore en nombre insuffisant.

A. Le traité franco-russe du 1er avril 1874, art. 10, sur le règlement des successions, dispose que les contestations relatives au partage des immeubles seront de la compétence exclusive des tribunaux du pays où les biens sont situés; pour les successions mobi-

(1) Humblet, J. Clunet, 1877, p. 339,
(2) De Loth, J. Clunet, 1877, p. 121.
(3) Roguin, J. Clunet, 1883, p. 113.

lières, compétence est reconnue aux tribunaux du pays où la succession est ouverte, quand un national de ce pays est intéressé
dans le partage. Il suit de là que l'on reconnaît, dans les deux cas
précités, l'autorité de la chose jugée aux décisions émanant des tribunaux russes, et que l'exequatur leur sera accordé sans révision
au fond. Il en sera de même, réciproquement, pour les décisions
des tribunaux français en Russie.

B. La convention du 16 avril 1846, conclue avec le grand-duché
de Bade, déclare aussi exécutoires dans chacun des deux pays
contractants les jugements de l'autre, sans révision au fond. Pour
obtenir l'exequatur, on doit produire une expédition légalisée du
jugement, la preuve que la signification a été faite, et un certificat
du greffier constatant qu'il n'y a ni appel ni opposition. L'exequatur
est accordé par le tribunal ou la Cour du domicile du débiteur ou
du lieu de la situation des biens, suivant que la décision étrangère
a été rendue par un tribunal du premier ou du second degré de
juridiction.

La convention franco-badoise a été étendue à l'Alsace-Lorraine,
dans les rapports de la France et de l'Allemagne, par la convention du 11 décembre 1871 (art. 18), additionnelle au traité de
Francfort.

C. Le traité du 24 mars 1760, intervenu entre la France et la
Sardaigne, avait donné lieu à des difficultés sur le point de savoir
s'il accordait toujours aux jugements sardes la dispense de la révision au fond. D'une part en effet, ce traité avait été abrogé, comme
tous ceux conclus avec des états en guerre avec la France, par la
loi du 1er mars 1793 ; d'autre part, il était visé et confirmé dans les
traités du 15 mai 1793, de 1814 et de 1815. Mettant fin à tous les
doutes, le traité du 1er septembre 1860 déclare les jugements sardes
exécutoires en France sans révision au fond. Il suffit, pour obtenir
l'exequatur, que la sentence soit régulière en la forme, émane du
tribunal compétent, et ne soit pas contraire à l'ordre public. L'exequatur doit toujours être demandé à une Cour d'appel, quel que soit
le degré de la juridiction qui a rendu la sentence. On décide enfin
que le traité de 1860 a laissé subsister la disposition de celui de 1760,
en vertu de laquelle le tribunal étranger doit adresser des lettres
rogatoires à celui qui est appelé à ordonner l'exécution (1).

(1) Paris, 3 juin 1881, le *Droit*, 20 et 21 juin 1881.

Bien que conclu avec la Sardaigne seulement, le traité de 1860 est considéré universellement comme applicable à toute l'Italie. Il est de principe, en effet, qu'un pays annexé prend la condition de l'état auquel il est incorporé au point de vue des relations internationales (1) : or, le nouveau royaume d'Italie s'est formé par l'adjonction successive à la Sardaigne des autres états italiens, Deux-Siciles, Toscane, Parme, Etats-Pontificaux (2). Mais on refuse, en Italie, l'exequatur à un jugement français rendu en vertu de l'art. 14 C. C., parce que cette dernière disposition est considérée comme contraire au droit des gens en tant qu'elle soustrait le défendeur à ses juges naturels (3).

D. Le traité franco-suisse du 28 juillet 1828 ayant donné lieu aussi à quelques difficultés a été remplacé par la convention du 15 juin 1869, dont les dispositions relatives à la compétence ont été déjà signalées.

Pour l'exécution des jugements, l'art. 16 dispose que l'exequatur est accordé sur la production des pièces suivantes : 1º expédition légalisée du jugement; 2º original de l'exploit de signification; 3º certificat du greffier attestant qu'il n'y a ni appel ni opposition. L'art. 16 exige en outre une notification au défendeur, indiquant le jour et l'heure où il sera statué sur la concession de l'exequatur.

D'après l'art. 18, si le jugement ordonne la contrainte par corps, elle ne sera appliquée que si la loi du pays où l'exécution a lieu l'admet dans le même cas ; or, en France, depuis 1867, la contrainte par corps n'existe plus en matière civile et commerciale.

Les difficultés relatives à l'exécution du jugement sont de la compétence du tribunal qui a donné l'exequatur (art. 19).

Une fois les pièces indiquées plus haut remises au tribunal, ce dernier, réuni dans la chambre du conseil, accorde l'exequatur sur le rapport d'un juge et le ministère public entendu. Sans se préoccuper d'apprécier la valeur de la sentence quant au fond, le tribunal n'a qu'à examiner les trois points suivants : 1º que le jugement émane de la juridiction compétente ; 2º que les parties ont été citées devant

(1) V. nº 31 *in fine.*

(2) Paris, 13 février 1883, J. Clunet 1883, p. 286 ; le Bourdellès, J. Clunet, 1882, p. 389 et suiv.

(3) V. J. Clunet, 1881, p. 542-543.

cette juridiction ou ont fait défaut ; 3° que l'exécution est compatible avec l'ordre public du pays où elle doit avoir lieu (art. 17).

257. Les traités qui ont été cités, et tous autres semblables qui pourraient être conclus en pareille matière, donnent lieu à quelques remarques générales.

1° Malgré toute convention, un jugement étranger n'est jamais exécutoire que s'il est revêtu de l'exequatur par l'autorité du lieu où l'exécution se réalise. Le principe de souveraineté s'oppose à ce que les agents de la force publique d'un pays obéissent à un ordre émanant d'une autorité étrangère. Le traité ne peut donc avoir pour résultat que de faciliter la concession de l'exequatur au point de vue des formalités exigées, ou de dispenser de la révision quant au fond.

2° Les traités s'appliquent à tous les jugements rendus dans les pays contractants, quelle que soit la nationalité des parties (1). Les conventions dont il s'agit reposent en effet sur la confiance qu'inspirent les magistrats de certains pays, et cette confiance est évidemment la même, que ces magistrats jugent leurs nationaux ou des étrangers.

3° Enfin, suivant une opinion générale, en cas de guerre entre les pays contractants, les traités sont suspendus et même anéantis, de telle sorte que, la guerre terminée, une nouvelle convention serait nécessaire (2). Cette solution, générale d'ailleurs pour tous les traités quel que soit leur objet, n'est peut-être pas très justifiée. La guerre ne doit rationnellement mettre fin qu'aux relations internationales incompatibles avec le nouvel état de choses qu'elle crée, par exemple aux traités politiques ; mais on ne voit pas de bonnes raisons pour décider de même en ce qui concerne les traités relatifs au droit privé qui ne touchent que les particuliers et non les états considérés comme corps politiques. On ne peut pas dire, par exemple, que la confiance dans les tribunaux d'un pays diminue par ce fait que la guerre éclate avec ce pays, et qu'il y a lieu désormais de réviser au fond leurs sentences, tandis qu'on leur reconnaissait auparavant l'autorité de la chose jugée.

(1) Contrà : Fœlix, t. II, p. 122 et Demangeat, *loc. cit.*, note *b*.

(2) Cass. 23 décembre 1854, Sir., 54. 1. 811.

SECTION IV '

JUGEMENTS RENDUS PAR DES TRIBUNAUX SPÉCIAUX OU PLACÉS
DANS DES CONDITIONS PARTICULIÈRES

258. Jugements rendus dans un pays envahi par une armée étrangère. — L'invasion ne constitue par elle-même qu'un simple état de fait n'entraînant pas, en principe, de modifications dans la condition légale du pays occupé par l'ennemi. C'est par l'annexion seulement que se réalise le changement de Souveraineté ; jusqu'à ce qu'elle ait lieu, par conséquent, les tribunaux du pays envahi doivent continuer à rendre la justice au nom du Souverain actuel. C'est avec autant de droit que de courage que la Cour de Nancy a refusé de rendre ses arrêts au nom du gouvernement allemand, avant que l'annexion ait été accomplie (1). En conséquence, les jugements émanant des tribunaux du pays occupé militairement seront de plein droit exécutoires dans toute l'étendue de l'état dont une partie est envahi, et, dans le territoire de l'état qui fait l'invasion, ils seront réputés jugements étrangers, assujétis par suite à l'exequatur.

Cependant, pour ne pas compromettre les intérêts essentiels des habitants du pays qui subit l'invasion, on admet que, après la fin de celle-ci, il faut respecter les actes accomplis par l'état envahisseur en tant qu'il ne s'agit que d'actes administratifs et judiciaires touchant au droit privé, et non d'actes qui ont eu pour but de changer la constitution du pays et dont le caractère est politique (2). On en conclut que les jugements rendus par les tribunaux civils et commerciaux organisés par l'envahisseur doivent être respectés quand l'invasion a cessé : il serait trop dur, dit-on, alors que le service de la justice est désorganisé par l'occupation militaire, de priver les particuliers de la faculté de faire reconnaître leurs droits par ces nouvelles juridictions, et de les forcer à attendre, pour obtenir justice, que l'invasion ait pris fin. Mais on va beaucoup trop loin en acceptant *de plano* les décisions de ces tribunaux dans le pays envahi ; au moins faudrait-il les assimiler à

_____

(1) Délibération de la Cour de Nancy du 8 septembre 1870. J. officiel, 21 septembre 1870.

(2) Bluntschli, *Droit int. codifié*, art. 731.

celles qui sont rendues par des tribunaux étrangers et les soumettre pour l'exécution à la formalité de l'exequatur (1).

Exceptionnellement, les armées en campagne ont une juridiction exclusive pour juger les infractions commises par leurs membres et les attentats des étrangers contre leurs soldats. Cette application de la loi martiale est commandée par la nécessité de sauvegarder l'armée et d'éviter qu'elle ne soit toujours contrainte de recourir à la violence pour repousser les attaques dirigées contre elle par des particuliers (2). Il en serait de même si l'invasion n'avait pas le caractère d'hostilité, c'est-à-dire si l'armée étrangère avait été appelée par le gouvernement du pays occupé par elle : c'est ce qu'a jugé avec raison la Cour de cassation, le 31 mars 1866, à propos de l'occupation de Rome par l'armée française sur la volonté de Pie IX (3).

Il n'y a pas lieu de distinguer non plus suivant que le coupable d'un attentat contre l'armée d'invasion est ou non un national du pays occupé; c'est ainsi que la compétence des tribunaux militaires français a été reconnue, pendant l'occupation de la Tunisie, pour juger un Italien coupable d'agression contre un soldat français (4).

259. Jugements rendus avant ou après une annexion. — Deux principes, qui dominent toute la théorie de l'annexion, doivent servir de règles en ce qui concerne l'exécution des jugements rendus avant ou après une annexion :

1° Le changement de souveraineté n'a lieu qu'au moment de la signature du traité ou au jour fixé par le traité; 2° l'annexion n'a pas d'effet rétroactif; il faut donc respecter tous les droits acquis au moment où elle se réalise et qui pourraient être modifiés par elle.

Ces principes une fois établis, deux cas sont à distinguer, suivant que le jugement est ou non définitif au moment où a lieu l'annexion.

A. Le jugement est définitif au moment de l'annexion.

Ce jugement constitue pour la partie qui l'a obtenu un droit

---

(1) Cass. 16 mars 1841; Sir. 41. 1. 505; Cass. 6 janv. 1873; J. Clunet, 1874, p. 243; Bastia, 27 décembre, 1875; J. Clunet, 1876, p. 104.

(2) Bluntschli, *loc. cit.*, art. 539; Haffter, *loc. cit.*, §§ 131 et 186.

(3) Guelle, *De la guerre continentale*, p. 171.

(4) *Instructions pour les armées des Etats-Unis* de Lieber, art. 7, dans Bluntschli, *loc. cit.*, p. 483; v. J. Clunet, 1882, p. 511.

acquis, sur lequel l'annexion, n'opérant que pour l'avenir, n'a pas d'influence. En conséqnence, ce jugement est exécutoire *de plano* dans le pays annexé ou sur le territoire du pays démembré, quand il a été rendu dans le pays démembré ou dans le pays annexé. Cependant, si l'exécution doit se faire dans le pays annexé, la formule exécutoire doit être donnée au nom du nouveau souverain qui y domine.

A l'inverse, le perdant a le droit d'exiger l'exequatur, et même la révision au fond dans le système français, quand le jugement rendu dans le pays annexé doit être exécuté dans le pays annexant.

Il devrait en être de même quand le jugement est rendu dans le pays annexant et exécutoire dans le pays annexé : mais on admet en pareil cas l'exécution *de plano*, parce qu'il serait irrationnel de demander l'exequatur à des juges établis par le souverain même du pays où l'exécution doit avoir lieu (1).

B. Le jugement n'est pas définitif au moment de l'annexion.

Si l'on veut employer une voie de recours après l'annexion, contre un jugement rendu dans le pays annexé, il faudra s'adresser aux juridictions du pays annexant ou organisées par lui dans le pays annexé. Les décisions de ces dernières juridictions seront évidemment exécutoires *de plano* dans le pays annexé.

Si une voie de recours est déjà ouverte au moment où se fait l'annexion, trois hypothèses sont à distinguer. 1o Le recours est porté devant un tribunal du pays annexé : en pareil cas la décision sera exécutoire *de plano* dans le pays annexé et dans celui qui réalise l'annexion, car elle est rendue au nom du souverain de ces deux pays.

2o Si le recours est porté devant un tribunal du pays démembré, le jugement de ce dernier ne sera exécutoire dans le pays annexé ou dans le pays annexant qu'après l'obtention de l'exequatur.

3o Enfin, l'exequatur n'est pas nécessaire pour l'exécution, dans le pays annexé, de la sentence définitive émanant d'un tribunal du pays annexant, à qui la réformation du jugement en premier ressort a été demandée.

S'il y a pourvoi devant la Cour de Cassation du pays démembré,

(1) Paris, 9 juin 1874, J. Clunet, 1875, p. 189.

au moment ou l'annexion s'accomplit, le renvoi après cassation ne peut avoir lieu que devant un autre tribunal du pays démembré : le respect de la Souveraineté s'oppose évidemment à ce que la Cour suprême d'un pays puisse saisir la juridiction d'un autre état. La sentence de ce tribunal du pays démembré, à qui l'affaire a été renvoyée après cassation, ne sera exécutoire dans le pays annexé ou annexant qu'après concession de l'exequatur.

Les voies de rétractation, comme l'opposition, ne présentent généralement pas de difficultés, puisqu'elles sont portées devant le tribunal même qui a rendu la sentence attaquée. Cependant, il peut se faire que la loi du pays annexant n'admette pas une voie de rétractation organisée par la loi qui s'appliquait avant l'annexion dans le pays annexé. Si la voie de recours supprimée par la loi nouvelle est déjà ouverte quand l'annexion se réalise, elle ne devra pas être fermée, parce qu'elle constitue un droit acquis pour les parties et que l'annexion, qui n'opère que pour l'avenir, est sans influence sur les droits de ce genre. Si, au contraire, cette voie de recours n'est pas encore ouverte au moment de l'annexion, on ne pourra plus l'employer quand la loi du pays annexant ne la reconnaît pas.

260. Il arrive parfois que, pour éviter les frais et les complications, on stipule dans les traités le maintien de tous les actes judiciaires antérieurs à l'annexion. (v. Convention franco-prussienne du 23 octobre 1829 pour fixer la limite des deux états.)

La convention du 11 décembre 1871, art. 3, additionnelle au traité de Francfort, contient sur notre matière des règles particulières. Conformément aux principes exposés ci-dessus, les jugements entre Français, qui étaient définitifs au 20 mai 1871, sont déclarés exécutoires *de plano* en Alsace-Lorraine ; ceux qui ont été rendus en Alsace-Lorraine et qui étaient définitifs à cette même date, ont pu être attaqués par un pourvoi devant la Cour de cassation de France. Mais, de plus, ceux qui n'étaient pas définitifs à la même époque ont été soumis aux Cours d'appel de France et non à celles d'Allemagne : cette dérogation au droit commun a été motivée par le désir de faire apprécier le jugement par des magistrats français comme ceux qui l'ont rendu, et connaissant bien la loi d'après laquelle l'affaire a été jugée.

Les appels et pourvois déjà commencés au 20 mai 1871 devaient continuer devant les juridictions qui en étaient saisies ; cependant, s'il s'agissait de statut personnel pour des personnes que l'annexion atteignait, les tribunaux allemands étaient seuls compétents. Quant aux instances pendantes au moment de l'annexion, elles devaient continuer devant les juges allemands établis en Alsace-Lorraine, en matière réelle, et devant la juridiction du domicile du défendeur, en matière personnelle.

261. Jugements rendus par les consuls français à l'étranger. — Si les consuls n'ont qu'un pouvoir de juridiction très restreint dans les pays chrétiens, par exemple pour la nomination d'experts afin d'évaluer les pertes en cas de jet (art. 414 Co.) et pour rendre exécutoire la répartition de ces pertes entre les chargeurs et le propriétaire du navire (art. 416 Co.) (ordon. du 29 octobre 1833), on a vu qu'ils ont au contraire une compétence très étendue dans les pays régis par les capitulations et dans certains états de l'Extrême-Orient. Dans tous les cas, les sentences émanant des consuls sont directement exécutoires en France, car elles sont rendues par un magistrat français qui les revêt lui-même de la formule en vertu de laquelle l'exécution peut avoir lieu, même *manu militari*. Néanmoins, la signature du consul doit être légalisée au ministère des affaires étrangères (ordon. du 25 octobre 1833, art. 10). Le législateur s'exprime donc d'une manière inexacte en disant, dans l'art. 2123 C. C., que l'exequatur est nécessaire pour les jugements *rendus en pays étranger ;* plus justement, dans l'art. 546 P. C,, il n'impose cette formalité qu'aux jugements *rendus par les tribunaux étrangers*.

262. Jugements des tribunaux mixtes. — Les sentences des commissions mixtes, qui avaient été organisées en Turquie et qui sont aujourd'hui tombées en désuétude (1), devaient, d'après la convention de 1820, être revêtues de l'exequatur par le consul du condamné ; cette condition remplie, elles étaient donc exécutoires dans le pays de ce dernier (2). Dans le système suivi par la jurisprudence française, le consul ne pourrait pas au contraire se contenter d'accorder l'exequatur à une décision d'un tribunal étranger ; il devrait au préalable procéder à une révision quant au fond.

On a soutenu que les jugements des tribunaux mixtes d'Egypte

(1) V. n° 192, *b*.
(2) Féraud-Giraud, *loc. cit.*, t. II, p. 250 et 307.

n'avaient besoin, pour être exécutoires en France, que d'être revêtus de l'exequatur, sans être révisés quant au fond. Pour leur reconnaître ainsi l'autorité de la chose jugée, on se fonde sur ce que des magistrats français siègent dans ces tribunaux qui appliquent des lois absolument calquées sur nos codes : ce sont là, dit-on, des garanties qui rendent la révision inutile (1).

Mais il suffit de faire remarquer que les tribunaux en question sont étrangers, que leurs membres sont investis de leur autorité par le gouvernement égyptien, pour se convaincre que les jugements dont il s'agit rentrent dans les termes des art. 2123 C. C. et 546 P. C. : il serait donc arbitraire d'admettre une exception à leur égard, et il faut leur dénier l'autorité de la chose jugée si on la refuse aux jugements étrangers en général.

SECTION V

SENTENCES ARBITRALES

263. Les sentences arbitrales peuvent se présenter sous deux formes : elles sont volontaires ou forcées.

Volontaires, elles constituent des conventions appelées compromis, par lesquelles les personnes divisées par un différend s'en rapportent à l'appréciation d'un ou de plusieurs arbitres pour le trancher. Or, la volonté des parties étant leur loi, il n'y aura pas lieu de revenir sur la sentence des arbitres ni de la réviser ; il suffira d'accorder l'exequatur pour que les agents de la force publique prêtent leur concours, si c'est nécessaire, à l'exécution de cette sentence. Le respect de la Souveraineté ne commande plus qu'on examine si la décision rendue est équitable, comme dans le cas où il s'agit d'un jugement étranger, car les parties sont maîtresses de régler leurs droits comme elles l'entendent, tant qu'elles ne violent pas les principes d'ordre public ; l'intervention de la justice serait déplacée, car elle a été écartée par les intéressés eux-mêmes à l'étranger et aussi en France : *Arbitri munus non est publicum ut judicis.*

L'exequatur sera donné aux sentences arbitrales par le président du tribunal seul, et le rôle de ce dernier se bornera à cons-

(1) Fauchille, J. Clunet, 1880, p. 457.

tater que l'exécution n'est pas contraire à l'ordre public (art. 1020 P. C.).

La sentence arbitrale est dite forcée, quand les tribunaux ont imposé, conformément à la loi de leur pays, l'obligation aux parties de se soumettre à la décision d'arbitres, ou quand les parties, voulant faire un compromis, ont confié au tribunal la nomination des arbitres, ou enfin, quand le tribunal est intervenu pour cette nomination, faute d'accord entre les parties. Dans tous ces cas l'arbitre tient son pouvoir d'une délégation des magistrats étrangers, et sa sentence doit être traitée comme si elle émanait de ces derniers : en conséquence, elle sera soumise, non seulement à l'exequatur, mais encore, d'après le système qui a été adopté en France, à la révision quant au fond.

CHAPITRE VII

DE LA LOI RÉGISSANT LA FORME DES ACTES JURIDIQUES

264. Si l'on reconnaît aux étrangers la capacité d'accomplir certains actes juridiques en France, la première question qui se pose est celle de savoir comment ils les accompliront, en d'autres termes, quelle loi ils observeront en ce qui concerne les formalités de ces actes. De plus, le juge appelé à apprécier un acte juridique accompli en pays étranger, soit par des Français soit par des étrangers, et à déterminer la loi qui doit en régler les conséquences, devra tout d'abord se demander si l'acte est valable en lui-même au point de vue des conditions de formes, et, pour cela, rechercher quelle est la loi que les auteurs de l'acte ont dû suivre à ce dernier point de vue.

Ces diverses considérations expliquent le caractère préjudiciel de la matière du présent chapitre, et la nécessité de trancher d'abord les conflits de lois sur les questions de formes des actes juridiques, avant de s'occuper des conflits pour les conséquences de ces mêmes actes (1).

(1) Consult. sur cette matière : *Des conflits de législations relatifs à la forme des actes civils,* par M. Duguit, 1882. (*Thèse de Doctorat soutenue devant la faculté de Bordeaux.*)

265. Mais que faut-il entendre par *formes* des actes ?

Dans tout acte juridique, on distingue : 1o l'aptitude à le faire, ou la capacité ; 2o les éléments essentiels qui constituent l'acte, par exemple le consentement, la cause et l'objet pour les contrats ; 3o la manifestation extérieure de l'acte, c'est-à-dire l'ensemble de faits ayant pour but de le constater et de le prouver.

Les anciens auteurs désignaient ces trois choses sous le nom de formalités *habilitantes, viscérales* ou *internes*, et enfin *externes ;* ils ajoutaient à cette classification les formalités *d'exécution*, comprenant l'ensemble de mesures ayant pour but d'amener la réalisation des actes, comme la saisie.

Cette terminologie est complètement inexacte : il n'y a de vraies formalités, comme le mot le dit, que celles qui se rattachent à la forme de l'acte, à sa constatation et à sa manifestation, et l'on sent bien que les mots *formalités internes* jurent ensemble.

Par *formes* des actes, il faut entendre seulement ce qui sert à constater, à prouver le fait accompli, ce qui, suivant l'expression fort juste de von Ihering, concerne la *visibilité* des actes (1). Ainsi entendues, les formalités comprennent : 1o les solennités exigées pour la constatation de certains actes, par exemple l'intervention d'un officier public ; 2o l'écrit rédigé dans le même but ; 3o les preuves, testimoniales ou autres, servant à établir l'existence de l'acte.

Pour les formes des actes ainsi strictement définies, il y a lieu d'examiner : 1o le principe servant à déterminer la loi qui les régit ; 2o la portée de ce principe ; 3o ses exceptions ; 4o son caractère facultatif ou obligatoire ; 5o la règle adoptée dans les principales législations ; 6o les particularités relatives aux actes reçus par les consuls.

SECTION I

LE PRINCIPE

266. La règle générale, adoptée par l'usage traditionnel et formulée par quelques lois positives, en ce qui concerne la forme des actes juridiques, est résumée dans l'adage suivant : *Locus regit*

---

(1) *Esprit du Droit Romain*, t. III, p. 159.

actum. Le sens de cet adage est que les formes des actes sont déterminées par la loi du lieu où on les accomplit.

Quelque ancienne qu'elle soit, cette règle ne remonte pas jusqu'au droit romain. En vain a-t-on argumenté, pour soutenir le contraire, de nombreux textes et surtout de la loi 34 *de Reg. juris* au Digeste. Dans ce dernier texte, Ulpien, loin de trancher une question de conflit de lois à propos de la forme des actes, nous dit seulement que, pour déterminer les conséquences d'un contrat, on devra consulter les usages locaux auxquels les parties se sont vraisemblablement référées. Il résulte d'ailleurs de la loi 9 au Code *de Testam.* que chacun pouvait tester en la forme particulière fixée par le *privilegium* ou droit local de sa *civitas* : les Romains faisaient donc, en ce qui concerne les formes des actes juridiques, l'application de leur principe général d'après lequel chacun devait, à tous les points de vue, suivre le droit particulier de sa civitas déterminée par son *origo* ou son *domicilium*. C'était, on l'a déjà vu, la *personnalité des lois* adoptée plus tard par les barbares (1).

Notre règle fut au contraire consacrée par Barthole et ses disciples; plus tard, quand Dumoulin précisa en France la classification des statuts, il distingua la *forma substantialis* et la *forma extrinseca,* c'est-à-dire les conditions de fond et de forme des actes; pour ces dernières seules il appliquait le principe : *Locus regit actum* (2). Malgré l'opposition de Cujas qui, fidèle aux principes du Droit romain, voulait qu'on appliquât aux formes des actes la loi du domicile de leur auteur, le principe nouveau l'emporta dans la jurisprudence des Parlements (3).

On écarta une disposition du projet du Code civil qui contenait la même règle, parce qu'il était dangereux, disait-on, d'encourager les Français à se rendre en pays étranger afin de se dispenser des conditions prescrites par la loi française pour l'accomplissement de certains actes, par exemple du consentement des parents pour le mariage. Portalis répondit avec raison que pareil danger n'était pas à craindre, car la règle *Locus regit actum* ne vise que les con-

(1) V. n° 82 *in fine.*

(2) *In lege primâ de Verb. oblig.* n°s 39-40, *Opera,* t. III, p. 64 et 65, Paris, 1681.

(3) Cujas, *Observa.* liv. XIV, ch. XII, Lyon, t. IV, col. 1710. — Jurisprudence citée par Bouhier, *loc. cit.,* t. I, ch. 28, n°s 41-44, 64-65.

ditions de formes et non celles de fonds, comme la nécessité du consentement des ascendants pour le mariage (1). Mais il faut remarquer que, si l'on n'a pas maintenu la disposition du projet, c'est simplement parce qu'on l'a trouvée dangereuse à formuler, et non parce qu'on a voulu la rejeter. Du reste, on trouve trois applications importantes de la règle *Locus regit actum,* dans les art. 47, 170 et 999 du Code civil.

267. Comment se justifie cette règle consacrée par l'usage général et souvent par les lois positives ?

Par la nécessité. L'exigence d'un législateur qui ne reconnaîtrait la validité des actes juridiques accomplis en pays étranger, qu'autant qu'ils seraient revêtus des formes exigées par lui pour les actes faits sur son territoire, serait complètement déraisonnable.

Souvent en effet il est difficile, pour ne pas dire impossible, de connaître les formalités exigées par la loi du pays où l'acte doit produire ses effets. Deux Anglais font en Angleterre un contrat de donation portant sur un immeuble situé en France ; leur sera-t-il bien facile de connaître dans leurs détails les formalités exigées par les art. 931 et suiv. du Code civil pour des actes semblables ?

De plus, en supposant ces formalités connues, il sera souvent impossible de les observer en pays étranger. D'après la loi prussienne, le testament authentique se fait par déclaration devant le tribunal ; si un Prussien veut tester en France pour ses biens situés en Prusse, il ne trouvera pas de tribunal qui consente à recevoir la déclaration de ses dernières volontés, car la loi française ne donne pas d'attribution semblable aux magistrats.

Sous peine de rendre impossibles les actes juridiques accomplis dans un pays et devant produire leurs effets dans un autre, sous peine, par conséquent, de paralyser les relations internationales, il faut bien accepter la règle *Locus regit actum,* et reconnaître la validité, au point de vue de la forme, des actes pour lesquels on a observé les formalités prescrites par la loi du pays où on les accomplit (2).

268. Le principe admis conduit aux conséquences suivantes :

1° Pour les formes des actes, par exemple la nécessité d'un écrit,

(1) Fenet, t. VI, p. 257.

(2) De Savigny, *Système*, t. VIII, p. 345-346.

de l'intervention d'un officier public, il faut suivre la loi du lieu où l'acte est rédigé.

2° L'acte pour lequel on a observé les formes indiquées par la loi du lieu où on l'accomplit sera valable partout, et pourra même produire ses effets sur les immeubles situés dans un autre pays.

3° L'acte demeure valable malgré le retour de son auteur dans le lieu de son domicile ou dans sa patrie, sans que ce dernier soit contraint de le refaire suivant les formes prescrites par la loi en vigueur à son domicile ou dans son pays.

4° Si un acte juridique se décompose en plusieurs accomplis dans des pays différents, comme une lettre de change qui peut être créée dans un lieu, endossée dans un second et acceptée dans un troisième, on appliquera à chacun de ces actes individuellement la règle *Locus regit actum*.

Tels sont les principes généraux ; les détails seront indiqués au fur et à mesure que se présentera l'étude des divers actes juridiques.

SECTION II

PORTÉE DU PRINCIPE

269. Rechercher la portée de la règle *Locus regit actum*, c'est se demander à quels actes elle s'applique. Or, au point de vue de la forme, on distingue les actes authentiques, privés et solennels.

270. A. Actes authentiques. — L'acte authentique est celui qui est reçu par un officier public compétent et dans les formes déterminées par la loi. Or, il est évident que, pour faire des actes de cette nature, il faut, de toute nécessité, se conformer à la loi du pays où l'on se trouve, car les officiers publics de ce pays ne prêteront leur ministère que pour les actes qui rentrent dans leurs attributions d'après la loi qui les régit, et observeront les diverses conditions de formes prescrites par cette même loi.

L'art. 2128 C. C. dispose, contrairement à la règle générale, qu'une hypothèque ne peut être établie sur un immeuble situé en France par acte authentique passé à l'étranger : mais on verra, dans l'étude qui sera faite plus loin des hypothèques considérées au point de vue du Droit international privé, combien cette dérogation au droit commun est peu justifiée.

D'après quelques législations, l'authenticité est parfois donnée aux actes sans l'intervention d'un officier public ; par exemple par une déclaration devant un certain nombre de témoins : mais il n'est pas moins nécessaire de suivre, en pareil cas, la règle *Locus regit actum*, car on ne trouverait pas, dans le pays où l'authenticité est ainsi donnée aux actes, un officier public qui pût jouer le rôle que remplirait en pareille circonstance un officier public français (1).

271. B. **Actes privés.** — Au premier abord on a pu soutenir, avec quelque apparence de raison, que la règle *Locus regit actum* ne s'applique plus pour les actes privés ; car, pour ces actes, les parties intéressées agissant seules, n'ont nullement besoin de recourir à un officier public qui ne peut qu'observer la loi de son pays : en conséquence, les auteurs des actes privés doivent se conformer aux conditions de formes prescrites par leur loi nationale, quand ils font, en pays étranger, un acte destiné à produire ses effets dans le pays même auquel ils appartiennent. La raison de nécessité qui a justifié la règle *Locus regit actum* disparaissant, la règle, dit-on, n'a plus d'application (2).

Mais, indépendamment de l'argument tiré de l'esprit de la loi qui sera indiqué dans un moment, on peut faire remarquer que la raison de nécessité qui a justifié notre règle se présente, la plupart du temps, avec autant de force pour les actes privés que pour les actes authentiques. Il est rare, dans la pratique, que les parties rédigent seules leurs actes, même privés ; se méfiant de leur ignorance du droit et craignant de commettre quelque illégalité, elles s'adressent à des hommes de lois ou à des agents d'affaires, afin de s'éclairer de leurs lumières : or, les hommes compétents auxquels les parties s'adressent ainsi observeront, au point de vue des conditions de formes, la loi du pays où ils se trouvent, la seule qu'ils connaissent peut-être.

272. Dans notre ancien Droit, beaucoup de jurisconsultes considéraient que les formes des actes juridiques rentraient dans le statut personnel, et ils en concluaient que le rédacteur de l'acte devait toujours, à ce point de vue, observer la loi de son domicile :

---

(1) Pour la légalisation des actes authentiques rédigés à l'étranger, voy. ordon. du 24 octobre 1833, art. 6 à 9.

(2) Du Caurroy, Bonnier et Roustain, *Droit civil*, t. I, p. 15 et suiv.

c'est ainsi que, pour les actes authentiques, l'officier public suivait la loi du pays où il exerçait ses fonctions, et c'est en ce sens seulement que s'appliquait la règle *Locus regit actum ;* tandis que, pour les actes privés, les parties devaient se conformer à la loi de leur domicile (1).

Quelques auteurs modernes, considérant que les rédacteurs du Code civil ont voulu simplement reproduire dans l'art. 3 la théorie traditionnelle de nos anciens jurisconsultes sur les statuts, ont conclu qu'il fallait, comme autrefois, restreindre la règle *Locus regit actum* aux actes authentiques, et exiger, pour les actes privés, l'observation de la loi nationale des parties qui a remplacé aujourd'hui la loi du domicile (art. 3, alin. 3, C. C.) (2).

Sans examiner à nouveau la question de savoir si l'art. 3 C. C. n'est que la reproduction de l'ancienne théorie des statuts (3), il suffira de remarquer que, dans cet article, il est question des immeubles, de la condition des personnes, des lois de police et de sûreté, mais nullement des formes des actes juridiques. On ne peut donc rien induire de ce texte. D'autre part, dans le projet primitif du Code, la règle *Locus regit actum* était consacrée d'une manière absolue et sans distinction entre les diverses espèces d'actes : si on l'a rejetée ce n'est pas qu'on ait voulu l'écarter de notre droit, puisqu'il en a été fait des applications dans les art. 47, 170, 999 C. C., mais parce que, bien à tort sans doute, on avait trouvé dangereux de la formuler (4). L'intention du législateur est donc de maintenir la règle d'une façon générale, et comme, d'après ce qui a été dit plus haut, la nécessité pratique la justifie presque autant pour les actes privés que pour les actes authentiques, il n'y a pas lieu d'établir la moindre distinction entre ces deux espèces d'actes. Au surplus, il serait déraisonnable de rattacher à la distinction des statuts réels et personnels une matière qui n'a pas plus rapport à la condition des biens qu'à celle des personnes : c'est ce que reconnaissent des auteurs qui, cependant, croient au maintien de la théorie traditionnelle dans notre droit moderne (5).

(1) Bouhier, *loc. cit.*, t. I, ch. 28, nᵒˢ 13 et 14, et ch. 23, nᵒˢ 81, 87.
(2) V. Duguit, *loc. cit.*, p. 54-55.
(3) V. nᵒ 91.
(4) V. nᵒ 266, *in fine*.
(5) Aubry et Rau, t. I, p. 82, note 8, et p. 85, note 17.

273. L'application de la règle *Locus regit actum* aux actes privés conduit notamment aux conséquences suivantes qui ont été confirmées par la jurisprudence française.

1° Les actes sous seing privé faits à l'étranger, sans que l'on ait observé les formalités des *doubles* et *du bon ou approuvé* prescrites par les art. 1325 et 1326 C. C., seront valables en France si la loi étrangère n'exige pas ces formalités. Il en serait ainsi, même si l'acte était fait par deux Français (1).

2° La lettre de change tirée à Londres est valable en France, bien qu'il n'y ait pas de remise de place en place que la loi anglaise n'exige pas ; de même, l'endossement en blanc transférera la propriété de la lettre de change en France, quand il est fait en Angleterre où la loi y attache cet effet (2). De même serait valable en France, et pour la même raison, un billet à ordre souscrit en Angleterre et ne contenant ni l'indication du porteur ni celle de la valeur fournie (3).

3° C'est encore d'après la loi du lieu où l'acte a été accompli que l'on détermine les preuves admissibles pour établir l'existence de cet acte, par exemple la preuve testimoniale quand il s'agit d'une valeur excédant 150 fr. (4).

4° Enfin, pour savoir si un acte est privé ou authentique, pour déterminer aussi sa force probante, pour résoudre, par exemple, la question de savoir si un acte fait foi de son contenu et si les assertions qu'il contient doivent être attaquées par la voie de l'inscription de faux, il faut encore consulter la loi du pays où il a été rédigé (5).

274. C. **Actes solennels.** — Les actes solennels sont ceux pour lesquels le législateur exige, à peine de nullité, l'accomplissement de certaines formalités : tels sont, en France, le mariage, le contrat de mariage, d'hypothèque, d'adoption, de donation, la reconnaissance d'enfant naturel.

Il est tout d'abord certain que les actes de cette nature peuvent être valablement faits en pays étrangers, en observant les forma-

(1) Aubry et Rau, t. I, p. 111, note 75.
(2) Paris, 12 avril 1850, Sir., 1850. 2. 333.
(3) Cass. Req., 18 août 1856, Sir., 57. 1. 39.
(4) V. n° 213. Cass., 23 février 1864, Sir., 64. 1. 385.
(5) Aubry et Rau, t. I, p. 111, note 76.

lités prescrites par la loi de ce pays pour l'authenticité. Mais si la loi étrangère permet de faire les mêmes actes en la forme privée, pourra-t-on, les ayant faits sous cette forme, les invoquer en France comme valables ?

On a soutenu que la règle *Locus regit actum* ne s'applique plus en pareil cas, parce que l'on ne peut invoquer la raison de nécessité qui la justifie d'ordinaire : en effet, dit-on, on trouve dans tous pays des officiers publics qui pourraient donner à l'acte l'authenticité qu'exige la loi française. D'autre part, en imposant pour certains actes la solennité, le législateur s'inspire de graves raisons, par exemple du désir d'avertir les parties de l'importance de l'acte qu'elles accomplissent, d'éviter les surprises, et, pour lui, les actes dont il s'agit n'existent pas toutes les fois qu'on ne les entoure pas des garanties de l'authenticité. On comprend donc qu'il ne soit tenu aucun compte des actes solennels faits à l'étranger en la forme privée (1). C'est la solution adoptée dans la loi belge de 1851 sur le régime hypothécaire : d'après l'art. 77, il est possible, contrairement à l'art. 2128 C. C., d'établir à l'étranger une hypothèque sur un bien situé en Belgique, mais l'acte doit être authentique conformément à la loi du pays où il est rédigé.

Cette manière de voir est généralement rejetée ; l'application complète de la règle *Locus regit actum* aux actes solennels, la possibilité, par conséquent, de faire ces actes en la forme privée si la loi du pays où on les accomplit le permet, est commandée par la nécessité même. Outre, en effet, qu'il est téméraire d'affirmer que, partout on trouve des officiers publics pouvant donner l'authenticité aux actes, il faut remarquer que les officiers publics étrangers ne prêteront jamais leur concours pour la rédaction d'un acte, solennel d'après la loi française, qui ne rentre pas dans leurs attributions. Aussi accepte-t-on, dans la pratique, l'application la plus large du principe de droit commun aux actes solennels. C'est ainsi que l'on reconnaît valable en France le plus grave de tous, c'est-à-dire le mariage, quand il est fait à l'étranger sans formalité aucune, *solo consensu*, comme cela a lieu en Amérique (2).

275. Il peut se faire qu'une personne se rende en pays étranger

(1) Laurent, t. II, p. 436.

(2) Paris, 20 janv. 73, Sir., 73. 2. 177.

pour accomplir plus commodément un acte qui, d'après sa loi nationale, devrait être entouré de certaines formalités : quelle sera la sanction de cette fraude ? Pour les uns, il est impossible, en l'absence d'un texte formel, de frapper de nullité l'acte ainsi accompli, car son auteur n'a fait qu'user de la faculté légale d'appliquer la règle *Locus regit actum* (1).

D'autres déclarent l'acte toujours nul, soit par application de la maxime *Fraus omnia corrumpit*, soit parce que la règle *Locus regit actum* n'étant justifiée que par la nécessité, il n'y a plus lieu de l'appliquer quand on en recherche exprès le bénéfice (2).

Il est plus juste de n'admettre, en pareil cas, que la sanction attachée par la loi elle-même à l'inobservation des formalités qu'elle a prescrites. Du moment que la règle *Locus regit actum* n'est plus justifiée ici par la nécessité, on considérera l'acte fait à l'étranger comme s'il était accompli en France : on ne le déclarera nul, par conséquent, que si les formalités prescrites par la loi française sont exigées à peine de nullité ; si ce sont des formalités purement fiscales, comme l'obligation de rédiger l'acte sur papier timbré, on appliquera l'amende édictée en pareil cas, mais l'acte demeurera valable.

SECTION III

EXCEPTIONS AU PRINCIPE

276. PREMIÈRE EXCEPTION. La règle *Locus regit actum* ne s'applique plus lorsque la loi nationale des parties leur défend d'une manière absolue l'emploi de telle forme autorisée par la loi du pays où elles se trouvent ; cette prohibition, toujours basée sur des raisons graves qui en font une règle d'ordre public, doit être observée partout par les nationaux du pays où elle est établie (3).

Ainsi l'art. 968 C. C. défend, afin d'assurer la liberté des dispositions de dernière volonté, de faire, dans un seul et même acte, des testaments réciproques ou au profit d'un tiers ; cette prohibition s'impose aux Français, même à l'étranger, comme une règle d'ordre public. C'est donc à tort que l'on a considéré comme valable en

(1) De Savigny, *Système*, VIII, p. 353.
(2) Laurent, t. II, p. 432 ; Aubry et Rau, t. I, p. 113.
(3) Fœlix, *loc. cit.*, t. I, p. 178-179.

France un testament fait par des Français en Espagne dans les conditions prévues par l'art. 968, sous le prétexte que la loi espagnole autorise cette manière de tester et qu'il fallait appliquer l'adage *Locus regit actum* (1). De même, l'art. 992 du Code civil néerlandais défend aux nationaux des Pays-Bas de tester à l'étranger autrement qu'en la forme authentique ; d'après l'art. 982, le testament olographe, dans la forme prescrite par la loi hollandaise, n'est même permis que pour léguer des objets de peu de valeur : linges, bijoux, etc... Cependant, appliquant encore d'une manière abusive dans l'espèce la règle *Locus regit actum*, la Cour d'Orléans a validé le testament fait en la forme olographe française par lequel une Hollandaise avait disposé de tous ses biens (2).

277. Deuxième exception. Certaines législations exigent que les actes ayant pour effet d'aliéner les immeubles ou de constituer sur eux des droits réels soient faits dans les formes prescrites par la loi de la situation de ces biens. Ainsi l'art. 2128 décide qu'une hypothèque ne pourra jamais être établie en France, même par acte authentique passé à l'étranger. La *common law* de l'Angleterre et des Etats-Unis n'admet pas qu'on puisse léguer un immeuble situé dans l'un ou l'autre de ces deux pays, si le testament, même fait à l'étranger, n'est pas entouré des formalités prescrites par la loi anglaise et américaine. De même le *Statute of frauds,* qui exige que toutes les aliénations d'immeubles soient constatées par écrit, ne reconnaît pas la validité de l'aliénation d'un immeuble situé en Angleterre ou aux Etats-Unis, quand les parties, étant à l'étranger, se sont contentées d'une convention verbale suivant la loi du pays où elles se trouvaient (3).

278. Troisième exception. On déduit de la fiction d'exterritorialité, et d'une manière quelque peu abusive, on l'a déjà vu (4), que les ambassadeurs, étant considérés comme toujours domiciliés dans le pays qu'ils représentent, peuvent accomplir les actes juridiques dans la forme indiquée par la loi de ce pays, sans observer la règle *Locus regit actum.* Cette conséquence de l'exterritorialité, logique peut-être, mais peu justifiée, car elle n'a nullement pour

(1) Toulouse, 11 mai 1850, Sir., 50. 2. 529 ; Caen, 22 mai 1850, Sir., 50. 2. 566.
(2) Orléans, 3 août 1859., Dal., 59. 2. 158.
(3) Lawrence sur Wheaton, t. III, p. 73-74.
(4) V. n° 204 *in fine*.

effet de sauvegarder la dignité et la liberté d'action des ambassadeurs, est généralement considérée comme facultative, en ce sens que les représentants des puissances étrangères peuvent, s'ils le préfèrent, observer les formalités prescrites par la loi du pays où ils se trouvent. C'est ce que décide formellement une loi prussienne du 3 avril 1823 pour les testaments faits par les ambassadeurs. Du reste, il serait parfois difficile à ces derniers d'observer, dans le pays où ils exercent leurs fonctions, les formalités exigées par la loi du pays qu'ils représentent (1).

279. On a proposé une quatrième exception. Aux termes des art. 88 à 98 C. C., les actes de l'état civil intéressant les militaires en campagne sont rédigés par certains fonctionnaires, remplacés aujourd'hui par les intendants et sous-intendants militaires (2). Napoléon avait expliqué cette compétence exceptionnelle par une phrase fameuse : « Là où est le drapeau, là est la France » (3). Prenant au pied de la lettre cette phrase, certains auteurs ont conclu que le territoire occupé par une armée en campagne devait être considéré comme celui de la France ; en conséquence, les officiers publics étrangers exerçant leurs fonctions sur ce territoire ne pourraient pas intervenir pour la rédaction des actes de l'état civil intéressant les militaires français, contrairement à la règle *Locus regit actum* consacrée en pareil cas par l'art. 47 C. C. (4).

Il est plus pratique et plus conforme à l'esprit de la loi de considérer les intendants et sous-intendants militaires comme jouant, vis-à-vis des membres de l'armée en campagne, le même rôle que les consuls vis-à-vis de leurs nationaux : ces derniers peuvent, s'ils le préfèrent, et pour plus de commodité, s'adresser à leur consul sans recourir aux officiers publics étrangers (art. 48 C. C.); de même les militaires en campagne, qui auraient eu souvent des difficultés à obtenir le concours des autorités locales, *peuvent* s'adresser aux officiers français. Aussi, les actes de l'état civil rédigés par des fonctionnaires étrangers pour des soldats français en campagne seront valables en France, conformément à l'art. 47 C. C. Décider le contraire serait souvent rendre ces actes impossibles, à cause de

(1) Fœlix, t. I, p. 179.
(2) Ord. 29 juill. 1817, tit. III, art. 9.
(3) Fenet, VIII, p. 147.
(4) Aubry et Rau, t. I, p. 223.

la difficulté pour des militaires isolés du corps d'armée de recourir aux intendants ou sous-intendants (1).

SECTION IV

CARACTÈRE DE LA RÈGLE *Locus regit actum.*

280. La règle *Locus regit actum* est-elle facultative ou obligatoire; par exemple, un Français, se trouvant en pays étranger, peut-il accomplir un acte juridique dans la forme indiquée par la loi française, ou doit-il nécessairement observer la loi du pays où il se trouve?

La question ne peut pas se poser pour les actes authentiques; la règle *Locus regit actum* s'impose en ce qui les concerne, car les officiers publics étrangers ne prêteront leur concours que dans les cas et dans les formes indiqués par la loi qui les régit.

Pour les actes privés, on admettait généralement, dans notre ancien droit, le caractère obligatoire de la règle *Locus regit actum* (2). Ainsi le Parlement de Paris, par arrêt du 15 janvier 1721, annula le testament fait en la forme olographe par M. de Pommereuil, conformément à la coutume de Paris, où il avait son domicile, parce que le testament avait été fait à Douai, dont la coutume n'admettait pas cette façon de tester. Cependant, les jurisconsultes qui faisaient rentrer dans le statut personnel les formes des actes, écartaient la règle *Locus regit actum* pour les actes privés, et décidaient qu'il fallait observer, pour les formes de ces derniers, la loi du domicile de leur auteur (3).

Le caractère obligatoire donné à la règle *Locus regit actum* était jadis une conséquence naturelle de la féodalité et de l'adage : Toutes coutumes sont réelles. Quiconque se rendait dans une seigneurie autre que celle où il avait son domicile, était réputé sujet temporaire de cette seigneurie et assujéti à sa coutume à tous les points de vue, même pour la forme des actes. Mais aujourd'hui les principes sont tout différents; la soumission *complète* à la loi d'un pays ne résulte que de la qualité de national de ce pays,

(1) *Hoc sensu :* Cass., 23 août 1826, Sir., 1827. 1. 108.
(2) Merlin, *Répert.* v° *Preuve,* Sect. II, § 3, art. 1, n° 3; Boullenois, t. I, p. 427 et suiv.; Bouhier, t. I, ch. 28, n°s 35 et suiv.
(3) Bouhier, t. I, ch. 28, n° 21, v. n° 379.

et ce n'est que par la naturalisation que cette soumission se réalise.

En ce qui concerne la forme des actes juridiques, il suffit de remarquer que, la règle *Locus regit actum* n'étant justifiée que par sa nécessité, il n'y a plus de raison pour l'imposer toutes les fois que les parties trouvent le moyen, à l'étranger, d'observer les formalités prescrites par leur loi nationale pour les actes privés (1).

En droit positif français, le caractère facultatif de la règle *Locus regit actum* pour les actes privés paraît nettement indiqué dans l'art. 999 C. C. D'après ce texte, les Français peuvent tester à l'étranger en la forme olographe telle qu'elle est fixée par la loi française : on ne voit pas de bonne raison pour ne pas étendre cette règle à tous les actes privés (2).

La conséquence logique du caractère facultatif reconnu à la règle *Locus regit actum* pour les actes privés, c'est qu'un Français qui fait un acte semblable à l'étranger en la forme française pourra invoquer en France la validité de cet acte. Réciproquement, on devrait tenir pour valable un acte fait en France par un étranger en la forme prescrite par la loi de son pays : cependant, on a imposé en pareil cas la règle *Locus regit actum* comme obligatoire (3).

281. Lorsque l'acte doit produire ses effets dans un autre pays que celui où il est rédigé, quand par exemple il s'agit de l'aliénation d'un immeuble situé sur le territoire d'un autre état, on peut admettre que les parties observent, en ce qui concerne les conditions de forme, la loi du pays où l'acte doit produire ses conséquences juridiques, et non celle du lieu où l'acte est intervenu. Cette solution, obligatoire d'après la loi anglaise (4), doit être considérée comme facultative, étant donné que la règle *Locus regit actum* ne s'impose plus quand la nécessité n'en commande pas l'application (5).

SECTION V

LÉGISLATION COMPARÉE

282. Un certain nombre de législations, à l'exemple de notre Code civil, ne consacrent pas formellement la règle *Locus regit*

(1) Fœlix, t. I, p. 183; Savigny, t. VIII, p. 354.
(2) Aubry et Rau, t. I, p. 112, note 79.
(3) Req. 9 mars 1853, Sir., 53. 1. 274.
(4) V. n° 277.
(5) Fœlix, t. I, p. 184; Laurent, *loc. cit.*, t. II, p. 450, n° 248.

actum ; elles se contentent de l'adopter d'une manière tacite, ou
d'en faire quelques applications importantes, par exemple aux
actes de l'état civil, au mariage, aux testaments, reproduisant ainsi
les dispositions des art. 47, 170, 999 C. C. : tels sont les Codes du
canton de Vaud, art. 19, 77, 659, et de Haïti, art. 49, 155 et 805.

La plupart des lois modernes, au contraire, contiennent une disposition spéciale pour formuler le principe : il suffira de signaler
celles qui y apportent quelques dérogations particulières (1).

L'art. 6 du Code de Zurich, après avoir établi la règle générale,
ajoute que les actes que les parties auront passés en pays étranger
pour éviter les formalités prescrites par la loi locale seront nuls (2).

Le Code italien de 1866, art. 9, § 1er, tout en consacrant le principe, permet aux parties d'employer les formes indiquées par leur
loi nationale pour les actes privés, quand elles ont même nationalité : c'est reconnaître le caractère facultatif de la règle *Locus regit
actum.*

Le Code général de Prusse (Part. I, tit. V, § 115) dispose que,
lorsque l'acte a pour objet de constater des droits de propriété, de
possession ou d'usufruit sur des immeubles, il faut suivre, quant
aux conditions de forme, les règles contenues dans la loi du pays
où les immeubles sont situés : c'est imposer comme obligatoire ce
qui, d'après les explications fournies plus haut, n'est que facultatif (3).

Le Code chilien de 1857, titre préliminaire, art. 18, contient sur
notre matière une disposition tout anormale : quand la loi du
Chili exige un acte public comme preuve à administrer, on ne
pourra produire un acte privé passé en pays étranger, quelle que
soit la force probante de l'acte dans ce pays.

Mais les plus graves dérogations au droit commun se trouvent
dans le droit coutumier de l'Angleterre et des Etats-Unis. La règle
Locus regit actum, bien qu'acceptée en principe, est complètement
écartée pour les actes relatifs aux immeubles, en vertu du *Statute
of frauds* déjà cité (4). Pour les formes des testaments, il faut suivre la loi de la situation des biens, si les dispositions du défunt

(1) Fœlix, t. I, p. 186 et suiv.
(2) V. n° 275.
(3) V. n° 281.
(4) V. n° 277.

portent sur des immeubles ; s'il s'agit de meubles, on applique la loi du dernier domicile du défunt ; si, enfin, le testament porte tout à la fois sur des biens mobiliers et immobiliers, on doit se conformer à la fois aux deux lois, pour les deux parties du testament, l'une relative aux meubles, l'autre aux immeubles (1).

La règle admise pour les testaments portant sur des meubles conduit à cette conséquence fâcheuse que, si le testateur, après avoir disposé de ses biens, transporte son domicile dans un autre pays et y décède, son testament sera nul, car il n'aura pas observé les formes prescrites par la loi de son *dernier domicile*. Cet inconvénient subsiste encore aux Etats-Unis (2). Mais en Angleterre une grande amélioration a été réalisée par l'acte du Parlement de 1861, connu sous le nom de *lord Kingsdown's act*. Les testaments des étrangers portant sur des meubles sont valables en Angleterre, si le testateur a suivi, au point de vue de la forme, la loi de son dernier domicile ou celle du pays où il a fait son testament. Les Anglais qui testent en Angleterre doivent observer la loi anglaise ; ceux qui testent à l'étranger doivent se conformer à la loi du pays où ils font leur testament, ou bien à celle du pays soumis à la domination anglaise où ils ont leur domicile d'origine.

SECTION VI

DES ACTES RÉDIGÉS PAR LES CONSULS

283. Au lieu d'observer les formalités indiquées par la loi du pays où ils se trouvent, les Français peuvent, à l'étranger, s'adresser à nos consuls qui rédigeront pour eux les actes dans la forme prescrite par la loi française. Cette compétence des consuls doit être étudiée pour les actes de l'état civil, les actes notariés et les actes de juridiction gracieuse.

284. Pour les actes de l'état civil, la compétence des consuls est établie dans l'art. 48 C. C., et la façon dont ils doivent procéder en pareil cas est réglementée par l'ordonnance du 23 octobre 1883. Il

---

(1) Story, *loc. cit.*, § 474 ; Lawrence, *loc. cit.*, t. III, p. 75 et 123 à 124.
(2) Lawrence, t. III, p. 121 ; Westlake, Journal Clunet, 1881, p. 319 ; Cour d'appel de New-York, 14 février 1874, J. Clunet, 1874, p. 86 et suiv. — Cependant quelques états de l'Union admettent sans restriction la règle *Locus regit actum ;* par exemple la Louisiane, art. 10 du Code civil.

faut remarquer que les actes de l'état civil ne peuvent être rédigés par les vice-consuls et agents consulaires qu'en vertu d'une autorisation spéciale du chef de l'Etat, autorisation qui doit être affichée dans les bureaux de ces fonctionnaires (1).

L'un des registres de l'état civil est gardé par le consul et l'autre expédié par lui au ministre des affaires étrangères qui fait faire la vérification imposée aux Procureurs de la république pour les registres tenus par les maires en France (art. 53 C. C.). Les actes rédigés par les consuls font foi en France, ainsi que les expéditions qui en sont délivrées par le chancelier après avoir été visées par le consul.

Par une juste réciprocité, les actes de l'état civil peuvent être dressés en France, en la forme étrangère, par les consuls étrangers pour le compte de leurs nationaux. Mais ces actes ne peuvent faire foi en France que lorsque la signature du consul a été légalisée au ministère des affaires étrangères (2). De même, après semblable légalisation, on acceptera dans notre pays l'autorité des actes dressés par un consul étranger pour le compte de ses nationaux, en pays étranger : par exemple d'un acte de naissance d'un espagnol né en Angleterre, rédigé par le consul d'Espagne dans ce pays.

En ce qui concerne particulièrement les actes de mariage, les consuls doivent exiger, outre les publications à la chancellerie, des publications en France, quand les futurs époux ont en France des parents dont le consentement est nécessaire pour le mariage, ou quand ils sont immatriculés depuis moins de six mois au consulat. Ils peuvent dispenser de la seconde publication. Même, dans les pays situés au-delà de l'Atlantique, les agents diplomatiques et les consuls généraux de droit, les consuls de première et de seconde classe en vertu d'une autorisation spéciale, peuvent accorder des dispenses d'âge (3).

285. Les actes notariés peuvent être faits par les chanceliers de consulat nommés par le gouvernement seuls, et par les chanceliers nommés par les consuls ou le ministre des affaires étrangères avec l'assistance du consul : mais, dans tous les cas, ces actes doivent

(1) Ordon. du 23 octob. 1833, art. 7 et 8.
(2) V. ordon. 23 octob. 1833, art. 6 et suiv.
(3) Ordon. 23 octob. 1833, art. 15, 17 et 18.

être légalisés par le consul lui-même (1). Ces actes, qui sont rédigés en la forme française, sont exécutoires de plein droit en France et peuvent y établir des hypothèques, contrairement à ce que décide l'art. 2128 C. C. pour les actes dressés par un officier public étranger.

Les consuls étrangers pourront de même dresser des actes notariés pour le compte de leurs nationaux en France ou en pays étranger ; mais ces actes ne seront exécutoires sur le sol français que lorsqu'ils auront été revêtus de l'exequatur (art. 2123 C. C. et 546 P. C.).

Ce pouvoir réciproque des consuls français et étrangers pour rédiger les actes notariés dans l'intérêt de leurs nationaux est consacré dans les conventions consulaires conclues par la France (2).

Quelques difficultés cependant se sont élevées sur le point de savoir si les consuls français pouvaient rédiger des testaments authentiques. L'ordonnance de 1681 (livre I, tit. IX, art. 24) leur permettait de rédiger ces actes avec l'assistance de deux témoins. Mais l'art. 999 n'indique que deux manières de tester pour les Français à l'étranger : la forme authentique étrangère et la forme olographe de l'art. 970 du Code civil ; d'autre part, l'art. 7 de la loi du 30 ventôse an XII abroge toutes les anciennes lois portant sur des points prévus par le Code.

On en a conclu, pendant quelque temps, que la compétence des consuls pour rédiger des testaments authentiques avait disparu, comme les anciennes règles de l'ordonnance de 1681 sur le testament maritime, remplacées aujourd'hui par l'art. 988 C. C.

Suivant d'autres, les consuls seraient toujours compétents pour recevoir des testaments authentiques, mais ils devraient se conformer aux dispositions nouvelles du Code civil et de la loi du 25 ventôse an XI sur le notariat pour les formalités : par conséquent ils devraient être assistés de quatre témoins, au lieu de deux seulement comme le prescrivait l'ordonnance de 1681.

On est à peu près unanime aujourd'hui pour reconnaître que

(1) Décret du 1er décembre 1869 : Instruc. des aff. étrang., 30 nov. 1833.

(2) Brésil, 10 décembre 1860, art. 6 et 21 juillet 1866, art. 16 ; Italie, 6 juillet 1862, art. 8, alin. 2 ; Espagne, 7 janvier 1862, art. 19, alin. 2 ; Portugal, 11 juillet 1866, art. 7, alin. 1 ; Grèce, 7 janv. 1876, art. 10, alin. 1 ; Russie, 1er avril 1874, art. 9, alin. 2, nº 1 ; Salvador, 6 août 1879, art. 10, alin. 2.

l'art. 24 de l'ordonnance de 1681 demeure complètement applicable : les consuls peuvent donc recevoir des testaments authentiques avec l'assistance de deux témoins. L'art. 999 n'a pour but que de régler l'application de l'adage *Locus regit actum* aux testaments faits hors de France en la forme étrangère ; il ne prévoit pas le cas où le testateur s'adresse au consul : cette dernière hypothèse est donc complètement régie par les anciens textes non abrogés (1). Mais, pour un testament mystique, le consul devrait se conformer aux art. 976 à 979 C. C. De plus, même pour les testaments publics, on exige, dans la pratique, l'observation des formalités du Code civil ou de la loi du 25 ventôse an XI complémentaires de celles de l'ordonnance de 1681 ; par exemple la dictée par le testateur et la lecture faite aux parties prescrites par l'art. 972 C. C. (2).

La Cour de cassation a même été jusqu'à décider que, dans les pays régis par les capitulations, les consuls devaient, sans tenir compte de l'ordonnance de 1681, observer complètement les règles prescrites par le Code civil et la loi du 25 ventôse an XI pour les formalités des testaments authentiques, parce que ces pays sont assimilés à la France, étant donné le bénéfice de l'exterritorialité dont y jouissent les consuls (3).

Cette décision repose sur une exagération des immunités accordées aux consuls dans les pays orientaux. Sans doute leur juridiction y est plus étendue que partout ailleurs, ils y sont garantis par des privilèges qui n'appartiennent d'ordinaire qu'aux ambassadeurs ; mais la fiction même d'exterritorialité, allant jusqu'à faire considérer le territoire où ils sont comme une partie du sol français sur laquelle s'appliqueraient toutes les lois promulguées en France, ne serait pas raisonnable en soi et n'est d'ailleurs confirmé par aucun texte. Aussi faut-il décider que l'ordonnance de 1681 continue à s'appliquer pour les testaments authentiques reçus par les consuls du Levant, comme pour tous ceux que rédigent les consuls français en pays étranger (4).

286. Les consuls peuvent encore remplacer les tribunaux pour

---

(1) Instruc. des Aff. étrang., 22 mars 1834 ; Aubry et Rau, VII, p. 89 ; Demangeat sur Fœlix, I, p. 445, note *b*.

(2) Cass. 20 mars 1883, J. Clunet, 1883, p. 523.

(3) Cass. 4 février 1863, Sir., 63. 1. 201.

(4) Féraud-Giraud, *loc. cit.*, t. II, p. 121.

les actes de juridiction gracieuse ; par exemple, ils peuvent jouer le rôle du juge de paix pour l'adoption et l'émancipation. Les homologations qui sont parfois exigées du tribunal et de la Cour, par exemple dans le cas prévu par les art. 354 et suivants C. C., sont données par le tribunal consulaire et la Cour d'Aix pour les Echelles du Levant, par le tribunal et la Cour les plus proches de la frontière du pays où le consul exerce ses fonctions pour les autres états.

287. Les Français ont en principe le choix entre l'application de la règle *Locus regit actum* et la rédaction de leurs actes par les consuls en la forme française. Cependant, contrairement à ce qu'a décidé la Cour de cassation (1), il semble que le ministère des consuls doit être obligatoirement employé dans les pays où s'appliquent les capitulations et dans les états de l'Extrême-Orient avec lesquels la France a conclu des traités semblables. Ces conventions ont eu en effet pour but de soustraire complètement les Français aux autorités locales dont l'impartialité et la compétence inspirent méfiance (2). Dans les pays dont il est question, l'application de la règle *Locus regit actum* ne serait peut-être acceptable que si les Français usaient des coutumes des chrétiens d'Orient, par exemple s'ils faisaient célébrer leur mariage par un religieux catholique : en pareil cas en effet, les raisons qui ont motivé les dérogations au droit commun contenues dans les capitulations ne se présentent plus.

288. Les consuls ne sont compétents que pour les actes intéressant exclusivement leurs nationaux ; c'est ce qui résulte de l'opposition des termes des art. 47 et 48 C. C. et de l'ordonnance du 23 octobre 1833 qui ne prévoit que le cas où ils rédigent des actes pour des Français seulement. En pratique, c'est dans ce sens que la question est fixée, depuis l'arrêt de cassation du 10 août 1819 (3) annulant le mariage célébré à Constantinople par le vice-consul français entre une Turque et un Français. Réciproquement, les consuls étrangers en France ne peuvent dresser des actes quelconques que pour leurs nationaux seulement. C'est ainsi que le tribunal de

---

(1) 18 avril 1865, Sir., 65. 1. 317.
(2) Féraud-Giraud, *loc. cit.*, t. II, p. 102 et 103.
(3) Sir., 1819. 1. 111, *arrêt Sommaripa*.

la Seine a annulé un mariage célébré à Paris par le chapelain de l'ambassade d'Angleterre entre un Français et une Anglaise (1).

Toutefois, dans les pays régis par les capitulations, étant donné le but de ces traités qui est de soustraire complètement les Français aux autorités locales, il semble que les consuls de France devraient être compétents pour les actes passés entre Français et étrangers (2).

Mais un très grand nombre de conventions consulaires ont accordé aux consuls le pouvoir de rédiger les actes passés entre leurs nationaux et les habitants du pays où ils résident, et même entre les habitants de ce dernier pays seulement lorsque ces actes se réfèrent à des biens situés dans l'état auquel appartient le consul, ou à des affaires qui doivent y être traitées (3).

(1) 2 juillet 1872, J. Clunet, 1874, p. 71.

(2) Contrà, Cass., 18 avril 1865, Sir., 65. 1. 317. — *Hoc sensu :* Féraud-Giraud, t. II, p. 108 et 131.

(3) Conventions avec la Russie du 1er avril 1874, art. 9, alin. 2, no 2 ; la Grèce, 7 janv. 1876, art. 10, alin. 2 ; l'Espagne, 7 janv. 1862, art. 19, alin. 3 ; l'Italie, 26 juillet 1862, art. 8, alin. 3 ; le Portugal, 11 juillet 1866, art. 7, alin. 1 ; le Salvador, 6 août 1879, art. 10, alin. 2, 3, 4 ; Venezuela, 24 octob. 1856, art. 7.

LIVRE II

Droit des personnes ou statut personnel.

---

289. D'après ce qui a été dit plus haut, le statut personnel ne doit plus comprendre que ce qui est relatif à la condition des personnes, sans qu'il soit possible d'y faire rentrer des matières qui y sont complètement étrangères, ainsi que l'admettaient nos anciens jurisconsultes qui faisaient, par exemple, de la forme des actes juridiques un élément de ce statut (1). Ce livre deuxième sera donc consacré à l'étude des conflits de lois survenant à propos des dispositions législatives ayant directement pour objet la condition juridique des individus.

CHAPITRE I

DE L'ÉTAT ET DE LA CAPACITÉ

290. On confond souvent avec le statut personnel tout entier l'état et la capacité des personnes qui n'en sont qu'un élément, le plus important il est vrai.

L'état d'une personne désigne l'ensemble de ses qualités juridiques : majeure, mariée, en tutelle, légitime ou enfant naturel, etc...

La capacité qui, la plupart du temps, n'est qu'une conséquence de l'état, signifie l'aptitude à accomplir des actes juridiques, à avoir des droits et à pouvoir les exercer, comme à être tenu d'obligations.

(1) V. n° 93.

On a toujours reconnu la nécessité, même au plus fort de la
réalité des coutumes (1), de faire régir par une loi unique l'état et
la capacité des personnes ; il serait en effet déraisonnable qu'un
même individu fût successivement majeur et mineur, capable et
incapable, suivant les lois de divers pays où il se rendrait.

Mais quelle est la loi unique qu'il faut appliquer en pareille circonstance ? Telle est la question à résoudre, en théorie d'abord,
puis au point de vue du droit positif en France et à l'étranger. En
dernier lieu, il sera utile d'étudier les effets internationaux des
actes de l'état civil qui servent, sur bien des points, à établir l'état
des personnes et, par voie de conséquence, quelquefois leur capacité.

SECTION I

DE LA LOI DEVANT RÉGIR L'ÉTAT ET LA CAPACITÉ

291. Epoque ancienne. — Le critérium adopté pour déterminer la loi applicable en pareille matière a varié suivant les époques.

Les Romains, on l'a déjà vu, déterminaient le droit de chacun
d'après son *origo* ou son *domicilium* (2), et il est vraisemblable
qu'en cas de conflit entre l'*origo* et le *domicilium*, la première l'emportait sur le second (3). A Rome, on appliquait à chacun la loi
spéciale de sa *civitas*.

Par suite d'une idée semblable, la personnalité des lois, les Barbares placèrent chaque individu sous l'empire du droit spécial à sa
nation, et de là la coexistence, dans un même état, des lois propres aux barbares et de celles qui avaient été rédigées pour les
Gallo-Romains.

292. Après la naissance des coutumes locales, sous l'influence de
la Féodalité, on voit apparaître le domicile comme critérium de la
loi personnelle. L'idée de nationalité était en effet fort mal dégagée
à cette époque, par suite du morcellement infini des états ; d'autre
part, étant donné le peu de développement des relations internationales, le conflit se présentait surtout entre coutumes régissant les

(1) V. no 87.
(2) No 82.
(3) Savigny, t. VIII, p. 89.

diverses provinces d'un même pays. Or, les parties en cause étant toutes de même nationalité, on ne pouvait trouver d'autre critérium que leur domicile pour déterminer la loi dont elles relevaient plus particulièrement.

Cependant, une divergence assez marquée divisa les anciens jurisconsultes : les uns voulaient appliquer, au moins pour ce qui concerne l'état de la personne en général, par exemple pour la fixation de la majorité, la loi du domicile d'origine ; les autres s'en tenaient à la loi du domicile actuel, de sorte que l'état et la capacité variaient aussi souvent que la personne transportait son domicile sur un territoire régi par une coutume différente (1).

Cette dernière opinion paraît avoir rallié la majorité des anciens auteurs.

Il est à remarquer que, si la théorie moderne d'après laquelle l'état et la capacité sont réglés par la loi nationale n'apparut pas à cette époque, étant donné la nature du conflit des lois qui ne se présentait guère qu'entre coutumes d'un même pays, cependant on peut voir comme une origine de cette théorie dans le système des anciens auteurs qui faisaient dépendre le statut personnel de la coutume du domicile d'origine. La raison qui les déterminait à adopter cette opinion était en effet que les lois sont faites en vue de la situation particulière des habitants d'un pays et des influences diverses, climatériques, traditionnelles ou autres, sous lesquelles ils se trouvent placés : or, ainsi qu'on le verra bientôt, ce sont les mêmes considérations qui ont fait triompher de nos jours la théorie de la nationalité en matière de statut personnel. C'est en s'inspirant de ces idées que le Parlement de Normandie déclara, en 1666, que toute personne *née* en Normandie devait, en tout pays, être considérée comme majeure à 20 ans accomplis, conformément à la coutume normande (2).

293. Epoque moderne. — Actuellement, la doctrine est partagée en deux camps : les uns font régir l'état et la capacité par la loi nationale, les autres par celle du domicile.

Les partisans de la seconde opinion sont eux-mêmes divisés : les

---

(1) Comp. Froland, *loc. cit.*, ch. VII, §§ 13 et 14, p. 171, et Pothier, *Cout. d'Orléans*, ch. I, art. 1, n° 13.

(2) Basnage, *Cout. de Normandie*, art. 431, t. II, p. 211 des Œuvres.

uns s'attachent au domicile d'origine (1), les autres au domicile actuel (2).

Mais la théorie d'après laquelle il faut appliquer en cette matière la loi nationale gagne tous les jours du terrain, et ç'est la seule qu'il soit possible de justifier d'une manière rationnelle.

Ce sont en effet les lois relatives à la condition juridique des des personnes qui doivent, ainsi que le dit Montesquieu pour les lois en général (3), être plus particulièrement conformes à la situation spéciale dans laquelle se trouvent placés les habitants d'un pays. Pour fixer la majorité, l'âge de la puberté, en un mot tout ce qui tient à l'état et à la capacité des personnes, un législateur obéit fatalement à certaines influences venant du climat, des traditions, de la religion, même des préjugés particuliers à son pays : il est donc logique que les lois de cette nature, faites pour certaines personnes placées dans telle condition déterminée, suivent ces dernières en tout lieu, sauf les exceptions qui seront indiquées ci-après. L'influence du domicile, qui jadis se justifiait par suite de la nature du conflit entre coutumes régissant les diverses parties du territoire d'un même état, n'aurait plus aujourd'hui sa raison d'être : si même on s'attache au domicile d'origine, ainsi que le font certains auteurs, il faut, étant donné l'unité de la législation pour la plupart des états modernes et le caractère nouveau du conflit des lois privées qui est désormais *international*, appliquer la loi nationale, en vertu des mêmes raisons qui avaient fait adopter autrefois la coutume du domicile d'origine (4). Comme disait le président Hénault : « Les coutumes se sont introduites suivant la nature de chaque pays et les mœurs de ses habitants ».

Aussi n'est-il plus vrai de dire, ainsi que l'affirmait de Savigny (5), que la théorie du domicile forme une opinion commune, universellement acceptée dans les relations internationales. L'idée de la nationalité s'affirme dans tous les codes nouveaux, particulièrement dans le Code civil d'Italie de 1866. L'Institut de Droit inter-

---

(1) Merlin, *Rép.* v° *Majorité*, § 4 ; v° *Autorisation maritale*, § 10, art. 4.

(2) Demangeat, *Hist. de la cond. des Etrang.*, p. 414 *in fine ; Revue pratique*, t. I, p. 66.

(3) *Esprit des lois*, Liv. I, ch. III *in fine*.

(4) V. n° 292 *in fine*.

(5) *Système*, VIII, p. 133.

national, dans sa session d'Oxford en 1880, bien que composé de jurisconsultes de tous les pays et dont quelques-uns sont très attachés à la théorie du domicile, notamment les Anglais et les Américains, a conclu en faveur de la loi nationale comme devant régir l'état et la capacité. On ne devra recourir à la loi du domicile que lorsqu'il s'agira de trancher un conflit entre législations diverses d'un même état, comme cela avait lieu sous le Droit coutumier, ou quand la personne en question n'aura pas de nationalité, ou en aura deux (1).

294. On allègue cependant en faveur de la théorie du domicile certains arguments dont il est nécessaire d'apprécier la valeur.

Au domicile d'une personne, dit-on, est le centre de ses intérêts moraux et pécuniaires; c'est au domicile que se traitent la plupart des affaires : il est donc naturel que chacun soit considéré comme se soumettant implicitement à la loi en vigueur au lieu où son domicile est établi. Cela est d'autant plus vrai, ajoute-t-on, que le lien de la nationalité vient du hasard de la naissance et non de la volonté réfléchie de l'intéressé; tandis que le domicile est le résultat d'un choix et la manifestation du désir que l'on a de vivre sous l'empire de telle loi déterminée.

Il est facile de répondre que l'établissement du domicile est bien plutôt un fait accidentel, provenant des nécessités de la vie, des diverses considérations d'intérêt ou de convenance qui engagent une personne à se fixer dans tel ou tel endroit. Quant à la prétendue soumission implicite à la loi du domicile, elle n'est, comme le fait observer M. Mancini, qu'un reste des vieilles idées féodales, d'après lesquelles tout individu venant dans une province était considéré comme sujet temporaire de l'autorité locale, en vertu de l'adage : *Toutes coutumes sont réelles.* Aujourd'hui, l'idée de nationalité est nettement dégagée et il en résulte que la soumision à la loi d'un pays ne peut provenir, sauf l'observation des règles d'ordre public admises dans ce pays, que de la qualité de national : c'est, en effet, en vue des nationaux et eu égard à la situation particulière dans laquelle ils se trouvent, que les lois concernant l'état et la capacité ont été faites, comme il a été dit plus haut; d'où il résulte que la seule loi rationnellement applicable pour les questions de statut personnel est la loi nationale.

(1) *Rev. de Dr. intern.*, t. VI, p. 610.

Ajoutons qu'on doit rechercher, autant que possible, à rendre le statut personnel fixe et stable : c'est même pour éviter les modifications en cette matière que l'on a toujours été d'accord pour reconnaître qu'une loi unique devait régler l'état et la capacité. Or, on change de domicile suivant son intérêt ou son caprice, et ce changement est très facile à réaliser; tandis que changer de nationalité est un acte grave que bien des gens n'accomplissent jamais, et que, dans tous les cas, on ne renouvelle pas souvent; c'est d'ailleurs un acte entouré de conditions que l'on ne peut toujours remplir et qui en rendent la réalisation plus difficile.

De plus, la nationalité est généralement facile à constater; et il n'en est pas de même du domicile qui peut se confondre avec la résidence.

Enfin, plusieurs difficultés relatives au domicile auront leur contre-coup sur la fixation de l'état et de la capacité, si l'on adopte le domicile comme critérium en pareille matière. Peut-on en effet avoir plusieurs domiciles ou n'en avoir pas ? Un étranger peut-il avoir un véritable domicile en France en dehors du cas où il en a reçu l'autorisation, conformément à l'art. 13 C. C.? Autant de questions douteuses (et il en est d'autres), qui apporteront l'indécision dans la détermination du statut personnel.

On objecte, il est vrai, que la théorie du domicile est plus libérale en permettant à chacun, par un simple changement de domicile, de modifier son statut personnel. Mais ce serait là plutôt une raison pour écarter ce système, car il est inadmissible qu'une personne puisse si aisément tourner cette règle d'ordre public en vertu de laquelle nul ne peut, de sa propre volonté, modifier son état et sa capacité (art. 6 C. C.). D'autre part, le changement de domicile étant provoqué, la plupart du temps, par la nécessité des affaires ou une considération de convenance personnelle, n'ira-t-on pas à l'encontre de la volonté des parties que l'on veut si libéralement favoriser, en faisant résulter de ce changement de domicile une modification dans leur statut personnel qu'elles n'avaient ni voulue ni prévue ?

Il est indéniable, du reste, que l'application de la loi nationale présente aussi des inconvénients ; mais ils sont moins sensibles et moins nombreux. Tel individu peut avoir plusieurs nationalités ou n'en avoir aucune, par suite de la contradiction des lois des différents pays à laquelle les traités seuls peuvent mettre fin. La personne considérée à la fois dans divers pays comme un national aura son statut personnel différemment apprécié dans chacun de ces pays; pour celle qui n'a pas de patrie, on appliquera la loi de son domicile.

295. L'état et la capacité dépendant de la loi nationale, il s'ensuit qu'un changement de nationalité peut faire passer une personne de la capacité à l'incapacité ou réciproquement (1). On a cependant nié qu'une personne pût ainsi devenir incapable, de capable qu'elle était antérieurement (2), parce que la capacité constitue un droit acquis qui ne peut être perdu.

Mais il est si peu vrai que la capacité constitue un droit acquis, qu'une loi nouvelle peut la faire perdre, par exemple en reculant l'époque de la majorité. Il faut donc accepter toutes les conséquences logiques du principe, et reconnaître que la personne qui change de nationalité a son état et sa capacité réglés à tous égards par sa nouvelle loi nationale.

Toutefois, on sait que le changement de nationalité n'opère que pour l'avenir : aussi faudra-t-il respecter tous les actes accomplis sous l'empire de l'ancienne loi nationale qui constituent des droits acquis. Ainsi, un Français âgé de 22 ans se fait naturaliser en Hollande où la majorité est fixée à 23 ans: quoique devenu incapable pour un an encore, l'ex-français pourra se voir opposer la validité d'une vente qu'il aurait faite en France à 21 ans accomplis. S'il s'agissait d'un testament fait dans les mêmes conditions, et que le naturalisé mourût avant sa 23me année, il en serait différemment : la capacitée de tester est exigée en effet au moment du décès et la validité du testament ne constitue un droit acquis qu'au moment de la mort du testateur ; or, à ce moment, le testateur est incapable en vertu de la loi hollandaise qui règle son nouveau statut personnel.

Dans le cas où le changement de nationalité n'est opéré que pour modifier l'état et la capacité, il y aura lieu d'appliquer ce qui a été dit ci-dessus à propos de l'expatriation frauduleuse (3).

(1) Paris, 4 août 1853. Dal. 55. 2. 315.

(2) De Savigny, t. VIII, p. 166 et 167. — De Savigny se place au point de vue de la théorie du domicile, mais le raisonnement est le même dans la théorie de la loi nationale. — Il faut remarquer du reste que l'exemple donné par de Savigny ne serait plus exact aujourd'hui, la loi du 17 février 1875 ayant fixé la majorité à 21 ans pour tout l'empire allemand.

(3) V. no 167.

SECTION II

DROIT POSITIF FRANÇAIS

296. Il y a lieu de distinguer la condition des Français à l'étranger et celle des étrangers en France ; de voir les exceptions au principe général consacré par notre loi ; de préciser la portée exacte de ce principe.

§ I. *Français à l'étranger.*

297. L'art. 3 alin. 3 C. C., consacre le principe de la nationalité en ce qui concerne les Français qui se trouvent à l'étranger : leur état et leur capacité demeurent en effet toujours régis par la loi française.

Cet état et cette capacité ne sont pas d'ailleurs seulement réglés par les dispositions générales de la loi française, mais encore par les jugements particuliers qui ont pu les modifier, soit en matière civile, comme les jugements d'interdiction, soit en matière criminelle, comme les condamnations entraînant la dégradation civile et l'interdiction légale ; sauf, bien entendu, à la loi étrangère à ne pas reconnaître les déchéances prononcées contre des Français quand elles sont contraires à ses dispositions d'ordre public, ce qui ne peut guère arriver depuis l'abolition de la mort civile en France (1).

On reconnaît cependant que les déchéances qui ont le caractère de mesures politiques ne sont pas applicables hors du pays où elles ont été établies ; c'est ainsi que les émigrés, frappés de mort civile par les lois de la Révolution, n'ont pas été considérés comme tels dans l'exercice de leurs droits à l'étranger ; de même, on s'est refusé à admettre en France l'interdiction prononcée contre le duc de Brunswick pour des raisons purement politiques (2).

§ II. *Etrangers en France.*

298. L'art. 3, alin. 3 C. C., ne parle, au point de vue de la fixation de l'état et de la capacité, que des Français à l'étranger ; mais la logique commande que la solution indiquée dans ce cas soit

(1) V. no 244.
(2) Req. 26 janv, 1807. Sir., 1807. 1. 123 ; Paris, 16 janv. 1836. Sir., 36. 2. 70.

adoptée lorsqu'il s'agit des étrangers en France. Les considérations développées plus haut et qui justifient l'application de la loi nationale dans le premier cas, ont évidemment la même force dans le second. Cette réciprocité est aussi un moyen d'assurer, pour les Français à l'étranger, l'application de leur propre loi dans la fixation de leur statut personnel ; car, sinon, les législateurs étrangers pourraient leur imposer la loi locale, comme on le ferait en France pour leurs nationaux. On fait remarquer encore l'antithèse qui existe entre les alinéas 1 et 2 d'une part, et l'alin. 3 d'autre part, dans l'art. 3 : les deux premiers imposent certaines règles aux étrangers comme aux Français, tandis que le troisième n'applique notre Code civil qu'aux Français pour régler l'état et la capacité. Enfin, les travaux préparatoires sont concluants. Le titre préliminaire contenait, dans sa rédaction primitive, une disposition ainsi conçue : « La loi oblige indistinctement tous ceux qui habitent le territoire. » Mais, sur les observations de Tronchet et du Tribunat, on en vint à la rédaction actuelle de l'art. 3, *pour ne pas paraître imposer aux étrangers les règles touchant au statut personnel* (1). D'ailleurs l'état et la capacité de l'étranger devront être appréciés non seulement d'après les dispositions générales de sa loi nationale, mais encore d'après les jugements qui les auront modifiés, comme pour les Français à l'étranger. Cependant les déchéances prononcées à titre de peine contre l'étranger ne devront pas être contraires à l'ordre public tel qu'il est entendu en France, par exemple elles ne devront pas aller jusqu'à la mort civile (2).

299. L'application absolue de la loi nationale pour trancher les questions d'état et de capacité d'après notre droit positif français n'a guère été contestée. On a prétendu cependant que l'art. 3, alin. 3 C. C. déclarant que la loi française devait être suivie pour régler l'état et la capacité du Français *résidant* à l'étranger, il fallait conclure, par argument *à contrario,* que la loi étrangère s'appliquerait si le Français était *domicilié* hors de France : notre droit moderne consacrerait en un mot la théorie du domicile pour le statut personnel (3).

(1) Aubry et Rau, t. I, p. 90, note 23 ; Locré, Législ. I, p. 380, art. 3 ; p. 399, no 10 ; p. 563, no 9 ; Fenet, t. VI, p. 355.
(2) V. nos 244 et 297.
(3) Demangeat, *Rev. pratique,* t. I, p. 65.

De l'avis de tout le monde, c'est attacher trop d'importance au mot *résider* qui a été employé sans idée préconçue, et simplement parce qu'on n'était pas encore fixé sur la théorie du domicile, notamment sur le point de savoir si un Français pourrait avoir un véritable domicile à l'étranger.

Quant à l'art. 13 C. C. que l'on invoque dans le même sens, en disant que la jouissance des droits civils et, par conséquent, l'état et la capacité dépendent du domicile, il suffit de répondre qu'il n'a qu'un sens : c'est que l'étranger n'est *assimilé* au Français, *pour la jouissance des droits civils,* qu'après avoir reçu l'autorisation de fixer son domicile en France.

§ III. *Exceptions au principe.*

300. Un premier point hors de doute, c'est que l'étranger ne pourra jamais invoquer les dispositions de sa loi nationale pour faire régler son état et sa capacité, quand les dispositions seront contraires aux principes d'ordre public admis dans le pays où il se trouve. Cette exception est basée sur le respect de la Souveraineté des états, sur le droit qu'ils ont de maintenir leur bonne organisation, telle qu'ils la comprennent, et de sauvegarder par là leur existence même (1). L'exception dont il s'agit est de nature à se présenter surtout pour le mariage et la filiation : prohibition de la polygamie, du mariage entre proches parents, de la recherche de la paternité naturelle, etc...

301. Cependant, les indigènes de certaines colonies françaises ont conservé leurs lois spéciales, dont ils peuvent invoquer l'application, quelque contraires qu'elles soient aux principes d'ordre public admis en France, par exemple en tant qu'elles consacrent la polygamie et la répudiation (2).

Cette situation particulière résulte, pour les Musulmans de l'Algérie, du Sénatus-consulte du 14 juillet 1865, art. 1 et 2 (3) ; pour les habitants de nos possessions de l'Inde, d'un arrêté local du 6 janvier 1819 et de l'ordonnance du 7 février 1842. Pour les indigènes de la Cochinchine française, la loi du 3 octobre 1883 a

---

(1) V. nos 22 et 107.

(2) V. Brocher, *Cours de Droit inter. privé,* t. I, p. 68 à 93.

(3) V. aussi ordonn. du 26 septembre 1842. — Par le décret du 24 octob. 1870, les Israélites sont citoyens français et assujétis à la loi française.

rendu applicable les titres : préliminaire, I et III du Code civil ; le décret de la même date a fixé les règles à suivre pour constituer leur état civil ; en même temps, a été rédigé un précis de droit annamite à l'usage des magistrats français (1).

On sait du reste que les indigènes de ces diverses colonies, quoique sujets français, ne sont pas citoyens français ; ils n'obtiennent cette dernière qualité avec les droits politiques et ne sont, par suite, soumis à la loi française pour leur statut personnel, qu'autant qu'ils se sont fait naturaliser dans les formes abrégées qui ont été déjà indiquées (2).

Toutefois, il est admis que les indigènes de nos possessions de l'Inde, quoique vivant sous l'empire de leur loi particulière, sont citoyens français, par conséquent électeurs et éligibles, aucune disposition légale ne leur ayant enlevé ces prérogatives, comme l'a fait le Sénatus-consulte du 14 juillet 1865 pour les Arabes (3). La naturalisation qui, pour les Indous, est assujétie aux conditions ordinaires de la loi du 29 juin 1867, n'aura pour eux qu'un effet : celui de les soumettre à la loi française pour leur statut personnel, sans leur donner la qualité de citoyens français qu'ils possèdent déjà.

Mais, pour tous les indigènes de nos colonies qui conservent l'application de leur loi particulière, cette application n'est considérée que comme une simple tolérance dont les intéressés peuvent ne pas profiter, en se soumettant spontanément à la législation française (4). Les formes et les effets de cette renonciation à leur loi personnelle et de l'adoption de la loi française ont été réglés pour les Indous dans le décret du 21 septembre 1881. En vertu de ce dernier décret, la soumission à la loi française est irrévocable et produit ses effets, non seulement pour l'Indou qui la demande, mais encore pour sa femme et ses enfants mineurs. Elle s'opère par déclaration devant le juge de paix ou devant un notaire, (art. 1er *in fine*, 4, 5, 7 et 8, (5).

(1) *Annuaire de législ. franç.* de la Société de législ. comparée, 3e année, p. 130.

(2) V. no 148 et 149.

(3) J. officiel 4 novemb. 1881 ; Cass., 6 mars 1883, Dal. 83. 1. 308.

(4) Cass., 16 juin 1852. Sir., 52. 1. 417. V. Fœlix et Demangeat, t. I. p. 87 ; Cass., 5 avril 1876. Dal. 77. 1. 217. — V. art. 37 ordonn. du 26 septemb. 1842 ; Alger, 15 avril 1862, Sir., 62. 2. 177.

(5) La Cour de cass., par arrêt de rejet du 17 juin 1885 (Le Droit 19 juin 1885), est saisie des deux questions suivantes : 1o Un Indou renonce-t-il à son statut

302. On a essayé d'apporter une autre exception au principe général d'après lequel l'état et la capacité des personnes sont réglés par leur loi nationale. Ce principe, a-t-on dit, ne s'applique plus lorsqu'il peut en résulter un préjudice pour les nationaux : ainsi, un Français, contractant avec un étranger incapable d'après la loi de son pays, mais capable d'après la loi française, ne peut pas se voir opposer l'incapacité de cet étranger lorsqu'il a intérêt au maintien de la convention (1).

D'autres, tout en acceptant la même idée, y apportent cependant un tempérament : le Français ne pourra se prévaloir de la validité du contrat, en prétendant que l'étranger, incapable d'après sa loi nationale, est au moins capable d'après la loi française, que si l'erreur qu'il a commise sur la véritable condition juridique de cet étranger est excusable : c'est ce qui aura lieu, par exemple, si l'étranger est établi en France depuis longtemps, s'il y a un établissement de commerce, ou quand on lui fait des fournitures pour son entretien personnel sans qu'on ait le temps de s'enquérir de sa capacité (2).

Les arguments produits à l'appui de ces deux opinions, qui ne sont que les nuances d'un même système, sont d'ailleurs à peu près les mêmes et peuvent être réfutés cumulativement.

On dit que, le Code civil n'ayant pas indiqué formellement la loi applicable pour régler l'état et la capacité des étrangers, comme il l'a fait pour les Français dans l'art. 3, alin. 3, les juges ont un pouvoir discrétionnaire pour donner la solution la plus conforme aux intérêts français. On dit encore que, la concession gracieuse

personnel en accomplissant, dans une colonie française, des actes dans la forme française? 2° Les Indous peuvent-ils invoquer leur statut personnel spécial ailleurs que dans l'Inde? — Il nous semble que, sur la première question, il n'y a pas à hésiter : un Indou ne pouvant accomplir un acte dans une colonie française autrement qu'en observant les formalités prescrites par la loi française, ne peut être réputé avoir renoncé implicitement à son statut personnel en observant les conditions de forme indiquées par cette loi. Sur la seconde question, il suffit de remarquer que le trait caractéristique du statut personnel est d'être en tout pays régi par la même loi : on ne conçoit pas un statut personnel territorial.

(1) Valette sur Proudhon, *Traité des Personnes*, I, p. 85; Demangeat, *Cond. des Etrangers*, p. 373 et 374; Paris, 15 octob. 1834, Sir., 34. 2. 657.

(2) Demolombe, t. I, n° 102; Aubry et Rau, I, p. 94 et 95; Cass. 16 janv. 1861, Sir., 61. 1. 305; Paris, 8 février 1883, Dal. 1884. 2. 24.

faite par le législateur français, en acceptant sur son territoire l'application de la loi étrangère, a sa limite dans l'intérêt même des nationaux qu'il faut sauvegarder toutes les fois qu'ils sont excusables de s'être mépris sur la capacité de l'étranger. Mais ces considérations nous ramènent à la théorie de la *Comitas* qui a été déjà réfutée, et conduisent à donner aux juges un pouvoir discrétionnaire qui leur permettrait de faire la loi, alors qu'il ne doivent que l'interpréter.

D'autre part, il suffit de faire remarquer que l'on se trouve fatalement placé en présence du dilemme suivant : ou bien notre Code consacre implicitement, dans l'art. 3, alin. 3, l'application de la loi nationale des étrangers pour régler leur état et leur capacité, et alors cette loi doit toujours être suivie ; ou bien notre législateur a écarté la loi étrangère, et, dans ce cas, il faut toujours s'en tenir au Code civil français : en toute hypothèse, la distinction admise, suivant que l'intérêt français est ou non lésé, est arbitraire, puisqu'aucun texte ne la justifie ; elle est, par suite, inacceptable.

En vain allègue-t-on la dureté et même l'iniquité qu'il y a à rendre un Français responsable de l'incapacité de l'étranger avec lequel il contracte, alors qu'il lui est impossible de connaître les dispositions de la loi étrangère et surtout les jugements qui ont modifié la condition de l'étranger (1). N'est-ce pas là en effet l'application du droit commun, d'après lequel chacun doit s'enquérir de la capacité de celui avec lequel il contracte et assumer la responsabilité de l'insuffisance de ses recherches à cet égard ? « *Qui cum alio contrahit vel est, vel debet esse non ignorans conditionis ejus* » (2). Dans les rapports entre Français, l'art. 1307 C. C. décide même que le mineur peut demander la nullité des actes juridiques qu'il a accomplis, bien qu'il se soit faussement déclaré majeur : l'autre partie aurait dû contrôler l'exactitude de son affirmation.

En imposant d'ailleurs au juge l'examen du point de savoir si le Français a connu la véritable condition de l'étranger d'après sa loi nationale, on le contraint à des recherches toujours fort délicates et la plupart du temps impossibles. Enfin, le système proposé, s'il était appliqué d'une façon générale et constante en France, conduirait les autres nations à procéder de même pour les Français qui

(1) Aubry et Rau, t. I, p. 98, notes 38 et 39.
(2) L. 19 pr. *de Reg. juris*, Dig.

résideraient sur leur territoire ; ainsi se trouverait paralysée dans son effet à l'étranger la disposition de l'art. 3 alin. 3 C. C. qui fait dépendre de la loi française l'état et la capacité de nos nationaux en quelque pays qu'ils se trouvent.

Comme conclusion, il faut décider que le statut personnel des étrangers est fixé par leur loi nationale, excepté quand l'ordre public s'y oppose, dussent des Français souffrir de l'incapacité de l'étranger qu'ils ont ignorée. Il n'y aurait lieu de refuser à l'étranger le droit d'invoquer son incapacité d'après la loi de son pays, que s'il avait employé des manœuvres frauduleuses pour tromper sur sa condition juridique ; car la sanction des délits et des quasi-délits est d'ordre public, ainsi qu'on le verra plus loin, et dépend, par suite, de la loi territoriale (art. 1310 C. C.) (1).

§ IV. *Portée du principe.*

303. Si l'état et la capacité sont en tous pays régis par une loi unique, qui est aujourd'hui la loi nationale, les effets de cette loi se font-ils partout sentir au point de vue de l'aptitude à accomplir les actes juridiques ?

On se rappelle que, sur ce point, les réalistes, tout en reconnaissant que l'état et la capacité dépendaient toujours de la coutume du domicile, exigeaient que l'on se conformât aux dispositions de la loi locale pour déterminer l'aptitude à faire un acte juridique (2). Ainsi la personne majeure d'après la loi de son domicile devait bien être considérée partout comme telle, mais elle n'aurait pu aliéner un immeuble situé dans le ressort d'une coutume [d'après laquelle elle n'aurait pas encore atteint la majorité. Cette idée de d'Argentré et de ses disciples a été encore défendue dans les temps modernes (3).

Mais elle est très généralement rejetée ; comme le dit en effet de Savigny, le droit n'est pas une abstraction, il faut toujours l'envisager dans ses conséquences pratiques, et, si le statut personnel est partout apprécié d'après une loi unique, ce n'est pas pour qu'il constitue une sorte de qualification juridique invariable de l'individu

(1) Trib. de la Seine, 2 juil. 1878, J. Clunet 1878, p. 502 ; Pasquale Fiore, *loc. cit.*, nos 170 et suiv. ; Laurent, *loc. cit.*, t. II, p. 82 et suiv.

(2) V. no 87.

(3) Wæchter, *Archiv. für die civilis. Praxis*, t. XXV, p. 163, 175-184.

mais bien pour qu'il produise partout les mêmes effets (1). C'est en ce sens que l'art. 3, alin. 3, C. C. tranche la question, car il fait régir par la loi nationale non seulement l'état, mais encore la capacité, c'est-à-dire l'aptitude à accomplir les actes juridiques.

304. Les incapacités ou capacités spéciales dépendent-elles, comme celles qui ont un caractère général, de la loi nationale des parties; par exemple, suivra-t-on cette loi pour décider si un mineur peut disposer d'une partie de ses biens par testament ou si une femme, d'ailleurs capable, ne peut pas se porter caution en vertu du Sénatus-consulte Velleïen, aussi bien que pour savoir si une personne est majeure ou mineure?

Nos anciens jurisconsultes, en assez grand nombre, n'admettaient l'application générale de la loi du domicile que pour les règles de droit touchant à l'ensemble de la condition juridique des individus; quant aux capacités et incapacités spéciales, disaient-ils, elles constituent de véritables exceptions au statut personnel général; il faut donc, en ce qui les concerne, revenir à l'application de la loi territoriale, conformément au droit commun : l'exception à l'adage « *Toutes coutumes sont réelles* » n'ayant été établie que pour le statut personnel, on retombe sous l'empire du principe ordinaire toutes les fois que l'on n'est pas dans le domaine de l'exception qui est de droit étroit (2). La même manière de voir a été encore défendue par des auteurs récents (3).

Le point de départ de ce système est faux, car il n'est pas vrai de dire que les lois sont en principe territoriales et exceptionnellement personnelles; c'est au contraire ce dernier caractère qui leur appartient en général et la loi locale ne s'impose que pour les questions d'ordre public : c'est un point qui a été déjà démontré. D'autre part, les capacités et incapacités spéciales sont, comme celles qui ont un caractère général, des éléments de la condition juridique des personnes, et les raisons qui ont fait régir les secondes par la loi nationale ont la même force pour faire adopter la même solution en ce qui concerne les premières (4). C'est ce

(1) *Système*, t. VIII, p. 134-141 ; P. Fiore, *loc. cit.*, nº 48 ; Laurent, *loc. cit.*, t. II, nº 55.

(2) V. nº 87.

(3) Bar, *Das inter. Privat und Strafecht*, § 43, p. 140-142.

(4) Savigny, *Système*, t. VIII, p. 147 ; Demangeat sur Fœlix, t. I, p. 64, note *a*.

qu'avaient fini par admettre la plupart des anciens jurisconsultes au XVIIIe siècle (1).

Quant à notre Code civil, il n'établit aucune distinction, et déclare toujours régis par la loi nationale l'état et la capacité (art. 3, alin. 3).

SECTION III

LÉGISLATION COMPARÉE

305. Un grand nombre de législations, encore dominées par les anciennes idées, font dépendre l'état et la capacité de la loi du domicile. Telle est la règle consacrée dans le code général de Prusse (Introduction, §§ 23 et 34) (2). Le Code civil d'Autriche de 1811 déclare les Autrichiens régis, à l'étranger, par leur loi nationale, pour leur statut personnel (§ 4) ; quant aux étrangers en Autriche, ils sont soumis, à ce point de vue, à la loi de leur domicile (§ 34). Certains auteurs estiment cependant que les étrangers peuvent invoquer en Autriche l'application de leur loi nationale, comme les Autrichiens peuvent le faire à l'étranger (3).

D'ailleurs certaines législations, notamment les deux qui viennent d'être citées, décident que, lorsqu'un étranger contracte sur le territoire de l'état à propos d'un bien qui y est situé, il faut, pour fixer sa capacité, suivre la loi la plus favorable à la validité de l'acte, par conséquent la loi locale ou la loi du domicile, suivant que l'une ou l'autre est plus large au point de vue de la capacité (4).

La théorie du domicile est suivie aussi dans le Code, cependant récent, de la République Argentine (titres préliminaires, art. 6 et 7 du Code du 29 septembre 1869). On la retrouve encore dans la loi de l'Angleterre et des États-Unis, mais avec des modifications graves qui mettent la jurisprudence anglo-américaine en opposition avec celle du monde entier. Au milieu du désaccord et des diver-

---

(1) Froland, *loc. cit.*, t. I, 1re partie, ch. V, n° 5, p. 98-101 ; Bouhier, *loc. cit.*, ch. XXVII, n°s 15-18.

(2) V. Stoerk, *De la condition légale des étrangers en Prusse*, J. Clunet, 1883, p. 6.

(3) Stoerk, J. Clunet, 1880, p. 329 et suiv.

(4) Code prussien, Introd. § 35 ; Code autrichien, § 35 ; Code suisse des obligations, du 1er janvier 1883, art. 822.

gences qui séparent les jurisconsultes anglais et américains (1), on peut cependant relever les deux principes suivants que Story considère comme généralement admis : 1° Quand une personne accomplit un acte juridique au lieu où elle a son domicile, cet acte doit être considéré comme valable en tout lieu, lorsque la personne satisfait aux conditions de capacité prescrites par la loi de son domicile ; 2° quand un acte juridique est accompli ailleurs qu'au domicile de son auteur, il n'est valable que si ce dernier est capable d'après la loi du pays où l'acte est fait. Cette dernière proposition ne tend à rien moins, on le voit, qu'à faire revivre l'ancienne réalité absolue des lois, à soumettre les étrangers à la loi locale, même pour les questions de capacité, à nier en un mot le statut personnel. C'est la conséquence des principes féodaux qui constituent encore la base de la *common law* anglo-américaine.

306. Le principe de la nationalité se trouve consacré en Belgique comme en France, en vertu de l'art. 3, alin. 3, C. C. Dans le projet de révision du Code civil, M. Laurent a ajouté une disposition consacrant formellement l'application de la loi nationale pour régler l'état et la capacité des étrangers en Belgique.

Le Code italien de 1866, art. 6, formule la même règle, ainsi que le Code hollandais, au moins d'après l'interprétation qui est généralement donnée de son art. 6 (2), et la loi fédérale Suisse du 22 juin 1881 sur la capacité civile (art. 10). Cependant, cette dernière loi ajoute que, si un étranger contractant avec un Suisse est capable d'après la loi fédérale, ne le serait-il pas d'après sa loi nationale, on tiendra le contrat pour valable : cette restriction au principe, introduite pour protéger les Suisses qui ignorent la condition juridique des étrangers avec lesquels ils contractent, n'est que l'application d'un système qui a été réfuté plus haut (3).

Enfin, contrairement à ce qu'affirme Fœlix, les jurisconsultes russes ont déclaré à l'Institut de Droit international que, d'après les lois de leur pays, le statut personnel des étrangers est apprécié conformément à leur loi nationale (4).

(1) Comp. Westlake, *A Treatise on private intern. law,* p. 382, n° 401, et p. 384, n° 402 ; Lawrence sur Wheaton, t. III, p. 150 ; Phillimore, *Intern. law,* t. IV, p. 246-255.
(2) Asser, *Rev. de Droit Intern.*, t. I, p. 113 et suiv. ; comp. Fœlix, t. I, p. 75.
(3) V. n° 302.
(4) Fœlix, t. I, p. 76 ; *Rev. de Droit Intern.*, t. VII, p. 401 et suiv.

SECTION IV

DES ACTES DE L'ÉTAT CIVIL

L'état des personnes se constatant sur bien des points, et les plus importants, par les actes de l'état civil, il y aura souvent lieu, au point de vue international, de rechercher quelle est l'autorité en France de ces actes rédigés à l'étranger soit pour des Français, soit pour des étrangers. Dans la présente section il sera plus spécialement traité des actes de naissance et de décès, les actes de mariage devant être étudiés quand il sera question du mariage en Droit international privé.

§ I. *Autorité des actes de l'état civil rédigés en pays étranger.*

307. Si les actes ont été rédigés par les consuls, pour le compte de leurs nationaux, leur autorité est incontestable, et il suffit, pour ce premier cas, de se rapporter à ce qui a été déjà dit à propos de la règle *Locus regit actum* (1).

Si ces actes ont été rédigés par des officiers publics étrangers dans les formes indiquées par la loi locale, il y aura encore lieu d'appliquer la règle *Locus regit actum*, avec les conséquences logiques qui en découlent. Notamment :

1° Ces actes pourront être produits en France, quelque différentes que soient de celles prescrites par la loi française les conditions de formes exigées par la loi étrangère ; c'est ainsi que, d'après la loi locale, un acte de baptême peut tenir lieu d'un acte de naissance (2) ;

2° Pour les délais dans lesquels la rédaction de ces actes doit avoir lieu, on suivra encore la loi locale ; par exemple, en Angleterre, la déclaration de naissance peut être faite dans les 40 jours, tandis qu'en France on ne doit pas attendre plus de 3 jours (3) ;

3° Comme il s'agit d'un acte authentique, il faudra nécessairement suivre la loi étrangère pour les conditions de formes, à moins

(1) No 284.
(2) Pau, 19 février 1873, Sir., 73. 2. 85 ; Paris, 2 août 1876, Sir., 79. 2. 250.
(3) Cass., 8 décembre 1861, Sir., 62. 1. 161.

que l'on ne s'adresse au consul : outre en effet que l'officier public étranger se conformera toujours à sa propre loi, l'art. 47 C. C. décide que l'acte sera valable en France *s'il a été rédigé dans les formes usitées dans le pays étranger;*

4° La règle *Locus regit actum* étant observée, l'acte de l'état civil sera ou ne sera pas cru jusqu'à inscription de faux, sera même ou ne sera pas susceptible d'être combattu par une preuve contraire, suivant ce que décidera sur ce point la loi étrangère : c'est à elle en effet qu'il appartient de déterminer la créance que méritent les officiers publics qu'elle a créés et dont elle a réglementé les fonctions.

308. Il peut se faire que l'on ne puisse pas présenter les actes de l'état civil, soit parce qu'ils n'ont jamais été rédigés, soit parce qu'ils ont été détruits par cas fortuit. En pareille circonstance, l'art. 46 C. C. autorise l'emploi de la preuve par titres ou par témoins. Mais si le décès, la naissance ou le mariage que l'on veut prouver ont eu lieu en pays étranger, quelle loi suivra-t-on pour déterminer les modes de preuve pouvant remplacer les actes de l'état civil qui font défaut ?

Les uns s'attachent à la loi du tribunal saisi de la question; mais l'application de la *lex fori* paraît peu justifiée ici, car cette loi ne règle que la procédure et il s'agit de déterminer les preuves admissibles (1).

Dans la pratique, on se réfère à la loi nationale de la personne que concerne le fait pour lequel on ne peut présenter d'acte de l'état civil : on donne pour raison qu'il s'agit ici d'une question ayant un lien intime avec le statut personnel et, de plus, que c'était l'opinion suivie dans l'ancien droit (2). Cette manière de voir conduit aux conséquences suivantes :

1° Un Français voulant prouver son mariage ou sa naissance survenus en pays étranger, devra, avant d'être admis à produire des titres et des témoins, établir, conformément à l'art. 46 C. C., qu'il ne peut présenter d'acte de l'état civil parce qu'il n'a pas été rédigé ou qu'il a été détruit par cas fortuit; cette obligation lui est imposée, la loi étrangère admettrait-elle *de plano* et sans cette

(1) V. n° 212 et 213.
(2) Bouhier, *loc. cit.*, t. I, ch. XXI, n° 205, p. 404

démonstration préalable la production des preuves pouvant remplacer les actes de l'état civil (1) ;

2° S'il s'agit d'un étranger, on suit la loi de son pays ; sauf, si l'événement qu'il veut prouver est survenu en France, à rejeter les preuves qui ne se concilient pas avec notre ordre public ; par exemple les témoignages pour prouver une filiation paternelle naturelle ;

3° Les juges auront un pouvoir discrétionnaire pour apprécier les preuves produites par un Français afin de remplacer son acte de l'état civil (art. 46 C. C.) ; s'il s'agit d'un étranger, leur pouvoir d'appréciation sera fixé par la loi nationale de ce dernier.

Mais la meilleure solution consiste à suivre toujours, pour déterminer les preuves pouvant remplacer les actes de l'état civil, la loi du pays où s'est passé le fait que l'on veut établir. C'est en effet en considérant la loi du pays où ils résident, que les individus prennent leurs précautions pour prouver les actes qu'ils accomplissent ou les faits qu'ils ont intérêt à constater ; leur imposer l'observation d'une autre loi, c'est, bien souvent, les priver de toutes preuves, parce qu'ils n'ont à leur disposition que celles qui sont organisées par la loi du pays où ils se trouvent : il suffit, pour s'en convaincre, de supposer un individu se mariant dans un état dont la loi n'exige pas d'acte de l'état civil et qui, d'après sa loi nationale, ne peut produire d'autre preuve de son mariage qu'un acte de l'état civil (2).

§ II. *Transmission des actes de l'état civil.*

309. Les actes de l'état civil rédigés en pays étranger peuvent intéresser des Français ou des étrangers.

A. S'ils intéressent des étrangers, ceux-ci ne peuvent les produire en France qu'après les avoir fait légaliser par le consul français du lieu où les actes ont été rédigés ; il faut, de plus, que la signature du consul soit légalisée au Ministère des affaires étrangères (3). Cette légalisation n'est d'ailleurs qu'une garantie de l'authenticité de l'acte et n'a pas d'influence sur sa validité. En vertu d'une déclaration, intervenue le 18 octobre 1879 entre la France et

---

(1) Cass., 9 juil. 1873. Sir., 73. 1. 405 ; Bordeaux, 26 mars 1878, Sir., 78. 2. 204.

(2) V. Duguit, *loc. cit.*, p. 204-205 ; *supra* n° 213.

(3) Ordonn. 25 octob. 1833, **art. 6 et suiv.**

la Belgique, toutes les pièces exigées pour le mariage des Français en Belgique, ou réciproquement, sont acceptées moyennant une simple légalisation donnée par le président du tribunal ou le juge de paix, ou enfin son suppléant (1). Une convention semblable a été conclue, mais pour tous les actes de l'état civil sans distinction, entre la France et l'Allemagne, en ce qui concerne l'Alsace-Lorraine (14 juin 1872).

B. Si les actes de l'état civil intéressent des Français, les formalités exigées sont les mêmes que dans le cas précédent. Mais il arrive souvent que les Français, nés ou mariés à l'étranger, se refusent à produire leurs actes de l'état civil, à cause de l'intérêt qu'ils peuvent avoir à dissimuler leur condition juridique; on a même vu, surtout depuis la loi sur le recrutement du 27 juillet 1872, des femmes habitant les communes voisines de la frontière aller accoucher dans l'état limitrophe pour empêcher l'inscription de leurs fils sur les listes de la conscription. Pour éviter ces abus, il a été convenu avec les états voisins que chacun des deux pays contractants transmettrait à l'autre, par la voie diplomatique et tous les six mois, les actes de l'état civil rédigés sur son territoire pour les nationaux de cet autre pays (2).

Dans les conventions consulaires, il est souvent stipulé aussi, afin que chaque état soit informé du décès de ses nationaux survenu en pays étranger, que les autorités locales doivent prévenir le consul quand un de ses nationaux vient à mourir; de même, s'il est le premier informé, le consul doit aviser les autorités locales (3).

CHAPITRE II

DE L'ABSENCE

310. Au point de vue juridique, l'absence est caractérisée par l'incertitude sur la vie d'une personne. Dès qu'il y a des doutes sur le point de savoir si un individu est vivant ou décédé, presque toutes les législations modernes se préoccupent de pourvoir à un

---

(1) J. Clunet, 1879, p. 591.
(2) Luxembourg, 14 juin 1875; Italie, 13 janvier 1875; Belgique, 25 août 1876; Monaco, 24 mai 1881.
(3) Italie, 26 juil. 1862, art. 9; Espagne, 7 janv. 1862, art. 20; Brésil, 10 décembre 1860, art. 7, et déclaration interprétative du 21 juillet 1866.

triple intérêt : celui de l'absent dont le patrimoine est abandonné; celui des tiers, par exemple des enfants mineurs de l'absent qui sont sans protection, des créanciers et des héritiers qui ont des droits à faire valoir sur les biens de l'individu disparu; enfin celui de la société elle-même qui pourrait souffrir de la perte ou de la dépréciation de biens formant un élément de la richesse publique.

Les mesures prises afin de pourvoir à ce triple intérêt s'accentuent au fur et à mesure que l'absence se prolonge; les probabilités de mort devenant de plus en plus fortes, l'administration confiée à des tiers, ordinairement aux héritiers, tend de plus en plus à se rapprocher d'une véritable attribution des biens de l'absent par voie de succession. Aussi, partout à peu près, et sous des noms très variés, trouve-t-on une division de l'absence en deux périodes correspondant à ce que l'on appelle en France la présomption et la déclaration d'absence : dans la première, on ne prend que des mesures conservatoires dans l'intérêt du patrimoine de l'absent; dans la seconde, on attribue les biens d'une manière plus ou moins complète aux héritiers de la personne disparue.

SECTION I

PRÉSOMPTION D'ABSENCE

311. Quand une personne disparaît, il peut être urgent de prendre certaines mesures pour la conservation de ses biens; d'après l'art. 112 C. C., cette mission appartient au tribunal de première instance. Mais s'agit-il du tribunal du domicile ou de celui dans le ressort duquel les biens sont situés ?

On avait proposé, au Conseil d'Etat, de charger le premier de la constatation de l'absence, et le second des mesures conservatoires nécessitées par l'état des biens. Mais cette idée n'ayant pas été consacrée dans la rédaction définitive, on décide généralement que, conformément au droit commun (art. 59 P. C.), le tribunal compétent pour l'un et l'autre point est celui du domicile de l'absent. Ce dernier tribunal pourra seulement demander des renseignements au tribunal dans le ressort duquel les biens sont situés, ou le charger de prendre les mesures nécessaires, au moyen d'une commission rogatoire (1).

(1) Baudry-Lacantinerie, *Précis de Droit civil*, t. I, n° 321, 1re édit.

Quand l'absent a des biens dans différents pays, rien ne s'oppose à ce que le tribunal du domicile, après avoir constaté l'absence, adresse, dans le même but, des commissions rogatoires semblables aux tribunaux étrangers dans le ressort desquels se trouvent les biens de l'individu disparu (1). Mais, de plus, tout tribunal peut, d'office et en se conformant à la loi de son pays, prendre les mesures nécessaires pour sauvegarder les biens abandonnés ; il s'agit en effet, en pareil cas, d'un intérêt économique pour l'Etat tout entier et, par conséquent, d'une règle d'ordre public (2).

SECTION II

DÉCLARATION D'ABSENCE

312. Lorsque l'absence se prolonge, la plupart des législations décident qu'il y a lieu, après un délai qui varie suivant les pays, de constater officiellement l'incertitude sur la vie de l'absent et de prendre certaines mesures en conséquence : c'est ce que l'on appelle, en France, la déclaration d'absence.

§ I. *Tribunal compétent pour déclarer l'absence.*

313. Le tribunal du domicile de l'absent, et, dans le cas où le domicile est inconnu, celui de sa résidence, est le seul compétent pour prononcer la déclaration dont il s'agit, car lui seul pourra avoir à sa disposition les renseignements nécessaires pour s'assurer s'il y a des doutes sérieux sur la vie de l'absent. Les autres tribunaux étant, par la force même des choses, incompétents pour déclarer l'absence, ne le sont pas moins pour contredire la déclaration faite par le tribunal du domicile : d'où il résulte que la déclaration émanant de ce dernier tribunal sera acceptée en tout pays où l'on n'aura pas d'ailleurs des preuves certaines soit de la mort, soit de l'existence de l'absent.

§ II. *Quelle loi régira les effets de la déclaration d'absence.*

314. Les effets de cette déclaration sont déterminés par la loi française et la plupart des autres législations en ce qui concerne

(1) V. nos 237 et 238.
(2) Laurent, *loc. cit.*, t. VII, p. 138-140.

les biens, la dissolution de la société pécuniaire entre époux, le maintien ou la rupture du mariage, la protection des enfants mineurs. Pour le moment, il suffira d'examiner ces effets en ce qui concerne les biens, les autres points devant être traités à propos du mariage, du contrat de mariage et de la tutelle.

L'absence étant déclarée par le tribunal du domicile, il s'agit de savoir si l'on appliquera la loi personnelle de l'absent ou celle de la situation de ses biens pour déterminer les personnes à qui ces biens seront remis, les droits qu'elles auront sur eux, le temps pendant lequel elles les conserveront, etc...

Deux opinions bien tranchées ont été émises sur cette question.

315. A. Dans un premier système, on applique la loi de la situation des biens, *lex rei sitæ* : mais on justifie cette solution de différentes manières.

Les uns disent que l'envoi en possession des biens de l'absent constitue une sorte d'ouverture anticipée de la succession de ce dernier ; il y aurait donc lieu d'appliquer la loi de la situation pour les immeubles et celle du domicile de l'absent pour les meubles, conformément à la doctrine admise par les jurisconsultes statutaires en matière de succession et que le Code civil consacre encore dans son art. 3 (1).

En supposant que l'envoi en possession qui suit la déclaration d'absence fût une ouverture anticipée de la succession, il serait encore douteux que l'ancienne théorie des statuts dût s'appliquer en pareil cas, étant donné que rien n'est moins certain que le maintien de cette théorie dans l'art. 3 C. C. (2).

Mais il y a mieux : au moins au point de vue de notre droit positif français, il est certain que l'envoi en possession n'est pas comparable à l'ouverture de la succession. Si les envoyés en possession étaient de véritables héritiers, leur droit serait définitif et ne serait pas qualifié de *dépôt* par la loi pendant l'envoi en possession provisoire (art. 125 C. C.) ; après l'envoi en possession définitif, ils n'auraient pas à rendre les biens qu'ils ont conservés (art. 132 C. C.). En réalité, d'après notre droit, la succession de l'absent ne s'ouvre qu'à sa mort (art. 130 C. C.), et toute assimila-

(1) Demolombe, t. II, nᵒˢ 71 et 82 ; Barde, *loc. cit.*, p. 109, IV.

(2) V. nᵒ 91.

tion de la déclaration d'absence au décès véritable est une fiction arbitraire qu'aucun texte ne justifie.

D'autres auteurs, tout en reconnaissant, pour les raisons qui viennent d'être indiquées, qu'il n'y a pas lieu d'établir d'assimilation entre les effets de la déclaration d'absence et ceux de l'ouverture d'une succession, n'en maintiennent pas moins l'application de la loi de la situation pour les immeubles et de la loi personnelle de l'absent pour les meubles. En effet, disent-ils, il s'agit d'opérer une modification dans la condition des biens, et l'on doit suivre les règles consacrées en pareil cas par les jurisconsultes statutaires dont l'art. 3 C. C. reproduit la théorie (1).

On peut encore objecter contre cette seconde manière de voir le doute qui a été déjà émis au sujet du maintien, dans l'art. 3 C. C., de l'ancienne théorie des Statuts. Mais, de plus, il est aisé de démontrer, comme on va le voir dans le numéro suivant, que les mesures prises pour les biens de l'absent, après la déclaration d'absence, n'ont aucun rapport avec la condition juridique de ces biens et dépendent de la loi personnelle de l'individu disparu.

316. B. Pour justifier l'application de la loi nationale de l'absent en ce qui concerne les mesures à prendre pour son patrimoine après la déclaration d'absence, on a dit que l'absence constitue une modification dans l'état juridique des personnes et, à ce titre, rentre dans le statut personnel (2). La raison n'est pas décisive, car l'absent, s'il est vivant, conserve la condition juridique qu'il avait avant sa disparition, ou bien cette condition ne s'est modifiée que par suite de circonstances indépendantes de l'absence, par exemple l'arrivée de sa majorité ; s'il est mort, il ne peut plus être question de son état au point de vue du droit.

La vraie raison qui doit faire considérer les effets de la déclaration d'absence comme régis par la loi nationale de l'absent, c'est que les mesures édictées par le législateur en pareil cas ont pour but la protection de l'absent, la sauvegarde de ses intérêts et de ceux de sa famille à laquelle il ne peut pourvoir lui-même. On se trouve ici en présence de dispositions législatives analogues à celles que l'on rencontre en matière de tutelle. Or, comme on le verra

(1) Laurent, t. VI, p. 568 à 574.

(2) P. Fiore, p. 103, n° 72.

plus loin (1), tout ce qui a trait à la protection des incapables et des personnes qui, en fait, ne peuvent défendre elles-mêmes leurs intérêts, est de la compétence naturelle du législateur national des individus qu'il s'agit de protéger. Quelle considération pourrait-on faire valoir à l'effet d'imposer l'application de la loi de la situation des biens pour régler les conséquences de la déclaration d'absence, alors que la loi nationale de l'absent pourvoit suffisamment à la conservation de ces biens? Le législateur du pays où les biens sont situés n'aura aucun intérêt à intervenir, si ce n'est lorsqu'il s'agira de questions se rattachant à l'ordre public : par exemple, quand il faudra décider si les biens de l'absent sont ou non susceptibles de prescription, ou si l'on peut faire des conventions ayant ces biens pour objet, avant que la succession de l'absent soit ouverte ; dans le premier cas une considération de crédit public, dans le second une raison de morale en vertu de laquelle on prohibe les pactes sur succession future, devront faire appliquer toujours la loi territoriale. Mais, à part cette exception en matière d'ordre public, l'application de la loi nationale de l'absent se trouve justifiée par cette raison décisive que les mesures prises après la déclaration d'absence, l'attribution provisoire ou définitive des biens aux parents de l'absent, dépendent des rapports de famille qui font partie du statut personnel et que le législateur national a lui-même réglementés.

Au point de vue pratique, l'application de la loi nationale de l'absent présente des avantages considérables. Si, en effet, on suppose un absent ayant des immeubles dans différents pays, on suivra, dans l'opinion contraire, des lois différentes; il pourra y avoir lieu aussi d'appliquer la *lex rei sitæ* pour les immeubles et la loi personnelle pour les meubles. Or, étant donné la grande variété des mesures indiquées dans les diverses lois en cas d'absence, on se trouvera aux prises avec des difficultés inextricables. En voici quelques exemples. Les délais pour prononcer la déclaration d'absence étant plus ou moins longs d'après les législations, dans un pays il pourra y avoir envoi en possession, tandis que dans un autre cet envoi sera encore différé : de là des différences dans la gestion des diverses parties du patrimoine, des complications, et

(1) V. chapitre VII *infrà*.

aussi une moins bonne administration par suite du défaut d'unité et d'entente.

Parfois les biens seront confiés à un curateur, comme en Autriche (Code civil, art. 277) ; tandis qu'ailleurs, par exemple en France, les héritiers seront envoyés en possession, et l'on retombera dans les inconvénients signalés pour le cas précédent.

Dans certains pays, par exemple en Autriche, on répute l'absent mort dans certaines circonstances et sa succession est ouverte; en France, pareil résultat ne se produit qu'après constatation du décès : tel individu pourra donc être réputé mort dans un pays et pas dans un autre, et sa succession ne sera ouverte que pour une partie de ses biens (1).

On peut multiplier à l'infini les exemples de ces complications qui sont toutes évitées par l'application d'une loi unique, celle du pays auquel l'absent appartient (2).

CHAPITRE III

DU MARIAGE

317. Le mariage est une des matières qui provoquent les plus graves conflits de législations, car il soulève fréquemment des questions touchant à l'intérêt général de la société, à la morale, en un mot à l'ordre public : de là la difficulté de concilier l'application de la loi étrangère avec la souveraineté de la loi territoriale. D'autre part, ces conflits sont de nature à se présenter souvent, le développement des relations internationales rendant de plus en plus nombreuses les unions célébrées à l'étranger ou entre personnes de nationalité différente.

SECTION I

DU MARIAGE QUANT AUX CONDITIONS DE FORME

318. Il y a lieu de distinguer et d'étudier séparément le mariage des Français à l'étranger et celui des étrangers en France.

(1) Loi autrichienne du 16 février 1883, sur la procédure en matière de déclaration ou de preuve de décès d'un absent (*Ann. de législ. étrangère*, 1884, p. 334 et suiv.).

(2) P. Fiore, *loc. cit.*, p. 165 à 168.

§ I. *Mariage des Français à l'étranger.*

319. Les formalités à observer par les Français qui se marient en pays étranger peuvent être celles que fixe la loi française, s'ils font consacrer leur union par le consul de France (art. 48 C. C.); il est bon de rappeler seulement que les consuls ne sont compétents que pour célébrer les mariages entre Français seulement (1).

Le mariage peut avoir lieu aussi en la forme déterminée par la loi étrangère conformément à la règle *Locus regit actum* (art. 170 C. C.). Il importe peu du reste que les formalités indiquées par la loi étrangère soient complètement différentes de celles que prescrit la loi française. La règle *Locus regit actum* est absolue, et c'est la loi étrangère qu'on devra suivre pour tout ce qui concerne les formalités du mariage, par exemple pour les pièces à produire, les publications, la compétence de l'officier public, le domicile exigé pour que le mariage puisse avoir lieu dans une localité, etc... C'est ainsi que le mariage peut être célébré en la forme purement religieuse en Portugal, où cette forme est indiquée pour les catholiques, tandis que les personnes d'une autre religion ont le mariage civil (Code civil de 1868, art. 1056 et 1057); ou bien en Norwège, où le mariage religieux seul existe pour les luthériens (loi du 16 juillet 1845). Les Français ne seraient même pas forcés de suivre la forme civile, quand ils ont le choix entre elle et la forme religieuse, comme cela a lieu en Espagne (décret du 9 février 1875); ni de préférer la forme authentique à la forme privée quand la loi locale leur offre les deux (2). Enfin, le mariage peut être valablement contracté sans formalité et *solo consensu*, conformément à la loi de certains pays, par exemple de plusieurs états de l'union américaine, comme celui de New-York, et de l'Ecosse (3).

C'est d'ailleurs la forme indiquée par la loi étrangère qui s'impose

---

(1) V. n° 288.

(2) Trib. de la Seine, 14 mars 1879, J. Clunet, 1879, p. 547, Cass.; 20 janv. 1879, Sir., 79. 1. 417.

(3) V. Glasson, *Le mariage civil et le divorce dans l'antiquité et dans les principales législations modernes de l'Europe*, 2me édit. 1880; Lawrence, *loc. cit.*, t. III, p. 291. Les fameux mariages écossais, *solo consensu*, dits mariages de *Gretna-Green,* nom du premier village d'Ecosse sur la route de Londres à Edimborg, ne sont plus permis aux Anglais qu'à la condition de séjourner au moins 21 jours en Ecosse (acte dit de lord Brougham du 31 décembre 1856).

toutes les fois que l'on ne recourt pas au ministère des consuls. Il en est ainsi, non pas parce que la règle *Locus regit actum* est impérative, mais parce qu'il s'agit d'un acte authentique pour l'accomplissement duquel l'officier public étranger suivra nécessairement sa propre loi (1). Si le mariage se fait à l'étranger en la forme privée, la raison n'est plus la même ; mais il est impossible d'observer les formalités exigées par la loi nationale des parties, et dès lors la forme locale s'impose.

Il peut se faire qu'un mariage soit nul à l'étranger pour vices de formes (Code italien, art. 94); devra-t-on considérer ce mariage comme nul en France? On a dit que l'art. 76 C. C. n'exigeant aucune formalité à peine de nullité, le mariage devra être réputé valable en France, parce que les parties sont toujours libres d'observer leur loi nationale, étant donnée le caractère facultatif de la règle *Locus regit actum* (2). Mais, d'après ce qui a été dit plus haut, l'observatiou des formalités prescrites par la loi française est impossible pour un mariage célébré en pays étranger, à moins que l'on n'use du ministère des consuls. La règle *Locus regit actum* s'imposant en pareil cas, il faut en conclure que le mariage, nul pour vices de formes d'après la loi étrangère, est nul aussi en France.

L'application complète de la règle *Locus regit actum* doit conduire aussi à décider que les nullités de l'acte de mariage ne pourront être couvertes par la possession d'état, qu'autant que la loi étrangère le décide ainsi. Cependant, la jurisprudence se prononce pour l'application de l'art. 196 C. C., sans se préoccuper des dispositions de la loi étrangère (3).

On a même décidé qu'il fallait suivre la loi étrangère pour savoir si un mariage, nul pour vices de formes, pouvait valoir comme mariage putatif, à raison de la bonne foi des époux (4). Mais la question de savoir si un mariage, nul en lui-même, peut valoir comme putatif, dépend de l'appréciation qui est faite de l'erreur

(1) V. no 280.

(2) Laurent, t. IV, p. 496; Fœlix et Demangeat, *loc. cit.*, t. I, p. 180.

(3) Comp. Gérardin, *Rev. pratique*, t. XXI, p. 269 et suiv. — Cass., 26 juillet 1865; Sir., 65. 1. 393 ; trib. de la Seine, 21 juin 1883; J. Clunet, 1884, p. 67. — Renault, *Revue critique*, 1884, p. 721.

(4) Duguit, *Conflits de législat. relatifs à la forme des actes*, p. 77.

commise par les époux ; or, comme il sera dit plus loin à propos des conventions, les vices du consentement se rapportent à la capacité des parties et doivent, par conséquent, être appréciés d'après leur loi nationale (1).

320. Exceptions à la règle *Locus regit actum* **pour les formalités du mariage**. — 1° On a soutenu que le mariage célébré dans les formes déterminées par la loi étrangère ne serait plus valable, si les parties s'étaient rendues en pays étranger pour frauder leur loi nationale et éviter l'observation des formalités qu'elle prescrit. Mais il suffit de rappeler ce qui a été dit à ce propos au n° 275 ; on ne saurait, sans arbitraire, établir une sanction plus rigoureuse pour la violation indirecte de la loi que celle qui est indiquée pour sa violation directe. Or, notre loi française n'exigeant l'accomplissement d'aucune formalité à peine de nullité (art. 76 C. C.), il faut en conclure que le fait de se rendre en pays étranger, pour célébrer un mariage dans des conditions de formes plus faciles à remplir, ne peut amener la nullité.

2° Une véritable exception se présente au profit des ambassadeurs qui bénéficient de l'exterritorialité (2).

3° L'art. 170 signale une autre exception, en exigeant des Français qui se marient à l'étranger l'observation de l'art. 63 C. C. pour les publications qu'ils doivent faire en France, indépendamment de celles qui leur sont demandées à l'étranger conformément à la règle *Locus regit actum*. Le but de cette disposition est d'éviter qu'un mariage ne soit célébré à l'étranger sans que les personnes qui sont le mieux à même d'y faire opposition d'une manière utile en soient informées.

La nécessité des publications préalables en France donne lieu à plusieurs questions importantes.

321. Quelle est la sanction du défaut de publications en France ? Sur ce point, trois opinions ont été émises.

On a d'abord soutenu que le mariage célébré à l'étranger sans publications préalables en France est nul. Cela résulte, a-t-on dit, du texte même de l'art. 170 C. C. qui déclare ce mariage valable *pourvu qu'il ait été précédé* de ces publications (Argument d'ana-

(1) V. n° 418 *in fine*.
(2) N° 202, 2°.

logie de l'art. 686 C. C.). D'autre part, quand le mariage est célébré en France, on a, comme garantie de l'observation des règles prescrites par la loi pour les publications, l'amende qui frappe les parties et l'officier de l'état civil (art. 192 C. C.); quand le mariage a lieu à l'étranger, cette garantie fait défaut, et il faut recourir à celle de la nullité. Enfin, les mariages clandestins sont nuls ; or, en France, les publications ne sont qu'un élément de la publicité et les juges conservent, quand elles font défaut, un droit d'appréciation pour décider si le mariage est clandestin (art. 191 C. C.) ; tandis que, lorsque le mariage a lieu à l'étranger, la seule façon de le rendre public en France est de faire les publications prescrites par l'art. 170.

On a objecté, avec raison, contre cette manière de voir, que les nullités ne se suppléent pas, surtout dans une matière aussi grave que celle du mariage, et que les termes de l'art. 170 ne sont pas assez formels pour en établir une. Sinon, en effet, il faudrait voir une nullité dans le défaut des actes respectueux et dans l'inobservation des dix mois de viduité, puisque, d'après les art. 64, 65 et 228 C. C., le mariage *ne pourra être célébré* que si ces conditions sont remplies. Il faut remarquer, en outre, que, malgré le défaut de publications en France, le mariage célébré à l'étranger peut être connu par d'autres renseignements, et ainsi tombe l'argument tiré de l'art. 191.

Aussi a-t-on admis, dans une seconde opinion, que le mariage est toujours valable, et que le défaut des publications exigées par l'art. 170 ne peut donner lieu qu'à la sanction ordinaire de l'amende indiquée dans l'art. 192.

Mais, dans la pratique, on s'est rallié aujourd'hui à une troisième solution. Si les parties n'ont pas fait faire les publications prescrites par l'art. 170, elles sont présumées avoir voulu frauder la loi et les tribunaux ont un pouvoir discrétionnaire pour décider si, en fait, leur mariage est clandestin en France (art. 193 C. C.). Si, d'ailleurs, on n'a pas eu connaissance de l'union contractée par elles à l'étranger, cette union sera annulée comme clandestine (1).

On peut émettre un doute sérieux sur l'exactitude de la solution suivie dans la pratique. Le défaut des publications exigées par

(1) Cass., 28 décembre 1874 ; Sir., 75. 1. 347 ; Cass., 14 décembre 1880 ; Sir., 81. 1. 349 ; Trib. de la Seine, 7 juillet 1881, *Le Droit*, 8 juillet 1881.

21

l'art. 170 amène là nullité du mariage pour fraude à la loi française ou pour clandestinité ; quelques arrêts paraissent même exiger que les deux faits soient réunis (1). Or, en ce qui concerne la fraude, il a été déjà établi qu'elle ne pouvait amener une sanction plus rigoureuse que celle qui est indiquée par la loi pour violation directe de ses prescriptions (2). D'autre part, il semble difficile de faire résulter la clandestinité du défaut de publications, car la loi ne l'établit que si le mariage n'est pas célébré publiquement et devant un officier public compétent (art. 191 et 165 C. C.) : si ces deux dernières conditions sont remplies en pays étranger, comment affirmer la clandestinité du mariage (3) ?

Il semblerait donc plus juste d'en revenir à la seconde opinion exprimée plus haut, et de n'appliquer que la sanction de l'amende contenue dans l'art. 192.

322. Les publications de l'art. 170 sont-elles toujours exigées ?

Par application de la règle générale contenue dans les art. 166 et 168 C. C., le Français qui se marie en pays étranger ne sera plus contraint de les faire, toutes les fois qu'il n'aura pas de domicile en France et que les parents, sous la puissance desquels il se trouve au point de vue du mariage, n'y seront pas non plus domiciliés.

On a même prétendu, en se fondant sur les travaux préparatoires, que, lorsqu'un Français est depuis longtemps établi à l'étranger, il est dispensé de faire faire les publications à son ancien domicile en France (4). C'est aller trop loin ; car celui qui se marie en France doit faire faire les publications au dernier domicile qu'il a abandonné depuis longues années, ainsi qu'à son domicile actuel établi au point de vue du mariage par six mois de résidence (art. 167). On ne verrait pas de bonne raison pour distinguer entre celui qui se marie à l'étranger et celui qui se marie en France, étant donné que l'art. 170 renvoie aux règles ordinaires des publications, en se référant à l'art. 63.

Il est à noter, à ce propos, que l'observation de l'art. 170 par les Français qui se marient en Espagne est assurée par la loi espagnole du 18 juin 1870, qui exige de tout étranger voulant se marier un

---

(1) Paris, 24 avril 1874; J. Clunet, 1875, p. 190.
(2) V. n° 320, 1°.
(3) Baudry-Lacantinerie, *loc. cit.*, t. I, p. 281 à 282.
(4) Aubry et Rau, t. V, p. 121, note 18; Locré, *Législ.* IV, p. 351, n° 19.

certificat légalisé de l'autorité de son pays, constatant que les publications ont été faites au lieu où il avait son domicile dans l'année qui précède son arrivée en Espagne, toutes les fois qu'il est établi dans ce dernier pays depuis moins de deux ans. Cependant cette loi est beaucoup trop exigeante en demandant (art. 15) que ce certificat soit authentique d'après la loi espagnole, alors que l'authenticité d'un acte se détermine d'après la loi du lieu où il est rédigé, conformément à la règle *Locus regit actum*. D'autre part, l'étranger peut appartenir à une nation dont la loi n'exige pas de publications, et être dans l'impossibilité de produire le certificat qu'on lui demande.

323. Qui peut invoquer le défaut des publications exigées par l'art. 170 ? On décide, en général, que la nullité provenant du défaut de publications est relative et ne peut être invoquée que par les ascendants dont le consentement est nécessaire pour le mariage et par l'époux qui devait l'obtenir. On admet, en même temps, que cette nullité est couverte par les ratifications expresses et tacites indiquées dans l'art. 183 C. C. pour la nullité provenant du défaut de consentement des ascendants (1).

Mais, si l'on déclare un mariage célébré à l'étranger nul pour défaut de publications préalables en France, il faut logiquement le considérer comme frappé d'une nullité absolue qui pourra être invoquée par toute personne intéressée. Cette nullité est en effet basée, soit sur la fraude dont toute personne intéressée peut se prévaloir, soit sur la clandestinité qui, d'après l'art. 191 C. C., conduit au même résultat.

D'ailleurs, si l'on base la nullité dont il s'agit sur la clandestinité, on devra admettre qu'elle sera couverte par la possession d'état des époux, d'après l'interprétation qui est généralement donnée de l'art. 196 C. C. (2).

Si enfin on n'admet la nullité du mariage, avec la jurisprudence, qu'autant qu'il y a eu intention de frauder la loi française, il va sans dire que le mariage non précédé de publications en France ne pourra valoir comme putatif, ce qui supposerait la bonne foi (3).

(1) Aubry et Rau, V, p. 125; Verger, *Rev. pratique*, XLVII, p. 87; Rouen, 13 juillet 1880; J. Clunet, 1884, p. 256.
(2) Gérardin, *Rev. pratique*, XXI, p. 266 et suiv.
(3) Trib. de la Seine, 28 décembre 1876; J. Clunet, 1877, p. 43.

Cependant, si l'époux étranger était de bonne foi et si sa loi personnelle reconnaissait les mariages putàtifs, le mariage dont il s'agit pourrait valoir comme tel (1).

324. Preuve du mariage des Français célébré à l'étranger. — Ce mariage sera prouvé par la production en France des actes de l'état civil rédigés en pays étranger, avec les légalisations qui ont été déjà indiquées. On suppléera aux actes de l'état civil qui feront défaut par les preuves indiquées dans la loi du pays où le mariage a eu lieu (2). C'est ainsi que le mariage conclu par des Français en Amérique pourra être établi en France par la possession d'état, bien que l'art. 195 C. C. exclue ce mode de preuve. Du reste, les éléments de la possession d'état devront être appréciés d'après la loi étrangère et non d'après notre Code civil (3).

325. Le législateur lui-même a pris la précaution d'assurer en France la preuve des mariages célébrés à l'étranger pour des Français. L'art. 171 C. C. impose à ces derniers l'obligation de faire transcrire, dans les trois mois de leur retour en France, leur acte de mariage sur les registres de l'état civil de la commune où ils ont leur domicile. Cette obligation cesse dans deux cas :

1° Quand le mariage a été célébré devant le consul ; ce dernier transmet en effet un des registres au ministre des affaires étrangères, chaque année, et le ministre doit veiller à ce que la transcription commandée par l'art. 171 soit exécutée (4).

2° Quand le mariage a eu lieu dans un pays où il n'existe pas d'actes de mariage, par exemple à New-York.

Le délai de trois mois ne court que du jour où le Français est revenu en France. Les conventions conclues pour assurer la transmission internationale des actes de l'état civil ont remédié en partie à l'inconvénient qu'il pourrait y avoir à ne pas connaître le mariage contracté par des Français qui ne reviennent pas en France (5).

Au surplus, ce délai de trois mois n'est point fatal ; mais, quand il est expiré, on considère la transcription comme une modi-

(1) N° 319, *in fine.*
(2) V. n°s 308 et 309.
(3) Cass., 13 janv. 1857; Sir., 57. 1. 81 ; Paris, 20 janv. 1873; Sir., 73. 2. 177.
(4) Ordonn. 23 octob. 1833, art. 9.
(5) V. n° 309, B.

fication aux actes de l'état civil et on ne la permet plus qu'en vertu d'un jugement (1).

326. On a cru, pendant assez longtemps, que le défaut de transcription exigée par l'art. 171 C. C. pouvait amener la nullité du mariage, au moins en France, et l'on attribuait à cette nullité, suivant les opinions, une portée plus ou moins étendue.

Mais on est unanime aujourd'hui pour reconnaître que l'art. 171 n'a pas de sanction : c'est ce que démontrent les travaux préparatoires. Dans le projet primitif du Code, l'observation de notre règle était assurée par un double droit d'enregistrement et une amende de 100 à 1,000 fr. Dans la rédaction définitive l'amende avait été supprimée : on en demanda la raison et Réal répondit que le double droit d'enregistrement constituait une sanction suffisante (2). Or, ce double droit n'existe pas ; le décret du 25 septembre 1792, tit. II, art. 7, dispense même les actes de l'état civil de l'enregistrement.

La seule sanction consistera donc dans la difficulté qu'éprouveront les Français à prouver leur mariage contracté à l'étranger : ce sera la peine de leur négligence. D'autre part, les tiers qui établiront que le défaut de transcription exigée par l'art. 171 leur a causé un préjudice, par exemple en ne leur permettant pas d'apprécier la capacité d'une femme avec qui ils ont traité, pourront demander des dommages et intérêts, d'après le droit commun (art. 1382 C. C.) (3). Les Code italien (art. 111) et haïtien (art. 157) reproduisent l'art. 171 C. C., mais en sanctionnant sa disposition, l'un par une amende de 100 lires, l'autre en enlevant tout effet au mariage célébré à l'étranger et non transcrit au domicile des époux.

327. Il a été déjà établi que les militaires en campagne peuvent, à leur choix, recourir, pour la rédaction des actes qui les intéressent, au ministère des officiers français ou à celui des fonctionnaires étrangers (4). Il faut ajouter que, bien que remplissant un rôle analogue à celui des consuls, les officiers français peuvent, à la

---

(1) Avis du Conseil d'Etat du 12 brumaire an XI et art. 99 C. C.

(2) Fenet, IX, p. 37.

(3) Cass., 28 décembre 1874 ; Sir., 75. 1. 347 ; Trib. Seine, 17 juin 1880 ; J. Clunet, 1880, p. 396 ; Mourlon, *Rev. de Droit franç. et étrang.*, t. I, p. 885.

(4) V. n° 279.

différence de ces derniers, célébrer des mariages entre des militaires français et des personnes étrangères. Etant donné le but des
art. 88 et suiv. du Code civil qui est de donner le plus de facilité
possible aux militaires en campagne pour la rédaction de leurs
actes de l'état civil, cette solution se trouve parfaitement justifiée (1).

§ II. *Mariage des étrangers en France.*

328. Les étrangers peuvent en France, comme les Français en
pays étranger, faire célébrer leur mariage par leur consul ou
l'agent diplomatique de leur nation, si, d'après la loi étrangère, ces
derniers ont le pouvoir de consacrer l'union de leurs nationaux.
Mais on n'admet pas que les consuls étrangers, quelles que soient
les dispositions de la loi qui règle leurs attributions, puissent célébrer des mariages entre des personnes de leur pays et des personnes appartenant à une autre nation. On ne veut pas que les consuls
étrangers aient en France un pouvoir plus considérable que celui
des consuls français à l'étranger (2). Ainsi serait nul, au moins en
France, le mariage célébré par un consul d'Allemagne entre un
Allemand et une personne de nationalité différente, bien que la
loi allemande du 4 mai 1870 donne aux consuls le pouvoir de consacrer de pareilles unions (3).

Si des étrangers se marient en France devant l'officier de l'état
civil, ils doivent observer les formalités prescrites par la loi française, d'après la règle *Locus regit actum.* Souvent leur loi nationale
impose aux étrangers l'obligation d'accomplir certaines formalités
dans leur pays, par exemple d'y faire faire des publications comme
l'exige l'art. 170 C. C. pour les Français. C'est ainsi que ces publications préalables sont exigées par les Codes italien (art. 100),

---

(1) Verger, *Rev. pratique*, t. XLVII, p. 120 ; *Contrà* : Demolombe, I, nᵒ 15,
p. 487.

(2) V. nᵒ 288.

(3) Loi allemande du 4 mai 1870, art. 10 *(Annuaire législ. étrang.*, 1872, p. 75),
et loi du 6 février 1875, art. 85 (*Ann.* 1876, p. 215); Italie, Code civil, art. 368 et
loi du 28 janv. 1866, art. 29 ; Hollande, loi du 25 juillet 1871, art. 12; loi fédérale
suisse du 24 décembre 1874, art. 13; Angleterre, loi du 28 juillet 1849.— En Belgique les consuls peuvent célébrer des mariages entre Belges et *étrangères*, en
vertu d'une autorisation spéciale (*Ann. législ. étrang.*, 1883, p. 755, loi du 20 mai
1882).

autrichien (art. 4), hollandais (art. 158) ; la loi allemande du 4 mai 1870, art. 5 ; la loi belge du 20 mai 1882 (art. 170 Code Napoléon). La loi espagnole du 18 juin 1870 dispose que tout mariage contracté par un Espagnol à l'étranger doit être transcrit dans les quinze jours sur les registres du consul d'Espagne le plus proche. Mais toutes ces formalités n'ont pas d'influence sur la validité du mariage *en France,* validité qui sera toujours reconnue pourvu que l'on se soit conformé aux dispositions de la loi française.

SECTION II

DU MARIAGE QUANT AUX CONDITIONS DE FOND

329. Les conditions de fond du mariage sont celles qui concernent l'aptitude à pouvoir se marier, soit en général, soit avec telles personnes déterminées. Or, cette aptitude à accomplir cet acte particulier, le mariage, n'est qu'une manifestation de la capacité générale ; aussi les raisons qui ont été déjà développées et qui conduisent à faire régir par leur loi nationale la capacité des personnes, doivent faire décider que cette même loi réglera l'aptitude à pouvoir contracter mariage (1). Le principe posé dans l'art. 3, alin. 3 C. C. reçoit, conformément à cette idée, son application particulière au mariage dans l'art. 170 *in fine.*

Cependant, on sait que la loi nationale cesse de s'appliquer toutes les fois qu'elle est en contradiction avec l'ordre public du pays où elle est invoquée (2) : cette restriction se présentera fréquemment à propos du mariage qui, sous tant de rapports, touche à la morale et à l'intérêt général de la société. Il est d'ailleurs impossible de préciser en une seule formule la portée de la restriction à l'application de la loi nationale des parties venant de l'ordre public : il faut, en cette matière essentiellement relative, tenir compte des idées particulières à chaque législateur et se demander, à propos de chaque condition de fond du mariage, si elle est ou non d'ordre public (3).

On doit du reste se garder de considérer toutes les conditions

(1) V. n⁰ˢ 293 et 294.
(2) V. n⁰ 300.
(3) V. n⁰ 110.

indiquées par la loi locale pour pouvoir contracter mariage comme étant d'ordre public : il faut distinguer entre elles et ne pas assimiler, par exemple, le consentement des ascendants ou la nécessité des actes respectueux à la prohibition de l'inceste et de la polygamie. C'est ce que n'a pas fait le Code italien de 1866 qui, dans son art. 102, impose aux étrangers l'observation de *toutes* les conditions prescrites par la loi italienne pour le mariage (1). De même la loi génevoise du 5 avril 1876, art. 135, reproduisant la loi fédérale du 24 décembre 1874, art. 54, va trop loin, en exigeant de tout étranger qui veut se marier les conditions de capacité indiquées à la fois par sa loi nationale et par la loi suisse.

330. Il est d'ailleurs inutile de revenir sur la théorie d'après laquelle la capacité s'apprécie d'après la loi du domicile et dont les partisans font aussi l'application au mariage ; la réfutation en a été déjà faite (2). Cependant, une variante a été apportée à cette opinion générale par quelques auteurs : pour eux, la capacité de la femme pour contracter mariage dépendrait, comme celle du mari, de la loi du lieu où ce dernier est domicilié ; parce que, dit de Savigny, c'est en ce lieu que se trouve *le siège du lien conjugal* (3). Quant aux jurisconsultes anglo-américains, fidèles à la tradition féodale de la réalité des lois, ils font dépendre, en principe, de la loi du lieu où le mariage se réalise, l'aptitude à le contracter. Cette application de la *lex locis contractus,* qui conduit jusqu'à la négation du Statut personnel, s'explique par la confusion que commettent la plupart de ces jurisconsultes entre les conditions de fond et celles de formes : la règle *Locus regit actum* est vraie, pour eux, en ce qui concerne les unes et les autres (4). Du reste, la jurisprudence anglo-américaine manque de logique : étant donné le principe admis par elle, elle devrait considérer comme valable le mariage contracté par des Anglais contrairement à la loi de leur pays, mais conformément à celle de l'état où ils se sont mariés ; néanmoins elle a annulé l'union célébrée en Danemark et valable d'après la loi danoise, entre un Anglais veuf et sa belle-sœur, parce que les

(1) Laurent, t. IV, p. 609 et suiv. ; Olivi, *Rev. de Droit intern.,* 1883, p. 222.
(2) V. nᵒ 294.
(3) *Système,* VIII, p. 322.
(4) Story, *loc. cit.,* § 79, p. 80 et § 113, 7ᵉ édit. ; Lawrence, *loc. cit.,* t. III, p. 336 et suiv.

statuts 5 et 6 de Guillaume IV prohibent les mariages entre beaux-frères et belles-sœurs (1).

Cependant, les représentants les plus éminents de la doctrine anglo-américaine en viennent peu à peu à répudier ces idées surannées : sans aller jusqu'à adopter l'application de la loi nationale, ils finissent par reconnaître que l'aptitude à contracter mariage dépend de la loi du domicile, reconnaissant ainsi le statut personnel et écartant l'ancienne règle de la territorialité absolue des lois (2).

§ I. *Mariage des Français à l'étranger.*

331. Le Français qui veut contracter mariage en pays étranger doit satisfaire aux conditions d'aptitude déterminées par sa loi nationale, conformément au principe théorique développé ci-dessus, consacré d'une manière générale par l'art. 3, alin. 3 C. C. et spécialement appliqué au mariage par l'art. 170 C. C. Il faut donc que le Français ne viole aucun des empêchements dirimants ou prohibitifs énoncés dans notre loi : on sait du reste que l'inobservation d'un empêchement prohibitif ne donne lieu qu'à une sanction qui varie suivant les cas et n'amène pas la nullité du mariage.

Le défaut d'actes respectueux quand ils sont exigés constituant un empêchement prohibitif, l'art. 170 C. C., par application de l'idée susénoncée, commande qu'ils soient faits en France par le Français qui veut se marier à l'étranger (art. 170 *in fine* et art. 151 C. C.). On a cependant soutenu que les actes respectueux ne sont qu'une formalité du mariage et on en a conclu qu'il fallait observer, en ce qui les concerne, la loi du lieu où le mariage est célébré, d'après la règle *Locus regit actum;* mais, ajoute-t-on, l'art. 170 déroge à l'application ordinaire de cette règle, en exigeant de plus, comme pour les publications, qu'on fasse aussi les actes respectueux en France. Pour établir que les actes respectueux ne sont qu'une formalité, on fait remarquer que l'époux obligé de les présenter peut se marier malgré le non consentement de ses parents et que, par suite, sa capacité n'est nullement atteinte : il ne s'agit pas d'une condition *de fond* du mariage. Les actes respectueux, étant donné ce point de vue, ne seraient qu'une manière d'informer les

---

(1) Lawrence, *loc. cit.,* t. III, p. 343.
(2) V. Wharton, J. Clunet, 1879, p. 509 et suiv. ; J. Clunet, 1878, p. 49-50 ; Alexander, J. Clunet, 1881, p. 493 et suiv.

parents du mariage, imposée par le législateur par déférence pour eux et parce qu'il serait peu convenable que les ascendants ne fussent avertis de l'union qui va être contractée que par la publicité générale.

Cette façon de comprendre les actes respectueux ne correspond nullement à leur nature ni au but que s'est proposé le législateur en les exigeant. Comprenant que le mariage des descendants ne pouvait dépendre indéfiniment du consentement des ascendants, il a cependant voulu que les futurs époux sollicitassent d'une manière spéciale ce consentement, quel que fut leur âge, pour les contraindre à tenir compte des observations qui pourraient leur être présentées par ceux dont l'affection est une garantie d'impartialité. Mais, en imposant ainsi aux futurs époux l'obligation d'attendre et de réfléchir si leurs ascendants s'opposent à la célébration immédiate du mariage, le législateur montre bien qu'il se méfie de leur entraînement et qu'il les place dans une sorte d'incapacité momentanée. Cependant, comme il ne s'agit ici que d'une simple précaution à prendre, la loi n'a pas été jusqu'à déclarer le mariage nul pour défaut d'actes respectueux. D'ailleurs cette précaution est assez critiquable; dans la pratique elle n'arrête guère de mariages et ne paraît avoir pour résultat que de rompre les bonnes relations entre ascendants et descendants : voilà pourquoi la plupart des législations modernes l'ont supprimée.

Les actes respectueux étant ainsi considérés comme une condition de fond du mariage et non comme une formalité, il faut en conclure que les Français qui se marient à l'étranger doivent les faire présenter conformément à la loi française, sans se préoccuper des dispositions de la loi locale.

Si les parents auxquels les actes respectueux doivent être présentés se trouvent en pays étranger, on leur présentera ces actes en observant la loi française pour le nombre d'actes et les délais ; mais on suivra la loi locale pour les formes mêmes de la présentation, par exemple le Code hollandais (art. 101-104) qui indique des formalités différentes de celles de notre Code civil. Que si cette loi locale n'a rien fait pour organiser ces formalités parce qu'elle n'exige pas les actes respectueux, comme la loi espagnole du 18 juin 1870, on se dispensera de cette condition par l'excellente raison qu'à l'impossible nul n'est tenu.

332. Parfois, en vertu de règlements spéciaux motivés par des nécessités pratiques, les Français qui se marient dans les colonies sont dispensés de certaines conditions de forme ou de fond prescrites par le Code civil. Par exemple, en Cochinchine, ils n'ont pas à fournir certaines pièces comme leur acte de naissance ou l'acte de décès de leur premier conjoint, quand d'autres pièces sont jugées suffisantes pour les remplacer ; ils sont dispensés des actes respectueux quand leurs parents habitent la métropole ; enfin les autorités coloniales peuvent ne pas exiger les publications et suppléer au consentement des ascendants (v. décret du 27 janvier 1883).

333. L'obligation pour le Français qui se marie en pays étranger de se conformer à la loi française pour toutes les conditions de fond, conduit à distinguer deux cas, suivant que la loi étrangère est plus large ou plus rigoureuse que notre Code civil pour autoriser le mariage.

A. La loi étrangère est-elle plus large, le Français ne pourra bénéficier de ses dispositions contraires à la loi qui régit son statut personnel. C'est ainsi qu'il ne pourra contracter mariage, en invoquant les dispositions de la loi locale, avant l'âge exigé par notre législation ; ni avec une personne qui est unie avec lui par le lien de parenté au degré prohibé par le Code civil ; ni enfin se remarier quand son conjoint est absent (art. 139 C. C.), bien que, en pareil cas, certaines législations autorisent le mariage au bout d'un certain temps, en s'inspirant des raisons assez sages données par Montesquieu (1) : tel est le Code hollandais qui fixe le délai de dix ans (art. 549 à 551).

Quant à l'influence des vices du consentement sur la validité du mariage, il faudra suivre aussi la loi nationale des parties, car il s'agit d'une appréciation de la capacité. On sait seulement que, pour l'erreur sur la personne et l'effet de l'interdiction au point de vue du mariage, il se présente de sérieuses difficultés qui autorisent les tribunaux français ou étrangers chargés de les trancher à adopter telle opinion qu'ils jugent convenable.

B. Si la loi étrangère est plus rigoureuse que notre Code civil au point de vue des conditions exigées pour le mariage, le Français qui ne l'aura pas observée, mais qui se sera conformé à sa loi

_____

(1) *Esprit des lois*, XXVI, 9.

nationale, contractera une union valable en France; mais son mariage sera-t-il nul en pays étranger ? Cette question dépend de celle de savoir si les conditions prescrites par la loi étrangère et auxquelles le Français ne s'est pas conformé sont ou non considérées comme étant d'ordre public par le législateur étranger. Or, cette dernière question, on l'a déjà vu (1), est toute relative et dépend des idées particulières adoptées à cet égard dans chaque pays. C'est ce dont on peut se rendre compte par quelques exemples.

Si un Français, ayant l'âge requis par le code civil, veut se marier dans un pays où l'on fixe à un âge plus avancé le moment de la puberté, pourra-t-on s'opposer à son mariage; par exemple en Danemark où le mariage n'est possible qu'à 20 ans, tandis que notre législation le permet à 18 ans?

Plusieurs auteurs estiment que l'âge de la puberté est fixé par chaque législateur par suite de certaines considérations de morale et d'intérêt social, afin d'éviter des unions prématurées, dangereuses pour les mœurs, la bonne organisation de la famille et le développement de l'espèce humaine au point de vue physiologique : ils en concluent que la loi locale est absolument impérative à cet égard et qu'il n'y a pas lieu de tenir compte des dispositions contraires de la loi nationale des époux. Mais peut-être est-il plus juste de remarquer que chaque législateur, en fixant l'époque de la puberté, s'inspire du développement physique et moral plus ou moins rapide de ses nationaux, provenant de l'influence de la race et du climat, et que, dès lors, il y a lieu de se référer dans ce cas à la loi nationale des parties. Il ne s'agit pas, en pareille matière, d'une règle de morale ou d'intérêt social absolue, étant donné le point de vue particulier auquel se place chaque législateur, mais d'une disposition législative toute contingente et relative, provoquée par la situation spéciale des habitants d'un pays (2).

Au point de vue des liens de parenté amenant une prohibition de mariage, nombre de lois sont plus sévères que la nôtre. En Autriche, le mariage est interdit entre cousins germains et alliés au même degré (loi du 1er janvier 1857, art. 65 et 66) ; en Espagne (loi du 18 juin 1870) et en Portugal jusqu'au quatrième degré

(1) V. no 110.
(2) Laurent, *loc. cit.*, t. IV, p. 553.

canonique exclusivement ; en Angleterre, jusques et y compris le troisième degré en ligne collatérale, d'après la computation du droit romain ; en Russie, jusqu'au quatrième degré canonique, d'après la décision du concile de Latran de 1215, adopté par l'Eglise grecque (Svod, ou Digeste Russe, liv. I, tit. I, art. 14, 51). Pour savoir si ces prohibitions s'imposent à des étrangers dont la loi nationale est moins rigoureuse, quelques auteurs, à l'exemple de Montesquieu, distinguent entre l'inceste du droit des gens et celui du droit civil (1). Le premier, consistant dans l'union entre parents en ligne directe ou entre frère et sœur, est tellement contraire à la morale et au sentiment intime de la conscience, qu'il devrait être prohibé par tous les peuples civilisés. Les autres prohibitions, au contraire, présenteraient un caractère plus ou moins arbitraire, dépendraient des idées particulières admises dans chaque pays, de telle sorte qu'il n'y aurait pas lieu de les imposer à des étrangers dont la loi nationale ne les contient pas.

Cette distinction entre les deux espèces d'inceste (2) présente quelque chose de fictif qui ne semble guère conforme aux idées de chaque législateur quand il édicte une prohibition de mariage basée sur les liens de parenté. A tort ou à raison, (c'est un point qu'il n'y a pas lieu d'examiner), chaque législateur croit avoir, en cette matière, le monopole de la morale absolue, et c'est parce qu'il regarde une union entre certains parents comme contraire à la nature elle-même, qu'il la prohibe. Aussi la loi locale s'imposera-t-elle toujours en pareil cas. Il en est ainsi même pour les mariages qui sont permis moyennant dispense, car le législateur se réserve d'apprécier certaines considérations graves qui peuvent parfois autoriser une dérogation à sa rigueur ordinaire.

Si au contraire la loi étrangère se montrait plus exigeante que la nôtre au point de vue du consentement des ascendants, le Français n'aurait pas à en tenir compte, puisqu'il ne s'agit, en pareil cas, que d'une question de capacité ne pouvant pas intéresser l'ordre public tel qu'il est compris par la loi étrangère.

Quelques législations contiennent des prohibitions non seulement plus sévères que celles contenues dans notre Code, mais

---

(1) *Esprit des lois*, liv. XXVI, ch. 14.
(2) Story, *loc. cit.*, § 116 ; Laurent, *loc. cit.*, t. IV, p. 434 et suiv. ; Olivi, *loc. cit.*, p. 224 et suiv.

encore inconnues dans notre législation : par exemple, prohibition de mariage entre chrétiens et non chrétiens en Autriche (Code de 1811, art. 64) ; entre grecs ou catholiques et non chrétiens en Russie, entre gens de couleur et blancs à la Louisiane (Code, art. 95) ; entre tuteur et pupille en Prusse (Code général, II Part., tit. I, §§ 14 et 977 à 984 ; loi du 6 février 1875, art. 37, *Ann. de législ. étrang.* 1876, p. 229) et en Espagne (loi du 18 juin 1870, art. 6.) Il est tout d'abord certain que des Français ne pourront pas épouser des personnes étrangères placées sous le coup de ces prohibitions par leur loi nationale. S'il s'agit d'un mariage entre Français, il est possible que les tribunaux étrangers maintiennent ces prohibitions comme étant d'ordre public, bien qu'on puisse soutenir qu'elles tiennent à des raisons toutes locales qui n'en justifient plus l'application aux étrangers, par exemple à la religion d'Etat dont l'observation de la part des étrangers importe peu, même au point de vue du législateur qui l'a établie.

En ce qui concerne particulièrement la prohibition de mariage entre tuteur et pupille, l'application de la loi nationale des parties semble tout naturellement indiquée, car cette prohibition est motivée par le désir de protéger les pupilles contre l'influence de leur tuteur et, comme il sera établi dans la suite (1), toutes les mesures de protection rentrent dans le statut personnel.

Quant à l'engagement dans les ordres, si on le regarde comme constituant un empêchement au mariage d'après notre droit français, il conservera le même effet pour le prêtre français qui voudrait se marier à l'étranger (2). Si l'on se prononce en sens contraire, ce qui est beaucoup plus conforme à l'esprit de notre législation, le prêtre français peut se voir objecter l'empêchement tiré de son caractère et formellement établi par la loi étrangère (Espagne, décret du 9 février 1875, art. 6 ; Russie, Svod, liv. I, tit. I, du mariage, addition à l'art. 1 ; Autriche, Code civil, art. 62 et 63). Il est probable que les tribunaux étrangers considèreront cet empêchement comme motivé par une raison de morale absolue et l'imposeront aux Français.

Peu à peu d'ailleurs ces prohibitions, basées sur des considéra-

(1) V. chap. VII du présent livre.

(2) Cass., 26 février 1878, Sir., 78. 1. 241.

tions religieuses qui perdent de leur influence chaque jour au point de vue de la loi et de l'organisation sociale, tendent à disparaître (1).

En définitive, c'est toujours la loi nationale des parties qu'il faudra suivre pour déterminer leur aptitude à pouvoir se marier, sauf à appliquer la loi territoriale pour les points qui touchent à l'ordre public. Le Code autrichien déroge à ce principe, en disposant (art. 51) que les mineurs étrangers qui ne pourront produire le consentement de leurs parents pour le mariage seront autorisés par un curateur nommé par le tribunal autrichien. Valable en Autriche, le mariage contracté dans ces conditions par un mineur français serait nul en France pour violation du statut personnel (art. 170 C. C. *in fine*).

334. Pour que l'étranger, par exemple le Français, établisse sa capacité au point de vue du mariage d'après sa loi personnelle, un certain nombre de législations se contentent des preuves de droit commun sans en exiger de spéciales dans ce cas (Code autrichien, art. 34 et loi espagnole du 18 juin 1870, art. 15). Dans d'autres pays, on demande à l'étranger qui veut se marier de produire un certificat émanant des autorités de sa nation et attestant qu'il satisfait à toutes les conditions exigées par sa loi personnelle (ordonnance de Bavière du 1er novembre 1830 et Code italien, art. 103). Cette exigence est bien rigoureuse, car souvent l'étranger sera dans l'impossibilité de donner le certificat qu'on lui demande, aucune autorité n'étant compétente dans son pays pour rédiger un acte semblable. Aussi la loi prussienne du 13 mars 1854, modifiée depuis par celle du 31 mars 1864, qui, dans son art. 1er, impose aux étrangers la production de ce certificat, a-t-elle été abrogée en 1858, en ce qui concerne les Français, parce que ces derniers ne pouvaient pas le fournir. Pareille dispense a été accordée en Prusse, pour la même raison, aux Anglais et aux Américains des Etats-Unis (2).

Il a été convenu, par un accord diplomatique avec la Suisse, que le certificat de capacité pour le mariage, exigé des étrangers par

(1) Pour l'engagement dans les ordres : loi allemande du 9 mars 1874, art. 56 ; en Italie, Code de 1866, art. 162 ; Mexique, loi du 14 décembre 1874. — Pour différence de religion : Espagne, loi du 18 juin 1870.

(2) Pasq. Fiore, *loc. cit.*, p. 184, note de M. Pradier-Fodéré.

la loi fédérale du 24 décembre 1874, art. 31 et 37 (1), serait délivré aux Français par l'ambassadeur de France à Berne (2).

§ II. *Mariage des étrangers en France.*

335. D'après l'interprétation qui est généralement adoptée de l'art. 3, alin. 3 C. C., la capacité de l'étranger est fixée par sa loi nationale, comme celle du Français en pays étranger. Il n'y aura lieu d'exclure l'application de la loi étrangère pour s'en tenir à la loi française que s'il s'agit d'une règle d'ordre public.

Etant donné ce principe général et par application de ce qui a été dit ci-dessus, on suivra la loi nationale de l'étranger pour les dispositions relatives au consentement des ascendants, aux vices du consentement et aussi à l'âge requis pour le mariage : cependant, une circulaire du ministre de la justice du 10 mai 1824 impose aux étrangers l'obligation de solliciter des dispenses d'âge toutes les fois qu'elles sont exigées par la loi française, ce qui revient à écarter sur ce point la loi étrangère.

La loi française devra être au contraire strictement observée pour la prohibition de la polygamie, du mariage de l'époux dont le conjoint est absent (art. 139), les empêchements venant de la parenté. Pour les cas où le mariage est possible entre certains parents moyennant dispense, les étrangers doivent solliciter cette dispense du gouvernement de leur pays (3). Quant aux empêchements résultant du lien de parenté fictive créée par l'adoption, il est plus juste de s'attacher à la loi nationale ; il ne semble pas que ces prohibitions de l'art. 348 C. C. intéressent l'ordre public, puisque leur violation, d'après l'opinion générale, n'amène pas la nullité du mariage (4).

Si la loi étrangère est plus rigoureuse que la loi française, on acceptera ses dispositions en tant qu'elles ne violent pas l'ordre public : par exemple on respectera la loi qui prohibe le mariage entre parents à un degré plus éloigné que celui fixé par notre Code ; mais non celle qui est contraire à nos principes de liberté

(1) V. aussi loi génevoise du 5 avril 1876, art. 54.
(2) Verger, *Rev. pratique*, t. XLVI, p. 426.
(3) Décisions minist. des 26 février 1840 et 4 juillet 1844.
(4) Laurent, *loc. cit.*, t. IV, n° 303.

religieuse et d'égalité sociale en interdisant le mariage entre personnes de religion différente ou entre blancs et gens de couleur; ni celle qui paraîtrait immorale en France, par exemple en autorisant la demande en nullité du mariage pour impuissance naturelle du mari, ainsi que le fait la loi espagnole du 18 juin 1870, art. 4.

Quant aux prohibitions venant des condamnations prononcées à l'étranger, il y aurait lieu d'appliquer les principes indiqués au n° 244. Sans doute les déchéances pénales peuvent être invoquées en tout pays puisqu'elles constituent une modification du statut personnel; mais, depuis l'abolition de la mort civile en France, toute condamnation ayant pour effet de rendre le mariage impossible est réputée immorale et doit être écartée par respect pour l'ordre public. C'est par cette raison seulement qu'il faudrait rejeter à cet égard l'application de la loi étrangère, et non en disant, comme certaine décision judiciaire, que les empêchements édictés par la loi étrangère doivent être aussi consacrés par la loi française pour être acceptés en France (1).

Il y a lieu de se rappeler du reste que les indigènes de plusieurs colonies peuvent se prévaloir des dispositions de leur loi personnelle, quelque contradictoires qu'elles soient avec les règles d'ordre public admises dans la métropole (2).

336. Pour constater la capacité des étrangers d'après leur loi nationale au point de vue du mariage, une circulaire du garde des sceaux du 4 mars 1831 exigeait la production d'un certificat semblable à celui que demandent certaines législations étrangères (3). La difficulté pratique d'obtenir cette pièce conduisit le Procureur près le Tribunal de la Seine à la remplacer par l'attestation de sept témoins, compatriotes du futur époux étranger, rédigée dans les formes indiquées par les art. 70 et 72 C. C. pour l'acte de notoriété servant à remplacer l'acte de naissance. Mais cette façon de procéder conduisit à des abus fâcheux; on se procurait sept témoins qui ne connaissaient même pas le futur époux, qui affirmaient toujours qu'il était capable de se marier d'après sa loi nationale; il s'organisa même des agences pour fournir les sept compatriotes dont on avait besoin.

(1) Affaire Becker, Caen, 16 mai 1846, Dal., 47. 2. 33.
(2) V. n° 301.
(3) V. n° 334

Il vaut beaucoup mieux assurer la communication internationale des pièces nécessaires pour le mariage, au moyen d'un accord diplomatique semblable à celui qui est intervenu entre la France et la Belgique le 18 octobre 1879 (1).

Une circulaire du garde des sceaux du 16 février 1855 ordonne à l'officier de l'état civil qui marie des étrangers de prévenir ces derniers des inconvénients auxquels ils s'exposent en n'obtenant pas au préalable l'autorisation exigée par leur loi nationale : cette précaution a été prise surtout pour les Suisses et les habitants de la Bavière, de Bade, du Wurtemberg et de la Hesse dont la loi impose cette condition pour les nationaux de ces pays qui se marient à l'étranger. Elle est utile aussi pour les Françaises épousant ces étrangers et qui, perdant leur nationalité (art. 19 C. C.) sans prendre celle de leur mari, lorsque ces derniers n'ont pas obtenu l'autorisation dont il s'agit, seraient traitées comme des concubines dans le pays de leur époux.

SECTION III

DES EFFETS DU MARIAGE

337. Le mariage produit des effets au point de vue des relations de famille et au point de vue pécuniaire : ces derniers seront examinés plus tard dans l'étude du contrat de mariage en droit international privé. En ce qui concerne les premiers, il faut se demander quelle est la loi qui les régit ; puis, faire l'application de cette loi aux principaux effets du mariage.

§ I. *Loi régissant les effets du mariage.*

338. D'après une première opinion, qui est la plus ancienne, la loi applicable pour régler les effets du mariage serait celle du domicile du mari. La raison en est, dit de Savigny, « que le véritable siège du lien conjugal est au domicile du mari, et que ce domicile détermine, par conséquent, le droit local du mariage » (2). Indépendamment de cette considération générale, on allègue certains textes du Droit romain : l. 5 *de Ritu nuptiarum;* l. 65 *de*

---

(1) V. n° 309.
(2) *Système*, VIII, p. 320.

judiciis, au Digeste ; l. 13 *de dignitatibus*, au Code. Mais ces textes nous disent simplement que la *deductio uxoris* se fait au domicile du mari et non de la femme ; que celle-ci a son domicile chez son mari et que la dot peut être réclamée par elle à ce même domicile. Pour écarter cette première opinion, sans parler des raisons qui seront indiquées plus bas pour démontrer que les effets du mariage dépendent naturellement de la loi nationale du mari, il suffit de faire remarquer que le domicile matrimonial n'est pas nécessairement celui qu'a le mari au moment du mariage, mais bien celui où il a l'intention de se fixer une fois le mariage célébré. Il dépendrait donc du mari, en fixant son domicile dans tel ou tel pays, de modifier presque à sa guise les effets du mariage ; d'étendre, par exemple, sa puissance maritale en se plaçant sous l'empire d'une législation qui restreint davantage l'indépendance de la femme. Pareille conséquence est, *à priori*, inacceptable (1).

339. La jurisprudence anglo-américaine, fidèle à son principe traditionnel de la réalité des lois, fait dépendre les effets du mariage de la loi du pays où ils se produisent (2).

340. On a encore proposé d'appliquer la loi présomptivement acceptée par les parties. Cette idée, généralement vraie dans les contrats qui sont l'œuvre de la volonté des parties, est inapplicable au mariage. Bien qu'en effet le mariage repose sur le consentement des époux, il produit des effets moraux d'un caractère tellement grave, se rattachant si intimément à l'organisation sociale du pays auquel les époux appartiennent, qu'il est impossible de permettre à ces derniers de réglementer comme ils l'entendent ce que leur loi impose d'une façon absolument impérative ou prohibitive (3).

341. L'opinion qui rallie aujourd'hui le plus de partisans et qui est la seule justifiée, est celle d'après laquelle les effets du mariage sont réglés par la loi nationale du mari.

Par le mariage, en effet, la femme et les enfants prennent la nationalité du mari et deviennent, comme lui, des éléments de la société à laquelle il appartient. Cette famille tout entière, par conséquent, va relever, au point de vue de sa condition juridique, d'une

(1) Laurent, *loc. cit.*, t. IV, p. 417-418.
(2) Story, *loc. cit.*, p. 138, § 102, et p. 139, § 103.
(3) P. Fiore, *loc. cit.*, p. 174, n° 81.

même loi nationale, celle qui, d'après ce qui a été déjà dit, est seule compétente pour régler le statut personnel et, par suite, les rapports de famille. Mieux que toutes autres, en effet, les dispositions législatives concernant cette matière sont édictées en vue de la condition particulière des nationaux d'un pays, et ainsi s'explique l'application de la loi nationale. Il n'y aura lieu de tenir compte de la loi territoriale que lorsque l'ordre public sera intéressé.

§ II. *Application de la loi nationale aux effets du mariage.*

342. 1° **Droits et devoirs respectifs des conjoints. —** Les conflits de législations sur cette matière ne sont guère fréquents, car dans tous les pays civilisés on trouve une disposition semblable à l'art. 212 de notre Code civil, imposant aux époux dans leurs rapports respectifs l'obligation de fidélité, de secours et d'assistance. Les différences peuvent se manifester dans la sanction de cette obligation, et la sanction indiquée par la loi étrangère ne sera applicable en France qu'autant qu'elle se conciliera avec l'ordre public. Par exemple, un mari anglais ne pourrait restreindre la liberté de sa femme pour faute grave ; ni un mari portugais infliger à sa femme la prison domestique (1).

De même, la sanction de l'adultère ne pourrait être plus sévère que celle déterminée par notre législation ; elle ne pourrait non plus atteindre le mari, quelle que soit à cet égard la disposition de la loi étrangère, que s'il a tenu sa concubine dans la maison commune : sinon, en effet, il n'y a pas délit d'après notre loi pénale.

L'obligation pour la femme d'habiter avec son mari doit être considérée aussi comme étant d'ordre public, et une femme ne pourrait s'y soustraire en invoquant sa loi nationale (2). La possibilité pour le mari de faire rentrer sa femme au domicile conjugal *manu militari* consacrée par la loi étrangère devra être acceptée en France, si on la considère comme consacrée par notre loi elle-même, ainsi que le fait la jurisprudence. Si on regarde cette façon de pro-

(1) Stephen, *Com. on the laws of England*, t. II, p. 263, 7e édit. ; Anthoine de Saint-Joseph, *Concordances des Codes*, t. III, p. 147, n° 178.

(2) Trib. de la Seine, 31 août 1878, J. Clunet, 1869, p. 66.

céder comme contraire au respect de la liberté, ce qui est plus exact, on écartera l'application de la loi étrangère qui l'autorise.

343. 2° **Incapacité de la femme.** — Les limites de cette incapacité, les moyens et autorisations nécessaires pour y suppléer, les conséquences qui en dérivent dépendent de la loi nationale des époux, conformément au principe qui a été déjà indiqué (art. 3, alin. 3 C. C.), et qui a remplacé l'ancienne théorie de la loi du domicile (art. 223 Coutume de Paris.) (1). Les législations contiennent d'ailleurs des règles très variées sur la situation des femmes mariées au point de vue de la capacité civile. En France, elles sont incapables en principe, sauf exception (art. 215 et suiv.); presque partout ailleurs on tend à étendre de plus en plus leur capacité. Ainsi le Code italien de 1866 a pris le contre pied du système français : la femme mariée est capable en principe, sauf exceptions limitativement indiquées, par exemple pour aliéner des immeubles, hypothéquer, emprunter, etc. (Code italien, art. 134). En Autriche, en Prusse, en Russie, la loi n'établit pas de différence entre la femme mariée ou veuve ou fille majeure (2); il en est de même en Espagne, sauf application du Sénatus-consulte Velleïen qui atteint les femmes, mariées ou non.

D'après le droit commun anglo-américain, la femme mariée est dépourvue de presque toute sa capacité civile; son mari est le maître de sa fortune et Blakstone a pu dire avec raison que la vie juridique de la femme anglaise est suspendue pendant le mariage. Divers États de l'Union ont apporté d'importantes restrictions à cette législation rigoureuse (3). En Angleterre, l'acte du 9 août 1870, connu sous le nom de *Married Women's property bill* (loi sur la propriété des femmes mariées), et surtout la loi du 18 août 1882 ont rendu aux femmes mariées une capacité très étendue (4).

344. 3° **Droits et devoirs respectifs des enfants et des parents.** — Les règles sur cette matière se rattachant intimement à l'organisation de la famille dépendent de la loi nationale. C'est ainsi que la fille d'un Autrichien pourra intenter une action contre

---

(1) Trib. Seine, 6 août 1878; J. Clunet, 1879, p. 62.

(2) Anth. de St-Joseph, t. III, p. 289, n° 116, p. 244, n°s 221 et 230.

(3) Lawrence, *loc. cit.*, t. III, p. 465 et suiv.

(4) Lawrence, *loc. cit.*, t. III, p. 464; *Ann. législat. étrang.*, 1883, p. 329.

son père pour forcer ce dernier à la doter, contrairement à la disposition contenue dans l'art. 204. C. C. (Code autrichien, art. 1220).

Mais le respect de l'ordre public commandera l'observation de la loi locale, sans tenir compte des dispositions de la loi étrangère, pour l'application de l'art. 371 C. C. imposant aux enfants à tout âge l'obligation de déférence envers leurs parents, si tant est, au moins, que cette règle ait une sanction pratique, ce qui est peu probable, et pour l'application de l'art. 203 forçant les parents à nourrir, entretenir et élever leurs enfants. Il est certain encore que la limitation légale du travail des enfants dans les usines, mines et manufactures doit être respectée par les étrangers comme par les nationaux (1).

Des difficultés se présentent au contraire en ce qui concerne l'application de la loi du 28 mars 1882 sur l'instruction primaire obligatoire. Une circulaire du ministre de l'Instruction publique, adressée au préfet de Seine-et-Marne, impose l'observation de la loi aux étrangers admis à fixer leur domicile en France, conformément à l'art. 13 C. C., et pas aux autres. Il est difficile de justifier cette distinction arbitraire : si, en effet, la loi de 1882 est d'ordre public, et c'est le point à examiner, elle s'impose à tous ceux qui habitent le territoire (art. 3, alin. 1, C. C.).

Certains ont pensé que, dans l'esprit du législateur français, l'obligation pour les parents de faire instruire leurs enfants n'est qu'une sanction d'un devoir naturel dont la violation porterait atteinte à la morale, au même titre que celle de l'art. 203 C. C. qui commande aux parents de nourrir, entretenir et élever leurs enfants (2). Ce point de vue se trouve confirmé par ce fait que la loi de 1882 est sanctionnée par des peines et que toutes les lois pénales sont d'ordre public.

On peut cependant objecter que l'obligation de l'instruction primaire a été motivée par des considérations d'un caractère tout national : désir d'élever le niveau intellectuel et moral de la population française et de la mettre à même de pouvoir user utilement du droit de suffrage universel. Or, si tels sont les seuls motifs de la loi, les étrangers échappent à son application. Mais, sans nier que

---

(1) Loi du 19 mai 1874 ; C. d'Aix, 7 février 1884, J. Clunet, 1884, p. 408.
(2) Laurent, *loc. cit.*, t. V, p. 176 ; Wallon, *Rev. critique*, 1884, p. 450.

ces dernières raisons aient provoqué dans une large mesure l'obligation de l'instruction primaire, il est difficile de méconnaître que le législateur l'ait en même temps considérée comme l'accomplissement d'un devoir naturel imposé par la morale elle-même. La notion des devoirs des parents envers leurs enfants s'est élargie avec le progrès général des idées, et la France vient simplement de se conformer à cette notion plus étendue et plus juste, à l'exemple des nombreux pays qui ont déjà consacré l'obligation de l'instruction primaire. Il faut en conclure que la loi du 28 mars 1882 doit être observée par les étrangers, au moins s'ils résident en France assez longtemps pour que leurs enfants puissent profiter de l'instruction primaire.

345. 4° **Puissance paternelle.** — Cette puissance se manifeste par des droits sur la personne et sur les biens des enfants : les premiers seuls doivent nous occuper pour le moment ; les seconds, notamment l'usufruit légal établi par l'art. 384 C. C., seront étudiés quand il sera question de la propriété et de ses démembrements au point de vue du Droit international privé. (V. n° 551.)

En ce qui concerne les droits des parents sur la personne de leurs enfants, on suivait, dans l'ancien droit, et quelques-uns veulent encore appliquer aujourd'hui la loi du domicile. Mais, pour les uns, il faut s'attacher au domicile qu'a le père au moment de la naissance de l'enfant, parce que c'est dans ce lieu que se fixent et que naissent les droits inhérents à la puissance paternelle (1). De cette première opinion découle logiquement cette conséquence inacceptable que, chaque enfant pouvant naître dans un pays différent, les droits du père varieront vis-à-vis de chacun de ses enfants.

Suivant d'autres, il faudrait suivre la loi du domicile conjugal. Mais le même inconvénient subsiste, car le père peut changer son domicile conjugal et faire ainsi varier ses droits ; il est vrai que l'on a proposé de considérer la situation de l'enfant, telle qu'elle est déterminée par la loi du domicile conjugal, comme un droit acquis que le père ne pourrait plus modifier : mais comment distinguer les droits acquis à l'enfant sous l'empire de la loi du premier domicile de ceux qui naissent à son profit après que le père a fixé son domicile dans un nouveau pays ? On se trouve aux prises avec une

(1) De Savigny, *loc. cit.*, t. VIII, p. 334.

série de complications qui faisaient dire à Boullenois, à propos de cette question, « quel affreux mélange ! quel embarras (1) ! »

La seule loi dont l'application soit parfaitement justifiée est la loi nationale de la famille ; la puissance paternelle n'est en effet qu'une partie de l'organisation de la famille et cette organisation a été établie par chaque législateur pour ses nationaux et eu égard à leur situation particulière.

On appliquera cette loi nationale pour déterminer les personnes à qui la puissance paternelle appartient : c'est ainsi que les codes d'Autriche et de Bavière, suivant le principe romain, ne l'accordent jamais à la mère.

De même pour fixer la durée de cette puissance : c'est ainsi qu'en Prusse elle prend fin quand l'enfant majeur quitte la maison paternelle ou est investi d'une fonction publique, et quand il se marie et a, en outre, une profession particulière (Code prussien. art. 210) (2) ; en Autriche, elle cesse par le mariage, l'émancipation et par le consentement du père homologué par le tribunal (Code autrichien, art. 174).

Les droits du père dépendent de la même loi ; il a été jugé, par application de ce principe, par la Cour de Paris, le 2 août 1872, qu'un enfant italien pouvait être éloigné de la maison paternelle pour justes motifs, d'après l'art. 221 du Code civil d'Italie.

Mais l'ordre public commande qu'on observe toujours la loi territoriale pour l'exercice de certains droits inhérents à la puissance paternelle et qui touchent au respect de la personne humaine. C'est ainsi qu'un père prussien ne pourrait frapper son enfant *modicis vergis* (art. 86 de la Puis. patern., Code prussien); son droit de correction en France serait limité par les art. 376 et 377 C. C.

Il va sans dire enfin que les restrictions apportées à la capacité des enfants et l'obligation pour eux d'obtenir le consentement de leurs parents pour accomplir certains actes, par exemple pour se marier, dépendent aussi de la loi nationale (art. 3, alin. 3, C. C.)

Quelques législations, quand les parents ont une religion différente, indiquent à l'avance quelle est celle dans laquelle les enfants seront élevés : en Autriche, par exemple, en cas de mariages mixtes les garçons suivent la religion du père, les filles celle de la mère.

(1) Boullenois, *loc. cit.*, t. II, p. 35.
(2) Anth. de St-Joseph, *loc. cit.*, t. III, p. 206.

sauf convention contraire des époux (loi du 25 mai 1868 sur les rapports interconfessionnels) (1). Ces dispositions ne peuvent être acceptées dans un pays qui, comme le nôtre, consacre la liberté de conscience et en fait une règle d'ordre public : le père, directeur naturel de l'éducation de ses enfants, est seul juge de la question de savoir dans quelle religion ils doivent être élevés, et toute limitation apportée à son droit aurait pour résultat de favoriser une religion plutôt qu'une autre. Il est d'ailleurs probable que des Français se verraient imposer en Autriche, au nom du principe contraire de la religion d'Etat, les règles qui viennent d'être indiquées (2).

346. 5o **Dette alimentaire.** — L'obligation de fournir des aliments est encore une conséquence du mariage, lorsqu'elle existe entre époux ou alliés. Quand la dette alimentaire existe entre ascendants et descendants ou entre parents naturels, sa source est dans la filiation ; mais elle dépend toujours de la loi nationale, car, comme nous l'établirons plus loin, la filiation elle-même et ses conséquences sont régies par la loi nationale.

Suivant quelques auteurs, cette obligation serait considérée par le législateur comme une règle de morale stricte, de telle sorte qu'il y aurait toujours lieu de suivre, en pareille matière, la loi territoriale (3). D'autres distinguent : en ligne directe, l'obligation de fournir des aliments s'impose comme règle d'ordre public ; mais, entre alliés ou collatéraux, la très grande variété des législations autorise à penser que les dispositions législatives diverses tiennent à l'organisation particulière de la famille dans chaque pays et qu'il faut suivre la loi nationale des parties (4).

La première opinion est trop absolue, la seconde est arbitraire.

En principe, la dette alimentaire est réglée par la loi nationale des parties, car elle tient à l'organisation de la famille. Mais il est certain que tout législateur en l'établissant entre certains parents croit traduire et sanctionner un devoir de morale stricte dont l'observation est nécessaire pour la bonne organisation de la société ; sinon,

(1) V. pour les autres législations, Fœlix, *loc cit.*, t. II, p. 504 à 509.

(2) P. Fiore, *loc. cit.*, p. 207.

(3) Aubry et Rau, t. I, p. 82 ; P. Fiore, p. 205, no 109.

(4) Laurent, *loc. cit.*, V, p. 191-192. — Olivi, *Du conflit des lois en matière d'obligation alimentaire,* Rev. de Droit intern., 1885, p. 55 et suiv.

en effet, quelle raison peut-on donner des distinctions, souvent critiquables du reste, qu'il établit entre les parents et les alliés au point de vue de la dette alimentaire ?

Par conséquent, si la loi étrangère est plus large que la loi territoriale, on l'appliquera sans difficulté, étant donné le principe signalé plus haut : par exemple un Italien pourra exiger des aliments de son frère italien devant un tribunal français (Code italien, art. 141). Mais si la loi étrangère est plus restrictive, on ne tiendra pas compte de ses dispositions contraires à la loi territoriale, car le législateur estime avoir fixé un minimum pour l'obligation de fournir des aliments, minimum au-dessous duquel on ne peut descendre, à son avis, sans violer l'ordre public. Ainsi des aliments pourront être [demandés, en France, entre beau-père ou belle-mère et gendre ou belle-fille anglais ou américains bien que la *common law* n'impose pas la dette alimentaire entre alliés. La jurisprudence comprend si bien le caractère d'ordre public de l'obligation alimentaire dans les limites fixées par notre Code, qu'elle se déclare compétente pour en connaître même entre étrangers (1).

Le problème se complique quand les parties sont de nationalité différente. Ainsi, en 1869, le tribunal de la Seine condamna deux époux américains à payer une pension alimentaire à leur gendre français ; mais la Cour de circuit de New-York refusa de laisser exécuter la sentence en Amérique parce que la *common law* n'établit pas la dette alimentaire entre alliés (2). Vu la difficulté presque inextricable de trancher un pareil conflit, on a proposé d'appliquer toujours la loi du juge saisi de la demande (3).

Mais, d'après ce qui a été dit plus haut, on appliquera la *lex fori* toutes les fois que les parties seront parentes ou alliées au degré fixé par la loi locale, car alors la dette alimentaire est d'ordre public. Si le demandeur invoque une loi étrangère qui impose l'obligation de fournir des aliments entre parents à un degré plus éloigné que celui qui est indiqué par la loi locale, on suivra la loi nationale du débiteur. Une obligation ne peut venir en effet que de la volonté des parties ou de la loi ; dans le cas présent, la loi, qui est la source de la dette alimentaire, ne peut s'imposer à un indi-

---

(1) Trib. Seine, 10 mai 1876, J. Clunet, 1876, p. 184 ; v. n° 232, 7°.
(2) J. Clunet, 1874, p. 45-47.
(3) Demangeat, *Cond. des étrangers*, p. 361.

vidu qui ne relève pas d'elle : il est donc logique de tenir compte de la loi nationale du débiteur (1) C'est ainsi qu'un Italien demandant des aliments à son frère en France ne les obtiendra qu'autant que son frère est Italien lui-même : on ne pourrait imposer à un Français une obligation venant d'une législation à laquelle il n'est pas assujéti. En sens inverse, on appliquerait en Italie la loi italienne, car la dette alimentaire y est considérée comme d'ordre public entre frères, quelle que soit leur nationalité (2).

347. 6o Séparation de corps. — La séparation de corps, étudiée au point de vue du Droit international privé, donne lieu à trois questions principales.

A. Quelle loi déterminera si la séparation de corps est possible ?

C'est la loi nationale des époux, car il s'agit d'une matière touchant à l'organisation particulière de la famille et à la condition juridique des époux (3). Ainsi des conjoints prussiens ne pourraient demander en France la séparation de corps qui n'est pas reconnue par leur législation. Toutefois, par mesure d'ordre et de police, dans l'intérêt de l'ordre public et pour sauvegarder la sécurité ou la dignité des époux, les tribunaux d'un pays peuvent toujours ordonner la séparation de fait des conjoints étrangers dont la loi n'organise pas la séparation de corps. C'est ainsi que, toutes les fois que des époux étrangers se trouvent dans un des cas qui, d'après notre Code civil, autorisent la séparation, les tribunaux français leur permettront de vivre séparés (art. 229 à 232 C. C.); pourront condamner le mari ou la femme à payer une pension alimentaire à l'autre époux, ou à lui fournir une provision *ad litem* afin d'intenter une demande en séparation ou en divorce devant la juridiction étrangère compétente ; ordonner que les enfants soient confiés à l'un des parents ou à un tiers, etc... (4).

(1) Il est vrai qu'en ne tenant compte que de la loi du débiteur, on peut enlever à la dette son caractère de réciprocité, car il peut arriver que la loi du créancier ne lui donne pas droit à des aliments vis-à-vis du débiteur ; mais la réciprocité de la dette alimentaire est une règle de droit interne qui peut être écartée par les principes de droit international.

(2) Comp. Laurent, t. V, p. 194-195, et Olivi, *loc. cit.*, p. 58 et suiv.

(3) Comp. Demangeat, J. Clunet, 1878, p. 453 ; Lehr, id., p. 249, *in fine*, et Lesenne, *Rev. pratique*, t. XXIII, p. 505.

(4) Jurisprudence constante en ce sens, v. Cass. Req., 16 avril 1878, J. Clunet, 1878, p. 506.

Les tribunaux français pourraient aussi prononcer entre des époux étrangers une séparation de corps temporaire quand elle est organisée par leur loi nationale (1).

B. Quelle loi fixera les causes autorisant la demande en séparation de corps?

C'est encore la loi nationale des époux, et pour les mêmes raisons qui font appliquer cette loi quand il s'agit de savoir si la séparation elle-même est possible. Ainsi des Italiens et des Autrichiens pourraient la demander pour dissentiment mutuel (Code italien, art. 158 et autrichien, art. 103). Si toutefois la loi étrangère n'autorisait pas la séparation dans un des cas où notre législation la permet, les juges français pourraient ordonner, au nom de l'ordre public, une séparation de fait comme il a été dit ci-dessus.

C. Quelle loi réglera les effets de la séparation de corps?

Encore la loi nationale, car ces effets se rattachent à la modification apportée dans la capacité des époux. Ainsi une femme italienne séparée sera dispensée de l'autorisation maritale pour l'accomplissement des actes juridiques, sans être soumise aux restrictions de l'art. 1449 C. C. (Code italien, art. 135, § 2).

La loi territoriale ne s'imposerait que pour les points touchant à l'ordre public, par exemple pour fixer la sanction pénale de l'adultère commis par le mari ou par la femme (art. 308 C. C. et 339 C. P.).

348. Etant donné le système suivi par la jurisprudence française, d'après lequel les tribunaux de notre pays sont incompétents pour connaître des contestations entre étrangers, surtout lorsqu'elles portent sur des questions d'état, il semble que jamais les procès relatifs aux séparations de corps entre époux étrangers ne pourront être soulevées en France. Mais on a déjà vu que certaines exceptions étaient apportées par la jurisprudence elle-même à sa manière de voir (2). Tout d'abord, on reconnaît que les tribunaux français sont compétents lorsque l'une des parties est autorisée à fixer son domicile en France, conformément à l'art. 13 C. C. (3). En dehors de ce cas, certains estiment que l'incompétence des tribunaux

(1) Glasson, *Mariage civil et Divorce*, 2ᵉ édit., p. 449 et 356 ; Laurent, *loc. cit.*, V, p. 116-117 ; Olivi, *Rev. de Droit intern.*, 1883, p. 370.

(2) V. nᵒ 232.

(3) Cass., 23 juil. 1855, Sir., 56. 1. 148 ; Demangeat sur Fœlix, t. I, p. 331, note a.

français est absolue et peut être invoquée en tout état de cause : telle est notamment l'opinion du tribunal de la Seine (1). Cependant, en général, on ne voit dans l'extranéité des parties qu'une cause d'incompétence relative ou *ratione personæ* qui doit être invoquée *in limine litis*. Aussi les tribunaux français se reconnaissent-ils compétents dans une instance en séparation de corps entre époux étrangers, quand les parties acceptent leur arbitrage, soit formellement, soit en n'invoquant pas l'incompétence au début du procès (2).

Il a même été jugé, conformément à la doctrine qui a été développée plus haut, que les tribunaux pouvaient connaître d'une demande en séparation de corps entre époux étrangers, par le fait seul que le défendeur avait un domicile de fait en France, même sans autorisation (3). La même solution a été admise dans le cas où, l'époux défendeur n'ayant conservé aucun domicile à l'étranger, il serait impossible de l'assigner devant un autre tribunal. La déclaration d'incompétence de la part du tribunal français conduirait, en pareil cas, à un déni de justice (4).

SECTION IV

DE LA DISSOLUTION DU MARIAGE ET PARTICULIÈREMENT DU DIVORCE

349. Toutes les causes de dissolution du mariage admises par les diverses législations peuvent se ramener à trois : la mort naturelle, la mort civile et le divorce. Aucun conflit de lois n'est possible en ce qui concerne la première qui, par la force des choses, est admise partout. Pour la mort civile, elle constitue, d'après ce qui a été déjà dit, un élément du statut personnel qui doit être réglé en tout pays par la loi nationale des parties : mais dans les états qui, comme la France, repoussent cette institution comme

---

(1) Trib. de la Seine, 27 avril 1875, J. Clunet, 1876, p. 362 ; 1er décembre 1877, id. 1878, p. 45 ; 13 avril 1880, id. 1880, p. 303. — Voyez cependant pour une action pécuniaire, trib. Seine, 21 février 1884, J. Clunet, 1884, p. 499.

(2) Rouen, 12 mai 1874, J. Clunet, 1875, p. 356 ; Demangeat, J. Clunet, 1878, p. 450.

(3) V. n° 231. — Trib. de Marseille, 23 avril 1875, J. Clunet, 1876, p. 185.

(4) Trib. de Marseille, 15 février 1873, et C. d'Aix, 3 juil. 1873, J. Clunet, 1875, p. 273.

contraire à l'ordre public, ses effets, par exemple la dissolution du mariage, ne seront pas acceptés (1). Reste le divorce qui donne lieu à des conflits de législations assez fréquents, à cause des idées très différentes des législateurs sur l'indissolubilité du lien matrimonial, et très graves à raison du rapport étroit qui existe entre cette question et les principes de morale et d'organisation sociale.

Recherchons quelle est la loi applicable au divorce et, en second lieu, quelle est la règle consacrée à cet égard par les principales législations étrangères.

§ I. *De la loi qui régit le divorce.*

350. Il est nécessaire de rechercher la loi applicable à trois points de vue : 1º pour savoir si les époux peuvent divorcer ; 2º pour fixer les causes qui autorisent la demande en divorce ; 3º pour régler les effets du divorce.

I. *Quelle loi détermine l'aptitude à divorcer ?*

351. Sur ce premier point le conflit peut être fréquent, le divorce étant consacré par certaines législations et répudié par d'autres. Cependant, par suite de l'affaiblissement des préjugés religieux, cette institution fait chaque jour de nouveaux progrès ; la France vient de la rétablir par la loi du 27 juillet 1884, et on ne peut guère citer, en Europe, que l'Espagne, le Portugal et l'Italie qui la prohibent encore. En Italie même, un projet d'organisation du divorce est actuellement à l'étude et ne tardera pas, vraisemblablement, à être voté (2).

Cependant, l'accord n'étant pas encore fait entre toutes les législations sur l'admission du divorce, il y a lieu de se demander si les nationaux d'un pays qui n'admet pas le divorce peuvent divorcer dans un pays qui consacre cette institution, et, réciproquement, si les nationaux de ce dernier état pourraient divorcer dans le premier.

Au point de vue théorique, la question est aisée à résoudre. Le mariage, ses effets et par conséquent ses causes de dissolution sont régis par la loi nationale du mari qui est aussi celle de la

(1) V. nº 244.

(2) Glasson, *le Mariage civil et le Divorce*, 2e édit. 1880.

famille : tous ces points se rattachent en effet à l'organisation de la famille en vue de laquelle ont été écrites les dispositions de cette loi nationale et qui, rationnellement, doit relever de cette loi. On peut observer, de plus, que le divorce modifie l'état et la capacité des époux en leur rendant leur liberté au point de vue matrimonial ; or l'état et la capacité sont des éléments du statut personnel et sont réglés, par conséquent, par la loi nationale des parties (1).

Dans notre droit positif la solution théorique qui précède se trouve pleinement confirmée par l'art. 3, alin. 3, C. C., d'après lequel toutes les matières rentrant dans le statut personnel sont réglées par la loi nationale.

352. Des principes ci-dessus découlent deux conséquences qu'il faut examiner.

A. Deux époux appartenant à un pays où le divorce n'est pas admis ne peuvent divorcer dans un état où cette institution est consacrée.

Le divorce et le second mariage qui l'aurait suivi, nuls dans le pays de ces époux comme contraires au statut personnel de ces derniers, le seraient-ils aussi dans le pays où ils auraient eu lieu ?

On peut dire que, dans les pays où il est organisé, le divorce est une institution d'ordre public, établie comme nécessaire pour la bonne organisation de la famille et comme le seul moyen de mettre fin à des unions qui ne sauraient subsister plus longtemps : ainsi considéré, le divorce s'imposerait, comme toute règle d'ordre public, aux étrangers eux-mêmes, quelles que fussent les dispositions de leur loi nationale. Telle est notamment la solution admise par la jurisprudence écossaise, ainsi qu'on le verra plus loin (2).

Ce caractère donné au divorce est très certainement exagéré. On comprend, sans doute, qu'un législateur prohibe le divorce, en obéissant à certaines considérations d'ordre religieux ou moral, même pour les étrangers dont la loi nationale l'autorise ; mais on conçoit moins bien qu'un législateur l'impose à des étrangers contrairement à leur statut personnel. L'indissolubilité du mariage est en effet une règle *impérative*, imposée d'une manière absolue ; tandis que la disposition légale qui établit le divorce n'est que *permissive* : elle autorise l'emploi de ce moyen de dissolution du mariage, mais

(1) P. Fiore, *loc. cit.*, p. 228, n° 131, *in fine*.
(2) V. Asser, *loc. cit.*, p. 118 et 119.

elle ne le rend obligatoire pour personne. On arrive d'ailleurs à sauvegarder l'ordre public qui pourrait se trouver compromis par le maintien d'une union dangereuse pour la sécurité ou la dignité de l'un des époux, en prenant certaines mesures ayant pour résultat la séparation de fait des époux, ou même en prononçant leur séparation de droit conformément à leur loi nationale. En procédant ainsi, on respecte le statut personnel des époux et on maintient l'ordre public. Mais imposer le divorce à des étrangers dont la loi nationale ne l'admet pas, c'est amener des conflits de législations déplorables, favoriser de seconds mariages qui, dans le pays des époux remariés, seront considérés, non-seulement comme nuls, mais comme de véritables cas de bigamie ; c'est provoquer enfin la naissance d'enfants traités comme adultérins dans le pays de leur père ou de leur mère (1).

On objecte quelquefois contre cette manière de voir une décision célèbre de la Cour de cassation du 22 mars 1806, rendue dans l'espèce suivante. Le major irlandais Mac-Mahon ayant émigré, sa femme, française d'origine, Mme de Latour, demanda et obtint le divorce pour absence non justifiée de son mari, conformément aux lois révolutionnaires. Sur la demande du mari qui fit valoir que, étant étranger, la loi française ne lui était pas applicable dans une question de statut personnel, la Cour d'Orléans annula le divorce, le 11 thermidor an XIII. Mais la Cour suprême, dans l'arrêt précité, cassa cette décision sur le réquisitoire de Merlin. On aurait tort d'en conclure que la Cour de cassation considérait le divorce comme une règle d'ordre public s'imposant aux étrangers aussi bien qu'aux nationaux : sa sentence est motivée par la loi du 26 germinal an XI qui, dans la crainte d'une réaction violente contre les lois de la Révolution, défendit d'attaquer aucun des divorces prononcés antérieurement. Cette loi, d'un caractère tout politique, était évidemment d'ordre public et s'imposait aux étrangers (2).

B. La deuxième conséquence à déduire des principes exposés plus haut, serait que les nationaux d'un pays où le divorce est admis doivent pouvoir divorcer, en invoquant leur statut personnel, dans un état où le divorce n'est pas consacré. Mais la restriction de

---

(1) V. *Contrà :* Trib. d'appel des Deux-Ponts, 27 juin 1870 ; J. Clunet, 1875, p. 120.

(2) Comp. Laurent, t. V, p. 248, et P. Fiore, p. 222, n° 127.

l'ordre public s'impose ici ; à tort ou à raison, dans les législations qui ne l'admettent pas, le divorce est considéré comme inacceptable au point de vue moral, social ou religieux : c'est dans cet esprit, par exemple, qu'a été promulguée en France la loi du 8 mai 1816 qui abolit le divorce. En conséquence, deux époux étrangers ne peuvent divorcer dans un pays où le divorce n'est pas admis, en invoquant les dispositions de leur loi nationale qui l'autorise.

II. Des causes du divorce.

353. Les raisons qui font appliquer la loi nationale des époux pour déterminer leur aptitude à divorcer doivent conduire à appliquer la même loi pour fixer les causes autorisant le divorce. Du reste, le conflit sur ce dernier point ne peut se présenter, d'après ce qui a été dit dans le numéro précédent, qu'autant que les époux appartiennent à un pays où le divorce est admis, et se trouvent dans un autre où il est consacré aussi : sinon le divorce serait impossible.

Les législations diffèrent d'ailleurs beaucoup au point de vue des causes qui justifient la demande en divorce : si certaines sont, avec raison, assez restrictives à cet égard, comme les lois française et belge, il en est d'autres qui se montrent beaucoup plus larges, comme le Code prussien qui admet un très grand nombre de causes du divorce dont quelques-unes sont même peu sérieuses (1). En principe, il faut suivre la loi nationale des époux pour déterminer les causes de divorce qu'ils peuvent invoquer : ainsi des Belges ne pourraient baser leur demande de divorce en Prusse sur les infirmités de l'un des époux, conformément à la loi prussienne. En sens inverse, il semble que des époux prussiens pourraient faire valoir cette cause en France et en Belgique ; mais la dérogation au principe de l'indissolubilité du mariage étant de droit étroit, et la limitation des cas où le divorce est permis étant d'ordre public dans chaque état, il faut décider que des époux étrangers ne peuvent invoquer une cause de divorce qui, admise dans leur pays, ne l'est pas dans celui où ils se trouvent (2).

(1) Landrecht (Code général prussien), II part., tit. I, sect. 8, art. 668 et suiv. Anthoine de St-Joseph, t. III, p. 200.

(2) P. Fiore, p. 218, n° 121.

III. *Effets du divorce.*

354. Ces effets dépendent encore de la loi nationale des époux comme l'aptitude à divorcer, les causes du divorce, et pour les mêmes motifs.

De tous les effets du divorce, le plus remarquable est celui qui rend aux époux leur liberté et leur permet de contracter un nouveau mariage. A ce propos, se pose la question de savoir si des époux, valablement divorcés en leur pays conformément à leur statut personnel, peuvent contracter un mariage nouveau, du vivant de leur premier conjoint, dans un état où le divorce n'est pas admis. La question s'est fréquemment posée en France, avant le rétablissement du divorce par la loi du 27 juillet 1884.

Pendant quelque temps, on s'est prononcé pour la négative. Sans doute, disait-on, le divorce et ses effets se rattachant à l'organisation de la famille dépendent de la loi nationale des époux ; mais l'ordre public s'oppose, dans un pays où le divorce n'est pas admis, à la célébration d'un mariage avant la dissolution du premier par la mort de l'un des époux. Permettre le mariage d'un étranger divorcé, surtout avec une personne du pays où le divorce n'est pas consacré, c'est autoriser un véritable scandale, une bigamie légale, et, en fait, reconnaître le divorce dans une de ses conséquences les plus graves (1).

Aujourd'hui, l'opinion contraire l'emporte, et c'est avec raison. Il ne s'agit pas, en effet, de déclarer le divorce dans un pays qui le repousse, mais simplement de déterminer la situation des époux étrangers au point de vue de leur aptitude à contracter mariage. Or cette question d'état et de capacité s'apprécie d'après leur loi nationale (art. 3 C. C., alin. 3) ; si ces époux, divorcés d'après leur loi nationale, peuvent contracter une nouvelle union, les tribunaux n'ont qu'à constater leur condition juridique sans pouvoir la critiquer. Du reste, en vertu de la loi française elle-même, le résultat que l'on considère comme contraire à l'ordre public a dû se produire : les personnes divorcées avant la loi du 8 mai 1816 ont pu se remarier en France, du vivant de leur pre-

---

(1) Mailher de Chassat, *Traité des Statuts*, p. 263 ; Demangeat sur Fœlix, t. I, p. 68, note *a* ; Demante, t. I, p. 45, note 1 ; Paris, 4 juillet 1859, Dal., 1859, 2. 153, affaire Bulkley.

mier conjoint, cette loi n'ayant pas d'effet rétroactif. Aussi la jurisprudence était-elle devenue unanime, dès avant la loi du 27 juillet 1884, pour permettre le second mariage en France d'époux étrangers valablement divorcés dans leur pays (1).

Indépendamment de ce premier effet, le divorce peut en produire d'autres. Tout d'abord, il crée quelquefois des empêchements au mariage, par exemple entre les époux divorcés (art. 295 C. C.), entre l'époux adultère et son complice (art. 298); ces empêchements tiennent au statut personnel et dépendent de la loi nationale, l'ordre public d'un autre pays n'étant nullement compromis par leur application. Ils constituent d'ailleurs si bien des règles propres à chaque législation et provoquées par le caractère national, sans être des principes de morale générale, qu'on voit, en Angleterre, l'opinion publique imposer comme un point d'honneur au complice l'obligation d'épouser la femme coupable d'adultère et divorcée pour cette cause (2).

Au contraire, la défense faite à la femme divorcée de se remarier moins de dix mois avant la dissolution de son premier mariage s'imposerait comme règle d'ordre public, quelles que fussent les dispositions de sa loi nationale, car elle a pour but d'éviter la *turbatio sanguinis* compromettante pour le bon ordre social (art. 296 C. C.). D'ailleurs, il s'agit ici d'une règle de droit pénal (art. 194 C. P.).

Les conséquences pécuniaires du divorce, par exemple la révocation des donations entre époux et la privation de l'usufruit sur les biens des enfants (art. 299 et 386), dépendraient encore de la loi nationale, sans qu'il y ait à distinguer entre les meubles et les immeubles, contrairement à ce que décide la jurisprudence anglo-américaine qui n'admet jamais l'application de la loi étrangère en ce qui concerne les immeubles (3).

Même solution pour fixer la capacité de la femme divorcée : ainsi une femme française, mariée avec un Allemand et divorcée,

(1) Merlin, *Quest. de Droit*, v⁰ Divorce, § 13 ; Bertauld, *Quest. pratiques*, t. I, nᵒˢ 29-33 ; P. Fiore, nᵒˢ 133 et 134 ; Demolombe, t. I, n⁰ 101 ; Cass., 28 février 1860, Dal., 1860. 1. 57 ; 15 juillet 1878, Dal., 78. 1. 340 ; J. Clunet, 1878, p. 499 ; Amiens, 15 avril 1880, Sir., 1880. 2. 172.

(2) Glasson, *Le Mariage civil et le Divorce*, 2⁰ édit., p. 320.

(3) Laurent, *loc. cit.*, V, p. 297-299.

peut librement contracter en France sans autorisation de son mari ni de justice, conformément à la loi allemande (1).

Cette acceptation complète du jugement étranger prononçant le divorce, quant aux effets qu'il doit produire dans un pays qui n'admet pas ce mode de dissolution du mariage, n'a pas cependant conduit la jurisprudence française, avant le rétablissement du divorce par la loi de 1884, à considérer ce jugement comme susceptible d'être exécuté en France. Ainsi l'*exequatur* a été refusé à un jugement étranger pour le paiement des frais d'une instance en divorce ouverte en pays étranger. La raison alléguée est que l'*exequatur* ne peut être accordé à un jugement dont le dispositif est contraire à l'ordre public, ce qui était le cas, en France, pour un jugement prononçant le divorce avant la loi de 1884 (2). Cette solution peut se concilier avec celle précédemment indiquée et d'après laquelle l'époux étranger divorcé peut se remarier dans un pays qui n'admet pas le divorce, parce que, dans ce cas, il s'agit simplement d'apprécier le statut personnel de cet époux, tandis que, dans le cas présent, il faudrait *exécuter* un jugement étranger considéré comme contraire à l'ordre public (3).

§ II. *Législation comparée.*

355. Nous trouvons les principes exposés ci-dessus, au sujet du divorce apprécié au point de vue du Droit international privé, consacrés dans un certain nombre de législations, par exemple en Belgique (4), où notre Code civil est en vigueur, et en Italie. Dans ce dernier pays notamment, le divorce est considéré comme réglé par la loi nationale, soit quant à son admission, soit quant à ses causes et à ses effets. Cependant on ne permet pas aux étrangers de divorcer en Italie, parce que la législation italienne, au moins encore, prohibe le divorce pour des considérations d'ordre public. Mais deux époux étrangers, valablement divorcés dans leur pays, peuvent se remarier en Italie (5).

En Suisse, l'art. 56 de la loi fédérale du 24 décembre 1874 per-

(1) Nogent-le-Rotrou, 7 juin 1878, J. Clunet, 1879, p. 277.
(2) P. Fiore, p. 218, n° 121 ; Paris, 20 novembre 1848, Dal., 49. 2. 239.
(3) V. n° 113 *in fine*.
(4) Cour de cass. de Belgique, 9 mars 1882; Pasicrisie, 1882, 1, p. 62.
(5) P. Fiore, n° 134; Esperson, J. Clunet, 1880, p. 339 et 334.

met aux tribunaux de prononcer le divorce entre époux étrangers, pourvu qu'il soit établi que l'état auquel les époux appartiennent reconnaîtra le jugement qui sera prononcé. En fait, c'est admettre l'application du statut personnel, puisque l'état étranger n'acceptera l'autorité du jugement rendu que s'il est conforme à la loi nationale des parties. Mais il est bien difficile dans la pratique d'obtenir d'un état qu'il reconnaisse un jugement étranger dont il ne connaît pas encore le dispositif. Aussi cette disposition de la loi suisse est-elle très critiquée au point de vue pratique (1).

356. Plusieurs législations au contraire admettent des principes tout différents.

En Écosse, le divorce est considéré comme une peine qui frappe l'époux coupable et qui peut lui être imposée, par conséquent, quelle que soit sa nationalité et sans qu'il y ait lieu de se préoccuper des dispositions de sa loi nationale sur l'admission ou le rejet du divorce.

Il en est de même aux Etats-Unis où l'on suit nécessairement la loi du domicile des parties, en d'autres termes la loi du juge saisi de la question, la *lex fori*, soit parce que le divorce est une peine qui s'impose aux étrangers, soit, comme dit Kent, parce qu'il est une institution d'ordre public (2).

En Allemagne, les mêmes idées sont consacrées par la doctrine et la jurisprudence : le seul juge compétent pour prononcer le divorce est celui du domicile du mari, et il ne peut appliquer que sa propre loi, la *lex fori* (3). En Angleterre, on se prononce aussi pour l'application de la loi du domicile; seulement, il faut que le domicile des époux ait été établi *bonâ fide*, c'est-à-dire sans l'intention de se donner le droit de divorcer en échappant à l'autorité de la loi nationale (4). Toutefois, le divorce n'existe véritablement en Angleterre, comme institution de droit commun, que depuis 1857 (5). Auparavant, la dissolution du mariage était prononcée par une loi,

(1) V. Barrilliet, J. Clunet, 1880, p. 347 et suiv. ; Trib. fédéral, 4 avril 1879, id., p. 403; et 18 octob. 1878, id., 1879, p. 96.
(2) Cour du Massachussetts, Story, *loc. cit.*, § 229 et 230 *a*, p. 256, 7e édit. ; Kent, *Comm. on american law*, t. IV, p. 133-136.
(3) De Savigny, *Système*, t. VIII, p. 333, n° 6; Bar, *loc. cit.*, § 92; Schæffner, *loc. cit.*, § 124 ; Wæchter, *Archiv. für die civilis. praxis*, t. XXV, p. 187.
(4) Westlake, J. Clunet, 1881, p. 316.
(5) Glasson, *Le Mariage civil et le Divorce*, 2e édit., p. 308 et suiv.

et, comme les frais de procédure pour saisir le Parlement étaient énormes, en fait le divorce était le privilège de l'aristocratie opulente. De plus, les Anglais ne pouvant divorcer qu'en vertu d'une loi votée par le Parlement britannique, il en résultait que les jugements de divorce obtenus par eux à l'étranger étaient réputés sans effet en Angleterre. Cet état de choses amena des conflits très graves, notamment entre l'Angleterre et l'Ecosse dont la législation a toujours consacré le divorce. On cite le cas célèbre de l'Anglais Lolley qui, divorcé en Ecosse, se remaria en Angleterre et fut condamné comme bigame (1). Mais, depuis 1857, les divorces sont prononcés en Angleterre par un tribunal spécial et, dès lors, on accepte les jugements étrangers qui sont intervenus entre époux anglais pourvu qu'ils soient conformes à la loi du domicile des époux, d'après le principe indiqué plus haut.

Mais cette application de la loi du domicile en matière de divorce, en d'autres termes de la loi du juge, car c'est celui du domicile qui est compétent, ne saurait être acceptée étant donné le caractère qui a été déjà reconnu au divorce (2). Il s'agit en effet d'une institution ayant un rapport intime avec l'organisation de la famille et dépendant, par suite, de la loi nationale, sauf les restrictions d'ordre public. En appliquant la lex fori et en méconnaissant le statut personnel des parties, on arrive à des conflits déplorables comme celui auquel donna lieu l'affaire Lolley citée plus haut. On a déjà vu, d'ailleurs, qu'il est toujours possible, dans un pays où le divorce est consacré, de sauvegarder l'ordre public, en prenant certaines mesures pour mettre fin à une union considérée comme intolérable (3). De plus, l'application de la loi du domicile conduit à admettre que le mari pourra se donner le droit de divorcer ou l'enlever à sa femme, en transportant son domicile dans un pays qui admet le divorce ou dans un autre dont la législation le prohibe.

(1) Story, loc. cit., § 218, p. 236.

(2) Il est à noter cependant que, d'après la plupart des législations, le tribunal compétent pour trancher les questions d'état, de capacité, de validité ou de dissolution du mariage est celui du lieu dans lequel les parties ont leur domicile d'origine ou actuel dans leur propre pays : aussi, en fait, l'application de la lex fori se confondra, la plupart du temps, avec celle de la loi nationale des parties. — V. Asser, loc. cit., p. 121.

(3) V. n° 352 A.

Enfin certaines législations admettent le divorce pour les non catholiques et le prohibent pour les catholiques : cette disposition donne lieu à de graves difficultés dans les cas de mariages mixtes ou quand les époux changent de religion. C'est ce qui a lieu en Autriche (Code civil autrichien, art. 111 et 115) (1), et au Brésil.

SECTION V

INFLUENCE DU CHANGEMENT DE NATIONALITÉ SUR LES RAPPORTS DE FAMILLE

357. Les rapports de famille dépendant, d'après ce qui a été dit ci-dessus, de la loi nationale du mari qui est aussi, du moins ordinairement, celle de tous les membres de la famille, il y a lieu de se préoccuper de la modification qui peut être apportée à cette règle par le fait que la femme ou les enfants n'ont pas la même nationalité que le mari. Il n'y a guère de difficultés lorsque tous les membres de la famille changent en même temps de nationalité ; la question se complique au contraire beaucoup lorsque ce changement ne se réalise que pour quelques-uns d'entre eux. Voilà pourquoi, dans la plupart des législations, la naturalisation du père est considérée comme collective pour tous ceux qui relèvent de son autorité et non comme individuelle pour lui seul. Malgré cela la difficulté n'est pas écartée, car, si le père appartient à un pays où le changement de nationalité est individuel, sa femme et ses enfants seront réputés avoir conservé leur ancienne nationalité dans le pays auquel ils appartiennent, tandis qu'ils seront traités comme des nationaux dans le pays où le chef de famille s'est fait naturaliser.

§ I. *Cas où toute la famille change de nationalité.*

358. Ce premier cas peut se présenter, soit lorsque tous les membres de la famille participent au changement de nationalité, soit lorsque la loi du pays où le chef de famille s'est fait naturaliser considère sa naturalisation comme s'étendant à sa femme et à ses enfants mineurs. En pareille hypothèse, tous les rapports de famille

(1) V. Lyon-Caen, J. Clunet, 1880, p. 268 et suiv. ; Glasson, *loc. cit.*, p. 396 et suiv.

seront régis par la nouvelle loi nationale, absolument comme ils l'étaient auparavant par l'ancienne, et il y aura lieu d'appliquer cette loi à la puissance maritale, paternelle, à la pension alimentaire, etc.

Quant aux actes déjà accomplis sous l'empire de l'ancienne législation, ils auront pu donner naissance à des droits acquis sur lesquels le changement de nationalité n'a pas d'influence puisqu'il n'est pas rétroactif.

Le mariage lui-même, valable au point de vue des conditions de forme, d'après l'ancienne loi, restera tel sous l'empire de la nouvelle, en vertu de la règle *Locus regit actum*.

Il en sera de même en ce qui concerne les conditions de fond, sauf le cas où la loi ancienne est incompatible avec la nouvelle au point de vue de l'ordre public. Tel serait le cas d'un mariage contracté par un Turc avec une seconde femme, du vivant de la première : naturalisé en France, ce Turc ne pourrait invoquer que la validité de sa première union.

La faculté de divorcer peut être aussi donnée ou enlevée à la suite du changement de nationalité des époux qui amène une modification dans leur statut personnel. Quant au divorce prononcé d'après la première loi nationale, il subsiste comme droit acquis sous la nouvelle, même si cette dernière n'admet pas cette institution.

Mais un individu, appartenant à un pays où le divorce n'est pas consacré, peut-il, une fois naturalisé dans un autre où le divorce est possible, invoquer une cause de divorce qui s'est réalisée avant sa naturalisation ? On a prétendu que non, en alléguant que la naturalisation n'a pas d'effet rétroactif. Mais ce point n'est pas à considérer dans l'espèce : la loi nouvelle autorise le divorce pour une cause qu'elle indique, sans exiger qu'elle se soit réalisée à telle ou telle époque, et la raison d'être de sa disposition, c'est-à-dire la nécessité de rompre une union malheureuse ou immorale, subsiste sans qu'il y ait lieu de se préoccuper de cette dernière circonstance. En adoptant cette solution, on ne fait nullement échec à la non rétroactivité de la naturalisation, puisque le droit de demander le divorce *ne naît* que sous l'empire de la loi nouvelle ; il naît seulement en vertu d'une cause antérieure (1).

(1) Comp. P. Fiore, *loc. cit.*, p. 229, et Laurent, t. III, n° 306.

Souvent d'ailleurs, à propos du divorce, on recherchera si le changement de nationalité n'a pas pour but d'éviter l'application de la loi nationale. Il faudra appliquer, en pareil cas, les principes déjà indiqués au sujet de l'expatriation frauduleuse (1).

§ II. Cas où quelques membres de la famille changent de nationalité.

359. Ce cas ne peut se présenter, au moins en ce qui concerne la femme mariée et les enfants mineurs, et lorsque le père change de nationalité, que dans une législation qui considère la naturalisation du chef de famille comme individuelle et non comme collective. Quand cette hypothèse se présente, il est nécessaire de déterminer la loi applicable aux rapports de famille. Cette question, du reste, a été déjà examinée pour la dette alimentaire (2).

360. I. **Puissance maritale.** — Dans l'ancien droit on suivait, pour régler la puissance maritale et la capacité de la femme, comme pour toutes les questions de statut personnel, la loi du domicile. On s'attachait, dans l'espèce, à la loi du domicile actuel du mari, de sorte que ce dernier pouvait modifier l'étendue de sa puissance en changeant de domicile. Bouhier cependant maintenait l'application de la loi du domicile du mari au moment du mariage (3). Aujourd'hui que la loi nationale est substituée à celle du domicile pour régler le statut personnel, il faut, dans une législation qui considère la naturalisation du mari comme individuelle, fixer par la loi nationale de la femme, c'est-à-dire par la loi nationale du mari au moment du mariage (art. 12 et 19 C. C.), l'étendue de l'autorité maritale et de l'incapacité de la femme. En appliquant la loi nationale nouvelle du mari, on ferait subir à la femme les conséquences de la naturalisation qui ne peut produire que des effets individuels (4).

361. II. **Puissance paternelle.** — Dans l'ancien droit, on réglait la puissance paternelle d'après la coutume du domicile actuel du père; cependant Boullenois, contrairement à l'opinion

(1) V. n° 167.
(2) V. n° 346.
(3) Froland, *loc. cit.*, t. I, chap. VII, n° 15, p. 172 ; Boullenois, *loc. cit.*, t. II, p. 10-25 ; Bouhier, *loc. cit.*, ch. XXII, n°s 22 et suiv., t. I, p. 621.
(4) Laurent, t. III, p. 516 à 522.

suivie par lui en ce qui concerne la puissance maritale, s'attachait toujours à la coutume du domicile qu'avait le père au moment de la naissance de l'enfant (1).

Dans notre législation, étant donné le caractère individuel de la naturalisation du père, il faut appliquer la loi nationale de l'enfant. La puissance paternelle peut d'ailleurs être regardée comme une protection de l'enfant, et l'on verra que toutes les mesures de protection des incapables dépendent de la loi nationale de ces derniers (2).

362. III. **Divorce.** — Lorsque l'un des époux seulement change de nationalité, quelle est l'influence de ce fait sur la faculté de divorcer? Cette question est encore pratique dans notre droit, malgré le rétablissement du divorce par la loi du 27 juillet 1884, à raison de la grande variété qui existe entre les législations au point de vue des causes du divorce.

Distinguons deux hypothèses, suivant que c'est le mari ou la femme qui change de nationalité.

A. Il est tout d'abord certain que le mari seul, et sans l'autorisation de la femme, peut changer de nationalité; quant à la femme, elle gardera son ancienne nationalité ou prendra celle de son mari, suivant que l'on se place au point de vue d'une législation qui considère la naturalisation du mari comme individuelle, ou d'une législation qui lui donne un effet collectif.

Si l'on suppose que le mari, national d'un pays où le divorce est admis, se fait naturaliser dans un état où cette institution est rejetée, il est certain qu'il ne pourra plus divorcer, en vertu de son nouveau statut personnel.

Dans le cas inverse, passant de l'empire d'une loi qui prohibe le divorce sous celui d'une autre qui le consacre, pourra-t-il divorcer? La solution affirmative s'impose, en présence du principe fondamental d'après lequel les règles de droit rentrant dans [le statut personnel, par conséquent celles qui, comme le divorce, se rattachent à l'organisation de la famille, dépendent de la loi nationale des parties (art. 3, alin. 3, C. C.) (3).

(1) Boullenois, *loc. cit.*, t. II, p. 32.
(2) Bard, *Précis de Droit intern.*, p. 235; v. *infrà* chap. VII.
(3) Cour de Bruxelles, 31 décembre 1866 et 31 déc. 1877, Pasicrisie, 1867, 2, 87; 1878, 2, 114.

Cette solution a été très vivement combattue. De même, a-t-on dit, que, pour se marier, il est nécessaire que les deux époux soient capables d'après leur loi personnelle respective, de même ils doivent l'être tous les deux pour divorcer : or, il n'en est pas ainsi, dans l'espèce, puisque la femme est restée sous l'empire de la loi nationale du mari au moment du mariage, loi qui, par hypothèse, prohibe le divorce. On a fait ressortir aussi l'iniquité d'une solution qui permettrait au mari de divorcer, alors que la femme, engagée irrévocablement dans sa première union, ne pourrait se remarier. On en viendrait, a-t-on ajouté, à consacrer une bigamie légale et à tolérer le spectacle scandaleux d'un mari qui pourrait cyniquement se présenter avec sa seconde femme devant celle qui, aux yeux de la loi, aurait toujours conservé le titre d'épouse (1).

Mais l'argumentation la plus forte contre l'opinion indiquée plus haut a été développée par M. Labbé (2). Dans un contrat, dit l'éminent jurisconsulte, la capacité de chaque partie peut être fixée par des lois différentes, si elles n'ont pas la même nationalité ; mais le contrat lui-même, sa validité et ses effets dépendent d'une seule législation qui s'impose à tous les contractants. Dans le mariage, cette loi est celle du pays auquel le mari appartient lorsque l'union est contractée ; c'est cette loi que la femme accepte avec ses conséquences. Or, de même que, dans un contrat ordinaire, une des parties ne peut se soustraire directement ou indirectement aux suites de la convention, de même l'un des conjoints ne peut seul, et au moyen d'un changement de nationalité, éviter l'un des effets de la loi qui régit le mariage, c'est-à-dire l'indissolubilité de l'union conjugale. On ne concevrait pas d'ailleurs que l'un des époux fût régi, à cet égard, par une loi différente de celle de son conjoint : qu'est-ce qu'une société, en effet, où l'une des parties est liée et pas l'autre ? Il est vrai que les époux ne peuvent pas compter sur l'indissolubilité du mariage comme sur un droit acquis qui ne peut leur être enlevé, puisque le législateur peut établir le divorce applicable aux mariages déjà conclus, ainsi qu'il l'a fait en France par la loi du 27 juillet 1884. Mais il est facile d'écarter cette objection en remarquant que, en pareil cas, la dissolution du mariage n'est pas l'œu-

(1) Merlin, *Questions de Droit*, v° Divorce, § XI ; P. Fiore, n° 132.
(2) J. Clunet, 1877, p. 20 et suiv.

vre de l'une des parties, mais celle de la loi qui régit le mariage et que les deux époux ont acceptée dans ses dispositions actuelles et à venir : loin donc d'être une dérogation au contrat, le divorce n'est, en pareille circonstance, que la conséquence du consentement des parties.

Quelle que soit la force de ce raisonnement, quels que soient aussi les inconvénients qui résultent de ce que l'un des époux seul a la faculté de divorcer, il n'en est pas moins certain que l'on ne saurait apporter, sans un texte formel, une exception au principe général d'après lequel le statut personnel est régi par la loi nationale (art. 3, alin. 3, C. C.) (1).

B. Lorsque la femme seule change de nationalité, la même question se pose, et on décide, suivant que l'on adopte l'une des deux opinions indiquées ci-dessus, qu'elle peut ou non divorcer en vertu de son nouveau statut personnel, alors que son mari ne le peut pas. Mais il faut observer, conformément à ce qui a été déjà dit (2), que la femme, séparée ou non, ne peut jamais changer de nationalité sans l'autorisation de son mari. D'ailleurs, un des considérants de l'arrêt du 17 juillet 1876, rendu par la Cour de Paris dans l'affaire de Bauffremont, semble indiquer que, dans l'opinion de la Cour, la femme valablement naturalisée à l'étranger avec l'autorisation maritale ne pourrait divorcer d'après son nouveau statut personnel, son mari étant resté sous l'empire d'une loi qui prohibe le divorce (3).

CHAPITRE IV

LA FILIATION

SECTION I

FILIATION LÉGITIME

363. Déterminons successivement la loi applicable pour fixer les conditions de la légitimité et les règles de la recherche de la filiation légitime.

---

(1) Laurent, t. V, p. 347-348.
(2) V. nº 164.
(3) Labbé, J. Clunet, 1877, p. 23, note 1.

§ I. *Conditions de la légitimité*.

364. Jadis, on déterminait les conditions de la filiation légitime paternelle ou maternelle d'après la coutume du domicile du père ou de la mère, en quelque lieu que ce fût, puisqu'il s'agissait d'une question rentrant dans le statut personnel (1). La jurisprudence anglaise elle-même, si attachée pourtant au principe de la réalité des lois, reconnaît en cette matière l'existence du statut personnel, en ce sens qu'elle applique toujours la loi du domicile ; le juge James s'est même prononcé pour l'application de la loi nationale (2).

Aujourd'hui il faudra suivre la loi nationale ; la filiation rentre en effet dans le statut personnel, soit parce qu'elle se rattache à l'organisation de la famille, soit parce qu'elle fixe l'état juridique des personnes. C'est ainsi que, pour apprécier la situation d'un Français, au point de vue de la légitimité, il faudrait tenir compte des présomptions établies par les art. 312 à 315 C. C., même en pays étranger. A l'inverse, on suivrait la loi étrangère s'il s'agissait d'apprécier, au même point de vue, la situation d'un étranger en France (3).

365. Il peut se faire que l'enfant ait une autre nationalité que celle de ses parents : en pareil cas, quelle loi devra-t-on suivre pour fixer les conditions de la légitimité ?

Si l'enfant obtient une autre nationalité que celle de ses parents, il faut s'en tenir à la loi nationale d'origine de cet enfant, c'est-à-dire à celle de son père : l'état juridique d'une personne, au point de vue de la légitimité, s'établit en effet au moment de sa conception ou de sa naissance, suivant le système que l'on adopte en ce qui concerne la détermination de la nationalité d'origine, et ne peut se trouver modifié par un changement ultérieur de nationalité qui n'a pas d'effet rétroactif (4).

Si le père seul change de nationalité, la légitimité de l'enfant devra s'apprécier encore d'après sa loi nationale. Il en doit être ainsi, tout d'abord, dans les législations qui, comme la nôtre, con-

---

(1) Bouhier, *loc. cit.*, ch. XXIV, n° 122, t. I, p. 688.
(2) Alexander, J. Clunet, 1881, p. 498 à 501.
(3) P. Fiore, *loc cit.*, p. 235.
(4) Laurent, t. V, p. 508.

sidèrent la naturalisation du père comme individuelle et ne pouvant produire aucune modification dans la condition juridique de l'enfant. Mais il faudrait aussi décider de même sous l'empire d'une loi d'après laquelle la naturalisation du chef de famille est collective; malgré ce caractère reconnu à la naturalisation, il n'en est pas moins certain qu'elle n'est pas rétroactive, et qu'elle ne peut avoir pour effet de modifier une situation qui constitue déjà un droit acquis (1).

§ II. *Recherche de la filiation légitime.*

366. Au point de vue du droit international privé, la recherche de la filiation légitime donne lieu à deux questions : d'après quelle loi fixera-t-on les preuves admissibles pour établir la filiation légitime ; quelle loi appliquer encore en ce qui concerne les délais dans lesquels les actions relatives à l'état des personnes pourront être exercées ?

367. En matière de filiation, les preuves sont limitées et réglementées par chaque législateur d'après l'organisation qu'il a établie pour la famille dans son pays, et en tenant compte des précautions plus ou moins grandes qu'il a cru devoir prendre pour éviter l'introduction d'étrangers dans son sein ou le trouble que pourraient y apporter des réclamations d'état non solidement établies. C'est donc d'après la loi nationale des intéressés que l'on fixera les preuves qu'ils pourront invoquer pour faire constater leur filiation. Ainsi un Français doit pouvoir produire, devant les tribunaux étrangers, les preuves de la maternité légitime indiquées par les art. 319 à 325 C. C. ; il ne doit pouvoir désavouer ses enfants que dans les cas prévus par les art. 312 à 315 C. C.

L'application de leur loi nationale est réciproquement de droit pour les étrangers en France. Ainsi il a été jugé qu'un Russe pouvait établir sa filiation légitime en France au moyen des listes de recensement, conformément à la loi moscovite (art. 123 des lois civiles russes, édition de 1842), et que, d'après l'art. 130 des lois civiles russes, ces listes n'auraient que la valeur d'un simple renseignement susceptible d'être contredit par une enquête. On a encore admis que la filiation légitime d'un Américain des Etats-

(1) Laurent, *loc. cit.*, t. V, p. 510.

Unis peut se prouver par l'attestation d'un médecin qui a assisté à l'accouchement et de deux témoins (1).

Toutefois, on devrait rejeter les preuves admises par la loi étrangère pour établir ou contester la filiation, lorsqu'elles sont contraires à l'ordre public. Un étranger, par exemple, ne pourrait, en invoquant sa loi nationale, désavouer un enfant en France à raison de son impuissance naturelle et non accidentelle, la loi française n'admettant pas sur ce point une enquête immorale et scandaleuse (art. 313 C. C.).

La question de compétence est aussi d'ordre public et dépend exclusivement de la *lex fori*; les étrangers devraient donc nécessairement porter devant les tribunaux civils les contestations relatives à leur filiation, sans pouvoir les faire trancher incidemment par les tribunaux criminels (art. 326 et 327 C. C.).

368. Les délais pour exercer les actions en désaveu ou en contestation d'état ne se rattachent pas à la procédure et ne dépendent pas, par conséquent, de la *lex fori*; ils sont établis par chaque législateur, avec une limitation plus ou moins grande, selon les précautions qu'il prend pour sauvegarder l'organisation de la famille dans son pays, et doivent, par suite, être réglés par la loi nationale. C'est ainsi que les héritiers italiens d'un Prussien pourront, conformément au Code de Prusse, exercer l'action en désaveu contre le fils du défunt si ce dernier est mort dans l'année qui suit la naissance de son enfant, sans qu'on puisse leur opposer d'après la loi italienne le délai de deux mois à compter du moment où l'enfant a pris possession des biens de l'hérédité (2). C'est donc la loi nationale de la personne dont l'état est en cause qui doit être suivie.

(1) Trib. de la Seine, 14 mars 1879, J. Clunet, 1879, p. 544; Cour de Paris, 20 janvier 1873, Sir., 73. 2. 177.

(2) Code prussien, art. 7, 14, 15; Anth. de St-Joseph, t. III, p. 204; Code italien, art. 167; P. Fiore, *loc. cit.*, 235-237; v. J. Clunet, 1880, p. 470.

SECTION II

FILIATION NATURELLE

§ I. *Reconnaissance volontaire.*

I. *Formes de la reconnaissance.*

369. Elles dépendent de la loi du lieu où la reconnaissance est faite, conformément au principe *Locus regit actum* qui s'applique aux actes solennels comme aux autres (1). Par application de cette idée, on a déclaré exécutoire en France un jugement rendu en Espagne et approuvant une reconnaissance faite par acte sous seing privé, bien que l'art. 334 C. C. exige un acte authentique (2). De même, est valable en France une reconnaissance résultant de la simple possession d'état d'enfant naturel d'après la loi de Californie (3).

II. *Capacité.*

370. L'aptitude à reconnaître un enfant naturel dépend de la loi nationale, comme toutes les questions d'état et de capacité. Un Français mineur, une femme française mariée pourront donc, en tout pays, reconnaître un enfant naturel sans autorisation ; un Hollandais ne le pourra qu'à l'âge de 19 ans (art. 337, Code hollandais). Pour un Anglais, la reconnaissance sera impossible, la loi anglaise permettant seulement de faire établir que tel homme est *putativement* le père de l'enfant, afin de lui imposer l'entretien de ce dernier qui, sinon, tombe à la charge de la paroisse (4). Lorsque la loi nationale est muette sur la question de capacité en matière de reconnaissance d'enfant naturel, il faut se prononcer dans le sens le plus favorable à la possibilité de cette reconnaissance, car il s'agit moins, en pareil cas, de l'exercice d'un droit que de l'accomplissement d'un devoir. C'est ce que l'on fait en France où, dans le silence de la loi, on accorde à un mineur la capacité de reconnaître seul un enfant naturel (5).

(1) V. no 274.

(2) Pau, 17 janv. 1872, Sir., 72. 2. 233.

(3) Besançon, 25 juillet 1876, J. Clunet, 1877, p. 228. — *Contrà :* Paris, 2 août 1876, J. Clunet, 1877, p. 230.

(4) Stephen, *Comm. on the law of England*, t. II, p. 296-300, 7e édit. ; Laurent, *loc. cit.,* p. 540 ; J. Clunet, 1878, p. 10-13.

(5) V. P. Fiore, p. 241.

Pour les raisons indiquées ci-dessus, on déterminera aussi par la loi nationale de l'enfant son aptitude à être reconnu. Néanmoins, la loi étrangère sera écartée quand elle est contraire à l'ordre public : ainsi des enfants prussiens, incestueux ou adultérins, ne pourraient être reconnus dans des pays qui prohibent cette reconnaissance comme immorale, par exemple en France (art. 335 C. C.) et en Italie (art. 180, Code civil), bien que la loi prussienne ne contienne aucune disposition à cet égard.

§ II. *Recherche de la filiation naturelle.*

I. *Recherche de la paternité naturelle.*

371. La recherche de la paternité est un problème de législation des plus délicats qui est diversement résolu suivant les pays : les Codes prussien (art. 618), autrichien (art. 163), de Vaud (art. 182 et suiv.), de la Louisiane (art. 226), admettent cette recherche ; elle est prohibée au contraire par les Codes français (art. 340), italien (art. 189) et hollandais (art. 341-343), sauf dans des cas exceptionnels, par exemple ceux de rapt et de viol. Comme il s'agit encore ici d'une règle d'organisation de la famille, il faudra suivre la loi nationale des parties pour savoir si cette recherche est possible. Donc elle ne pourra être faite par un Français devant les tribunaux de Prusse (art. 340 et 3, alin. 3, C. C.). A l'inverse, il semble que des Prussiens devraient pouvoir établir judiciairement leur filiation paternelle naturelle devant les tribunaux français; mais, comme dans les pays où elle n'est pas admise, la recherche de la paternité est considérée comme immorale, scandaleuse et contraire à l'ordre public, il faudra ne pas accepter sur ce point la loi étrangère et s'en tenir à la loi territoriale. On peut critiquer cette manière de voir, estimer que la recherche de la paternité est plus morale que la facilité donnée aux hommes sans conscience de se soustraire aux devoirs que la nature leur impose, il n'en est pas moins certain que les raisons qui ont motivé l'art. 340 du Code civil font de cette règle une disposition d'ordre public qui s'impose aux étrangers (1). Aussi un arrêt célèbre a-t-il repoussé la prétention d'une femme

(1) P. Fiore, p. 247, n⁰ 142; Bertault, *Questions pratiques,* t. I, n⁰ 27; *Contrà :* Laurent, *loc. cit.,* t. V, p. 547-549.

24

qui voulait établir, conformément à sa loi nationale, qu'elle était fille naturelle du duc de Brunswick (1).

372. Il y aurait lieu d'écarter en France, pour le même motif, une action exercée conformément à leur loi nationale par des étrangers et qui, sans tendre directement à prouver la paternité naturelle, violerait cependant d'une manière indirecte notre art. 340. Une femme anglaise ne pourrait donc intenter une action à l'effet d'établir que tel homme est le père *putatif* de son enfant naturel (2). Il est possible du reste que cette action soit intentée en Angleterre contre un Français, malgré l'art. 340 C. C., car elle a pour but d'imposer au père putatif l'entretien de son enfant présumé et de soulager ainsi le budget des paroisses; elle paraît donc être d'ordre public en Angleterre (3).

Un étranger pourrait d'ailleurs être actionné, comme un Français, à raison de l'engagement qu'il aurait pris, par contrat, envers une femme d'entretenir son enfant dont il avoue être le père; il ne s'agit pas, en effet, en pareil cas, de la recherche de la paternité, mais bien de l'exécution d'une obligation (4). On sait du reste que la jurisprudence admet le bien fondé d'une action en dommages et intérêts intentée par une fille-mère contre son séducteur qui a employé des manœuvres frauduleuses, telles qu'une promesse de mariage (art. 1382), ce qui est peut-être violer d'une manière assez ouverte l'art. 340 C. C.

372 bis. Si la paternité naturelle a été établie judiciairement à l'étranger conformément à la *lex fori* et à la loi nationale des parties, cette filiation ainsi constatée pourra être invoquée en France: l'ordre public n'est en effet nullement compromis, puisque le scandale que notre législateur a voulu éviter est dans la recherche même de la paternité, et que cette recherche n'a pas été faite en France. Il ne s'agit plus, dans l'espèce, que de constater l'état d'une personne, état qui s'apprécie d'après là loi nationale et les jugements rendus par les tribunaux du pays auquel cette personne appartient. On n'écarterait le jugement dont il s'agit que si son dispositif était

(1) Cour de Paris, 2 août 1866, Sir., 66. 2. 342.

(2) V. n° 370.

(3) Comp. Laurent, t. V, p. 566.

(4) Caen, 5 juil. 1875, Sir., 75. 2. 331.

contraire à notre ordre public; par exemple s'il constatait une filiation incestueuse ou adultérine (1).

373. Si une personne change de nationalité, c'est d'après sa loi nationale d'origine que l'on déterminera son aptitude à rechercher sa paternité naturelle, car le changement de nationalité n'a pas d'effet rétroactif et la condition d'une personne, au point de vue de la filiation, se fixe à sa naissance ou à sa conception, suivant le système que l'on adopte pour préciser la nationalité d'origine. Cette recherche de la paternité ne sera d'ailleurs possible que si elle est permise aussi par la nouvelle loi nationale, étant donné que la prohibition de cette recherche est d'ordre public (2).

II. *Recherche de la maternité naturelle.*

374. Admise dans toutes les législations, cette recherche dépendra, en ce qui concerne les preuves que l'on pourra invoquer, de la loi nationale des parties; un Français pourra donc, en tout pays, faire valoir en pareil cas les preuves indiquées dans l'art. 341 C. C. Mais il serait impossible d'accepter une loi étrangère qui autoriserait la recherche d'une maternité incestueuse ou adultérine (art. 342 C. C.).

375. Les effets de la filiation naturelle établie en justice ou par reconnaissance volontaire seront encore réglés par la loi nationale, puisqu'ils se rattachent à l'état des personnes et à l'organisation de la famille. Un enfant naturel français ne sera donc relié au point de vue juridique qu'à ceux qui l'auront reconnu, et verra ses droits successoraux limités s'il est reconnu pendant le mariage (art. 337 C. C.), en quelque pays qu'il se trouve.

CHAPITRE V

LÉGITIMATION

376. La légitimation peut, dans les législations modernes, s'accomplir de deux façons : 1° par mariage subséquent ; 2° par

---

(1) Pau, 17 janv. 1872, Sir., 72. 2. 233 ; Laurent, *loc. cit.*, V, p. 535 ; P. Fiore, p. 248.

(2) V. affaire Brunswick, arrêt précité ; affaire Lambertini, J. Clunet, 1880, p. 108-119 ; *Contrà :* Laurent, *loc. cit.*, t. V, p. 552 à 553.

une décision de l'autorité et, le plus ordinairement, par un rescrit du souverain.

SECTION I

LÉGITIMATION PAR MARIAGE

377. Généralement admise par les diverses législations, cette légitimation est cependant écartée dans quelques pays. Par exemple en Angleterre où elle fut repoussée par les lords dans le fameux statut du Parlement de Merton en 1253, malgré l'insistance des évêques qui ne purent obtenir que l'on abandonnât les principes de l'ancien droit coutumier sur ce point ; « *Nolumus leges Angliæ mutare* », répondirent les lords anglais. En Ecosse, au contraire, la légitimation est consacrée par la loi. Quelques Etats de l'Union américaine ont conservé en cette matière la *common law* anglaise, et la légitimation n'a lieu en Russie que par rescrit du czar.

Malgré cette diversité des législations, il est certain que la légitimation dépend d'une loi unique, car elle rentre naturellement dans le statut personnel puisqu'elle a pour effet de modifier l'état des personnes (1).

Dans l'ancien droit, on la faisait dépendre de la loi du domicile et, dans l'espèce, on entendait par loi du domicile celle du lieu où le mariage qui opère la légitimation était célébré. Cette opinion est encore admise en Angleterre (2). Mais il suffit, pour écarter cette manière de voir, de remarquer que le lieu où s'accomplit un acte juridique ne peut avoir d'influence qu'en ce qui concerne la fixation des conditions de forme, d'après la règle *Locus regit actum*, et non eu égard aux conditions de fond et aux effets de cet acte.

Suivant de Savigny, il faudrait suivre la loi du domicile du père au moment du mariage, et, suivant Schæffner, celle de son domicile au moment de la naissance de l'enfant légitime (3). Mais ces deux opinions conduisent également à une conséquence inacceptable : c'est que le père pourra arbitrairement se donner ou s'enlever

(1) Bouhier, *loc. cit.*, ch. XXIV, nos 123, 124 ; Boullenois, *loc. cit.*, t. I, p. 61, 63.

(2) Huber, *De conflictu legum*, t. I, ch. I, tit. 3, § 9 ; Story, *loc. cit.*, § 93 h. et suiv.

(3) *Système*, t. VIII, § 380, p. 334 ; Schæffner, *loc. cit.*, § 37.

la faculté de légitimer son enfant, en changeant l'assiette de son domicile au moment de son mariage ou de la naissance de l'enfant.

La seule loi applicable à la légitimation, comme à tout ce qui tient au statut personnel, est la loi nationale des parties ; c'est la solution fondée en théorie, ainsi qu'on l'a vu à propos de l'état et de la capacité, c'est aussi celle que consacre l'art. 3, alin. 3, C. C.

378. L'application de la loi nationale conduit à décider qu'un Français pourra légitimer ses enfants en Angleterre, bien que la loi anglaise n'admette pas la légitimation (1).

En sens inverse, un Anglais ne pourrait légitimer ses enfants naturels en France. C'est ce qu'avait justement décidé la Cour d'Orléans ; mais la Cour de cassation à mis à néant son arrêt, en posant comme principe que le pouvoir de légitimer est une faculté imposée par la morale, et que l'on ne saurait dénier à un homme, fût-il étranger, sans violer l'ordre public (2). L'opinion de la Cour suprême est exagérée : sans doute la légitimation est organisée dans un but de moralité, afin de permettre la réparation d'une faute ; mais il n'y a pas là une règle de morale absolue, puisque des pays civilisés, comme l'Angleterre, n'admettent pas la légitimation dans un but de moralité aussi, afin de ne point encourager au désordre par la perspective d'une réparation possible. Il y a là une divergence de vues complète qui doit suffire pour avertir qu'il ne faut pas être trop absolu dans la détermination du caractère que l'on donne à notre institution. En ce qui concerne le droit français, il faut remarquer d'ailleurs que le législateur n'impose pas la légitimation, il la permet et la favorise : or, le propre des règles d'ordre public est d'être impératives. En fait, il y a quantité d'enfants naturels non légitimés en France, sans que l'ordre public soit compromis ; pourquoi ne pourrait-il y en avoir quelques-uns de plus en vertu de leur statut personnel réglé par la loi étrangère (3)?

Les conditions de la légitimation dépendent aussi de la loi nationale, à moins que la loi territoriale ne puisse se concilier avec elle au point de vue de l'ordre public : on ne pourrait donc jamais

---

(1) Bordeaux, 27 août 1877, J. Clunet, 1878, p. 39; Dal., 78. 2. 193.

(2) Orléans, 17 mai 1856, Sir., 56. 2. 625 ; Cass., 22 novembre 1857, Dal., 57. 1. 123.

(3) Laurent, *loc. cit.*, t. V, p. 589.

légitimer en France des enfants incestueux ou adultérins (art. 331 C. C.).

Parmi les conditions de la légitimation, notre droit indique la reconnaissance de l'enfant faite, au plus tard, au moment de la célébration du mariage.

Ailleurs, par exemple en Espagne, la reconnaissance peut être postérieure au mariage qui n'en produit pas moins la légitimation : il faudra donc traiter comme légitime en France un enfant espagnol légitimé par ses parents en Espagne au moyen d'une reconnaissance postérieure à leur mariage (1). Du reste, cette question se rattache aux formes mêmes de la légitimation et doit être tranchée par la loi du pays où cette dernière a lieu : *Locus regit actum.* Un Français peut donc être considéré comme légitime en France, bien qu'il n'ait été reconnu qu'après le mariage de ses parents, lorsque la loi du pays où la légitimation a eu lieu n'exige pas la reconnaissance préalablement au mariage (2).

SECTION II

LÉGITIMATION AUTREMENT QUE PAR MARIAGE

379. Dans nombre d'états, la légitimation peut être obtenue par un rescrit du prince comme dans le Bas-Empire romain (Code italien, art. 198-200 ; hollandais, 329-332 ; autrichien, art. 162 et loi du 9 août 1854 ; prussien, 601-604 ; loi russe du 6 février 1850).

La légitimation ainsi obtenue produira ses effets en tout pays, puisqu'elle a pour effet de déterminer la condition juridique d'une personne et rentre par conséquent dans le statut personnel. On pourrait objecter qu'il s'agit ici d'un acte du souverain qui ne peut produire d'effet à l'étranger ; mais il suffit de remarquer que cet acte intervient en vertu de la loi étrangère qui doit s'appliquer pour fixer la condition juridique de tous les nationaux, soit qu'elle statue directement, soit qu'elle autorise certains actes qui ont pour résultat de modifier cette condition juridique, par exemple un jugement d'interdiction ou un rescrit de légitimation (3).

(1) Req., 20 janvier 1879, Sir., 79. 1. 417.
(2) Besançon, 25 juillet 1876, J. Clunet, 1877, p. 228.
(3) V. nº 297.

D'autre part la légitimation par rescrit du prince est régie par la loi nationale et ne pourrait être obtenue par des étrangers dans les pays où elle est admise. Cela résulte, tout d'abord, de ce qu'il s'agit ici d'une question rentrant dans le statut personnel. De plus, il serait irrationnel que le souverain étranger pût modifier la condition juridique de personnes qui ne relèvent pas de lui, et leur donner la nationalité de son pays par un acte émanant de son autorité, puisque la légitimation donne à l'enfant la nationalité de son père (1).

Les règles ci-dessus énoncées s'appliqueraient aux autres modes de légitimation admis dans certains pays. En Prusse, par exemple, la légitimation peut avoir lieu : 1° par jugement quand il y a eu promesse de mariage entre les parents ; 2° dans le même cas, par déclaration du père devant le juge ; 3° par décision des tribunaux supérieurs *ad delendum*, c'est-à-dire pour effacer la tache de bâtardise qui rend incapable d'aspirer à certaines fonctions (2).

CHAPITRE VI

ADOPTION

380. L'adoption est une institution juridique par laquelle deux personnes créent entre elles, au moyen d'un contrat, des relations analogues à celles qui existent entre ascendant et descendant, de manière à attribuer, au moins en partie, à l'une d'elles vis-à-vis de l'autre des droits semblables à ceux qu'un enfant peut invoquer à l'égard de son père ou de sa mère. Essentielle à Rome, à défaut de descendants, pour perpétuer le culte et les traditions de la famille, elle produisait, au moins sous le droit classique, tous les effets de la parenté civile, dans ses deux formes de l'adoption proprement dite et de l'adrogation. Délaissée pendant le moyen-âge, cette institution a revécu sous le droit intermédiaire ; reproduite par le Code civil, elle a été acceptée par la plupart des législations modernes. Mais nulle part elle ne produit les mêmes effets absolus qu'en Droit romain ; elle n'est partout qu'une imitation très imparfaite de la nature.

(1) V. n° 121.

(2) Code prussien, art. 592-595 ; 597 ; 663.

SECTION I

CONDITIONS DE L'ADOPTION

381. L'adoption étant une imitation de la situation résultant des rapports naturels de famille, il en résulte qu'elle doit logiquement être régie par la même loi qui réglemente l'organisation de la famille, c'est-à-dire par la loi nationale des parties. Elle a en effet pour résultat de modifier la condition juridique des personnes, et c'est pour cela qu'elle se trouve placée, dans notre Code, entre le mariage et la filiation.

De là découle cette première conséquence que, régulièrement accomplie conformément à la loi nationale des parties, l'adoption doit produire ses effets en tout pays, même dans un état dont la loi n'a pas consacré cette institution : si en effet un législateur repousse l'adoption comme inutile ou nuisible pour ses nationaux, il ne peut se refuser à en reconnaître les conséquences pour les étrangers, car elles ne compromettent en rien l'ordre public.

382. L'aptitude à adopter ou à être adopté est une question de capacité qui dépend de la loi nationale de chacun. Le bénéfice de cette institution ne pourra donc être invoqué par des étrangers appartenant à un pays où elle n'est pas admise : c'est ce qui a lieu en Angleterre, généralement aussi aux Etats-Unis où cependant un certain nombre d'états l'ont organisée aujourd'hui (1), en Hollande et dans le canton de Vaud dont la loi n'en parle même pas. Un Français, se trouvant dans un des états qui viennent d'être cités, devrait pouvoir faire un contrat d'adoption d'après son statut personnel ; mais il s'en trouvera empêché en fait, faute de trouver dans la loi locale les formalités qu'il devrait observer, à moins qu'il ne s'adresse au consul de France.

383. Mais, en France, se pose la question de savoir si un étranger, dont la loi d'ailleurs reconnaît l'adoption et lui reconnaît capacité pour adopter ou être adopté, pourra user de cette aptitude dans notre pays.

Cette question se rattache directement à l'interprétation de l'art. 11 dont elle n'est qu'une application. Si l'on décide, comme nous l'avons fait, que les étrangers jouissent de tous les droits civils,

---

(1) Lawrence, *loc. cit.*, t. III, p. 166.

sauf de ceux qui leur sont enlevés par un texte et pour la concession desquels un traité est nécessaire, on reconnaîtra aux étrangers la faculté d'adopter ou d'être adoptés, car pas une disposition de notre législation ne les prive de ce droit (1).

En suivant l'opinion de la majorité des auteurs et de la jurisprudence, d'après laquelle on doit distinguer entre les droits civils et les droits des gens, on refuse aux étrangers le bénéfice de l'adoption, car, dit-on, il s'agit d'un droit rentrant dans le *jus civile* et qui ne peut, par conséquent, leur appartenir qu'en vertu d'une réciprocité établie entre notre pays et le leur au moyen d'une convention diplomatique. Pour donner ainsi à l'adoption le caractère d'institution du droit civil, on fait valoir les considérations suivantes. Tout d'abord, l'adoption n'est pas admise, bien s'en faut, dans toutes les législations modernes ; elle n'a donc pas ce caractère de généralité qui distingue ordinairement les institutions du droit des gens. D'autre part, elle repose sur une fiction en vertu de laquelle une convention produit des résultats analogues à ceux qui résultent de la filiation légitime ; or, dit-on, cette fiction n'est établie par chaque législateur que pour ses nationaux, comme une règle de droit civil qui leur est propre et dont des étrangers ne peuvent bénéficier (2).

Même en acceptant la distinction classique entre les droits des gens et les droits civils, on peut fort bien soutenir que l'adoption rentre dans les droits de la première catégorie et que, par suite, elle est accessible aux étrangers (3). A Rome, où l'adoption se faisait, au moins primitivement, par trois mancipations et une *cessio in jure*, actes du *jus civile,* où elle entraînait *l'agnatio* et la *patria potestas,* institutions du droit civil aussi, on comprend qu'elle fût refusée aux pérégrins qui ne pouvaient invoquer que le *jus gentium* : mais, de nos jours, l'adoption est un contrat qui, à part la question de formes puisqu'elle constitue un acte solennel, dépend absolument de la volonté des parties ; or les contrats sont du droit des gens, et

(1) Zachariæ, I, § 78, note 2, et § 556, note 4 ; Valette sur Proudhon, I, p. 177 ; Demangeat, *Condition des étrangers,* p. 362-364.

(2) Demolombe, I, nᵒ 245 et VI, nᵒ 48 ; Aubry et Rau, § 78, note 61 ; Laurent, *loc. cit.,* III, nᵒ 344 et VII, nᵒ 27 ; Cass., 5 août 1823, Sir., 23. 1. 353 ; 7 juin 1826, Sir., 26. 1. 330 ; Trib. de la Seine, 4 août 1883, J. Clunet, 1884, p. 179.

(3) P. Fiore, *loc. cit.,* p. 267-269.

rien ne s'oppose à ce que des étrangers puissent les conclure, s'ils
ont d'ailleurs pour cela la capacité exigée par leur loi nationale. Au
point de vue du Droit français, on peut invoquer dans le sens de
cette opinion la constitution du 24 juin 1793 qui accordait la qualité
de citoyen *à tout étranger qui avait adopté un enfant* (1).

384. Quant aux diverses autres conditions exigées pour la validité de l'adoption, elles dépendent aussi, et pour les mêmes raisons,
de la loi nationale des parties : des Français devraient donc, en pays
étranger, se conformer aux dispositions des art. 343 et suiv. du
Code civil.

Mais il y a toujours lieu d'écarter l'application d'une loi étrangère quand elle est contraire à l'ordre public tel qu'il est déterminé
par la loi locale. Or, en ce qui concerne l'adoption, cette restriction
doit être examinée dans deux cas.

1° Certaines législations interdisent l'adoption des enfants naturels par leurs parents (Code italien, art. 205) : un Italien ne pourrait donc adopter son enfant naturel en pays étranger ; mais un
individu appartenant à un état dont la loi ne contient pas cette prohibition pourrait-il faire une adoption semblable en Italie ? Non,
étant donné que cette règle est établie dans un but de moralité :
pour éviter que l'on ne tourne les dispositions de la loi sur la légitimation et qu'on n'en vienne à compromettre la dignité de la
famille en donnant indirectement aux enfants naturels les mêmes
droits qu'aux enfants légitimes. On peut critiquer la règle émise par
le législateur ; mais, vu les motifs qui l'ont inspirée, elle n'en est pas
moins une règle d'ordre public en Italie (2). On sait du reste que
cette question ne se pose plus pour les Français, puisque tout le
monde reconnaît aujourd'hui, dans le silence de la loi, que l'adoption des enfants naturels par leurs parents n'est point défendue (3).

2° D'autres législations défendent l'adoption aux prêtres qui ont
fait vœu de célibat (Codes prussien, art. 670 ; autrichien, art. 179;
bavarois, art. 10). Les étrangers devront, dans les pays où cette
prohibition existe, se soumettre à la loi locale, malgré leur statut
personnel, car les considérations de moralité qui l'ont fait édicter

(1) Valette, *Commentaire du Code civil*, t. I, p. 467.
(2) P. Fiore, p. 271 ; Mailher de Chassat, *Traité des Statuts*, p. 413 ; Bar, *loc.
cit.*, p. 360, § 103 ; *Contrà* : Laurent, *loc. cit.*, t. VI, p. 65-66.
(3) Cass., 1er avril 1846, Sir., 46. 1. 273 ; Cass., 13 mai 1868, Sir., 68. 1. 338.

donnent à cette règle le caractère de disposition d'ordre public. Quant aux nationaux des états où cette défense est en vigueur, ils devront l'observer même dans un pays où elle n'est pas reproduite, puisqu'il s'agit d'une restriction à leur capacité contenue dans leur loi nationale. On ne peut objecter que, dans les états où la loi est complètement sécularisée, une pareille disposition est incompatible avec l'ordre public ; car il ne s'agit pas ici de l'exercice d'un droit essentiel dont la privation pourrait être considérée comme contraire à la liberté individuelle dans un pays où ne dominent pas les considérations d'ordre religieux, ainsi que le serait, par exemple, la privation du droit de se marier. Un homme peut être dépouillé de la faculté d'adopter, sans que ni la morale, ni la bonne organisation sociale aient à en souffrir. En ce qui concerne les prêtres français, la question ne peut pas se poser, puisque, faute de texte qui le leur défende, ils peuvent adopter (1).

385. Les formes de l'adoption dépendent complètement de la loi du pays où cette adoption se réalise, conformément à la maxime *Locus regit actum*, qui s'applique même aux actes solennels. Les homologations qui sont souvent exigées pour l'acte d'adoption, comme en France (art. 354 à 358 C. C.), pourront produire leur effet en France, sans l'intervention des tribunaux français et sans la concession de l'*exequatur :* il ne s'agit pas, en effet, de jugements proprement dits, mais bien d'actes de juridiction gracieuse qui, régulièrement accomplis d'après la loi locale, produisent leur effet partout d'après la règle *Locus regit actum*.

SECTION II

EFFETS DE L'ADOPTION

386. Les effets de l'adoption sont déterminés par la loi nationale des parties en vertu des mêmes raisons qui font dépendre de cette loi les conditions de l'adoption elle-même. Néanmoins, cette solution est loin d'être généralement admise en ce .qui concerne les droits successoraux de l'adopté vis-à-vis de l'adoptant : on verra plus loin, dans l'étude qui sera consacrée aux successions, que l'on

(1) Demolombe, t. VI, n° 54 ; Cass., 26 novembre 1844, Sir., 44. 1. 801.

applique généralement la loi territoriale pour les immeubles et celle du domicile pour les meubles.

387. L'application de la loi nationale pour fixer les effets de l'adoption présente des difficultés particulières lorsque l'adoptant et l'adopté ont une nationalité différente.

Mais, en pareil cas, se pose une question préjudicielle : l'adoption ne donne-t-elle pas nécessairement à l'adopté la nationalité de l'adoptant ?

On pourrait le soutenir si l'adoption était de nos jours, comme sous l'empire du Droit romain, une imitation parfaite de la famille ayant pour résultat d'assimiler l'enfant adoptif à l'enfant légitime; mais on sait qu'il n'en est pas ainsi : l'adoption ne produit que les effets limitativement énumérés et assez restreints indiqués par la loi, et, dans aucune législation, on ne voit figurer parmi ces effets le changement de nationalité. D'ailleurs l'enfant adoptif reste dans sa famille naturelle (art. 348 C. C.) et conserve, par suite, la nationalité de ses parents (1).

388. Etant donné que l'adoptant et l'adopté peuvent avoir une nationalité différente, il y a lieu de rechercher quelle est la loi qui fixera, en pareil cas, les effets de l'adoption. On a proposé de s'attacher à la loi nationale de l'adoptant, mais sans donner de raisons bien décisives à l'appui de cette idée (2). Suivant Pasquale Fiore, la loi nationale de l'adopté détermine les droits qu'il conserve dans sa famille naturelle, et celle de l'adoptant ceux qu'il obtient dans sa famille adoptive (3) Cette distinction paraît juste : d'une part, en effet, l'adopté garde sa nationalité, par conséquent son statut personnel, ses relations de famille, son état juridique; d'autre part, l'adoption étant un contrat, l'adopté accepte la condition que l'adoptant lui offre dans sa propre famille suivant les dispositions de sa loi. Mais ici doit être apportée une restriction à la solution qui vient d'être exposée. L'état juridique des personnes constituant un ensemble de règles d'ordre public auxquelles il ne peut être dérogé par des conventions particulières (art. 6 C. C.), les dispositions de la loi de l'adoptant cesseront de s'appliquer quand elles seront en

---

(1) Laurent, *loc. cit.*, VI, p. 58; P. Fiore, p. 273-274; Demangeat sur Fœlix, I, p. 98, note *a*.
(2) Laurent, VI, p. 78-79.
(3) P. Fiore, *loc. cit.*, n° 153.

contradiction avec celles de la loi de l'adopté relatives à la situation que ce dernier conserve dans sa famille naturelle. C'est ainsi qu'il faudra suivre la loi nationale de l'adopté lorsque la puissance paternelle est maintenue au père naturel, tandis que, d'après la loi de l'adoptant, elle devrait être attribuée à ce dernier.

Pour déterminer les effets de l'adoption relativement aux droits successoraux qui appartiennent à l'adopté sur le patrimoine de l'adoptant, on devrait, conformément au principe qui sera établi plus loin à propos des successions, suivre la loi nationale du défunt, c'est-à-dire celle du père adoptif.

CHAPITRE VII

PROTECTION DES INCAPABLES

389. Toutes les législations pourvoient à la situation de ceux qui ne peuvent s'occuper par eux-mêmes de leurs intérêts pécuniaires ou de la protection de leur personne. Ces individus, qualifiés d'une façon générale d'incapables, se voient enlever l'exercice de tout ou partie de leurs droits que d'autres exercent pour eux, soit à raison du peu de développement de leurs facultés venant de l'âge ou de la maladie, soit à cause de leur condition sociale, soit enfin à cause de leur indignité : dans la première catégorie rentrent les mineurs, les interdits, les aliénés placés dans une maison de santé, les faibles d'esprit ; dans la seconde, les femmes mariées ; dans la troisième, les prodigues et les interdits légaux.

Pour certains de ces incapables, la protection résulte de l'organisation même de la famille que nous avons déjà étudiée : ce sont les mineurs qui ont leur père et mère et qui sont soumis à la puissance paternelle, les femmes mariées qui relèvent de l'autorité maritale. Les autres incapables ne peuvent toujours trouver dans la famille la protection dont ils ont besoin et le législateur a dû y pourvoir d'une autre manière.

A côté de ces incapables à qui l'on donne des protecteurs, se trouvent des personnes dont l'état mental ou la situation sociale n'exige nullement qu'on se préoccupe de leur protection, mais qui cependant, en fait et par suite des circonstances dans lesquelles

elles sont placées, sont dans l'impossibilité de gérer tout ou partie de leurs biens. Dans ce cas, le mandataire chargé de pourvoir à cette gestion n'a qu'à veiller sur les biens et non sur la personne des individus dont il s'agit, puisqu'il n'a pas, comme le tuteur d'un mineur ou d'un interdit, à suppléer à une incapacité. Ce rôle de simple administrateur des biens est celui du curateur au patrimoine d'un absent (art. 112-113 C. C.), du curateur au ventre (art. 393), du curateur d'une succession vacante (art. 812), du curateur d'un bien hypothéqué et délaissé (art. 2174), etc.

Les diverses mesures de protection qui viennent d'être citées sont empruntées à la loi française, mais on les retrouve dans toutes les législations, en partie ou quelquefois plus nombreuses, et toujours avec les mêmes caractères : ce qui sera dit pour la loi de notre pays s'appliquera donc à celle des autres états.

Déterminons la loi qui doit s'appliquer pour la réglementation de ces différentes mesures de protection ; nous verrons ensuite les dispositions particulières des traités qui sont intervenus en cette matière.

SECTION I

LOI QUI RÉGIT LA PROTECTION DES INCAPABLES

390. La détermination des incapables est une question qui se réfère directement à l'état des personnes et qui dépend, par conséquent, de la loi nationale de celles-ci. D'autre part, la protection de ces incapables, son étendue, les personnes qui en sont chargées sont précisées par chaque législateur d'après la condition particulière de ses nationaux et d'après les règles particulières de l'organisation de la famille dans son pays : l'application de la loi nationale des incapables relativement à tout ce qui concerne leur protection se trouve donc parfaitement justifiée. De là découlent un certain nombre de conséquences très importantes.

391. I. Les règles relatives à la protection des incapables sont d'un effet universel comme toutes celles qui rentrent dans le statut personnel. Par conséquent, l'autorité des protecteurs des incapables devra être acceptée en tout pays telle qu'elle est fixée par la loi nationale des protégés (1). Il en serait ainsi, même si l'incapa-

(1) Bouhier, *loc. cit.*, ch. XXIV, nᵒˢ 1-3 ; Boullenois, *loc cit.*, t. 1, p. 59.

cité et les mesures de protection qui en dérivent provenaient, non pas des dispositions générales de la loi étrangère, mais des jugements rendus en conformité de ses dispositions (1).

Cependant, en Angleterre et aux Etats-Unis, les principes réalistes qui dominent la *common law* s'opposent à ce que l'on reconnaisse les pouvoirs des protecteurs des incapables établis à l'étranger. Un aliéné ayant reçu des *gardiens* nommés par des magistrats anglais à la Jamaïque fut placé sous l'autorité de nouveaux protecteurs en arrivant en Angleterre. Mais la jurisprudence anglo-américaine en vient, par *courtoisie internationale*, à renoncer à une pareille rigueur et à reconnaître les pouvoirs des protecteurs des incapables régulièrement désignés conformément au statut personnel de ces derniers : on verra plus loin dans quelle mesure (2).

392. II. C'est la loi nationale qui détermine les mesures de protection que l'on peut prendre à l'égard des incapables : ainsi le Code hollandais ne parle pas de la nomination du conseil judiciaire; en Angleterre, on ne prend aucune disposition à l'égard des prodigues et on n'interdit pas les aliénés.

393. En quel lieu organisera-t-on la protection des incapables? Dans notre droit et d'après la plupart des législations (art. 406 C. C.), la tutelle a son siège au lieu où le mineur est domicilié quand la tutelle s'ouvre. Si l'on suivait cette règle en droit international privé, il serait impossible, la plupart du temps, d'organiser la tutelle au domicile du pupille conformément à sa loi nationale, toutes les fois qu'il serait domicilié ailleurs que dans son pays. On ne pourrait procéder ainsi que lorsque la loi du domicile et la loi nationale sont identiques, comme, par exemple, les lois française et belge ; mais comment organiser en France la tutelle d'un mineur suisse, alors que sa loi nationale exige, pour le contrôle de la tutelle, l'intervention des autorités municipales et administratives (3) ?

On attribue donc compétence, pour organiser les mesures de protection des incapables, aux autorités du pays auquel ils appartiennent par leur nationalité.

(1) V. n° 297; Fiore, *loc. cit.*, p. 302-303 ; Laurent, VI, p. 188 et suiv.
(2) Story, *loc. cit.*, p. 137, § 99; v. n° 397.
(3) Chavegrin, *La tutelle en Droit intern. privé*, Rev. critique, 1883, p. 501.

Cette solution présente de graves inconvénients, car on organisera la tutelle dans un lieu où le pupille, qui n'y est plus domicilié, n'a peut-être conservé ni biens, ni parents, ni amis. Aussi a-t-on apporté deux tempéraments à la règle qui vient d'être énoncée.

1o Les consuls sont souvent chargés de pourvoir à la protection de leurs nationaux incapables domiciliés à l'étranger (1).

2o Les autorités locales interviennent souvent aussi pour prendre les mesures de protection nécessitées par la situation des incapables étrangers.

En France, il semble que cette dernière façon de procéder se trouve écartée par notre jurisprudence, d'après laquelle les tribunaux français ne pourraient intervenir dans les questions qui intéressent exclusivement des étrangers, surtout lorsqu'il s'agit de questions d'état (2). Mais on sait que deux restrictions importantes sont apportées par la jurisprudence elle-même à sa manière de voir. Tout d'abord, on reconnaît que les tribunaux ne sont incompétents à raison de l'extranéité des parties que d'une manière relative, *ratione personæ*, de telle sorte que l'incompétence dont il s'agit se trouve couverte si elle n'est pas proposée *in limine litis*.

D'autre part, on admet que les tribunaux français doivent intervenir quand il y a urgence, quand il faut pourvoir à des intérêts laissés en souffrance, l'ordre public pouvant se trouver compromis si des incapables étrangers sont abandonnés sans protection soit quant à leur personne, soit quant à leurs biens. Les mesures prises en pareil cas doivent être conformes à la loi nationale des incapables; cependant, il a été jugé qu'on pouvait appliquer la loi territoriale, par mesure de sauvegarde et quand il y a urgence absolue : mais il est essentiel de remarquer que ces mesures n'ont qu'un caractère provisoire et doivent cesser dès qu'il est possible d'appliquer la loi nationale des intéressés (3). La possibilité de pourvoir ainsi provisoirement à la protection des incapables étrangers par application de la loi territoriale est consacrée dans plusieurs législations (loi prussienne du 5 juillet 1875, art. 6 ; hongroise de 1877 sur la tutelle, art. 64 ; en Autriche, patente du 9 août 1854, § 183).

(1) V. no 400.
(2) V. no 231.
(3) Trib. Seine, 10 avril 1877, J. Clunet, 1878, p. 275-277; Rouen, 5 décembre 1853, Dal., 54. 2. 123.

394. III. C'est encore par l'application de la loi nationale des incapables que l'on déterminera les personnes chargées de leur protection, la durée de leurs fonctions et la façon dont elles en sont investies. Ainsi un Italien interdit aura, en France, sa femme pour tutrice légale, conformément à la loi italienne; tandis qu'un interdit français n'aurait sa femme pour tutrice en Italie qu'autant qu'elle serait désignée par le conseil de famille (art. 506 et 507 C. C.).

Les causes d'exclusion, de destitution ou d'incapacité de la tutelle dépendent aussi de la loi nationale de l'incapable. Il n'y pas lieu d'objecter que ces différentes causes tiennent à l'état et à la capacité du tuteur et devraient être fixées par sa propre loi, car ces causes d'exclusion, d'incapacité ou de destitution sont toutes établies en faveur de l'incapable et pour éviter que ses intérêts ne soient confiés à des personnes qui n'inspirent pas de confiance pour une raison ou pour une autre : du moment qu'il s'agit de protection, l'application de la loi nationale des protégés se trouve justifiée.

Pour les causes de dispense ou d'excuse, il faut au contraire appliquer cumulativement les deux lois : celle du pupille, car elle a indiqué les causes d'excuse de la tutelle dans un but de protection pour le pupille, afin de ne point abandonner ses intérêts à une personne qui ne pourrait s'en occuper suffisamment, par exemple à cause de son âge ou du nombre déjà considérable de ses enfants; la loi du tuteur, car on ne peut imposer à ce dernier, en vertu d'une loi étrangère, une charge dont le dispense sa propre loi (1).

Il va sans dire enfin que les personnes appelées à la tutelle seront désignées par la loi nationale de l'incapable et non par celle de ses parents, quand ceux-ci ont une nationalité différente. Cependant il a été jugé que lorsqu'une femme française, devenue étrangère par son mariage avec un étranger, recouvrait sa première nationalité après son veuvage (art. 19 C. C.), elle était investie de plein droit de la tutelle de ses enfants conformément à notre Code civil, alors même que, d'après la loi nationale des enfants, la tutelle aurait dû appartenir à une autre personne (2). Ces

(1) Savigny, *Système*, VIII, p. 343.
(2) Cass. Req., 13 janvier 1873, Sir., 73. 1. 13, affaire Ghezzy ; Bourges, 4 août 1874, J. Clunet, 1876, p. 31 ; Trib. de la Seine, 5 avril 1884, J. Clunet, 1884,

décisions méconnaissent le caractère de la tutelle qui est organisée pour la protection des incapables et qui doit être régie par leur propre loi.

395. Mais l'application de la loi nationale des incapables étrangers pour la désignation des personnes qui doivent être chargées de la tutelle conduit à se demander si des étrangers peuvent être investis de cette fonction : la même question se pose, du reste, lorsqu'un étranger est appelé, en vertu des dispositions de notre Code civil sur la désignation des tuteurs, a être chargé de la tutelle d'un incapable français.

On a voulu voir dans la tutelle une charge publique, *munus publicum*, dont l'investiture ne pourrait appartenir non seulement qu'à des Français, mais encore qu'à des *citoyens* français. Mais cette opinion est généralement abandonnée aujourd'hui : si en effet, dans les travaux préparatoires, le tribun Leroy qualifia la tutelle de charge publique, il ajouta que c'était d'abord et avant tout une charge de famille (1). On ne peut, au surplus, tirer un argument sérieux des art. 430 à 432 C. C. dans lesquels il est question de *citoyens* excusés de la tutelle, puisque les femmes, qui n'ont pas la qualité de citoyen, peuvent cependant être investies de la tutelle dans certains cas.

Dans une seconde opinion, on considère la faculté d'être tuteur comme un droit civil dont la jouissance n'appartient pas aux étrangers, sauf dans le cas de réciprocité diplomatique (art. 11 C. C.), et lorsqu'ils ont obtenu l'autorisation de fixer leur domicile en France (art. 13) (2).

Cette manière de voir doit être écartée si l'on interprète l'art. 11 comme nous l'avons fait, c'est-à-dire si l'on accorde aux étrangers tous les droits civils, sauf ceux qu'un texte formel leur enlève : car aucune disposition de notre droit ne les prive du droit d'être tuteurs. Mais, de plus, en acceptant la distinction que l'on prétend faire entre les droits civils et les droits des gens, il est difficile de considérer la tutelle comme rentrant dans le *jus civile*. Contrairement à ce qui avait lieu à Rome où elle était réservée aux citoyens, la

p. 521. Comp. Laurent, VI, p. 86-88 ; P. Fiore, p. 660 ; Brocher, *Comm. du traité franco-suisse du 15 juin 1869,* p. 84 ; Lehr, *Rev. de Droit intern.,* 1884, p. 245.

(1) Fenet, t. X, p. 676.
(2) Savigny, *Système,* t. VIII, p. 338 ; Aubry et Rau, t. I, p. 285.

tutelle est aujourd'hui une institution de droit naturel ou des gens, c'est une mission de protection que l'on retrouve dans tous les pays civilisés et qui peut être exercée par quiconque y est appelé par la loi de l'incapable, d'après les liens de parenté ou d'affection qui l'unissent avec lui. On a dit, avec raison, que la tutelle est une dépendance du droit de famille qui doit être régie, comme l'organisation de la famille elle-même, par la loi nationale : il faut donc appliquer cette dernière sans se préoccuper de la nationalité des personnes qu'elle investit de la tutelle (1). D'ailleurs, si la tutelle est une institution de droit civil, elle l'est aussi bien pour le pupille que pour le tuteur : il faudrait donc en venir à cette conséquence inacceptable qu'un mineur étranger ne pourrait invoquer en France cette mesure de protection (2). Enfin, l'exclusion des étrangers de la tutelle conduit à attribuer cette charge à des personnes qui ne sont peut-être pas unis avec l'incapable par les mêmes sentiments d'affection présumée, par les mêmes liens de parenté ; les intérêts de ceux que l'on veut protéger en souffriront : comme on l'a dit spirituellement, « pour n'avoir pas de tuteur étranger, on donne un tuteur étranger à l'incapable » (3).

Actuellement, la jurisprudence admet qu'un étranger peut être tuteur de son descendant et membre d'un conseil de famille quand il est parent de l'incapable. C'est un abandon de l'ancienne opinion qui commence et qui deviendra bientôt complet : appliquant la loi nationale de l'incapable, on confiera la tutelle aux personnes qu'elle désigne sans se préoccuper de leur nationalité (4).

La même solution finit par être adoptée dans les législations étrangères. En Italie, les étrangers jouissent de tous les droits civils ; ils peuvent donc, sans conteste, être investis de la tutelle

(1) Labbé, Sir., 1875, 1. 193, note.

(2) Laurent, III, p. 603.

(3) Rev. de Droit intern., VI, p. 278.

(4) Cass., 16 février 1875, J. Clunet, 1875, p. 441 ; trib. Versailles, 1er mai 1879, id. 1879, p. 397 ; Paris, 21 août 1879, id. 1880, p. 196 ; trib. de Briey, 24 janvier 1879, id. 1879, p. 285. — Certains auteurs cependant considèrent encore la tutelle comme un *munus publicum* réservé aux citoyens, quand elle est attribuée à une personne étrangère au pupille; les étrangers ne pourraient en être investis que lorsqu'elle leur est confiée en leur qualité de parents du pupille, car, dans ce cas seulement, la tutelle serait un droit et un devoir de famille. V. Weiss, *Traité élémentaire de Droit intern. privé*, 1885, p. 346 et 361.

(art. 3 Code italien). La loi prussienne du 5 juillet 1875 permet aux étrangers d'être tuteurs ; mais il leur est facultatif de refuser cette charge. D'après la loi wurtembergeoise du 28 juin 1879 et la loi hongroise XX⁰ de 1877, les étrangers ne peuvent être investis de la tutelle qu'après autorisation du ministre de la justice. En Autriche, les étrangers sont exclus de la tutelle à moins qu'ils n'y soient appelés par des arrangements de famille, par testament des père et mère ou comme proches parents, et à la condition que leur nomination ne puisse causer aucun préjudice au pupille. (Décrets du 27 juillet et du 2 novembre 1787.)

396. IV. Les obligations auxquelles sont assujétis les protecteurs des incapables, par exemple celle de faire inventaire et de placer les fonds, sont déterminées par la loi nationale des incapables eux-mêmes : ce sont en effet autant de mesures de protection établies en leur faveur.

397. V. En outre, c'est d'après la même loi que l'on précisera l'étendue des pouvoirs des protecteurs sur la personne et sur les biens des incapables.

En ce qui concerne les pouvoirs sur la personne, comme par exemple la puissance paternelle du tuteur telle qu'elle est limitée dans les art. 454-456 C. C., ils ont pour cause l'incapacité même de la personne placée en tutelle et se rattachent ainsi d'une manière directe au statut personnel. Il n'y aurait lieu d'apporter une exception à la règle énoncée que lorsque l'ordre public est intéressé (1). D'après la *common law* anglaise qui consacre le principe de la réalité, les pouvoirs des tuteurs étrangers sont méconnus et les incapables sont placés sous l'autorité de la loi locale, quelle que soit leur loi nationale. Ainsi le tuteur nommé dans un état de l'Union américaine perd ses pouvoirs sur son pupille quand ce dernier établit son domicile sur le territoire d'un autre état ; il est procédé à la nomination d'un nouveau tuteur. De même une mineure écossaise se rendant en Angleterre échappe à l'autorité de son tuteur et ne relève plus que du chancelier d'Angleterre protecteur légal des mineurs (2). Néanmoins, ce réalisme suranné est aujourd'hui critiqué par les jurisconsultes anglo-américains les plus considérables.

----

(1) V. nº 345.

(2) Story, *loc. cit.*, p. 630, § 499 ; Wharton, *loc. cit.*, p. 244, §§ 261-262.

et la Chambre des lords, à propos de l'affaire du marquis de Bute en 1861, a posé en principe que les Cours anglaises, en nommant un tuteur aux mineurs étrangers, doivent confirmer celui qui est déjà en fonctions d'après la loi de l'incapable, à moins qu'il n'y ait inconvénient pour les intérêts de l'incapable à le maintenir (1).

Pour les biens, l'ancienne distinction consacrée dans la théorie des statuts conduit aux deux solutions suivantes. Les meubles, réputés fictivement situés au domicile de leur propriétaire, peuvent être administrés par le tuteur conformément à la loi nationale du pupille. Les immeubles, au contraire, dépendent exclusivement du statut réel et sont régis par la loi de leur situation. Ces deux propositions sont admises dans la jurisprudence anglo-américaine.(2).

Toutefois, en reconnaissant au tuteur étranger le pouvoir d'administrer les meubles de son pupille, les Cours anglaises s'arrogent le droit de refuser arbitrairement la délivrance et le paiement des valeurs mobilières qui sont sous leur juridiction (3).

Mais cette distinction entre les meubles et les immeubles n'a plus sa raison d'être ; malgré les termes généraux de l'art. 3, alin. 2, C. C., le statut réel ne comprend pas, comme on l'a déjà vu, toutes les dispositions légales ayant trait aux immeubles, mais celles seulement qui touchent à l'organisation de la propriété (4). Or, dans l'espèce, il ne s'agit de rien de semblable : le représentant de l'incapable a un mandat déterminé par la loi de ce dernier et qui doit produire partout les effets indiqués par cette loi, tant qu'ils ne sont pas en opposition avec l'ordre public du pays où ils doivent se manifester.

398. Suivant certains auteurs, cependant, il faudrait s'en tenir à la loi locale en ce qui concerne les pouvoirs de gestion des administrateurs nommés aux biens et qui n'ont pas, en même temps, à s'occuper de la personne d'un incapable, comme, par exemple, le curateur des biens d'un absent ou celui d'un bien hypothéqué et délaissé. Dans ces différents cas, dit-on, il ne s'agit pas de pourvoir à une incapacité, le statut personnel n'est plus en cause, et la loi de

(1) Wharton, p. 246, § 262 ; Alexander, J. Clunet, 1879, p. 521.
(2) Story, *loc. cil.*, §§ 504 et 505 ; Lawrence sur Wheaton, t. III, p. 172-173 ; Westlake, J. Clunet, 1882, p. 9.
(3) Westlake, J. Clunet, 1881, p. 313.
(4) V. n° 95.

la situation des biens s'appliquera seule, étant donné qu'il faut simplement assurer la bonne administration et la conservation des biens (1).

Malgré cette observation, il faut en pareille circonstance s'en tenir à la loi nationale de l'intéressé. Il est toujours vrai, en effet, que les mesures ordonnées pour la gestion des biens sont motivées par la protection dont le propriétaire a besoin, sinon à cause de son incapacité, du moins à cause des circonstances dans lesquelles il est placé, par exemple à raison de son absence. Or il appartient logiquement à chaque loi de protéger ses nationaux, et le mandat qu'elle donne dans ce but à certaines personnes peut produire ses effets en tout pays. L'intervention du législateur local ne s'expliquerait que si l'ordre public était intéressé ; par exemple si la loi nationale n'ayant rien fait pour la sauvegarde des biens, ceux-ci étaient en souffrance (2).

399. VI. Souvent les administrateurs des biens des incapables doivent observer certaines formalités pour accomplir des actes de gestion ou d'aliénation.

S'il s'agit de formalités *habilitantes,* c'est-à-dire nécessaires pour autoriser les administrateurs à accomplir certains actes, il faut suivre la loi nationale des incapables, puisque ces formalités ne sont qu'un complément de la protection qui leur est accordée et une limitation des pouvoirs de leur représentant légal : telles sont l'autorisation de justice et l'homologation du tribunal pour l'aliénation des immeubles (art. 457 et 458 C. C.).

D'autres de ces formalités tiennent à la manière dont doivent être accomplis certains actes ; par exemple la vente en justice et non à l'amiable des biens des mineurs (art. 953-966 P. C.). On a prétendu que ces formalités se rattachent à la condition des biens et dépendent de la loi de leur situation (3). Suivant d'autres, elles sont établies pour la protection des incapables et sont réglées par leur loi personnelle (4).

(1) Massé, *Droit commercial dans ses rapports avec le Droit des gens et le Droit civil,* t. I, p. 477-478, n° 547, édit. 1874 ; P. Voët, *de Statutis,* sect. 9, liv. 3, n° 18.

(2) P. Fiore, *loc. cit.,* p. 300-301.

(3) Schœffner, p. 36 ; v. J. Clunet, 1880, p. 292 à 297.

(4) Savigny, *Système,* t. VIII, p. 340-341 ; Laurent, *loc. cit.,* VI, p. 219.

La vérité est que la nécessité de recourir à certaines formalités pour l'accomplissement d'actes intéressant les incapables est établie pour leur protection et doit dépendre de leur loi nationale. Mais la façon même dont ces formalités seront remplies est réglée par la loi locale, d'après le principe *Locus regit actum*. Ainsi un tuteur français ne pourra, en pays étranger, vendre un bien de son pupille qu'en suivant les formes de la vente en justice ; mais la loi étrangère déterminera quelles sont ces formalités qui rentrent dans les règles de procédure.

SECTION II

TRAITÉS

400. Dans nombre de conventions consulaires, on attribue aux consuls le pouvoir de veiller à la protection de leurs nationaux incapables. La clause habituelle est la suivante : « les consuls seront chargés d'organiser la tutelle et la curatelle conformément à la loi respective des deux pays (traités avec l'Espagne, 7 janvier 1862, art. 20, n° 7 ; l'Italie, 26 juillet 1862, art. 9, n° 7 ; Portugal, 11 juillet 1866, art. 8, n° 7 ; Grèce, 7 janvier 1876, art. 15, n° 1 ; Salvador, 5 juin 1878, art. 15, n° 1). On consacre donc, par cette clause, l'application de la loi nationale de l'incapable. De là il résulte que toute nomination d'un tuteur ou curateur par les tribunaux français, faite pour un incapable appartenant à un pays qui a passé avec la France une convention semblable, eût-elle lieu pour remplacer le tuteur ou curateur nommé par le consul et qui ne pourrait continuer ses fonctions, serait nulle (1).

Du reste, en vertu des conventions précitées, le pouvoir des consuls se borne à l'organisation de la tutelle et de la curatelle ; ils ne pourraient intervenir pour autoriser certains actes de la part du tuteur, et il faudrait, à ce dernier point de vue, suivre la loi nationale des incapables. Le tribunal compétent, en pareil cas, serait celui du domicile des incapables dans leur pays ; les tribunaux locaux ne pourraient intervenir que si l'incapable n'avait plus de domicile dans son pays ou s'il y avait urgence absolue (2).

Cependant, dans les pays régis par les capitulations et dans

(1) Cass., 19 juin 1878, J. Clunet, 1878, p. 508-509.
(2) V. n° 393 ; J. Clunet, 1879, p. 271-273.

l'Extrême-Orient, les consuls remplacent complètement les autorités françaises : ils jouent donc le rôle du juge de paix pour la convocation du conseil de famille, du notaire pour les inventaires, du tribunal pour les homologations, etc. (1).

401. La protection des incapables par les consuls a été organisée d'une manière plus spéciale encore dans le traité franco-suisse du 15 juin 1869 dont l'art. 10 contient les dispositions suivantes (2) :

1° La tutelle des mineurs et des interdits suisses et français doit être organisée conformément à leur loi nationale. Bien que le traité soit muet à leur égard, il faudrait admettre la même règle pour les autres mesures de protection, par exemple pour la nomination d'un conseil judiciaire (3).

2° Les contestations relatives à l'établissement de la tutelle et à l'administration de la fortune des incapables sont de la compétence des tribunaux du pays auquel les incapables appartiennent.

3° Deux exceptions sont apportées aux dispositions précédentes.

a. Pour les immeubles. Prise dans sa généralité, cette première exception comprendrait tous les points se rattachant à la fortune immobilière des incapables, pour lesquels on devrait appliquer la loi de la situation des biens et non la loi nationale des propriétaires. Mais, conformément aux principes qui ont été déjà exposés, cette exception ne vise que les deux points suivants : 1° les formalités de la vente des immeubles appartenant aux incapables, formalités pour lesquels il faut appliquer la loi du pays où la vente s'opère, d'après la règle *Locus regit actum ;* 2° les règles concernant l'organisation de la propriété foncière qui sont toutes d'ordre public et forment le statut réel : telles sont la détermination des droits réels que l'on peut établir sur les immeubles, la nécessité de la transcription, l'inscription de l'hypothèque légale des mineurs et des interdits dans les cas où la loi locale l'exige (art. 8 de la loi du 23 mars 1855).

(1) De Clercq et de Vallat, *Guide des Consulats,* t. II, p. 401 et 444, 4° édit.

(2) Brocher, *Commentaire du traité franco-suisse de 1869,* p. 73 et suiv.

(3) Nîmes, 18 février 1881, Dal., 82. 2. 106.

b. Pour les mesures conservatoires. En cas de négligence de la part de la loi nationale des incapables ou lorsqu'il est impossible de recourir à son application, les tribunaux du pays où les biens sont situés peuvent prescrire les mesures nécessaires en s'inspirant du principe général de l'ordre public : ils peuvent, par exemple, pourvoir à la conservation des biens abandonnés, faire enfermer un aliéné, faire placer des mineurs que personne ne protège dans un établissement d'éducation, etc.

Depuis le traité du 23 juillet 1879 qui déclare Français jusqu'à leur majorité les enfants mineurs du Français qui se fait naturaliser en Suisse, il n'y a plus de conflit sur l'application de la loi nationale de ces mineurs en ce qui concerne l'organisation de leur tutelle (1).

(1) V. nº 166.

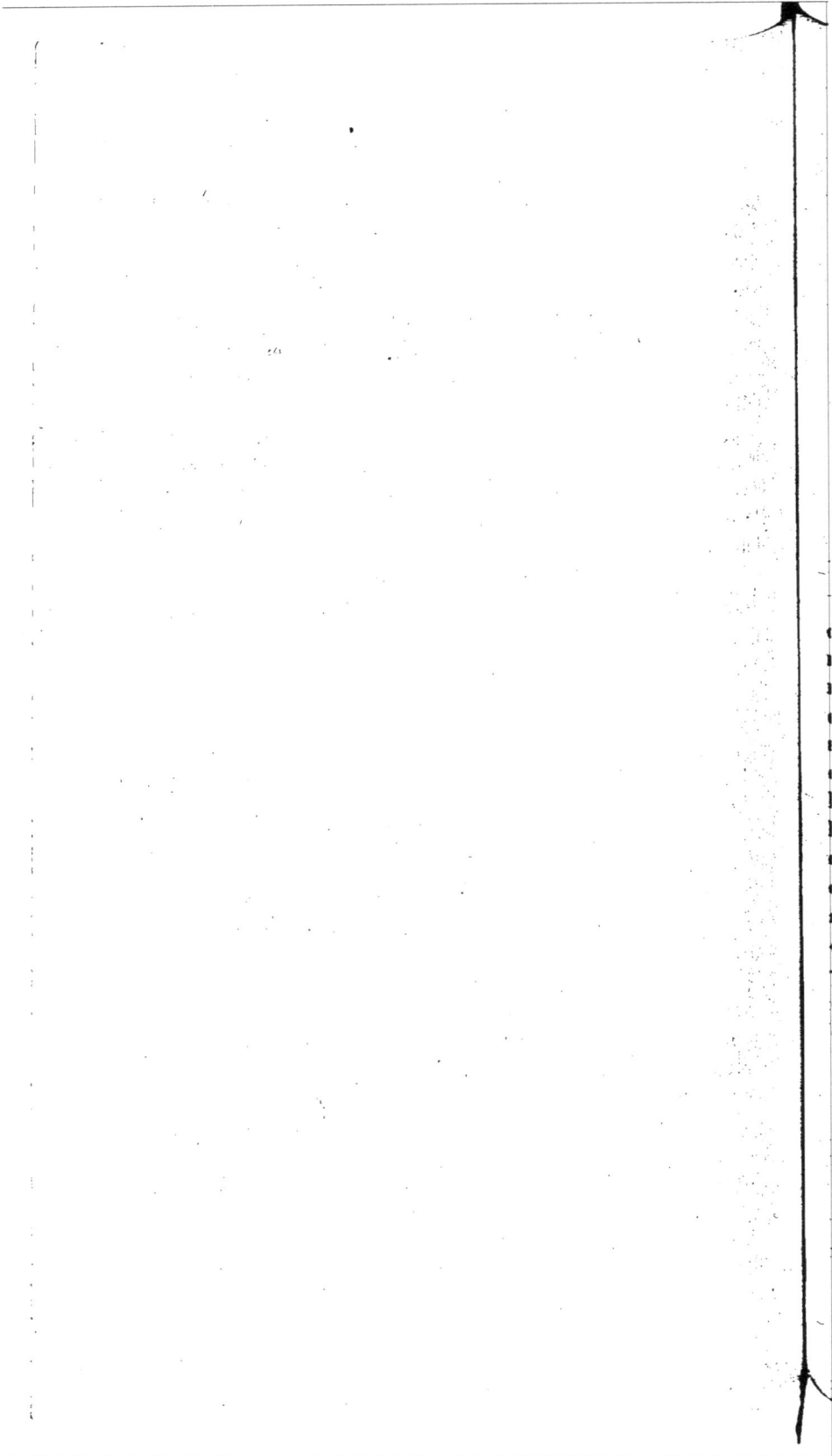

LIVRE III

Des Obligations.

— — —

CHAPITRE I

DES OBLIGATIONS EN GÉNÉRAL

402. Il est essentiel de bien établir, tout d'abord, que la théorie des obligations considérées au point de vue du Droit international privé ne rentre en aucune façon ni dans le statut personnel, ni dans le statut réel : il ne s'agit nullement, en pareille matière, de la condition juridique des personnes, pas plus que de celle des biens. Aussi ne peut-on songer à trancher les conflits de législations qui s'élèvent à propos des obligations par l'application d'une loi déterminée *à priori,* comme la loi nationale pour le statut personnel et la loi de la situation des biens pour le statut réel. Les conventions sont l'œuvre des parties qui se font en quelque sorte leur propre loi sur tel point spécial et dans leurs rapports respectifs (art. 1134 C. C.) ; voilà pourquoi le seul principe général que l'on puisse adopter est le suivant : à défaut de stipulations formelles de leur part, la substance et la portée des obligations seront régies par la loi à laquelle les parties contractantes se seront référées d'une manière expresse ou implicite. Les auteurs allemands expriment très justement cette idée en disant que, dans les conventions, les parties jouissent de *l'autonomie* ; elles sont leur propre législateur (1).

Le principe général ainsi établi, étudions successivement : 1° la formation des obligations conventionnelles ; 2° leurs effets ; 3° leur exécution ; 4° leur extinction ; 5° les obligations qui ne viennent pas d'un contrat.

(1) Wæchter, *Archiv für die civil. praxis,* t. **XXV**, p. **35**.

SECTION I

FORMATION DES OBLIGATIONS CONVENTIONNELLES

403. La capacité pour contracter, soit d'une manière générale, soit en ce qui concerne telle convention spéciale, comme par exemple les contrats à titre onéreux entre époux (art. 1595 C. C,), dépend de la loi nationale des parties (1).

La forme des contrats est régie par la loi du pays où ils interviennent, d'après l'adage *Locus regit actum*.

Quant à la formation même et à ce que l'on appelle la substance du lien juridique qui constitue l'obligation, quant à la nature de l'obligation qui peut être simple, conditionnelle, solidaire, etc., il faut appliquer, conformément au principe exposé au numéro précédent, la loi acceptée par les parties : c'est une règle universellement admise (2).

404. Mais rarement les parties indiquent la loi à laquelle elles entendent se soumettre; on doit donc recourir à certaines présomptions pour désigner la loi à laquelle elles ont vraisemblablement voulu se référer.

Une première présomption fort naturelle, c'est que les contractants ont voulu accepter l'application de leur loi nationale quand ils ont tous la même nationalité : cette loi leur est en effet commune et c'est elle qu'ils connaissent généralement le mieux (3).

Quand les parties ont une nationalité différente, on applique, pour interpréter leur convention, la loi du pays où cette dernière a été conclue, la *lex loci contractûs*. Du moment qu'on ne saurait, sans arbitraire, se prononcer pour la loi nationale de l'une des parties, il est naturel de se conformer à la législation sous l'empire de laquelle elles étaient placées au moment où leur convention a eu lieu, dont, par conséquent, elles connaissent ordinairement les dispositions et qu'elles paraissent avoir accepté implicitement (4).

Mais il ne s'agit ici que de simples présomptions qu'il est toujours possible de combattre par la preuve contraire : aussi les circons-

(1) V. n° 304.
(2) Fœlix, I, p. 226 ; Fiore, *loc. cit.*, p. 398 ; Laurent, *loc. cit.*, t. II, p. 384.
(3) Laurent, t. VII, p. 518-59 ; Fœlix, I, p. 227 ; Fiore, p. 400.
(4) Fiore, p. 399 ; Fœlix, t. I, p. 227.

tances de fait peuvent-elles établir pour les tribunaux que les parties ont voulu adopter une autre loi que celle qui paraît indiqué
par les deux présomptions signalées plus haut. Tel est le point de
vue accepté par le Code civil italien de 1866, art. 9 (1). C'était
aussi celui de quelques anciens jurisconsultes, notamment de
Dumoulin (2) : mais la plupart des statutaires considéraient l'application de la *lex loci contractûs* comme une règle absolue ; toutefois,
reconnaissant que, dans certaines circonstances, elle ne donnait
plus la véritable interprétation de la volonté des parties, ils y apportaient un certain nombre d'exceptions plus ou moins arbitrairement
limitées (3). On retrouve la même idée chez Merlin qui l'appuie sur
l'art. 1159 C. C. aux termes duquel, pour interpréter les conventions,
on se réfère, dans le silence des parties, aux usages du lieu où le
contrat a été conclu. Mais l'art. 1159, écrit pour l'interprétation des
conventions intervenues en France, ne peut servir de principe
absolu pour trancher les conflits de lois en matière d'obligations (4).

La vérité est qu'il s'agit de rechercher l'intention des parties et
que les présomptions indiquées pour servir de renseignements à
cet égard doivent être écartées, dès que les circonstances témoignent
qu'elles ne sont pas fondées (5).

405. Dans un autre système, on considère comme présomptivement acceptée par les parties contractantes la loi du pays où
l'obligation doit être exécutée, plutôt que celle du pays où elle est
formée. Cette idée a été particulièrement développée par de Savigny
qui l'a établie sur des raisons juridiques dont la manifestation se
trouve dans les textes du Droit romain (6). Le grand romaniste
allègue surtout les textes suivants : 1o L. 21, *Dig. de O et A.* « Con-
traxisse unusquisque in eo loco intelligitur in quo ut solveret se
obligavit » ; 2o L. 3, *de Rebus auctor. jud. possid.* : « Contractum autem
non utique eo loco intelligitur quo negotium gestum sit, sed quo
solvenda est pecunia. » Ces textes établissent, dit-il, que la substance

(1) V. Code autrichien, §§ 36-37.
(2) Boullenois, t. II, p. 495 et 457-458.
(3) Boullenois, t. II, p. 458.
(4) Merlin, *Répert.* vo Loi, § VI, no 11.
(5) *Hoc sensu :* Besançon, 11 janvier 1883, Dal., 83. 2. 211.
(6) *Système,* t. VIII, § 372, p. 244.

même de l'obligation est régie par la loi du lieu où l'exécution doit se faire.

Mais, tout d'abord, on a contesté la portée qui est ainsi donnée aux textes précités, et l'on a soutenu que les dispositions qu'ils contiennent ont simplement pour effet d'attribuer compétence au juge du lieu où les obligations doivent s'exécuter, pour connaître des contestations auxquelles ces obligations donnent naissance. On peut, de plus, objecter d'autres textes qui semblent au contraire placer l'obligation considérée en elle-même sous l'empire de la loi du lieu où elle a été contractée, ce qui confirmerait l'application de la *lex loci contractûs*. Citons, notamment, la loi 6 *de Eviction*. Dig. aux termes de laquelle la garantie pour cause d'éviction est réglée par la loi en vigueur au lieu où la vente a été faite ; et la loi 8, pr. *Mandati*, Dig. qui est ainsi conçue : « uniuscujusque enim contractûs *initium* spectandum est et causam. »

D'ailleurs, quelles qu'aient été les idées des jurisconsultes romains sur cette question, il est certain que la seule manière de trancher rationnellement les conflits de législations qui nous occupent en ce moment est d'appliquer la loi présomptivement acceptée par les parties ; or, il n'est pas vraisemblable, *à priori* et si les circonstances de fait ne le prouvent pas, que les contractants aient voulu se référer à la loi du lieu où l'exécution doit se faire plutôt qu'à celle du pays où leur convention est conclue ; cette dernière loi est connue d'eux, tandis qu'ils ignorent souvent quelle sera la première, le débiteur pouvant en général se libérer à son domicile, à moins de convention contraire, et son domicile pouvant être déplacé depuis le jour où le contrat est formé jusqu'au jour où il doit être exécuté (1).

406. Les solutions qui viennent d'être indiquées dans les deux numéros précédents ne sont pas toujours adoptées par la jurisprudence étrangère. En Angleterre et aux Etats-Unis, on ne tient pas compte de la loi nationale quand les deux parties ont même nationalité, et l'on applique toujours la *lex loci contractûs* ; toutefois, si l'exécution doit avoir lieu dans un autre endroit que celui où l'obligation s'est formée, c'est la loi du pays où l'exécution doit s'accom-

(1) P. Fiore, p. 404-405.

plir qui l'emporte. On retrouve encore cette prédominance de la *lex loci executionis* en Allemagne (1).

407. Les mêmes principes doivent s'appliquer aux contrats synallagmatiques et aux contrats unilatéraux ; c'est à tort que Fœlix fait toujours régir ces derniers par la loi personnelle du débiteur (2). Cette solution ne s'expliquerait que pour les actes unilatéraux tels que le testament ; mais, dans un contrat quel qu'il soit, bilatéral ou unilatéral, on trouve un accord de deux ou plusieurs volontés, et, comme il serait arbitraire de s'attacher à la loi nationale de l'une des parties, on doit appliquer une législation qui soit vraisemblablement acceptée par elles toutes, c'est-à-dire leur loi nationale si elles ont même nationalité, ou, dans le cas contraire, la loi du pays où la convention est conclue.

408. C'est sans difficulté encore que nous résoudrons de la même manière les conflits de lois se présentant à propos d'un contrat d'assurance maritime ou d'affrétement. On a proposé d'appliquer, en ce qui concerne le contrat d'affrétement, la loi du lieu de débarquement, par cette raison que c'est là que doivent se faire la livraison de la marchandise et le paiement du fret (3) : mais nous avons déjà démontré que la *lex loci executionis* ne peut, en thèse générale, être considérée comme acceptée tacitement par les contractants, ce qui est particulièrement vrai dans le contrat d'affrétement lorsque le lieu de débarquement n'est pas, comme il arrive souvent, nettement désigné à l'avance. Ecartant aussi l'opinion admise en Angleterre, d'après laquelle le contrat d'affrétement serait régi par la loi du pavillon du navire (4), nous réglerons et interpréterons les contrats d'assurance (5) et d'affrétement d'après la loi nationale des parties ou la *lex loci contractûs*, suivant que les contractants ont ou n'ont pas la même nationalité.

409. L'application de la *lex loci contractûs* donne lieu parfois à

---

(1) Lawrence, *loc. cit.*, t. III, p. 265-270 ; Story, *loc. cit.*, § 280, p. 325 ; jurisprudence de la Louisiane, J. Clunet, 1875, p. 41 ; trib. supérieur de commerce de Leipsig, J. Clunet, 1874, p. 133 ; Code général de Prusse, liv. I, tit. V, §§ 256-257 ; Code saxon, § 11.

(2) *Loc. cit.*, t. I, p. 227 et p. 230, note *b*.

(3) Asser, *loc. cit.*, p. 219 ; Code de com. hollandais, art. 498.

(4) Westlake, J. Clunet, 1882, p. 12.

(5) Asser, *loc. cit.*, p. 226, n° 116.

des difficultés pour savoir quel est le lieu où se forme exactement la convention.

Ce lieu n'est pas assurément celui où se rédige l'acte qui ne sert qu'à prouver l'obligation et non à la créer (1). De même une obligation conditionnelle doit être considérée comme née au lieu où les parties tombent d'accord, et non dans celui où la condition s'accomplit, puisque la condition rétroagit au jour de la formation du contrat. Enfin, les contrats qui sont astreints à certaines formalités pour leur validité, par exemple l'homologation du tribunal pour les ventes d'immeubles opérées par un tuteur (art. 458 et 467 C. C.), se forment au lieu où l'accord des parties est intervenu et non dans celui où la formalité complémentaire est remplie (2). Mais il est des circonstances où la difficulté se montre plus délicate.

410. Contrats par correspondance, lettres ou télégrammes. — On discute pour savoir si les contrats de ce genre sont formés par l'acceptation seule de l'offre présentée par l'une des parties, ou s'il est nécessaire que la partie qui accepte ait signifié à l'autre son acceptation, de manière que l'offrant connaisse le sort de sa proposition.

Dans notre droit positif, il n'y a pas de doute en ce qui concerne les donations : elles ne sont valables que si le donataire a signifié son acceptation au donateur (art. 932 C. C.). Mais la loi est muette pour les autres contrats.

Suivant l'opinion générale qui est consacrée par la jurisprudence, la convention ne serait définitivement conclue que lorsque l'offrant aurait eu connaissance de l'acceptation, et, jusqu'à ce moment, il lui serait permis de retirer son offre. Jusqu'à la signification de l'acceptation, dit-on, l'offre n'est qu'une simple pollicitation qui ne lie pas celui qui la fait ; l'engagement de ce dernier n'est certain que lorsqu'il est informé que l'on a pris acte de sa proposition et qu'on l'accepte. Il est vrai que, par le fait seul de l'acceptation, les volontés des deux parties contractantes se rencontrent sur un même point, ce qui paraît suffisant pour la formation du contrat : *plurium in idem placitum consensus*. Mais on répond que ce n'est pas seulement la coexistence des deux volontés qui constitue la convention ;

(1) V. Massé, *loc. cit.*, t. I, p. 463, n° 564, 2e édit.

(2) *Contrà :* Fœlix, *loc. cit.*, t. I, p. 245.

il faut de plus leur concours, et ce concours, dit-on, n'est établi que par la connaissance que l'offrant peut avoir de l'acceptation (1).

Beaucoup d'auteurs pensent, et avec plus de raison, croyons-nous, que la convention est définitive dès que l'offre a été acceptée d'une manière irrévocable, et que, par conséquent, elle se forme au lieu où l'acceptation se manifeste, en d'autres termes au lieu où se trouve la partie qui accepte. Comme, de l'avis unanime, la lettre et le télégramme appartiennent au destinataire (2), on peut affirmer que l'acceptation contenue dans la lettre ou dans le télégramme lie définitivement celui qui l'a envoyée à l'offrant. Cette acceptation ne pouvant plus être retirée, il est absolument vrai de dire que les deux volontés se sont rencontrées et que le contrat est conclu. On peut rapprocher de cette hypothèse celle où un marchand expose des objets en vente : on sait qu'il est contraint de les livrer au prix marqué à tout acheteur qui se présente dans son magasin, car on considère le contrat comme formé par l'accord des deux volontés de l'offrant et de l'acceptant, sans attendre que le second ait fait connaître son acceptation au premier (3). L'argument que l'on tire de l'art. 932 C. C. ne saurait avoir grande portée, car la disposition qu'il contient peut s'expliquer par le peu de faveur que la loi attache aux donations ; on comprend qu'elle les ait astreintes à certaines conditions particulières, soit au point vue de la forme, soit au point de vue de la notification que le donataire doit faire au donateur de son acception : on pourrait même tirer de l'art. 932 un argument à contrario, pour démontrer que cette notification n'est pas nécessaire dans les autres contrats. Au surplus, l'art. 1985 déclare le mandat définitivement conclu par le fait seul que le mandataire accepte la mission dont il a été chargé, sans que d'ailleurs il soit nécessaire que cette acceptation ait été signifiée au mandant : or, quelle bonne raison pourrait-on donner pour éta-

(1) Larombière, *Traité des obligations*, I, art. 1101, nos 19, 21 ; Laurent, *loc. cit.*, VII, p. 536 ; Req., 6 août 1867, Sir., 67. 1. 400 ; Aix, 14 mars 1872, J. de Marseille, 1873. 1. 66. — Gand, 9 avril 1876, J. Clunet, 1876, p. 474 ; Code de comm. italien, art. 36.

(2) Hepp, *De la Correspondance privée, postale et télégraphique*, nos 116 et suiv.

(3) Trib. de com. de la Seine, 5 janvier 1869, Dal., 69. 3. 14.

blir, à cet égard, une différence entre le mandat et les autres contrats (1)?

D'après le Code général des obligations, exécutoire en Suisse depuis le 1er janvier 1883, art. 8, la convention est réputée formée au lieu où l'acceptation est faite. Le Code de commerce allemand de 1869, art. 319 à 321, dispose que l'offrant peut retirer sa proposition s'il n'a pas reçu de réponse dans le laps de temps nécessaire pour qu'elle lui parvienne, d'après les moyens de communication existant entre le lieu où il se trouve et celui où l'acceptation doit être faite. Si la réponse arrive en temps utile et avant que l'offre ait été retirée, le contrat est considéré comme formé au lieu où l'acceptation s'est manifestée.

411. Contrats par mandataire. — Dans une opération de ce genre, il faut distinguer le mandat lui-même du contrat qui intervient entre le mandataire et les tiers pour le compte du mandant.

Le mandat se forme au lieu où se trouve le mandataire, au moins d'après notre législation, puisqu'il est définitif par la simple acceptation de celui-ci (art. 1984 et 1985 C. C.) (2). Toutefois, la *lex loci contractûs* étant simplement présumée acceptée par les parties, les circonstances pourront démontrer que les contractants ont voulu se soumettre à une autre législation. Or, souvent, on devra supposer que le mandant a voulu limiter son mandat d'après les dispositions de sa loi nationale qu'il connaît mieux que celle du pays où se trouve le mandataire. Ainsi, un commerçant allemand envoyant des commis-voyageurs en France, doit être considéré comme se référant au tit. V, liv. I du Code de commerce allemand qui reconnaît aux commis-voyageurs des pouvoirs assez étendus; tandis qu'un commerçant français n'attribuera à ses représentants que les pouvoirs d'un mandataire ordinaire, puisque notre législation place les commis-voyageurs sous l'empire du droit commun (3).

Quant au contrat intervenu entre le mandataire et un tiers, bien qu'il doive produire ses effets à l'égard du mandant en vertu du

---

(1) Aubry et Rau, t. IV, p. 294, note 25; Demolombe, XXIV, nos 72 à 75; Savigny, *Système*, VIII, p. 233; Zachariæ, § 343 a, note 4.

(2) Casaregis, *Disc.* 179, n° 2; Fiore, *loc. cit.*, p. 410. — *Contrà :* Laurent, *loc. cit.*, VII, p. 542.

(3) Trib. de Leipsig, J. Clunet, 1874, p. 81 et suiv. — V. aussi Code fédéral suisse des obligations, notamment art. 422, 423, 859 à 863; Asser, *loc. cit.*, nos 96 et 97.

principe de la représentation, il sera néanmoins réputé conclu au lieu où le mandataire et le tiers sont tombés d'accord, puisque le mandataire représente le mandant (1).

Il peut arriver que le mandataire ou le commissionnaire chargé d'acheter vende sa propre marchandise au mandant ou au commettant : en pareil cas, le contrat se forme au lieu où se trouve le mandataire ou le commissionnaire, puisque ce dernier réunit en lui les deux qualités d'acheteur et de vendeur ; d'une part, en effet, il figure le tiers aliénateur, de l'autre il représente le mandant ou le commettant qui est l'acquéreur (2).

412. Ratification. — Quand les opérations réalisées par une personne pour le compte d'une autre sont ratifiées, certains auteurs voient dans cette ratification un nouveau contrat qui se forme au lieu où elle intervient (3). Mais, comme la ratification rétroagit au jour où l'opération sur laquelle elle porte a été accomplie, il faut la considérer comme régie par la loi du pays où l'opération elle-même a été réalisée (4).

413. Interprétation des conventions. — Lorsqu'une expression employée dans un contrat est susceptible d'être prise dans deux sens différents suivant qu'on l'interprète d'après la loi de l'une ou de l'autre des deux parties contractantes, devra-t-on lui donner la signification déterminée par la *lex loci contractûs* ? Les jurisconsultes anglo-américains sont de cet avis (5) ; mais, en appliquant leur opinion, on risque fort de ne pas tenir compte de la véritable intention des parties. Les circonstances de fait serviront avant tout pour préciser la portée des expressions employées. Ainsi un terrain étant vendu à tant l'arpent, la valeur de cette mesure sera fixée, dans le doute, d'après la loi du pays où le bien est situé, car la surface est inhérente à l'immeuble aliéné. De même, le prix étant indiqué en livres, et la livre ayant une valeur

(1) Fiore, *loc. cit.*, p. 410 ; Casaregis, *Disc.* 179, n° 10 ; Story, *loc. cit.*, § 285, p. 330.

(2) Casaregis, *Disc.* 38, n° 51 ; Massé, *loc. cit.*, I, p. 283, 2e édit. ; Fiore, p. 411.

(3) Laurent, *Principes de Droit civil*, XXVIII, n° 74 ; *Droit civil international*, VII, p. 548.

(4) P. Fiore, *loc. cit.*, p. 413, note 2.

(5) Story, *loc. cit.*, §§ 270-279, p. 313 et suiv.

différente d'après la loi du vendeur et d'après celle de l'acheteur, il semble raisonnable de la fixer, dans le doute, d'après la loi du pays où le paiement doit se faire, car il est vraisemblable que les parties se sont référées à cette loi sur ce point (1).

414. Toutefois, si les parties ont traité à leur domicile, ou à celui de l'une d'elles et que l'autre parle ou comprenne le langage usité dans ce lieu, il semble plus naturel d'appliquer la *lex loci contractûs*. Enfin, dans les contrats par correspondance, on donne aux mots le sens indiqué par la loi de celui qui fait l'offre, car il est vraisemblable que ce dernier a ce sens en vue, qu'il règle en conséquence sa proposition, et que l'autre partie l'accepte dans les mêmes conditions (2).

SECTION II

EFFETS DES CONVENTIONS

§ I. *Loi régissant les effets des conventions.*

415. Les effets des conventions étant l'objectif principal que les parties ont en vue en contractant, il en résulte qu'il y a lieu, pour réglementer ces effets, d'appliquer la loi à laquelle elles se sont expressément ou tacitement référées. Cette loi sera, lorsqu'elles ne l'auront pas formellement indiquée, leur loi nationale si elles ont même nationalité ; dans le cas contraire la *lex loci contractûs*, conformément aux présomptions qui ont été indiquées dans la section précédente.

416. Cependant, beaucoup d'auteurs établissent une distinction entre ce qu'ils appellent les *effets* et les *suites* des conventions (3).

Les effets seraient les conséquences naturelles et immédiates des contrats, qui rentrent dans les prévisions probables des parties, comme l'obligation de garantie dans la vente, et qui, par consé-

(1) Boullenois, t. II, p. 494-495 ; Savigny, *Système*, VIII, p. 262 ; Fiore, p. 443 et 444.

(2) Wæchter, *Archiv. für die civil. praxis*, t. XIX, p. 114-125 ; Savigny, *Système*, t. VIII, p. 262.

(3) Boullenois, *loc. cit.*, t. II, p. 447, 448 et 477 ; Fœlix, I, p. 247 à 256 ; Fiore, p. 422 à 426.

quent, se trouveraient régies par la loi même du contrat, c'est-à-dire par celle qui est présomptivement acceptée par les contractants.

Les suites, au contraire, résulteraient de certaines causes provenant elles-mêmes de circonstances auxquelles le contrat aurait donné lieu. Ces conséquences indirectes et médiates de la convention n'étant pas, dit-on, prévues par les parties, seraient régies par la loi du lieu où s'accomplit le fait qui leur donne naissance. Par exemple, les dommages et intérêts dus par le débiteur ont leur source dans la faute qu'il commet ou dans le retard qu'il apporte à l'exécution de l'obligation ; cette faute et ce retard ne viennent pas directement du contrat, mais bien de circonstances dans lesquelles le contrat a placé le débiteur : on devrait donc calculer les dommages et intérêts d'après la loi en vigueur dans le lieu où la faute a été commise ou bien dans le lieu où le débiteur a été mis en demeure.

C'est avec raison, croyons-nous, que d'autres auteurs répudient cette distinction (1).

Elle est, tout d'abord, d'une extrême subtilité, et l'on éprouve des difficultés parfois insurmontables à préciser ce que l'on veut entendre par effets et par suites. On le voit bien par les divergences des auteurs qui acceptent cette distinction, et qui sont en désaccord sur presque tous les points pour décider si telle conséquence des conventions est plus ou moins directe et doit, par conséquent, être classée parmi les effets ou parmi les suites (2).

De plus, cette distinction repose sur une vaine base. Elle vient de cette idée que les conséquences directes, c'est-à-dire les effets, sont prévues par les parties qui ont entendu les faire régir par la loi sous l'empire de laquelle la convention est conclue ; tandis que les conséquences indirectes ou suites, provenant d'une cause postérieure à la convention, ne sont pas prévues par les contractants et dépendent de la loi du lieu où se réalise le fait qui leur donne naissance. Or, il semble plus naturel d'admettre que les parties ont prévu tous les faits qui se rattachent au contrat par la relation de cause à effet, et ont voulu les régler tous par la loi sous l'empire de

(1) Laurent, loc. cit., VIII, p. 555 à 562 ; Bar, loc. cit., p. 231 ; Asser, loc. cit., p. 84.

(2) Merlin, Répert., v° Effet rétroactif, sect. III, § 3, art. 4.

laquelle elles se sont placées en contractant. Ainsi on considère les dommages et intérêts dus pour inexécution de l'obligation comme une suite ; mais il est facile de démontrer que les contractants prévoient ou doivent prévoir cette inexécution et les conséquences qui en résulteront : cela est si vrai qu'ils stipulent souvent une clause pénale en prévision de cette inexécution, et, lorsqu'ils ne le font pas, la loi supplée à leur convention en établissant le droit de demander des dommages et intérêts. On voit même que les règles relatives aux dommages et intérêts sont placées, dans notre Code, sous la rubrique « De l'effet des obligations » (art. 1136-1142, liv. III, chap. III, tit. III).

Assimilant donc toutes les conséquences, directes ou non, des conventions, nous les ferons régir par la loi du contrat lui-même. Il n'en serait différemment que pour les faits qui viennent d'une cause, non seulement postérieure au contrat, mais encore indépendante et ne s'y rattachant pas par la relation de cause à effet : telle serait une escroquerie commise dans une convention ou à propos d'une convention.

417. Voici quelques applications importantes du principe d'après lequel les conséquences des contrats, sans distinction entre les suites et les effets, sont régies par la loi du contrat lui-même, c'est-à-dire par la loi indiquée par les parties, ou, si elles ont gardé le silence à cet égard, par leur loi nationale lorsqu'elles ont même nationalité, ou bien par la *lex loci contractûs* dans le cas contraire. Il y aura lieu d'appliquer l'une ou l'autre de ces lois :

1º Pour déterminer le genre de faute dont le débiteur est tenu, ainsi que la portée de l'obligation de délivrer l'objet dû et de supporter les cas fortuits qui peuvent l'atteindre ;

2º Pour régler les dommages et intérêts en cas d'inexécution de l'obligation ;

3º Pour la mise en demeure, par exemple lorsqu'il s'agit d'en établir les conséquences (1) ;

4º Pour fixer les actions qui appartiennent au créancier et les exceptions péremptoires que peut invoquer le débiteur, telles que le bénéfice de division et de discussion. C'est à tort que l'on a voulu rattacher ces actions et exceptions à la procédure et leur

---

(1) *Contrà* : P. Fiore, p. 426.

appliquer la *lex fori* (1) ; car, ainsi que le fait remarquer de Savigny (2), les actions sont une conséquence directe du droit établi au bénéfice du créancier par la convention, et les exceptions péremptoires, véritables moyens de défense, déterminent l'étendue de l'obligation ; les unes et les autres dépendent donc logiquement de la loi qui régit l'obligation elle-même. L'application de la *lex fori* ne serait justifiée que s'il s'agissait de régler la manière dont doivent être introduites les actions et présentées les exceptions péremptoires, car ce sont là des règles de procédure proprement dite. Il en serait de même pour les exceptions qui rentrent directement dans la procédure, telles que celles d'incompétence, de nullité d'actes et de communication de pièces.

5° On appliquera la même loi pour résoudre la question de savoir si l'obligation de garantie résulte d'une convention et quelle est sa portée, par exemple si le garant est tenu de fournir caution. La plupart des anciens jurisconsultes voyaient dans la prestation de la caution une forme de l'obligation de garantie et appliquaient la *lex loci contractûs*, en s'inspirant de l'adage *Locus regit actum* (3). Mais leur opinion était combattue par Dumoulin qui disait, avec raison, que la caution imposée au garant est une aggravation de son engagement de garantir qui doit dépendre de la loi acceptée par les parties, comme tout ce qui se rattache à la portée des obligations, et non une formalité du contrat.

6° Le caractère des arrhes, qui peuvent être considérées comme une preuve de la convention ou comme un moyen de dédit, dépendra de la loi qui régit le contrat lui-même, lorsqu'elles auront été fournies au moment où le contrat est conclu. Fournies avant, les arrhes se présentent comme l'objet d'un contrat distinct, qui en prépare un autre, mais qui n'en demeure pas moins indépendant de ce dernier ; il est donc logique d'en déterminer le caractère d'après la loi nationale des parties ou d'après la loi du pays dans lequel les arrhes sont données, suivant que les contractants ont ou n'ont pas la même nationalité (4).

---

(1) Fœlix, t. I, p. 237, n° 100.

(2) *Système*, VIII, p. 267 ; Demangeat sur Fœlix, t. I, p. 238, note *a*.

(3) Boullenois, *loc. cit.*, t. II, p. 460-461 ; 1. 6 *de evict.* Dig.

(4) P. Fiore, *loc. cit.*, p. 426.

418. Quelques autres points présentent un peu plus de difficulté et ont donné lieu à une plus grande controverse.

1° *Confirmation*. La confirmation d'un contrat consiste dans la renonciation au droit de se prévaloir d'un vice qui entache le contrat et d'invoquer l'action en annulabilité qui en provient. Cette confirmation s'opère expressément ou tacitement, par exemple en exécutant l'obligation sachant d'ailleurs qu'on n'y est pas contraint, ou en laissant écouler le délai accordé pour demander l'annulation du contrat (art. 1304 C. C.). Les formes de la confirmation dépendent de la loi du pays où elle est faite, d'après la règle *Locus regit actum*, et la capacité pour confirmer un contrat annulable est fixée par la loi nationale de celui qui peut invoquer l'annulabilité.

La plupart des auteurs regardent la confirmation comme un contrat nouveau, indépendant de celui qu'il s'agit de valider, auquel elle ne se rattacherait que comme une suite et non comme un effet : ils en concluent qu'elle est régie par la loi du pays où elle intervient (1).

Mais le point de départ de ce système est erroné. La confirmation n'est pas un nouveau contrat qui se substitue à celui qui, annulable dans le principe, se trouve confirmé ; la confirmation est un acte unilatéral par lequel celui qui pouvait se prévaloir d'un vice du contrat pour en demander la nullité, renonce volontairement à cette faculté. Or, dans les contrats, on doit appliquer la loi acceptée par les deux parties, soit d'une manière formelle, soit d'une façon tacite, et c'est ainsi qu'on se trouve conduit à appliquer la *lex loci contractûs* quand les contractants n'ont pas la même nationalité. Dans les actes unilatéraux, au contraire, tels que la confirmation et le testament, il n'y a lieu de se préoccuper que de l'intention d'une personne, l'auteur unique de l'acte ; aussi est-on naturellement amené à appliquer la loi que cette personne a eue vraisemblablement en vue en accomplissant l'acte dont il s'agit. Cette loi sera ordinairement sa loi nationale qu'elle connaît mieux que toute autre ; à moins que, se trouvant dans un autre pays que le sien, elle ne se soit référée à la *lex loci*, ce que les circonstances de fait peuvent établir (2).

---

(1) Fœlix, t. I, p. 258-259 ; Massé, *loc. cit.*, p. 487, n° 586, 2e édit. ; Picard, J. Clunet, 1884, p. 487-488.

(2) Laurent, *loc. cit.*, t. VII, p. 565.

2o *Nullité, rescision et résolution des contrats.* La plupart des auteurs appliquent encore en ce qui concerne ces différents points la distinction ordinaire des effets et des suites : ils s'en tiennent à la loi qui régit le contrat si les causes de nullité, rescision, etc., sont inhérentes au contrat lui-même, car ils considèrent les actions exercées en pareil cas comme des effets de la convention ; mais si ces causes viennent d'un fait postérieur, ils regardent les actions qui en dérivent comme des suites et appliquent la loi du lieu où ces causes se sont réalisées (1).

On peut écarter cette manière de voir en rappelant les objections qui ont été déjà présentées contre la distinction des effets et des suites (2) ; mais de plus, il faut remarquer que jamais les actions dont il s'agit ne pourront naître d'une cause postérieure à la convention, ni, par conséquent, être considérées comme des suites. La nullité vient d'un vice du consentement ou de l'incapacité des parties existant au moment où le contrat est formé ; la rescision résulte de la lésion qui est aussi essentiellement contemporaine du contrat ; quant à la résolution, elle a sa source dans une condition résolutoire ou tacite qui est exprimée formellement ou tacitement prévue par les parties au moment où elles contractent (art. 1184 C. C.).

L'analyse de la nature juridique de ces différents faits conduit aux conclusions suivantes en ce qui concerne la détermination de la loi qui doit régir les actions qui en dérivent.

La résolution provient d'une condition résolutoire exprimée par les contractants ; elle fait donc partie du contrat lui-même et doit être régie par la même loi que lui. Si la résolution est tirée d'une condition résolutoire tacite, la solution doit être la même, car le législateur, en établissant cette condition résolutoire, ne fait qu'interpréter l'intention des parties qui sont censées accepter sa disposition (art. 1184 C. C.): cela est si vrai qu'il est loisible aux contractants d'écarter cette cause de résolution ou de la modifier par convention expresse. La possibilité d'exercer l'action en résolution peut cependant dépendre de la loi territoriale lorsqu'il s'agit de la sauvegarde du crédit public. C'est ainsi que, d'après l'art. 7 de la

(1) Fœlix, *loc. cit.*, t. I, p. 256 à 258 ; P. Fiore, p. 459 à 461 et p. 459, note 2.

(2) V. no 416.

loi du 23 mars 1855, l'action en résolution est perdue pour le vendeur quand il n'a pas conservé son privilège par une inscription utile : c'est là une règle d'ordre public qui s'appliquerait pour tout immeuble situé en France.

La rescision de la vente d'un immeuble pour lésion ne saurait dépendre, comme on l'a prétendu, de la loi du pays où cet immeuble est situé ; l'application de la *lex rei sitæ* en pareil cas ne peut s'expliquer que si l'on fait rentrer dans le statut réel, à l'exemple des anciens statutaires, tout ce qui, de près et de loin, a trait aux immeubles : or nous avons établi que le statut réel ne peut comprendre que ce qui touche à l'organisation de la propriété, laquelle n'est nullement en jeu dans l'action en rescision (1).

L'action en rescision est fondée sur ce que le législateur estime que la personne qui aliène à des conditions particulièrement défavorables n'agit pas librement, et se trouve poussée malgré elle à cette aliénation par sa situation précaire dont abuse un spéculateur peu scrupuleux. C'est donc en arguant de son défaut de consentement, par conséquent de son incapacité, que le vendeur attaque le contrat : on se trouve ainsi amené à appliquer à l'action en rescision la loi nationale du vendeur, puisqu'il s'agit d'une question d'incapacité qui dépend du statut personnel.

Etant donné le fondement de l'action en rescision, l'application de la loi du pays où l'immeuble est situé se trouve naturellement écartée ; car, l'action en rescision n'étant pas consacrée par toutes les législations, il serait déraisonnable de dire que l'aliénateur a agi librement si son immeuble se trouve dans un pays où la lésion ne peut être invoquée, tandis qu'on ne le présumerait plus libre si le bien vendu était situé dans un état dont la loi admet l'action en rescision.

D'autres auteurs appliquent à l'action en rescision la *lex loci contractûs* : ils en donnent pour raison que la lésion se manifeste au moment où le contrat est conclu et que les conséquences qui en dérivent sont un effet et non une suite de ce contrat ; les parties sont donc censées les avoir prévues et avoir voulu les faire régir par la loi qui règle le contrat lui-même (2). — Mais on ne peut ici

(1) Fœlix, I. p. 217 ; Massé, *loc. cit.*, 2ᵉ édit., t. I, p. 552, nᵒ 641.
(2) Fiore, nᵒ 294, p. 460.

invoquer l'intention des parties, puisque l'action en rescision repose précisément sur cette idée que l'individu lésé n'a pas voulu contracter et ne l'a fait que contraint et forcé ; à plus forte raison n'a-t-il pas accepté les conséquences du contrat quelles qu'elles soient (1).

L'action en nullité ou annulabilité basée sur l'incapacité de l'un des contractants dépendra de la loi nationale de ce dernier, comme toutes les questions qui touchent au statut personnel. Nous en dirons autant de l'action en nullité fondée sur un vice du consentement: Le défaut ou le vice de consentement est équivalent au défaut de liberté et de capacité : il appartient à chaque législateur de déterminer les circonstances provenant soit de l'âge, soit de l'état des facultés mentales, soit des vices du consentement, qui autorisent ses nationaux à attaquer les contrats auxquels ils ont pris part, en se fondant sur ce qu'ils n'ont pas agi en parfaite connaissance de cause ou avec une liberté suffisante. Il semble assez naturel en effet que chaque législateur tienne compte, en réglementant les conséquences des vices du consentement pour ses nationaux, du caractère de ces derniers, de leurs habitudes, comme il le fait pour régler les conditions de leur capacité générale (2).

§ II. *Effet extraterritorial des conventions.*

419. C'est un principe universellement admis, et déjà formulé par Dumoulin, que les effets d'une convention conclue dans un pays peuvent être invoqués sur le territoire de tout autre et qu'ils sont partout les mêmes. La volonté des parties, qui constitue l'essence même des contrats, est en effet unique, et il serait déraisonnable d'admettre que les contractants ont voulu faire varier les effets de leur convention suivant les différents pays où ces effets peuvent se produire.

Toutefois, en vertu du principe de la souveraineté, dont l'influence a été déjà signalée fréquemment au point de vue des restrictions à apporter dans l'application de la loi étrangère, on ne pourra accepter l'effet d'un contrat qui, toléré par la loi à laquelle les parties se sont référées, est en contradiction avec l'ordre public tel qu'il est fixé par la loi territoriale. C'est ainsi qu'une convention conclue en

---

(1) Laurent, VIII, p. 215 ; Demangeat sur Fœlix, t. I, p. 217, note *a.*
(2) Laurent VIII, p. 228.

pays étranger relativement au commerce des esclaves serait dénuée de toute efficacité en France. Néanmoins, si la convention dont il s'agit viole une règle d'ordre public spéciale à un pays et qui ne se trouve pas en contradiction avec la morale telle qu'elle est généralement comprise chez les peuples civilisés, les tribunaux de ce pays pourrront connaître de l'action qui en résulte, alors que la convention a dû être exécutée sur le territoire d'un autre état dont la législation ne la prohibe pas. Par exemple les tribunaux français pourraient statuer sur des réclamations nées d'un contrat; même conclu en France, ayant pour objet le trafic du tabac dans un pays où le commerce de cette denrée n'est pas monopolisé par l'Etat comme il l'est chez nous. De plus, alors même qu'une convention de ce genre, intervenue à l'étranger, serait exécutée en France contrairement aux lois fiscales, nos tribunaux devraient, en bonne justice, connaître de l'action qui en dérive, par exemple de l'action en paiement du prix de la marchandise livrée, sauf à l'autorité compétente à appliquer la pénalité encourue en pareille circonstance (1). Mais il a été jugé que les complices d'un délit fiscal commis en France en exécution d'un contrat conclu à l'étranger, n'ont pas de répétition à exercer contre leurs cocontractants étrangers, à raison des amendes qu'ils ont dû payer dans notre pays (2).

420. Loterie, jeu et pari. — L'art. 1965 C. C. refuse toute action aux contrats de jeu et de pari ; quelques exceptions sont prévues dans l'art. 1966. Cette disposition est d'ordre public, car elle est fondée sur l'immoralité de pareilles spéculations qui détournent du travail et conduisent rapidement à la ruine ceux qui s'y adonnent; le législateur a voulu mettre un frein à la passion du jeu, la plus insatiable de toutes. On sait seulement que le jeu et le pari donnent naissance à une obligation naturelle, de telle sorte que la *condictio indebiti* n'appartient pas à celui qui s'est exécuté (art. 1967 C. C.). De là il résulte que les conventions de ce genre, même conclues sous l'empire d'une loi qui les autorise, seraient démunies d'action en France (3). On ne pourrait notamment reconnaître, dans notre pays, la validité d'une société ayant pour but l'exploitation d'une

(1) P. Fiore, *loc. cit.,* p. 448.

(2) C. de Paris, 16 décembre 1880, J. Clunet, 1882, p. 76.

(3) La loi du 8 avril 1885 a rendu obligatoires les engagements résultant des jeux de Bourse.

maison de jeu fondée dans un état où ces établissements sont tolérés. Mais les tribunaux français devraient-ils, cette société ayant fonctionné à l'étranger, statuer sur la répartition des bénéfices entre les associés ? Nous ne le pensons pas, car il ne s'agit pas ici d'une règle d'ordre public toute relative et spéciale à tel état, comme celle qui a été prévue ci-dessus (1), mais bien d'un principe que chaque législateur considère comme une règle de morale absolue, quand il l'admet (2).

Les raisons qui ont fait prohiber le jeu et le pari ont aussi motivé la défense d'organiser des loteries en France ou d'y en introduire d'étrangères sans l'autorisation du gouvernement (loi du 21 mai 1836). En conséquence, un Français, ou même un étranger dont la loi nationale ne contient pas cette prohibition (car il s'agit ici d'ordre public et non de statut personnel), ne pourrait être assigné en France en paiement de billets de loterie pris à l'étranger (3).

En Angleterre, où les dettes venant d'un pari ne sont reconnues par la loi qu'autant qu'elles sont modérées, les tribunaux admettent le bien fondé de l'action si la *lex loci contractûs* l'autorise ; de même, le tribunal de New-York, état dans lequel les loteries sont prohibées, a consacré la validité de l'engagement de prendre des billets, souscrit dans le Kentucky où elles sont permises : ces décisions donnent une portée excessive à l'autonomie des parties, sans tenir compte de la restriction nécessaire tirée de l'ordre public (4).

421. Contrebande. — Une convention, même conclue à l'étranger, ayant pour objet la contrebande à faire en France serait dénuée de tout effet dans notre pays. Mais que décider d'un contrat conclu en vue d'organiser la contrebande en pays étranger ? A peu près partout, la jurisprudence reconnaît la validité d'une pareille convention. Les tribunaux français se prononcent dans le même sens, toutes les fois que la contrebande doit se faire par simple ruse et sans recourir à la corruption des agents fiscaux étrangers (5).

(1) V. no 419 *in fine*.

(2) C. de Paris, 24 février 1849, Dal., 49. 2. 105 ; id. 31 mars 1849, Dal., 49. 2. 114.

(3) C. de Paris, 25 juin 1829, Sir., 29. 2. 341 ; Fœlix, t. I, p. 236.

(4) Wharton, *loc. cit.,* § 487, p. 387 ; comp. P. Fiore, p. 449.

(5) Pau, 11 juillet 1834, confirmé par arrêt de rejet, Sir., 1835. 1. 673 ; Aix, 30 août 1833, Sir., 34. 2. 161 ; P. Fiore, p. 451, note 4.

A l'appui de cette décision, on fait valoir un argument tiré de l'intérêt pratique et une considération de principe. On fait observer, tout d'abord, que les peuples sont en lutte ouverte au point de vue des tarifs douaniers, et que chacun d'eux est en droit de s'affranchir des obstacles que les autres opposent à l'importation de ses produits. Si l'on prenait, dans un pays, des précautions pour éviter que la contrebande ne se fît au détriment d'un autre, on jouerait un rôle de dupe, car l'autre nation n'aurait assurément pas un souci semblable à l'égard des autres états. On dit, en outre, que le délit de contrebande, étant commis à l'étranger, ne relève en rien de l'autorité française, et qu'il appartient aux contrevenants d'apprécier le risque qu'ils courent en s'exposant à l'application de la loi fiscale étrangère.

Nous n'hésiterons pas à qualifier cette doctrine d'immorale et à nous associer aux auteurs qui, non seulement la condamnent au point de vue juridique, mais encore la flétrissent en se plaçant sur le terrain de l'équité (1). En ne considérant, tout d'abord, que l'intérêt pratique, il est facile de démontrer que la prétendue guerre de tarifs douaniers n'existe pas entre les états, ou que, du moins, elle tend tous les jours à disparaître et ne se révèle plus que d'une manière isolée et passagère : il suffit, pour s'en convaincre, de consulter les nombreux traités de commerce et de navigation qui unissent aujourd'hui les nations. D'ailleurs, en favorisant la contrebande au préjudice des autres peuples, on provoque inévitablement des mesures de représailles de la part de ces derniers ; leurs tribunaux n'hésiteront pas plus que les nôtres à reconnaître la validité de conventions ayant pour objet la contrebande à effectuer dans notre pays. Enfin, ne voit-on pas qu'en donnant la protection de la justice à des conventions de ce genre, on encourage une industrie dont les agents se recrutent parmi les personnes les moins recommandables, qui complètent souvent par d'autres délits les bénéfices que la contrebande leur donne, et qui, la plupart du temps, établissent entre la France et un état limitrophe un service régulier de fraude dont le but est autant de léser le fisc français par l'importation de marchandises étrangères, que d'éviter le paiement des

(1) Pothier, *Des assurances*, nº 58 ; Delangle, *Sociétés commerciales*, t. I, nº 104 ; P. Fiore, nº 287 ; Laurent, *loc. cit.*, t. VIII, p. 174 et suiv.

droits de douane à l'étranger par l'introduction dissimulée de produits français ?

En envisageant maintenant la question de principe, il ne suffit pas de dire que le délit commis à l'étranger échappe à l'application de la loi française, car autre chose est punir une infraction, autre chose est valider une convention ayant pour objet une infraction à commettre sur le territoire d'un autre pays. Nos tribunaux ne prononceront pas de peine pour un vol accompli en Angleterre, mais ils ne considèreront pas comme valable un contrat ayant pour but d'obliger le débiteur à dépouiller un Anglais dans son pays. Or, si l'état étranger est légitimement créancier des impôts qu'il établit, ce qu'il est difficile de nier, en quoi la cause de la convention sera-t-elle moins immorale, en quoi, par conséquent, y aura-t-il moins lieu d'appliquer l'art. 1131 C. C. aux termes duquel une cause de ce genre annule les conventions, lorsque le vol devra être commis au préjudice d'un état plutôt qu'au préjudice d'un simple particulier ?

422. Taux de l'intérêt. — La limitation du taux de l'intérêt conventionnel qui, en France, d'après la loi du 3 septembre 1807, ne peut dépasser le taux légal de 5 °/₀ en matière civile et de 6 °/₀ en matière commerciale, s'impose comme une règle d'ordre public pour toutes les conventions conclues dans notre pays. Mais, le taux de l'intérêt conventionnel étant illimité et laissé à l'initiative des contractants dans la plupart des états, par exemple en Angleterre, en Suisse, en Belgique, en Hollande, en Espagne et en Italie (1), il y a lieu de se demander si l'on peut réclamer devant les tribunaux français le paiement d'intérêts stipulés dans un de ces pays et dépassant notre taux légal.

Quelques auteurs estiment que le caractère d'ordre public de la loi qui limite le taux de l'intérêt doit conduire à abaisser au maximum admis en France les intérêts promis en pays étranger (2).

Mais, en général, soit en doctrine, soit en jurisprudence, on considère la loi du 3 septembre 1807 comme une loi d'intérêt purement local ; on dit même que ses dispositions anti-économiques ne s'expliquent que par l'influence de la tradition, et ont le tort grave de

---

(1) V. Lyon-Caen et Renault, *Précis de Droit commercial*, p. 771, note 1.

(2) Savigny, *Système*, t. VIII, p. 273; Demangeat sur Fœlix, I, p. 252, note *a*; Bertauld, *Questions pratiques*, t. I, p. 38; Laurent, t. VIII, p. 291-292.

faire de l'argent une marchandise à part, dont le loyer est assujéti à un maximum que l'on ne songerait jamais à établir pour toute autre. Dans tous les cas, la limitation du taux de l'intérêt est toute relative au pays où elle est établie et ne saurait se justifier que par la situation économique spéciale de ce pays : or, il est possible que, dans un autre état, les risques courus par les prêteurs ou toute autre raison tirée du régime économique de cet état expliquent que l'intérêt soit à un taux plus élevé ou même illimité. Il s'agit d'ailleurs si peu d'une règle de morale considérée comme absolue, et si bien d'une disposition toute relative, que notre législation ne limite pas de même l'intérêt dans les colonies, qu'en Algérie le taux conventionnel est sans limite et le taux légal de 6 %, qu'enfin la Banque de France peut élever son escompte à plus de 6 % (1). En conséquence, la loi du 3 septembre 1807 est inapplicable aux conventions d'intérêts conclues à l'étranger (2).

423. Si un prêt est effectué en France et si la somme qui en provient doit être employée en pays étranger, il n'y a pas lieu d'appliquer la loi française sur la limitation du taux de l'intérêt, sous le prétexte que le prêt a été opéré dans notre pays : l'intérêt se calcule d'après la situation économique de l'état étranger sur le territoire duquel l'argent doit être employé, et d'après les risques que le prêteur y court ; il semble donc plus logique d'appliquer sur ce point la loi étrangère. C'est ainsi que des sociétés étrangères pourraient valablement émettre en France des obligations à 10 et 20 % si leur loi nationale les y autorise (3). Il faudrait au contraire appliquer la loi française, si des Français se rendaient en pays étranger en vue d'y conclure un contrat de prêt à des conditions usuraires d'après notre législation : *Fraus omnia corrumpit* (4).

424. En sens inverse, il faut rechercher si un prêt effectué en France, à un taux usuraire d'après la loi de 1807, sera considéré

(1) Loi du 27 août 1881; Ordon. du 7 décembre 1835, modifié par décret du 4 novembre 1848, rétablie par décret du 11 novembre 1849; loi du 8 juin 1857, art. 8.

(2) Aubry et Rau, t. IV, p. 606; Bordeaux, 22 août 1865, Sir., 66. 2. 217; Cass., 10 juin 1857, Sir., 59. 1. 751 ; Chambéry, 12 février 1869, Sir., 70. 2. 9.

(3) Cass., 21 décembre 1874, Sir., 75. 1. 78 ; *Contrà* : Lyon-Caen, *De la condition des sociétés étrangères*, no 51.

(4) Demangeat sur Fœlix, t. I, p. 251, note *a*.

comme valable dans un pays où le taux de l'intérêt est libre, par exemple en Belgique.

On a soutenu l'affirmative, en disant que la liberté du taux de l'intérêt est d'ordre public absolument comme sa limitation, attendu qu'elle est basée sur des raisons d'intérêt économique général (1). A cela on peut répondre que la disposition légale qui autorise la liberté du taux de l'intérêt n'est que *permissive* et non *impérative*; elle manque donc du caractère essentiel des règles d'ordre public, puisque les parties peuvent y déroger conventionnellement en restreignant au taux légal le montant des intérêts stipulés (art. 6 C. C.). Il semble donc plus juste de dire que le contrat usuraire conclu par des Français en France, nul à l'origine, doit être partout considéré comme tel. Mais on regarde, dans les pays où le taux de l'intérêt est libre, notre loi de 1807 comme si surannée, que l'on valide les conventions dont il s'agit.

On admet aussi que si un contrat de prêt est conclu dans un lieu mais doit être exécuté dans un autre, il faut appliquer, pour fixer le taux de l'intérêt, la *lex loci executionis,* c'est-à-dire la loi du pays où la somme prêtée doit être fournie, et non la *lex loci contractûs :* c'est en effet d'après l'état économique et, par conséquent, d'après la loi du pays où l'argent est avancé que doit se mesurer le taux de l'intérêt (2).

425. Les intérêts moratoires doivent être fixés d'après la loi qui régit le contrat lui-même, c'est-à-dire la loi nationale des contractants ou la *lex loci contractûs,* suivant que les parties ont ou n'ont pas la même nationalité. Ce n'est qu'en adoptant la distinction des effets et des suites, et en considérant la mise en demeure et ses conséquences comme une suite, que certains auteurs ont appliqué, en pareil cas, la loi du lieu où se réalise cette mise en demeure, c'est-à-dire la loi du pays où doit se faire l'exécution du contrat (3). Cependant, l'intention des parties peut être que ces intérêts soient calculés d'après la *lex loci executionis :* par exemple, si le prêteur stipule que la somme lui sera remboursée dans un autre pays que celui où le prêt est effectué, c'est sans doute parce

(1) De Savigny, *Système,* t. VIII, p. 273.
(2) Fœlix, t. I, p. 251, notes 1 et 2 ; Fiore, p. 429.
(3) Fœlix, t. I, p. 252-253.

qu'il a besoin d'argent dans ce pays au moment de l'échéance ; faute de remboursement, il serait contraint d'emprunter dans ce pays au taux qui y est autorisé par la loi, et il est juste, par conséquent, qu'il puisse exiger de l'emprunteur des intérêts moratoires équivalents (1).

426. Quant aux intérêts légaux, c'est-à-dire ceux qui courent de plein droit dans certaines circonstances déterminées par la loi, pour savoir s'ils sont dus et quel est leur taux, il faut consulter la loi régissant le fait qui leur donne naissance. Ainsi, en tout pays, le tuteur d'un pupille français devra les intérêts à 5 % de la somme formant le reliquat de son compte de tutelle (art. 474 C. C.); car la tutelle est régie par la loi nationale de l'incapable, c'est-à-dire, dans l'espèce, par la loi française (2).

SECTION III

EXÉCUTION DES OBLIGATIONS

427. Tout ce qui se rattache à l'exécution des obligations dépend, de l'avis de tous les auteurs, de la loi du pays où l'exécution se réalise. C'est donc d'après cette loi que l'on déterminera les règles de la tradition de la chose due, la possibilité d'exécuter l'obligation à raison de la nature de son objet, que l'on résoudra, en d'autres termes, la question de savoir si cette chose est ou n'est pas dans le commerce.

C'est aussi par la *lex loci executionis* que sont indiqués les moyens de contrainte que peut employer le créancier contre le débiteur. Mais, parmi ces mesures d'exécution, il en est une que plusieurs législations ne reconnaissent plus à cause de son extrême rigueur et de son caractère barbare : c'est la contrainte par corps. Aussi, la convention ayant été conclue dans un pays où la contrainte par corps subsiste encore, il ne faudra pas accorder au créancier le droit de s'en servir dans un pays où elle a été abrogée, bien qu'il ait pu compter sur cette garantie pour assurer l'exécution du contrat : l'abrogation de ce moyen de contrainte est en effet d'ordre public (3).

(1) Laurent, *loc. cit.*, t. VIII, p. 311 et suiv.
(2) P. Fiore, p. 427 ; Laurent, t. VIII, p. 314.
(3) V. *Contrà :* Boullenois, *loc. cit.*, t. I, p. 167 ; v. n° 236.

En sens inverse, doit-on dire que le débiteur dont la loi nationale n'admet pas la contrainte par corps ne peut pas y être assujéti parce que son statut personnel ne lui donne pas la capacité de s'y soumettre? On l'a soutenu, mais sans tenir compte de cette idée que la contrainte par corps, quand elle est consacrée par la loi d'un pays, est maintenue comme une garantie nécessaire de l'exécution des obligations, comme une mesure d'intérêt général, par conséquent d'ordre public. Voilà pourquoi, avant la loi du 22 juillet 1867, les étrangers étaient soumis à cette mesure de rigueur en France, quelles que fussent à cet égard les dispositions de leur loi nationale (1). De même aujourd'hui des Français pourraient être contraignables par corps en pays étrangers.

Quant à la force exécutoire de la convention, elle est subordonnée à la concession de l'*exequatur* de la part de l'autorité compétente dans le lieu où l'exécution doit s'accomplir, conformément à ce qui a été dit ci-dessus à propos des jugements (2). Nous dirons plus tard, au sujet des hypothèques, comment l'*exequatur* s'obtient pour les actes autres que les jugements (V. n° 609 *in fine*).

428. Il peut y avoir quelques difficultés dans la pratique pour préciser le lieu où l'obligation doit être exécutée : on les résoudra, la plupart du temps, par l'examen des circonstances de fait. Ainsi une obligation ayant pour objet un immeuble est naturellement exécutoire au lieu où cet immeuble est situé. Les dettes contractées à propos de fournitures d'entretien doivent généralement être exécutées au lieu où elles ont pris naissance. Pour les dettes mobilières, on peut appliquer l'art. 1247 C. C., d'après lequel elles sont exécutoires au lieu où se trouvait l'objet au moment où la convention a été conclue, s'il s'agit d'un corps certain ; dans le cas contraire, le débiteur doit s'exécuter à son domicile. D'ailleurs, l'exemple suivant montrera quel large pouvoir d'appréciation peuvent avoir les juges sur cette question : il a été jugé que, lorsqu'un Français a souscrit un billet à ordre au bénéfice d'un de ses compatriotes en pays étranger, si plus tard les deux parties reviennent définitivement en France et si le débiteur y paie à son créancier les intérêts de la somme due, l'intention probable des deux contractants a été de se

(1) Loi du 17 avril 1832, art. 14; Demangeat sur Fœlix, t. II, p. 239-240 ; P. Fiore, p. 438-439.

(2) V. n° 239.

soumettre à la loi française pour tout ce qui concerne l'exécution de l'obligation (1).

SECTION IV

EXTINCTION DES OBLIGATIONS

429. Les modes d'extinction des obligations peuvent se partager en deux catégories : dans la première se place le mode naturel et normal d'extinction, c'est-à-dire le paiement au sens large du mot, la *solutio* des jurisconsultes romains, qui consiste dans l'exécution même de l'obligation ; dans la deuxième catégorie se rangent les autres causes d'extinction qui, toutes, amènent la fin de l'obligation d'une manière plus ou moins anormale et contrairement aux prévisions des parties.

§ I. *Du paiement.*

430. La *solutio* ou paiement désignant, dans un sens large, l'exécution même de l'obligation, il en résulte que, conformément au principe indiqué plus haut (2), la *lex loci executionis* régira tout ce qui s'y rattache. D'après cette loi on fixera notamment la manière dont le paiement devra être effectué, les conditions et les formes des offres réelles et de la consignation, les choses qui peuvent être données en paiement.

431. Quelques difficultés se présentent en ce qui concerne le paiement pris dans son sens strict, c'est-à-dire l'acquittement d'une dette ayant pour objet une somme d'argent.

Il peut arriver que les parties aient employé, pour fixer la somme due, des expressions susceptibles de sens différents, suivant qu'on les interprète d'après la loi du créancier ou bien d'après la loi du débiteur. Nous avons déjà vu que la question de savoir quel est le sens attribué par les contractants à l'expression dont ils se sont servis est surtout une question de fait : les juges interpréteront leur volonté d'après les circonstances (3).

Mais, cette première question une fois résolue, c'est-à-dire le

(1) Besançon, 11 janvier 1883, Dal., 83. 2. 211.
(2) V. n° 427.
(3) V. n° 414.

montant de la somme due une fois fixé, il est nécessaire d'indiquer la manière dont le paiement en sera effectué, la monnaie qui devra être fournie. Ce second point se rattache à l'exécution de l'obligation et dépend de la *lex loci executionis*.

Le paiement se fera donc en monnaies ayant cours dans le lieu où la dette doit être acquittée et d'après la valeur nominale des monnaies dans ce lieu. Si, dans le laps de temps qui s'écoule depuis le jour du contrat jusqu'à celui du paiement, la valeur nominale des monnaies a augmenté ou diminué, le débiteur en profitera ou en souffrira, car il devra fournir moins ou plus de pièces de monnaie, de manière à parfaire, d'après leur valeur nominale actuelle, la somme fixée dans le contrat (art. 1895 C. C.). Il serait du reste impossible d'éviter cette conséquence par une convention particulière, puisque la fixation de la valeur nominale des monnaies est une règle d'ordre public.

432. Cependant, les parties peuvent convenir que le paiement sera effectué en monnaie de telle nature, par exemple en dollars ou en livres sterling ; si la monnaie ainsi désignée est mise hors de cours ou si sa valeur intrinsèque est modifiée dans le pays où le paiement doit se faire, le débiteur pourra s'acquitter en donnant une monnaie ayant cours dans ce pays, sauf à en fournir suffisamment, eu égard à sa valeur nominale, pour parfaire la somme promise en dollars ou en livres sterling (1).

433. Une autre hypothèse est encore à prévoir : il peut se faire que, dans le pays où le paiement doit être effectué, un papier monnaie plus ou moins déprécié ait été substitué, avec cours forcé, à la monnaie métallique. La loi qui établit le cours forcé du papier monnaie étant d'ordre public, le créancier pourra être contraint de recevoir ce papier monnaie d'après sa valeur nominale. Mais les contractants ne pourraient-ils pas convenir qu'il sera tenu compte de l'*agio*, c'est-à-dire que le créancier pourra réclamer la différence entre la valeur réelle de ce papier monnaie et la valeur des espèces métalliques ? On l'a contesté, en disant que ce serait éluder par une convention spéciale la règle d'ordre public qui fixe la valeur du papier monnaie et lui donne cours forcé. Mais il semble qu'il est plus conforme à l'équité et aux besoins du commerce de valider

(1) P. Fiore, p. 471 et note 1.

cette clause. D'une part, en effet, la convention dont il s'agit n'empêche pas la loi sur le cours forcé de produire son effet, puisque les billets seront reçus d'après leur valeur nominale ; d'autre part, il est loisible aux parties de fixer comme elles l'entendent le montant de la somme due et par conséquent, en le déterminant, de tenir compte de la différence entre la valeur nominale et la valeur réelle des billets qui serviront à effectuer le paiement. En annulant la clause d'après laquelle il doit être tenu compte de l'*agio,* on viole l'équité en n'observant pas la volonté des contractants ; on permet au débiteur de se libérer en payant moins qu'il ne doit réellement. D'ailleurs, rien ne serait plus aisé que d'éluder cette prohibition ; il suffirait de majorer le prix convenu, de manière que le paiement en billets d'après leur valeur nominale équivalût à la somme payée en monnaie métallique. Enfin, il est facile de voir que la défense de tenir compte de l'*agio* est de nature à troubler le crédit des opérations commerciales, et à entraver les transactions avec les étrangers. La jurisprudence est divisée sur cette question soit en France, soit en Italie (1).

Dans tous les cas, il est inadmissible que le créancier, lorsqu'il n'est pas national du pays où le papier monnaie a reçu cours forcé, puisse actionner le débiteur devant les tribunaux de son propre pays, afin de lui demander la différence entre la valeur réelle du papier monnaie et celle de la monnaie métallique qu'il comptait recevoir. La *lex loci executionis* règle en effet ce qui est relatif à l'exécution de l'obligation, et par conséquent au paiement, parce qu'on suppose que les parties se sont référées à elle en ce qui concerne ces différents points : or, cette loi, interprétation de la volonté tacite des contractants, s'impose également au débiteur et au créancier ; ce dernier ne peut l'accepter lorsqu'elle lui est favorable et la répudier dans le cas contraire. D'ailleurs, si la valeur nominale des monnaies avait baissé en vertu d'une disposition nouvelle de la *lex loci executionis,* le créancier en profiterait, puisqu'il toucherait une plus grande quantité de numéraire représentant peut-être, dans un autre pays, une somme supérieure à celle qu'il comptait recevoir : ayant pour lui les chances d'une modification favora-

---

(1) J. Clunet, 1875, p. 229; 1877, p. 84; v. Cass., 11 février 1873, Sir., 73. 1. 97; Vainberg et Labbé, *Rev. critique,* 1874, t. III, p. 401 et 551.

ble de la *lex loci executionis*, il est juste qu'il courre les risques des changements qui peuvent lui nuire (1).

434. Paiement avec subrogation. — La subrogation légale est réglée par la loi du lieu où le paiement est effectué par le tiers qui doit être subrogé. Cette subrogation n'est possible que dans les cas déterminés par cette loi (art. 1251 C. C.), parce que le législateur, dans l'intérêt du crédit public, a limitativement indiqué les circonstances où il est possible d'opposer aux tiers les garanties de la créance, hypothèques, gages, cautions, etc., qui auraient dû disparaître par le paiement.

Quant à la subrogation conventionnelle, du moment qu'elle consiste en une fiction d'après laquelle le subrogé est mis, vis-à-vis du débiteur et des tiers, dans les droits et actions du créancier, il en résulte logiquement que ses effets sont déterminés par la loi qui fixe les droits du créancier, c'est-à-dire par la loi même qui régit le contrat duquel est né la créance.

Mais les conditions requises pour que la subrogation soit opposable aux tiers étant motivées par des considérations de crédit et d'intérêt publics, elles devront être observées conformément à la loi territoriale pour que la subrogation puisse être invoquée. Ainsi on ne pourrait admettre, en France, une subrogation consentie par le créancier après le paiement (art. 1250, 1°) ; car, le paiement une fois effectué, les tiers ont un droit acquis à considérer la créance comme éteinte et à méconnaître les droits accessoires, hypothèques, gages, etc., qu'on voudrait leur opposer (V. aussi art. 1250, 2°).

§ II. *Modes d'extinction des obligations autres que le paiement* (2).

435. La **novation** consistant dans la substitution d'une obligation nouvelle à l'ancienne, et le caractère de cette nouvelle obligation ainsi que ses effets étant déterminés, soit par la loi nationale des parties, lorsqu'elles ont même nationalité, soit, dans le cas contraire, par la *lex loci contractûs*, il en résulte que c'est d'après l'une ou l'autre de ces deux lois qu'on tranchera la question de savoir s'il y a novation et quelles en sont les conséquences.

(1) P. Fiore, p. 471-474 ; *Contrà* : Massé, *loc. cit.*, 3e édit., t. I, p. 548-549.
(2) Art. 1234 C. C. — Pour la nullité, la rescision et l'effet de la condition résolutoire, v. n° 418, 2°.

436. Remise de la dette. — La capacité pour la faire dépend de la loi nationale du créancier, et c'est la loi nationale du débiteur qui règle sa capacité pour recevoir cette donation.

Pour savoir si certains faits, par exemple l'abandon fait par le créancier au débiteur du titre qui constate la créance (art. 1282 et 1283 C. C.), impliquent remise tacite de la dette, on consultera la loi du pays où le paiement doit être effectué, car cette remise équivaut au paiement et doit être réglée comme lui par la *lex loci executionis* (1).

Les effets de la remise, soit à l'égard du débiteur, soit à l'égard des cautions et des débiteurs solidaires, seront déterminés par la loi qui régit l'obligation elle-même. Cette loi fixe la portée de l'engagement des différents obligés, et c'est par conséquent d'après ses dispositions que l'on résoudra la question de savoir dans quelle mesure cette étendue de l'obligation peut être restreinte pour chacun d'eux à raison d'un fait qui agit sur l'obligation elle-même (2).

Une sorte de remise de la dette particulière est celle qui résulte de la cession de biens, par laquelle le débiteur se soustrait aux poursuites de ses créanciers, sauf à s'acquitter complètement envers eux dans la suite s'il acquiert d'autres biens (art. 1265-1270 C. C.). La cession de biens se présente sous deux formes : elle est volontaire ou judiciaire. Volontaire, elle apparaît comme un contrat ordinaire dont les effets sont réglés par les stipulations des parties ou, à défaut de clauses expresses, par la loi qu'elles ont présomptivement acceptée. La cession de biens judiciaire ne constitue pas une libération définitive du débiteur, mais bien une faveur spéciale en vertu de laquelle, à raison de son malheur et de sa bonne foi, il obtient de ne pas être contraignable par corps (art. 1268 et 1270 C. C.) : aussi ce bénéfice, concédé par les tribunaux d'un pays, ne peut-il avoir d'effet sur le territoire d'un autre état où l'autorité de ces tribunaux n'existe plus. Néanmoins, après avoir fait revêtir de l'*exequatur* la sentence qui prononce la cession de biens, les créanciers pourront se saisir des biens actuels de leur débiteur situés en pays étranger (3).

(1) P. Fiore, p. 418.
(2) P. Fiore, p. 477-478.
(3) P. Fiore, p. 483.

437. Perte de la chose due. — Cette cause d'extinction des obligations ne peut donner lieu à aucun conflit de lois, car on est bien obligé d'accepter partout la règle *Interitu rei certæ debitor ejus liberatur,* puisqu'elle n'est qu'une application de cette maxime de bon sens : à l'impossible nul n'est tenu. Nous avons du reste établi plus haut (1) que l'étendue de la responsabilité encourue par le débiteur à raison de sa faute qui a amené la perte de la chose, ou bien à raison des cas fortuits après sa mise en demeure, dépend de la loi qui régit le contrat lui-même.

438. Compensation et confusion. — Ces deux causes d'extinction des obligations proviennent de faits qui, non-seulement sont postérieurs au contrat, mais en sont même indépendants. On ne peut les considérer comme rentrant dans les prévisions normales des contractants et, dès lors, elles ne peuvent être régies par la même loi que le contrat. Elles dépendront de la loi du pays où s'est accompli le fait qui leur donne naissance : si donc on suppose une obligation contractée en pays étranger, et si plus tard, en France, le débiteur devient créancier de celui envers qui il était obligé, il y aura lieu d'appliquer l'art. 1290 C. C. d'après lequel la compensation opère de plein droit, et l'art. 1293 d'après lequel elle ne peut être invoquée dans certains cas, par exemple lorsqu'il s'agit d'une dette provenant d'un dépôt ou d'un prêt à usage.

439. Prescription libératoire. — La question de savoir quelle est la loi qui doit régir la prescription extinctive des obligations est une des plus controversées du Droit international privé; elle a donné lieu à un très grand nombre de systèmes dont voici les principaux.

1° Suivant Pothier, la prescription libératoire dépendrait de la loi du domicile du créancier (2). Cette opinion est fondée sur ce que les créances, comme tous les meubles, sont considérées comme attachées à la personne du propriétaire et réputées situées au domicile de ce dernier; on en conclut qu'elles sont logiquement régies par la loi en vigueur au lieu de leur situation fictive.

Mais ce raisonnement n'est, au fond, qu'une véritable pétition de principe. Puisque la prescription est invoquée par le débiteur, il y

(1) Nᵒ 417, 1ᵒ.

(2) Pothier, *Prescription,* nᵒ 251.

a au moins doute sur le point de savoir si le créancier est encore titulaire de son droit; on ne saurait donc s'appuyer sur son droit de propriété par rapport à la créance pour en conclure que cette dernière est fictivement située à son domicile et doit être régie par la loi de ce domicile. D'autre part, l'opinion de Pothier conduit à cette conséquence, bien difficile à admettre, que le créancier pourra allonger à son gré la durée de la prescription extinctive, en transportant son domicile dans un pays dont la loi l'a établie plus longue que celle du pays où l'obligation a été contractée.

2° D'après une opinion que l'on peut qualifier de traditionnelle, qui est défendue encore aujourd'hui par beaucoup d'auteurs et sanctionnée par la jurisprudence de la Cour de cassation, on devrait appliquer la loi du domicile du débiteur. En ce sens, on dit que la prescription libératoire est une exception personnelle au débiteur, et, comme c'est au domicile de ce débiteur que le créancier doit intenter son action personnelle ou mobilière, c'est aussi d'après la loi de ce domicile que l'exception dont il s'agit devra être appréciée et réglée (1).

En adoptant cette manière de voir, on ne se préoccupe que de l'un des termes du rapport, le débiteur, sans songer au créancier dont l'intérêt est cependant tout aussi respectable. Il en résultera que le débiteur pourra diminuer la durée de la prescription, en fixant son domicile dans un pays dont la loi l'a établie moindre que celle du lieu où le contrat a pris naissance. On a proposé, il est vrai, pour éviter cet inconvénient, d'appliquer toujours la loi du pays où le débiteur avait son domicile au moment où l'obligation a été contractée (2): mais alors que devient l'idée fondamentale du système, d'après laquelle la prescription libératoire est une exception personnelle au débiteur, une mesure de protection que le tribunal devant lequel il est actionné doit lui accorder conformément aux dispositions de la loi locale? Suivant d'autres auteurs, on

___

(1) Boullenois, *loc. cit.*, t. I, p. 364-365; Bouhier, *loc. cit.*, chap. XXXV, n° 3; Merlin, *Rép.* v° Prescription, sect. I, § 3, n° VII; Cass., 13 janvier 1869, Sir., 70. 1. 49, avec une note de M. Labbé; Besançon, 11 janvier 1883, Dal., 83. 2. 211; Haute-Cour des Pays-Bas, 2 avril 1874, J. Clunet, 1874, p. 141; tribunal de Vaud, 11 janvier 1882, Sir., 82. 4. 41. — V. Mérignhac, *Rev. critique*, 1884, p. 114 et suiv.

(2) Dunod, *Prescription*, partie I, chap. XIV *in fine;* Pardessus, *Droit commercial*, n° 1495.

écarterait l'inconvénient signalé, en faisant élection de domicile, ce qui rendrait immuable la loi de la prescription. Si cette élection de domicile n'a pas été faite, on ne permet au débiteur d'invoquer que les années écoulées depuis son changement de domicile, lorsque la loi du nouveau domicile fixe la durée de la prescription à un laps de temps moindre que celui qui est indiqué par la loi de son précédent domicile (1). Mais toutes ces restrictions, plus ou moins arbitraires, apportées au principe que l'on propose, ne sont-elles pas une preuve de son manque de base au point de vue juridique et rationnel ?

3° La jurisprudence anglo-américaine se prononce pour la loi du pays où l'action est intentée, *la lex fori*. Elle en donne pour raison que la prescription est établie par chaque législateur comme une règle d'ordre public, afin d'éviter des réclamations tardives dont il serait difficile d'apprécier le bien fondé : or, dans les questions d'ordre public, le juge ne peut qu'appliquer sa propre législation (2).

L'argument invoqué par la jurisprudence anglo-américaine est loin d'être décisif dans les législations qui, comme la nôtre, n'imposent pas la prescription aux parties, qui permettent aux intéressés d'y renoncer, au moins quand elle est accomplie, et défendent aux juges de l'invoquer d'office (art. 2223 C. C.). Les tribunaux ne seraient contraints d'appliquer, comme étant d'ordre public, que la prescription de l'action publique ou celle de la peine. Il est de principe, d'ailleurs, que la *lex fori* ne s'impose que pour les règles de droit touchant à la procédure et que l'on désigne sous le nom d'*ordinatoria litis ;* quant aux éléments même du litige qui concernent la solution à fournir sur le débat engagé, les *decisoria litis* en un mot, l'application de la *lex fori* ne saurait se justifier : or, c'est bien dans cette seconde catégorie de règles légales que rentre la prescription extinctive, puisqu'elle a pour effet d'anéantir l'obligation elle-même et d'écarter la prétention du demandeur, sans avoir nullement pour résultat d'agir sur la façon dont cette prétention doit être présentée, ce qui est le propre des règles de procé-

(1) V. note de M. Labbé, Sir., 70. 1. 50.

(2) Lawrence, *loc. cit.*, t. III, p. 405 et suiv. ; Westlake, J. Clunet, 1882, p. 14 ; jurisprudence de la Louisiane, J. Clunet, 1876, p. 129-130.

dure. Enfin, il est facile de voir que, le tribunal saisi étant généralement celui du domicile du débiteur, les inconvénients qui ont été signalés, comme résultant du système précédemment indiqué, se représenteront la plupart du temps si l'on adopte l'opinion des jurisconsultes anglo-américains.

4° On a encore proposé d'appliquer la loi du lieu où l'obligation doit être exécutée (1). A l'appui de cette opinion, on a fait valoir surtout les deux considérations suivantes. On a fait observer, en premier lieu, que la prescription se rattache directement à l'exécution à laquelle elle met obstacle et à laquelle elle équivaut; il est donc logique qu'elle soit réglée par la *lex loci executionis*. A cela on peut répondre que l'exécution de l'obligation est empêchée parce que le droit est éteint par la prescription; cette dernière met donc directement en cause l'existence de la créance et n'agit qu'indirectement sur l'exécution. — On ajoute que la prescription est la peine de la négligence commise par le créancier qui n'a pas réclamé son droit en temps utile : or, c'est au lieu où l'obligation doit s'exécuter que la réclamation aurait dû se manifester, c'est donc là que la faute est commise et c'est la loi de ce lieu qui est appelée à la sanctionner. Mais il est très contestable que la prescription puisse être assimilée à une peine; elle n'est plutôt qu'une présomption de paiement ayant pour but d'éviter des demandes tardives dont les preuves auraient disparu et qui donneraient lieu à de grandes difficultés pour les tribunaux chargés de les apprécier, ainsi que les nouvelles demandes d'un créancier malhonnête qui réclamerait un second paiement espérant que le débiteur n'a plus conservé son titre de libération. Au surplus, en acceptant cette assimilation de la prescription à une peine, il serait plus vrai de dire que la négligence du créancier est commise au lieu où il aurait dû actionner le débiteur, c'est-à-dire en général au domicile de ce dernier, et que la faute qu'on lui impute doit être sanctionnée par la loi de ce domicile plutôt que par celle du lieu où l'obligation doit s'exécuter.

5° La meilleure solution consiste à faire régir la prescription libératoire par la loi à laquelle les parties se sont vraisemblablement référées en contractant et qui règle l'obligation elle-même : c'est-à-dire par la loi nationale des parties, si elles ont la même nationalité,

---

(1) Massé, *loc. cit.*, t. I, p. 494, 3ᵉ édit. ; Troplong, *Prescription*, nᵒ 38 ; Haus, *Du Droit privé qui régit les étrangers en Belgique*, p. 293.

par la *lex loci contractûs* dans le cas contraire. La durée d'une obligation tient en effet à la substance même de cette dernière, et il est naturel de supposer que les parties ont entendu faire dépendre ce point si essentiel de la loi sous l'empire de laquelle elles ont placé toute leur convention. De plus, cette solution a l'immense avantage de fixer d'une manière immuable la durée de la prescription, et de ne pas permettre au créancier ni au débiteur de la modifier à leur gré (1).

On a proposé cependant de restreindre l'application de cette règle, en disant que le débiteur français pourrait invoquer la prescription dont la durée est fixée par notre loi, toutes les fois que la loi qui régit l'obligation a établi une prescription plus longue. On appuie cette exception sur l'art. 2220 C. C., aux termes duquel il n'est pas permis de renoncer à l'avance à la prescription ; or c'est ce que ferait le débiteur français qui accepterait, par contrat, l'application d'une loi étrangère d'après laquelle la durée de la prescription serait plus longue qu'en France (2).

Nous ne croyons pas cette exception justifiée. L'art. 2220, écrit au point de vue du droit interne, n'est pas aussi certainement applicable qu'on le dit en Droit international privé. Le législateur a voulu prohiber la clause écartant par avance la prescription, parce qu'elle serait devenue de style dans les conventions et aurait annihilé les bons effets que l'on attendait de la prescription elle-même. Mais ce danger n'est pas à craindre dans le cas qui nous occupe ; d'une part, en effet, les contractants ne renoncent pas d'avance à la prescription, et, d'autre part, si cette prescription se trouve être moins longue d'après la *lex loci contractûs* que d'après la loi française, ce n'est pas là le résultat d'un calcul que le législateur veut prohiber, mais la conséquence des règles rationnelles du droit international : il faut bien en effet appliquer la loi qui régit l'obligation elle-même, sous peine de tomber dans l'un des systèmes précédemment exposés et réfutés.

(1) Ballot, *Rev. pratique*, t. VIII, p. 333 ; Laurent, t. VIII, p. 361 ; Demangeat sur Fœlix, t. I, p. 241, note *a ;* Savigny, *Système*, t. VIII, p. 271 ; Renault, *Rev. critiq.*, 1882, p. 732 ; Asser, *loc. cit.*, § 38 ; Aubry et Rau, t. I, p. 108 ; Flandin, J. Clunet, 1881, p. 230 et suiv.

(2) Aubry et Rau, t. I p. 108, note 69.

SECTION V

DES OBLIGATIONS NON CONTRACTUELLES

440. Les obligations qui ne naissent pas d'une convention sont de trois sortes : les unes viennent de la loi, les autres des quasi-contrats, les troisièmes enfin des délits ou des quasi-délits (art. 1370 C. C.).

§ I. *Obligations venant de la loi.*

441. Les obligations de ce genre sont réglées par la loi qui régit le fait même qui leur donne naissance : ainsi les obligations du tuteur sont déterminées par la loi nationale de l'incapable sous l'empire de laquelle la tutelle est placée ; les obligations entre propriétaires voisins par la loi de la situation des biens qui réglemente l'organisation de la propriété foncière, ainsi que nous le verrons en étudiant le statut réel et spécialement les servitudes légales.

442. Le droit maritime nous offre l'exemple d'un certain nombre d'obligations légales d'une application très fréquente au point de vue du droit international.

1o *Responsabilité du propriétaire du navire à raison des actes accomplis par le capitaine.* L'art. 216 Co. com. autorise le propriétaire à se libérer de cette responsabilité en abandonnant le navire et le fret. On retrouve la même règle dans la loi belge du 21 août 1879 (art. 7), dans les Codes de commerce italien de 1882 (art. 491), hollandais (art. 321), allemand (art. 452 à 454). Aux États-Unis, la loi du 3 mars 1851 limite la faculté d'abandon de la part du propriétaire à certains cas où il y a faute de la part du capitaine ; en Angleterre, le *Merchant shipping act* (loi sur la marine marchande), art. 54, déclare le propriétaire responsable seulement des fautes du capitaine, et l'étendue de cette responsabilité est calculée à raison de 8 à 15 livres par tonne de jauge du navire.

On est unanime pour reconnaître que l'étendue de la responsabilité du propriétaire est limitée par la loi du pays auquel le navire appartient, c'est-à-dire par la loi du pavillon (1). Contrairement à

(1) Asser, *loc. cit.*, p. 218 ; Lyon-Caen, *Etudes de Droit intern. privé maritime*, p. 35.

Cette solution rationnelle, le *merchant shipping act*, art. 54, déclare les dispositions de la loi anglaise applicables même aux navires étrangers.

2° *Obligations du capitaine.* Celles qui ont un caractère d'ordre public dépendent évidemment de la loi du pays où elles doivent être exécutées. Telles sont les obligations concernant l'observation des règlements sanitaires (1). Le pilotage aussi est imposé au point de vue de la sécurité générale, et comme, si le capitaine se dispense de prendre un pilote et dirige son navire à ses risques et périls, il n'en doit par moins les droits de pilotage, l'obligation qui lui incombe de ce chef se présente avec un caractère fiscal et par suite d'ordre public (v. loi 29 janvier 1881, art. 1). En ce qui concerne l'obligation de se soumettre au droit de visite du navire avant le départ, on a dit qu'elle était aussi d'ordre public, parce qu'elle est commandée par l'intérêt même de la sécurité des passagers (2). Dans la pratique, on n'impose pas cependant cette obligation aux capitaines de navires étrangers. Il semble, en effet, que notre législation les en dispense, car le certificat de visite doit figurer parmi les pièces du bord et ces pièces sont déterminées par la loi du pavillon (art. 225 Co. com.); d'autre part, ce certificat de visite est nécessaire aussi pour autoriser l'inscription au rôle d'équipage et cette dernière pièce est assujétie, comme les autres, aux conditions de rédaction prescrites par la loi du pavillon (3).

Pour les mêmes raisons, le congé ne doit être obtenu avant le départ que par les capitaines de navires français (Règlement du 7 novembre 1866, art. 161 et 162).

On a soutenu que l'obligation, pour le capitaine, de faire son rapport et de le présenter dans les 24 heures depuis son arrivée est d'ordre public et s'impose par conséquent toujours, quelle que soit la nationalité du navire (art. 242 à 244 Co. com.). On fait valoir en ce sens les raisons qui ont motivé cette règle et qui sont les suivantes : éviter que le capitaine ne dépose des marchandises à terre avant qu'on ne se soit assuré qu'elles ne viennent pas d'un pays

(1) Décret du 22 février 1876, art. 4.

(2) Bédarride, t. II, n° 385; Laurin sur Cresp, II, p. 580; *Merchant shipping act*, art. 13.

(3) Req., 11 février 1862; Dal., 62. 1. 158; trib. de com. du Havre, 24 août 1875, J. Clunet, 1876, p. 458; Lyon-Caen, *loc. cit.*, p. 39.

contaminé; l'empêcher encore de modifier après coup son rapport, pour expliquer à sa guise des avaries qu'il ne constaterait dans la cargaison qu'après le débarquement (1). Mais telle ne saurait être la pensée de la loi, car le rapport en question doit être présenté à l'étranger devant le consul de France, ce qui montre bien qu'il s'agit du rapport présenté par un capitaine français. D'autre part, on ne comprendrait pas que notre législateur imposât l'observation d'une règle d'ordre public en pays étranger; il ne peut procéder ainsi que lorsqu'il s'agit d'une obligation particulière à ses nationaux (2). La même solution s'applique en ce qui concerne l'obligation de déposer le rapport en cas de relâche forcée (art. 245 Co. com.; ordon. du 29 octobre 1833, art. 12).

3° *Règlement d'avaries.* Dans toutes les législations, on distingue les avaries particulières, provenant d'un cas fortuit dont la victime supporte le préjudice, des avaries grosses ou communes, qui sont la conséquence d'un sacrifice fait dans l'intérêt général du navire et de la cargaison, et qui doivent être réparties entre tous ceux dans l'intérêt desquels le sacrifice a été fait. Mais une grande variété apparaît, soit au point de vue de la classification des avaries dans l'une ou l'autre des deux catégories, soit au point de vue de la proportion suivant laquelle les avaries grosses doivent être réparties entre le navire et le fret. La fréquence des conflits de lois sur ces deux dernières questions a déterminé l'Association anglaise pour la réforme et la codification du droit des gens à rédiger un ensemble de règles générales qui sont quelquefois adoptées par convention spéciale dans les chartes-parties : ce sont les fameuses règles d'York et d'Anvers (*York Andwerp rules*) (3).

D'après toutes les législations, le règlement d'avaries s'opère au port de débarquement (art. 414 Co. com.). C'est donc d'après la loi de ce lieu que se détermineront les conditions de formes du règlement ou *dispache,* d'après l'adage *Locus regit actum.* Mais si le consul opère le règlement d'avaries, il observe les formalités prescrites par la loi de son pays (art. 414 Co. com. ; ordon. du 29 octobre 1833, art. 20). Souvent, les conventions consulaires donnent aux consuls le pouvoir de faire les règlements d'avaries, soit lorsqu'il

---

(1) Laurin sur Cresp, II, p. 596; L. de Valroger, *Droit maritime,* n° 484.
(2) Lyon-Caen, *loc. cit.,* p. 43-44.
(3) De Courcy, *Questions de Droit maritime,* t. II, p. 265.

s'agit de navires de leur nation, soit seulement lorsque les intéressés sont leurs nationaux (1).

Mais, contrairement à l'opinion généralement admise (2), nous
ne pensons pas que la loi du port de débarquement détermine aussi
la répartition des avaries communes entre les intéressés.

Il faut appliquer la loi à laquelle les parties se sont référées, en
faisant le contrat d'affrétement, pour le règlement ultérieur des
grosses avaries. Or cette loi ne peut être celle du port de débarquement qui n'est pas même sûrement connue à l'avance, puisque des
accidents de mer peuvent forcer à relâcher et à débarquer dans un
autre lieu, et que, en cours de route, le capitaine peut recevoir
l'ordre de se diriger vers une destination autre que celle qui avait
été d'abord indiquée.

Rappelant ici les règles déjà indiquées à propos des conventions,
nous dirons que la loi applicable sera celle des parties si elles ont
même nationalité (3). Si les contractants sont de nationalité différente, on appliquera la loi du pavillon : cette loi est en effet fixe et
immuable, tandis que la loi du port de débarquement peut varier
suivant les circonstances qui font changer le lieu où le débarquement doit s'effectuer. D'autre part, il est vraisemblable que les
parties ont adopté cette loi qu'elles connaissent par le pavillon du
navire, et qui est la seule qui puisse leur être commune quand elles
appartiennent à des nations différentes (4).

4° *Sauvetage*. Toutes les nations civilisées condamnent aujour-
d'hui et rejettent l'ancien droit de naufrage et d'épave, en vertu
duquel les biens des naufragés jetés à la côte étaient confisqués :
cette sorte de droit d'aubaine appliqué dans des circonstances
malheureuses est une iniquité qui a trop longtemps duré sous
l'empire de l'ancien droit (5).

Mais les droits attribués à ceux qui sauvent un navire, une cargaison ou les débris qui sont apportés par la mer, les obligations

(1) Durand, *Essai de Droit intern. privé*, p. 536-537.

(2) Asser, *loc. cit.*, p. 229; jurisprudence anglaise, Westlake, J. Clunet, 1882,
p. 12; jurisp. allemande, J. Clunet, 1874, p. 133; C. de Bordeaux, 21 janvier 1875,
J. Clunet, 1875, p. 352.

(3) *Contrà* : Lyon-Caen, *loc. cit.*, p. 53-54.

(4) Lyon-Caen, *loc. cit.*, p. 53.

(5) *Commentarius de jure littoris* de J. Schuback, Hambourg, 1751.

qui leur incombent, les règles concernant la conservation des objets
sauvés et les réclamations de leur propriétaire sont fixés par des
lois de police, obligatoires pour tous dans le lieu où le sauvetage
est effectué (1). La Cour de cassation a déclaré la loi française
(ordonn. de 1681, liv. IV, tit. IX, art. 27) applicable dans le cas de
sauvetage, opéré en pleine mer, d'un navire anglais par un navire
français, bien que le navire sauveteur se fût directement rendu
dans un port étranger. Cette décision se justifie par cette idée qu'en
pleine mer le navire est regardé comme une fraction détaché du
pays dont il porte le pavillon, et que le navire sauvé passe, par le
sauvetage, sous la dépendance du navire sauveteur. Le sauvetage
doit donc être considéré comme fait dans les eaux territoriales du
pays auquel appartient le navire sauveteur, bien qu'il soit opéré en
pleine mer (2).

Du reste, ce droit de sauvetage n'existe en général que pour les
choses ; exceptionnellement le *merchant shipping act* de 1854,
art. 458, modifié par l'*Admiralty court act* de 1861, l'établit pour les
personnes sauvées sur un navire anglais n'importe où, et sur
n'importe quel navire dans les eaux territoriales de l'Angleterre.

Il est souvent convenu que les consuls auront la direction du
sauvetage des navires de leur nation ; les autorités locales ne
devant intervenir que pour assurer l'ordre, garantir l'intérêt des
naufragés étrangers au pays auquel le navire appartient, et surveiller l'entrée ou la sortie des marchandises sauvées qui sont dispensées des droits de douane, à moins qu'elles ne soient consommées
sur place (3).

§ II. *Obligations venant des quasi-contrats.*

443. On dit, en général, que l'obligation provenant des quasi-
contrats est créée par la loi elle-même, et on en conclut que cette
obligation doit être régie par la loi en vigueur dans le lieu où s'est
accompli le fait qui lui donne naissance, par exemple la gestion
d'affaire ou le paiement de l'indû (4).

(1) Asser, *loc. cit.*, p. 221.
(2) Req., 6 mai 1884, J. Clunet, 1884, p. 512.
(3) Traité franco-hollandais du 7 juillet 1865 ; franco-belge du 31 octobre 1881,
art. 10 ; franco-anglais du 16 juin 1879, J. Clunet, 1879, p. 588.
(4) Fœlix, I, p. 259, n° 114 ; Asser, *loc. cit.*, p. 86.

Il est vrai que l'accord préalable des volontés faisant défaut dans le quasi-contrat, il est impossible de considérer telle loi comme acceptée par les parties : mais, si l'on applique nécessairement la *lex loci quasi-contractûs*, cette loi imposée par l'autorité territoriale n'aura pas d'effet pour régler les conséquences du quasi-contrat qui se manifesteront en pays étranger, car elle sera, dans ce dernier pays, dépourvue de toute influence. Or, est-il admissible que les conséquences juridiques d'un quasi-contrat varient ainsi d'un pays à l'autre ?

Il semble plus juste de considérer les dispositions légales relatives aux quasi-contrats comme une interprétation de la volonté probable des parties : ainsi le législateur déclare le gérant d'affaires responsable vis-à-vis du *dominus rei* et ce dernier vis-à-vis du premier, parce qu'il estime, avec raison, que telle eût été la volonté des parties si l'une d'elles avait chargé l'autre de gérer son patrimoine (art. 1375 C. C.).

Il est vrai que cette interprétation de volonté paraît moins certaine en ce qui concerne celui qui reçoit de mauvaise foi le paiement de l'indû et qui est cependant tenu de le restituer : mais, outre que la volonté certaine du *solvens* est de reprendre ce qu'il a donné sans le devoir, dès qu'il s'aperçoit de son erreur, il faut remarquer que la loi a eu tort d'assimiler ce cas à un quasi-contrat; on y verrait plus exactement un quasi-délit ou même un délit quand l'*accipiens* est de mauvaise foi (art. 1376 C. C.).

Si les dispositions légales relatives aux quasi-contrats sont ainsi interprétatives de la volonté des parties, on doit en conclure qu'il faut rechercher quelle eût été l'intention vraisemblable de ces dernières en ce qui concerne la loi applicable, au cas où elles auraient fait un véritable contrat. On se trouve ainsi conduit à appliquer, conformément à ce qui a été dit pour les obligations conventionnelles, la loi nationale des parties, si elles ont même nationalité, la *lex loci quasi-contractûs*, dans le cas contraire. Les lois ainsi désignées n'étant pas imposées par l'autorité locale, mais bien supposées acceptées par les parties, auront un effet universel et unique dans tous les pays. Cette solution est consacrée dans l'avant-projet du nouveau Code civil de Belgique rédigé par M. Laurent (1).

(1) Laurent, *loc. cit.*, t. VIII, p. 6 à 17.

§ III. *Obligations venant des délits et des quasi-délits.*

444. Les délits et les quasi-délits sont des faits dommageables donnant lieu à une action en dommages et intérêts; ils diffèrent entre eux en ce que l'intention coupable existe dans les premiers et non dans les seconds. Les obligations qui dérivent des uns et des autres sont régies par la loi du lieu où ils s'accomplissent : c'est dans l'intérêt de l'ordre public que chaque législateur ordonne la réparation du préjudice causé et détermine les responsabilités. Par conséquent, les dispositions des art. 1382 et suivants C. C. s'appliqueront à tous ceux qui se trouvent en France, quelle que soit leur nationalité.

445. Il est possible que, d'après la loi du pays où le fait dommageable est commis, aucune réparation ne soit due à la victime, tandis qu'elle pourrait en réclamer une d'après sa loi nationale; un Français, par exemple, blesse un de ses compatriotes en duel, dans un pays où l'action en dommages et intérêts n'est pas admise en pareil cas : les deux adversaires étant de retour en France, une condamnation en dommages et intérêts pourra-t-elle être prononcée par les tribunaux français?

Si le fait préjudiciable constitue un crime, assurément oui, car l'action civile peut être portée incidemment à l'action publique qui est possible en France, puisqu'il n'y a pas eu de jugement criminel à l'étranger (art. 5 I. C., 1°). S'il s'agit d'un délit, l'action publique ne peut être intentée, car l'art. 5 I. C., 2° exige pour cela que le fait délictueux soit puni à la fois par la loi française et par la loi étrangère. Quant à l'action civile née du délit (et il en serait de même pour un quasi-délit), nous pensons qu'elle est recevable; il est vrai que, le fait ayant été commis en pays étranger, on peut objecter que l'ordre public n'a pas été violé en France; mais la simple présence, sur notre territoire, de l'auteur impuni du préjudice échappant aux réclamations de sa victime serait à elle seule une atteinte à l'ordre public.

Si le fait commis à l'étranger y donne lieu à une réparation civile et non en France, on ne pourra pas sans doute appliquer une peine dans notre pays, puisque les lois pénales d'un état sont sans influence sur le territoire d'un autre; mais la réparation du préjudice souffert constitue un droit acquis d'après la loi du pays où le fait a été accompli et nos tribunaux devront l'accorder (1).

446. Parmi les quasi-délits, les abordages sont assurément ceux qui sont de nature à amener le plus de conflits de lois différentes (2). On est unanime pour reconnaître que les conséquences d'un abordage survenu dans les eaux territoriales d'un état sont réglées par la loi de cet état : il s'agit en effet d'un quasi-délit commis sur une partie de la mer regardée fictivement comme une portion du territoire ; aussi la loi territoriale s'appliquera-t-elle, soit qu'il s'agisse de déterminer la responsabilité, soit qu'il s'agisse de fixer le délai dans lequel les réclamations doivent se produire (art. 435-436 Co. com.).

Si l'abordage a lieu en pleine mer, on a proposé d'appliquer la *lex fori,* la loi du juge saisi de la demande en réparation du préjudice causé (3).

Mais certaines distinctions sont nécessaires. S'il s'agit de fixer la responsabilité encourue à raison du sinistre, il paraît naturel d'appliquer la loi nationale des parties lorsque les deux navires portent le même pavillon : une même loi, en effet, détermine en pareil cas les obligations de chaque capitaine (4).

Si les deux navires sont de nationalité différente, on appliquera les principes rationnels généralement admis dans les diverses législations : si l'abordage vient d'un cas fortuit et de force majeure, aucune responsabilité n'est encourue par celui qui en est l'auteur ; s'il y a faute commise, une indemnité sera due. Dans le doute sur le point de savoir si une faute a été effectivement commise, on ne devra pas la présumer, mais bien, conformément au principe de droit commun, supposer un cas fortuit jusqu'à preuve du contraire. Lorsqu'un des navires est français, il y aurait beaucoup d'arbitraire à appliquer la disposition, d'ailleurs peu justifiable, de l'art. 407 Co. com. d'après lequel, dans le doute sur le point de savoir quel est le navire qui a causé l'accident, on répartit les dom-

---

(1) Laurent, *loc. cit.,* VIII, p. 21 à 32; Asser, *loc. cit.,* p. 88.

(2) Il existe un règlement international pour les feux, les signaux et les manœuvres des navires, afin d'éviter, autant que possible, les abordages. La France y a adhéré par les décrets du 4 novembre 1879 et 1er septembre 1884. — V. J. Clunet, 1884, p. 671 et suiv.

(3) Asser, *loc. cit.,* p. 220.

(4) *Contrà :* Lyon-Caen, *loc. cit.,* p. 56-57, n° 63 *in fine.*

mages par moitié entre les deux navires : les fautes, en effet, ne se présument pas (1).

Les formes dans lesquelles la réclamation relative au préjudice causé par l'abordage doit se produire dépendent de la loi du lieu où elle est faite : *Locus regit actum*.

Quant au délai dans lequel cette réclamation doit être présentée, la plupart des auteurs estiment qu'il est fixé par la loi du lieu où la demande est introduite en justice : *la lex fori*. Il s'agit, dit-on, de déterminer la condition de recevabilité d'une action ; or c'est là une règle de procédure qui dépend de la loi du juge saisi (2).

Cette solution nous paraîtrait justifiée s'il s'agissait d'un acte de procédure proprement dite, relatif d'une manière directe à l'instance introduite, tel qu'une production de pièces, une notification d'acte d'avoué à avoué ; mais la réclamation dont nous parlons est un acte *extrajudiciaire* qui prépare l'instance sans en faire partie ; on ne voit donc pas pourquoi cet acte dépendrait nécessairement de la *lex fori*. D'autre part, le capitaine du navire abordé peut ne pas savoir où il doit porter son action et se trouver forclos par ignorance, le délai fixé par la *lex fori* étant parfois très court, par exemple de 24 heures, comme en France (art. 435-436 Co. com.). Le navire qui a causé l'abordage peut avoir fui au milieu de la nuit sans qu'on puisse distinguer son pavillon : comment le capitaine du navire abordé pourra-t-il connaître le tribunal auquel il devra s'adresser ? Si l'on suivait la *lex fori*, pour la fixation du délai dans lequel sa réclamation doit se produire, on l'obligerait à observer les lois de toutes les nations maritimes afin de rencontrer ainsi celle du pays auquel appartient le navire qui a causé l'abordage !

Il est donc beaucoup plus raisonnable de suivre, à ce point de vue, la loi du pavillon du navire abordé ; le capitaine la connaît sûrement, et, d'autre part, cette loi détermine les obligations qu'il doit observer et qu'il accepte implicitement en prenant le commandement de son navire : elle fixe donc le délai dans lequel il doit réclamer la réparation du préjudice que l'abordage lui cause (3).

(1) Lyon-Caen, *loc. cit.*, p. 56 *in fine*.

(2) Asser, *loc. cit.*, p. 220 ; Deloynes, *Questions pratiques en matière d'abordage maritime*, p. 47 et suiv. ; Montpellier, 31 mars 1873, J. Clunet, 1874, p. 27.

(3) Lyon-Caen, p. 59-63.

CHAPITRE II

DU CONTRAT DE MARIAGE

SECTION I

DE LA LOI QUI RÉGIT LE CONTRAT DE MARIAGE

447. Les époux peuvent avoir réglé leur situation pécuniaire par contrat, ou n'avoir point rédigé leurs conventions matrimoniales : dans le premier cas, il n'y a lieu de rechercher quelle est la loi applicable que pour combler les lacunes du contrat de mariage ou pour en interpréter les clauses obscures ; dans le second cas, il s'agit de savoir quelle est la loi qui déterminera le régime de droit commun sous lequel les époux seront mariés. Au fond, du reste, les deux questions sont identiques ; elles se réduisent toutes les deux à la recherche de l'intention des parties : en effet, le régime de droit commun doit être considéré comme présomptivement accepté par les époux, puisque le législateur ne l'établit que pour suppléer au défaut de contrat et en interprétant la volonté probable des conjoints (art. 1387 C. C.).

Tel est, du moins, le caractère du régime de droit commun dans notre Code civil ; dans beaucoup de pays, au contraire, ce régime est regardé comme un effet direct de la loi et la conséquence d'une de ses dispositions impératives (1). Au surplus, il serait peut-être préférable d'écarter toute espèce de présomption pour suppléer au silence des époux qui se marient sans faire de contrat, et de décider que, en pareil cas, chacun d'eux conserverait la jouissance et l'administration de sa fortune, ce qui amènerait un régime analogue à celui de la séparation de biens : c'est le système suivi dans le nouveau Code civil d'Italie. Par ce moyen, on évite d'établir certaines présomptions qui risquent fort de n'être conformes ni à l'intention, ni à l'intérêt des époux ; on favorise l'émancipation de la femme au point de vue de la gestion de son patrimoine ; et, pour corriger le défaut de communauté de biens entre époux, on n'a qu'à

(1) Asser, *loc. cit.*, p. 110, note 2.

assurer au conjoint survivant, par rapport à la succession de celui qui prédécède, une condition meilleure, comme héritier, que celle qui lui est faite par notre droit actuel (1).

Quoi qu'il en soit, la détermination de la loi applicable se pose, pour le contrat de mariage, absolument comme pour les autres conventions ; il faut rechercher l'intention des parties, puisque le contrat de mariage est aussi l'œuvre de leur volonté (art. 1134 et 1387 C. C.).

448. Si les époux ont indiqué la loi dont ils veulent accepter les dispositions, on n'a qu'à se conformer à leur déclaration. Dans le cas contraire, évidemment le plus fréquent, on recherchera leur intention relativement à la détermination de la loi qui doit combler les lacunes et expliquer les obscurités de leurs conventions matrimoniales, ou même indiquer leur régime de droit commun quand ils n'ont pas fait de contrat.

Ici, comme dans les contrats ordinaires, la présomption la plus naturelle est que les époux ont voulu se référer à leur loi nationale, lorsqu'ils ont tous les deux la même nationalité : cette loi est, généralement, celle qu'ils connaissent le mieux ; c'est aussi celle qui régit le mariage et ses conséquences au point de vue du statut personnel ; il est donc vraisemblable que les époux n'ont pas voulu séparer, au point de vue de la loi applicable, la condition de leur fortune et celle de leur personne. Si les deux conjoints sont de nationalité différente, on ne peut plus, comme dans les contrats ordinaires, recourir à la *lex loci contractûs :* les circonstances, souvent fortuites, qui amènent la rédaction du contrat de mariage dans un pays plutôt que dans un autre ne sauraient raisonnablement avoir la moindre influence pour déterminer l'intention des parties quant au régime matrimonial qu'elles entendent adopter (2). Il semble, au contraire, probable que les époux acceptent, en pareil cas, l'application de la loi nationale du mari : cette loi est devenue celle de la femme ; elle régit le mariage et ses conséquences, et son extension à la condition pécuniaire des époux est trop naturellement commandée par la connexité de leurs intérêts moraux et pécuniaires pour qu'ils n'aient pas songé à la faire eux-mêmes.

Toutefois, les circonstances de fait peuvent accuser une autre

(1) Huc, *Com. du Code civil italien,* t. I, p. 259-262.
(2) L. 65, Dig., *de judiciis;* Pothier, *Communauté,* nos 14 et suiv.

intention chez les époux ; très souvent ils voudront faire dépendre leur régime matrimonial de la loi du pays où ils veulent s'établir après le mariage. Cette loi n'est pas nécessairement celle du pays où le mari est domicilié au moment du mariage ; mais bien celle du lieu où les époux ont l'intention de se fixer après leur union : c'est la loi du domicile matrimonial. L'application de cette loi se justifie par cette considération que, souvent, les conjoints voudront faire régler leur condition pécuniaire par la loi du pays où ils auront établi l'assiette de leurs intérêts, le siège de leur fortune et où la plupart de leurs biens seront situés : l'avantage pratique qu'ils pourront retirer de l'application de cette loi est facile à saisir, si l'on observe qu'ils évitent ainsi un grand nombre de conflits de législations. Par où l'on voit que, d'après les circonstances de fait, l'application de la loi du domicile matrimonial peut l'emporter, non-seulement sur l'application de la loi du mari quand les époux n'ont pas la même nationalité, mais encore sur celle de la loi nationale des époux quand ils appartiennent tous les deux à la même nation (1).

449. Sous l'ancien droit, après bien des controverses qui avaient donné naissance aux systèmes les plus différents, on avait fini par se prononcer, en général, pour l'application de la loi du domicile matrimonial : à part quelques divergences, ce domicile était celui où les époux avaient l'intention de se fixer au moment du mariage, et non pas celui du mari à ce même moment (2). L'application exclusive de la loi du domicile matrimonial était justifiée, à cette époque, par cette considération que les conventions matrimoniales rentraient dans le statut personnel et devaient, par conséquent, dépendre de la loi personnelle du mari (3). Si l'on acceptait aujourd'hui ce point de vue, il faudrait appliquer la loi nationale du mari, puisque la nationalité a été substituée au domicile comme élément de détermination du statut personnel (art. 3, alin. 3, C. C.).

Mais nous avons déjà établi, que, en matière de contrats, matrimoniaux ou autres, il ne pouvait être question de statut personnel ni réel : les questions de ce genre ne peuvent se trancher que par le

---

(1) Laurent, t. V, p. 436-437.

(2) Bouhier, *loc. cit*, ch. XXI, nos 19-27; Pothier, *Communauté,* article préliminaire, no 16; Boullenois, *loc. cit.,* t. II, p. 261.

(3) Boullenois, *loc. cit.,* t. I, p. 750.

principe de l'autonomie qui commande de rechercher l'intention des parties (1).

Cependant, d'après la plupart des auteurs et aussi suivant les décisions de la jurisprudence, c'est encore la loi du domicile matrimonial, c'est-à-dire la loi du lieu où les époux ont l'intention de se fixer après le mariage, qui déterminerait le régime de droit commun ou servirait à interpréter les clauses obscures du contrat (2). Néanmoins, cette loi est appliquée par interprétation de la volonté des parties, et non plus, comme jadis, par suite de cette idée que les conventions matrimoniales rentrent dans le statut personnel. Aussi reconnaît-on que, lorsque les époux ont même nationalité, il est plus conforme à leur intention probable d'appliquer leur loi nationale. Même quand ils appartiennent à la même nation, on applique la loi du domicile matrimonial si les circonstances de fait témoignent leur intention de se fixer ailleurs que dans leur pays (3). Enfin, on reconnaît que les parties écartent cette présomption, d'après laquelle elles seraient censées accepter la loi du domicile matrimonial, quand elles font leur contrat de mariage ou se marient devant leur consul; on suppose, en pareil cas, qu'elles entendent se soumettre à leur loi nationale (4).

On voit donc que la théorie proposée au n° 448 diffère de celle qui est suivie dans la pratique en ce que, dans la première, la loi nationale du mari doit être appliquée toutes les fois que les circonstances de fait ne témoignent pas chez les époux l'intention de la répudier; tandis que, dans la seconde, on passe directement à la loi du domicile matrimonial, sans tenir compte de la loi nationale du mari (5). Indépendamment des raisons qui la justifient au point de

(1) V. n° 447 *in fine* et 402.

(2) De Savigny, *Système*, VIII, p. 323; Req., 18 août 1873, J. Clunet, 1875, p. 22; Bordeaux, 2 juin 1875, id. 1876, p. 182; id. 23 février 1876, id. 1877, p. 237; Aix, 12 mars 1878, id. 1878, p. 610; Louisiane, J. Clunet, 1875, p. 131; Allemagne, id. p. 281-283; Code général de Prusse, part. II, tit. 1er, §§ 350, 351; Code saxon, § 14; Westlake, §§ 32, 37, *Rev. de Droit intern.*, t. XIII, p. 438-439 (cette doctrine n'est acceptée en Angleterre et aux Etats-Unis que pour les meubles, v. *infrà* n° 454).

(3) Aubry et Rau, t. V, p. 275, et note 4, même page.

(4) Trib. de Marseille, 16 mars 1875, J. Clunet, 1876, p. 182; Req., 18 août 1873, J. Clunet, 1875, p. 22; v. *Questions pratiques*, J. Clunet, 1882, p. 297.

(5) V. dans notre sens : L. Renault, J. Clunet, 1875, p. 426, note 1; note sur l'arrêt de Bordeaux du 23 février 1876, J. Clunet, 1877, p. 237.

vue de l'interprétation de la volonté des parties, comme il a été dit ci-dessus, l'application de la loi nationale du mari aurait l'avantage d'éviter bien des difficultés dans la recherche du point de savoir quel est le domicile matrimonial des époux, et quelle a été leur intention relativement à leur établissement dans tel ou tel lieu après le mariage.

450. Mais il y aurait exagération, croyons-nous, à décider, avec l'école italienne, que les conventions matrimoniales dépendent toujours et nécessairement de la loi nationale du mari. On essaie de justifier cette solution en invoquant la connexité qui existe entre le mariage lui-même et ses conséquences au point de vue de l'état des époux, et le régime sous lequel les biens de ces derniers sont placés; on dit que les règles établies par chaque législateur pour fixer la condition pécuniaire des époux ayant pour but d'assurer la sauvegarde des intérêts de la famille et son avenir, il est logique que la loi qui préside à l'organisation de la famille s'applique aussi au régime matrimonial (1).

C'est en faisant des règles relatives au régime matrimonial une dépendance du statut personnel, que l'on en vient à appliquer exclusivement la loi nationale du mari, comme les anciens auteurs, en partant de la même idée, arrivaient à l'application, dans tous les cas, de la loi du domicile matrimonial (2). Mais on écarte ainsi ce principe bien certain que les conventions matrimoniales sont, avant tout, comme tous les contrats, l'œuvre des parties qui jouissent de l'autonomie en pareille matière (art. 1387). Tout ce que l'on peut dire, c'est que, comme nous l'avons établi plus haut, la loi nationale du mari est vraisemblablement acceptée par les époux, et qu'il n'y a lieu de l'écarter, pour appliquer la loi du domicile matrimonial, qu'autant que cette dernière se trouve désignée par les circonstances de fait comme adoptée par les parties (3).

Quoi qu'on en ait dit, dans les pays régis par les Capitulations les Français ne jouissent pas de l'exterritorialité; il n'est donc pas vrai d'affirmer que le régime de droit commun des Français dans les Echelles du Levant est le régime de la communauté, absolument comme s'ils se mariaient en France sans contrat : on devra,

(1) P. Fiore, *loc. cit.*, p. 498-500 et 504 à 505.
(2) V. n° 449.
(3) Laurent, V, p. 481 et suiv.

en pareil cas, s'attacher aux présomptions ordinaires qui ont été indiquées ci-dessus (1).

451. Bien que dépendant de la loi nationale du mari ou de celle du domicile matrimonial, d'après les distinctions qui ont été déjà signalées, les conventions matrimoniales ne sont pas modifiées par suite du changement de nationalité ou de domicile des époux : si leur volonté est de se référer aux dispositions de leur loi nationale ou de la loi de leur domicile matrimonial, on ne peut raisonnablement supposer qu'ils ont voulu changer le régime de leurs biens par suite de leur naturalisation dans un autre état ou de l'établissement de leur domicile dans un autre pays (2). Cette doctrine, qui s'accorde avec le principe de l'immutabilité des conventions matrimoniales consacré par plusieurs législations (art. 1395 C. C.), s'explique très bien, même en dehors de l'idée de convention tacite en ce qui concerne l'adoption du régime de droit commun. La solution contraire donnerait lieu à beaucoup de difficultés par suite des modifications apportées dans le régime matrimonial, et, d'autre part, il est certain que le changement de nationalité n'a pas d'effet rétroactif : les conventions matrimoniales déjà conclues sont donc à l'abri de toute influence provenant du changement de nationalité ultérieur. Il en serait d'ailleurs ainsi même pour les biens acquis par les époux postérieurement au changement de nationalité ou de domicile, car les droits sur ces biens viennent, en tant qu'on les apprécie au point de vue de la société conjugale, du contrat de mariage et non de l'acte d'acquisition (3).

Néanmoins, les modifications au régime matrimonal provenant du changement de domicile des époux sont acceptées par les jurisconsultes américains (4).

452. La capacité exigée dans le contrat de mariage est fixée, conformément au principe général, par la loi nationale des parties, soit du mari, soit de la femme.

(1) Aix, 22 février, 1883, J. Clunet, 1883, p. 171.

(2) Dumoulin, *Com. in lib. I au Code*, vis Conclusiones de Statutis ; Bouhier, *loc. cit.*, chap. XXI, no 13, t. I, p. 581 ; Fœlix, I, p. 214, no 91 ; Laurent, III, p. 523 et suiv. ; Cass., 18 août 1873, J. Clunet, 1875, p. 122 ; Code saxon, § 14 ; Code général de Prusse, II, § 351, 352.

(3) Asser, *loc cit.*, p. 113-114.

(4) Wharton, *On the conflict of laws*, § 196 ; Story, *loc. cit.*, § 187.

Cependant, une distinction est ici commandée par la nature même des choses.

L'aptitude même à pouvoir faire le contrat de mariage dépend de la loi nationale de chaque époux (art. 1398 C. C.) : la femme ne prenant la nationalité du mari qu'après la célébration du mariage, on doit apprécier sa capacité d'après la loi du pays auquel elle appartient encore avant d'être mariée.

Quant au pouvoir de stipuler, dans le contrat de mariage, les clauses qui ne doivent produire leur effet qu'après la célébration de l'union, il doit être déterminé par la loi nationale du mari. Cette dernière loi étant en effet devenue celle de la femme, régit la famille tout entière, et c'est elle qu'il faut consulter pour savoir si les époux ont pu se créer telle situation déterminée pendant le mariage : pour savoir, par exemple, s'ils ont pu déroger à la puissance maritale, paternelle, aux droits du mari comme chef de la communauté, etc. (art. 1387 et 1388 C. C.).

453. Les formes du contrat de mariage sont déterminées par la loi du pays où il est rédigé : on déjà vu que la règle *Locus regit actum* s'applique aux actes solennels. Aussi est-il admis que des Français peuvent rédiger leur contrat de mariage dans un acte sous seing privé, conformément aux dispositions de la loi du pays où ils se trouvent, alors même qu'il leur est possible d'employer la forme authentique en s'adressant, soit aux officiers publics étrangers, soit aux agents diplomatiques et consulaires (1).

Suivant certains auteurs et d'après la jurisprudence, les dispositions des art. 1394 et 1395, d'après lesquelles le contrat de mariage doit être rédigé avant le mariage et ne peut être modifié après sa célébration, se rattachent aux formalités du contrat ; de telle sorte que des Français ne seraient pas contraints de les observer si la loi du pays où ils rédigent leur contrat de mariage ne les contient pas (2). Il est plus exact, croyons-nous, de considérer ces deux dispositions comme de véritables restrictions à la capacité des Français, comme deux règles rentrant dans leur statut personnel et dépendant, par suite, de leur loi nationale. Les dispositions dont il s'agit sont en effet des mesures de protection, édictées par le

---

(1) V. n° 274; Req., 18 avril 1865.

(2) Aubry et Rau, V, p. 253 et note 2.

législateur français dans l'intérêt de ses nationaux, et dont l'effet doit se manifester pour ces derniers en quelque pays qu'ils se trouvent : les art. 1394 et 1395 ont été écrits pour éviter l'influence excessive que l'un des époux pourrait exercer sur l'autre après le mariage, ainsi que les discordes qui éclateraient entre les conjoints s'ils avaient à régler ou à modifier leurs intérêts pécuniaires réciproques une fois que leur union est devenue définitive (1).

Mais ne pourrait-on pas imposer aux étrangers qui font leur contrat de mariage en France ces mêmes dispositions des art. 1394 et 1395, en disant qu'elles intéressent le crédit des tiers et sont, par conséquent, d'ordre public, puisqu'elles ont pour but d'éviter que les époux ne puissent duper les personnes avec lesquelles ils contractent, en modifiant leur condition pécuniaire dans leurs rapports respectifs?

Cette solution nous paraît exagérée, car les art. 1394 et 1395 sont surtout écrits pour protéger les époux au point de vue de l'influence que l'un d'eux peut exercer sur l'autre et pour maintenir la bonne harmonie dans les familles : or, ce sont là des considérations qui font de nos deux règles des éléments du statut personnel que l'on apprécie, pour chaque individu, d'après sa loi nationale. On objecte cependant que le législateur s'est si bien préoccupé de l'intérêt des tiers en pareille circonstance, qu'il a assuré la publicité du contrat de mariage par la loi du 10 juillet 1850. Mais il suffit de remarquer que si les étrangers ont rédigé ou modifié leur contrat de mariage, avant ou après la célébration de leur union, soit dans leur pays, soit même en France devant le consul de leur nation, la publicité dont il s'agit ne sera nullement applicable à leurs conventions matrimoniales. Cet inconvénient se présente dans le cas de beaucoup le plus fréquent, pourquoi chercherait-on à l'éviter dans l'hypothèse bien plus rare où les étrangers font leur contrat de mariage devant un notaire français? Imposer aux époux étrangers, en pareil cas, l'observation des art. 1394, 1395 C. C. et de la loi du 10 juillet 1850 ne serait qu'assurer d'une manière bien incomplète la sauvegarde du crédit public : aussi est-il vraisemblable que le législateur, en édictant les

(1) P. Fiore, p. 503-504; Demangeat sur Fœlix, t. I, p. 85, note b; Laurent, V, p. 451.

dispositions précitées, n'a entendu les rendre obligatoires que pour les Français (1).

<h2 style="text-align:center">SECTION II</h2>

DES EFFETS EXTRATERRITORIAUX DU CONTRAT DE MARIAGE

454. Nos anciens jurisconsultes reconnaissaient que, lorsque les époux avaient fait un contrat de mariage, leur volonté, qui est évidemment une et indivisible, devait produire en tout lieu les mêmes effets, quelles que fussent les divergences des coutumes dans le ressort desquelles les biens des époux étaient situés. Mais l'accord était loin d'exister entre eux dans le cas où les époux s'étaient mariés sans contrat. Les réalistes, particulièrement représentés par d'Argentré, prenant pour point de départ l'adage féodal *Toutes coutumes sont réelles*, décidaient que le régime de droit commun imposé par la coutume devait s'appliquer à tous les biens situés dans le ressort de cette dernière. Aussi des époux, mariés sous le régime de la communauté dans un pays de coutumes, avaient leurs biens placés sous le régime dotal dans les pays de Droit écrit. Les personnalistes, au contraire, et spécialement Dumoulin, faisaient remarquer que le régime de droit commun n'est pas imposé par le législateur, mais est au contraire censé adopté par les époux : ils en concluaient que, la convention tacite étant de même nature que la convention expresse, la volonté des parties devait toujours être considérée comme indivisible et réglant d'une manière uniforme, d'après le régime de droit commun indiqué par la coutume du domicile matrimonial, les biens des conjoints situés en n'importe quel lieu. Cette controverse célèbre, connue sous le nom de *famosissima quæstio*, fut enfin tranchée par les Parlements dans le sens de l'opinion suivie par les personnalistes (2).

Aujourd'hui, il n'est pas douteux que la même solution s'impose soit qu'il y ait contrat, soit qu'il n'y en ait pas : dans ce dernier cas, en effet, le législateur ne fait que suppléer au silence des parties et interpréter leur intention (art. 1387). La volonté des parties étant

(1) Beauchet, J. Clunet, 1884, p. 39-43.

(2) Bouhier, *loc. cit.*, ch. XXIII, nos 71-72 ; Pothier, *Communauté*, article préliminaire, nos 8-12 ; *Decisio Brabantina super famosissimâ quæstione*, auctore J. Van der Muelen, 1698.

toujours une, qu'il s'agisse d'une convention expresse ou d'une convention tacite, nous dirons que deux Français, mariés dans leur pays sans contrat, auront tous leurs biens, en quelque lieu qu'ils soient situés, placés sous le régime de la communauté légale; de même que deux Italiens, dans les mêmes conditions, pourraient invoquer partout le régime de la paraphernalité générale ou de la séparation de biens (1).

Toutefois, la jurisprudence anglo-américaine, méconnaissant le principe de l'autonomie qui domine les conventions tacites aussi bien que celles qui sont expresses, fidèle en outre à la tradition des anciens réalistes, décide que le régime des immeubles appartenant aux époux mariés sans contrat dépend de la loi du pays où les immeubles sont situés; tandis que pour les meubles, fictivement considérés comme situés au domicile de leur propriétaire, elle applique le régime de droit commun déterminé par la loi du domicile matrimonial (2).

455. Néanmoins, le respect de la souveraineté des états commande que l'on écarte toujours l'application d'une loi qui, bien qu'acceptée par les parties, est en contradiction avec l'ordre public tel qu'il est compris dans le lieu où la convention doit produire son effet. Ainsi on ne pourrait reconnaître en France la validité d'un contrat de mariage fait par simple renvoi à une ancienne coutume, bien que, d'après la loi acceptée par les parties, cette manière de procéder fût permise : la disposition de l'art. 1390 C. C. a bien en effet le caractère d'une règle d'ordre public, puisqu'elle a pour but d'éviter le retour à la variété de législations qui existait autrefois dans notre pays, et d'assurer l'uniformité nouvelle due à la promulgation du Code civil (3).

Au contraire, les dérogations aux règles de la puissance maritale et de la puissance paternelle, interdites aux Français par l'art. 1388, peuvent être autorisées par la loi nationale des étrangers : il ne s'agit, en pareil cas, que d'une question de capacité et, par conséquent, de statut personnel. On a vu que la même solution s'applique aux dispositions des art. 1394 et 1395. Mais la défense d'aug-

(1) Huc, *Code civil d'Italie*, t. I, p. 259.

(2) Story, *loc. cit.*, p. 213, § 176, et 219, § 184-186.; Westlake, J. Clunet, 1884, p. 315.

(3) Laurent, t. V, p. 451.

menter la dot après le mariage, sous le régime dotal, contenue dans l'art. 1543 C. C., doit être regardée comme une règle d'ordre public; elle a en effet pour but de sauvegarder le crédit des tiers en empêchant les époux de leur opposer l'inaliénabilité et l'imprescriptibilité de certains biens que l'on avait le droit de croire aliénables et prescriptibles d'après le contrat de mariage (1).

Il peut arriver aussi qu'une législation prohibe un régime matrimonial comme contraire à l'ordre public, par exemple le régime dotal, du moins en tant qu'il entraîne l'inaliénabilité et l'imprescriptibilité des biens dotaux. Le Code civil italien, art. 1433, interdit toute communauté entre époux, à moins qu'elle ne soit réduite aux acquêts. La Cour de cassation a apprécié cette disposition comme une règle d'ordre public qui peut être imposée aux étrangers en Italie, mais qui ne suit pas les Italiens dans un pays où elle n'est pas édictée, par exemple en France (2). Des auteurs italiens la considèrent, au contraire, comme une règle de statut personnel applicable aux Italiens seulement, mais les suivant en tout pays (3).

Cette dernière solution nous paraît mieux fondée, car il semble bien que le législateur a voulu simplement établir une mesure de protection pour ses nationaux, et éviter que le mari pût compromettre la fortune de sa femme en disposant d'une communauté qui absorberait une portion considérable des biens de cette dernière.

456. La soumission au régime dotal dépend de la libre volonté des parties, manifestée d'une manière expresse ou résultant des circonstances de fait, conformément aux distinctions qui ont été déjà indiquées. Mais l'inaliénabilité et l'imprescriptibilité des biens dotaux, qui en est la conséquence, pourra-t-elle être invoquée en pays étranger ?

La négative est certaine si, dans le pays où ces biens dotaux sont situés, l'attribution aux biens de ce double caractère est prohibée : sur ce point, la disposition de la loi locale est d'ordre public, puisqu'elle intéresse le crédit général et l'organisation même de la propriété.

Si l'inaliénabilité et l'imprescriptibilité ne sont pas prohibées par la *lex rei sitæ*, certains auteurs, continuant la tradition des juris-

(1) Fiore, p. 507 ; Laurent, V, p. 488.
(2) Req., 4 mars 1857, Sir., 57. 1. 247.
(3) P. Fiore, p. 502.

29

consultes statutaires, décident que, du moment qu'il s'agit d'une règle de droit relative aux immeubles, on ne tiendra aucun compte des dispositions de la loi étrangère à laquelle les époux se sont référés : on appliquera toujours la *lex rei sitæ*, et les biens dotaux seront aliénables si elle le décide ainsi, seraient-ils inaliénables d'après la loi étrangère acceptée par les parties (1). — Cette solution, tirée de cette idée que l'inaliénabilité des biens dotaux rentre dans le statut réel, pourrait facilement être écartée en faisant remarquer qu'il s'agit plutôt, en pareil cas, d'une règle d'incapacité et, par conséquent, de statut personnel. Le régime dotal a, en effet, pour résultat de rendre la femme incapable d'autoriser son mari à aliéner ses biens dotaux : c'était là le point de vue accepté par la loi romaine et c'est certainement aussi celui qu'a adopté notre législateur (art. 1560 C. C.). On serait ainsi amené à conclure que l'inaliénabilité et l'imprescriptibilité des biens dotaux dépend de la loi nationale du mari, qui est devenue celle de la femme, et non de la *lex rei sitæ* (2). Mais il faut aller plus loin et dire qu'il ne s'agit ici ni de statut réel, ni de statut personnel. Le régime dotal, comme toute convention matrimoniale, est réglé par la volonté des parties ou par la loi à laquelle ces dernières se sont référées : il produira donc, pour les biens situés en n'importe quel pays, les effets indiqués par les époux ou par la loi qu'ils ont acceptée, spécialement l'inaliénabilité, à moins que celle-ci ne soit prohibée, comme contraire à l'ordre public, par la législation du lieu où les biens sont situés (3).

CHAPITRE III

DE LA LETTRE DE CHANGE

457. La lettre de change est peut-être, de tous les actes juridiques, celui qui donne le plus souvent lieu aux conflits de législa-

(1) Fœlix, t. I, p. 124; Merlin, *Quest. de Droit,* vᵒ Régime dotal, § I, nᵒ 11; Massé, *loc. cit.,* 3ᵉ édit., t. I, p. 480.
(2) Colmet de Santerre sur Demante, VI, p. 497, nᵒ 232 *bis,* I; Barde, *Théorie traditionnelle des Statuts,* p. 95, VII.
(3) Demangeat sur Fœlix, I, p. 213, note *a ;* Demolombe, I, nᵒˢ 85 et 86; Laurent, V, p. 475; Bouhier, ch. XXVII, nᵒˢ 14-20.

tions ; par sa nature, en effet, la lettre de change est destinée à circuler, et, dans son passage à travers plusieurs pays, elle provoque l'accomplissement de diverses opérations, telles que l'endossement, l'acceptation, l'aval, qui, réalisées sous l'empire de législations différentes de celles du lieu d'émission et de paiement, font naître des difficultés parfois très délicates. La fréquence des conflits de législations en ces matières va du reste augmentant chaque jour, étant donné le progrès constant entre les différents peuples des transactions commerciales, donnant naissance à des obligations qui se règlent la plupart du temps au moyen de lettres de change.

Les législations modernes tendent de plus en plus à adopter des principes uniformes pour régler les points qui correspondent partout à des besoins communs : c'est ce que l'on constate notamment dans le droit des obligations et, plus généralement, dans le droit commercial (1). Mais cette uniformité est loin de se présenter pour la lettre de change, à propos de laquelle on constate la plus grande variété entre les législations (2). Il est particulièrement intéressant de noter deux courants d'idées complètement opposées qui se manifestent dans les différents pays sur la nature même de la lettre de change ; leur divergence est la cause d'un grand nombre de différences dans la réglementation de la lettre de change et, par suite, de nombreux conflits de lois. Les efforts tentés par les jurisconsultes pour faire adopter en cette matière des règles semblables par les législateurs modernes sont, jusqu'à présent, restés infructueux (3).

Suivant les idées anciennes, représentées par le Code de commerce français et par ceux qui l'ont imité, par exemple par les Codes d'Egypte, de Grèce, de Hollande, d'Espagne, de Portugal, les lois turque et roumaine, la lettre de change doit surtout être considérée comme le moyen de réaliser deux contrats : d'abord un

(1) V. pour le rapport du droit commercial des différents pays avec le nôtre : Lyon-Caen, *Tableau des lois commerciales en vigueur dans les principaux États...* J. Clunet, 1876, p. 85 et p. 165.

(2) V. Notice de l'Association pour la réforme et la codification du Droit des gens, J. Clunet, 1876, p. 241 et 262 ; Hœchter, Sacré et Oudin, *Manuel de Droit com. franç. et étranger*, p. 415. — V. *Unification des lois relatives à la lettre de change*, Lyon-Caen, J. Clunet, 1884, p. 348 et suiv.

(3) V. *Projet de l'Association pour la réforme*, etc..., J. Clunet, 1876, p. 403.

contrat de mandat par lequel le tireur charge le tiré de payer une somme déterminée au porteur ; en second lieu, et surtout, un contrat de change, par lequel le tireur s'engage envers le porteur à lui faire avoir une somme fixe dans un autre lieu. C'est en se plaçant à ce point de vue, que l'on justifie la remise de place en place et l'indication de la valeur fournie (art. 110 Co. com.).

Les idées nouvelles, déjà acceptées dans quelques états, notamment en Angleterre et aux Etats-Unis (1), ont été nettement définies dans la loi allemande du 25 novembre 1848, qui a été successivement adoptée par les différents états de l'Allemagne et qui a été introduite en Autriche en 1850, reproduite par la loi hongroise du 1er janvier 1877 (2), imitée par la loi du Danemark, de la Suède et de la Norwège sur les lettres de change (3). D'après la loi allemande, la lettre de change est considérée, moins comme un moyen de réaliser le contrat de change, que comme un instrument de crédit destiné à circuler rapidement à l'instar d'un papier monnaie : de là la suppression de l'indication de la valeur fournie et de la remise de place en place ; de là aussi la transmission de la propriété par un simple endossement en blanc (loi allemande de 1848, art. 4 et 12) (4). Certaines législations vont même plus loin, et reconnaissent la validité de lettres de change au porteur ; telles sont les lois de l'Angleterre et des Etats-Unis.

Après avoir constaté la divergence des législations sur la lettre de change, nous allons étudier les conflits de lois auxquels elle peut donner lieu en ce qui concerne la capacité des signataires de la lettre de change, les formes de celle-ci, et enfin les effets de la lettre de change ou des actes qui y sont relatifs.

(1) Le système anglo-américain est identique au système allemand, sauf qu'il n'exige pas sur le titre l'expression : lettre de change. D'autre part, il s'écarte et du système français et du système allemand, en ce qu'il admet les délais de grâce et laisse les délais de recours à l'appréciation du juge. Les lois sur le change ont été codifiées en Angleterre en 1882.

(2) V. Lyon-Caen, *Ann. de légis. étrang.*, 1877, p. 383.

(3) V. traduction Dareste, *Ann. de législ. étrangère de 1881* (loi du 7 mai 1880), p. 504.

(4) Trad. du Code de com. allemand et de la loi allemande sur le change, par Gide, Lyon-Caen, Flach, Dietz. Introd., p. LIX et suiv. — V. la critique, à notre avis erronée, du système allemand, dans Nouguier, *Des lettres de change*, t. II, p. 474, 478, 4e édit. et introduction, t. I.

SECTION I

CAPACITÉ EN MATIÈRE DE LETTRE DE CHANGE

458. Beaucoup de législations établissent, indépendamment des incapacités générales, des incapacités spéciales en matière de lettre de change, par mesure de protection particulière à cause de la grave responsabilité qu'entraîne la signature d'un effet de commerce, ou par des raisons de convenance : c'est ainsi que, d'après l'art. 113 Co. com., les femmes françaises, filles ou veuves, ne peuvent s'obliger par lettres de change si elles ne sont pas commerçantes ; leur engagement ne vaut que comme simple promesse. Conformément au principe qui a été déjà établi au point de vue théorique et que confirme l'art. 3, alin. 3, C. C., il faut déterminer l'aptitude à souscrire une lettre de change ou à accomplir les actes qui y sont relatifs, endossement, aval, acceptation, d'après les dispositions de la loi nationale, qu'il s'agisse d'ailleurs de la capacité générale ou de la capacité spéciale relative aux effets de commerce (1). Il n'y aurait lieu d'écarter l'application de la loi nationale d'un étranger à ce point de vue, que si ce dernier avait employé des manœuvres frauduleuses pour dissimuler son état d'incapacité provenant des dispositions de la loi de son pays (art. 1310 C. C.) (2).

D'après quelques législations, les membres de la famille royale sont déclarés incapables de souscrire des lettres de change. Le motif de convenance politique qui inspire une pareille exception au droit commun la fait généralement considérer comme ayant un caractère territorial, de telle sorte que l'incapacité dont il s'agit ne pourrait être invoquée en pays étranger (3).

459. Le principe qui vient d'être indiqué souffre une dérogation remarquable dans quelques législations. La loi allemande de 1848 (art. 84), après avoir établi que la capacité dépend de la loi nationale, ajoute que l'étranger qui souscrit une lettre de change est

---

(1) V. n° 304; C. de Paris, 10 juillet 1880, J. Clunet, 1880, p. 477.

(2) V. n° 302; Nouguier, *loc. cit.*, t. II, p. 187; P. Fiore, p. 527-528; Comp. de Savigny, *Système*, VIII, p. 149-159.

(3) Paris, 26 novem. 1850, Sir., 50. 2. 666 ; Nouguier, *loc. cit.*, II, p. 187, n° 1416 ; v. n° 297 *in fine*.

valablement obligé en Allemagne s'il remplit les conditions de capacité indiquées par la loi allemande, ne serait-il pas d'ailleurs capable d'après la loi de son pays (1). On retrouve la même disposition
dans la loi de Danemark, Suède et Norwège sur la lettre de change,
art. 84, dans l'art. 822 du Code fédéral suisse sur les obligations
et dans la loi hongroise, art. 95.

Cette exception au principe, d'après lequel le statut personnel
est toujours régi par la loi nationale, ne peut se justifier que par le
désir de donner toute sécurité aux nationaux qui, traitant avec un
étranger, sont portés à apprécier sa capacité d'après les dispositions de leur propre loi (2). Mais, si on la pousse jusqu'au bout,
on voit que cette idée conduit à anéantir la notion même du statut
personnel et à assujétir, dans tous les cas, les étrangers à l'application de la loi territoriale pour tout ce qui concerne leur état et
leur capacité. Le désir d'assurer l'efficacité des lettres de change
ne doit pas l'emporter sur la règle de justice et de raison qui fait
régir le statut personnel par la loi nationale (3).

SECTION II

DES FORMES DE LA LETTRE DE CHANGE

460. La lettre de change peut donner lieu à des actes nombreux
dont chacun peut s'accomplir dans un pays différent et sous l'empire
d'une loi qui contient des dispositions particulières relativement
aux formalités de cet acte. Conformément à la règle *Locus regit
actum,* on devra suivre, pour chacun de ces actes, la loi du pays où
il est fait (4).

Par formalités des actes juridiques relatifs à une lettre de change,
il faut entendre l'ensemble des mentions exigées sur la lettre pour
leur réalisation.

(1) Trad. Gide, Flach, Lyon-Caen et Dietz, p. 423.
(2) On trouve la même préoccupation dans la jurisprudence française : v. n°
302 ; Req., 16 janvier 1861, Sir., 61. 1. 305 ; Paris, 10 juin 1879, *Le Droit,* 30 septembre 1879.
(3) V. n° 293. — Vidari, *La lettera di Cambio,* p. 65-69 ; Brocher, *Etude sur
la lettre de change dans ses rapports avec le Droit inter. privé,* p. 39 ; Esperson, J. Clunet, 1880, p. 258-259.
(4) Cass., 18 août 1856, Dal., 57. 1. 39 ; Code fédéral suisse, art. 823, alin. 1 ;
Lyon-Caen et Renault, *Précis de Droit commercial,* n° 1313.

Ainsi, la date, la remise de place en place, l'indication de la valeur fournie, la désignation du preneur, soit pour la lettre de change elle-même, soit pour l'endossement, sont de véritables formalités dépendant de la loi du pays où la lettre est émise ou de la loi du pays où l'endossement est opéré. Il en est de même de la formule de l'acceptation, des conditions requises pour la validité du protêt, etc. (1). De cette idée générale découlent, notamment, les conséquences suivantes :

1° Une lettre de change émise en Allemagne sans remise de place en place ni indication de la valeur fournie est valable en France ; 2° un endossement en blanc fait en Allemagne doit être considéré comme transférant la propriété de la lettre de change en France, et, fait en France, ne vaudra en Allemagne que comme simple procuration (art. 138 Co. com.). Toutes ces solutions sont aujourd'hui acceptées en doctrine et en jurisprudence (2).

481. Mais la règle *Locus regit actum* étant facultative pour les actes que les parties peuvent faire elles-mêmes sans l'intervention d'un officier public (3), il faut en conclure que ces dernières pourront observer, en pays étranger, les conditions de forme prescrites par leur loi nationale, lorsqu'elles ont même nationalité, et, dans tous les cas, les formalités indiquées par la loi du pays où la lettre de change doit produire ses effets juridiques (4). Cette solution est consacrée pour tous les actes par le Code civil italien, art. 9 ; la loi allemande de 1848 sur le change, art. 85, autorise les Allemands qui s'obligent entre eux par lettre de change à observer, en pays étranger, les formalités indiquées par la loi de leur commune patrie. Si même un acte, par exemple un endossement, est nul en la forme d'après la loi du pays où il a été fait, mais valable d'après la loi allemande, les autres actes faits en Allemagne, par exemple les autres endossements, seront valables (5). Ni l'une ni l'autre de ces

(1) Comp. Brocher, *loc. cit.*, *suprà* p. 43 et suiv.
(2) V. P. Fiore, p. 697, notes 2, 3, 4 ; Lyon-Caen et Renault, *loc. cit.*, n° 1313.
(3) V. n° 280.
(4) *Contrà* : Asser, *loc. cit.*, p. 208-209 ; Brocher, *loc. cit.*, *suprà* p. 42. — Comp. Lyon-Caen et Renault, *loc. cit.*, p. 723, note 8 ; Chrétien, *Etude sur la lettre de change en Droit intern. privé*, 1881, n° 30 et suiv.
(5) Trad. Gide, Flach, etc., p. 423 ; Vidari, *loc. cit.*, p. 129 ; Code fédéral suisse des obligations, art. 823, alin. 2 et 3 ; loi scandinave, art. 82 ; loi hongroise, art. 96.

deux dérogations à la règle *Locus regit actum* ne sont acceptées par la jurisprudence française.

SECTION III

EFFETS DES ACTES RELATIFS A LA LETTRE DE CHANGE

462. Pour déterminer les effets des différents actes se rapportant à la lettre de change, spécialement pour fixer la portée des obligations qui en dérivent, il faut se référer au principe général déjà établi pour les conventions : en cas de conflit de lois, on doit appliquer celle qui paraît avoir été acceptée par les contractants. On sait que, dans le doute, les parties sont supposées avoir accepté leur loi nationale, quand elles ont même nationalité ; dans le cas contraire, il est vraisemblable qu'elles ont voulu se soumettre à la loi du pays dans lequel l'obligation est née, la *lex loci contractûs* (1). Du reste, comme il s'agit, avant tout, d'une question de fait, il est possible que les circonstances démontrent chez les parties de même nationalité l'intention de se soumettre à la *lex loci contractûs* et non à leur loi nationale. Nous plaçant plus particulièrement dans l'hypothèse où les contractants n'ont pas la même nationalité, ce qui est le cas ordinaire quand il s'agit d'une lettre de change voyageant dans plusieurs pays, nous allons faire l'application de la *lex loci contractûs* aux principaux actes en lesquels se décompose l'acte complexe de la lettre de change.

463. Emission de la lettre de change. — La lettre de change sert à réaliser deux contrats. En premier lieu, le contrat de change qui intervient entre le tireur et le porteur, et dont les effets se déterminent par la loi du pays où la lettre est émise. C'est donc d'après cette loi qu'on réglera les obligations du tireur envers le preneur, notamment au point de vue de la provision à fournir, et les actions dont il sera passible faute de paiement par le tiré. D'après la même loi enfin, se résoudra la question de savoir si le tireur pour compte est personnellement tenu vis-à-vis du porteur et des endosseurs (art. 115 Code com.).

Le second contrat réalisé par la lettre de change est un mandat par lequel le tireur charge le tiré de payer une somme au porteur.

(1) Cass., 3 février 1864, Sir., 64. 1. 385.

Ce mandat est conclu au lieu où est le tiré (art. 1985, 2ᵉ alin., C. C.), et c'est la loi de ce lieu qui fixera les obligations du tiré suivant qu'il y a eu provision ou qu'elle n'a pas été fournie, ainsi que les conséquences de l'acceptation faite par le tiré.

464. Endossement. — Les formes de l'endossement et les conditions requises, au point de vue des formalités, pour qu'il transfère la propriété du titre sont déterminées par l'application de la règle *Locus regit actum* (1). Quant aux obligations de l'endosseur vis-à-vis de son cessionnaire ou des porteurs suivants de la lettre de change, elles dépendront aussi de la loi du pays où l'endossement a été fait, mais pour une autre raison, cette loi étant celle à laquelle l'endosseur se réfère (2).

465. Des endossements successifs pouvant être faits dans divers pays et sous l'empire de lois différentes, quelques questions particulières doivent être examinées.

Un endossement en blanc fait en France et ne valant que comme procuration autorise-t-il le cessionnaire à faire, en Allemagne, un autre endossement en blanc qui sera translatif de propriété d'après la loi allemande de 1848 ? — Assurément oui, car la procuration donnée en France donne le pouvoir de tirer de la lettre de change tout le parti possible, de la réaliser en valeur, par conséquent de la céder en toute propriété. Seulement, le cessionnaire par endossement en blanc fait en France devra rendre compte à son mandant du prix de cession de la lettre de change. Dans la pratique il sera même dispensé, la plupart du temps, de cette reddition de compte, car il aura fourni à son cédant la valeur représentative de la lettre de change qu'il n'a cependant reçue que par endossement en blanc (3).

Du reste, lorsque des endossements sont faits dans différents pays, un endosseur peut être tenu envers son cessionnaire plus rigoureusement que ne l'est envers lui le précédent endosseur; mais un endosseur ne peut jamais céder contre le tireur, le tiré ou les précédents endosseurs, que les droits qu'il a lui-même et qui

---

(1) V. nᵒ 460.

(2) Paris, 12 avril 1850, Sir., 50. 2. 333 ; Aix, 1884, Sir., 45. 2. 114 ; Chrétien, *loc. cit.*, nᵒ 68.

(3) Cass. Req., 12 août 1817, Sir., 18. 1. 396.

sont fixés par la loi du lieu d'émission, d'acceptation ou d'endossement (1).

Si un effet de commerce, négociable d'après la loi du lieu d'émission, est endossé dans un pays dont la loi n'admet pas ce mode de
transfert, le cessionnaire ne pourra pas agir contre le tiré devant les
tribunaux du pays où l'endossement s'est effectué ; pour ces tribunaux, en effet, il n'a pas obtenu la propriété de la lettre de change.
Nous pensons qu'il serait possible d'agir contre le tiré dans un
pays dont la loi admet la négociabilité des effets de commerce par
endossement, car, la règle *Locus regit actum* étant facultative, il
est possible d'employer pour la cession d'une lettre de change les
formalités indiquées par la loi du pays où la cession doit produire
ses conséquences (2).

En sens inverse, un effet non négociable dès l'origine, par exemple souscrit à une personne dénommée conformément à l'art. 9 de
la loi allemande de 1848, peut-il être endossé dans un autre pays?
Non, car la cessibilité d'un droit dépend de la loi qui le régit, et il
est inadmissible que l'une des parties, le porteur, puisse attribuer
au titre qui lui est remis un caractère refusé par la *lex loci contractûs* implicitement acceptée par les deux contractants (3).

Il est possible que le titre émis soit faux, quel sera le sort des
actes ultérieurs, par exemple des endossements, faits dans un
autre pays? On pourrait soutenir que ces actes manquant de base
sont sans efficacité, comme le titre même sur lequel ils s'appuient
et qui est entaché de faux. Cependant, plusieurs législations déclarent indépendantes les unes des autres les diverses mentions contenues dans une lettre de change ; de telle sorte que, même dans
le cas où la signature du tireur est fausse, l'acceptation, l'aval,
l'endossement sincères sont valables (4).

466. Aval. — En principe, la portée de l'engagement de l'avali-
seur se règle par la convention; mais s'il y a doute sur le point de
savoir si le donneur d'aval a voulu garantir la solvabilité de tous

(1) Douai, 4 août 1847, Sir., 48. 2. 725 ; Lyon-Caen et Renault, *loc. cit.*, p. 726,
note 1.

(2) V. no 461.

(3) P. Fiore, *loc. cit.*, p. 539-540.

(4) Loi allemande de 1848, art. 75, 76 ; Code fédéral suisse des obligations,
art. 80 ; Loi scandinave sur le change, art. 88.

les signataires de la lettre de change, de quelques-uns ou d'un seul, on appliquera la loi du pays où l'aval est fourni (art. 142 Co. com.).

467. Solidarité. — On a proposé de résoudre la question de savoir si les signataires de la lettre de change sont solidairement responsables de son paiement d'après la loi du lieu d'émission. En effet, a-t-on dit, celui qui reçoit une lettre de change sans action solidaire contre le tireur la transmet aussi sans action solidaire ; en sens inverse, l'action solidaire existant à l'origine est transmise par les endossements ultérieurs aux cessionnaires, quelles que soient, à cet égard, les dispositions de la loi du pays où les endossements sont effectués. Mais cette solution méconnaît le principe fondamental déjà établi, d'après lequel la portée des engagements se détermine, dans le doute, d'après la loi du lieu où ils sont souscrits. Nous déciderons que chacun des signataires sera ou ne sera pas solidairement responsable avec les autres du paiement de la lettre de change, suivant que la loi du pays où il s'est engagé établit ou n'établit pas cette solidarité (1).

468. Paiement. — Les règles légales concernant le paiement sont déterminées par la loi du pays où le paiement doit être effectué (2). Il en sera ainsi, notamment, en ce qui concerne la possibilité d'obtenir des délais de grâce ; la loi du lieu où le débiteur s'est engagé refuserait-elle ces délais (art. 135 Co. com.), le juge peut toujours les accorder si la *lex fori* l'y autorise, car il s'agit, en pareil cas, d'une mesure d'humanité et, par conséquent, d'ordre public (3).

Il en serait différemment de la fixation de l'échéance ; l'époque de l'exigibilité d'une dette tient à l'essence même de celle-ci et doit être déterminée par la loi sous l'empire de laquelle le débiteur s'est engagé (4). Le Code de commerce français (art. 160 *in fine*) admet cette solution en imposant au porteur d'une lettre de change tirée à vue, ou à un certain délai de vue et payable en pays étranger, l'observation des délais fixés par la loi française. Mais assez

---

(1) Asser, *loc. cit.*, p. 213.
(2) V. n° 430.
(3) Cass. de Turin, 6 mars 1872, Dal., 1872. 2. 5 ; Aix, 9 avril 1872, Dal., 1872. 2. 202.
(4) *Contrà* : Lyon-Caen et Renault, *loc. cit.*, n° 1318.

peu logiquement, il impose encore l'observation des mêmes délais pour les lettres tirées de l'étranger et payables en France (art. 160).

469. Conséquences du défaut de paiement ou d'acceptation. — A défaut d'acceptation ou de paiement, le porteur est astreint à certaines obligations dont l'observation est indispensable pour qu'il puisse conserver son recours contre les signataires responsables de la lettre de change. Il faut, à ce propos, distinguer les obligations auxquelles il est soumis, la manière dont il doit les accomplir, et les délais dans lequel il doit s'y conformer et recourir contre les signataires responsables.

Pour la manière dont ces obligations doivent être remplies, en d'autres termes pour les formalités à observer en les accomplissant, on doit appliquer la règle *Locus regit actum ;* c'est ainsi que les formes du protèt sont fixées par la loi du pays où il est fait.

Quant aux obligations mêmes qui incombent au porteur pour qu'il puisse recourir utilement contre le tireur, les endosseurs ou le tiré, par exemple quant au point de savoir s'il doit faire faire un protèt faute d'acceptation ou de paiement, il faut appliquer la loi suivant laquelle chaque signataire de l'effet s'est obligé, la loi du lieu d'émission pour le tireur, celle du lieu où s'est fait l'endossement pour les endosseurs, etc. Chacun de ces signataires s'étant en effet référé à la *lex loci contractûs* pour limiter et préciser son engagement, a compté que le porteur ne pourrait recourir contre lui qu'après l'accomplissement de certaines conditions prévues par cette loi, notamment la confection du protèt (1).

Enfin, les délais dans lesquels le porteur doit accomplir ses obligations et recourir contre les signataires sont aussi déterminés pour ces derniers par la loi du pays où ils se sont engagés : ils ont compté encore sur les dispositions de cette loi qui assure leur libération s'ils ne sont pas actionnés dans un certain délai, par exemple celui de 15 jours depuis la date du protèt pour les endosseurs et le tireur d'après les art. 165 à 170 du Code de commerce français. C'est par application de cette idée que l'art. 166 Co. com. fait dépendre de la loi française la détermination de ce délai de recours contre les tireurs et endosseurs résidant en France, en ce qui concerne les lettres de change tirées de France et payables à l'étranger.

(1) P. Fiore, *loc. cit.*, p. 550; 531-532; 698.

Bien que la loi n'en dise rien, il faudrait logiquement faire régir par la loi étrangère le délai de recours contre un endosseur ou tireur résidant à l'étranger et responsable du paiement d'une lettre de change tirée de l'étranger et payable en France (1).

Certaines législations cependant déclarent la loi du lieu où les actes imposés pour la conservation des droits du porteur doivent être exécutés applicable, non-seulement aux formalités de ces actes, mais encore à leur nécessité et aux délais dans lesquels ils doivent être faits (2). C'est méconnaître la distinction indiquée ci-dessus, et faire une application abusive de la règle *Locus regit actum* qui ne concerne que les formes des actes juridiques.

470. Un cas de force majeure peut empêcher le porteur de remplir les conditions prescrites pour la conservation de ses droits ; la guerre, une catastrophe quelconque peuvent rendre irréalisables le protêt et le recours dans le délai légal. Quelques législations, par exemple la nôtre (3), laissent aux tribunaux le soin d'apprécier, suivant l'équité, le bien fondé de cette excuse tirée de la force majeure ; d'autres admettent formellement cette excuse ; d'autres, plus rares, l'excluent absolument : dans cette dernière catégorie rentre le Code fédéral suisse des obligations, art. 813. En présence de cette variété des législations, nous pensons que, pour savoir si le porteur peut se prévaloir de la force majeure pour excuser son recours tardif contre l'un des signataires de la lettre de change, il faut consulter la loi du lieu où le signataire s'est obligé et rechercher si elle autorise cette excuse provenant d'un cas de force majeure. Chaque obligé limite en effet sa responsabilité d'après la loi du pays où il contracte son obligation, et a le droit de compter sur une libération définitive s'il n'est pas actionné dans le délai fixé par cette loi, sans qu'on puisse lui objecter la force majeure alors que cette même loi ne l'admet pas (4).

---

(1) P. Fiore, p. 531-532; Nouguier, *loc. cit.*, t. II, p. 195-196; Lyon-Caen et Renault, *loc. cit.*, n° 1319 *in fine;* C. de Chambéry, 25 janvier 1878, J. Clunet, 1878, p. 377.

(2) Loi allemande de 1848, art. 86, trad. Gide, Flach, etc., p. 424, note 1; loi scandinave, art. 86 ; Code fédéral suisse des obligations, art. 824 ; Code espagnol, art. 486, et brésilien, art. 424. — Comp. Asser, *loc. cit.*, p. 210 et note 1; Brocher, *loc. cit.*, p. 54-55.

(3) Cass., 7 juillet 1862, Dal., 1863, Comptoir d'escompte.

(4) Lyon-Caen et Renault, *loc. cit.*, n° 1320.

Parfois, dans les circonstances particulièrement malheureuses qui troublent profondément le crédit public, on établit, par une loi particulière, une prorogation des échéances des effets de commerce et on maintient les droits du porteur bien qu'il n'ait pas fait faire le protêt ni exercé son recours dans les délais ordinaires : c'est ce qui a été fait par les lois et décrets rendus en France pendant la guerre avec l'Allemagne et à la suite de cette guerre, spécialement par la loi du 13 août 1870. Pourra-t-on invoquer ces lois ou décrets vis-à-vis des tireurs et endosseurs étrangers, de manière à pouvoir recourir contre eux malgré l'expiration des délais après lesquels ils avaient le droit de compter sur leur libération, conformément à la loi sous l'empire de laquelle ils se sont engagés? Le tribunal de Leipsig, juridiction supérieure de l'Allemagne en matière commerciale, s'est prononcé pour la négative le 21 février 1871 (1); d'autres tribunaux étrangers ont vu, au contraire, dans ces lois et décrets un cas de force majeure qui relevait le porteur de toute déchéance à l'égard des tireurs et endosseurs étrangers malgré son recours tardif contre eux (2).

Nous pensons que la solution de cette question dépend du caractère que l'on attribue aux lois qui reculent l'échéance des lettres de change.

Si ces lois prorogent les échéances, elles modifient les conventions et ne peuvent avoir d'effet vis-à-vis de ceux qui ne relèvent pas de leur autorité, c'est-à-dire vis-à-vis des étrangers. Si on les considère comme un cas de force majeure, rendant impossible la confection du protêt et le recours dans les délais fixés par la loi du pays où s'est engagé le signataire contre lequel le porteur veut recourir, il faut s'en tenir à la solution déjà indiquée à propos de la force majeure, et appliquer la loi sous l'empire de laquelle le signataire contre lequel on recourt s'est obligé. Mais il est peut-être plus simple de ne voir dans les lois exceptionnelles dont nous parlons que la concession d'un délai de grâce qui constitue une règle d'ordre public et qui s'impose dans le lieu où le paiement doit être fait : le porteur pourra donc se préva-

(1) J. Clunet, 1874, p. 185-191.

(2) Cour suprême de Suède, 14 mai 1873, J. Clunet, 1874, p. 149 ; trib. consulaire austro-hongrois de Constantinople, 15 avril 1872, id. p. 100 ; C. de Bruxelles, 29 avril 1872, et C. de Gand, 15 mai 1873, id. p. 209.

loir, vis-à-vis du tireur et des endosseurs étrangers, de l'impossibilité où il s'est trouvé de faire le protêt dans le délai fixé par la loi qui limite la responsabilité de ces derniers (1).

471. Rechange. — La plupart des législations admettent que le porteur peut, s'il n'est pas payé par le tiré, recourir contre le tireur ou les endosseurs par le moyen d'une nouvelle traite comprenant le montant de la lettre de change protestée et certains frais accessoires (art. 181 Co. com.). Mais la variété apparaît entre elles sur certains points de détail : c'est ainsi que, d'après notre Code de com., on ne peut faire plusieurs comptes de retour pour une même lettre, ni cumuler les rechanges (art. 182 et 183), tandis que ces deux prohibitions n'existent pas dans la loi allemande de 1848 (art. 51 et 53) (2). Pour savoir si le tireur ou endosseur doit supporter plusieurs comptes de retour ou un cumul de rechanges, il faut consulter la loi du pays où chacun d'eux s'est engagé, car c'est la loi d'après laquelle il a voulu limiter l'étendue de son engagement (3). On a voulu astreindre les endosseurs, à ce point de vue, aux mêmes obligations que le tireur, en alléguant qu'ils sont solidairement responsables avec lui (4) : mais nous avons déjà établi que la question même de savoir si chaque obligé est solidairement tenu avec les autres signataires de la lettre de change dépend de la loi du pays où il s'est engagé (5).

472. Prescription. — La prescription libératoire en matière d'effets de commerce est des plus variables. Conformément au principe que nous avons déjà établi, nous en fixerons la durée, pour chacun des obligés, d'après la loi du pays où il s'est engagé et qui règle la portée de son obligation (6).

473. Remarque. — Toutes les explications fournies ci-dessus à propos de la lettre de change s'appliquent aux autres effets de

(1) V. n° 468; Lyon-Caen et Renault, *loc. cit.*, n° 1320; Cass. de Turin, 6 mars 1872, Dal., 1872. 2. 1. — Comp. P. Fiore, p. 699-700 ; Brocher, *loc. cit.*, p. 60 et suiv.

(2) V. trad. Gide, Flach, etc., p. 412, note 2, et p. 413, note 1.

(3) Lyon-Caen et Renault, *loc. cit.*, p. 726, note 1.

(4) Pardessus, *Droit commercial*, n° 1500.

(5) V. n° 467.

(6) V. n° 439, n° 5 ; délai admis par les différentes lois, J. Clunet, 1876, p. 265-266.

commerce, par exemple au billet à ordre, en tant qu'il s'agit des points communs qu'ils ont avec la lettre de change.

474. Règles fiscales. — Les lois fiscales étant d'ordre public, leur application à tous les effets de commerce émis en France et payables à l'étranger, ou émis à l'étranger et payables en France, s'impose : mais, dans ce dernier cas, l'impôt du timbre doit être acquitté quand l'effet est produit en France pour y être négocié ou touché (loi du 5 juin 1850, art. 3 et 9). Pour faciliter l'acquittement de cet impôt, la loi du 11 juin 1859, art. 19, autorise l'apposition d'un timbre mobile sur les effets émis à l'étranger, et payables en France (V. règlement du 19 février 1874). De plus, les effets qui ne sont en quelque sorte qu'en transit sur le territoire français, c'est-à-dire émis à l'étranger et payables à l'étranger mais négociés, endossés, acceptés ou acquittés en France, sont soumis à un droit de timbre de 0,50 cent. par 2,000 fr. ou fraction de 2,000 fr. (loi du 23 août 1871, art. 2-1°, et loi du 20 décembre 1872, art. 3). La sanction pour la violation de ces règles fiscales est celle de droit commun (art. 3 et 9, loi du 5 juin 1850) ; mais on ne peut l'appliquer qu'à celui qui négocie ou accepte la lettre de change en France, sans qu'on puisse atteindre celui qui l'a créée à l'étranger.

Si la lettre de change est nulle, d'après la loi du pays où elle est émise, pour violation des règles fiscales, les tribunaux français ne pourront appliquer la sanction pénale, puisqu'il n'y a pas d'infraction commise dans notre pays ; mais l'acte étant nul en la forme, parce qu'il est écrit sur un papier non timbré, nous pensons que les juges français devraient le tenir pour nul, conformément à l'adage *Locus regit actum* (1).

Enfin, d'après la loi du 28 février 1872, art. 10, les lettres de change devront être enregistrées si le protêt est fait en France, ou quand les poursuites seront exercées dans notre pays, quelque soit le lieu où elles ont été émises.

475. Du chèque. — Bien que, par suite de sa circulation très courte, dont le maximum est de huit jours d'après la loi du 14 juin 1865, art. 5, le chèque ne soit pas de nature à voyager dans différents pays comme la lettre de change, la facilité actuelle des communications en permet cependant l'emploi entre la France

---

(1) Demangeat sur Bravard-Veyrières, t. III, p. 107 et 108.

et les pays limitrophes ou d'autres qui ne sont pas trop éloignés. La détermination de la nature du chèque qui, en France, n'est qu'un mandat de paiement, est d'ordre public, au moins dans notre pays, car elle présente un intérêt fiscal. Si en effet un chèque émis en pays étranger est produit en France, on ne le considérera pas comme un chèque mais bien comme un effet de commerce, par exemple une lettre de change, s'il ne porte pas les mentions indiquées dans la loi du 14 juin 1865 et que notre législateur a imposées avec la plus grande rigueur pour éviter qu'on ne dissimulât une lettre de change sous les apparences du chèque, et que l'on ne profitât ainsi de la diminution des droits de timbre accordée aux chèques pour en favoriser le développement. On ne tiendra donc pas compte de la règle *Locus regit actum* pour savoir si le titre émis à l'étranger et payable en France constitue un chèque : ce titre sera astreint à l'impôt qui frappe les effets de commerce si l'on n'a pas observé les conditions prescrites par la loi française du 14 juin 1865 ; en pareil cas, c'est celui qui fera usage en France du titre étranger, constituant un chèque d'après la loi étrangère et non d'après la loi française, qui sera responsable des sanctions pénales édictées par notre législateur pour le non paiement des droits de timbre qui frappent les effets de commerce (loi du 19 février 1874, art. 9). La loi du 19 février 1874 applique aux chèques tirés de France et payables à l'étranger les mêmes dispositions qu'à ceux qui ne sortent pas du territoire français. Si le chèque, conforme aux dispositions de la loi du 14 juin 1865 et du 19 février 1874, est tiré hors de France et payable dans notre pays, le bénéficiaire, le premier endosseur, le porteur ou le tiré doivent acquitter le droit de timbre fixé par notre loi pour les chèques (droit fixe de 20 cent.), sous peine de l'amende de 6 % du montant du chèque (art. 8 et 9, loi du 19 février 1874). La loi de 1874 n'ayant pas prévu les chèques tirés de l'étranger, payables à l'étranger et ne faisant que passer en France, par exemple pour y être endossés, il s'ensuit qu'on ne peut leur appliquer les dispositions fiscales ordinaires (1).

(1) Lyon-Caen et Renault, *loc. cit.*, p. 752, note 2.

aux
dor
des
poi
voi
nex
pla
me
apr
inf

suc
sio
nat

jug
r a

LIVRE IV

Des Successions et des Donations.

---

476. Ce livre quatrième sera divisé en trois chapitres consacrés aux successions *ab intestat*, aux successions testamentaires et aux donations. Le rapprochement des donations qui sont des contrats des successions *ab intestat* et testamentaires s'explique par les points communs qui les relient : la capacité de disposer et de recevoir, la réserve, le rapport. C'est précisément à cause de la connexité qu'elles ont entre elles que les rédacteurs du Code civil ont placé ces matières à côté les unes des autres, traitant cumulativement des donations et des testaments dans le titre II du livre III, après avoir indiqué, dans le titre I, les règles des successions *ab intestat*.

CHAPITRE I

DES SUCCESSIONS *AB INTESTAT*

477. Etudions, dans trois sections, l'aptitude des étrangers à succéder, la question de savoir quelle est la loi qui régit la succession *ab intestat*, et enfin les règles, au point de vue du Droit international privé, du partage et de ses suites.

SECTION I

APTITUDE DES ÉTRANGERS A SUCCÉDER

478. On a déjà vu que, lorsqu'il s'élève un conflit de lois, le juge chargé de le trancher doit s'enquérir, tout d'abord, lorsqu'il y a des étrangers intéressés dans la question, s'ils peuvent invoquer le droit dont il s'agit dans le débat, d'après les dispositions de sa propre loi, c'est-à-dire d'après la *lex fori* (1). L'examen de cette question préjudicielle a une importance particulière en matière de successions, parce que la faculté de transmettre ou d'acquérir par succession ou par testament a été une de celles le plus généralement et le plus constamment refusées aux étrangers dans les anciennes législations. Aujourd'hui le droit d'aubaine, comme nous l'avons constaté en étudiant la condition des étrangers (2), n'existe pour ainsi dire plus. Spécialement en France, les derniers vestiges qui en subsistaient dans les art. 726 et 912 C. C., d'après lesquels l'étranger était incapable d'hériter et de recevoir des libéralités par acte entre vifs ou testamentaire, ont été effacés par la loi du 14 juillet 1819, art. 1.

Mais, tout en rendant aux étrangers la capacité que leur avait enlevée le Code civil, la loi de 1819 établit contre eux une restriction au droit commun ainsi indiquée dans l'art. 2. : « Dans le cas de partage d'une même succession entre des cohéritiers étrangers et français, ceux-ci prélèveront sur les biens situés en France une portion égale à la valeur des biens situés en pays étranger dont ils seraient exclus, à quelque titre que ce soit, en vertu des lois et coutumes locales. » Cette règle ne préjuge d'ailleurs en aucune façon la question de savoir quelle loi régira la succession *ab intestat* : elle constitue simplement une restriction de la capacité de l'étranger pour hériter, afin de sauvegarder les intérêts des cohéritiers français compromis par les dispositions de la loi étrangère.

Le prélèvement organisé par la loi de 1819, art. 2, donne lieu aux deux questions suivantes : dans quel cas pourra-t-il être exercé ? sur quels biens et de quelle manière l'opérera-t-on ?

§ I. *Dans quels cas le prélèvement a lieu.*

479. Le prélèvement est autorisé, sans nul doute, lorsque le cohéritier français est exclu des biens de la succession situés à l'étranger, en sa qualité de français, par la loi étrangère qui main-

---

(1) V. n⁰ˢ 23 et 35.

(2) V. n⁰ 71 et suiv.; Antoine, *De la succession légitime et testamentaire et Droit intern. privé*, p. 48 à 64.

tient contre lui, d'une manière plus ou moins complète, l'ancien droit d'aubaine (1). Il est d'ailleurs bien certain que le prélèvement ne pourrait être exercé par des cohéritiers étrangers autorisés à fixer leur domicile en France, conformément à l'art. 13 C. C. Ces étrangers jouissent bien de tous les droits civils comme les Français, mais le prélèvement est un privilège de nationalité destiné à corriger le préjudice souffert par des Français exclus par la loi étrangère : or, les étrangers autorisés à fixer leur domicile en France demeurent étrangers, et seront peut-être les premiers à bénéficier de certaines faveurs que la loi étrangère leur accordera au préjudice de leurs cohéritiers français (2).

Mais le cohéritier français peut être privé de tout ou partie des biens de la succession situés en pays étranger, non plus en sa qualité de français, mais par l'application des règles générales de la loi étrangère sur les successions. Ainsi, un Italien étant décédé, son frère français et son père italien, seuls héritiers, se partageront la succession par moitié d'après l'art. 740 du Code civil italien, tandis que, d'après notre Code civil (art. 748-749), le frère français aurait droit aux trois quarts de l'hérédité. Le Français, lésé par l'application de la loi étrangère, pourra-t-il corriger le préjudice qu'il éprouve en prélevant sur les biens situés en France la différence entre ce que cette loi lui attribue et ce que sa propre législation lui donnerait ?

Rationnellement, la négative semble s'imposer, car la loi de 1819 n'a eu pour but, en abrogeant les derniers restes du droit d'aubaine, que de défendre nos nationaux contre les lois étrangères qui continueraient à les exclure des successions en leur qualité même de français. Cependant, c'est l'opinion contraire qui l'emporte en doctrine et en jurisprudence (3). Cette manière de voir s'appuie d'ailleurs sur des arguments très concluants. D'une part, en effet, l'art. 2 de la loi de 1819 autorise ce prélèvement pour le Français exclu des biens de la succession par la loi étrangère « *à quelque titre que ce soit* »; sans distinguer, par conséquent, suivant que

(1) Rapport de Boissy-d'Anglas, Locré, X, p. 526-527.

(2) Aubry et Rau, VI, p. 278, note 10.

(3) Demolombe, XIII, n° 199; Demante, III, n° 33 *bis*, II; Rodière, *Revue Wolowski*, 1850, I, p. 192; Renault, J. Clunet, 1876, p. 16; Cass., arrêt Vanoni, 18 juillet 1859; Dal., 59. 1. 325; J. Clunet, 1875, p. 274, v° Succession.

l'exclusion vient de sa qualité de Français ou de l'application des règles ordinaires en matière de succession. D'autre part, on fit remarquer, lors de la discussion de la loi de 1819, que, sous l'ancien droit, on n'avait pas songé à corriger l'inégalité qui pouvait résulter pour les cohéritiers français de la variété des coutumes en matière de succession, parce que, des Français étant seuls en cause, ce que l'un d'eux pouvait perdre par suite de l'application d'une coutume différente de la sienne, un autre le gagnait. Mais, aujourd'hui, le conflit a lieu entre la loi française et les lois étrangères ; il faut donc prémunir nos nationaux contre le préjudice que leur causerait l'application d'une loi d'après laquelle ils n'auraient point, comme héritiers, les droits que la loi française leur assure (1).

Étant donné le sens que l'on attribue ainsi à la loi de 1819, soit en vertu de son texte même, soit en vertu des observations présentées dans les travaux préparatoires, il faut aller plus loin encore : le prélèvement sera autorisé lorsque le cohéritier français est dépouillé par le défunt au bénéfice d'un cohéritier étranger, en vertu d'une disposition autorisée par la loi étrangère mais interdite par la loi française ; par exemple, en vertu d'un legs qui ne respecterait pas la réserve à laquelle le Français a droit d'après notre Code civil (2).

Du reste, bien que parfaitement établie au point de vue de l'interprétation de la loi de 1819, la solution qui vient d'être indiquée est difficilement justifiable au point de vue du droit international théorique. Le législateur français, en corrigeant dans l'intérêt des héritiers français les règles des successions des lois étrangères, empiète sur le droit qu'ont ces dernières d'organiser la transmission du patrimoine de leurs nationaux, et ne tend à rien moins qu'à imposer sa propre législation toutes les fois que des héritiers sont Français. En procédant ainsi, on autorise les autres états à établir pour leurs nationaux un droit de prélèvement semblable au préjudice de leurs cohéritiers français, toutes les fois que notre Code civil n'accordera pas à ces nationaux ce qu'ils auraient dans la succession d'après la loi de leur pays (3).

(1) Locré, X, p. 503. — Comp, Bertault, *Questions pratiques*, nos 116-118.
(2) Demolombe, XIII, 200 ; Cass., 29 décembre 1856, Dal., 56. 1. 471 ; Douai, 8 avril 1874, Dal. 75. 2. 49.
(3) Brocher, *Comm. du traité franco-suisse du 15 juin 1869*, p. 49.

480. Enfin, par application des dispositions de la loi étrangère, un Français peut être avantagé au détriment d'un autre cohéritier français. Par exemple, un Italien venant à décéder dans son pays et laissant pour seuls héritiers son père et son frère tous les deux Français, la succession se partagera entre ces deux héritiers par égales portions (art. 740 C. civil italien), tandis que, d'après notre législation, le frère devrait prendre les trois quarts des biens·du défunt. En général, on autorise le prélèvement en pareil cas, afin que l'héritier lésé puisse prendre sur les biens situés en France la différence entre ce que lui donne la loi étrangère et ce qu'il aurait d'après la loi française (1). On prétend que la loi de 1819 a eu pour but de maintenir entre les héritiers l'égalité telle qu'elle est établie par le Code civil, et que c'est surtout entre cohéritiers français que cette égalité doit être sauvegardée, puisqu'elle est une conséquence de l'organisation démocratique de la famille dans notre pays et une des règles capitales de notre législation.

Nous ne saurions accepter cette solution. L'art. 2 de la loi de 1819 n'autorise le prélèvement que dans le cas de concours d'héritiers français et étrangers; sa disposition exorbitante du droit commun ne peut donc être étendue au cas de concours d'héritiers français, hypothèse que la loi ne prévoit pas. D'autre part, comme on l'a dit dans les travaux préparatoires, le législateur a voulu corriger les avantages que la loi étrangère donnerait aux étrangers au préjudice des Français; mais, lorsque ce qui est perdu par un Français est gagné par un autre, on ne songe plus à écarter l'application de la loi étrangère, pas plus qu'on ne songeait, en pareil cas, à corriger l'inégalité des anciennes coutumes. Enfin, la solution adoptée dans la pratique est contraire à l'esprit de la loi de 1819. Cette dernière, tout en rendant aux étrangers la capacité de succéder, a pris une précaution contre les lois étrangères qui avantageraient les étrangers au détriment de leurs cohéritiers français : dès lors, la précaution dont il s'agit, c'est-à-dire le prélèvement, ne s'explique plus quand il n'y a que des Français en cause (2).

481. Les traités internationaux peuvent quelquefois mettre

(1) Demolombe, XIII, 203; Aubry et Rau, VI, p. 277-278; Cass.; 27 avril 1868; Dal., 68. 1. 302; Paris, 14 janvier 1873; Dal., 74. 2. 234.
(2) Renault, J. Clunet, 1876, p. 19-22; Laurent, *Principes de Droit civil*, VIII, n° 559.

obstacle à l'exercice du droit de prélèvement établi par la loi de 1819. C'est ce qui a lieu lorsqu'un traité, comme celui intervenu entre la France et l'Autriche le 11 décembre 1866 (art. 1 et 2), accorde aux nationaux respectifs des deux états contractants des droits de successibilité réciproques et complets sur le territoire de l'autre état. Si le traité est antérieur à la loi de 1819, il n'est pas modifié par la loi, car une convention ne peut être rompue par le fait de l'une des parties, si ce n'est par dénonciation régulière; si le traité est postérieur à la loi, il constitue une dérogation à cette dernière. Mais la loi de 1819 continuerait à s'appliquer si le traité, sans accorder des droits de successibilité réciproques et complets aux nationaux des deux pays, se contentait, tout en se référant quant aux droits de succession à la loi particulière des deux états, de régler un point particulier, par exemple la compétence en matière de partage. Tel est, peut-être, le traité franco-suisse du 15 juin 1869 dont l'art. 5 règle la compétence judiciaire en matière de succession, mais qui n'indique pas quelle loi on suivra quant au fond (1). Il a été déclaré du reste que, si les Français pouvaient se prévaloir du prélèvement établi par la loi de 1819, les Suisses pourraient aussi user, dans leur pays, des faveurs concédées par leur loi (2).

§ II. *Sur quels biens et comment se fait le prélèvement.*

482. Le but de la loi de 1819 étant de protéger le Français dans la mesure du possible, le prélèvement pourra s'opérer sur tous les biens qui sont en France, les immeubles, les meubles et même les créances dont le débiteur se trouve sur le territoire français (3). Dans la pratique, on déclare même le prélèvement possible sur les créances, à la seule condition que les titres se trouvent en France, le débiteur habiterait-il un pays étranger (4). Cette solution est peut-être conforme à l'esprit de la loi de 1819, mais elle est de

(1) V. n° 512 *in fine*.

(2) Renault, J. Clunet, 1876, p. 18-19; Protocole explicatif du traité de 1869; Brocher, *Comm. du traité franco-suisse de 1869*, p. 44-45.

(3) Demolombe, XIII, 206 et 207; Cass., 27 août 1850, Dal., 50. 1. 257; Chambéry, 11 juin 1878, J. Clunet, 1878, p. 611.

(4) Cass., 21 mars 1855, Dal., 55. 1. 137.

nature à créer des conflits fâcheux : le débiteur ayant dû payer une première fois à l'héritier étranger titulaire de la créance d'après la loi étrangère, pourrait se voir contraint de payer une seconde fois à l'héritier français, s'il venait en France.

483. Pour opérer le prélèvement, on fait la masse des biens du défunt, on calcule la part qui reviendrait à l'héritier français d'après notre loi, et on lui attribue, sous la forme d'un prélèvement sur les biens situés en France, la différence entre cette part et celle qui lui est donnée par la loi étrangère. Mais, à défaut de biens de la succession situés en France, le Français n'aurait pas d'action contre les héritiers étrangers ; la loi de 1819 donne en effet un droit de *prélèvement* et non un droit de créance.

484. Il est à noter que la loi belge du 27 avril 1865, art. 4, et la loi hollandaise du 7 avril 1869, art. 1 et 2, qui ont accordé aux étrangers la faculté de succéder sans condition, établissent pour les nationaux belges et hollandais un droit de prélèvement absolument semblable à celui qu'a organisé en France la loi du 14 juillet 1819, art. 2.

SECTION II

DE LA LOI QUI RÉGIT LA SUCCESSION

485. Quand un individu meurt laissant des biens dans différents pays, ou meurt dans un pays qui n'est pas le sien laissant son patrimoine sur le territoire de sa nation ou bien de tout autre état, quelle loi faudra-t-il suivre pour régler la transmission de son hérédité après son décès : la loi nationale, celle du domicile, ou enfin celle de la situation des biens ? Cette question devient de plus en plus pratique, étant donné le développement des relations internationales et la facilité avec laquelle on peut émigrer et avoir des biens dans un territoire étranger. D'autre part, le résultat est loin d'être le même suivant que l'on suit l'une ou l'autre des trois lois précitées. Malgré la tendance à l'uniformité qui caractérise les législations modernes sur certains points, l'accord n'est nullement réalisé en ce qui concerne les points plus directement soumis à l'influence des idées, des traditions, des mœurs de chaque peuple, notamment en ce qui concerne l'organisation de la famille et, par

conséquent, les successions (1). Ici, l'intolérance religieuse attache
l'indignité successorale à certaines croyances ; là, le despotisme du
souverain l'autorise à hériter à défaut de descendants mâles;
ailleurs, par exemple en France, la succession *ab intestat* est préfé-
rée à la succession testamentaire qui ne vient qu'en second lieu et
qui ne donne pas la qualité d'héritier (art. 1002 C. C.), tandis qu'en
Italie la règle est absolument inverse sur les deux points (art. 720
C. C. italien) (2). Comme on ne peut songer à tenter de faire adopter par tous les états une législation identique, ce qui éviterait la
naissance même des conflits de lois, il faut tout au moins établir un
principe unique, conforme au droit international rationnel, et qui
puisse servir à déterminer partout, en cas de conflits de législations,
celle qui doit régler la transmission héréditaire des biens. On verra
que ce *desideratum* est loin d'être réalisé.

§ I. *De la loi qui rationnellement doit régir la succession* ab intestat.

486. Pour déterminer la loi applicable aux successions, on prend
généralement pour point de départ la Théorie des Statuts. Mais on
a déjà vu combien cette théorie, au moins telle qu'elle était comprise par les anciens jurisconsultes, est peu acceptable (3). On sait,
particulièrement, combien elle est peu précise à cause de son application excessive : si toute règle de droit doit rentrer nécessairement
dans le statut réel ou dans le statut personnel, on se trouve aux
prises avec des difficultés inouïes et des controverses interminables
lorsqu'il s'agit de dispositions légales (et elles sont nombreuses)
qui ne visent pas plus la condition des biens que celle des personnes. Chacun leur donnera le caractère qu'il voudra et en fera, à
son gré, un statut réel ou personnel. C'est ce qui n'a pas manqué
d'arriver pour les successions que les uns ont placées dans le statut réel, d'autres dans le statut personnel, d'autres enfin partie
dans l'un et partie dans l'autre. En réalité, comme il ne s'agit ni
de la condition des biens, ni de celle des personnes, il n'y a plus
lieu de se préoccuper de la distinction des statuts, mais simple-

(1) V. no 18 *in fine*.
(2) Huc, *Le Code civil italien*, I, p. 171-172.
(3) V. no 89 et suiv.

ment de rechercher la loi applicable aux successions à raison de la nature du rapport juridique auquel elles donnent naissance (1).

487. Différents systèmes ont été proposés et appliqués, suivant les temps et les lieux, pour déterminer la loi applicable aux successions.

Dans la première période de la féodalité, l'idée excessive que chaque seigneur s'était faite de sa souveraineté conduisit à la *réalité* des lois absolue : les biens, meubles ou immeubles, laissés par une personne quelconque, étaient régis au point de vue de la transmission héréditaire, comme à tous autres égards, par la loi du pays où ils se trouvaient. L'atténuation de cette règle si rigoureuse provint de l'introduction de la théorie des statuts (2).

488. Les jurisconsultes statutaires, conformément à leur théorie générale, distinguaient, au point de vue des successions, entre les meubles et les immeubles.

Aux immeubles on appliquait la loi de leur situation, de telle sorte que les biens laissés par le défunt dans un pays constituaient comme un patrimoine distinct pour lequel on appliquait exclusivement la loi locale, sans se préoccuper des divergences de celle-ci avec les lois des autres pays où se trouvaient aussi des biens dépendant de la succession. Cette idée était formulée dans l'adage suivant : « *Quot sunt bona diversis territoriis obnoxia, tot sunt patrimonia.* »

Les meubles étaient regardés comme attachés à la personne de leur propriétaire : « *mobilia ossibus personæ inhærent.* » On en concluait qu'ils devaient être régis, au point de vue des successions, par la loi personnelle du défunt, c'est-à-dire la loi de son domicile : « *mobilia sequuntur personam.* » L'application de la loi du domicile était généralement justifiée par cette fiction que les meubles, n'ayant pas d'assiette fixe, sont considérés comme ayant leur situation au domicile du propriétaire ; la loi de ce domicile s'appliquait donc aux meubles, au même titre que la loi de leur situation effective s'appliquait aux immeubles : telle était notamment la manière de voir de Dumoulin, de Boullenois, etc. Cependant, d'après quelques jurisconsultes moins nombreux, entre autres d'Argentré,

(1) V. nº 92 ; Renault, J. Clunet, 1875, p. 335 ; P. Fiore, p. 598 ; Antoine, *loc. cit.*, p. 12-13.

(2) De Savigny, *Système*, VIII, § 376, IV, p. 294 et suiv.

le règlement de la succession mobilière rentrait dans le statut personnel, et c'est par suite de cette idée que, suivant eux, on devait appliquer la loi du domicile du défunt. ·

489. La doctrine adoptée par les jurisconsultes statutaires pour trancher les conflits de lois en matière de succession ne peut s'expliquer que par l'organisation politique jadis en vigueur, c'est-à-dire par la féodalité qui, même lorsqu'elle eut disparu comme puissance politique, n'en garda pas moins son influence très marquée sur les lois qui s'étaient formées et développées sous son empire. Toute la féodalité reposait en effet sur la propriété foncière; la possession du sol était la cause et la raison d'être de la situation politique de chacun et des droits comme des devoirs féodaux qu'il pouvait invoquer ou auxquels il devait se soumettre. On comprend donc que la transmission héréditaire des immeubles fut regardée comme une règle d'ordre public, en tant qu'elle tenait à l'organisation politique : c'est ainsi que se justifiait l'application de la *lex rei sitæ* pour les biens immobiliers. D'autre part, le caractère exclusif des souverainetés féodales conduisit au principe *Toutes coutumes sont réelles,* auquel on ne dérogeait que pour le statut personnel; il ne s'agissait pas de statut personnel dans les successions immobilières, on devait donc en revenir au droit commun de la *territorialité* des lois. Quant aux meubles, leur importance était alors très secondaire, leur possession n'intéressait nullement l'organisation politique, c'est-à-dire l'ordre public de l'époque; de plus, comme ils n'ont pas d'assiette fixe, on remarqua qu'il serait peu justifié en droit et très gênant dans la pratique de les soumettre à la loi du pays où ils auraient été transportés, parfois d'une manière fortuite et momentanée : aussi, renonçant, à leur égard, à la *lex rei sitæ,* leur appliqua-t-on la loi du domicile de leur propriétaire, soit en faisant rentrer les règles qui les concernent dans le statut personnel, soit, ce qui était plus généralement admis, en les réputant fictivement situés au domicile du propriétaire.

Aujourd'hui, il ne reste plus rien pour justifier l'ancienne doctrine. On ne peut plus établir en principe que les lois sont réelles sauf lorsqu'il s'agit du statut personnel; nous avons déjà démontré que, actuellement, la personnalité est la règle et la réalité l'exception : d'ailleurs, il ne s'agit ni de statut réel, ni de statut personnel, mais bien d'un rapport de droit qui n'a trait ni à la condition des choses, ni à celle des personnes (1). Enfin, la féodalité n'existe plus et on ne voit pas comment on pourrait expliquer la différence jadis admise entre les meubles et les immeubles, attendu que la transmission héréditaire des derniers pas plus que celle des premiers n'intéresse aujourd'hui l'ordre public.

Cependant, on a essayé de justifier la doctrine des statutaires, même dans le Droit international moderne. Sans nous arrêter à des arguments tirés du Droit romain et qui n'ont pas d'importance dans une question de Droit international privé (2), réfutons la considération principale sur laquelle s'appuie cette opinion. La transmission héréditaire des biens, dit-on, tient essentiellement à l'organisation politique et économique qui se reflète en quelque sorte dans le droit des successions : c'est ainsi qu'un pays où l'aristocratie conserve sa prépondérance admet le droit d'aînesse, tandis qu'une nation démocratique, comme la France, se prononce pour l'égalité des partages. On voit même des changements s'opérer dans les règles des successions à des époques assez rapprochées, comme conséquences des changements politiques : il suffit, pour s'en convaincre, de comparer la loi du 17 nivôse de l'an II sur les successions, et la loi du 17 mai 1826 sur les substitutions. Donc, en tant qu'elles affectent les immeubles situés sur le territoire qui est la base même de l'Etat, les lois sur les successions sont d'ordre public, de sorte que la transmission héréditaire des immeubles dépend toujours de la loi de leur situation (3).

L'argument qui vient d'être développé ne prouve rien, parce qu'il prouve trop. Il est indéniable que les lois relatives aux successions ont un rapport étroit avec l'organisation politique et économique de chaque peuple : mais n'en est-il pas de même de toutes les lois, ne subissent-elles pas toute l'influence des idées particulières à chaque pays et relatives aux mœurs, au régime politique, économique, religieux ? N'en est-il pas notamment ainsi des lois sur l'organisation de la famille, le régime de droit commun dans le

(1) V. nos 89, 106, 92 et suiv.

(2) P. Fiore, *loc. cit.*, p. 596, note 3.

(3) Valette sur Proudhon, I, p. 98 ; Demolombe, I, n° 91; Aubry et Rau, I, § 31, note 45; Demangeat sur Fœlix, I, p. 145; Massé, *loc. cit.*, I, n° 554, p. 484, 3e édit.; Dudley-Field, *International Code*, art. 585 et 586.

mariage, etc. ? Personne n'a songé pour cela à imposer toutes ces lois aux étrangers et on reconnaît à ces derniers, dans la plupart des cas, la faculté d'invoquer les dispositions de leur loi nationale : pourquoi en serait-il différemment pour les successions ? Si le législateur organise cette matière d'une certaine façon, c'est qu'il tient compte de la situation particulière de ses nationaux qu'il a uniquement en vue : la loi française, par exemple, n'établit l'égalité des partages qu'à raison du caractère démocratique de la nation française, et on ne voit pas comment cette règle s'imposerait à un Anglais de race aristocratique, même pour les biens qu'il possède en France. Il n'y a donc aucune difficulté à accepter sur ce point l'application d'une loi étrangère pourvu, comme nous le verrons plus bas, qu'elle ne soit pas en contradiction avec l'ordre public territorial. Si d'ailleurs il est vrai que la transmission héréditaire des biens rentre par elle-même dans l'ordre public, on ne voit pas pourquoi on restreint cette proposition aux immeubles : est-ce que, par exemple, l'application du droit d'aînesse à une importante fortune mobilière ne compromettrait pas autant l'égalité des partages en France que l'application du même droit à un immeuble de médiocre importance ? Si l'on objecte que les immeubles situés en France sont partie intégrante du territoire qui est la base de l'Etat, tandis que les meubles n'ont pas d'assiette fixe et peuvent être considérés comme situés à l'étranger aussi bien que dans notre pays, nous répondrons que l'organisation de la propriété peut seule toucher à l'ordre public par l'intérêt économique qui s'y attache (1), mais que la question de savoir si un immeuble doit appartenir à tel héritier plutôt qu'à tel autre ne se relie en rien à l'intérêt général : quelque soit le propriétaire, il devra respecter les règles d'ordre public de la loi territoriale (2).

Aussi quelques auteurs, dont l'opinion est d'ailleurs demeurée isolée, ont-ils été plus logiques, en décidant que la loi territoriale s'impose pour les successions mobilières comme pour celles qui portent sur les immeubles (3).

Si l'on se place au point de vue pratique, il est facile de voir que

(1) V. nos 95 et 96.
(2) V. notre étude sur la *Théorie des Statuts dans le Code civil*, Revue critique, 1884, p. 505.
(3) Marcadé, I, nᵘ 78.

la maxime applicable aux immeubles « *Quot sunt bona diversis territoriis obnoxia tot sunt patrimonia* » conduit à des difficultés insurmontables. En considérant l'hérédité comme morcelée en autant de
patrimoines qu'il y a de pays différents où sont situés des immeubles qui en font partie, on verra un héritier accepter la succession
dans un pays et la répudier dans un autre, contrairement au principe de l'unité de l'hérédité et de la représentation du défunt.
D'autre part, si les héritiers ne sont pas les mêmes suivant les
diverses lois ou si leurs parts ne sont pas partout identiques,
comment et par quel tribunal se régleront la répartition propor-
tionnelle du passif entre eux, le rapport, l'accroissement, le droit
de poursuite des créanciers héréditaires ? C'est un labyrinthe inextricable dont plusieurs avouent ne pas pouvoir sortir (1).

490. Suivant la théorie moderne, déjà acceptée généralement en
Allemagne et dont les progrès, quoique lents, sont cependant sensibles dans la jurisprudence et même dans la législation des différents
pays, les successions doivent être régies par une loi unique qui
n'est autre que la loi personnelle du défunt (2).

Ce système se justifie par deux raisons. Tout d'abord le patrimoine, malgré la variété de ses éléments, forme un tout, un ensemble que les Romains appelaient une *universitas*, et dont la complexité
n'empêche pas l'unité. Or, cet ensemble, sorte d'être fictif, est
immatériel en tant qu'on le considère comme une entité juridique ;
il n'a donc pas de situation déterminée et ne peut être assujéti à la
loi du lieu où ses éléments se trouvent. D'autre part, cette *universitas* est la représentation du défunt : *hæreditas sustinet personam
defuncti ;* il est naturel, par conséquent, de lui appliquer la loi
sous l'empire de laquelle le défunt était lui-même placé.

En second lieu, la transmission héréditaire des biens n'est réglée
par la loi qu'à défaut de testament, et le législateur, en organisant
cette transmission, s'inspire de la volonté probable du défunt,
comme il est censé interpréter la volonté des époux en fixant le
régime de droit commun : or, il est vraisemblable que le défunt
mort *intestat* s'en est rapporté, pour régler sa succession, à la loi

(1) Renault, J. Clunet, 1875, p. 332 ; P. Fiore, p. 605 à 608 ; Bertauld, *loc. cit.*,
I, nos 94 à 95 *bis.*
(2) Savigny, *loc. cit.*, VIII, p. 298 ; Laurent, *Princip. de Droit civil*, I, no 109;
P. Fiore, p. 602.

qu'il connaît le mieux, que seule il connaît même dans la plupart des cas, c'est-à-dire à sa loi personnelle. Il serait d'ailleurs déraisonnable de supposer que le défunt a une volonté différente pour les différents biens de sa succession situés dans divers pays : c'es là cependant le résultat auquel on arrive en appliquant la maxime *Quot sunt bona diversis territoriis obnoxia, tot sunt patrimonia.* Il est vrai que, dans la réglementation des successions *ab intestat,* chaque législateur s'inspire de certaines idées particulières qui viennent des principes politiques et d'organisation de la famille adoptés par lui ; mais nous avons déjà démontré que ces principes, à moins qu'ils ne touchent à l'ordre public, ne sont établis que pour les nationaux. Il reste donc toujours vrai de dire que, pour connaître la volonté probable du défunt, il faut consulter sa loi personnelle, dont il est censé accepter les dispositions inspirées par des principes particuliers qu'il est très naturel de lui appliquer, puisqu'il fait partie du groupe de personnes placées dans la situation spéciale qui les a motivés. Cette façon de considérer les règles légales des successions *ab intestat* comme le testament tacite de ceux qui n'en font pas un formel, est justifiée par les déclarations mêmes du législateur qui avoue se conformer aux intentions probables du défunt ; cette idée, qui était celle de la loi du Bas-Empire, a été expressément émise par les rédacteurs du Code civil français, et on la retrouve dans le Code civil italien de 1866 (1). On a objecté, il est vrai, que l'argument qui précède peut conduire trop loin, car, si l'on invoque ainsi la volonté probable du défunt, on devra appliquer une loi quelconque, autre que sa loi personnelle, si les circonstances démontrent qu'il s'y est référé pour régler sa succession (2). Mais il suffit de répondre, croyons-nous, que nulle législation ne reconnaît de testament tacite ; à défaut de dispositions de dernière volonté formelles, on applique partout les règles de la succession *ab intestat* : si donc un individu décède *intestat,* il faut appliquer l'unique loi qui, pour les raisons indiquées plus haut, peut remplacer son testament, c'est-à-dire sa loi personnelle.

Enfin, indépendamment des deux arguments de principe qui viennent d'être exposés, la théorie moderne peut invoquer l'avan-

(1) Gide, *De la législation civile dans le nouveau royaume d'Italie,* p. 21.
(2) Asser, *loc. cit.,* n° 52.

tage pratique incalculable qu'il y a à placer l'ensemble de l'hérédité sous une loi unique : on évite ainsi les difficultés, souvent insurmontables, que l'on trouve dans l'application de lois contradictoires aux diverses parties du patrimoine (1).

491. Mais, si une loi unique doit être appliquée à l'ensemble de la succession, quelle sera cette loi ? La loi personnelle du défunt, répond-on. Or, on sait que, suivant les uns, cette loi est celle du domicile, suivant d'autres, la loi nationale. Nous avons déjà démontré combien la seconde solution est préférable à la première ; elle est d'ailleurs consacrée par l'art. 3, alin. 3, C. C. Du moment que, comme il a été déjà établi (2), la loi nationale règle l'organisation de la famille, il est logique qu'elle s'applique aussi au règlement des successions qui dérive directement de cette organisation, spécialement du lien plus ou moins étroit établi par la loi entre certains parents et qui détermine leur ordre comme héritiers, et du droit, simplement éventuel, comme dans notre législation, ou de copropriété actuelle, comme en Droit romain, qui appartient aux parents sur les biens du défunt.

492. Cependant, comme toujours, on ne pourrait accepter l'application de la loi nationale du défunt si elle était en contradiction avec l'ordre public territorial. C'est ainsi que des étrangers ne pourraient se prévaloir, en France, sauf dans les cas exceptionnels des art. 1048 et suiv., d'une substitution prohibée par l'art. 896 C. C. pour des raisons de crédit public et même de morale. Au contraire, les règles spéciales à telle législation, et motivées par un régime politique et social particulier, ne s'imposent qu'aux nationaux et non aux étrangers pour qui elles n'ont pas été écrites : c'est même cette considération, nous l'avons vu, qui justifie l'application de la loi nationale en notre matière (3). Aussi, est-ce bien à tort que la jurisprudence française écarte le droit d'aînesse invoqué par un héritier conformément à la loi du défunt : l'égalité des partages tient au caractère démocratique de la législation française et ne saurait être imposée à des étrangers appartenant à un pays où le régime politique a un caractère aristocratique (4).

(1) V. n° 489 *in fine.*
(2) V. n° 341 et suiv., 363 et suiv.
(3) V. n° 489.
(4) V. Cass. Req., 18 juillet 1859, Dal., 59. 1. 325.

§ II. *Système suivi dans la pratique.*

493. La jurisprudence française reproduit purement et simplement dans ses décisions les idées déjà admises sous l'ancien droit pour trancher les conflits de lois en matière de successions *ab intestat*. La plupart des auteurs la suivent dans cette voie ; quelques-uns même, tout en reconnaissant combien l'ancienne théorie est peu rationnelle et entraîne de difficultés dans son application aux successions, avouent ne pas pouvoir s'y soustraire, parce que l'art. 3 C. C. l'impose en reproduisant l'ancienne doctrine (1).

Nous ne reviendrons pas sur les raisons qui, suivant nous, autorisent le commentateur à considérer l'art. 3 autrement que comme la confirmation de l'ancienne théorie des statutaires : on sait que, pour nous, le statut réel ne doit pas comprendre les règles des successions en ce qui concerne les immeubles ; car il n'embrasse que les dispositions légales touchant à l'organisation de la propriété et qui sont d'ordre public (2).

494. Par application de cette idée générale que la théorie des statuts, telle qu'on la comprenait jadis, subsiste encore comme droit positif, on fait toujours régir par la loi française la transmission héréditaire des immeubles situés en France, quelle que soit la nationalité du défunt. On refuse donc l'*exequatur* à un jugement étranger qui attribue à un héritier sur ces immeubles une part différente de celle qu'il aurait d'après la loi française (3).

La même solution est consacrée dans le traité franco-autrichien du 11 décembre 1866, art. 2, alin. 1 : « La succession aux immeubles sera régie par la loi du pays où les biens seront situés, et la connaissance de toute contestation relative à ces biens appartiendra aux tribunaux de ce pays. » Une disposition identique se retrouve dans les traités avec la Russie du 1er avril 1874, art. 10, alin. 1, et avec la Serbie du 18 juin 1883, art. 8. — On a voulu argumenter de ces conventions pour confirmer le système suivi par la jurisprudence ; en effet, a-t-on dit, si la loi nationale du défunt pouvait

---

(1) Renault, J. Clunet, 1875, p. 338; Laurent, *Princip. de Droit civil*, n° 109.

(2) V. n° 95; Dubois, J. Clunet, 1875, p. 51-52.

(3) Pau, 14 mars 1874, J. Clunet, 1875, p. 357, et Cass., 5 mai 1875, id. p. 355; Paris, 12 mai 1874, id. 1875, p. 193; Pau, 19 janvier 1872, Sir., 72. 2. 233.

s'appliquer à la transmission héréditaire de ses immeubles, on n'aurait pas stipulé l'application de la loi territoriale, puisque, dans les traités, on cherche principalement à favoriser les intérêts des individus appartenant aux nations contractantes, et non à restreindre les avantages qu'ils trouvent déjà dans la loi de l'autre pays. Nous répondrons que, en concluant les traités précités, on n'a pas eu l'intention de donner une interprétation légale : s'inspirant de la doctrine généralement reçue en France, les auteurs des traités n'ont fait que la reproduire, et leur manière d'agir prouve simplement qu'ils ont partagé l'erreur commune sur le véritable sens de l'art. 3 C. C. (1).

495. Pour les meubles, les auteurs, bien que voulant toujours être fidèles à l'ancienne doctrine, ne sont pas d'accord sur le point de savoir quelle est la loi qui en régira la transmission. Les uns, reprenant la fiction des statutaires d'après laquelle les meubles sont réputés situés au domicile de leur propriétaire, appliquent la loi du dernier domicile du défunt (2). D'autres, au contraire, estiment, avec d'Argentré, que les règles des successions mobilières rentrent dans le statut personnel et que ce n'est que pour expliquer l'application de la loi du domicile qu'on recourait jadis à la fiction d'après laquelle les meubles sont réputés situés au domicile du défunt. Or, disent-ils, aujourd'hui, la loi nationale a remplacé celle du domicile pour régler le statut personnel (art. 3, alin. 3, C. C.); c'est donc la loi nationale du défunt qu'il faut appliquer aux successions mobilières (3).

On appliquerait la même règle aux étrangers autorisés à fixer leur domicile en France (art. 13 C. C.), parce que, bien qu'assimilés aux Français pour la jouissance des droits civils, ils n'en demeurent pas moins étrangers et régis par leur loi nationale pour tout ce qui touche au statut personnel (4).

496. En règle générale, la jurisprudence se prononce pour la loi du domicile : ainsi la succession mobilière d'un Français décédé à l'étranger sera régie par la loi du pays où le défunt était domicilié et non par la loi française (5).

(1) Dubois, J. Clunet, 1875, p. 52.
(2) Boullenois, *loc. cit.*, I, p. 338; Barde, *loc. cit.*, p. 126 et 127.
(3) Renault, J. Clunet, 1875, p. 343; Laurent, *Droit civil intern.*, II, p. 319.
(4) *Contrà* : Demangeat, *Condition des étrangers*, p. 414.
(5) Cass., 27 avril 1868, Dal., 68. 1. 302.

Quant à l'étranger domicilié en France, on n'applique la loi française, pour régler la transmission de ses meubles, qu'autant qu'il a été autorisé à fixer son domicile dans notre pays ; sinon, on applique la loi du pays où il est réputé avoir toujours conservé son domicile, ce qui reviendra, presque toujours, à l'application de sa loi nationale (1). Cette solution est la conséquence de cette idée générale déjà exposée et réfutée, d'après laquelle l'étranger ne pourrait, sans autorisation, avoir en France qu'un simple domicile de fait insusceptible de produire des conséquences légales. On a vu combien cette idée est erronée (2) ; on a pu constater aussi comment la jurisprudence se contredit elle-même en reconnaissant que le domicile non autorisé de l'étranger en France suffit pour attribuer compétence aux tribunaux français, relativement aux contestations portant sur la succession, conformément à l'art. 110 C. C. (3).

497. La règle suivie en ce qui concerne les successions mobilières peut être écartée pour deux causes :

1° Dans les traités, on stipule quelquefois que les successions mobilières seront régies par la loi nationale et non par celle du domicile (v. traité avec l'Autriche, 11 décembre 1866, art. 2, alin. 2 ; avec la Russie, 1er avril 1874, art. 10, alin. 2 ; avec la Serbie, 18 juin 1883, art. 8, alin. 2) ;

2° Le prélèvement autorisé par la loi du 14 juillet 1819, art. 2, peut aussi modifier la solution ordinairement appliquée. On a prétendu que les meubles, fictivement considérés comme situés au domicile de leur propriétaire, échappent à l'application de ce prélèvement toutes les fois qu'ils font partie de la succession d'une personne domiciliée à l'étranger ; en effet, dit-on, ils sont réputés situés au domicile du défunt et le prélèvement n'est permis que sur les biens qui se trouvent en France (4). Mais, en raisonnant ainsi, on n'a pas pris garde qu'il y avait lieu de distinguer deux ques-

(1) Arrêt Forgo, Cass., 5 mai 1875, Dal., 75. 1. 343 ; Bordeaux, même affaire sur renvoi, 24 mai 1876, Dal., 78. 2. 79.

(2) V. n° 198 ; v. aussi, Renault, J. Clunet, 1875, p. 422 à 427 ; Antoine, loc. cit., 76-77.

(3) Req., 7 juillet 1874, Dal., 1875. 1. 271 ; Bordeaux, 19 août 1879, J. Clunet 1880, p. 586.

(4) Rodière, Rev. Wolowski, 1850, I, p. 189-190.

tions : quelle est la protection que la loi française accorde aux héritiers français lésés par l'application de la loi étrangère, et, en second lieu, quelle est la loi applicable au règlement des successions mobilières ? Pour la première question, la loi française est seule applicable, car son but évident est de donner aux héritiers français, toutes les fois que cela est possible, c'est-à-dire quand il y a des biens en France, une compensation de l'exclusion totale ou partielle dont les frappe la loi étrangère eu égard à ce qu'ils auraient obtenu d'après notre Code civil. Le prélèvement, d'abord exercé sur les biens meubles ou immeubles situés en France, conformément à la loi française, pourra donc modifier l'application de la loi du domicile ou de la loi nationale du défunt, suivant que l'on suit l'un ou l'autre de ces deux systèmes pour régler la succession mobilière ; il modifierait même l'application de la loi nationale pour les successions immobilières dans notre système, d'après lequel l'ensemble de l'hérédité est régi par la loi nationale du défunt. Décider le contraire serait faire dépendre la possibilité du prélèvement de cette circonstance de fait que le défunt a son domicile en France, alors que le but certain de la loi de 1819 est de l'autoriser à raison de la situation matérielle des biens en France. Même, étant donné le système de la jurisprudence, d'après laquelle les étrangers n'ont de domicile en France que s'ils ont reçu l'autorisation dont parle l'art. 13, le prélèvement ne s'exercerait presque jamais, puisque cette autorisation est rarement sollicitée et que les héritiers de l'étranger considéré comme ayant conservé son domicile dans son pays pourraient toujours alléguer que le mobilier est fictivement situé au domicile du défunt, soustrait, par conséquent, au prélèvement autorisé par la loi de 1819 (1).

498. Le système suranné adopté par la jurisprudence française est d'ailleurs suivi dans presque tous les états dont les tribunaux se laissent encore dominer par l'influence de la tradition (2). Cependant une réaction commence à se manifester, grâce aux efforts des jurisconsultes modernes : la loi nationale du défunt a été déclarée applicable à l'ensemble de la succession, meubles et immeubles,

(1) Demangeat, sur Fœlix, I, p. 146 ; Cass., 27 août 1850, Dal., 1850. 1. 257 ; Chambéry, 11 juin 1878, J. Clunet, 1878, p. 611 ; Cass., 21 mars 1855, Dal., 55. 1. 137.

(2) P. Fiore, nos 385-386.

par le tribunal du Havre, le 28 août 1872, et par le tribunal suprême de Madrid, le 6 juin 1873 (1).

Législativement, le système moderne, qui se résume dans l'application de la loi nationale du défunt, n'est consacré que dans le Code civil de Zurich, dû au savant Bluntschli (art. 3, § 2), et dans le Code civil italien de 1866 (art. 8). Le Code civil d'Autriche (art. 300 combiné avec le décret du 12 juillet 1812), déclare la loi nationale du défunt autrichien, même décédé à l'étranger, applicable à sa succession ; mais, pour la succession des étrangers, la législation autrichienne maintient la distinction classique des meubles et des immeubles, les premiers régis par la loi du domicile du défunt, les seconds par celle de leur situation. Le Code saxon (art. 17) a l'avantage de soumettre toute l'hérédité à une seule loi ; malheureusement il se prononce pour celle du domicile et non pour la loi nationale.

§ III. *Application du système théorique et du système suivi dans la pratique aux principales matières concernant la transmission des biens par succession* ab intestat.

499. Tous les points qui vont être examinés sont réglés, dans notre opinion, par la loi nationale du défunt, et, dans l'opinion courante, par la loi du domicile du défunt pour les meubles, par celle de la situation des biens pour les immeubles.

Ainsi, la loi nationale du défunt déterminera les causes d'ouverture de la succession ; mais, parfois, ces causes pourront ne pas être reconnues en pays étrangers parce qu'elles sont contraires à l'ordre public local ; telles seraient, en France, la mort civile et l'entrée en religion. La même loi réglera aussi les présomptions de survie lorsque plusieurs personnes, appelées à se succéder réciproquement, périssent dans un même événement (art. 720-722 C. C.). Toutefois, si les *commorientes* sont de nationalité différente et si leurs lois nationales sont contradictoires relativement aux présomptions de survie, il y aurait arbitraire à se prononcer pour l'une plutôt que pour l'autre de ces législations : aussi écartera-t-on toute présomption et cherchera-t-on à établir, uniquement par les circonstances de fait, quel est celui des *commorientes* qui a survécu,

(1) J. Clunet, 1874, p. 182 et p. 40-45.

sauf à décider qu'aucun d'eux ne peut être considéré comme héritier, lorsqu'on ne peut prouver l'ordre des décès.

La loi nationale du défunt déterminera aussi l'ordre des successions : c'est elle qui nous dira s'il y a fente du patrimoine, privilège du double lien, quand et comment se fait la représentation, dans quel cas ont lieu les successions anomales.

Pour la capacité des héritiers, deux points doivent être distingués. La loi nationale du défunt fixera quelles sont les personnes qui sont appelées à succéder ; par exemple, il faut la consulter pour savoir si les enfants légitimés, naturels, adoptifs héritent et pour déterminer la part qui leur revient. Mais, cette première question étant résolue, il faut rechercher si les héritiers sont valablement légitimés, reconnus ou adoptés ; or, cette deuxième question se rattache à l'état des héritiers et dépend, par conséquent, de leur propre loi nationale. Ainsi la loi française, si le défunt est Français, appelle à la succession les enfants naturels reconnus et légitimés ; lorsque ces derniers seront étrangers, ils pourront valablement se prévaloir en France d'une reconnaissance forcée obtenue en justice contre leur père, dans leur pays, ou d'une légitimation par rescrit du prince, si leur loi nationale autorise la recherche de la paternité naturelle et ce mode de légitimation (1). On voit, par ce qui précède, qu'il est inexact d'affirmer, d'une manière absolue, comme on le fait souvent, que la capacité des héritiers est déterminée soit par leur loi nationale, soit par celle du défunt (2) : chacune de ces lois a son champ d'application bien distinct.

Toutefois, les exclusions prononcées par la loi du défunt contre certains héritiers ne seraient plus admises si elles étaient contraires à l'ordre public territorial : telle serait, dans un pays qui ne l'admet pas, la mort civile venant d'une condamnation ou de l'entrée en religion ; telle serait aussi l'incapacité frappant certaines personnes à cause de leur croyance religieuse, dans un pays qui consacre la liberté de conscience (3).

(1) V. n° 372 bis, 379.

(2) Comp. Laurent, loc. cit., VI, p. 314 ; P. Fiore, p. 608, n° 397, et Antoine loc. cit., p. 86, n° 74.

(3) Laurent, loc. cit., VI, p. 318 et suiv. ; Story, loc. cit., p. 767, n°s 620-621 ; P. Fiore, p. 609 ; Cass., 26 février 1873, Dal., 73. 1. 208. — Contrà : Antoine, loc. cit., p. 86, n° 74 ; de Savigny, loc. cit., VIII, § 365, note a.

Quant à l'indignité, elle constitue une modification de la capacité des héritiers ; elle est donc régie par la loi nationale de ces derniers (1).

Enfin, c'est la loi nationale du défunt qui décidera quand, par qui et comment le rapport doit être fait. Le rapport est en effet basé sur une interprétation de la volonté du défunt qui, on le suppose, n'a voulu faire un don à ses héritiers que comme avancement d'hoirie, et qui peut écarter cette présomption par la clause de préciput, en vertu de laquelle l'héritier cumule la donation et sa part héréditaire jusqu'à concurrence de la quotité disponible. Il est donc naturel d'appliquer la loi à laquelle le défunt s'est vraisemblablement référé ; tandis qu'en suivant la doctrine classique, si le défunt laisse des biens dans différents pays et que les lois de ces pays n'imposent pas toutes le rapport, on devra admettre que la personne décédée n'a voulu faire qu'un avancement d'hoirie pour les biens situés dans un état, et une donation proprement dite, susceptible d'être cumulée avec la part héréditaire, pour ceux qui se trouvent dans un autre ! Peut-on raisonnablement scinder la volonté du défunt qui est essentiellement une et indivisible ?

Cependant les règles d'ordre public, établies dans l'intérêt du crédit des tiers par la loi du pays où les biens de la succession sont situés, pourront modifier les effets du rapport tels qu'ils résultent de la loi nationale du défunt. Ainsi, en France, le rapport a un effet rétroactif et fait tomber tous les droits réels consentis par le donataire sur le bien rapporté (art. 865) ; au contraire, le Code civil italien (art. 1016) impose le rapport en moins prenant pour assurer le maintien des droits établis par le donataire et sauvegarder l'intérêt des tiers : aussi ne pourrait-on invoquer en Italie l'art. 865 de notre Code civil, même pour les immeubles dépendant de la succession d'un Français (2).

500. Un certain nombre de points concernant les successions seront exclusivement régis par la loi de la situation des biens, parce qu'ils intéressent l'ordre public territorial. Ce sont les suivants.

1° Le retrait successoral. Ce retrait sera toujours autorisé si la loi locale le permet, ne fût-il pas admis par la loi nationale du

---

(1) Laurent, VI, p. 329 ; Demante, I, p. 49, n° 10 *bis*, IV, *in fine*.
(2) Laurent, *loc. cit.*, VII, p. 62 ; Antoine, *loc. cit.*, p. 62.

défunt, parce qu'il est fondé sur une considération d'ordre public plus ou moins bien fondée : le désir d'éviter les difficultés dans les partages (1).

En sens inverse, on ne pourrait, en invoquant la loi du défunt, exercer le retrait dans un pays dont la loi ne l'admet pas, par exemple en Italie : le retrait a, en effet, pour résultat de faire tomber les droits réels consentis par l'acquéreur de la part héréditaire ; à ce titre, on peut dire que la suppression du retrait successoral intéresse le crédit général et constitue une règle d'ordre public (2).

2° La prohibition des pactes sur succession future est fondée sur des considérations de morale, plus ou moins bien fondées aussi : la validité de semblables conventions dépend, par conséquent, de la loi territoriale (3).

3° Le caractère de l'investiture de l'héritier, qui peut être facultative ou forcée, dépend de la loi nationale du défunt, et c'est d'après cette loi que l'on décidera si l'héritier peut répudier la succession, l'accepter sous bénéfice d'inventaire et dans quel délai il doit prendre son parti. Quant aux formes de l'acceptation ou de la répudiation, elles sont déterminées par la loi du pays où ces actes sont faits : *Locus regit actum;* l'héritier étranger pourrait même se contenter d'une déclaration faite devant le consul de sa nation, si, en vertu d'un traité intervenu entre son pays et celui où il manifeste son intention d'accepter ou de répudier la succession, les consuls ont compétence pour recevoir des déclarations semblables (4).

Au contraire, il faudra suivre la loi territoriale pour trancher la question de savoir si l'héritier est de plein droit propriétaire et possesseur des biens de l'hérédité ; la saisine se rattache en effet à la transmission de la propriété des biens, à la possession ainsi qu'à la prescription et aux actions possessoires qui en sont la suite, en un mot à l'organisation même de la propriété qui est d'ordre public et constitue le statut réel (5).

(1) Cass., 15 mai 1844, Sir., 44. 1. 605; v. Laurent, *loc. cit.*, VII, p. 42-45.
(2) Antoine, *loc. cit.*, p. 92, n° 84.
(3) *Contrà* : Antoine, p. 92, n° 83.
(4) V. *Consult. anonyme*, J. Clunet, 1880, p. 572 à 574. — Comp. Laurent, *loc. cit.*, VI, p. 628 et suiv.
(5) V. n°s 95, 96 ; Antoine, *loc. cit.*, p, 91-92 ; P. Fiore, *loc. cit.*, p. 615-615 ; Comp. Laurent, VI, p. 584 et suiv.

4º Successions vacantes et en déshérence. La loi nationale du défunt déterminant les héritiers indique, par le fait, dans quel cas il n'y en a pas, dans quel cas, par conséquent, la succession est en déshérence. Le droit reconnu à l'Etat, dans la plupart des législations, de s'emparer des successions en déshérence ne vient pas de sa qualité d'héritier ; c'est le résultat de cette règle de police et d'ordre public en vertu de laquelle les biens abandonnés et sans maître entrent dans le domaine national (art. 713 C. C.). De là il résulte que le droit de l'Etat ne dépend plus de la loi nationale du défunt, mais bien de la loi territoriale, puisqu'il s'agit d'une mesure d'ordre public. Aussi, tous les biens d'une succession en déshérence d'après la loi nationale du défunt reviennent-ils, meubles ou immeubles, à l'Etat sur le territoire duquel ils se trouvent au moment de l'ouverture de la succession (1).

Lorsque la succession est simplement vacante, c'est-à-dire lorsqu'il n'y a pas d'héritier connu ou que tous les héritiers ont renoncé, et que personne ne se présente pour recueillir l'hérédité, pas même l'Etat, les mesures prises pour la conservation des biens, par exemple la nomination d'un curateur (art. 768 C. C.), peuvent être ordonnées d'office, si c'est nécessaire, par le tribunal d'un pays quelconque dans le ressort duquel se trouvent des biens de la succession : l'ordre public commande en effet que l'on pourvoie à la sauvegarde de ces biens qui sont des éléments de la richesse nationale. Mais, en principe, comme il s'agit ici d'une mesure de protection, il appartient à l'autorité compétente du pays auquel le défunt appartenait de prescrire les précautions nécessaires en pareil cas, et le curateur nommé par cette autorité pourra invoquer ses pouvoirs en tout pays où se trouveront des biens de la succession (2).

5º Impôts de mutation. Ils sont évidemment dus dans chaque état, d'après la loi locale, et eu égard aux biens meubles ou immeubles qui se trouvent sur le territoire de cet état lors de l'ouverture de la succession. La loi française du 23 août 1871, art. 3 et 4, a soumis au droit de mutation les valeurs mobilières étrangères dépendant de la succession d'une personne étrangère qui avait en France son domicile : si la simple résidence en France ne suffit pas

(1) Laurent, VI, p. 648 ; Renault, J. Clunet, 1875, p. 428 ; P. Fiore, p. 616 ; Bordeaux, 12 février 1852, Dal., 1854. 2. 154. — *Contrà :* Antoine, p. 89 à 90.
(2) V. nº 398.

pour qu'il y ait lieu d'appliquer cette règle, il est à noter que la loi n'exige pas que le domicile du défunt ait été autorisé, contrairement à ce que décidait jadis la jurisprudence (1). Il a même été jugé que la succession d'une étrangère mariée qui a son domicile de droit chez son mari, à l'étranger, tombe sous le coup de la loi du 23 août 1871, si la défunte a fixé depuis longtemps son domicile de fait dans notre pays (2).

SECTION III

DU PARTAGE ET DE SES SUITES

501. Etudions successivement le partage et ses effets, le paiement des dettes, la compétence et la procédure en matière de partage.

§ I. *Du partage et de ses effets.*

502. Les diverses questions qui vont être examinées sont résolues, dans la doctrine classique, par l'application de la *lex rei sitæ*, s'il s'agit d'immeubles, et par la loi du domicile du défunt, quand il s'agit de meubles. Mais on va voir que chacune de ces questions doit être examinée d'une manière particulière, pour qu'on puisse déterminer la loi d'après laquelle elle doit être tranchée.

503. La capacité pour faire le partage dépend, d'après le principe déjà connu, de la loi nationale des parties ; la loi de chaque héritier indiquera donc s'il peut procéder seul au partage, ou s'il a besoin de l'assistance de certaines personnes et quelles sont ces personnes. La valeur du partage fait par des incapables sans l'assistance requise est aussi déterminée par la loi nationale, car il est naturel que la loi règle la sanction de l'incapacité comme l'incapacité elle-même. Ainsi le partage fait par un mineur français agissant seul, en n'importe quel pays, sera nul au point de vue de la division de la propriété, mais vaudra comme partage de l'usufruit ou partage provisionnel (art. 840 C. C.). Mais si, en sens inverse, des mineurs étrangers font seuls un partage en France, il semble

---

(1) V. nos 198 et 496.

(2) Nice, 9 juillet 1883, J. Clunet, 1884, p. 72 ; *Des valeurs mobilières étrangères dans la nouvelle législation fiscale*, J. Clunet, 1876, p. 256.

que ce partage doit être valable comme provisionnel, fût-il nul à tous égards d'après la loi nationale de ces mineurs. L'art. 840 C. C. paraît contenir, en effet, une règle d'ordre public basée sur une raison d'ordre économique, puisque sa disposition a pour but d'éviter les difficultés et les procès qui naîtraient de l'annulation des actes faits par les cohéritiers au point de vue de l'usufruit, tels que les baux consentis par eux et la perception des fruits. De plus, le législateur espère que, la plupart du temps, les héritiers confirmeront le partage provisionnel et le transformeront en partage définitif, validant ainsi même les constitutions de droits réels consentis par les cohéritiers sur les biens dont ils n'avaient jusque-là que la jouissance, et qui seront désormais réputés leur avoir appartenu en toute propriété du jour où a commencé l'indivision (1).

504. Le partage peut être judiciaire ou volontaire : nous traiterons du premier en étudiant la procédure du partage (2). Le partage volontaire constitue un véritable contrat, par lequel les héritiers veulent substituer la propriété individuelle à la propriété collective ; il y a donc lieu, pour déterminer les effets de ce contrat, de suivre l'intention des parties et d'appliquer la loi à laquelle elles se sont vraisemblablement référées : cette loi, on l'a déjà vu à propos des conventions, est leur loi nationale si elles ont même nationalité, et, dans le cas contraire, la loi du pays où la convention a lieu, la *lex loci contractûs* (art. 819 C. C., alin. 1er *in fine*) (3).

505. Cependant l'autonomie des contractants peut se trouver restreinte par les règles d'ordre public admises dans le pays où les biens sont situés. Ainsi, pour des raisons d'intérêt économique bien connues, nul ne peut, en France, s'obliger à rester dans l'indivision pendant plus de cinq ans (art. 815 C. C.) : on n'accepterait donc pas, dans notre pays, un engagement de ce genre pris pour dix ans par des héritiers italiens (Code civil d'Italie, art. 681), ou par des Anglais à perpétuité (4); le délai serait réduit à cinq années (art. 815 C. C.).

De même, l'effet déclaratif, reconnu au partage dans l'art. 883

(1) V. Laurent, *loc. cit.*, VII, p. 37-38.

(2) V. n° 511.

(3) Laurent, *loc. cit.*, VII, p. 28 et 29.

(4) Anthoine de St-Joseph, t. II, v° Grande-Bretagne, p. 427, col. 2, art. 463.

C. C., est une règle d'ordre public, inspirée par le désir d'éviter les inconvénients qui résulteraient du recours entre héritiers à raison des droits réels consentis par eux pendant l'indivision : cet effet déclaratif résultera donc du partage de tous les biens, meubles ou immeubles, situés en France et dépendant de la succession d'un étranger dont la loi ne reproduirait pas la disposition de notre art. 883 (1). — D'ailleurs, le partage de la succession d'un Français, opéré même par des héritiers français, serait attributif et non déclaratif de propriété dans un pays où la fiction de la rétroactivité du partage n'est pas reconnue, par exemple en Italie : en pareil cas, en effet, il serait contraire à la sauvegarde du droit des tiers, établie comme règle d'ordre public par la loi territoriale, de faire tomber les droits réels consentis par les héritiers pendant l'indivision, en donnant au partage un effet déclaratif (2).

506. L'obligation de garantie étant une conséquence du partage sera régie par la loi à laquelle les héritiers ont voulu se référer, c'est-à-dire par leur loi nationale ou par celle du pays où s'opère le partage, suivant qu'ils ont ou n'ont pas la même nationalité (art. 884-886 C. C.). Il en serait ainsi même dans le cas de partage judiciaire, qui ne dépend de la loi du pays où il est fait qu'en ce qui concerne les conditions de forme. Mais, si des incapables sont intéressés dans le partage, il faudra rechercher, tout d'abord, conformément à leur propre loi nationale, s'ils ont la capacité de restreindre leur droit à l'action de garantie et si, par conséquent, leurs représentants légaux peuvent le restreindre aussi, en acceptant l'application d'une loi étrangère qui limiterait ce droit plus que ne le fait la loi nationale des incapables.

507. Pour la rescision du partage, on a proposé d'appliquer la loi nationale du défunt, sauf à s'en tenir à la loi de la situation des biens si elle est plus restrictive sur ce point, parce que la rescision du partage peut compromettre l'intérêt des tiers qui ont obtenu des droits réels sur les biens de la succession et touche ainsi à l'ordre public (3). Mais, du moment que le partage est un véritable contrat, nous appliquerons ici, comme nous l'avons fait pour les

(1) *Contrà :* Antoine, *loc. cit.*, p. 125.

(2) *Contrà :* Laurent, VII, p. 53 *in fine.*

(3) Antoine, *loc. cit.*, p. 130.

conventions et pour les mêmes raisons, la loi nationale des copartageants, en ce qui concerne la détermination des causes de nullité ou de rescision : incapacité, vices du consentement, lésion (1).

§ II. *Du paiement des dettes.*

508. Dans le système adopté par la jurisprudence, on applique la *lex rei sitæ* pour régler la contribution et l'obligation aux dettes héréditaires s'il s'agit de dettes correspondant à des immeubles de la succession, et la loi du domicile du défunt, s'il s'agit de dettes relatives aux meubles. On donne, pour justifier cette solution, toujours la même raison, à savoir que telle était la doctrine des statutaires qui est encore celle du législateur moderne. Mais, indépendamment du doute sérieux qui existe, ainsi que nous l'avons déjà démontré, sur le point de savoir si l'art. 3 C. C. est la reproduction de l'ancienne théorie des statuts, il est à noter que rien n'est moins bien établi que la tradition de l'ancien droit sur le règlement du passif des successions entre les cohéritiers ou à l'égard des créanciers héréditaires. La contribution aux dettes variait dans chaque coutume suivant l'origine et la nature des biens, suivant qu'ils étaient propres ou acquêts, propres paternels ou maternels : c'est ainsi que la coutume de Normandie exemptait les propres de la contribution aux dettes, tandis que celle de Paris les y assujétissait. Or, les réalistes, fidèles à leur doctrine générale, décidaient que les immeubles situés en Normandie ne devaient pas être grevés de la contribution, d'après la *lex rei sitæ*, alors même qu'ils dépendaient d'une succession ouverte dans le ressort de la coutume de Paris; le Parlement de Paris, au contraire, soumettait tous les biens de l'hérédité, en quelque lieu qu'ils fussent situés, à la règle établie par la coutume du lieu où la succession s'était ouverte, en ce qui concerne la contribution aux dettes : de quel côté peut-on affirmer que se trouve la véritable tradition (2)?

D'autre part, notre droit actuel n'admet plus les anciens principes relatifs au règlement du passif héréditaire. Pour la contribution, on ne se préoccupe plus de la nature ni de l'origine des biens, et chaque héritier en est tenu proportionnellement à la part qu'il

(1) V. no 418, no 2.
(2) Froland, *loc. cit.*, t. II, p. 1548-1557 ; Laurent, *loc. cit.*, VII, p. 66.

recueille dans la succession (art. 732 et 870 C. C.). Quant à l'obligation, on décidait jadis, à cause des retards qu'amenait la difficulté des liquidations des successions, que chaque héritier en était tenu pour sa part virile ; mais aujourd'hui, malgré le langage inexact qu'emploie le législateur dans l'art. 873 C. C., on sait que l'obligation est, en principe, fixée comme la contribution, proportionnellement à la part héréditaire (art. 1220 C. C.). Notre Code civil reproduit donc l'idée du Droit romain d'après laquelle l'héritier représente le défunt dans la mesure de sa part dans la succession, et se trouve, par suite, tenu des dettes dans la même proportion. Or, si l'héritier est ainsi considéré comme la continuation de la personne du défunt, sauf la limitation qui résulte de sa part héréditaire, il s'ensuit qu'il doit être tenu des dettes, dans cette mesure, comme le défunt l'eût été lui-même : le défunt répondait de ses engagements sur tous ses biens, en quelque lieu qu'ils se trouvassent et quelle que fût leur nature (art. 2092), aussi l'héritier en sera-t-il tenu de la même manière, au moins dans la proportion fixée par la part qu'il recueille dans la succession. De là nous conclurons que la loi qui détermine l'étendue de l'engagement du défunt sur l'ensemble de son patrimoine règle aussi la contribution et l'obligation aux dettes dont les héritiers sont tenus, sans qu'il y ait lieu de distinguer suivant la nature ou la situation des biens recueillis par eux : or la loi qui détermine la mesure dans laquelle le défunt a pu engager son patrimoine est sa loi nationale qui fixe sa capacité et sur l'application de laquelle les créanciers ont compté en traitant avec lui. C'est, par conséquent, cette loi nationale du défunt qu'il faudra consulter pour savoir si des héritiers sont représentants du défunt et tenus des dettes *ultrà vires successionis*, ou s'ils ne doivent les supporter que dans la limite de la valeur des biens recueillis par eux, comme les successeurs irréguliers en France (1).

509. Au paiement des dettes héréditaires se rattache la séparation des patrimoines qui n'est qu'une garantie pour les créanciers du défunt contre le concours des créanciers des héritiers. Si une loi considère la séparation des patrimoines comme un privilège, il y a lieu d'appliquer le principe qui sera indiqué plus loin à pro-

(1) Laurent, VII, p. 80 ; Antoine, *loc, cit.,* p. 128.

pos des privilèges considérés au point de vue du Droit international privé. Mais si la séparation des patrimoines n'est regardée que comme un droit personnel des créanciers de la succession (ce qui paraît être le caractère que lui donne le législateur français), il faut la faire régir par la loi nationale du défunt : cette loi détermine en effet, nous venons de l'établir dans le numéro précédent, la portée des engagements du défunt sur son patrimoine ; il est donc logique qu'elle fixe aussi les garanties spéciales que peuvent prendre les créanciers, pour assurer le droit de gage que leur donne la loi de leur débiteur sur tous les biens de ce dernier.

Cependant, il faudra s'en tenir toujours à la loi de la situation des biens, meubles ou immeubles, pour un point qui touche à la sauvegarde du crédit public, à l'intérêt général, c'est-à-dire pour la publicité et pour la prescription de la séparation des patrimoines. Ainsi, la séparation des patrimoines devra être inscrite pour les immeubles dans les six mois depuis l'ouverture de la succession, en France (art 2111), et, en Italie, dans les trois mois (art. 2057, Code civil italien); elle sera aussi prescrite, en France, au bout de trois ans pour les meubles (art. 880), sans qu'il ait lieu de se préoccuper des dispositions de la loi nationale du défunt (1).

§ III. Compétence et procédure en matière de partage.

510. 1o *Compétence.* C'est un principe universellement admis que toutes les actions relatives à une succession, pétition d'hérédité, action en partage, en rescision de partage et en garantie, sont de la compétence d'un juge unique : on évite ainsi l'accumulation des frais, la perte de temps et la contrariété possible des décisions sur des questions qui ont entre elles une étroite connexité (2). Le juge naturellement compétent pour connaître de toutes les actions concernant l'hérédité est celui du lieu où la succession s'est ouverte, c'est-à-dire celui du dernier domicile du défunt.

L'art. 59 P. C., qui confirme cette manière de voir, ne semble avoir été écrit qu'en vue de la succession des Français ouverte en France; mais, étant donné le fondement rationnel sur lequel repose

(1) Laurent, VII, p. 86-90; Antoine, p. 130, no 129.
(2) Dig., l. 1, *De quibus rebus ad eumdem judicem;* Code, lex unic. *Ubi de hæreditate agatur.*

la disposition qu'il contient, on ne voit pas de motif pour ne pas l'appliquer au Droit international privé (1).

Cependant, la jurisprudence, conformément à sa doctrine générale, attribue compétence au tribunal dans le ressort duquel les immeubles sont situés, lorsqu'il s'agit d'actions relatives aux immeubles de la succession, et au tribunal du dernier domicile du défunt, pour les actions concernant les meubles de l'hérédité (2). Du reste, la jurisprudence admet que le simple domicile de fait établi en France par le défunt étranger, sans autorisation du gouvernement, est suffisant pour permettre aux tribunaux français de connaître des actions relatives aux meubles de sa succession (3).

On trouve, sur ce point, des règles particulières dans les législations belge et italienne.

La loi belge du 25 mars 1876 déclare les tribunaux belges compétents pour toutes les actions qui ont pour objet des immeubles dépendant de la succession d'un étranger ouverte en quelque lieu que ce soit, si ces immeubles sont situés en Belgique. Si la succession ne comprend pas d'immeubles situés en Belgique, le tribunal compétent est celui du dernier domicile du défunt. Lorsqu'on ne peut trouver le dernier domicile de l'étranger décédé, le demandeur belge peut assigner les défendeurs étrangers devant le tribunal de son domicile ou de sa résidence.

Le Code de procédure italien, au contraire, reconnaît dans tous les cas la compétence du tribunal du dernier domicile du défunt (art. 94). Cependant, lorsque la succession s'est ouverte à l'étranger, les actions doivent être portées devant le tribunal du lieu où se trouve la plus grande partie des biens héréditaires, meubles ou immeubles. Si l'on ne peut déterminer ce lieu, le demandeur assigne le défendeur au domicile ou à la résidence de ce dernier. On discute beaucoup, en Italie, sur le point de savoir si ces dispositions s'appliquent aux successions laissées par des étrangers aussi bien qu'à celles des Italiens : mais il semble plus juste d'appliquer aux étrangers uniquement le droit commun, d'après lequel le tribunal compétent est celui du dernier domicile du défunt, les autres disposi-

(1) Dubois, J. Clunet, 1875, p. 141.
(2) Bonfils, loc. cit., nos 36-40.
(3) Req., 7 juillet 1874, Dal., 75. 1. 271 ; Contrà : Paris, Sir., 1873. 2. 148; V. Renault, J. Clunet, 1875, p. 426, note 3.

32

tions plus ou moins arbitraires de la loi italienne ne pouvant être imposées qu'aux nationaux de l'Italie (1).

511. 2º *Procédure.* Quand le partage est volontaire, ses formes dépendent des parties qui les règlent comme elles l'entendent (art. 819 C. C.).

Pour le partage judiciaire, il faut distinguer avec soin sa nécessité et ses formes.

La nécessité de recourir à l'intervention de l'autorité publique afin d'opérer le partage est toujours fondée sur une idée de protection pour certains incapables que l'on veut prémunir contre les fraudes et les surprises d'un partage amiable. Or, comme on l'a déjà vu, la protection des incapables est déterminée en principe par la loi nationale de ces derniers (2) : c'est donc la loi nationale de chaque héritier qu'il faudra consulter pour savoir si le partage doit se faire en justice à raison de sa minorité, de son interdiction ou de son absence.

Quant aux formes du partage judiciaire, elles dépendent de la loi du pays où il s'opère : *Locus regit actum ;* c'est ainsi que le partage se fait en France devant le tribunal civil, tandis que, d'après la loi belge du 12 juin 1816, le partage judiciaire est opéré par un notaire sous le contrôle du juge de paix.

Mais la loi territoriale ne règle que les formalités du partage, par exemple les autorités qui y interviennent, les formes de la licitation, etc. La loi nationale du défunt déterminant au contraire les droits des héritiers, d'après ce qui a déjà été établi (3), c'est elle qu'il faudra consulter pour savoir comment les lots doivent être faits, notamment pour savoir si chaque héritier peut exiger qu'ils soient composés, autant que possible, de meubles et d'immeubles dans une égale proportion, et pour régler la compensation de l'inégalité des lots au moyen d'une soulte.

On a prétendu que la loi nationale du défunt détermine aussi le droit des créanciers héréditaires d'intervenir au partage, parce que c'est elle qui fixe le droit de gage qu'ils ont sur le patrimoine de

(1) Norsa, *Revue de Droit intern.*, 1875, p. 220-223 ; J. Clunet, 1875, p. 139-142.

(2) V. nº 390.

(3) V. nº 491.

leur débiteur (art. 822 C. C.) (1). Il est plus exact, croyons-nous, de s'en tenir sur ce point à la loi territoriale. Le droit d'intervenir au partage a été donné aux créanciers pour qu'ils prévinssent les fraudes et n'eussent pas à revenir, après coup et par l'action Paulienne, sur une opération longue, compliquée et coûteuse : or, ce sont là des considérations d'ordre économique qui se rattachent à l'intérêt général et qui ont véritablement le caractère d'ordre public. Aussi, appliquerons-nous, à cet égard, la loi du lieu où le partage s'opère si elle autorise les créanciers à intervenir au partage, alors même que la loi nationale du défunt ne leur donnerait pas ce droit.

512. Traités. — Le règlement des successions a fait l'objet de plusieurs conventions internationales. Signalons les traités conclus par la France avec l'Autriche le 11 décembre 1866, art. 2 (renouvelé le 18 février 1884); avec la Russie, le 1er avril 1874, art. 10; avec la Serbie, le 18 juin 1883, art. 8. Dans ces divers traités, on attribue compétence au tribunal dans le ressort duquel se trouvent les immeubles, quand il s'agit d'actions concernant ce genre de biens dépendant d'une succession ; les actions relatives aux meubles de l'hérédité sont jugées par le tribunal compétent de l'état auquel le défunt appartenait par sa nationalité. — Cependant, le traité franco-russe de 1874 (art. 10, alin. 2) dispose que, lorsqu'un national du pays où la succession est ouverte se trouve intéressé dans l'hérédité, les actions relatives aux meubles héréditaires seront de la compétence du tribunal du lieu où la succession s'est ouverte, si ce national fait valoir ses droits dans les six mois à compter de la publication faite par l'autorité locale à propos de l'ouverture de la succession, ou, à défaut de publication, dans les huit mois à compter du décès (art. 5). Le traité ajoute que, en pareil cas, la succession mobilière sera régie par la loi du pays où elle s'est ouverte : c'est une dérogation inexplicable au principe, vrai en théorie et adopté d'ailleurs dans ledit traité, que la succession mobilière est régie par la loi nationale du défunt (2).

Le traité franco-suisse du 15 juin 1869 prévoit aussi la question dans son art. 5 aux termes duquel toutes les actions relatives à une succession doivent être portées devant le tribunal du dernier domi-

(1) Antoine, *loc. cit.*, p. 127-128.
(2) V. n° 497, 1°.

cile du défunt en France, s'il s'agit d'un Français mort en Suisse, et, réciproquement, devant le tribunal du dernier domicile du défunt en Suisse, quand il s'agit d'un Suisse décédé en France. Mais l'art. 5 ajoute : « Toutefois, on devra pour le partage, la licitation ou la vente des immeubles, se conformer aux lois du pays de la situation. » On interprète, en général, ces dispositions, en disant que la compétence du tribunal du dernier domicile du défunt dans son pays n'est relative qu'aux meubles, tandis que, pour les actions concernant les immeubles héréditaires, il faut s'adresser au tribunal de la situation (1).

Le dernier alinéa de l'art. 5 complète les dispositions précédentes de la manière suivante : « Les jugements rendus en matière de succession par les tribunaux respectifs, *et n'intéressant que leurs nationaux*, sont exécutoires dans l'autre [pays], quelles que soient les lois qui y sont en vigueur. » Le deuxième alinéa de cet article fait allusion au droit de prélèvement établi par la loi française du 14 juillet 1819, et la disposition qu'il contient a été déjà signalée au n° 481 *in fine*.

Si l'on s'inspire de l'idée générale du traité de 1869, il semble que, dans les rapports de la France et de la Suisse, la compétence législative en matière de succession est calquée sur la compétence judiciaire, c'est-à-dire qu'il faudra suivre, quant au fond, la loi de la situation des biens pour les successions immobilières, et la loi nationale du défunt pour les successions mobilières, comme il est stipulé dans les traités avec la Russie, l'Autriche et la Serbie (2). Cependant, il a été jugé que le traité de 1869 ne règle qu'une question de compétence judiciaire et que, pour le fond, il faut toujours appliquer la règle traditionnelle : loi de la situation pour les immeubles, loi du dernier domicile du défunt pour les meubles (3).

513. Mission des consuls. — Il est généralement admis que les consuls peuvent intervenir, dans l'intérêt de leurs nationaux, pour prendre les mesures conservatoires relatives aux successions laissées par eux. En dehors de tout traité, on les autorise, sans agir directement, à révéler des faits qui peuvent justifier le retard dans

(1) Brocher, *Comment. du traité de 1869*, p. 51.
(2) Brocher, *loc. cit.*, p. 52; v. n° 481 *in fine*.
(3) Trib. de Lyon, 19 novembre 1880, J. Clunet, 1882, p. 419; v. n° 481 *in fine*.

l'envoi en possession de la part de l'autorité locale, pour sauvegarder les droits d'autres héritiers qui sont en pays étranger (1).

Nombre de conventions consulaires conclues par la France autorisent les consuls à prendre, par eux-mêmes, toutes les mesures conservatoires, telles que : apposition des scellés, vente de meubles difficiles à conserver, paiement des dettes, envoi du reliquat de la succession dans le pays où sont les héritiers. Ils peuvent aussi faire l'inventaire, toucher les créances, administrer, par eux-mêmes ou par l'intermédiaire d'une personne désignée par eux, la succession vacante. Cependant, si des nationaux du pays où la succession est ouverte ou d'une tierce puissance sont intéressés, les tribunaux locaux reprennent leur autorité et les consuls n'ont plus pour mission que de représenter leurs nationaux absents dans les débats (2).

513 *bis*. Nous donnons, en terminant l'étude de cette matière, la liste des traités et conventions conclus par la France, dans lesquels on trouve des dispositions relatives au règlement de la succession des étrangers décédés en France et des Français décédés à l'étranger : avec l'Autriche, 11 décembre 1866 ; la Birmanie, 24 janvier 1873 ; la Bolivie, 9 décembre 1834 ; le Brésil, 10 décembre 1860 ; le Chili, 15 septembre 1846 ; Costa-Rica, 12 mars 1848 ; la République Dominicaine, 8 mai 1852 ; l'Equateur, 6 juin 1843 ; l'Espagne, 7 janvier 1862 ; la Grèce, 7 janvier 1876 ; le Guatémala, 8 mars 1848 ; Honduras, 22 février 1856 ; l'Italie, 26 juillet 1862 ; Imanat de Mascate, 17 novembre 1844 ; Nicaragua, 11 avril 1859 ; Pérou, 9 mars 1861 ; Perse, 12 juillet 1855 ; Portugal, 11 juillet 1866 ; Russie, 1er avril 1874 ; Salvador, 5 juin 1878 ; Iles Sandwich, 29 octobre 1857 ; Serbie, 18 juin 1883 ; Siam, 15 août 1856 ; Venezuela, 24 octobre 1856.

(1) Cour du Surrogate de New-York, 5 décembre 1872, J. Clunet, 1874, p. 258 à 261.

(2) De Clercq et de Vallat, *Guide pratique des Consulats*, t. II, p. 362 et suiv. ; Circul. du minist. des af. étrang., 22 juin 1858, v. Conventions avec le Brésil du 10 décembre 1860, art. 7; Italie, 26 juillet 1862, art, 9.

CHAPITRE II

SUCCESSIONS TESTAMENTAIRES

514. Sans revenir sur les points communs aux successions testa-mentaires et *ab intestat*, tels que le partage et ses suites, le paiement des dettes, nous n'avons, dans le présent chapitre, qu'à signaler les particularités relatives aux testaments, soit quant à la forme, soit quant au fond.

SECTION I

FORMES DES TESTAMENTS

515. Les formes des testaments sont déterminées par la loi du pays où ils sont faits, d'après la règle *Locus regit actum*. Cette même loi fixe aussi les conditions d'authenticité, de sorte que l'on devra regarder comme authentique en France un testament fait en la forme orale devant témoins et considéré comme tel par la loi étrangère (1).

On a déjà vu, d'ailleurs, que la prohibition de faire un testament mutuel, dans un seul et même acte (art. 968 C. C.), constitue une règle de statut personnel qui dépend de la loi nationale du testateur et non de la *lex loci* (2).

On sait aussi que les Français peuvent tester devant les consuls qui, pour les testaments authentiques, doivent observer les forma-lités indiquées dans l'ordonnance de 1681, liv. I, tit. IX, art. 24 (3).

516. Une seule difficulté reste à élucider en ce qui concerne les formes des testaments. Nous avons déjà dit que, sauf pour les actes authentiques, la règle *Locus regit actum* est facultative et non impé-rative ; notre Code civil fait particulièrement l'application de cette idée aux testaments dans l'art. 999, ainsi conçu : « Un Français qui se trouvera en pays étranger, pourra faire ses dispositions tes-tamentaires par acte sous signature privée, ainsi qu'il est prescrit en l'art. 970 (testament olographe), ou par acte authentique, avec

(1) Req., 19 août 1858, Sir., 59. 1. 396 ; *Contrà :* Laurent, VI, p. 682.
(2) V. n° 276.
(3) V. n° 285.

les formes usitées dans le lieu où cet acte sera passé. » Ainsi, bien que se trouvant en pays étranger, le Français, sans observer la règle *Locus regit actum*, pourra tester en la forme olographe telle qu'elle est déterminée par la loi française (1). Mais, indépendamment de cette première manière de tester d'après la loi française, l'art. 999 n'en prévoit formellement qu'une autre pour le Français qui fait son testament en pays étranger, c'est la forme authentique déterminée par la loi étrangère : faut-il en conclure que le législateur prohibe, pour nos nationaux, l'emploi de la forme privée ou olographe réglée par la loi étrangère ?

Pendant quelque temps, on a conclu de l'art. 999 que le Français ne pouvait tester en la forme étrangère qu'autant que celle-ci était authentique, et même que les conditions de l'authenticité étaient fixées par la loi française : ainsi le testament aurait dû être fait devant un officier public compétent, et on n'aurait pas tenu pour valable un testament fait devant plusieurs témoins, si cette seule condition avait été exigée par la loi étrangère pour l'authenticité (2). Cette première interprétation de l'art. 999 est inacceptable, car il est de principe que les conditions d'authenticité des actes dépendent exclusivement de la loi du pays où ils sont rédigés ; comme on ne peut satisfaire toujours, en pays étranger, aux conditions d'authenticité prescrites par la loi française, on rendrait le testament impossible pour les Français qui ne pourraient tester ni devant le consul, ni en la forme olographe telle qu'elle est indiquée dans l'art. 970 C. C.

D'autres auteurs pensent que l'art. 999 ne fait nullement obstacle à l'emploi de la forme olographe étrangère de la part des Français. Pour écarter l'argument tiré de ce que, dans cet article, le législateur n'autorise formellement que la forme authentique étrangère, ils font valoir surtout cette considération que, dans ce texte, le législateur a uniquement pour but de permettre aux Français de tester en pays étranger en la forme olographe française, d'établir, en un mot, sur ce point, le caractère facultatif de la règle *Locus regit actum*. Mais, si le testateur préfère employer la forme étrangère, il a pleine liberté à cet égard, conformément au principe de

(1) V. n° 280.
(2) Jugement du trib. civil de Rouen réformé par la Cour de Rouen, le 21 juillet 1840, Sir., 40. **2**. 515.

droit commun; cette dernière hypothèse ne rentre pas dans les prévisions du législateur qui s'en est référé, sur ce point, au principe ordinaire *Locus regit actum* (1).

Ce raisonnement spécieux ne peut tenir, croyons-nous, contre le texte formel de l'art. 999 qui présente une antithèse marquée entre le testament *olographe* de l'art. 970 C. C. et la forme *authentique* de la loi étrangère, antithèse qui montre bien que notre législateur exclut, pour nos nationaux, l'emploi de la forme olographe étrangère. Aussi est-il généralement admis que le Français ne peut tester d'après les formes étrangères qu'autant que ces dernières présentent le caractère d'authenticité; mais, bien entendu, pour les raisons données à propos de la première opinion, les conditions de l'authenticité sont fixées par la loi du pays où le testament est fait et non par la loi française (2). Du reste, la dérogation à la règle *Locus regit actum*, résultant ainsi de l'art. 999, s'explique par les dangers que présente le testament olographe, dans lequel on ne trouve plus la garantie d'un officier public, et qui favorise particulièrement les fraudes et les captations; aussi le législateur français ne l'autorise-t-il pour ses nationaux qu'autant qu'il satisfait à toutes les conditions de l'art. 970 qui assurent l'exactitude du testament et l'indépendance du testateur. Peut-être que la loi étrangère ne présenterait pas les mêmes garanties à ce double point de vue; voilà pourquoi la défense pour un Français de tester en la forme olographe étrangère doit être regardée comme une restriction de sa capacité et une règle de statut personnel qui le suit partout. On a vu plus haut, d'ailleurs, que la loi hollandaise prohibe même l'emploi de la forme olographe, pour les nationaux des Pays-Bas qui testent en pays étranger (3).

SECTION II

RÈGLES DE FOND

517. Pour déterminer les effets des testaments, nous nous prononcerons, comme nous l'avons fait en ce qui concerne la trans-

(1) Demolombe, XXI, n° 475; Laurent, *loc. cit.*, VI, p. 690; Antoine, *loc. cit.*, p. 117.

(2) Cass., 3 juillet 1854, Dal., 54. 1. 313; Trib. Lyon, J. Clunet, 1877, p. 149; article anonyme, J. Clunet, 1880, p. 387; Aubry et Rau, VII, p. 89, note 1.

(3) V. n° 276.

mission des biens par succession *ab intestat*, pour l'application de la loi nationale du défunt.

D'une part, en effet, la capacité de tester rentre dans le statut personnel et dépend de la loi nationale du testateur.

D'autre part, si la succession *ab intestat* n'est que l'interprétation de la volonté du défunt, ce qui conduit à l'application de sa loi nationale qu'il connaît le mieux et à laquelle il s'est probablement référé, à plus forte raison l'application de cette même loi se trouvera-t-elle justifiée pour déterminer les effets d'une volonté formellement exprimée, et pour interpréter les dispositions testamentaires. Mais cette solution si rationnelle n'est adoptée que par quelques auteurs et n'est consacrée que par de rares législations (1). En pratique, la loi ou la jurisprudence, dans la plupart des pays, règle les successions testamentaires comme les successions *ab intestat*, d'après la *lex rei sitæ* pour les immeubles et la loi du dernier domicile du défunt pour les meubles, conformément à la vieille doctrine des statuts (2). On voit combien cette solution est déraisonnable, puisqu'il s'agit d'interpréter une volonté nettement manifestée et qui est évidemment la même pour tous pays et pour tous les biens du patrimoine.

Cependant, s'il est logique d'appliquer une loi unique pour régler les successions testamentaires, le respect de la souveraineté des états commande d'écarter l'application de cette loi si elle est en contradiction avec l'ordre public local; c'est ainsi qu'un testament établissant une substitution prohibée par notre Code civil ne pourrait être accepté en France, fût-il valable d'après la loi nationale du défunt.

518. L'application du principe indiqué au numéro précédent a été déjà faite en ce qui concerne les points communs aux successions *ab intestat* et testamentaires, tels que le partage et le paiement des dettes. D'autres points, communs aux testaments et aux donations, seront étudiés à propos de ces dernières : ce sont, notamment, la capacité de disposer et de recevoir à titre gratuit, la réserve : examinons, pour le moment, les questions relatives exclusivement aux testaments.

(1) V. n° 498.
(2) Req., 22 mars 1865, affaire Ghyca, Sir., 65. 1. 175; pour la Louisiane, J. Clunet, 1875, p. 134 et suiv.

519. Interprétation des testaments. — Le testament étant une manifestation de la volonté du défunt, il faut, pour l'interpréter, consulter la loi à laquelle le testateur s'est vraisemblablement référé, qu'il connaît en général le mieux, c'est-à-dire sa loi nationale. On ne suivrait une autre législation que si les circonstances de fait, laissées à l'appréciation du juge, montraient clairement l'intention qu'a eue le défunt de s'y conformer : par exemple, il faudrait appliquer la loi du dernier domicile du défunt, s'il était établi depuis longtemps dans un pays autre que celui auquel il appartenait par sa nationalité (1).

En général, on apprécie la validité du testament et on interprète les dernières volontés du testateur d'après la loi de son domicile (2) : mais, pour les raisons qui viennent d'être données, nous considérerons la loi nationale comme devant être appliquée la première ; la loi du domicile ne doit être consultée qu'autant que les circonstances de fait établissent, de la part du défunt, l'intention de s'y référer. Comment supposer, par exemple, qu'après six mois de domicile dans un pays, le défunt en a connu la législation et a voulu régler d'après elle les effets de son testament ?

Dans tous les cas, il est inadmissible que, en cas de changement de domicile du défunt, la validité et les effets du testament doivent être appréciés d'après la loi du dernier domicile (3). On ne peut supposer que le testateur connaisse aussitôt la législation du pays où il fixe son nouveau domicile et veuille y soumettre ses dispositions testamentaires. D'autre part, le changement de domicile, provoqué par des raisons quelconques, ne prouve nullement l'intention de modifier le testament, et, jusqu'à une nouvelle manifestation de volonté de sa part, le testateur doit être réputé avoir voulu conserver ses premières dispositions testamentaires, conformément à la loi sous l'empire de laquelle il les a faites.

520. Modes d'institution des héritiers et légataires. — La loi nationale du testateur indiquera si l'institution à titre particulier ou universel est autorisée, et si, dans tel cas déterminé, l'institution présente l'un ou l'autre caractère. La même loi fixera aussi les effets de l'institution, notamment en ce qui concerne le

(1) Bouhier, *loc. cit.*, ch. XXII, n° 220; Aubry et Rau, I, p. 107, note 65.
(2) Savigny, *loc. cit.*, VIII, p. 313.
(3) V. Fœlix, *loc. cit.*, t. I, p. 263, n° 117.

point de savoir si le légataire universel est héritier, ou si, en sa qualité de simple successeur, il ne représente pas le défunt et n'est tenu des dettes que *intrà vires hæreditatis* (art. 1002 C. C.). Enfin, on consultera la même législation pour décider si le legs de la chose d'autrui est valable, en ce sens que le légataire peut demander la valeur de l'objet légué, et pour fixer les pouvoirs et les obligations des exécuteurs testamentaires. Tous ces points se rattachent, en effet, à l'interprétation de la volonté du testateur.

Toutefois, c'est la loi locale qui devra être suivie en ce qui concerne la mise en possession des biens héréditaires par les légataires : les mesures prescrites par chaque législateur en pareille circonstance sont des règles de police et d'ordre public, ayant pour but d'empêcher les fraudes et les détournements (art. 1007 et 1008 C. C.).

521. Révocation des testaments. — La révocation expresse dépend du testateur dont la volonté nettement exprimée doit être exécutée. Quant à la forme, cette révocation sera réglée par la loi du pays où elle s'opère : c'est ainsi qu'un étranger, révoquant son testament en France, observera, à ce point de vue, l'art. 1035 C. C. (1).

La révocation tacite résulte de certains faits que le législateur interprète comme une manifestation de volonté d'anéantir les premières dispositions testamentaires. Ces faits seront donc fixés par la loi qui interprète le plus naturellement la volonté du défunt, c'est-à-dire par sa loi nationale. Ainsi, le testament d'un Italien (art. 888 Code civil d'Italie), ou d'un habitant de la Louisiane (art. 1698 Code civil de la Louisiane) serait révoqué en France par la survenance d'enfants ; mais il n'en serait pas ainsi du testament d'un Français en Italie ou à la Louisiane (art. 960 et 1046 C. C.). Dans la pratique, on applique la loi du domicile du défunt pour fixer les causes de révocation (2) ; mais on a déjà vu que l'application de cette loi n'est justifiée que lorsque les circonstances accusent, chez le testateur, l'intention de s'y soumettre (3).

522. Caducité des testaments. — Toutes les causes de caducité reposent sur une interprétation de la volonté du défunt. En cas

(1) Comp. Laurent, VI, p. 528.
(2) C. de Bordeaux, 5 août 1872, J. Clunet, 1874, p. 183.
(3) V. n° 519.

de prédécès du légataire ou d'inaccomplissement des conditions qui lui sont imposées, la loi française suppose que le testateur n'a pas voulu avantager personnellement les héritiers du légataire, ou le légataire lui-même s'il ne s'acquitte pas de certaines charges. Si l'objet légué périt, on suppose que l'intention du défunt n'est pas d'en donner la valeur. Enfin, si le légataire refuse le legs ou devient incapable de le recueillir, le législateur ne croit pas que le testateur ait voulu avantager les héritiers du légataire, mais qu'il a préféré que le bien revînt à ses propres héritiers. Il faudrait donc appliquer en France, dans le cas d'un legs fait par un Italien, l'art. 890 du Code civil d'Italie, d'après lequel, en cas de prédécès du légataire, le legs passe à ses héritiers capables de le représenter dans la succession *ab intestat*.

De ce qui précède, il résulte que la loi nationale du testateur réglerait aussi la substitution vulgaire et le droit d'accroissement, puisque, dans les deux cas, il s'agit de savoir si l'intention du testateur a été que le bien revînt à ses héritiers lorsque le legs est caduc, ou passât à d'autres personnes, des colégataires ou un substitué vulgaire.

CHAPITRE III

DES DONATIONS

523. Les donations sont des contrats, mais on ne peut, comme les conventions ordinaires, les déclarer uniquement régies par la loi que les parties ont voulu accepter. L'autonomie des contractants est ici notablement restreinte, parce que les donations, ayant pour résultat d'appauvrir le disposant sans compensation, peuvent compromettre son patrimoine et, par suite, les droits éventuels de ses héritiers. Par cette idée, sur laquelle reposent toutes les règles spéciales aux donations, ces dernières se rattachent intimement aux successions, puisque les restrictions apportées à la liberté du donateur ne sont qu'une garantie de la transmission héréditaire des biens telle que la loi l'a établie. Aussi, en dehors des clauses purement conventionnelles et pour lesquelles il faut interpréter l'intention des parties comme dans les contrats ordinaires, il y a lieu de rechercher quelle est la loi dont relève le donateur au point de vue des limites apportées à sa liberté de disposition.

Sans parler des formes de la donation, qui sont parfois exigées à peine de nullité pour entraver les libéralités excessives, comme en France, et qui sont réglées par la loi du pays où la donation est faite, d'après l'adage *Locus regit actum*, il nous faut rechercher la loi applicable en ce qui concerne les trois points dans lesquels se résume la restriction de la liberté des donateurs, c'est-à-dire l'irrévocabilité des donations, la réserve et la capacité de disposer et de recevoir à titre gratuit.

SECTION I

IRRÉVOCABILITÉ DES DONATIONS

524. L'irrévocabilité des donations et la conséquence qui en dérive, c'est-à-dire la prohibition de faire certaines libéralités qui pourraient devenir indirectement révocables (art. 875 et 943 à 946 C. C.), a pour but, comme l'ancienne règle *Donner et retenir ne vaut*, dont elle n'est que la reproduction, d'entraver les libéralités excessives et de garantir ainsi les héritiers légitimes du donateur contre un dépouillement dont ils seraient, sans cela, souvent victimes. Aussi décide-t-on que l'irrévocabilité des donations dépend de la loi qui régit les successions. Par conséquent, dans l'opinion traditionnelle, on applique la loi de la situation pour les donations d'immeubles, et celle du domicile du donateur pour les libéralités portant sur des meubles (1).

Pour nous, étant donné ce que nous avons décidé pour les successions, nous nous prononcerons pour l'application de la loi nationale du donateur. L'irrévocabilité des donations est en effet une garantie de la transmission des biens aux héritiers légitimes, et cette transmission elle-même se rattache à l'organisation de la famille qui est réglée d'une manière particulière par le législateur de chaque pays. Il appartient à chaque législateur de décider si l'irrévocabilité des donations est nécessaire pour maintenir les biens dans les familles et assurer la bonne organisation de celles-ci telle qu'il l'a comprise, en sauvegardant les droits des héritiers

(1) Aubry et Rau, I, p. 101 *f*.

légitimes (1). En vain objecterait-on dire que l'irrévocabilité dépend de la volonté du donateur qui a pu se soumettre à telle loi qui lui convient, puisque la donation est un contrat et, comme telle, relève de l'autonomie des parties. On a déjà vu, en effet, que, dans l'intérêt des héritiers, l'autonomie des parties est considérablement restreinte dans les donations : notamment l'impossibilité de faire des libéralités irrévocables peut être considérée comme une véritable incapacité, pour laquelle les parties sont régies nécessairement et en tout lieu par leur loi nationale.

525. Exceptions à l'irrévocabilité. — Notre Code civil en signale trois dans l'art. 953. Etant donné que l'exception est de même nature que la règle, il semble logique de lui appliquer le même principe qu'à la règle elle-même, en ce qui concerne la détermination de la loi qui doit la régir. C'est ce que l'on décide dans la doctrine traditionnelle des statuts : on détermine les exceptions à l'irrévocabilité d'après la loi de la situation des biens pour les donations d'immeubles, et d'après celle du domicile du donateur pour les donations mobilières. Mais les prétendues exceptions à l'irrévocabilité, au moins celles indiquées par notre législation, n'ont nullement le caractère qu'on leur attribue ; il est facile de voir que l'inexécution des conditions, l'ingratitude et la survenance d'enfant viennent, non pas de la volonté du donateur, ce qui serait nécessaire pour qu'elles fussent de véritables exceptions à l'irrévocabilité, mais bien de causes différentes : les deux premières de la volonté du donataire, et la troisième des lois physiologiques pour la plus grande part. Aussi, sans rattacher nécessairement ces trois causes de révocation des donations à la règle de l'irrévocabilité qui a un tout autre caractère, faut-il les apprécier en elles-mêmes et rechercher la loi qui leur est applicable d'après leur nature.

526. *Inexécution des conditions.* Cette cause de révocation n'est que le pacte commissoire tacite des contrats synallagmatiques (art. 1184 C. C.), et, comme lui, elle repose sur une interprétation de la volonté des parties faite par le législateur. Pour savoir si elle est applicable, il faut donc revenir au principe de l'autonomie et rechercher quelle est la loi à laquelle les parties se

(1) V. n° 491.

sont probablement référées : cette loi, on l'a déjà vu à propos des contrats, est leur loi nationale si elles ont même nationalité, sinon, la loi du pays où le contrat est conclu ; à moins que les circonstances de fait ne montrent que les contractants se sont soumis à une autre législation. Il s'agit si bien, en pareille matière, d'interpréter uniquement l'intention des parties qui ont une indépendance complète à ce point de vue, qu'il est toujours possible d'écarter cette cause de révocation par une clause formelle (1).

527. *Ingratitude.* On considère souvent cette cause de révocation comme le résultat d'une interprétation de la volonté du donateur qui, le législateur le suppose, n'a pas voulu maintenir sa libéralité en cas d'ingratitude (2). Il faudrait donc appliquer, en pareil cas comme pour la révocation venant de l'inexécution des conditions, la loi présomptivement acceptée par les parties.

D'autres pensent que l'ingratitude doit être assimilée à un quasi-délit et exclusivement régie par la loi territoriale, qu'il s'agisse de donations immobilières ou mobilières (3). Il est vrai que l'art. 958 C. C. semble considérer la révocation pour cause d'ingratitude comme une peine, puisque le donataire est seul à en souffrir sans que les tiers perdent les droits réels qu'il leur a consentis sur l'objet donné, tandis que l'inexécution des conditions produit tous les effets d'une résolution qui anéantit ces droits réels (art. 954) ; mais ce n'est pas une raison suffisante pour assimiler l'ingratitude à un quasi-délit dont la réparation est d'ordre public et dépend toujours de la loi territoriale. Les parties peuvent en effet renoncer à cette révocation, le donateur peut ne pas s'en prévaloir si elle se réalise, et il semble dès lors plus naturel d'en revenir à la règle de l'autonomie, en appliquant la loi présomptivement acceptée par les contractants. On ne voit pas d'ailleurs en quoi l'ordre public peut être violé dans un pays par le maintien d'une libéralité malgré l'ingratitude du donataire.

528. *Survenance d'enfant.* Cette cause de révocation est fondée, dit Pothier dont notre législateur a voulu reproduire la pensée, sur une interprétation de la volonté du donateur qui n'au-

---

(1) Laurent, *loc. cit.*, VII, p. 490-491.

(2) Domat, *Lois civiles*, sect. III, art. 1 et 2, p. 113 ; Laurent, *loc. cit.*, VI, p. 492-493.

(3) Brocher, *Nouveau traité de Droit inter. privé*, p. 266, n° 96 ; v. n° 444.

rait sans doute pas fait la donation s'il avait prévu qu'il lui surviendrait un enfant. Faut-il en conclure que, dans ce cas comme dans les deux précédents, on doit appliquer la loi naturellement interprétative de la volonté du donateur, c'est-à-dire celle à laquelle il s'est référé ? Non, au moins dans notre législation, car notre Code civil impose aux Français cette cause de révocation à laquelle ils ne peuvent pas renoncer (art. 965) et qui opère de plein droit sans que le donateur ait à la faire valoir (art. 960). En réalité, il y a incapacité établie par la loi, pour les Français, d'accepter sur ce point l'application d'une loi dont les dispositions ne concorderaient pas parfaitement avec celles de notre Code civil : or, l'incapacité établie par la loi nationale suit l'individu en tout pays. La révocation des donations pour survenance d'enfants est regardée par notre législateur comme une garantie nécessaire des droits des héritiers ; elle doit donc dépendre de la loi nationale du donateur français, puisque cette même loi régit la succession légitime de ce dernier.

529. Donations entre époux. — Une véritable exception au principe de l'irrévocabilité apparaît, au contraire, dans l'art. 1096 C. C., aux termes duquel les donations entre époux sont toujours révocables. On ne peut faire dépendre la révocabilité des donations entre époux de la loi à laquelle ils se sont soumis en contractant [1]. En effet, la disposition de l'art. 1096 est motivée par la crainte que l'un des époux n'abuse de son influence sur l'autre, et ne lui fasse consentir des donations exagérées qui ne seraient peut-être pas faites avec une entière liberté. Or, les mesures de protection et l'appréciation de la liberté du consentement se rattachent à la capacité et rentrent dans le statut personnel : c'est dire qu'il faudra, sur ce point, s'en tenir uniquement à la loi nationale des parties [2]. C'est pour la même raison que l'on considérerait comme nulle une donation faite entre époux italiens, même mariés en France, conformément à l'art. 1054 du Code civil d'Italie [3].

[1] Fœlix, *loc. cit.*, I, p. 247.

[2] Demangeat sur Fœlix, *loc. cit.*, I, p. 247, note *a; v. nᵒ 418 in fine.

[3] Consult. dans le J. Clunet, 1879, p. 385.

SECTION II

LA RÉSERVE

530. La fixation de la quotité disponible et, par conséquent, de la réserve, est une limitation à la liberté de disposer à titre gratuit, établie pour sauvegarder les droits de certains héritiers que le législateur croit devoir particulièrement protéger contre les libéralités excessives du défunt. Actuellement, la réserve peut être définie : une fraction du patrimoine qui demeure nécessairement dans la succession *ab intestat* du défunt, pour être attribuée à certains héritiers désignés par la loi, et qui ne peut leur être soustraite ni par donation, ni par testament. Aujourd'hui, en effet, à la différence de ce qui avait lieu jadis pour la réserve coutumière, la réserve ne peut être atteinte par les donations entre vifs, pas plus que par les dispositions testamentaires. Aussi ce que nous disons de la réserve au point de vue des donations est-il également vrai en ce qui concerne les legs.

531. De ce qui précède, il résulte que la loi qui régit la succession *ab intestat* est en même temps celle qui détermine et les héritiers réservataires et la quotité de leur réserve : cette conclusion résulte logiquement de la définition de la réserve donnée ci-dessus. Voilà pourquoi, dans la pratique, on fait dépendre la réserve de la loi de la situation des biens, en ce qui concerne les immeubles, et de la loi du domicile du défunt, en ce qui concerne les meubles ; on suit également la même règle pour la fixation de la quotité disponible entre époux (art. 913 à 915, 1094 et 1098) (1).

Suivant le système qui a été déjà développé et pour les mêmes raisons, nous ferons dépendre la réserve de la loi nationale du défunt, comme la succession *ab intestat*. C'est surtout à propos de la limitation de la quotité disponible que l'on peut faire valoir le lien intime qui rattache la succession *ab intestat* à l'organisation de la famille, et faire observer que le droit réservé à certains héri-

(1) Aubry et Rau, I, p. 101, *g* ; Req., 4 mars 1857, Dal., 57. 1. 102 ; tirb. de la Seine, 21 mai 1879, J. Clunet, 1879, p. 549 ; trib. com. de la Seine, 6 décembre 1877, J. Clunet, 1878, p. 164-165; trib. de Lyon, 19 novembre 1880, J. Clunet, 1882, p. 419.

tiers dans la succession vient des rapports de famille plus ou moins étroits établis par le législateur national entre eux et le défunt [1].

Il faudrait cependant s'en tenir à l'application de la loi territoriale, s'il s'agissait d'une question d'ordre public. Ainsi, pour sauvegarder l'intérêt des tiers, le Code civil italien n'admet pas que l'action en réduction fasse tomber les droits réels consentis par le donataire ou le légataire ; il faudrait observer cette règle en Italie, même si les biens donnés au-delà de la quotité disponible faisaient partie de la succession d'un Français, et bien que notre Code civil accepte l'effet résolutoire complet de la réduction (art. 929) [2].

SECTION III

CAPACITÉ DE DISPOSER ET DE RECEVOIR A TITRE GRATUIT

532. Les règles concernant la capacité sont communes aux donations et aux testaments (Code civil, liv. III, tit. II, chap. II); aussi les explications qui vont suivre doivent-elles être appliquées à la capacité requise en matière de testaments.

Les capacités et incapacités absolues de disposer ou de recevoir à titre gratuit dépendent de la loi nationale des donateurs et des donataires, testateurs ou légataires, comme la capacité et l'incapacité générales dont elles ne diffèrent que par l'étendue. On acceptera donc partout l'effet de ces capacités ou incapacités spéciales, tel qu'il est déterminé par la loi nationale des parties et par les jugements rendus conformément à cette loi. Pour les jugements criminels qui entraînent la déchéance de la capacité de disposer ou de recevoir à titre gratuit, on a déjà vu qu'on doit en accepter les conséquences en tout pays, parce qu'elles forment un élément du statut personnel des individus condamnés : on ne voit pas, d'ailleurs, en quoi l'ordre public peut être violé par une pareille déchéance, à la différence de ce qui a lieu pour les conséquences de la mort civile que leur caractère inhumain a fait supprimer dans plusieurs pays et notamment en France [1].

---

(1) Demangeat sur Fœlix, I, p. 218, note *a*.
(2) Cod. civil italien, trad. Orsier, p. 222, *in fine*.
(1) V. n⁰ˢ 304, 244.

Cependant, le droit de prélèvement, établi par l'art. 2 de la loi du 14 juillet 1819, autorisé de la part des héritiers français quand ils sont privés d'une partie ou de la totalité de leurs droits dans la succession par la loi étrangère, *pour quelque cause que ce soit*, peut conduire à modifier la capacité du testateur étranger telle qu'elle est établie par sa loi nationale. En effet, si les héritiers français n'ont pas la part qu'ils auraient eue d'après notre loi, par suite d'une disposition testamentaire faite par le défunt qui avait la capacité de la faire d'après sa loi et qui ne l'aurait pas eue d'après notre Code civil, l'effet de cette disposition sera restreint, sur les biens situés en France, par l'exercice du droit de prélèvement. Ainsi les héritiers français, dépouillés par le testament d'une mineure espagnole, ont pu exercer le prélèvement, bien que la loi espagnole autorise les mineurs à tester d'une manière absolue, parce que, d'après la loi française, les héritiers légitimes d'un mineur ont le droit de compter sur sa succession, sauf pour la moitié de la quotité disponible dont le mineur peut disposer par testament lorsqu'il a seize ans accomplis (art. 904). Bien que logiquement déduite de la généralité des termes de la loi de 1819 (argument tiré de ces mots de l'art. 2 : exclus à quelque titre que ce soit), cette solution est regrettable, parce qu'elle viole les principes les plus certains en matière de statut personnel, lequel dépend absolument de la loi nationale, sauf les restrictions venant de l'ordre public (1).

533. Les incapacités relatives de disposer et de recevoir à titre gratuit donnent lieu à une difficulté particulière, lorsque les personnes entre lesquelles elles sont établies sont de nationalité différente: quelle loi faut-il suivre, celle du disposant, ou celle du donataire? Examinons la question en ce qui concerne les incapacités relatives établies par notre Code civil ; les solutions fournies à leur sujet pourront servir de guide pour les incapacités indiquées par les autres législations et qui présentent le même caractère.

534. L'incapacité pour le mineur de disposer au profit de son tuteur avant que ce dernier lui ait rendu ses comptes et que ces comptes aient été apurés, sauf dans le cas où le tuteur est son

(1) Cass., 29 décembre 1856, Dal., 56. 1. 471; Demangeat sur Fœlix, t. I, p. 147; v. n° 479.

ascendant, procède évidemment d'une idée de protection pour le mineur ; la loi veut le défendre contre l'influence excessive de son tuteur qui peut le dominer tant que le compte de tutelle n'est pas apuré. Or, la protection des incapables dépend de la loi nationale de ces derniers ; c'est donc d'après cette loi nationale des mineurs que nous déterminerons leur incapacité à ce point de vue (art. 907) (1).

535. L'incapacité établie par la loi, dans l'art. 909, pour les médecins, chirurgiens, etc., et les ministres du culte de recevoir des libéralités de la part des malades, a donné lieu à différentes solutions. Pour les uns, il suffit que cette incapacité soit contenue dans la loi du donataire ou dans celle du donateur pour qu'on doive l'appliquer (2). Suivant d'autres, il faut s'en tenir à la loi du donataire : en effet, c'est au point de vue du donataire que la loi se place dans l'art. 909 ; elle n'établit qu'une incapacité de recevoir et non de disposer (3). Ce dernier argument n'est pas très-concluant, car la loi peut indiquer une incapacité de recevoir pour établir une incapacité corrélative de disposer qu'elle a principalement en vue. Dans le cas présent, telle a été certainement la pensée du législateur qui a voulu défendre les malades, dont l'esprit et la force de volonté sont affaiblis, contre les captations des personnes susceptibles de les dominer, les médecins et les ministres du culte. Nous nous retrouvons donc, comme dans le cas précédent, en présence d'une mesure de protection qui dépend de la loi de l'individu présumé incapable ; aussi appliquerons-nous la loi nationale du donateur. La même solution s'impose, pour les mêmes motifs, en ce qui concerne l'incapacité des passagers de faire leur testament en faveur des officiers du navire, à moins que ces derniers ne soient leurs parents (art. 997 C. C.) (4).

536. L'incapacité des enfants naturels de recevoir de leurs parents au-delà de ce que la loi leur attribue comme héritiers *ab intestat* donne lieu à une question des plus controversées en Droit international privé (art. 908).

(1) V. n° 390.

(2) Bertauld, *Questions pratiques*, t. I, p. 31-32.

(3) Laurent, *loc. cit.*, VI, p. 372.

(4) Demangeat sur Fœlix, I, p. 122, note *a, in fine.*

Dans une première opinion, on considère la disposition de l'art. 908 comme une règle de statut personnel. En effet, dit-on, elle établit une incapacité; on la trouve placée par le législateur lui-même dans un chapitre consacré à l'incapacité de disposer ou de recevoir à titre gratuit et entre deux articles qui établissent des incapacités semblables (v. art. 907 et 909). D'autre part, le caractère de cette règle s'accuse bien par le but qu'a poursuivi le législateur en l'édictant; il a voulu sauvegarder la dignité et la bonne constitution de la famille, en évitant que les enfants naturels ne fussent assimilés aux enfants légitimes au point de vue des droits qu'ils pourraient invoquer sur le patrimoine : or, on le sait, tout ce qui se rattache à l'organisation de la famille rentre dans le statut personnel (1).

Plus exactement, à notre avis, la plupart des auteurs pensent que l'art. 908 a pour but d'assurer le maintien des biens dans la famille et leur transmission par succession aux héritiers légitimes. On objecte, il est vrai, que tel ne peut être le but de la loi, puisque, à défaut d'héritiers réservataires, le donateur ou testateur peut disposer de ses biens comme il l'entend, sans se préoccuper de ses autres héritiers légitimes. Mais il est facile de répondre que, si le législateur n'a pas empêché ce résultat, c'est que, d'une part, il a voulu respecter, autant que possible, la liberté de disposition, et, d'autre part, parce qu'il a pensé que l'affection naturelle envers les parents arrêterait la plupart du temps le disposant qui n'aurait pas de raisons sérieuses de dépouiller ses héritiers. Mais, au contraire, l'amour paternel ou maternel pour les enfants nés hors mariage pouvait faire craindre que les dispositions faites à leur profit ne compromissent complètement les droits des héritiers légitimes; c'est ce qui explique la règle particulière de l'art. 908 : *Lex arctiùs prohibet quod faciliùs fieri putat.*

De plus, l'art. 908 renvoie formellement aux règles établies pour les droits de succession *ab intestat* des enfants naturels; ainsi il apparaît comme une sanction de ces règles et une garantie de leur observation. Enfin, s'il s'agissait d'une question d'incapacité, la validité de la donation faite aux enfants naturels s'apprécierait au moment où elle est effectuée; or, cela est impossible, puisque les

_____

(1) Laurent, *loc. cit.*, VI, p. 374-375; Demangeat sur Fœlix, I, p. 122, note *a*.

droits des enfants naturels sont calculés proportionnellement à la valeur de la succession et au moment du décès du disposant : on se trouve donc en présence d'une véritable question d'indisponibilité, comme lorsqu'il s'agit d'apprécier la réserve, et non en présence d'une question d'incapacité (1).

En rattachant ainsi la disposition de l'art. 908 aux règles de la succession *ab intestat* dont elle n'est que la conséquence et la garantie d'application, on décide, dans la doctrine classique, que l'indisponibilité des biens vis-à-vis des enfants naturels dépend de la loi de la situation pour les immeubles, et de celle du dernier domicile du défunt pour les meubles. Pour nous, fidèle à la théorie déjà admise pour les successions, nous nous en tiendrons à la loi nationale dans tous les cas : cette loi règle en effet la transmission héréditaire des biens et, par voie de conséquence, indique aussi quelles sont les garanties admises pour assurer cette transmission au profit des héritiers légitimes (2). Si nous arrivons ainsi au même résultat que ceux qui font de la règle de l'art. 908 une disposition d'incapacité, on voit que c'est pour une raison toute différente.

537. Dans tous les cas où la capacité de disposer ou de recevoir à titre gratuit devra être appréciée d'après la loi étrangère, il faudra cependant tenir compte des dispositions de la loi locale quand l'ordre public sera intéressé. C'est ainsi que les personnes de mainmorte étrangères ne seront pas capables de recevoir en France, lorsque leur existence sera méconnue par la loi, ce qui est le cas des congrégations religieuses non autorisées ; elles devront aussi se soumettre à l'autorisation préalable du gouvernement qui approuve la libéralité (art. 910 C. C.). Les restrictions établies par la loi du 24 mai 1825, art. 4 et 5, au point de vue des dispositions à titre gratuit, pour les congrégations religieuses de femmes autorisées, sont aussi d'ordre public (3).

538. Les présomptions d'interposition de personnes (art. 911, 2° alin.), n'étant que la garantie de l'observation des règles relatives à l'incapacité ou à l'indisponibilité, dépendent logiquement de la loi même qui régit l'incapacité (art. 907 et 909) ou l'indisponibilité

(1) Demolombe, *Successions*, II, n° 83, p. 127 ; Colmet de Santerre, IV, p. 59.

(2) V. n° 491 ; comp. Bertauld, *Quest. pratiq.*, I, p. 32.

(3) V. n° 62.

(art. 908) (1). On ne voit pas de bonne raison pour décider, comme on l'a fait (2), qu'il suffit, pour qu'elle soit admise, que la présomption d'interposition de personnes soit établie par la loi du disposant, ou du donataire ou de la personne interposée.

(1) Brocher, *Nouveau traité de Droit intern. privé*, p. 263.
(2) Bertauld, *loc. cit.*, I, p. 34.

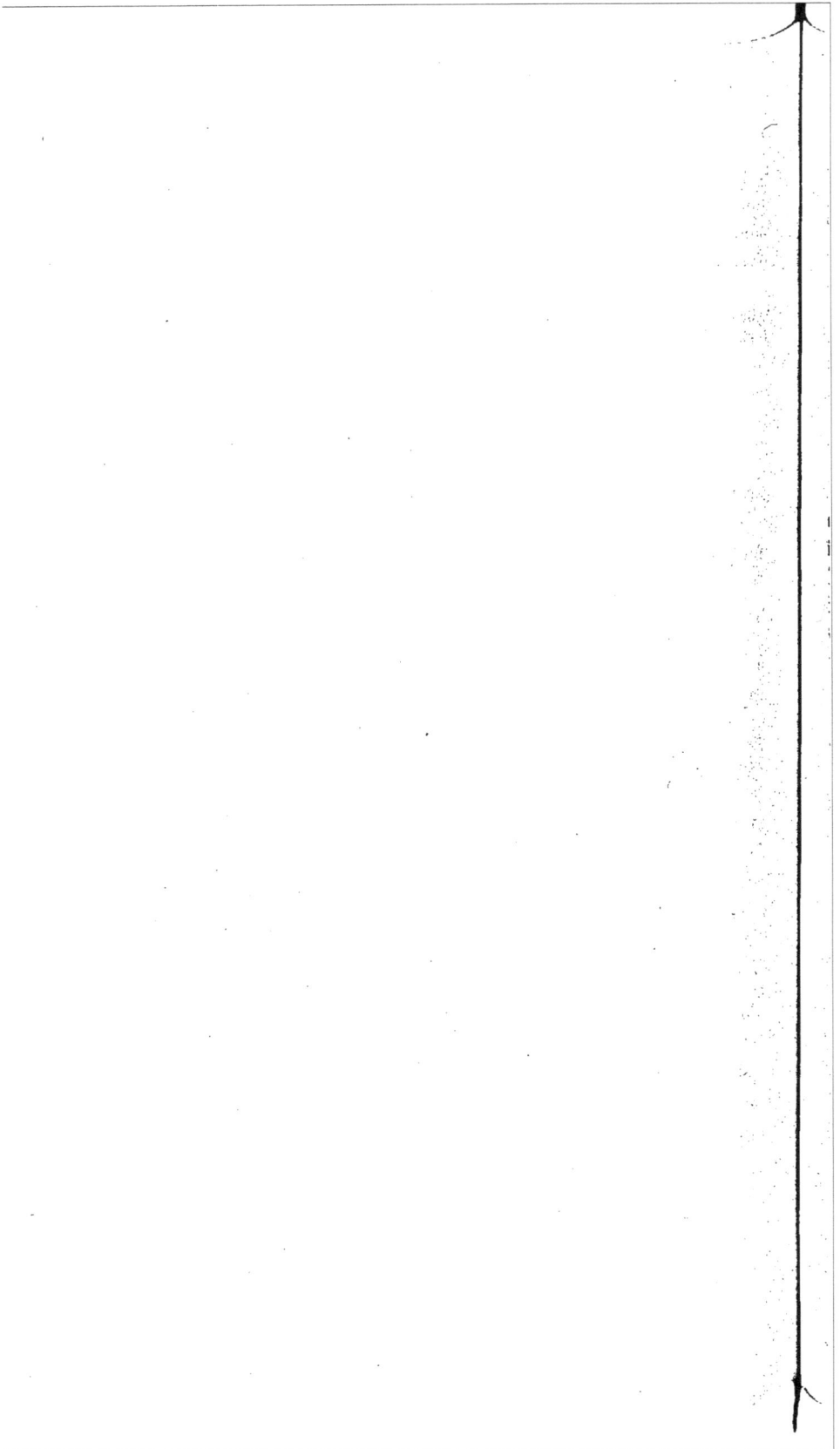

LIVRE V

Statut réel.

---

539. Le statut réel, tel que nous le comprenons, embrasse tout ce qui est relatif à la condition juridique des biens, meubles ou immeubles, en un mot, les règles de l'organisation de la propriété. En analysant cette idée générale, on a déjà vu que trois points rentrent dans le statut réel : 1° la distinction des biens ; 2° la détermination des droits réels que l'on peut avoir sur eux et leur étendue ; 3° la transmission de la propriété et de ses démembrements.

Pour entrer dans les détails, nous étudierons dans trois chapitres : 1° la propriété, les droits réels principaux et la possession ; 2° les droits réels accessoires, c'est-à-dire les privilèges, le gage et l'hypothèque ; 3° la prescription acquisitive.

CHAPITRE I

LA PROPRIÉTÉ, LES DROITS RÉELS PRINCIPAUX ET LA POSSESSION

540. Ce chapitre comprendra quatre sections consacrées : 1° à la propriété ; 2° aux démembrements de la propriété qui constituent des droits réels principaux ; 3° à la possession ; 4° à la propriété littéraire, artistique et industrielle.

SECTION I

DE LA PROPRIÉTÉ

541. De tous les droits, celui de propriété est un de ceux qui doivent le plus particulièrement attirer l'attention du législateur au point de vue de la protection et de la réglementation, car c'est sur sa bonne organisation que reposent en grande partie la sécurité sociale et l'intérêt économique d'un pays : aussi les dispositions légales concernant cette matière ont-elles un rapport étroit avec l'ordre public et dépendent-elles exclusivement de la loi territoriale, sans qu'on puisse accepter les règles contraires contenues dans la loi d'une autre nation.

L'application de la loi locale, en ce qui concerne la propriété des meubles et des immeubles, se révèle comme nécessaire à divers points de vue que nous allons successivement parcourir.

542. Etendue des droits du propriétaire. — Tout propriétaire d'un bien, quelle que soit sa nationalité, doit respecter les limitations apportées à son droit par la loi du pays où est le bien, mobilier ou immobilier, qu'il possède ; car ces limitations sont toujours basées sur l'intérêt collectif, tel que le comprend le législateur de ce pays. L'art. 544 C. C. définit la propriété : le droit de jouir et de disposer des choses de la manière la plus absolue, pourvu qu'on n'en fasse pas un usage prohibé par les lois et règlements. Ces lois et règlements, règles d'ordre public restreignant le droit d'ailleurs absolu du propriétaire, concernent, par exemple, l'expropriation pour cause d'utilité publique, les servitudes légales de droit civil ou administratif, tels que l'écoulement des eaux, la clôture, le chemin de halage, etc. ; les établissements dangereux, incommodes ou insalubres ; les servitudes militaires aux alentours des places fortes ; enfin les impôts.

La protection de la propriété, non seulement au point de vue des attaques criminelles dont elle peut être l'objet, cela va sans dire, mais encore au point de vue du droit privé, dépend de la loi du pays où les biens sont situés : c'est cette loi qui indiquera donc les actions par lesquelles le propriétaire peut faire valoir son droit, telles que l'action en revendication et l'action Publicienne, ainsi que les conditions exigées pour qu'elles puissent être exercées.

543. Transfert de la propriété. — Le transfert de la propriété doit être considéré entre les parties et à l'égard des tiers.

1° Entre les parties, nous n'avons qu'à examiner les modes de transfert à titre particulier et *inter vivos ;* les modes à titre universel *mortis causâ* (successions et testaments) ayant été déjà étudiés.

Les modes d'acquisition à titre particulier et entre vifs sont légaux ou volontaires. Les premiers, tels que l'acquisition *lege*, l'accession, sont établis par chaque législateur dans un but d'intérêt général et dépendent de la loi territoriale (1).

Parmi les modes volontaires, l'occupation est aussi réglementée par certaines dispositions qui ont le caractère de mesures de police ; elle est donc régie par la loi du pays où se trouve le bien occupé (2). Quant aux conventions (art. 711 C. C.), une divergence apparaît entre les législations qui admettent le transfert de la propriété *solo consensu* entre les parties (Code civil français, art. 1138, et italien, art. 1448), et celles qui, reproduisant le principe du Droit romain, exigent la tradition pour que ce transfert s'opère (Code prussien, liv. I, tit. 10, § 1 ; autrichien, § 425). En général on décide qu'il faut, sur ce point, appliquer la loi du lieu où les biens se trouvent au moment de l'aliénation, et, s'il s'agit d'objets en cours de voyage, comme la cargaison d'un navire en mer, la loi du pays où l'aliénateur a contracté l'obligation de livrer (3). D'autres penchent, dans ce dernier cas, pour la loi du lieu de destination de l'objet aliéné (4).

Nous croyons plus exact de dire que le transfert entre les parties est une conséquence de la convention elle-même, qui dépend, comme tout effet d'un contrat, de la loi à laquelle les parties se sont référées : c'est-à-dire de leur loi nationale, si elles ont même nationalité, ou, sinon, de la *lex loci contractûs*. L'application nécessaire de la *lex rei sitæ* ne se justifie plus en pareil cas, puisqu'il ne s'agit ni de l'organisation de la propriété, ni de la sauvegarde du crédit public, mais bien d'apprécier simplement l'effet d'une convention. Cela est si vrai, que les parties pourraient conventionnellement déroger à l'art. 1138 C. C. et reculer, dans leurs rapports respectifs, le transfert de la propriété jusqu'à la tradition. Puisque les contractants jouissent ici de l'autonomie, il faut rechercher leur véritable volonté (5).

2° Le transfert de la propriété à l'égard des tiers intéresse le crédit public et se trouve, par conséquent, régi par la loi territo-

---

(1) Laurent, *loc. cit.*, VII, p. 348 ; P. Fiore, p. 343.
(2) V. art. 713, 715, 716 et 717 C. C.
(3) Fœlix, I, p. 230 ; P. Fiore, p. 348-349.
(4) Asser, *loc. cit.*, p. 99.
(5) Laurent, *loc. cit.*, VII, p. 350 et suiv.

riale. Aussi les règles de la transcription s'imposeront, en France, à tous les étrangers qui acquerront des immeubles situés sur notre territoire (loi du 23 mars 1855) ; et, si une loi exige la tradition pour que l'aliénation des meubles soit opposable aux tiers, les étrangers devront la respecter dans le pays où elle est applicable (1). Par la même raison, les formalités requises pour le transfert des créances à l'égard des tiers (art. 1690 C. C.) rentrent dans le statut réel et sont régies par la loi territoriale.

544. Les formalités requises pour l'aliénation des navires donnent lieu à des difficultés particulières, relativement à la question de savoir quelle est la loi qui les régit. Deux hypothèses doivent être distinguées.

a. Un navire est vendu dans un port du pays auquel il appartient. En pareil cas, l'observation des formalités prescrites par la loi de ce pays permettra de rendre la vente opposable aux tiers dans n'importe quel état. Par exemple, un navire anglais est aliéné dans un port d'Angleterre, et le cessionnaire a fait inscrire l'acte de vente au bureau du receveur des douanes du port où ce navire est enregistré (2); la vente pourra être opposée en France, bien que l'acquéreur n'ait pas observé les formalités prescrites par la loi française, c'est-à-dire la mutation en douane qui comprend la mention de l'acte de vente sur les registres de la douane française, et l'inscription de cet acte au dos de l'acte de nationalité du navire qui se trouve parmi les papiers du bord (loi du 7 vendémiaire an II, art. 17 et 18 ; Co. com., art. 226). Il est universellement admis, en effet, que les droits acquis conformément à la loi d'un pays sur un meuble subsistent, malgré le transport de ce meuble dans un pays dont la loi exige d'autres formalités pour l'acquisition de ces droits réels. Sinon, on en vient à rendre absolument instables les droits sur les biens mobiliers.

Pour les navires en particulier, qui sont destinés à voyager, on en viendrait à décider que les droits obtenus sur eux ne seraient opposables dans les différents pays, qu'autant que l'on aurait observé les formalités requises par les lois de tous ces pays pour la transmission de ces droits à l'égard des tiers. L'exigence d'une

(1) Asser, *loc. cit.*, p. 97-98.

(2) *Merchant shipping act* de 1854.

pareille condition est absolument déraisonnable. Aussi ne comprend-on guère que des tribunaux aient déclaré inopposable aux tiers, en France, la vente d'un navire faite dans le pays dont il porte le pavillon, et à propos de laquelle l'acquéreur avait rempli toutes les formalités prescrites par la loi de ce pays, sous le prétexte que les formalités indiquées par la loi française n'avaient pas été observées (1).

b. Un navire est vendu ailleurs que dans un port du pays auquel il appartient. Dans ce second cas, les décisions de justice précitées conduisent à penser, par argument *à fortiori*, que les mêmes tribunaux se prononceraient pour l'application de la loi locale, en d'autres termes de la loi du lieu où se fait la vente, en ce qui concerne les formalités qui doivent accompagner cette dernière pour qu'elle soit opposable aux tiers. Quelques auteurs justifient cette opinion en disant que le transfert de la propriété des biens, même mobiliers, intéresse le crédit général et se rattache à l'ordre public ; il faut donc, pour rendre opposable aux tiers la vente des navires, avoir rempli les formalités exigées pour cela par la loi du pays où les navires se trouvent, comme on doit, dans le même but, avoir rempli les formalités de la transcription, prescrites par la loi du pays où les immeubles sont situés.

Le principe sur lequel repose cette argumentation est vrai en lui-même, et nous en avons fait déjà l'application en disant que, si la loi du pays où les meubles se trouvent impose la tradition pour que la cession des meubles soit opposable aux tiers, alors que, d'après la loi acceptée par les contractants, la simple convention produit ce résultat (art. 1041 C. C.), cette loi devra être observée (2) : mais nous croyons que cette règle souffre nécessairement une exception en ce qui concerne les navires. Les tiers peuvent en effet connaître aisément le lieu qui est considéré comme le domicile du navire, c'est-à-dire son port d'attache, et sa nationalité qui est indiquée par le pavillon même qu'il porte ; rien ne leur est plus facile, par conséquent, à la différence de ce qui a lieu pour les autres meubles, que de savoir la loi qui régit l'aliénation de ces

(1) Rouen, 31 juillet 1873, Sir., 1877, 2 p. 129, trib. com. du Havre, 14 août 1877, *Le Droit*, 20 octobre 1877; V. Lyon-Caen, *Etudes de Droit intern. privé maritime*, p. 11 à 17.

(2) V. n° 543, 2°.

navires, et de voir si les formalités prescrites par cette loi pour rendre la vente opposable aux tiers ont été remplies au port d'attache. Le crédit public n'est donc plus compromis par l'inobservation des formalités indiquées par la loi locale, comme il le serait en ce qui concerne les autres meubles qu'il est impossible de distinguer, à première vue, de ceux qui appartiennent aux nationaux du pays où ils se trouvent, et pour lesquels les surprises seraient faciles au préjudice des tiers ignorant la cession déjà faite en pays étranger. D'autre part, ces erreurs des tiers relativement aux ventes des navires opérées en pays étranger sont d'autant moins à redouter, que ces ventes sont relativement rares, attendu que les navires ne sont pas des objets de commerce destinés à être aliénés, mais bien des instruments de négoce que chacun garde en général comme moyens de transport, employés pour son compte ou loués à des tiers.

Enfin, et cette raison est peut-être la principale, si l'on devait observer la loi locale, la loi du pays où se fait la vente, sans se préoccuper de celle du port d'attache, les formalités établies pour la publicité des ventes de navires ne donneraient plus le tableau général des mutations opérées sur les navires qui ont leur attache dans ce port, et, loin de mieux renseigner les tiers, on risquerait fort souvent de les induire en erreur : quand, en effet, ils se référeront à ces registres, comme ils doivent le faire, pour savoir si un navire a été vendu, ils ne seront pas avertis qu'une vente a été faite dans un port étranger et que l'on a, dans ce port, observé les formalités de publicité exigées par la loi locale. L'unité des registres pour les navires du même port d'attache est le seul moyen de sauvegarder le crédit des tiers ; à moins que l'on n'impose l'observation des lois de tous les pays du monde, ce qui conduirait à une impossibilité et, par conséquent, à une iniquité (1).

Aussi déciderons-nous qu'il suffira, pour qu'elle soit opposable en tout pays, que la vente des navires ait été rendue publique conformément aux dispositions de la loi du pavillon du navire.

545. Distinction des biens. — La classification des biens se rattache directement à l'organisation de la propriété et à l'ordre public : c'est dire qu'elle dépend toujours de la loi du pays où les biens sont situés, qu'il s'agisse de meubles ou d'immeubles.

(1) Lyon-Caen, *loc. cit.*, p. 10 ; Asser, *loc. cit.*, p. 216-217.

Cette règle est évidente pour la distinction des biens *in commercio* et *extrà commercium,* attendu que le législateur ne place jamais un bien hors du commerce qu'en s'inspirant des intérêts généraux, tels que les besoins fiscaux pour les objets monopolisés par l'Etat, la sécurité publique pour les marchandises dangereuses, les intérêts collectifs pour les biens affectés à un service public, etc.

Quant à la distinction en meubles et immeubles, la règle est également vraie, car le caractère des biens les rend susceptibles ou non de certains droits réels, fait varier la compétence pour les actions auxquelles ils donnent lieu, modifie les formalités de la saisie, etc. Or, toutes ces conséquences touchent à l'ordre public (1).

SECTION II

DES DROITS RÉELS PRINCIPAUX

546. Les démembrements principaux de la propriété sont ceux qui existent par eux-mêmes et ne se rattachent pas à une créance comme garantie de la solvabilité du débiteur ; les droits réels qui présentent ce dernier caractère sont qualifiés d'accessoires, parce que leur existence dépend de celle de la créance qu'ils garantissent : ce sont le gage, les privilèges et les hypothèques qui seront étudiés dans le chapitre II du présent livre.

Les droits réels principaux sont eux-mêmes personnels, quand ils sont attachés à la personne du titulaire, de sorte qu'ils s'éteignent nécessairement avec elle ; ils sont réels, lorsque, attachés au bien pour le profit duquel ils sont établis, ils sont susceptibles de durer aussi longtemps que le bien lui-même. Nous adopterons, dans les explications qui vont suivre, cette distinction bien connue des servitudes personnelles et réelles.

§ I. *Servitudes personnelles.*

547. En principe, le législateur reconnaît toute liberté aux parties pour constituer, étendre ou restreindre les servitudes personnelles : l'usufruit, l'usage et le droit d'habitation. (V. art. 579 : « l'usufruit est établi par la volonté de l'homme » ; pour l'usage et l'habitation, art. 628 et 629.)

(1) Asser, *loc. cit.,* p. 101-102.

Par conséquent, puisque les parties jouissent de l'autonomie en pareille matière, il faudra observer, avant tout, les clauses de leur convention ; si le contrat est muet, on devra se référer à la loi présomptivement acceptée par elles, c'est-à-dire, comme on l'a vu à propos des conventions, à leur loi nationale, si elles ont même nationalité, et à la *lex loci contractûs* dans le cas contraire. Bien souvent, le lieu du contrat sera celui de la situation du bien, et, souvent aussi, les circonstances de fait montreront que, quoique contractant ailleurs, les parties se sont référées à cette loi du lieu de la situation : dans l'un et l'autre cas, on se trouvera ainsi conduit à appliquer la *lex rei sitæ*.

Si le droit réel est établi par testament, on trouvera l'interprétation la plus naturelle de la volonté du défunt, quant à l'étendue de ce droit, dans les dispositions de sa loi nationale (1).

Il semble impossible de justifier une opinion d'après laquelle, lorsque les parties n'ont pas la même nationalité, il faudrait suivre de préférence la loi du propriétaire, parce que le droit de ce dernier est supérieur à celui de l'autre partie qui obtient le droit réel : quelle peut être l'influence de cette idée dans une question où il s'agit d'interpréter la volonté des deux contractants (2) ?

Par conséquent, on appliquera la loi présomptivement acceptée par les contractants pour déterminer les obligations de l'usufruitier, par exemple au point de vue de la caution à fournir et des réparations à faire ; pour fixer l'étendue de ses droits sur les arbres de haute futaie, de bois taillis et autres (art. 601, 605, 590 à 594 C. C.). Ces différents points dépendent si bien de l'autonomie, qu'il serait loisible aux parties de déroger aux dispositions légales au moyen d'une convention formelle (v. art. 601).

548. Au contraire, la loi territoriale ou de la situation des biens reprend son empire absolu, à l'exclusion de toute loi étrangère adoptée par les contractants et par le testateur qui ont établi le droit d'usufruit, d'usage ou d'habitation, lorsqu'il s'agit de règles relatives à l'organisation même de la propriété et à la sauvegarde de l'intérêt général. En pareil cas, il s'agit véritablement de statut réel. Signalons quelques exemples tirés de la législation française.

(1) V. n° 517.
(2) P. Fiore, *loc. cit.*, p. 353.

Aux termes de l'art. 595 C. C., l'usufruitier peut passer des baux de neuf ans, renouvelables trois ou deux ans avant leur expiration, suivant qu'il s'agit de biens ruraux ou de biens urbains. Cette règle, établie pour permettre à l'usufruitier de trouver des locataires et des fermiers sérieux qui ne se présenteraient pas si leur bail était rompu par la cessation de l'usufruit pouvant survenir d'une manière inopinée, assure la bonne exploitation des biens : elle se rattache donc à l'intérêt économique et a le caractère d'une disposition d'ordre public. On ne pourrait, par suite, déroger à l'art. 595 C. C. en appliquant une loi étrangère qui enlèverait à l'usufruitier le droit de passer des baux pour un temps plus long que celui de son usufruit (1).

Les fruits civils sont toujours acquis par l'usufruitier jour par jour (art. 586). Notre Code écarte l'ancienne règle, d'après laquelle les fruits civils étaient acquis dans une proportion correspondante à la partie de fruits naturels perçue par le fermier de l'usufruitier au moment de la cessation de l'usufruit, afin d'éviter les expertises, estimations et ventilations auxquelles cette règle donnait lieu et qui étaient une source de difficultés, de frais et de procès. C'est donc encore l'intérêt économique qui a inspiré la règle de l'art. 586, laquelle, par suite, a le caractère d'une disposition d'ordre public (2).

Nous attribuerons le même caractère aux dispositions des art. 608 et 609 C. C., d'après lesquelles l'usufruitier doit payer les impôts annuels en capital, et l'intérêt des charges et impôts extraordinaires. L'ordre public est en effet intéressé à ce que l'Etat puisse compter sur telle personne pour la responsabilité de l'impôt, et on ne peut, en invoquant les dispositions d'une loi étrangère, échapper à la législation fiscale du pays où les biens grevés sont situés.

De même, en France, l'usufruit des personnes morales ne peut excéder trente ans (art. 619), malgré toute convention ou disposition d'une loi étrangère décidant le contraire. Ce sont, en effet, les inconvénients économiques de l'usufruit qui en ont fait déterminer la durée, quand il s'agit de personnes susceptibles de subsister indéfiniment et de maintenir, par conséquent, pendant un temps illimité leur droit d'usufruit.

(1) Laurent, *loc. cit.*, VII, p. 411-412 ; P. Fiore, *loc. cit.*, p. 357-358.
(2) *Contrà :* Laurent, VII, p. 413.

34

Enfin, les lois concernant l'usage des bois et des forêts sont aussi d'ordre public, car l'intérêt financier, la salubrité, et même la sécurité d'un pays, par exemple au point de vue des inondations que provoque le déboisement inconsidéré, sont les raisons d'être de la réglementation de cet usage (art. 636 C. C.).

549. Usufruit légal. — Parfois l'usufruit est directement établi par la loi, et il y a lieu de se demander, en pareil cas, quelle est la loi compétente pour constituer et réglementer l'usufruit. Dans notre droit, la question se pose à propos de deux usufruits légaux.

550. L'art. 754 C. C. établit, comme droit successoral, un droit d'usufruit pour les père et mère venant en concours avec des collatéraux autres que les frères et sœurs ou leurs descendants. Dans la doctrine traditionnelle, on applique la loi de la situation pour savoir si ce droit d'usufruit existe sur les immeubles et quelle est son étendue ; tandis que l'on suit la loi du dernier domicile du défunt en ce qui concerne l'usufruit portant sur les biens mobiliers. Dans notre opinion, les droits des héritiers dépendent de la loi nationale du défunt ; c'est donc cette loi que nous appliquerons ici, sans distinction entre les meubles et les immeubles (1).

551. Usufruit des père et mère sur les biens de leurs enfants (art. 384 C. C.). — La question de savoir quelle est la loi qui régit cet usufruit a été très vivement controversée et a donné lieu à trois opinions principales.

1o Dans l'ancien droit, on décidait presque unanimement que l'usufruit légal, au moins en tant qu'il portait sur des immeubles, rentrait dans le statut réel, parce qu'il avait pour résultat de modifier la condition des biens immobiliers appartenant aux enfants. On en concluait qu'un père avait droit à cet usufruit, par le fait seul que les immeubles de ses enfants étaient situés dans un pays dont la loi établissait cet usufruit comme conséquence de la puissance paternelle, alors même que sa loi personnelle ne lui attribuait pas ce droit (2) ; réciproquement, un père ne pouvait réclamer cet usufruit, au nom de sa loi personnelle, pour les biens de ses enfants situés dans un pays qui ne l'admettait pas (3).

Au XVIIe siècle, Bouhier était le seul à reconnaître le caractère

(1) V. no 491.
(2) Boullenois reculait devant cette conséquence, *loc. cit.*, II, p. 46-47.
(3) Froland, *loc. cit.*, II, p. 816-817.

personnel du droit d'usufruit des parents sur les biens des enfants et à accepter, sur ce point, quelle que fût la nature des biens, l'application de la loi du domicile (1). Aujourd'hui, l'opinion générale des anciens jurisconsultes est encore partagée par un certain nombre d'auteurs français, et elle est formellement consacrée par la jurisprudence anglo-américaine (2).

2° Suivant d'autres auteurs, l'usufruit légal ne pourrait être invoqué par les père et mère, qu'autant qu'il serait consacré, à la fois, par leur loi personnelle et par celle du pays où les biens des enfants sont situés (3). Cette solution est inadmissible, car de deux choses l'une : ou bien l'usufruit légal rentre dans le statut personnel, et dans ce cas il dépend de la loi personnelle ; ou bien il se réfère à la condition juridique des biens et rentre dans le statut réel, cas auquel il est exclusivement régi par la loi territoriale.

3° Enfin, on s'accorde généralement aujourd'hui à reconnaître que le droit d'usufruit légal des parents sur les biens de leurs enfants est une conséquence de la puissance paternelle, et qu'il doit, comme cette puissance elle-même et tout ce qui se rattache à l'organisation de la famille, dépendre de la loi nationale des parties. On a déjà vu les raisons qui justifient la compétence exclusive du législateur national pour les questions de ce genre et spécialement pour la réglementation de la puissance paternelle (4). Il n'y a pas lieu de tenir compte de cette objection que l'établissement du droit d'usufruit modifie le régime des biens, ce qui en fait une règle de statut réel. D'après ce qui a été déjà dit (5), le statut réel ne peut comprendre que les règles ayant un caractère d'ordre public, parce qu'elles se réfèrent à l'organisation même de la propriété : or, en quoi la constitution d'un droit d'usufruit au profit des parents peut-elle influer sur l'organisation de la propriété ? C'est le droit réel lui-même, et non son attribution à telle ou telle personne qui peut avoir cet effet : de là il résulte qu'il n'y aura lieu d'écarter

(1) Bouhier, loc. cit., I, p. 677, n° 57.
(2) Proudhon, Des Personnes, I, p. 91; Troplong, Hypothèques, II, p. 429; Colmet d'Aage, Rev. de Droit franç. et étranger, 1844, p. 406. — Story, loc. cit., p. 572, § 455-463 a.
(3) Fœlix, loc. cit., I, p. 151.
(4) V. n° 345.
(5) V. n°s 95 et 96.

une loi étrangère attribuant le droit d'usufruit aux père et mère qu'autant que la loi territoriale excluera, non pas l'usufruit légal des parents, mais le droit d'usufruit lui-même en toutes circonstances, comme contraire au bon régime économique de la propriété. La détermination des droits réels admissibles est en effet, au premier chef, une question de statut réel (1).

Cette dernière opinion, d'après laquelle l'usufruit légal des parents dépend de la loi nationale, déjà acceptée en doctrine, a été confirmée par la jurisprudence (2).

Mais, d'après la Cour suprême, lorsque les parents, à la suite d'une naturalisation obtenue par eux, ont une nationalité différente de celle des enfants, il faudrait, en ce qui concerne le droit d'usufruit légal, suivre leur nouvelle loi nationale et non celle des enfants (arrêt à la note précédente). Cette solution nous paraît contraire au caractère individuel de la naturalisation d'après notre droit. Le changement de nationalité des parents ne saurait avoir d'moindre influence par rapport aux enfants ; et c'est cependant ce qui arriverait si l'on modifiait les droits des premiers vis-à-vis des seconds, en les appréciant d'après la loi du pays où ceux-là se sont fait naturaliser, au lieu de les déterminer d'après la loi nationale conservée par ceux-ci (3).

552. On a prétendu encore que le droit d'usufruit légal indiqué dans l'art. 384 C. C. est loin de se retrouver dans la plupart des législations, qu'il constitue un droit spécial consacré par notre Code pour les Français seulement, un vrai droit civil, dont les étrangers ne pourraient profiter qu'autant qu'ils auraient été autorisés à fixer leur domicile en France, conformément à l'art. 13 C. C., ou appartiendraient à un pays ayant établi, sur ce point, la réciprocité diplomatique avec le nôtre (art. 11 C. C.) (4). Cette opinion est inacceptable pour ceux qui, comme nous, rejettent la distinction des droits des gens et des droits civils, considérés

(1) V. n° 554 *infrà*.

(2) Demangeat sur Fœlix, I, p. 151, note *b ;* Demolombe, I, n° 88, et VI, n° Laurent, *loc. cit.,* VII, p. 405-406 ; P. Fiore, *loc. cit.,* n° 164, p. 285 ; Aubry Rau, I, 85, note 18. — Cass., 14 mars 1877, Sir., 78. 1. 25 ; J. Clunet, p. 167.

(3) V. n° 361.

(4) Aubry et Rau, I, p. 303, note 60.

les étrangers comme jouissant en France de tous les droits privés, sauf de ceux qui leur sont enlevés par un texte formel (art. 11, 14, 16 C. C. — V. n° 54). Du reste, on reconnaît en général que l'usufruit légal dont nous parlons est une conséquence de la puissance paternelle qui dépend, comme cette dernière, de la loi nationale des parties, sans qu'il y ait lieu d'écarter *à priori* l'application de cette loi, sous le prétexte que le droit d'usufruit légal ne peut être invoqué par les étrangers en France.

§ II. *Servitudes prédiales ou réelles.*

553. Notre Code les partage en trois catégories : les servitudes dérivant de la situation naturelle des lieux, les servitudes légales et les servitudes venant du fait de l'homme (art. 639 C. C.).

Les premières ne sont pas, on le sait, de véritables servitudes, mais simplement des règles générales de la propriété foncière applicables à tous les immeubles situés en France : elles constituent véritablement ces lois et règlements qui limitent le droit des propriétaires et dont parle l'art. 544 C. C. ; aussi dépendent-elles exclusivement de la *lex rei sitæ* (art. 640 à 648 C. C.).

Parmi les servitudes légales, il en est quelques-unes qui ont directement pour objet l'intérêt général et qui constituent, au même titre que les précédentes, des règlements de la propriété foncière exclusivement déterminés par la loi territoriale : ce sont les servitudes d'ordre administratif, telles que le chemin de halage, l'alignement, etc. (art. 650 C. C.). D'autres, établies aussi par la loi, visent plus particulièrement l'intérêt privé, mais, sur bien des points, se rattachent aussi à l'ordre public : ce sont les servitudes légales organisées par le Code civil, telles que la mitoyenneté, le droit de passage en cas d'enclave, les vues, etc... En tant que ces servitudes touchent à l'intérêt général, elles sont exclusivement régies par la loi du pays où sont situés les biens auxquels elles s'appliquent. Par exemple, les étrangers sont contraints, en France, de fournir le passage en cas d'enclave, et d'accepter la mitoyenneté ou de la céder dans les cas prévus par les art. 661, 663 C. C.

Au contraire, les dispositions législatives concernant les servitudes légales auxquelles les parties peuvent déroger par convention dépendent de l'autonomie des contractants, et rien ne s'opposerait à ce que l'on acceptât, sur les points réglés par ces dispositions, les prescriptions d'une loi étrangère à laquelle les parties se seraient référées : il en serait ainsi, par exemple, pour la fixation de la part contributoire de chaque copropriétaire dans l'entretien du mur mitoyen (art. 655 C. C.), et pour la détermination du droit qui appartient à chacun d'eux de faire certains travaux sur ce mur (art. 657 et 662 C. C.).

Enfin, les servitudes établies par le fait de l'homme, en vertu de leur origine même, sont réglées par la convention ou le testament qui les crée (art. 686 C. C.). Toutefois, il ne serait plus possible d'accepter l'application de la loi étrangère à laquelle les contractants ou le testateur se seraient référés, pour les points qui touchent à l'organisation même de la propriété et que le législateur local réglemente par des dispositions d'ordre public : c'est ainsi qu'on ne peut jamais établir, en France, une servitude ni au profit, ni à la charge d'une personne (art. 686 C. C.), pas plus qu'une servitude qui attribuerait au fonds dominant une prééminence sur le fonds servant (art. 638 C. C.).

554. La détermination des droits réels qu'il est possible d'établir sur les biens tient à l'organisation même de la propriété, d'où il suit qu'elle rentre dans le statut réel et dépend exclusivement de la *lex rei sitæ.* Il serait donc impossible à des étrangers, comme à des Français, de faire revivre en France, en invoquant les dispositions d'une loi étrangère à laquelle ils se seraient référés, les droits réels féodaux ou autres que les lois de l'époque intermédiaire ont définitivement abrogés (1). Tout droit réel reconnu par la loi étrangère et non par la nôtre ne pourrait valoir en France que comme simple droit personnel, obligeant simplement le promettant et ses héritiers à le respecter. Il en serait ainsi, par exemple, du droit de superficie que la loi belge du 10 janvier 1824 a sanctionné comme droit réel.

555. Il peut arriver qu'un droit, considéré comme réel dans un pays, soit réputé personnel dans un autre : tel est le droit du locataire, qui, personnel en France, bien que, d'après l'art. 1743 C. C., il puisse être opposé aux tiers acquéreurs, est réel en Prusse.

(1) V. lois des 11 août-3 novembre 1792 ; 15-28 mars 1790 ; 18-29 nov. 1790 ; 25-28 août 1792 ; 17 juillet 1793.

D'après ce qui a été dit ci-dessus, il faudra déterminer la nature du droit d'après la loi du pays où se trouve le bien sur lequel il porte, parce que la loi territoriale, d'ordre public sur ce point, énumère limitativement les droits réels admissibles. Cependant, en ce qui concerne la possibilité d'opposer le droit du locataire aux tiers, on pourrait accepter sans difficulté, en France, l'application d'une loi étrangère, à laquelle les contractants se seraient référés, et qui ne reconnaîtrait pas ce droit au locataire vis-à-vis des acquéreurs, puisque, aux termes de l'art. 1743 lui-même, il est permis aux parties de déroger sur ce point à la règle légale (1).

SECTION III

LA POSSESSION

556. La possession peut être considérée à deux points de vue.

En tant qu'elle se présente comme la manifestation et l'exercice du droit de propriété, elle se confond avec cette dernière en ce qui concerne sa réglementation et sa protection : aussi est-elle exclusivement régie à ces deux points de vue par la *lex rei sitæ*.

Envisagée comme un simple fait, distinct du droit de propriété dont elle n'est pas nécessairement l'exercice, la possession est protégée par la loi et donne naissance à certains droits.

Les mesures de protection édictées par le législateur pour la possession ont toutes le caractère de règles d'ordre public, car elles ont pour but de fixer quel est celui qui doit faire la preuve de son droit en cas de revendication et d'éviter les dépossessions violentes non sanctionnées ni approuvées par décision de justice. Aussi est-ce la loi territoriale qui déterminera le délai exigé pour que la possession doive être respectée, qui fixera les actions possessoires et leurs conditions d'exercice (V. P. C. art. 23 et 25).

Quant aux droits qui résultent de la possession, ils consistent surtout dans la prescription dont il sera traité dans le troisième chapitre de ce livre, et dans l'acquisition des fruits par le possesseur de bonne foi (art. 549 C. C.). Cette acquisition des fruits, ainsi que le règlement des indemnités entre propriétaire et possesseur

(1) Laurent, *loc. cit.*, VII, p. 369-370.

pour constructions et plantations faites par ce dernier sur le bien possédé (art. 555 C. C.), sont établis par le législateur pour éviter les difficultés et faire respecter l'équité : les dispositions légales sur ce point sont donc d'ordre public. Il faudra encore consulter la loi territoriale, afin de savoir si le possesseur remplit les conditions voulues pour être réputé possesseur de bonne foi (art. 550 C. C.).

SECTION IV

LA PROPRIÉTÉ LITTÉRAIRE, ARTISTIQUE, INDUSTRIELLE
ET COMMERCIALE

557. La question de savoir quelle est la véritable nature du droit de l'écrivain, de l'artiste ou de l'inventeur sur son œuvre est une des plus discutées parmi celles qui font l'objet de la philosophie du Droit ; elle a attiré d'une manière particulière l'attention, non seulement des jurisconsultes, mais encore des métaphysiciens, notamment de Kant. Mais, quelle que soit la solution donnée à cette délicate question, il n'en est pas moins certain, au point de vue du Droit international privé, que le droit de l'écrivain, de l'artiste ou de l'inventeur sur son œuvre rentre dans le statut réel. Si ce droit constitue, ainsi que le prétendent nombre d'auteurs, une véritable propriété (1), sa réglementation et son organisation dépendent de la loi du pays où il est invoqué, d'après ce qui a été déjà dit à propos de la propriété ordinaire, à la section I du présent chapitre. Si ce droit n'est au contraire qu'un droit *sui generis*, consistant dans une protection particulière accordée à l'écrivain, à l'artiste ou à l'inventeur contre ceux qui voudraient usurper à leur profit les produits d'une œuvre fruit du travail d'autrui, ce droit n'en est pas moins opposable à tous et constitue, par conséquent, un vrai droit réel, dont l'organisation et la réglementation rentrent dans les mesures de police et de sûreté générales, au même titre que l'organisation et la réglementation des servitudes, de l'hypothèque, etc. De toutes façons, la loi territoriale, c'est-à-dire celle du pays où le

(1) Le Congrès international, réuni à Paris en 1878, a émis, comme premier vœu, le désir que le droit des artistes et des écrivains fût considéré comme une véritable propriété (J. Clunet, 1878, p. 417).

droit de l'écrivain, de l'artiste ou de l'inventeur est invoqué, régit ce droit : nous sommes dans une matière de statut réel (1).

Étudions, dans deux paragraphes, la propriété littéraire et artistique, et la propriété industrielle et commerciale.

§ I. *Propriété littéraire et artistique.*

558. Au point de vue du Droit international privé, la propriété littéraire et artistique doit être appréciée d'après les dispositions de notre loi interne qui fixe le droit commun des étrangers en cette matière, et d'après les règles spéciales contenues dans les traités internationaux.

I. *Droit commun des étrangers en France.*

559. Le droit des écrivains et des artistes sur leurs œuvres, après avoir subi bien des transformations depuis les lois de l'époque révolutionnaire (2), a été enfin réglementé par la loi des 14-19 juillet 1866. Un droit exclusif de reproduction est reconnu à l'auteur pendant sa vie, et, pendant 50 ans après sa mort, à ses héritiers ou ayants-cause. Pour les œuvres dramatiques et musicales, la reproduction par impression et la représentation sont interdites sans le consentement de l'auteur, sous peine des sanctions contenues dans les art. 427, 428 et 429 Cod. pénal. Pour toutes autres œuvres, la loi interdit la contrefaçon, la publication, la vente d'ouvrages contrefaits, ou l'introduction en France d'œuvres contrefaites en pays étranger, sous peine d'amende, de confiscation des ouvrages contrefaits et des moyens de contrefaçon, et de dommages et intérêts pour la partie lésée (art. 425 à 428 et 429 Code pénal).

Telle est, en résumé, notre législation interne sur la matière qui nous occupe ; il nous faut rechercher : 1º si le droit reconnu par notre législateur aux écrivains et artistes peut être invoqué par les étrangers; 2º par quelle loi leur droit, en supposant qu'il soit reconnu, devra être régi.

---

(1) On a proposé de faire des droits d'auteurs une catégorie spéciale, distincte des droits réels et personnels, sous le nom de droits intellectuels, v. Picard, J. Clunet, 1883, p. 565 et suiv.

(2) Lois des 13-19 janvier 1791 ; 19-24 juillet 1793; décrets du 22 mars 1805 et 5 février 1810; loi du 8 avril 1854.

560. A. Droit des écrivains et artistes étrangers. — Au point de vue théorique, il ne semble pas douteux que les artistes et écrivains étrangers doivent être assimilés aux nationaux, en ce qui concerne la protection contre la contrefaçon de leurs œuvres, quelque soit d'ailleurs le parti que l'on prend sur la nature du droit qu'il s'agit de défendre. Ce droit est-il une propriété? Les étrangers peuvent s'en prévaloir, car le droit du propriétaire est un de ceux que l'on doit respecter chez tous les hommes, qui tiennent à l'essence même de l'individu considéré au point de vue social, et qu'il faut reconnaître chez tous ceux qui l'invoquent, sans distinction de nationalité.

Le droit de l'écrivain et de l'artiste ne consiste-t-il que dans la faculté d'obtenir de la loi la protection contre les usurpateurs qui voudraient le dépouiller du fruit de son travail? Il n'en demeure pas moins toujours vrai que les dispositions édictées par le législateur sur ce point ont le caractère de mesures de justice et de haute police, dont le bénéfice appartient à tous ceux qui se trouvent, d'après la loi, dans les conditions requises pour l'invoquer, et pour l'application duquel la qualité de national n'est nullement nécessaire.

Cette manière de voir était assurément celle des lois de la Révolution; cela résulte, sinon de leur texte formel, du moins de leur esprit : conçues sous l'influence des idées libérales qui amenèrent l'abrogation du droit d'aubaine, elles avaient pour but de sauvegarder la justice, violée par la contrefaçon des œuvres littéraires et artistiques, sans se préoccuper de la nationalité de ceux que cette contrefaçon peut atteindre.

Après la promulgation du Code civil, un doute pouvait s'élever : on aurait pu croire, malgré les raisons qui viennent d'être données pour démontrer que la protection des écrivains et des artistes doit être accordée sans distinction de nationalité, que le droit dont il s'agit constitue un vrai droit civil dont le bénéfice serait subordonné à la condition de la réciprocité diplomatique, suivant l'interprétation généralement acceptée de l'art. 11 du Code civil (1). Mais le décret du 5 février 1810 (art. 40) écarta ce doute, en décidant que les écrivains et artistes étrangers pourraient céder leur droit : c'était reconnaître, à leur profit, l'existence de ce droit.

(1) V. n° 54 B.

Toutefois, suivant l'opinion générale, la protection n'était accordée par la loi française qu'aux œuvres littéraires ou artistiques publiées en France, quelle que fût d'ailleurs la nationalité de leurs auteurs : toute œuvre publiée en dehors du territoire français, soit par un Français, soit par un étranger, pouvait être librement contrefaite dans notre pays. On arrivait à cette solution en invoquant l'esprit général des lois de 1791 et de 1793 qui, disait-on, ne protégeaient les productions de l'esprit contre la contrefaçon que pour donner aux auteurs une juste compensation de l'avantage moral et pécuniaire qu'ils procuraient au pays où ils publiaient leurs œuvres. On faisait valoir surtout cet argument : l'art. 426 du Code pénal ne punit que l'introduction des contrefaçons d'ouvrages *imprimés en France;* les lois pénales étant de droit strict, il fallait en conclure qu'aucune sanction ne garantissait contre la contrefaçon des ouvrages édités en pays étranger.

L'adoption de ce système rendait presque illusoire la protection des droits des auteurs et artistes étrangers qui, la plupart du temps, publient leurs œuvres dans leur pays. D'autre part, ce système étant généralement consacré par les diverses législations, il en résultait, dans presque tous les pays, une liberté déplorable pour la contrefaçon des ouvrages édités dans les autres états. La France, à raison de la diffusion de sa langue et de sa littérature, eut plus particulièrement à souffrir de cet état de choses ; la Belgique devint le siège principal de la contrefaçon des livres français, et, dans la seule année 1841, plus de 700 ouvrages français furent cyniquement reproduits par les éditeurs belges, sans que les auteurs pussent faire valoir la moindre réclamation (1).

561. Pour remédier à ces inconvénients, ou, pour mieux dire, à ces iniquités, il fallait assimiler complètement les œuvres des auteurs étrangers à celles des nationaux, en quelque lieu qu'elles fussent originairement publiées. C'est ce que fit, en France, le décret-loi du 28 mars 1852, après bien des tentatives demeurées infructueuses (2). D'après ce décret, la contrefaçon des ouvrages publiés en pays étrangers, et le débit, l'exportation ou l'expédition des

---

(1) Duvergier, *Du Droit intern. en matière de propriété littéraire. Annales de la propriété littéraire et industrielle,* 1860, p. 33 et suiv.

(2) V. Renault, *De la propriété littéraire et artistique au point de vue international,* J. Clunet, 1878, p. 123 à 129.

contrefaçons de ces ouvrages, quelle que soit la nationalité de leurs auteurs, constituent un délit tombant sous le coup de la sanction contenue dans les art. 427 et 429 du Code pénal. Les dispositions de ce décret ont été étendues aux colonies par un autre décret du 9 décembre 1857.

La règle libérale et de haute justice consacrée par le décret de 1852 est assurément une des plus belles innovations de notre législation moderne. On lui a cependant reproché de sacrifier les intérêts de la France, en protégeant outre mesure les auteurs étrangers, sans qu'on fût assuré que les auteurs français trouveront dans les autres pays un traitement aussi avantageux. Mais on peut répondre, tout d'abord, que la justice doit être consacrée par le législateur pour elle-même, et sans tenir compte de cette condition de réciprocité qui n'est que la manifestation d'un sentiment égoïste : les droits d'auteurs étant reconnus justes et bien fondés, doivent être protégés par le législateur sans qu'il y ait lieu de se préoccuper du point de savoir si, à l'étranger, l'équité est aussi bien observée. D'autre part, même au point de vue pratique, l'expérience a démontré que le décret de 1852 est loin d'avoir nui aux intérêts des écrivains et des artistes français ; séduites par la généreuse initiative de la France, les autres nations ont consenti, par des conventions internationales, à traiter sur leur territoire les auteurs français absolument comme leurs nationaux, et les traités relatifs à la propriété littéraire et artistique, dont les négociations étaient autrefois difficiles, sont devenus, dans les rapports avec la France, très aisés à conclure et, par conséquent, très nombreux depuis 1852.

562. L'étude de la protection des droits d'auteurs étrangers, telle qu'elle résulte du décret du 28 mars 1852, comporte l'examen des trois questions suivantes : 1° quelles sont les conditions auxquelles cette protection est subordonnée ; 2° quelles sont les œuvres protégées ; 3° quelles sont les atteintes au droit des auteurs étrangers qui sont prohibées.

563. 1° *Conditions de la protection*. Ce sont les mêmes que celles que la loi exige pour les auteurs français ; notamment le dépôt de deux exemplaires de l'ouvrage publié, dans le cas où ce dépôt est exigé, c'est-à-dire quand il s'agit d'œuvres autres que des leçons, discours, sculptures (loi du 19 juillet 1793, art. 6). Du reste, pour les auteurs étrangers comme pour les Français, ce dépôt n'est qu'une condition de l'action en justice contre les contrefacteurs, et non une condition de l'existence même du droit des auteurs (décret du 28 mars 1852, art. 4).

564. 2° *OEuvres protégées*. Toutes les œuvres publiées à l'étranger qui seraient protégées en vertu de l'art. 425 du Code pénal, si elles étaient publiées en France, bénéficieront de la même protection (décret de 1852, art. 1). Il faudra donc, pour savoir si une œuvre publiée en pays étranger doit être protégée contre la contrefaçon, rechercher si elle rentre dans la catégorie de celles que la loi ou la jurisprudence françaises considèrent comme défendues à l'égard des contrefacteurs. Les décisions de la jurisprudence sont particulièrement à consulter pour les œuvres qu'il est permis de regarder comme industrielles plutôt qu'artistiques, telles que les reproductions par la photographie (1) : la distinction sur ce point est d'autant plus importante que, comme on le verra plus loin, les étrangers sont moins bien protégés pour la propriété industrielle que pour la propriété artistique.

Le décret de 1852 s'applique-t-il aux œuvres publiées à l'étranger antérieurement à sa promulgation?

La négative a été soutenue par cette raison que, avant le décret de 1852, la contrefaçon des œuvres publiées à l'étranger était parfaitement autorisée, et que la faculté d'imiter ou de reproduire ces œuvres constituait un droit acquis que n'a pu atteindre le décret dont l'effet n'est pas rétroactif.

Cette solution est beaucoup trop générale et une distinction s'impose. Les éditions non autorisées d'œuvres publiées à l'étranger, faites avant la promulgation du décret de 1852, étant licites dès le principe, sont demeurées toujours telles : mais les nouvelles éditions des mêmes ouvrages, ultérieures au décret, sont certainement prohibées par ce dernier. Il n'y a jamais eu, en effet, droit acquis reconnu par la loi de contrefaire les œuvres publiées à l'étranger, mais seulement tolérance de la contrefaçon de ces œuvres : aussi une décision nouvelle de la loi a-t-elle pu arrêter cette tolérance pour l'avenir, sauf à ne pas atteindre les contrefaçons antérieurement faites (2).

(1) V. *infrà*, n° 580, 4°.
(1) C. de Paris, 8 décembre 1853, Dal., 54. 2. 25, reproduction des Nouvelles génevoises de Toppfer ; C. de Paris, 29 décembre 1860 ; Dal., 62. 1. 453.

565. 3° *Atteintes au droit des auteurs d'œuvres publiées à l'étranger qui sont prohibées.* Le décret de 1852, art. 1 et 2, défend la *contrefaçon* des œuvres publiées à l'étranger, le *débit* des œuvres contrefaites, leur *expédition* et leur *exportation*. Ces différents faits constituent un délit tombant sous l'application des art. 427 et 429 du Code pénal. Mais le décret est muet sur deux points très importants : la traduction des ouvrages publiés à l'étranger et la représentation des œuvres musicales ou dramatiques.

566. Traduction des ouvrages publiés à l'étranger. — On a soutenu que le décret de 1852 ne défend en aucune façon la traduction des ouvrages publiés à l'étranger, ni le débit, l'expédition ou l'exportation des traductions qui en seraient faites. La traduction, a-t-on dit, n'est pas une contrefaçon, car elle constitue une œuvre nouvelle provenant du travail personnel du traducteur. D'autre part, on ne saurait invoquer le préjudice causé à l'auteur de l'ouvrage original, puisque la traduction ne s'adresse pas aux mêmes lecteurs et ne le prive pas, par conséquent, du bénéfice de la vente de son livre à tous ceux auxquels il le destine (1).

Mais c'est avec raison que cette manière de voir a été rejetée dans la pratique (2). Quoi qu'on en ait dit, en effet, la traduction n'est pas absolument une œuvre nouvelle; c'est l'ouvrage original présenté sous une nouvelle forme ; ce sont les mêmes idées exposées en un langage différent : la traduction non autorisée rentre donc dans la notion stricte de la contrefaçon littéraire, qui n'est que la publication d'une œuvre sans le consentement de son auteur. Le caractère de contrefaçon ainsi attribué à la traduction non autorisée est d'autant mieux fondé, que la traduction peut causer à l'auteur un grave préjudice au point de vue pécuniaire, et au point de vue moral. Au point de vue pécuniaire, tout d'abord, car, la traduction étant le moyen habituel et presque toujours nécessaire de porter une œuvre à la connaissance des lecteurs d'un autre pays, on privera, contrairement au but du décret de 1852, l'auteur d'un ouvrage publié en pays étranger du bénéfice qu'il en attend en France, en ne lui réservant pas le droit exclusif

---

(1) Gastambide, *De la contrefaçon*, n° 58; Renouard, *Traité des droits d'auteurs*, II, n° 16.

(2) Paris, 26 janvier 1852; Dal., 52. 2. 184; Cass. Req., 12 janvier 1853; Dal., 53. 1. 119.

de traduction. Au point de vue moral, en ce qu'une traduction mal faite et inexacte, non contrôlée par l'auteur, peut gravement compromettre le prestige littéraire ou scientifique de ce dernier.

567. Représentation des œuvres dramatiques et musicales. — Il est admis, en jurisprudence, que le décret de 1852 ne fait pas obstacle à la représentation publique, dans notre pays, des œuvres musicales ou dramatiques publiées à l'étranger (1). Il ne faut tenir aucun compte d'un argument qui a été produit souvent à l'appui de cette décision et qui consiste à dire que, si l'on devait obtenir l'autorisation des auteurs étrangers dont les prétentions pécuniaires sont parfois exorbitantes, on nuirait trop à l'intérêt du public français qui ne pourrait profiter, par le moyen de la représentation, des œuvres musicales et dramatiques publiées à l'étranger : poussé logiquement jusqu'au bout, cet argument conduirait à justifier tous les plagiats, toutes les contrefaçons, et à mettre à néant le décret de 1852 lui-même. On tire un argument plus sérieux du texte du décret : l'art. 1er prohibe la contrefaçon des œuvres publiées à l'étranger et ne dit rien de leur représentation ; d'autre part, et surtout, l'art. 3 renvoie, pour la sanction des délits qu'il prévoit, aux art. 427 et 429 du Code pénal, passant ainsi sous silence l'art. 428 du même Code qui est justement celui dans lequel on trouve la peine de la représentation non autorisée des œuvres musicales et dramatiques. Comme il est impossible de songer à un oubli du législateur, étant donné qu'il vise deux articles entre lesquels est intercalé celui qu'il omet de citer, il faut en conclure, par argument *à contrario* très concluant en droit pénal, que la représentation des œuvres musicales et dramatiques étrangères n'est pas défendue.

Quelque bien fondée qu'elle paraisse au point de vue juridique, cette solution n'en est pas moins regrettable et contraire à l'esprit si juste et si libéral du décret de 1852. On ne saurait d'ailleurs s'expliquer cette différence entre la représentation et la contrefaçon ordinaire, car, pour les œuvres dramatiques et musicales, le moyen le plus efficace et presque exclusif d'en tirer un bénéfice est de les faire représenter. Cependant, on a dit (et l'explication, si elle est fondée en fait, n'est guère satisfaisante au point de vue de l'équité),

---

(1) Cass. Req., 14 décembre 1857, Dal., 58. 4. 161 : réclamation de Verdi contre le Théâtre-Italien de Paris.

que, tout en se montrant très libéral pour les auteurs étrangers, le législateur de 1852 a voulu garder une réserve pour déterminer les autres nations a acheter la protection en France de toutes les œuvres publiées chez elles, en accordant, par traité, la même faveur aux auteurs français sur leur territoire.

568. B. Loi qui régit le droit des auteurs et artistes étrangers. — La loi française protégeant les droits des auteurs et artistes étrangers, que leurs œuvres soient publiées en France ou dans un autre pays, il y a lieu de se demander quelle est la loi qui fixera l'étendue de leurs droits.

Si la loi étrangère est plus large que la loi française, par exemple si elle prolonge la durée de la protection au-delà de la limite de temps fixée par notre loi, on n'en tiendra pas compte en France : l'auteur étranger ne pourra réclamer protection que pendant le laps de temps déterminé par notre législation. La limitation de la propriété intellectuelle est en effet une règle d'intérêt général, car elle a pour but d'assurer au public, au bout d'un certain temps, le bénéfice absolument libre des œuvres de l'esprit.

En sens inverse, il peut arriver que la loi étrangère soit moins large que la nôtre, par exemple en restreignant davantage la durée de la protection pour les auteurs, ou bien en autorisant la contrefaçon d'ouvrages qui seraient protégés en France. Le Congrès de la propriété littéraire et artistique, tenu à Paris en 1878, a émis le vœu que, quelles fussent les dispositions de la loi du pays où leurs œuvres ont été éditées, les écrivains et artistes étrangers eussent exactement la protection accordée par la loi territoriale applicable aux nationaux (1). Mais, dans l'état actuel de notre législation, cette solution est inacceptable. Le but du décret de 1852 est de protéger les écrivains et artistes étrangers comme les nationaux, mais sans leur accorder des droits plus considérables que ceux qui leur sont attribués par la loi du pays où ils ont publié leurs œuvres. On ne saurait, d'après le décret de 1852, protéger un auteur étranger dont le droit n'existe pas suivant les dispositions de la loi de son pays (2).

Des explications qui précèdent, il résulte que l'on doit toujours choisir, entre la loi française et celle du lieu de publication de

(1) 15e vœu, J. Clunet, 1878, p. 418.
(2) V. Renault, *loc. cit.*, J. Clunet, 1878, p. 138.

l'œuvre, la loi la plus restrictive au point de vue de la limitation des droits d'auteur.

Il va s'en dire que, pour régler la transmission des droits de l'auteur à ses héritiers, la capacité pour céder ces droits et l'interprétation des actes de cession, il faudra appliquer les principes déjà indiqués à propos des successions, de la capacité et des conventions.

II. *Droit des auteurs et artistes étrangers d'après les traités.*

569. L'exemple de libéralité et de justice donné par la France dans le décret de 1852 n'a été suivi que par bien peu d'états : seuls le Chili et le Venezuela assimilent les œuvres publiées à l'étranger à celles qui sont éditées sur leur territoire, au point de vue de la protection des droits d'auteur (1).

Le gouvernement français a dû, par conséquent, se préoccuper d'assurer, au moyen de traités internationaux, aux auteurs et artistes français un traitement égal, dans les autres pays, à celui que le décret de 1852 accorde aux auteurs et artistes étrangers en France.

Dans les états qui n'ont pas conclu de conventions littéraires et artistiques avec notre pays, les auteurs français subissent les dispositions plus ou moins libérales de la loi locale. Quelques législations consacrent, dans notre matière, le principe de la réciprocité législative : aussi, les auteurs étrangers étant tous protégés en France, les auteurs français pourront demander protection dans les états qui adoptent cette règle de la réciprocité (V. Danemark, *Annales de la propriété littéraire*, 1866, p. 342 ; Grèce, Code pénal de 1833, art. 433).

D'autres pays, moins libéraux encore, ne protégent en aucune façon les droits des auteurs et artistes étrangers. Telle est la règle en Turquie, où elle n'a pas de conséquence bien fâcheuse, étant donné le peu de développement de l'instruction et le médiocre débit des productions de l'esprit. Mais, aux Etats-Unis, la loi du

(1) Fliniaux, *Propriété littéraire*, 2e édit., p. 219. — La loi fédérale suisse du 23 avril 1883, la plus récente qui ait été rendue sur la propriété littéraire et artistique, exige que l'auteur, pour avoir droit à la protection, soit domicilié en Suisse ou y ait publié son œuvre (art. 10). S'il ne satisfait pas à l'une ou à l'autre de ces deux conditions, il n'a droit à la protection que s'il y a réciprocité législative entre le pays auquel il appartient et la Suisse (*Ann. de légis. étrang.*, 1884, p. 579).

8 juillet 1870, sur le droit de reproduction des ouvrages, ou droit de copie *(copyright)*, déclare, dans son art. 103, que les auteurs protégés contre la contrefaçon sont seulement ceux qui sont sujets des Etats-Unis ou qui résident sur le territoire de l'Union. Aussi, la contrefaçon des ouvrages étrangers est-elle sans limite dans cet état; les auteurs anglais, dont les œuvres sont plus accessibles à la généralité du peuple américain à cause de la similitude de langue, en souffrent particulièrement. Du reste, les auteurs américains sont les premiers à subir les conséquences de cette législation inique, car les éditeurs préfèrent publier des ouvrages d'auteurs anglais pour lesquels ils n'ont rien à payer (1).

570. Les pays unis à la France par des conventions littéraires et artistiques sont d'ailleurs les plus nombreux, et aussi les plus importants si l'on excepte les Etats-Unis. En voici la liste avec la date de la convention conclue avec chacun d'eux :

1º Allemagne, 19 avril 1883 (2) ;

2º Angleterre, 3 novembre 1851, modifiée le 11 août 1875 ;

3º Autriche, 11 décembre 1866, prorogée indéfiniment le 18 février 1884 ;

4º Belgique, 31 octobre 1881 ; déclaration du 4 janvier 1882 ;

5º Espagne, 16 juin 1880 ;

6º Hollande, 29 mars 1855, modifiée le 27 avril 1860 ;

7º Italie, 9 juillet 1884 ;

8º Luxembourg, 16 décembre 1865 ;

9º Portugal, 11 juillet 1866 ;

10º Russie, 6 avril 1861 ;

11º San-Salvador, 9 juin 1880 ;

12º Suède et Norwège, 15 février 1884 ;

13º Suisse, 23 février 1882.

Certaines conventions littéraires et artistiques sont liées à des traités de commerce, de telle sorte que la dénonciation de ces derniers met fin aux premières. C'est là une situation fâcheuse qui peut amener ce résultat qu'un différend entre les deux pays contractants sur une question commerciale ou économique, par exemple sur un tarif douanier, en provoquant la dénonciation du traité

(1) Renault, *loc. cit.*, J. Clunet, 1878, p. 458-459.

(2) *La convention littéraire et artistique avec l'Allemagne*, Lyon-Caen, *Rev. de Droit international*, 1884, p. 437 et suiv.

de commerce, anéantira la protection des droits d'auteur qui n'ont pas le moindre rapport avec la question relativement à laquelle la difficulté est née (V. Traité avec la Hollande, art. 11) (1). Les pays qui, comme la France, ont grand intérêt à assurer la protection des droits de leurs écrivains et de leurs artistes en pays étranger, à cause de la diffusion de leur littérature et de l'influence de leurs écoles artistiques, ont été souvent contraints d'acheter cette protection par des concessions faites au point de vue commercial ou économique, et c'est ce qui explique la solidarité de certaines conventions littéraires avec des traités de commerce.

Mais on s'efforce de plus en plus, aujourd'hui, de rendre les conventions littéraires et artistiques indépendantes, comme il convient au caractère particulier des intérêts qu'elles ont pour but de régler : on est arrivé à ce résultat dans les récentes conventions avec la Suisse et avec l'Allemagne déjà citées, et avec l'Autriche, le 11 février 1884 (2).

Il est à remarquer, en outre, que les traités constituent des dérogations au droit commun des auteurs et artistes étrangers en France, et que ces dérogations peuvent quelquefois leur donner une situation moins favorable que celle qui résulterait pour eux de l'application pure et simple du décret du 28 mars 1852. Lorsque ce résultat se présente, il ne faut pas dire que les auteurs étrangers ont le droit d'écarter les clauses du traité conclu entre la France et leur pays, pour s'en tenir au droit commun qui les régit en France ; cette manière de voir, soutenue par quelques jurisconsultes, est en contradiction avec ce principe élémentaire que les traités internationaux sont de véritables contrats obligatoires pour les deux états qui y participent, et que l'un des contractants ne peut scinder la convention de manière à en réclamer l'application quand elle lui est favorable, et à la rejeter pour le surplus quand elle lui est moins avantageuse.

571. Toutes les conventions littéraires et artistiques, surtout les plus récentes, consacrent des principes uniformes et ne diffèrent

(1) La convention avec la Hollande conclue en 1855 est en effet tombée avec le traité de commerce de 1840 ; mais elle a été rétablie comme traité indépendant au mois de juin 1884 (J. Clunet, 1884, p. 325).
(2) 17e vœu du Congrès de la propriété artistique de Paris en 1878, J. Clunet, 1884, p. 417.

guère que par des clauses de détail plus ou moins importantes. On peut même affirmer qu'un droit commun pour la protection internationale des droits d'auteur sera bientôt établi. Ce résultat sera dû surtout à l'*Association littéraire et artistique internationale*, fondée à Paris à l'occasion de l'Exposition de 1878. Cette société se réunit chaque année dans une des capitales de l'Europe et s'efforce d'établir les bases d'une entente générale entre les écrivains et les artistes du monde entier, pour arriver à une réglementation uniforme de leurs droits acceptée par tous les états. Dans sa réunion de Berne, au mois de septembre 1883, elle a rédigé un projet de traité international en 10 articles, et elle a prié le gouvernement Suisse de le soumettre à l'approbation des autres puissances. Sur l'invitation du gouvernement fédéral, nombre d'états se sont fait représenter à une conférence diplomatique tenue à Berne au mois de septembre 1884, dans laquelle le projet de l'Association littéraire et artistique internationale a été étudié, corrigé et très développé : le nouveau projet de convention, adopté par la conférence diplomatique, comprend 21 articles et un protocole de clôture complémentaire en 7 articles. Il est probable que ce dernier projet sera accepté par les puissances qui se sont fait représenter à la conférence, et qu'il entrera en vigueur bientôt. Si ce souhait se réalise, il existera un droit uniforme de la propriété littéraire et artistique entre les états suivants: Angleterre, Allemagne, Autriche, Belgique, Costa-Rica, France, Haïti, Hollande, Paraguay, San-Salvador, Suède et Norwège, Suisse, qui ont figuré à la conférence diplomatique ; Italie, Espagne, Portugal, Brésil, République Argentine, qui ont annoncé leur adhésion après examen des procès-verbaux de la conférence. Seuls, les Etats-Unis d'Amérique, le Mexique, Nicaragua, Saint-Domingue, la Grèce et le Danemark ont refusé, pour diverses raisons, d'adhérer à la nouvelle union (1).

572. Au point de vue des traités actuellement en vigueur et intéressant la France, il faut distinguer : 1° les conditions auxquel

---

(1) V. Droz, J. Clunet, 1884, p. 441 et suiv. ; d'Orelli, *Rev. de Droit international*, 1884, p. 533 et suiv. — Comp. les observations du syndicat des sociétés littéraires et artistiques sur le projet de convention de la conférence de Berne, J. Clunet, 1885, p. 55 et suiv., et la réponse de M. Droz, même journal, 1885, 2e livraison.

les ils subordonnent la protection réciproque des droits d'auteur dans les deux pays contractants ; 2° l'étendue qu'ils donnent à cette protection.

573. A. **Conditions de la protection**. — Indépendamment des formalités prescrites par la loi du pays où l'œuvre est originairement publiée, certains traités exigent l'accomplissement d'autres formalités dans le pays où l'auteur demande protection. Ces formalités sont variables suivant les conventions :

1° Enregistrement dans un délai fixe : convention avec l'Autriche, art. 2 ; le Portugal, art. 2 ; la Suisse, art. 3. Pour la France, cet enregistrement se fait au Ministère de l'intérieur ou au Consulat de France à l'étranger ;

2° Enregistrement et dépôt d'un ou de deux exemplaires : convention avec l'Angleterre, art. 8.

Dans un très grand nombre de traités, on se contente de l'observation des formalités prescrites par la loi du pays où l'œuvre est publiée ; l'accomplissement de ces formalités est attesté par un certificat de l'autorité locale compétente (en France c'est le ministre de l'intérieur), légalisé par la légation du pays où l'auteur veut obtenir protection (conventions avec le Luxembourg, art. 3 ; la Russie, art. 3 ; la Belgique, art. 3 ; le San-Salvador, art. 2). Dans la convention avec l'Espagne, aucune preuve spéciale n'est exigée ; on se contente des preuves de droit commun. Cette dernière pratique tend à se généraliser, car elle évite l'entrave de toute formalité pour obtenir protection en pays étranger ; si simples qu'elles soient en apparence, ces formalités entraînent des retards dont la contrefaçon peut profiter, elles peuvent même être ignorées des auteurs et des artistes généralement peu au courant des règles légales (1). On trouve à cet égard une innovation excellente dans les traités franco-allemand de 1883, art. 7, et franco-italien du 9 juillet 1884, art. 6 : pour obtenir protection, il suffit que l'auteur, ou l'éditeur pour les ouvrages anonymes ou publiés sous un pseudonyme, fasse figurer son nom sur le livre. Cette affirmation du droit de propriété contre la contrefaçon paraît suffisante (2).

574. B. **Etendue de la protection**. — Il y a lieu de se demander, tout d'abord, si les traités protégent seulement les artistes

(1) Congrès de Paris en 1878, 16e vœu ; Conférence de Berne, art. 2.
(2) Lyon-Caen, *Rev. de Droit intern.*, 1884, p. 450-451.

et écrivains nationaux des deux pays contractants, ou si leurs dispositions s'appliquent à tous les ouvrages et à toutes les œuvres d'art publiés dans l'un de ces deux pays, quelle que soit la nationalité de leur auteur. A cet égard, les conventions varient. D'après les conventions franco-allemande (art. 1 et 2) et franco-italienne (art. 1 et 3), les plus explicites de toutes sur ce point, la protection est assurée aux auteurs nationaux des deux pays contractants quel que soit le lieu de publication de leur œuvre, et aux auteurs d'une autre nation dont l'œuvre a été publiée dans l'un des pays contractants (1).

La convention avec le San-Salvador est la seule qui ne vise formellement que les nationaux des deux états comme ayant droit à la protection, sans parler des auteurs appartenant à un autre pays et dont l'ouvrage est publié sur le territoire de l'un des états contractants (art. 1er).

Enfin, dans beaucoup de conventions (avec l'Espagne et la Russie, notamment), on se réfère à la loi particulière de chaque état sur la propriété littéraire et artistique. Aussi, lorsqu'une de ces lois ne protége que les auteurs nationaux, eux seuls ont droit à la protection dans l'autre état; cette dernière protection s'appliquerait aux auteurs étrangers dont l'œuvre est publiée dans l'un des états contractants, si la loi de ce dernier leur reconnaît le droit de la réclamer.

La convention franco-allemande, art. 2, contient une clause particulière relative aux éditeurs. En principe, les éditeurs, ayants-cause des auteurs, ne sont protégés qu'autant que ces derniers eux-mêmes ont droit à la protection; aussi peuvent-ils n'avoir rien à réclamer, en vertu des traités, lorsque, établis dans l'un des pays contractants, ils éditent les œuvres d'un auteur appartenant à une autre nation. La convention franco-allemande leur accorde le droit de protection dans ce cas, par le fait seul qu'ils ont leur établissement en France ou en Allemagne, alors même qu'ils ne seraient eux-mêmes ni Français, ni Allemand.

575. Au point de vue de l'étendue de la protection accordée par les conventions littéraires et artistiques, il y a encore à rechercher dans quelle mesure doit être acceptée l'assimilation que ces traités

---

(1) Lyon-Caen, *loc. cit.*, *Revue de Droit intern.*, 1884, p. 444-445.

établissent entre les droits des auteurs et artistes étrangers et ceux des auteurs et artistes protégés par la loi locale.

La loi de l'état où la protection est demandée, en vertu d'une convention internationale, s'appliquera pour déterminer deux points :

1° Ce qu'il faut entendre par contrefaçon; en d'autres termes, dans quel cas il y a atteinte aux droits de l'auteur ou de l'artiste (1) ;

2° La procédure à suivre et l'autorité compétente à laquelle il faut s'adresser pour obtenir la réparation du préjudice causé.

Mais, pour fixer dans quel cas l'auteur ou l'artiste étranger a droit à la protection et la durée de cette dernière, il faut combiner les lois des deux pays contractants. Ainsi, les héritiers d'un écrivain allemand, dont l'œuvre, quand elle a été publiée sous son nom, est protégée contre la fraude pendant 30 ans après son décès (lois du 11 juin 1870, art. 8, et du 9 janvier 1876, art. 9), ne pourraient pas invoquer en France la loi du 14 juillet 1866, art. 1er, qui prolonge cette protection pendant 50 ans après le décès de l'auteur (2). En sens inverse, si la loi étrangère accordait une protection plus prolongée que la loi territoriale, on ne dépasserait pas la limite fixée par cette dernière. Cette règle, en vertu de laquelle il faut s'en tenir toujours à la plus restrictive des deux lois et qui est toujours applicable (3), est souvent exprimée dans les traités (convention avec la Belgique, art. 1er, alin. 2; Suisse, art. 1er, alin. 2; Russie, art. 1er, alin. 3 ; Allemagne, art. 1er, alin. 2; Italie, art. 1er, alin. 2). La loi française du 14 juillet 1866 étant plus large que la plupart des législations étrangères, il arrive souvent que, malgré les traités, un auteur ou un artiste étranger aura droit, en France, à une protection moins longue que les auteurs et artistes nationaux.

Pour assurer l'observation de cette règle d'après laquelle les droits de l'écrivain ou de l'artiste sont nécessairement limités par la loi du pays auquel il appartient, on convient parfois que les deux états contractants se communiqueront les lois rendues dans chacun d'eux relativement à la propriété littéraire et artistique (conv.

(1) Conventions avec la Belgique et avec l'Italie, art. 10.

(2) Conférence de Berne, art. 2.

(3) V. n° 568.

avec l'Angleterre, art. 11 ; avec l'Espagne, art. 7 ; avec l'Italie, art. 11).

Exceptionnellement, on trouve un délai fixe indiqué pour la durée de la protection des droits d'auteur dans certaines conventions; une clause semblable a été insérée dans les traités avec l'Espagne (art. 1er, 50 ans après la mort de l'auteur'); le San-Salvador (art. 10, 50 ans après la mort de l'auteur) ; la Russie (art. 4, 20 ans après la mort de l'auteur pour les héritiers directs, et 10 ans pour les collatéraux).

On a critiqué le système généralemènt admis et consacré dans les traités, d'après lequel l'auteur étranger n'a droit à la protection que pendant le temps fixé par sa propre loi, et on a proposé de l'assimiler complètement, à ce point de vue, à l'auteur national. Mais cette manière de voir ne se comprendrait que si le droit de l'écrivain ou de l'artiste sur son œuvre était considéré comme un véritable droit de propriété : alors, il serait vrai de dire que, l'organisation et la limitation de la proprité rentrant dans le statut réel, il faut appliquer la loi territoriale, sans se préoccuper de la nationalité de l'écrivain ou de l'artiste. Or, actuellement, les droits d'auteur ne sont généralement regardés que comme la conséquence d'une protection spéciale de la loi, et un pays peut se dire suffisamment juste et libéral, lorsqu'il accorde aux écrivains et artistes étrangers un droit égal à celui qu'ils auraient d'après la législation de leur pays (1).

576. Les pénalités applicables à la contrefaçon littéraire ou artistique sont fixées, d'après tous les traités, par la loi du pays où elle est commise, quelle que soit la nationalité des écrivains ou artistes qui en sont victimes. Il est, en effet, de principe universellement admis, que la détermination des délits et leur sanction pénale dépendent de la loi territoriale. Exceptionnellement, dans la convention avec le San-Salvador, il a été stipulé (art. 13, 14, 15) que la sanction serait, dans les deux pays, celle que fixe la loi française. Cela tient à ce que, dans la législation du San-Savaldor, il

(1) Malgré l'amphibologie de son texte, la convention avec l'Angleterre, art. 1er, de déroge pas, quoi qu'on en ait dit, à l'idée générale : les auteurs français ou anglais n'ont droit à la protection que pendant le temps fixé par leur loi nationale (v. Renault, *loc. cit.*, J. Clunet, 1878, p. 464).

n'existe pas de dispositions relatives à la protection des droits d'auteur.

D'ailleurs, il est toujours convenu, ce qui est presque inutile, puisque chaque état conserve son indépendance pour les questions d'ordre public, que les lois de police des deux nations contractantes, relatives à la publication et à l'introduction de certains ouvrages réputés immoraux ou dangereux, continueront à s'appliquer malgré les clauses du traité.

577. Les conventions littéraires et artistiques s'appliquent-elles aux contrefaçons qui leur sont antérieures?

D'après certaines conventions, la protection n'est assurée qu'aux œuvres publiées après que la convention est devenue exécutoire (Conv. avec l'Angleterre, art. 1er; Hollande, art. 7; Russie, art. 1er). Mais la plupart contiennent une disposition en vertu de laquelle, conformément à ce qui a été déjà dit à ce sujet (1), les éditions contrefaites, déjà parues au moment de la conclusion de la convention, sont seules tolérées; tandis que les éditions postérieures au traité, même d'ouvrages antérieurement publiés, sont prohibées, (Italie, protocole, art. 1er; Portugal, art. 12; Allemagne, protocole, 1°).

578. Les conventions protègent les auteurs et artistes contre la contrefaçon, et aussi contre l'*importation* des ouvrages contrefaits, sans quoi la première protection deviendrait illusoire. Mais les règles des conventions littéraires relatives à la traduction méritent une attention spéciale.

Il est, tout d'abord, bien certain que la traduction considérée en elle-même est traitée comme un ouvrage distinct et défendue contre des reproductions non autorisées, absolument comme une œuvre originale. Il va sans dire, du reste, que cette protection n'empêche nullement la traduction du même ouvrage par un autre auteur (2).

Mais les conventions diffèrent sensiblement quant au droit exclusif de traduction réservé à l'auteur de l'ouvrage à traduire. En général, ce droit est reconnu à l'écrivain, mais souvent avec des conditions qui en paralysent beaucoup l'exercice.

1° Presque toujours, on exige que l'auteur déclare, en tête de son livre, qu'il entend se réserver le droit exclusif de traduction.

(1) V. n° 564.
(2) Conférence de Berne, art. 7.

Cette condition se justifie très bien ; elle n'est pas difficile à remplir, et elle a une grande utilité, car, dans le silence de l'auteur, les traducteurs pourraient se croire autorisés à traduire son œuvre, estimant qu'ils font ainsi à l'écrivain plus d'honneur qu'ils ne lui causent de préjudice. Mais il n'y a guère qu'une convention qui se contente de cette condition ; c'est celle qui a été conclue avec l'Autriche-Hongrie (art. 5).

2° Très souvent, indépendamment de la réserve de la part de l'auteur précédemment indiquée, on exige que ce dernier exerce son droit de traduction dans un délai assez court, qui est ordinairement de trois ans (Belgique, art. 6 ; Suisse, art. 6 ; Allemagne, art. 10, etc.) (1). De plus, on demande, ordinairement, que l'ouvrage ait été enregistré dans les trois mois de sa publication.

Pour les œuvres dramatiques, la sévérité est parfois plus grande ; le droit de traduction n'est quelquefois réservé à l'auteur que si sa traduction paraît dans les trois mois de l'enregistrement et du dépôt de l'œuvre originale (Angleterre, art. 4). L'exigence des conventions, en ce qui concerne l'exercice du droit de traduction dans un délai assez court de la part de l'auteur, est difficilement justifiable. A moins qu'il ne soit déjà célèbre, l'écrivain ne songe pas à la traduction de son œuvre en pays étranger ; il faut, pour qu'il ait ce souci, que la renommée ait été conquise par lui, et, pour cela, un temps habituellement assez long est nécessaire. D'autre part, les ouvrages étendus et importants ne peuvent pas matériellement être traduits dans le laps de temps si court fixé par les conventions : on en vient donc, en fait, à enlever à l'auteur ce droit exclusif de traduction qu'on prétend lui réserver. Ce résultat est d'autant plus fâcheux, que la traduction est la plus directe de toutes les contrefaçons littéraires ; c'est même la seule pratique pour les ouvrages étrangers. Aussi vaudrait-il mieux l'assimiler à la reproduction textuelle de l'œuvre, qui ne cause pas plus de préjudice à l'auteur et qui est assurément moins à redouter en pays étranger ; en procédant ainsi, on réserverait à l'auteur le droit exclusif de traduction sous la seule condition qu'il ait manifesté son intention à cet égard (V. traité avec l'Autriche, art. 5).

3° Enfin, presque tous les traités limitent à un temps plus court

_____

(1) Le délai de 3 ans est accepté par la Conférence de Berne, art. 6.

la protection des droits d'auteur contre la traduction que contre les autres contrefaçons. Le droit exclusif de traduction n'est habituellement réservé à l'auteur que pour 10 ans (Allemagne, art. 10 ; Italie, 9 juillet 1884, art. 8), ou pour 5 ans (Angleterre, art. 3 ; Portugal, art. 5).

On ne peut s'expliquer cette restriction, étant donné que le droit exclusif de traduction est la protection la plus efficace des droits d'auteur à l'étranger, que par le désir de faire profiter le plus promptement possible le public des œuvres publiées dans les autres pays : mais nous avons déjà eu l'occasion de dire que cette idée, poussée logiquement jusqu'au bout, conduit à la négation même des droits d'auteur (1). Aussi est-ce avec raison que le Congrès de Paris, en 1878, a assimilé la traduction à une contrefaçon ordinaire qui est prohibée aussi longtemps que durent les droits de l'écrivain (2). Cette assimilation est consacrée dans un petit nombre de conventions (Espagne, art. 3 ; San-Salvador, art. 5 ; Belgique, déclaration interprétative du 4 janvier 1882 et Autriche-Hongrie, art. 5). De plus, en vertu de l'art. 17 de la convention franco-suisse, la nouvelle loi fédérale du 23 avril 1883, qui accorde à l'auteur et à ses héritiers le droit exclusif de traduction aussi longtemps que dure la protection de la propriété littéraire, a remplacé l'art. 6 de la convention qui limitait ce droit à 10 ans (*Ann. de législ. étrang.*, 1884, p. 569 et suiv.).

Il est à noter que les limitations apportées par les traités au droit exclusif de traduction par l'auteur de l'œuvre originale conduisent à un résultat bizarre : comme, d'après le droit commun du décret du 28 mars 1852, les auteurs étrangers ont les mêmes droits que les nationaux au point de vue de la protection, notamment contre la traduction non autorisée qui est assimilée à une contrefaçon ordinaire, il s'ensuivra que les auteurs appartenant à un pays qui n'a pas passé de convention littéraire avec la France seront défendus contre les traductions non autorisées leur vie durant et 50 ans après leur mort, tandis que ceux qui appartiennent à un état lié au nôtre par un traité n'auront qu'une protection moins prolongée à

(1) V. no 567.

(2) 18e vœu. La Conférence de Berne accepte le délai de 10 ans ; Conf. de Berne, 2e principe recommandé, J. Clunet, 1884, p. 462.

ce point de vue. Quelque étrange que ce résultat puisse paraître, il est impossible, quoi qu'on en ait dit, de s'y soustraire (1).

On se rappelle que les auteurs d'un pays n'ont droit à la protection sur le territoire d'un autre, même en vertu des traités, que dans les cas et pendant le temps fixés par leur propre loi ; aussi la traduction ne sera-t-elle prohibée en France, même si l'auteur de l'œuvre originale appartient à un pays lié au nôtre par une convention littéraire, que si la loi nationale de cet auteur interdit la traduction non autorisée : la loi autrichienne, par exemple, ne protége les écrivains contre la traduction que si eux-mêmes traduisent leur ouvrage dans le délai d'un an ; il faudra que l'écrivain autrichien satisfasse à cette condition pour attaquer en France les traductions qu'il n'aurait pas permises.

Si les conventions littéraires sont muettes en ce qui concerne le droit de traduction (convention avec la Russie), on applique en France le droit commun du décret de 1852 ; on s'en tient à la loi française ou à la loi nationale de l'auteur, suivant que l'une ou l'autre est plus restrictive en ce qui concerne le droit exclusif de traduction réservé à l'auteur (2). Réciproquement, les auteurs français seront traités, en pays étranger, d'après la loi locale si elle est plus restrictive que la nôtre ; par exemple, en Russie, ils ne pourront protester contre la traduction non autorisée que la loi russe ne prohibe pas, même pour les ouvrages publiés en Russie.

579. Le droit de représentation des œuvres dramatiques et musicales est protégé, d'après les traités, pourvu que la loi nationale de l'auteur lui concède aussi ce droit exclusif, conformément au droit commun (3) (Espagne, art. 2, alin. 2 ; Belgique, art. 4 ; Suisse, art. 4 ; San-Salvador, art. 3 ; Autriche, art. 3 ; Italie, art. 2 ; Allemagne, art. 8 ; Conférence de Berne, art. 11). — Cependant, certaines conventions ne parlent pas de ce droit et ainsi se trouve autorisée la représentation des œuvres dramatiques et musicales, par exemple en Hollande et en Russie. Il est vrai que, quand il n'y a pas de traité, notre jurisprudence consacre une pareille iniquité à l'égard des auteurs dramatiques et des musiciens étrangers (4).

---

(1) V. n° 570 *in fine;* Renault, *loc. cit.*, J. Clunet, 1878 p. 134 et 135.
(2) V. n° 568.
(3) V. n° 568.
(4) V. n° 567.

580. Les conventions littéraires et artistiques s'occupent encore de régler certaines reproductions susceptibles de présenter des difficultés spéciales, en ce qui concerne la question de savoir si elles constituent ou non de véritables contrefaçons.

1° Les *adaptations* des œuvres dramatiques, les *arrangements* des œuvres musicales, ainsi que les *imitations* des ouvrages littéraires, dites de *bonne foi*, doivent être prohibées comme constituant de véritables contrefaçons (1). La plupart des conventions se prononcent formellement dans ce sens (Espagne, art. 4, alin. 2 ; Belgique, art. 1er, alin. 3 ; San-Salvador, art. 6 ; Suisse, art. 1er, alin. 3 ; Angleterre, Déclaration du 4 août 1875 ; Allemagne, art. 6 ; Italie, art. 5, alin. 5).

2° Pour les articles de journaux et de revues, certains traités n'en autorisent la traduction qu'avec le consentement de l'auteur, sauf pour les articles politiques dont la reproduction est toujours libre (Espagne, art. 4 ; San-Salvador, art. 8).

Mais la plupart des conventions autorisent la traduction de ces articles, pourvu que l'on en indique la source et que l'auteur n'en ait pas défendu la reproduction. Cette dernière prohibition n'est pas d'ailleurs admise pour les articles politiques (Belgique, art. 8 ; Italie, art. 5 ; Autriche, art. 8 ; Russie, art. 5 ; Conférence de Berne, art. 9). Parfois, tout en acceptant les règles qui viennent d'être indiquées, on fait une exception pour les romans-feuilletons et pour les articles de science ou d'art, dont la traduction non autorisée par l'auteur est prohibée (Allemagne, art. 5, et Italie, art. 5). Enfin, lorsque les traités ne parlent pas des articles de journaux ou de revues, il faut assimiler ces écrits aux œuvres ordinaires (Conv. avec la Suisse).

3° Recueils d'extraits ou morceaux choisis, chrestomathies. On les autorise, sans le consentement de l'auteur, dans l'intérêt de l'enseignement. Aussi exige-t-on que ces recueils soient appropriés à l'enseignement et, parfois, qu'ils soient accompagnés de notes explicatives ou de traductions, soit marginales, soit interlinéaires, dans la langue du pays où on les publie (Espagne, art. 4, alin. 3 ; Russie, art. 2 ; Suisse, art. 2 et 17 ; San-Salvador, art. 7 ; Allemagne, art. 4 ; Conf. de Berne, art. 8). Quelquefois la France a auto-

_____

(1) Congrès de Paris en 1878, 18e vœu ; Conférence de Berne, art. 10.

risé la publication de ces recueils d'extraits d'ouvrages français à l'étranger, sans stipuler la réciprocité pour la publication, en France, des recueils d'extraits d'ouvrages étrangers (Belgique, art. 2 ; Hollande, art. 2) : on a sans doute pensé que notre pays userait rarement d'une pareille faveur, ce qui est peut-être un peu présomptueux pour notre littérature.

4° Photographies. Quelques conventions récentes les comprennent parmi les œuvres qui ont droit à la protection contre la reproduction non autorisée (Belgique, Suisse et Italie, art. 1er) ; faut-il en conclure que les photographies sont, en vertu de ces traités, nécessairement assimilées à des œuvres d'art et défendues contre la contrefaçon au même titre, par exemple, que des peintures ou des dessins ? On l'a soutenu, on a même été jusqu'à dire que le législateur français ne pourrait pas, par une loi nouvelle, placer les œuvres photographiques dans une situation inférieure à celle des œuvres d'art proprement dites, au moins en ce qui concerne les Belges, les Suisses et les Italiens (1). Cette assertion nous semble erronée, car elle méconnaît un principe fondamental en matière de protection des droits d'auteur au point de vue international : pour que la protection soit accordée à un écrivain ou à un artiste étranger, il faut, d'une part, qu'il soit protégé, dans le cas où il se trouve, par sa loi nationale, et, d'autre part, que la loi territoriale accorde protection dans la même circonstance. Or, dans beaucoup de pays, les œuvres photographiques ne sont pas protégées comme œuvres d'art, et, en France, cette protection ne leur est accordée, d'après une jurisprudence assez critiquable, car elle donne aux tribunaux un pouvoir d'appréciation arbitraire et qui n'est guère de leur compétence, que si le photographe, par le dessin ou par tout autre procédé, donne à son travail un caractère artistique. De là résulteront deux conséquences inévitables, malgré les traités qui comprennent les photographies parmi les œuvres d'art :

1° Les œuvres photographiques n'étant pas, par hypothèse, protégées en pays étranger, ne le seront pas davantage en France, les considérât-on, dans ce dernier pays, comme des œuvres d'art ;

2° Si les œuvres photographiques sont assimilées à des œuvres

_____

(1) V. Sauvel, *Journal de Droit criminel,* 1883, p. 33, art. 10983.

d'art à l'étranger et protégées comme telles, elles n'auront droit à la protection en France que si, d'après la jurisprudence, elles présentent en fait un caractère artistique.

L'application de ces principes a été faite dans la convention avec l'Allemagne : on a réservé la question en ce qui concerne les photographies, parce que la loi allemande n'assimile jamais ces dernières à des œuvres d'art proprement dites (1).

581. La convention franco-allemande règle un point délicat qui avait échappé aux prévisions des négociateurs dans la plupart des précédentes conventions. Les auteurs, surtout les auteurs d'œuvres musicales ou dramatico-musicales, cèdent parfois à un éditeur le droit de publication dans un pays déterminé seulement. En pareil cas, on dit qu'il y a droit d'édition partagée (Getheiltes Verlagsrecht). En vertu d'une pareille convention, l'éditeur ne peut publier l'œuvre qui lui est cédée ailleurs que dans le pays qui lui est assigné ; mais il peut, à la rigueur, vendre dans tout autre pays des exemplaires publiés dans l'état désigné dans la convention, car on ne prohibe que l'importation d'ouvrages contrefaits, et les exemplaires importés sont licitement édités par celui qui les importe. Mais comme l'auteur veut se réserver le droit de publication exclusive partout ailleurs que dans l'état où il a cédé son droit, la convention franco-allemande interdit l'importation des exemplaires qui sont édités dans cet état (art. 11). Seulement, cette prohibition n'existe que pour les œuvres musicales et dramatico-musicales ; de plus, les ouvrages auxquels cette prohibition s'applique devront porter sur leur titre et couverture ces mots : *Edition interdite en Allemagne ou en France* (2). Au contraire, les conventions franco-belge (art. 13) et franco-suisse (art. 7) admettent ce droit d'édition partagée pour toute espèce d'ouvrages.

581 *bis*. Beaucoup de conventions contiennent la clause dite de la nation la plus favorisée, en vertu de laquelle tous les avantages concédés par l'un des états contractants à un autre pourront être réclamés de plein droit par l'état cocontractant. Malgré ses avantages

---

(1) Conv. avec l'Allemagne, protocole de clôture, 3°. — V. Lyon-Caen, *loc. cit.*, *Rev. de Droit intern.*, 1884, p. 443 et 474. — La convention avec l'Italie (art. 1er) comprend aussi parmi les œuvres d'art les œuvres chorégraphiques qui donnent lieu aux mêmes observations.

(2) V. Lyon-Caen, *loc. cit.*, *Rev. de Droit intern.*, 1884, p. 457-458.

apparents, cette clause présente de graves inconvénients, spécialement les deux suivants. En accordant une faveur aux nationaux
d'un état, on se trouve l'accorder en même temps à ceux de l'état
qui peut invoquer la clause de la nation la plus favorisée, sans que
cet état d'ailleurs donne une faveur semblable en retour. De plus,
l'insertion de cette clause dans un traité oblige à consulter les traités conclus par l'état cocontractant avec les autres pays, pour
savoir quels sont les droits que peuvent invoquer les nationaux de
l'autre pays cocontractant : c'est là une difficulté pratique considérable.

§ II. *Propriété industrielle et commerciale.*

582. Il y a lieu de distinguer, en cette matière, comme pour la
propriété littéraire et artistique, le droit commun applicable aux
étrangers et la condition particulière qui leur est faite, à ce point
de vue, par les traités.

I. *Droit commun des étrangers.*

583. La propriété industrielle et commerciale se présente sous
quatre formes que nous allons examiner : les brevets d'invention,
les marques de fabrique, le nom commercial, les dessins et modèles de fabrique.

584. A. Brevets d'invention. — En France, la concession des
brevets d'invention est actuellement réglementée par la loi du
5 juillet 1884, dont le titre III (art. 27 à 29) détermine le droit des
inventeurs étrangers. Il faut, en ce qui concerne ces derniers, distinguer deux hypothèses.

1° L'inventeur étranger peut prendre directement un brevet en
France, sous la seule condition de se conformer aux dispositions
de la loi de 1884 qui s'imposent aux Français eux-mêmes (art. 27
et 28). Aucune condition particulière n'étant exigée pour que l'inventeur étranger soit breveté en France, il en résulte qu'il n'a pas
besoin d'établir qu'il y a réciprocité diplomatique ou législative
entre son pays et le nôtre pour la concession des brevets. L'inventeur étranger n'est pas obligé non plus de résider en France ; il doit
seulement, comme tout breveté, aux termes de l'art. 32, n° 2, de la
loi de 1844, exploiter son invention ou sa découverte en France,
dans les deux ans à compter du jour de la signature de son bre-

vet (1). L'étranger peut d'ailleurs ne pas exploiter lui-même son invention dans notre pays ; l'exploitation par mandataire sera suffisante, pourvu qu'elle soit sérieuse (2). Il peut aussi céder son droit (art. 20 et suiv., loi de 1844) ; en pareil cas, l'obligation d'exploiter dans les deux ans depuis la signature du brevet et de ne pas interrompre l'exploitation pendant plus de deux ans incombe au cessionnaire.

2° L'inventeur, déjà breveté en pays étranger, peut prendre en France un nouveau brevet. La loi du 7 janvier 1791 autorisait le premier importateur d'une invention ou découverte, faite en pays étranger, à s'en assurer l'exploitation exclusive en prenant un brevet. Les brevets dits *d'importation*, que l'on concédait en pareil cas, n'étaient qu'un encouragement au plagiat des inventions et découvertes des industriels étrangers, et une véritable prime donnée aux personnes qui voulaient exploiter des procédés dont elles n'étaient pas les auteurs. Aujourd'hui cette iniquité a disparu de notre législation : l'art. 31 de la loi de 1844 déclare, en effet, non susceptible d'être brevetée une invention déjà *publiée* en pays étranger.

Mais le brevet ne confère à l'inventeur un droit exclusif d'exploitation de sa découverte que dans le pays où le brevet a été accordé; aussi, le Français ou l'étranger, breveté en pays étranger, doit-il, pour obtenir en France la protection de son droit, y solliciter et obtenir un nouveau brevet (art. 29, loi de 1844).

Comme la loi de 1844, art. 31, n'autorise pas les brevets pour les inventions déjà suffisamment publiées en pays étranger pour qu'on ait pu les y exploiter, l'inventeur, breveté dans un autre pays, ne pourra pas obtenir un nouveau brevet en France si son invention est déjà connue, soit par des indiscrétions, soit même par la publicité résultant des formalités de procédure exigées par la loi étrangère pour l'obtention du brevet (3). Aussi, vu la facilité actuelle des relations internationales, il sera prudent de prendre simultanément un brevet en pays étranger et en France, afin d'éviter que l'invention brevetée à l'étranger ne soit déjà connue en France quand on voudra y solliciter un brevet.

585. Les deux brevets pris, l'un à l'étranger, l'autre en France, sont solidaires; c'est-à-dire que l'extinction du premier entraîne

(1) Loi du 31 mai 1856.
(2) Bédarrides, *Brevets d'invention*, I, n° 333.
(3) V. *Questions pratiques*, J. Clunet, 1878, p. 110.

36

nécessairement l'expiration du second (art. 29, loi de 1844). Le législateur n'a pas voulu, ici pas plus qu'en matière de propriété littéraire et artistique, protéger en France un droit établi par la loi étrangère et que cette dernière ne protégerait plus. D'autre part, on a pensé qu'il serait trop préjudiciable pour l'industrie française de monopoliser, au bénéfice de son auteur, une invention qui peut être exploitée par tout industriel en pays étranger.

On a soutenu cependant que les deux brevets, l'un français et l'autre étranger, n'étaient solidaires qu'en un sens restreint : si la durée fixée pour le brevet étranger vient à expirer, on reconnaît que le brevet français prend fin ; mais on n'admet pas que toute cause d'extinction du premier, par exemple le défaut de paiement des annuités dues par le breveté au fisc étranger, entraîne la cessation du brevet pris en France. On invoque le décret du 31 décembre 1791, qui avait toujours été interprété dans ce sens et dont le texte est reproduit dans l'art. 29 de la loi de 1844; on fait valoir aussi le texte de ce dernier article qui ne solidarise que la *durée* des deux brevets, ce qui semble bien ne viser que le temps pendant lequel ils sont concédés (1).

Mais la Cour de cassation s'est prononcée pour l'interprétation que nous avons donnée plus haut de l'art. 29 de la loi de 1844 (2). Ce texte est, en effet, conçu en termes très généraux et indique bien que le brevet français ne peut durer plus longtemps que le brevet étranger, sans distinguer d'ailleurs entre les diverses causes qui peuvent amener la fin de ce dernier. De plus, les motifs qui ont inspiré le législateur sont tout aussi puissants dans tous les cas qui font tomber l'effet du brevet étranger : il est toujours utile de ne plus maintenir en France le monopole d'une industrie au profit d'un particulier, quand cette industrie est dans le domaine public à l'étranger. On objecte, il est vrai, que les juges français devront connaître toutes les causes de déchéances édictées par les lois étrangères en matière de brevets d'invention : mais il suffit de répondre que la partie demandant la cessation du brevet en France devra justifier de son extinction en pays étranger, et la difficulté se réduira ainsi à une question de fait (3).

(1) Bozérian, J. Clunet, 1877, p. 217.
(2) Ch. crim., 14 janvier 1864, Sir., 64. 1. 200.
(3) Bédarrides, *loc. cit.*, n° 348.

Il a même été jugé que le brevet français suit le sort du brevet étranger, les deux brevets seraient-ils pris par des personnes différentes (1).

Notons enfin que les contestations relatives aux brevets d'invention, lorsqu'elles s'élèvent entre étrangers, sont de la compétence des tribunaux français, de l'avis de la jurisprudence elle-même : la concession d'un brevet est en effet un acte de la souveraineté française dont l'appréciation appartient uniquement aux tribunaux de notre pays (2).

586. B. **Marques de fabrique.** — Les marques de fabrique sont les signes extérieurs apposés sur des objets fabriqués ou manufacturés, et servant à attester que ces produits viennent de chez tel industriel. Les marques de fabrique sont actuellement réglementées par la loi du 23 juin 1857, dont les art. 5 et 6 déterminent le droit des étrangers en cette matière (3). Etudions successivement les conditions et l'étendue de la protection des marques de fabrique étrangères.

587. 1° *Conditions de la protection.* La loi de 1857, moins libérale pour les marques de fabrique que ne l'est le décret du 28 mars 1852 pour la propriété littéraire et artistique, ne protége pas de plein droit les industriels étrangers. Il semble cependant que, dans l'un et l'autre cas, il s'agit de protéger contre la fraude un droit naturel et légitimement acquis, sans qu'il y ait lieu de distinguer suivant la nationalité du titulaire de ce droit. On devrait même se montrer d'autant moins rigoureux pour la protection des marques de fabrique étrangères, que le droit de propriété véritable, très douteux en ce qui concerne les droits des écrivains et des artistes, est généralement admis pour les marques de fabrique (4), et que le législateur emploie lui-même l'expression « propriété des marques de fabrique » (5), tandis qu'il évite de se servir du mot propriété, pour désigner le droit des écrivains et des artistes, dans la loi du 14 juillet 1866.

(1) Cass. crim., 17 mai 1872, J. Clunet, 1874, p. 121.
(2) Trib. Seine, 26 juillet 1879, J. Clunet, 1880, p. 100. — V. n° 232, 5°.
(3) Consult. Pouillet, *Des marques de fabrique*, p. 252 et suiv.
(4) Congrès de la propriété industrielle de 1878 ; Paris, Impr. nationale, 1879, p. 84.
(5) Loi de 1857, tit. I, art. 2 et 17 ; loi du 26 nov. 1873, art. 1er.

Quoi qu'il en soit, les marques de fabrique étrangères ne sont protégées en France que si l'une des deux conditions suivantes est remplie :

1° Etablissement commercial ou industriel en France du propriétaire de la marque (art. 5, loi de 1857) ;

2° Ou bien réciprocité diplomatique, c'est-à-dire établie par traité, pour la protection des marques de fabrique entre la France et le pays auquel l'étranger propriétaire de la marque appartient (art. 6, loi de 1857). Mais une loi du 26 novembre 1873, qui a créé le poinçonnage officiel des marques, pour en assurer l'authenticité, reconnaît aux propriétaires de marques appartenant à un pays dont la loi protége les marques françaises, des droits identiques à ceux des propriétaires de marques françaises (art. 9) : en vertu de cette dernière loi, la réciprocité *législative*, aussi bien que la réciprocité diplomatique, établie entre leur pays et le nôtre, suffit pour assurer aux étrangers la protection de leurs marques de fabrique en France.

L'étranger doit d'ailleurs observer, dans tous les cas, la formalité du dépôt de deux exemplaires de la marque au greffe du tribunal de commerce qui est imposée aux Français eux-mêmes par la loi de 1857. Pour les étrangers qui n'ont pas d'établissement en France (art. 6, loi de 1857), le dépôt s'effectue au greffe du tribunal de commerce de la Seine (décret du 26 juillet 1858, art. 7).

Mais on n'exige pas du propriétaire de marques de fabrique qu'il ait son domicile en France, ni même sa résidence ; aussi peut-il faire valoir par un représentant l'établissement qu'il a dans notre pays. Il ne lui suffirait pas cependant, pour obtenir la protection de ses marques, d'avoir en France un simple correspondant commercial (1). Enfin, tout le monde reconnaît que les sociétés étrangères, légalement autorisées, jouissent en France de la même protection que les particuliers étrangers pour leurs marques de fabrique et aux mêmes conditions (v. n° 67).

Notons, en outre, que les dispositions de la loi de 1857 relatives aux marques de fabrique étrangères s'appliquent même lorsque ces marques appartiennent à des Français établis en pays étranger : dans un but d'intérêt économique, notre législation ne protége

(1) Pouillet, *loc. cit.*, p. 256.

directement que l'industrie française, et assujétit aux mêmes conditions les propriétaires de marques de fabrique établis hors du territoire de la France, quelle que soit leur nationalité (v. art. 6, loi de 1857).

588. 2° *Etendue de la protection.* Quand le propriétaire d'une marque de fabrique établi en pays étranger peut invoquer la réciprocité diplomatique ou législative entre ce pays et la France, il a droit à protection pour la marque apposée sur tous les produits venant de ce pays (art. 6, loi de 1857, et art. 9, loi de 1873). Si, au contraire, il s'agit d'un étranger ayant son établissement commercial ou industriel en France, la protection n'est accordée qu'aux produits venant de cet établissement (argument de ces mots de l'art. 5 : pour les produits de leurs établissements).

Mais l'étranger ne peut avoir en France une protection plus grande que celle que lui accorde la loi de son pays ; si donc la marque est tombée dans le domaine public à l'étranger elle ne sera plus protégée en France, bien que les conditions prescrites par la loi de 1857 soient remplies. Néanmoins, il n'en est ainsi que pour le propriétaire de marques qui a son établissement situé en pays étranger et qui est dans le cas de l'art. 6 de la loi de 1857 ; l'étranger dont l'établissement est en France se trouve assimilé au Français, et peut invoquer la protection de la loi française, sans se préoccuper du sort de sa marque en pays étranger.

589. Si une marque étrangère n'est pas protégée en pays étranger, tout le monde pourra user de cette marque en France, car elle est dans le domaine public ; mais nul ne pourra, en faisant le dépôt, s'en attribuer le monopole exclusif. La loi française tolère, en pareil cas, la fraude commise au préjudice de l'industrie étrangère, mais elle ne saurait voir dans cette fraude un moyen d'obtenir un droit acquis et opposable aux tiers.

590. Il peut arriver qu'une marque étrangère, d'abord non protégée en France, le devienne ensuite, par exemple à la suite d'un traité diplomatique : ceux qui ont déjà usé de cette marque alors qu'elle était dans le domaine public ont-ils gardé d'une manière définitive le droit de s'en servir ? Il est d'abord certain que les produits déjà revêtus de la marque peuvent toujours être vendus, puisque la protection n'a pas d'effet rétroactif ; mais on ne pourra plus apposer cette marque sur de nouveaux produits. La faculté de se servir d'une marque étrangère était en effet une tolérance du législateur qui peut cesser pour l'avenir, et non un droit acquis mis à l'abri de tout changement législatif. Cette manière de voir si juste est acceptée par tous les auteurs et par nombre de tribunaux étrangers (1); mais la Cour de cassation estime, bien à tort, qu'une fois tombées dans le domaine public, les marques de fabrique y restent définitivement, de telle sorte qu'on peut continuer à les usurper malgré la réciprocité établie plus tard, au point de vue de leur protection, entre la France et le pays auquel appartient leur propriétaire (2).

591. C. Nom commercial. — Le nom constitue, pour chaque individu, une propriété individuelle dont l'usurpation peut être réprimée. Il en est de même du nom commercial qui forme, indépendamment d'une propriété acquise par transmission, une valeur parfois considérable, résultat du travail, par le crédit qu'il représente et la réputation qui y est attachée. Aussi la loi des 28 juillet-4 août 1824 regarde-t-elle comme un délit tombant sous le coup de l'art. 423 du Code pénal l'usurpation du nom commercial sur un objet fabriqué, ainsi que la vente ou mise en circulation de produits marqués de noms supposés ou altérés.

Bien que la loi de 1824 soit muette en ce qui concerne les étrangers, le droit de ces derniers ne paraît guère douteux. Le nom constitue en effet une propriété naturelle de tout homme, qui doit être respectée quelle que soit la nationalité de celui qui l'invoque. D'ailleurs, l'usurpation du nom commercial est un délit aux termes de la loi de 1824 elle-même, et l'on a déjà vu que la réparation des conséquences provenant des délits ou des quasi-délits s'impose comme une règle d'ordre public, quelle que soit la nationalité du coupable ou de la victime (3). Malheureusement nos tribunaux sont presque unanimes aujourd'hui pour voir dans la protection du nom commercial un droit *civil*, établi par la loi de 1824, et dont la jouissance ne peut être reconnue aux étrangers que s'ils ont obtenu l'autorisation de fixer leur domicile en France (art. 13 C. C.),

(1) P. Fiore, *Protection des Marques de fabrique et de commerce d'après le Droit intern. positif*, J. Clunet, 1882, p. 507 et suiv.; Pouillet, *loc. cit.*, p. 262, n° 236.

(2) Cass., 13 janv. 1879, J. Clunet, 1880, p. 193.

(3) V. n° 444.

ou s'il y a réciprocité diplomatique, à ce point de vue, entre leur pays et le nôtre (art. 11 C. C.) (1).

Cette jurisprudence, qualifiée de barbare par un auteur (2), peut être mitigée en fait par les dispositions des lois de 1857 et de 1873 sur les marques de fabrique. D'abord, si le nom commercial figure sur les produits comme marque de fabrique, l'usurpation peut en être attaquée par tout étranger qui remplit les conditions prescrites par la loi de 1857 pour la protection des marques de fabrique. D'autre part, la loi de 1873 accorde protection aux étrangers, en cas de simple réciprocité législative existant entre la France et leur pays, non seulement pour les marques de fabrique, mais encore pour le nom commercial considéré à part et en lui-même (art. 9); à fortiori, les étrangers pourraient invoquer la protection pour leur nom commercial en cas de réciprocité diplomatique (3).

592. Etant donné le système suivi par la jurisprudence, l'usurpation du nom commercial ne donnerait lieu à aucune action, sauf dans les cas prévus par les lois de 1857 et de 1873 sur les marques de fabrique, même au profit d'un Français représentant d'un étranger : le Français, en effet, n'invoque pas son droit propre, mais bien celui d'un étranger ; et l'on prétend que le droit de ce dernier n'existe pas.

Mais il a été jugé autrement pour un Français cessionnaire du nom commercial d'un étranger; on ne peut objecter que ce dernier n'a pu transmettre au Français un droit à la protection du nom commercial qu'il n'avait pas lui-même, car on répond que le nom cédé est désormais la propriété du Français qui peut certainement invoquer, en vertu de sa nationalité, la loi de 1824. De même un étranger, cessionnaire d'un autre étranger, peut invoquer la réciprocité législative ou diplomatique existant entre son pays et le nôtre pour obtenir la protection du nom commercial qu'il a acquis, sans qu'on puisse lui objecter que son cédant appartenait à un pays dont les nationaux n'ont droit en France à aucune protection à ce point de vue (4).

(1) V. Cass., 16 novembre 1857, J. du Palais, 1858. 1. 118.

(2) Pouillet, *loc. cit.*, p. 375, n° 454.

(3) Trib. de la Seine, 8 mai 1878, J. Clunet, 1878, p. 610 ; *Questions pratiques*, id., p. 568.

(4) Cass. crim., 18 novembre 1876, J. Clunet, 1876, p. 458.

593. Toutefois, quelle que soit l'idée à laquelle on se rallie en ce qui concerne le droit des étrangers de revendiquer, *de plano* et sans condition préalable, la propriété de leur nom commercial, il est certain que l'usurpation de leur nom peut constituer à l'égard des tiers une tromperie qui devra être réprimée sur la réclamation de ceux qui en auront été victimes ou sur la réquisition du ministère public. Mais, dans l'opinion suivie par la jurisprudence, l'étranger dont le nom a été usurpé ne peut réclamer des dommages et intérêts (1).

La loi de 1824 déclare aussi punissable, comme une contrefaçon, l'indication, sur les produits, d'un lieu de production ou de fabrication autre que celui d'où les produits proviennent réellement. Les réclamations à ce sujet peuvent venir des commerçants ou industriels établis dans le lieu faussement indiqué sur les produits. Dans l'opinion suivie par la jurisprudence française, les commerçants et industriels établis dans une ville étrangère ne peuvent pas protester contre la fraude consistant dans l'indication de cette ville comme lieu de provenance d'un produit qui, en réalité, a été fabriqué ou manufacturé ailleurs. Mais si, comme il a été dit ci-dessus, on reconnaît de plein droit aux étrangers la faculté de réclamer contre l'usurpation de leur nom commercial, on peut dire que la loi de 1824 considère comme un délit de même nature l'usurpation des noms de localités portant atteinte aux légitimes intérêts des producteurs de ces localités : or, la répression des délits et la réparation du préjudice qu'ils causent sont des règles d'ordre public qui doivent toujours s'appliquer, quelle que soit la nationalité des parties en cause.

Dans tous les cas, on devrait autoriser une action correctionnelle, pour la tromperie commise au préjudice des tiers induits en erreur par l'indication fausse d'une localité étrangère comme lieu de provenance des produits (2).

594. Sans aller jusqu'à l'usurpation de la marque de fabrique ou du nom commercial, les fraudeurs peuvent, par des moyens plus ou moins habiles, induire le public en erreur, détourner les clients d'un commerçant ou d'un industriel, ou faire passer leurs

_____

(1) Trib. de la Seine, 28 juin 1853, *Le Droit* du 30 juin 1853.
(2) Trib. correct. de la Seine, 5 mars 1829, *Gaz. des Tribunaux* du 6 mars ; — *Contrà :* id. 9 juillet 1835.

produits pour ceux d'un fabricant en renom. Par application de l'art. 1382 C. C., une action en dommages et intérêts, dite action *en concurrence déloyale*, est ouverte au profit des commerçants ou industriels lésés, à raison de ces faits que les tribunaux apprécient d'une manière discrétionnaire, car ils sont aussi variés que les ressources de l'esprit humain excité par le désir du gain : on peut citer, comme exemples, la dénomination d'un établissement ou d'un produit assez semblable à celle qu'emploie déjà un autre commerçant pour opérer une confusion, la similitude dans l'enveloppe ou la forme des produits pouvant amener le même résultat, l'usurpation de qualités ou de récompenses aux expositions déjà acquises à un autre, la critique des produits d'autrui faite par la voie de la presse ou des prospectus, etc.

Cette action en concurrence déloyale appartient-elle aux étrangers ? Au point de vue des principes juridiques et de l'équité, l'affirmative semble s'imposer : cette action a pour but la réparation d'un quasi-délit, et l'on sait que cette réparation est d'ordre public, qu'elle s'impose quelle que soit la nationalité de la victime.

Mais, au point de vue de notre droit positif, il faut établir une distinction.

Lorsque l'étranger a son établissement industriel en France, il a droit à la protection de sa marque de fabrique, pourvu qu'il observe les formalités du dépôt : il est donc assimilé à un Français (loi de 1857, art. 5). Or, le Français, à défaut de la protection de sa marque de fabrique, soit parce qu'il n'en a pas effectué le dépôt, soit parce qu'il n'y a pas usurpation complète de sa marque, peut toujours demander l'action en concurrence déloyale : l'étranger établi en France aura donc le même droit que lui.

Si l'étranger a son établissement hors de France, il n'a droit à la protection de sa marque de fabrique que s'il y a réciprocité diplomatique ou législative à ce point de vue entre le pays où l'établissement est situé et le nôtre (lois de 1857, art. 6, et de 1873, art. 9). Or, si l'étranger avait, dans ce cas, à défaut de la protection de sa marque de fabrique, l'action en concurrence déloyale pour toute atteinte portée à ses intérêts, rien ne lui serait plus aisé que de tourner la disposition de la loi qui exige la réciprocité législative ou diplomatique pour que l'étranger puisse utilement réclamer contre l'usurpation plus ou moins complète de sa marque de fabri-

que..Quelque dure que puisse paraître cette solution, nous refuse-
rons donc à l'étranger, en pareil cas, l'action en concurrence
déloyale (1).

595. D. Dessins et modèles de fabrique. — On entend par
dessins de fabrique toutes dispositions de lignes et de couleurs
reproduites par un fabricant sur ses produits, par exemple sur des
étoffes, par l'impression, le tissage ou de toute autre manière. Le
caractère de ces dessins consiste en ce que, bien que plus ou moins
agréables à l'œil, ils ne sont pas purement artistiques et ont surtout
un but mercantile ; sans quoi ils rentreraient dans la catégorie des
œuvres d'art, auxquelles on applique le décret de 1852 en ce qui
concerne le droit des étrangers.

Le droit de l'inventeur d'un dessin de fabrique est consacré par
la loi du 18 mars 1806, aux termes de laquelle ce droit est surbor-
donné au dépôt d'un échantillon enveloppé, revêtu du cachet et de
la signature du déposant, aux archives du Conseil des prud'hommes.
La protection n'est d'ailleurs accordée que pour les dessins nouveaux,
soit par eux-mêmes, soit par la combinaison nouvelle d'éléments
connus, et elle peut être obtenue pour un, trois, cinq ans ou à perpétuité. Cette loi, édictée d'abord pour le ressort du Conseil des
prud'hommes de Lyon, a été depuis étendue à tout le territoire
français. La violation du droit du déposant est considérée comme
un délit tombant sous le coup des art. 425, 426, 427 et 429 du
Code pénal. Mais, tandis que pour les marques de fabrique le
dépôt préalable n'est qu'une condition de la poursuite, ici il est
nécessaire pour la naissance même du droit, qui se perd par la
vente d'un objet revêtu du dessin opérée avant que le dépôt ait eu
lieu (art. 1er, 14 à 19).

Les modèles de fabrique sont ces articles d'utilité fabriqués dans
un but mercantile, mais auxquels l'art ou la fantaisie donne une
certaine forme pour en faciliter la vente. Malheureusement, notre
législation ne réglemente en aucune façon cette délicate matière ;
aussi les jugements et arrêts présentent-ils des contradictions
incessantes sur le point de savoir si, dans un même cas, on doit
voir une œuvre artistique protégée par la loi du 14 juillet 1866 et le
décret de 1852, ou un simple modèle de fabrique qui ne constitue

---

(1) Pouillet, *loc. cit.*, p. 562 à 565.

un droit acquis pour le fabricant qu'au point de vue de la forme extérieure qu'il a donnée à ses produits.

596. En Belgique, où l'on applique notre loi de 1806, on considère que le droit de l'auteur des dessins et modèles de fabrique constitue un droit des gens qui doit être respecté chez les étrangers comme chez les nationaux ; mais, en France, l'esprit général de notre législation, manifesté dans les lois de 1857 et de 1873 sur les marques de fabrique, est de ne protéger la propriété industrielle des étrangers que s'ils ont un établissement en France ou s'ils sont établis dans un pays uni au nôtre à ce point de vue par la réciprocité soit diplomatique, soit législative.

Ce point est certain, en ce qui concerne les dessins et modèles de fabrique, depuis la loi du 26 novembre 1873, art. 9, qui exige, pour que les étrangers puissent demander la protection de leurs droits à cet égard, de même que pour les marques de fabrique, qu'ils soient établis dans un pays où les Français ont la même faveur soit en vertu de la loi locale, soit en vertu des traités.

Nombre de législations sont plus libérales que la nôtre : les étrangers sont assimilés aux nationaux, pour la protection des dessins et modèles de fabrique, en Angleterre (loi du 25 août 1883), en Autriche (loi du 7 décembre 1858), aux Etats-Unis (loi de 1842 amendée en 1870), en Italie (loi du 30 août 1868) et en Russie (loi du 11 juillet 1864). Dans quelques états, on exige que les étrangers aient un établissement sur le territoire ou soient fixés dans un pays avec lequel existe la réciprocité diplomatique (Allemagne, loi du 1er avril 1876), ou même que les étrangers soient résidants dans le pays, et, dans ce dernier cas, on ne protége les dessins ou modèles que pour les produits fabriqués dans ce pays (Canada, acte de 1868) (1).

II. *Droit des étrangers d'après les traités.*

597. A. Brevets d'invention. — En France et à l'étranger, les économistes et les jurisconsultes sont partagés sur la question de savoir s'il faut accorder à l'industrie une liberté complète, de sorte qu'il soit permis à chacun d'exploiter l'invention d'autrui, ou s'il ne

---

(1) Thirion, *Dessins et modèles de fabrique en France et à l'étranger*, 1877, p. 36 à 62.

vaut pas mieux réserver à l'inventeur le bénéfice exclusif pouvant résulter de sa découverte ; en un mot, sur la question de savoir s'il faut ou non maintenir les brevets d'invention. Au point de vue pratique, la suppression des brevets a l'avantage de ne pas entraver l'industrie, d'éviter la concession d'un monopole pour des inventions parfois peu sérieuses et de couper court aux mille procès en contrefaçon que provoque l'attribution des brevets. Mais, au point de vue de l'équité, la protection accordée à l'inventeur se justifie par cette idée de justice élémentaire que chacun a un droit exclusif sur le produit de son travail; on peut même ajouter, au point de vue pratique, que la concession des brevets encourage l'activité des inventeurs, bien que, en fait, ce résultat soit très vivement contesté.

S'inspirant de ces dernières considérations, tous les législateurs, sauf en Hollande (loi du 15 juillet 1869) et en Suisse, ont maintenu l'institution des brevets (1).

La différence n'apparaît guère entre les diverses législations qu'au point de vue de la réglementation du droit de l'inventeur breveté, et spécialement en ce qui concerne la question de savoir si le brevet doit être accordé *de plano* à quiconque en fait la demande, ou s'il faut, au préalable, examiner la valeur et la nouveauté de l'invention pour laquelle le brevet est sollicité. Cet examen préliminaire, rejeté par beaucoup de lois, notamment par la nôtre, est admis dans un certain nombre d'états, particulièrement en Allemagne, où la loi du 25 mai 1877 l'a organisé sous le nom de *procédure provocatoire* : pendant un certain délai, tous les intéressés sont admis à s'opposer à la concession du brevet comme non fondée en droit (art. 24) (2).

D'ailleurs, partout où l'institution des brevets est admise, on reconnaît aux étrangers le droit d'en profiter. Exceptionnellement dans quelques pays, par exemple en Allemagne et aux Etats-Unis,

---

(1) Rapport de M. Webster au Congrès international de Vienne en 1873, p. 4 ; Rivier, *Note sur la question des brevets d'invention en Suisse*, Rev. de Droit intern., 1869, p. 617 ; Rolin Jæquemyns, *De quelques manifestations récentes de l'opinion publique en Europe sur les brevets d'invention*, id., p. 600.

(2) Ch. Lyon-Caen, *La loi allemande du 25 mai 1877 sur les brevets d'invention*, p. 9-10. — Comp. loi anglaise du 25 août 1883, Ann. législ. étrang., 1884, p. 87.

les étrangers ne peuvent être brevetés que s'ils sont résidants dans le pays ou s'ils y ont un mandataire qui y réside (1).

Cette possibilité, pour les étrangers, d'obtenir partout des brevets d'invention comme les nationaux, explique que les traités internationaux sont excessivement rares sur cette matière (2). Ils ne seraient cependant pas inutiles pour écarter les *brevets d'importation* admis en certains pays, et qui autorisent le plagiat des inventions étrangères, en donnant un monopole d'exploitation au premier qui importe dans le pays une invention déjà brevetée à l'étranger (3).

598. B. **Marques de fabrique.** — Les marques de fabrique sont protégées dans tous les pays civilisés ; mais les législations diffèrent en ce qui concerne le droit des étrangers à ce point de vue.

Les unes accordent protection aux marques de fabrique étrangères comme à celles des nationaux, sous la seule condition que les formalités imposées aux nationaux eux-mêmes seront observées par les étrangers propriétaires de ces marques : telles sont les lois italienne (30 août 1868, art. 1er), allemande (30 novembre 1874), anglaise (25 août 1883), hollandaise (25 mai 1880), des Etats-Unis (3 mars 1881, art. 13) (4).

Les autres se rapprochent davantage de nos lois de 1857 et de 1873 qui n'accordent la protection aux marques de fabrique des étrangers que si ces derniers ont un établissement en France, ou s'ils appartiennent à un pays dont la loi protège également les marques de fabrique françaises, soit par elle-même, soit en vertu d'un traité : telles sont la loi belge du 1er avril 1879 qui reproduit, dans son art. 60, les dispositions de nos lois françaises, la loi suisse du 9 décembre 1879 qui exige la condition de la réciprocité législative ou diplomatique, la loi espagnole qui demande la réciprocité diplomatique (art. 217 du Code pénal), la loi portugaise, semblable à la loi française, loi du 4 juin 1883 (art. 28 à 32), enfin la loi luxembourgeoise du 28 mars 1883 qui impose comme condi-

---

(1) L. Lyon-Caen et Cahen, *De la législation des brevets d'invention et des modifications à introduire dans la loi de 1844*, p. 62.

(2) V. cependant nº 601.

(3) V. nº 584, 2º ; L. Lyon-Caen et Cahen, *loc. cit.*, p. 63.

(4) *Ann. législ. étrang.*, 1882, p. 783.

tion un établissement de l'étranger dans le pays, ou la réciprocité diplomatique (art. 9) (1).

Mais de nombreux traités ont été conclus par la France pour assurer la protection des marques de fabrique ; nous ne citerons que ceux qui subsistent encore d'une manière indépendante après la convention générale de 1883 dont nous parlerons plus loin :

1° Avec l'Autriche, 7 novembre 1881 ;

2° Avec l'Allemagne, 11 décembre 1871, confirmé le 8 octobre 1873 ;

3° Avec le Danemark, 7 avril 1880 ;

4° Avec la Russie, traité de commerce et de navigation du 1er avril 1874 ;

5° Avec les Etats-Unis, 16 avril 1869 ;

6° Avec le Luxembourg, 27 mars 1880 ;

7° Avec le Venezuela, 3 mai 1880 ;

8° Avec la Suède et la Norwège, 30 décembre 1881.

D'après tous ces traités, les nationaux des deux pays contractants sont placés sur le pied d'une égalité parfaite, sous la seule condition de remplir les formalités imposées aux nationaux eux-mêmes, dans chacun des deux pays, pour la protection des marques de fabrique. Ces formalités se réduisent, presque partout, à un dépôt d'un ou de plusieurs exemplaires de la marque comme en France et souvent il est dit, dans les traités, que les nationaux du pays avec lequel la convention est conclue feront leur dépôt à la capitale de l'autre état où ils veulent obtenir la protection pour leurs marques.

D'ailleurs, même en vertu des traités, les marques de fabrique, étrangères ne sont protégées qu'autant qu'elles ne sont pas tombées dans le domaine public dans le pays auquel leur propriétaire appartient ; cette règle s'applique quelle que soit la cause qui amène la cessation de la protection en pays étranger, expiration de sa durée ou déchéance édictée par la loi étrangère.

599. C. Nom commercial. — Des traités précités aucun ne parle spécialement du nom commercial ; aussi, toutes les fois qu'il ne sera pas possible de protéger le nom commercial contre les

---

(1) P. Fiore, *Protection des Marques de fabrique et de commerce d'après le droit international positif*; J. Clunet, 1882, p. 500 et suiv. ; v. aussi, id. 1877, p. 376, note 1 ; *Ann. de législat. étrang.*, 1884, p. 487 et 564.

usurpations comme constituant une marque de fabrique, il faudra déterminer le droit des nationaux des deux pays contractants d'après les dispositions de la loi du pays où ils veulent invoquer leur droit. Nous avons vu comment en France on peut arriver à protéger le nom commercial des étrangers en utilisant les dispositions des lois de 1857 et de 1873 sur les marques de fabrique ; en Belgique, au contraire, malgré l'identité de la législation sur les marques de fabrique avec la nôtre, la jurisprudence reconnaît aux étrangers le droit de protester contre l'usurpation de leur nom commercial, *de plano* et sans condition particulière : c'est une conséquence de l'art. 128 de la Constitution belge (1). D'ailleurs, quand le nom commercial des étrangers est protégé par la loi locale, il faut reconnaître le droit d'invoquer cette protection à un état étranger agissant en tant que commerçant ou fabricant : ainsi l'Etat français a pu introduire une action devant les tribunaux belges, à l'effet d'arrêter la vente de paquets de tabac portant l'étiquette et les mentions que l'administration française des tabacs appose sur ses produits (2).

600. D. Dessins et modèles de fabrique. — Presque tous les traités étendent, au contraire, aux dessins et modèles de fabrique la protection réciproque entre les deux états contractants qu'ils établissent pour les marques.

601. Convention générale du 20 mars 1883. — A raison de l'extension toujours croissante des relations internationales, il est du premier intérêt pour les fabricants et négociants de se trouver fixés à l'avance sur la situation qui leur est faite dans les différents pays au point de vue de la protection des brevets d'invention, du nom commercial, des marques, dessins et modèles de fabrique ; il leur importe aussi beaucoup d'être traités partout de la même manière. Aussi s'est-on préoccupé d'organiser d'une manière uniforme la protection de la propriété commerciale et industrielle dans les différents états au moyen d'une entente internationale. Dans ce but, le Congrès international, tenu à Paris en 1878, a pris l'initiative de faire provoquer par le gouvernement français une réunion des délégués de tous les états de l'Europe et des princi-

---

(1) C. de cass. de Bruxelles, Pasicrisie, 1877. 1. 54.

(2) V. J. Clunet, 1878, p. 523.

paux de l'Amérique, pour établir les bases de cette organisation générale de la propriété industrielle et commerciale au point de vue international. La plupart des gouvernements se firent représenter à cette réunion qui eut lieu à Paris du 3 au 20 novembre 1880 (1). Le projet de convention rédigé par les délégués devait être signé dans le délai d'un an; mais ce n'est que le 20 mars 1883 que la convention est devenue définitive : elle n'a été acceptée que par onze états, plusieurs qui s'étaient fait représenter à la réunion de 1880 n'ayant pas persisté dans leur adhésion, et d'autres, qui n'avaient pas répondu à la proposition en 1880, ayant accepté la convention du 20 mars 1883. Ces états sont : la Belgique, le Brésil, l'Espagne, la France, le Guatémala, l'Italie, les Pays-Bas, le Portugal, le Salvador, la Serbie et la Suisse. A cette liste il faut ajouter l'Angleterre, la Tunisie et l'Equateur qui ont adhéré après coup à la convention. Le texte du traité général du 20 mars 1883 n'est pas d'ailleurs définitif : aux termes de l'art. 14, des conférences annuelles, ayant pour but d'y apporter des modifications, doivent avoir lieu entre les délégués des états contractants et successivement dans chacun de ces états; la conférence de 1885 doit se tenir à Rome (2).

Les règles établies par la nouvelle convention peuvent se résumer en quatre points (3).

1o Protection réciproque est accordée pour les brevets d'invention, le nom commercial, les marques, dessins et modèles de fabrique, à tous les nationaux des états de l'Union ou aux nationaux d'un autre pays domiciliés ou ayant leur établissement, soit commercial, soit industriel, dans l'un des états de l'Union, sous la seule condition de se conformer aux dispositions de la loi locale en ce qui concerne la conservation du droit de propriété industrielle ou commerciale (art. 2 et 3).

2o Quand un commerçant ou industriel, protégé par le pacte d'Union, a fait son dépôt dans l'un des états, il a six mois pour les brevets et trois mois pour les marques, dessins et modèles de fabri-

---

(1) V. J. Clunet, 1880, p. 628 et suiv.

(2) La conférence a été renvoyée au mois d'avril 1886.

(3) V. texte de la convention dans le J. Clunet, 1884, p. 652 et suivantes ; v. Lyon-Caen, *Le traité d'union du 20 mars 1883, Rev. de Droit intern.*, 1883, p. 272.

que afin d'effectuer le dépôt dans les autres états, sans qu'on puisse lui objecter, pendant ce délai, que le brevet, la marque, etc., sont tombés dans le domaine public par suite de la publicité qui leur a été donnée par la formalité même du dépôt ou de toute autre manière. Les délais précités sont augmentés d'un mois pour les pays d'outre-mer (art. 4).

3° Les états contractants se sont engagés à protéger temporairement, et sans formalité préalable, tous les produits des commerçants et industriels compris dans le pacte d'Union, quand ils figureront dans une exposition internationale officielle ou reconnue par le gouvernement du pays où elle s'ouvre (1). Cet article n'a pas évidemment d'application pour les brevets d'invention dans les pays où la loi locale n'accorde aucune protection à l'inventeur, c'est-à-dire en Suisse et en Hollande (art. 11).

4° Un bureau international de l'*Union pour la protection de la propriété industrielle* est établi à Berne, en Suisse, et entretenu à frais communs par les états contractants, au prorata de leur importance. Ce bureau a pour mission de centraliser tous les renseignements sur la propriété industrielle, de les publier, d'en faire la statistique générale et de les envoyer aux administrations compétentes de tous les états de l'Union : le bureau doit publier en outre une feuille périodique en français, contenant des études sur les questions pouvant intéresser l'Union (art. 13).

Tel est le résultat inappréciable auquel on est arrivé, grâce à l'initiative de la France, pour la propriété industrielle et qui, étendu à toutes les autres matières juridiques, donnerait seul à notre science l'uniformité et la fixité dont elle a tant besoin ; qui ferait, en un mot, du Droit international privé, encore théorique sur la plupart des points, un vrai droit positif.

CHAPITRE II

NANTISSEMENT, HYPOTHÈQUES ET PRIVILÈGES

602. On retrouve, dans toutes les législations, le principe consacré par l'art. 2092 C. C. d'après lequel un débiteur répond de ses

(1) Cette clause vient de recevoir son application à l'exposition internationale d'Anvers ; v. J. Clunet, 1884, p. 566; et loi française du 23 mai 1868.

578 DROIT INTERNATIONAL PRIVÉ

engagements sur l'ensemble de son patrimoine ; mais, dans tous les pays aussi, la loi admet, au bénéfice de certains créanciers, des causes de préférence qui leur permettent de se faire payer avant les autres, au lieu de venir au marc le franc avec eux pour se partager le gage commun, c'est-à-dire le patrimoine du débiteur. Ces causes de préférence se manifestent presque toujours sous la forme d'un droit réel, établi sur certains biens du débiteur pour assurer le paiement de la créance, et qualifié pour cela de droit réel *accessoire ;* il dépend en effet de la créance elle-même et en suit les vicissitudes : tels sont, en France, le nantissement, les hypothèques et les privilèges.

Puisque les droits dont nous allons parler ont le caractère de droits réels, nous devons, tout d'abord, rappeler ce principe essentiel que la détermination des droits réels admis dans un pays se rattache directement à l'organisation de la propriété dans ce pays, à l'ordre public, et dépend, par conséquent, de la loi locale, c'est-à-dire de la loi du lieu où le bien (meuble ou immeuble) est situé. On ne saurait donc invoquer dans un pays où la loi ne le consacre pas un droit réel accessoire établi conformément à une loi étrangère (v. n° 554). Mais, la loi du lieu de la situation des biens admettant un droit réel accessoire, il ne faut pas aller jusqu'à dire, comme on l'a fait (1), que toutes les questions se rattachant à ce droit réel sont exclusivement tranchées par la loi locale : ici, comme toujours, un travail d'analyse s'impose, et il faut discerner les points se rattachant à l'organisation de la propriété, qui forment le statut réel, de ceux qui sont librement réglementés par les parties et pour lesquels on peut accepter l'application d'une loi étrangère à laquelle elles se sont volontairement soumises.

SECTION I

NANTISSEMENT

603. Sous ses deux formes du gage et de l'antichrèse (art. 2072 C. C.), le nantissement nous offre, comme tous les droits réels, des points laissés à l'autonomie des parties et d'autres que la *lex rei sitæ* doit exclusivement régir. S'agit-il de savoir si le créancier

(1) Fœlix, *loc. cit.*, t. I, p. 124-125.

gagiste a le droit de vendre le gage lorsqu'il n'est pas payé à l'échéance ; s'il peut user du gage ; si le gage est indivisible ; quelles sont les fautes dont le créancier est tenu dans la conservation du gage et les indemnités qu'il peut demander à raison des frais faits par lui pour cette conservation ? S'agit-il encore de limiter l'étendue du pouvoir d'administration et de jouissance reconnu au créancier sur le bien donné en antichrèse ? On appliquera la loi à laquelle les contractants paraissent s'être référés, conformément à ce qui a été déjà dit à propos des conventions, car les points signalés plus haut dépendent complètement de l'autonomie des parties. Le mode de constitution du gage peut même dépendre de la loi étrangère ; ainsi on pourrait accepter en France un gage établi par le testateur pour la garantie des légataires, ou même par l'autorité du magistrat comme en Droit romain, sauf à exiger l'*exequatur* dans ce dernier cas (1).

Au contraire, le respect de l'ordre public, spécialement au point de vue de la sauvegarde du crédit des tiers, commande que l'on applique exclusivement la *lex rei sitæ* pour les points suivants : remise réelle du gage entre les mains du créancier et conservation de la possession par ce dernier d'après les règles de la loi locale (art. 2076 C. C. et 92 C. co.) ; constatation du gage dans un écrit contenant l'indication précise de l'objet donné en gage et de la somme garantie ; observation des formalités exigées pour rendre le gage opposable aux tiers, notamment de celles qu'indique l'art. 1690 C. C. quand le gage porte sur une créance. Comme les créances n'ont pas de situation matérielle, il faudra suivre la loi du domicile du créancier qui les donne en gage pour savoir si des formalités doivent être remplies afin de rendre le gage opposable aux tiers : c'est à ce domicile, en effet, que l'on aura besoin de mesurer le crédit de celui qui a fourni le gage et de déterminer dans quelle mesure ses créances sont soustraites à l'action commune de ses créanciers ; quant à la façon de réaliser les formalités destinées à rendre publique la constitution du gage sur la créance, on appliquera, d'après la règle *Locus regit actum,* la loi du domicile du débiteur, puisque c'est là que les formalités doivent être remplies (2).

(1) P. Fiore, *loc. cit.*, p. 370.
(2) Comp. P. Fiore, *loc. cit.*, p. 371-372.

A propos de l'antichrèse, la loi de la situation de l'immeuble s'imposera pour résoudre la question de savoir si l'antichrèse est un droit réel opposable aux tiers, et, dans tous les cas, pour fixer les conditions de publicité exigées par la loi locale, par exemple la transcription (loi du 23 mars 1855, art. 2, 1°).

Dans un ordre d'idées étranger à l'organisation de la propriété, la loi française nous offre deux dispositions relatives au gage et à l'antichrèse qui sont d'ordre public : ce sont la prohibition du contrat pignoratif d'une part (art. 2078 C. C.), et, d'autre part, la défense de compenser les fruits perçus par le créancier sur le bien donné en antichrèse avec les intérêts de la créance, quand cette compensation conduit à faire produire à la créance des intérêts supérieurs au taux légal (art. 2089 C. C., loi du 3 sept. 1807 ; v. n° 422 et suiv.).

604. Droit de suite sur les navires. — Quelques législations, notamment la nôtre (art. 190 C. co.), dérogent, en ce qui concerne les navires, au principe général d'après lequel, sauf le cas d'un privilège ou d'une hypothèque, les créanciers n'ont pour gage commun le patrimoine du débiteur qu'autant que ce dernier a conservé ses biens, et à cette autre règle généralement admise aussi, que les meubles ne sont pas susceptibles d'être frappés d'un droit de suite. Tous les créanciers chirographaires du propriétaire d'un navire peuvent se faire payer sur ce navire, alors même qu'il aurait été vendu par le débiteur, sauf les exceptions prévues par l'art. 193 C. co. Dans d'autres pays, par exemple en Angleterre, en Allemagne et aux Etats-Unis, ce droit de suite extraordinaire est inconnu. De là un conflit de législations possible ; par exemple, quand un navire anglais est dans un port français et que les créanciers du précédent propriétaire invoquent le droit de suite, ou bien quand un navire français, une fois vendu, se rend dans un port anglais et que le même droit de suite, inconnu dans la loi anglaise, est réclamé.

Beaucoup d'auteurs, s'en tenant au principe qui a été déjà indiqué, décident que l'existence du droit de suite, véritable droit réel dont l'admission intéresse les tiers, dépend de la loi du pays où le navire se trouve : aussi, pour reprendre l'exemple cité plus haut, les créanciers du précédent propriétaire pourraient invoquer ce droit sur un navire anglais se trouvant dans un port français, et, réciproquement, ne le pourraient pas sur un navire français arrivé dans un port anglais (1).

Il faut, tout d'abord, remarquer que cette solution, d'après laquelle on s'attacherait exclusivement à la *lex rei sitæ*, conduit à des résultats fort peu équitables. En effet, les créanciers chirographaires du propriétaire d'un navire français perdront leur droit de suite sur lequel ils comptent, si le navire, une fois vendu, se rend dans un pays où ce droit n'est pas reconnu ; en sens inverse, l'acquéreur d'un navire étranger, qui se croit à l'abri de l'action des créanciers de son vendeur, peut être poursuivi par eux s'il conduit son navire dans un port français.

Mais, surtout, il est à noter que la nature particulière des navires commande qu'on ne les assujétisse pas aux règles ordinaires du statut réel applicables aux autres biens mobiliers. Un meuble ordinaire n'a pas de nationalité apparente, et le respect du crédit des tiers, qui ignorent s'il appartient à un étranger, exige qu'on n'admette pas, en ce qui le concerne, des droits réels autorisés par la loi étrangère et inconnus d'après la loi du lieu où ce meuble est situé. Mais la même raison ne se présente pas pour les navires : rien n'est plus aisé que de connaître leur nationalité qui est révélée par une inscription sur des registres spéciaux, par les papiers du bord, par le pavillon. Aussi les tiers, prévenus que le navire est étranger, doivent-ils s'attendre à ce que la loi du pays dont il porte le pavillon sera appliquée, et doivent-ils s'informer des dispositions de cette loi afin de s'assurer dans quelle mesure elle sauvegarde leurs droits lorsqu'ils traitent avec le propriétaire du navire, soit comme créanciers, soit comme acquéreurs du navire. Le crédit des tiers, par conséquent l'ordre public, ne devant plus être compromis par l'application d'une loi étrangère, nous déciderons que l'existence du droit de suite dépend de la loi du pays dont le navire porte le pavillon (2).

Nous ferons dépendre de la même loi, et pour les mêmes raisons, la question de savoir si le droit de suite est éteint (art. 193 C. co.), et si le navire est insaisissable (art. 215 C. co.). Il est à noter, à ce propos, que quelques législations, avec peu d'équité du reste, déclarent insaisissables les navires étrangers pour les dettes con-

(1) V. nᵒˢ 554 et 602.
(2) Ch. Lyon-Caen, *Études de Droit intern. privé maritime*, 1883, p. 20, nᵒ 23.

tractées hors du territoire qu'elles régissent (Code espagnol, art. 605; portugais, art. 1213).

Appliquant enfin aux navires ce que nous avons déjà dit au sujet de la non rétroactivité du changement de nationalité pour les personnes, et au maintien des droits acquis qu'il laisse subsister, nous déciderons qu'un navire, grevé du droit de suite d'après sa première loi nationale, en demeurera frappé s'il prend la nationalité d'un pays où ce droit est inconnu ; et que si ce droit n'existe pas sur lui d'après la loi de son premier pavillon, il n'en sera pas susceptible quand il aura pris le pavillon d'un pays où ce droit est admis, au moins pour les dettes contractées avant le changement de nationalité (1).

SECTION II

HYPOTHÈQUES

605. Bien que provenant de sources différentes, les hypothèques n'en constituent pas moins toujours des droits réels présentant dans tous les cas des points communs qui intéressent l'organisation de la propriété et qui, par conséquent, sont toujours régis par la *lex rei sitæ* comme des dépendances du statut réel. Ce sont ces points communs que nous allons d'abord examiner avant d'exposer les particularités relatives à chaque espèce d'hypothèques.

606. A. Admissibilité de l'hypothèque. — La détermination des droits réels possibles sur les biens situés dans un pays dépend toujours de la *lex rei sitæ* (v. n° 554).

B. Spécialité de l'hypothèque. — C'est dans l'intérêt du crédit public que le législateur exige l'indication précise des biens hypothéqués et de la somme garantie par l'hypothèque ; aussi ne pourrait-on accepter en France l'application d'une loi étrangère qui autoriserait une hypothèque conventionnelle générale, ou une hypothèque sur les biens à venir, en dehors des exceptions prévues par le Code civil (art. 2129 à 2132 C. C.).

C. Désignation des biens susceptibles d'être hypothéqués. — La désignation de ces biens se rattache à l'organisation de la propriété et aussi aux règles de la procédure qui sont d'ordre public, puisque

(1) Lyon-Caen, *loc. cit.*, p. 21, n° 24.

l'hypothèque peut conduire à la saisie immobilière et à la vente forcée (art. 2118, 2119 et 2204).

D. Publicité des hypothèques. — L'inscription est évidemment d'ordre public, puisqu'elle est la sauvegarde du crédit des tiers.

E. Droits résultant de l'hypothèque. — Les droits de préférence et de suite, ainsi que les conditions exigées pour pouvoir les invoquer sont exclusivement réglés par la *lex rei sitæ*.

F. Extinction de l'hypothèque (art. 2180 C. C.).

G. Expropriation, conditions et formes.

607. L'hypothèque maritime donne lieu à deux difficultés particulières.

1° Bien que généralement consacrée dans les législations modernes, l'hypothèque maritime n'est cependant pas admise partout (1); d'autre part, un conflit est encore possible entre deux lois qui l'admettent également, en ce sens que des navires peuvent être hypothéqués d'après l'une d'elles et non d'après l'autre : c'est ainsi qu'en France la loi du 10 décembre 1874 ne permet l'hypothèque que sur les navires d'au moins vingt tonneaux, tandis que la loi belge du 21 août 1879 l'autorise sur tous.

Pour trancher la question de savoir si un navire est ou non susceptible d'être hypothéqué, la jurisprudence s'est prononcée dans le sens de l'application de la *lex rei sitæ*, de la loi du pays dans les eaux duquel le navire se trouve. On argumente, en ce sens, du principe général du statut réel, d'après lequel l'indication des biens pouvant être grevés d'un droit réel déterminé dépend de la loi territoriale (v. n° 554 et 606, C.) (2).

Mais nous avons déjà démontré (v. n° 604) que la nature spéciale des navires permet de reconnaître aisément leur nationalité, et que les tiers ne peuvent, en ce qui les concerne, être victimes des erreurs auxquelles ils seraient exposés pour les autres meubles. On ne trouve donc plus, en pareille matière, la raison qui fait appliquer exclusivement la *lex rei sitæ* pour la détermination des biens susceptibles de certains droits réels, c'est-à-dire la sauvegarde du crédit des tiers, le respect de l'ordre public. Aussi nous prononcerons-nous, en pareil cas, pour l'application de la loi du pavillon.

(1) V. R. Millet, J. Clunet, 1875, p. 93 et suiv.
(2) Cass. Req., 19 mars 1872, J. Clunet, 1874, p. 31, v° faillite ; C. de Bruxelles, *Belgique judiciaire*, 1880, p. 131 ; Laurent, *loc. cit.*, t. VII, n° 385 et suiv.

Répudier cette solution, c'est permettre au propriétaire de faire tomber l'hypothèque en gardant son navire dans un pays où l'hypothèque maritime n'est pas connue, ou aux créanciers chirographaires d'écarter cette hypothèque en saisissant le navire dans un port de ce pays (1).

C'est encore d'après la loi du pavillon que nous déterminerons les effets de l'hypothèque maritime; notamment en ce qui concerne la question de savoir si le créancier hypothécaire est subrogé, en dehors de toute convention, aux droits du débiteur pour le paiement de l'indemnité d'assurance, ce que les lois française (10 décembre 1874, art. 17) et belge (21 août 1879, art. 149) admettent en cas de perte du navire ou d'innavigabilité, et que plusieurs législations, par exemple celle de l'Angleterre, ne décident pas.

2° La publicité des hypothèques, pour une raison d'intérêt général, par conséquent d'ordre public, est réglée par la *lex rei sitæ* (v. n° 606, D) : en sera-t-il de même pour les navires?

Il est certain, tout d'abord, que l'on ne pourra invoquer, en France, l'hypothèque constituée sur un navire français se trouvant en pays étranger, que si les formalités prescrites par l'art. 6 de la loi de 1874 ont été observées. Mais l'hypothèque grevant un navire étranger devra-t-elle être rendue publique dans les mêmes formes pour être opposable en France, ou suffit-il qu'on ait observé les conditions de publicité prescrites par la loi du pays où le navire a son port d'attache et dont il porte le pavillon ?

En argumentant du principe général d'après lequel la publicité des droits réels dépend de la *lex rei sitæ*, quelques-uns se sont prononcés pour la première opinion (2).

Mais, en général, c'est l'application de la loi du pavillon qui l'a emporté. En effet, la facilité avec laquelle on peut connaître la nationalité d'un navire et savoir si les formalités prescrites par la loi étrangère ont été observées au port d'attache empêche les surprises dont les tiers pourraient être victimes, et enlève toute sa raison d'être à l'application de la loi territoriale. De plus, en n'appliquant pas la loi du pavillon, on rend illusoire le droit d'hypothèque, puisque, dans ce cas, il faudrait remplir les conditions de publicité

---

(1) Lyon-Caen, *loc. cit.*, p. 23 à 25 ; Labbé, Sir., 1871. 2. 57, note.

(2) C. d'Aix, 23 mai 1876, Dal., 1877. 2. 103 ; Laurent, *loc. cit.*, t. VII, n° 392.

prescrites par les lois des différents pays où le navire peut se rendre. Cette exigence, à laquelle il serait bien difficile de satisfaire d'une manière absolue, se heurterait en France à une véritable impossibilité, puisque les registres du receveur des douanes ne reçoivent les inscriptions que pour les navires français (1).

§ I. *Hypothèques conventionnelles.*

608. Abstraction faite de la capacité qui dépend de la loi nationale, les parties sont libres de consentir une hypothèque comme elles l'entendent, sauf à respecter les points essentiels déjà signalés comme faisant partie du statut réel (v. n° 606). C'est ainsi qu'il leur est loisible de déclarer l'hypothèque divisible, puisque l'indivisibilité n'est établie que dans l'intérêt du créancier qui peut y renoncer. On pourrait de même accepter, en France, une hypothèque constituée sur les immeubles de la succession par le testateur au profit des légataires, ainsi que le permet la loi belge du 16 décembre 1851, art. 44, sous la condition que les règles d'ordre public prescrites dans notre pays seront toujours observées. Si, conformément à la loi étrangère, le défunt a légué une hypothèque à l'un de ses créanciers chirographaires, on objecte que le crédit des autres créanciers peut être lésé ; mais il est facile de répondre, croyons-nous, que le défunt aurait pu constituer cette hypothèque de son vivant et arriver au même résultat (2). Il va s'en dire, d'ailleurs, que l'exercice de l'action Paulienne qui est d'ordre public serait toujours réservé, si l'hypothèque était frauduleusement léguée.

609. Pour les conditions de formes, le principal général, vrai pour les actes solennels comme pour les autres, devrait conduire à l'application de la loi du pays où l'acte constitutif de l'hypothèque est rédigé. Mais l'art. 2128 C. C. déclare sans valeur en France une hypothèque constituée par acte rédigé devant un officier public étranger, à moins de disposition contraire contenue dans les lois politiques et les traités. Or, on ne peut guère citer que l'art. 22 du traité du 24 mars 1760, conclu entre la France et la Sardaigne et applicable aujourd'hui à toute l'Italie, qui déclare valable dans

(1) Lyon-Caen, *loc. cit.*, p. 26 ; Cass., 25 novembre 1879, Sir., 80. 1. 257, et J. Clunet, 1880, p. 583.

(2) *Contrà :* Laurent, *loc. cit.*, t. VII, p. 438.

chacun des deux pays les hypothèques constituées devant un officier public de l'autre (1).

La disposition anormale de l'art. 2128 ne peut s'expliquer que par la tradition. Jadis, on avait pris l'habitude d'insérer dans tous les actes notariés constatant une obligation une clause en vertu de laquelle tous les biens du débiteur étaient grevés d'une hypothèque générale. Cette clause devint tellement de style, qu'on la considéra comme sous-entendue, et tout acte notarié fut regardé comme entraînant hypothèque par lui-même. Pour expliquer cet effet, on le rattacha à la formule exécutoire dont tout acte notarié est revêtu. Or, comme les actes rédigés par des officiers publics étrangers n'ont pas force exécutoire en France, l'ordonnance de 1629, art. 121, les déclara insusceptibles d'entraîner hypothèque sur un bien situé dans notre pays ; plus tard, l'art. 2128 C. C. reproduisit la même règle.

C'était confondre absolument deux choses bien distinctes, c'est-à-dire la *constitution* de l'hypothèque et le *pouvoir de ramener à exécution* le droit qui en dérive.

La première dérive de la volonté des parties et doit avoir son effet partout, quand les formalités prescrites par la loi du lieu où l'acte est rédigé ont été observées, sauf à respecter les règles d'ordre public imposées par la loi du pays où le bien hypothéqué est situé. Quant à l'exécution de l'hypothèque, c'est-à-dire l'expropriation à laquelle elle conduit, elle est impossible tant qu'on n'a pas obtenu la formule exécutoire des autorités locales. Pour cela, il ne faut pas, comme l'ont décidé certains tribunaux, faire revêtir l'acte d'hypothèque rédigé en pays étranger de l'*exequatur*, ainsi qu'on le fait pour les jugements : les art. 2123 C. C. et 546 P. C. n'indiquent en effet ce procédé que pour les sentences émanant des juridictions étrangères. Le créancier devra assigner son débiteur devant un tribunal français, en invoquant l'acte rédigé en pays étranger, et il trouvera dans le jugement de condamnation la formule exécutoire qui lui est nécessaire pour faire le commandement indispensable afin d'arriver à la saisie et à la vente du bien hypothéqué (2).

Il est à noter que l'art. 2128 C. C. a disparu en Belgique, en vertu

---

(1) Le Bourdellès, J. Clunet, 1882, p. 391.

(2) V. Lyon-Caen, *Etudes de Droit intern. privé maritime*, p. 29 à 30.

de l'art. 77 de la loi du 16 décembre 1851 ; mais la loi belge déroge encore à la règle *Locus regit actum*, en exigeant un acte authentique pour la validité de l'hypothèque, alors même que la loi locale se contenterait d'un acte sous seing privé pour sa constitution.

610. L'art. 2128 ne s'applique pas aux hypothèques maritimes pour la constitution desquelles on doit complètement observer l'adage *Locus regit actum* ; c'est ce que la jurisprudence a reconnu pour les navires étrangers hypothéqués hors de France et venant ensuite dans un port de notre pays ; c'est ce que nous déciderons pour tous les navires, même français, hypothéqués en pays étranger (1). L'hypothèque maritime étant inconnue en 1804, les meubles à cette époque étant tous insusceptibles d'hypothèque, les rédacteurs du Code civil n'avaient et ne pouvaient avoir en vue que l'hypothèque sur les immeubles quand ils ont écrit l'art. 2128. Il n'y a donc pas de raison pour étendre à un cas pour lequel elle n'a pas été établie une règle d'ailleurs très peu justifiable par elle-même. Au surplus, l'explication de l'art. 2128 tirée de la tradition ferait ici complètement défaut, puisque la loi du 10 décembre 1874, art. 2, autorise la constitution de l'hypothèque maritime par acte sous seing privé : *à fortiori* un acte authentique étranger pourra-t-il constituer valablement cette hypothèque sur un navire français.

§ II. *Hypothèque judiciaire.*

611. Nous avons déjà établi : 1° que, d'après l'opinion consacrée par la jurisprudence française, les jugements étrangers sont soumis à une révision quant au fond avant de pouvoir être exécutés ; 2° que leur exécution n'est possible qu'après qu'ils ont été revêtus de l'*exequatur* par un tribunal français (v. livre I, chap. VI). Or, l'hypothèque judiciaire est une garantie de l'exécution des jugements ; son admission en France pour un jugement rendu par une juridiction étrangère est donc subordonnée aux mêmes conditions que l'exécution même de ce jugement, c'est-à-dire à la révision quant au fond et à la concession de l'*exequatur*.

Ces conditions une fois remplies, l'hypothèque judiciaire attachée à la sentence par la loi du pays où celle-ci est rendue sera admise en France, sauf observation des règles d'ordre public éta-

---

(1) Cass., 25 novembre 1879, J. Clunet, 1880, p. 583 ; Lyon-Caen, *loc. cit.*, p. 27.

blies par notre législation en cette matière, telles que celles qui concernent l'inscription, la détermination des biens susceptibles d'hypothèque, la défense de prendre inscription avant l'arrivée du terme ou de la condition qui affecte la créance quand il s'agit de l'hypothèque provenant de la reconnaissance d'écriture (loi du 3 septembre 1807), etc.

612. Mais un conflit de législations peut résulter de ce que l'hypothèque judiciaire n'est pas admise partout.

S'inspirant des considérations que l'on a fait valoir en France depuis longtemps, telles que l'iniquité d'une faveur accordée à un créancier au détriment des autres parce qu'il poursuit plus rigoureusement le débiteur ou bien parce que des circonstances fortuites, comme l'échéance de la dette, lui permettent de le faire condamner plus tôt, et l'inconvénient que présente au point de vue du crédit une hypothèque générale grevant tout le patrimoine du débiteur, plusieurs législateurs modernes ont abrogé l'hypothèque judiciaire. C'est ainsi que l'art. 2123 C. C. a disparu en Belgique, en vertu de la loi de 1851 sur le régime hypothécaire. En présence de cette divergence des législations, deux questions peuvent se poser dans la pratique.

1° Un jugement français, rendu exécutoire en Belgique, entraînera-t-il hypothèque dans ce dernier pays? — Non, car lorsque l'hypothèque judiciaire a été rejetée dans un pays, comme cela a eu lieu en Belgique, elle est écartée par des considérations d'ordre public tirées de l'équité et de l'intérêt du crédit général : aussi ne pourrait-on attribuer aux jugements étrangers un effet que ne saurait produire une sentence émanant d'une juridiction nationale et qui est contraire à l'ordre public local.

2° Un jugement belge, rendu exécutoire en France, emportera-t-il hypothèque sur les immeubles que le débiteur possède dans notre pays? — Ici encore nous nous prononcerons pour la négative, car *l'exequatur* accordé à un jugement étranger n'a pour but que de permettre la réalisation, dans le territoire, des droits résultant pour le créancier du jugement rendu à son profit par une juridiction étrangère. Ajouter quoi que ce soit aux avantages résultant pour lui du jugement, par exemple l'hypothèque judiciaire, serait violer les droits acquis des parties.

On pourrait être tenté d'objecter que, dans l'opinion d'après laquelle le tribunal français doit réviser au fond le jugement étranger, les juges français rendent à proprement parler un nouveau jugement qui doit produire tous les effets déterminés par notre législation, notamment l'hypothèque judiciaire. Mais à cela nous répondrons que la révision au fond n'est qu'un moyen de s'assurer si le jugement étranger est suffisamment conforme aux règles du droit et de l'équité pour pouvoir être revêtu de *l'exequatur*, sans que l'ordre public soit violé en France ; elle ne constitue donc pas une substitution d'un jugement français à un jugement étranger, ce qui permettrait aux juges français d'ajouter quelque chose aux effets de la sentence étrangère, sans tenir compte des droits acquis des parties, et ce qui serait, en même temps, une violation de l'art. 2123 C. C. d'après lequel c'est le jugement étranger et non français qui doit être ramené à exécution en France.

On voit donc, en définitive, que l'hypothèque judiciaire ne peut résulter d'un jugement étranger qu'autant que cette hypothèque est consacrée tout à la fois par la loi du pays où ce jugement est rendu et par celle du pays où il doit être exécuté.

§ III. *Hypothèques légales.*

613. On se demande, tout d'abord, sous forme de question préjudicielle, si les étrangers peuvent invoquer les hypothèques légales en France.

Ces hypothèques, a-t-on dit, sont loin d'être consacrées par toutes les législations ; dans nombre de pays, notamment en Angleterre, en Autriche et en Russie, elles sont inconnues : elles ne présentent donc pas ce caractère de généralité qui distingue les institutions du Droit des gens. D'autre part, ajoute-t-on, elles sont établies par le législateur pour la protection de certains incapables de la situation desquels il se préoccupe uniquement, c'est-à-dire pour les incapables français. Aussi conclut-on que l'hypothèque légale constitue un *droit civil* qui ne peut être invoqué par des étrangers que s'ils sont dans le cas prévu par l'art. 13 C. C. ou s'il y a réciprocité diplomatique sur ce point entre leur pays et le nôtre, conformément à l'art. 11 C. C. (1). Cette dernière

---

(1) Aubry et Rau, t. I, p. 304, note 62 ; Cass., 20 mars 1862, Sir., 62. 1. 673 ; Cass., 3 mars 1884, *Le Droit*, 5 mars 1884, et J. Clunet, 1884, p. 502.

exception est applicable aux femmes mariées et aux mineurs d'Italie, en vertu du traité du 24 mars 1760 (1), et de Suisse, d'après les conventions du 30 juin 1864, du 23 février 1882, art. 1er, et du 15 juin 1869, art. 6 (2).

La jurisprudence admet, cependant, que l'hypothèque légale existe au profit des mineurs et interdits étrangers quand leur tutelle est attribuée à des Français et conformément à la loi française : on en donne pour raison que, si l'étranger est soumis à la tutelle organisée par la loi française, il est juste de lui donner les garanties établies par cette même loi (3).

Cette manière de voir ne nous semble pas justifiée, soit parce que nous n'admettons pas la distinction des droits des gens et des droits civils, soit parce que, d'après l'interprétation que nous avons donnée de l'art. 11 C. C., les étrangers ont tous les droits privés, sauf ceux qui leur sont enlevés par un texte formel : or, il n'en existe pas un seul dans notre législation qui les prive de l'hypothèque légale. D'autre part, même en acceptant l'interprétation généralement admise de l'art. 11 C. C. et la distinction des droits civils et des droits des gens, il nous paraît difficile de voir dans le bénéfice de l'hypothèque légale un droit civil réservé aux nationaux : de l'avis de tout le monde en effet, l'hypothèque conventionnelle ou judiciaire peut être invoquée par des étrangers ; pourquoi n'en serait-il pas de même pour l'hypothèque légale ? Un droit, considéré comme du droit des gens dans un cas, pourrait-il changer de nature et devenir du droit civil parce qu'il aurait une source différente, alors surtout que cette source est ou le mariage ou la protection due aux incapables, c'est-à-dire deux institutions que l'on retrouve dans la législation de tous les pays civilisés ?

614. Mais, après avoir résolu dans le sens de l'affirmative la question de savoir si les étrangers peuvent invoquer les hypothèques légales en France, il faut aussitôt en poser et résoudre une seconde, que l'on a souvent confondue avec la première et qui en diffère essentiellement : par quelle loi sera régie l'hypothèque légale des

---

(1) Cass., 5 février 1872, J. Clunet, 1874, p. 32; id. 5 novembre 1878, id. 1879, p. 65; v. Le Bourdellès, J. Clunet, 1882, p. 393.

(2) Trib. Seine, 9 juillet 1878, J. Clunet, 1879, p. 392.

(3) Aubry et Rau, t. I, p. 307, note 66; Bourges, 4 août 1874, J. Clunet, 1876, p. 31, et Sir., 75. 2. 66.

femmes mariées et des mineurs étrangers ? La première question posée et résolue ci-dessus se réfère à la condition des étrangers et dépend des dispositions de la loi positive du pays où l'hypothèque légale est invoquée par des étrangers ; la deuxième au contraire suppose un conflit de lois dont la solution intéresse le Droit international privé proprement dit. Ces deux questions sont si bien indépendantes l'une de l'autre, que si l'on suppose un étranger autorisé à fixer son domicile en France et qui, de l'avis de tout le monde, a droit aux mêmes avantages que les Français au point de vue de la jouissance des droits civils, il faudra encore se demander si l'hypothèque légale qu'il réclame doit être régie par telle ou telle loi, notamment par celle du pays où les biens sur lesquels l'hypothèque doit porter sont situés, ou bien par sa loi nationale.

615. Pour résoudre cette deuxième question, différentes solutions ont été proposées. Dans l'ancien droit, conformément à la notion du statut réel telle qu'elle était admise à cette époque et qui était absolue en matière d'immeubles, on décidait que l'étranger avait ou n'avait pas l'hypothèque légale, suivant que la loi du pays où les biens sur lesquels il l'invoquait étaient situés admettait ou rejetait cette institution, sans que l'on tînt d'ailleurs aucun compte de sa loi personnelle (1). Beaucoup d'auteurs modernes reproduisent la même idée, en invoquant l'art. 3, alin. 2, C. C. qui, suivant eux, reproduirait l'ancienne notion du statut réel pour les immeubles, avec la portée si large que lui donnaient les jurisconsultes statutaires (2).

Suivant d'autres, l'hypothèque légale ne pourrait être invoquée par des étrangers que si elle est consacrée à la fois par la loi du pays où les biens sont situés et par leur loi personnelle (3).

Mais il suffit de remarquer que l'hypothèque légale n'est qu'une garantie de la protection des incapables, pour être amené à conclure que cette hypothèque dépend, quant à son existence et à son organisation, de la loi qui régit cette protection, c'est-à-dire de la loi nationale des incapables eux-mêmes (v. livre I, chap. VII). Se

---

(1) Bouhier, *loc. cit.*, I, ch. XXIII, n° 56, p. 661 ; Boullenois, *loc. cit.*, t. I, p. 86.

(2) Merlin, *Répert.*, v° *Remploi*, § 2, n° 9 ; Troplong, *Hypoth.*, t. II, n°s 429 et 513 *ter* ; Rodière et Pont, *Contrat de mariage*, t. I, 174.

(3) Fœlix, *Rev. franç. et étrang.*, IX, p. 25 et suiv. ; et *loc. cit.*, I, p. 151.

référer, en pareille matière, à la loi de la situation des biens, c'est accepter l'ancienne notion du statut réel, d'après laquelle ce statut comprendrait toutes les règles légales ayant un rapport quelconque avec les immeubles. Or, nous avons déjà démontré que le statut réel n'embrasse que ce qui est relatif à l'organisation de la propriété et qui, rentrant dans l'ordre public au point de vue de l'intérêt économique, dépend exclusivement de la loi territoriale, la *lex rei sitæ*.

Il suffira donc que la loi du pays où les biens sont situés admette le droit d'hypothèque en général pour que l'incapable étranger puisse se prévaloir de cette garantie quand sa loi nationale l'a établie à son profit (1).

Il va sans dire que la loi du pays où les biens sont situés devra être uniquement appliquée pour tous les points qui intéressent le crédit public tel qu'il est compris et protégé dans ce pays, par exemple pour la nécessité d'inscription des hypothèques des femmes mariées, des mineurs et des interdits dans les cas prévus par les art. 8 et 9 de la loi du 23 mars 1855 en France, pour la publicité qui est toujours exigée en ce qui concerne ces hypothèques par la loi belge de 1851 et par le Code civil d'Italie, et pour la prohibition des hypothèques générales en Belgique (2).

Conformément aux mêmes principes, nous déciderons que l'hypothèque légale des légataires (art. 1017 C. C.) dépend de la loi nationale du testateur qui s'est référé à la loi de son pays pour régler les droits de ceux à qui il laisse ses biens, sauf à appliquer la *lex rei sitæ* pour les points intéressant l'ordre public, tels que la publicité et la spécialité de l'hypothèque (3).

616. L'art. 2121 C. C. établit aussi une hypothèque légale au bénéfice de l'Etat, des communes et des établissements publics, sur les biens de leurs receveurs et administrateurs comptables, et il est bien certain que cette disposition ne vise que l'Etat, les communes et les établissements publics français. Mais faudrait-il en conclure que les états et les établissements publics étrangers ne pourraient

---

(1) *Contrà :* Laurent, *loc. cit.*, VII, p. 471.

(2) P. Fiore, *loc. cit.*, p. 388 ; Demangeat sur Fœlix, I, p. 151, note *b*; Bertauld, *Questions pratiques*, I, p. 95, n° 135 ; Valette, *Privilèges et Hypothèques*, I, n° 139.

(3) *Contrà :* Laurent, *loc. cit.*, VII, p. 473-474.

pas invoquer un droit d'hypothèque sur les biens de leurs agents comptables situés en France, lorsque, d'après la loi qui les régit, cette hypothèque est établie à leur profit? On l'a soutenu, en faisant valoir cet argument que l'art. 2121 C. C. n'accorde certainement l'hypothèque légale qu'à l'État français et aux établissements publics français (1). — Mais, en raisonnant ainsi, on confond la question de savoir si ces personnes morales étrangères peuvent invoquer en France un droit d'hypothèque légale, avec celle de savoir d'après quelle loi doivent être réglées les garanties, notamment le droit d'hypothèque, qu'elles possèdent vis-à-vis de ceux qui ont le maniement de leurs fonds. Or, nous avons démontré que le droit d'hypothèque n'est pas refusé aux étrangers par notre législation, quelle que soit la source dont il dérive (v. n° 613); nous savons aussi que les personnes morales étrangères dont l'existence n'est pas incompatible avec l'ordre public tel qu'il est compris en France ont les mêmes droits que les particuliers étrangers (v. n° 62) : rien ne s'oppose, par conséquent, à ce que le droit d'hypothèque puisse être invoqué en France par un état ou un établissement public étranger.

Mais, ensuite, on doit se demander si ces personnes morales ont droit à l'hypothèque légale ; or, cette question ne peut dépendre de la loi française qui n'a accordé cette garantie qu'à l'Etat français et aux établissements publics de notre pays : on ne peut la résoudre qu'en consultant la loi de l'état étranger ou celle du pays où sont constitués les établissements publics, car c'est elle seule qui a compétence pour assurer la protection de ces personnes morales, au même titre que la loi nationale des incapables assure celle de ces derniers.

Cependant, tout en reconnaissant aux états et aux établissements publics étrangers, quand leur loi nationale la leur accorde, une hypothèque légale sur les biens de leurs agents comptables situés en France, nous devons ajouter que cette hypothèque sera, en fait, assimilée à une hypothèque conventionnelle. Le législateur n'ayant parlé, dans l'art. 2121 C. C., que de l'Etat français, comme cela résulte du mot Etat employé seul, et aussi des établissements français, il faut en conclure que les avantages spéciaux accordés à

(1) Aubry et Rau, I, p. 305, note 61.

l'hypothèque légale en France ne seront pas reconnus à l'hypothèque légale étrangère. C'est ainsi que la généralité de l'hypothèque légale qui appartient à l'Etat français ne sera pas accordée à l'hypothèque d'un état étranger, quelles que soient les dispositions de la loi étrangère sur ce point; et cet état devra se conformer au principe de droit commun qui est d'ordre public en France, c'est-à-dire à la spécialité de l'hypothèque, à laquelle il n'a été dérogé que par faveur pour l'Etat et les établissements publics français.

SECTION III

PRIVILÈGES

617. Les privilèges sont des droits réels accessoires, c'est-à-dire établis sur des meubles ou des immeubles pour la sûreté d'une créance, et qui ont tous pour caractère commun d'être accordés directement par la loi; seul, le privilège venant du gage vient de la volonté des parties qui sont libres de le constituer. L'analyse des privilèges conduit aux deux conclusions suivantes : 1° ils sont attachés *de plein droit* par le législateur à certaines créances, pour des motifs qui intéressent tous l'ordre public, tels que des raisons d'humanité, de crédit ou d'équité (v. art. 2101, 2102, 2103 C. C.); 2° ils sont *limitativement* énumérés par la loi, parce que la possibilité pour les parties de les créer à leur gré serait compromettante pour le crédit public, en permettant à un créancier, sans motif sérieux, de primer tous les autres.

De ces principes il résulte : 1° que les étrangers ont droit, sur les meubles ou immeubles situés en France, à tous les privilèges établis par notre législation, ces privilèges ne fussent-ils pas admis par la loi étrangère ; 2° les étrangers ne peuvent pas invoquer dans notre pays un privilège accordé par une loi étrangère et inconnu dans la nôtre. En résumé, la *lex rei sitæ* doit être exclusivement appliquée en matière de privilèges, soit pour leur constitution, soit pour les conditions exigées afin de les conserver et de les opposer aux tiers, soit enfin pour déterminer les droits qui en dérivent; il s'agit en effet toujours du statut réel, au sens strict et vrai du mot.

618. Privilèges sur les navires. — S'inspirant, en ce qui concerne les privilèges sur les navires comme pour l'hypothèque maritime, du principe du statut réel et de la sauvegarde du crédit public telle qu'elle est organisée en France, la jurisprudence se refuse à admettre sur les navires étrangers des privilèges qui ne sont pas reconnus par la législation française (art. 191 C. co). — Mais, à raison de la nature spéciale des navires et de la facilité avec laquelle les tiers peuvent se renseigner sur leur nationalité, ce qui écarte tout danger au point de vue du crédit public, nous déciderons, comme nous l'avons fait à propos de l'hypothèque maritime, qu'il faut s'attacher à la loi du pavillon et accepter tous les privilèges déterminés par cette loi (1).

C'est encore pour les raisons développées plus haut au sujet de l'hypothèque maritime (v. n° 607, 2°), que nous appliquerons la loi du pavillon pour fixer les formalités à remplir afin de conserver les privilèges à l'égard des tiers, le classement de ces privilèges et leur effet, notamment le droit de suite, à propos duquel nous n'avons qu'à rappeler ce qui a été déjà dit au sujet du droit de suite sur les navires dérivant des créances chirographaires (v. n° 604). Sur tous ces points, la jurisprudence se prononce au contraire pour l'application de la loi locale, c'est-à-dire de la loi du pays où se trouve le navire quand le privilège est invoqué (2).

CHAPITRE III

PRESCRIPTION ACQUISITIVE

619. Distinguons la prescription des immeubles et celle des meubles.

620. I. Prescription des immeubles. — On n'a jamais hésité, ni dans l'ancien droit ni de nos jours, à considérer la prescription des immeubles comme une institution rentrant complètement dans le statut réel, et régie exclusivement par la *lex rei sitæ* (3). La prescription tient en effet essentiellement à l'organisation de la propriété et a pour but de sauvegarder cette dernière contre les

---

(1) Lyon-Caen, *Etudes de Droit internat. privé maritime*, p. 30 ; v. n° 607, 1°.
(2) Aix, 9 décembre 1870, Sir., 71. 2. 115.
(3) Bouhier, *loc. cit.*, ch. XXXV, n°s 3 et 4 ; Pothier, [*Prescription*, n° 247 ; P. Fiore, *loc. cit.*, p. 344.

attaques incessantes dont elle n'aurait pas manqué d'être l'objet, si les détenteurs d'immeubles avaient dû faire la preuve directe de leur droit. Aussi constitue-t-elle, dans chaque pays, une institution d'ordre public relativement à laquelle les étrangers, possesseurs d'immeubles, devront exclusivement invoquer la loi territoriale (art. 3, alin. 2, C. C.). Cette application exclusive de la *lex rei sitæ* se manifestera d'ailleurs pour tous les points concernant la prescription : le juste titre, la bonne foi, l'interruption, etc...

621. Cependant, la suspension de la prescription peut donner lieu à quelques difficultés, au moins quand elle provient de l'incapacité du véritable propriétaire, par exemple de sa minorité ou de son interdiction (art. 2252 C. C.).

Si nous supposons, tout d'abord, un étranger qui, d'après sa loi nationale, peut invoquer la suspension de la prescription, tandis qu'il ne le pourrait pas d'après la *lex rei sitæ*, on pourrait être tenté de décider que, la suspension étant une mesure de protection pour les incapables, et la protection de ceux-ci rentrant dans le statut personnel, c'est la loi nationale de l'étranger qui doit être appliquée. — Mais nous savons déjà que la loi nationale, même en tant qu'elle régit le statut personnel, est écartée lorsqu'elle est en opposition avec l'ordre public territorial : or, la limitation de la durée de la prescription intéresse trop directement l'organisation de la propriété, le crédit des tiers, l'ordre public en un mot, pour qu'il soit possible d'accepter, sur ce point, une autre loi que celle du pays où l'immeuble possédé est situé.

En sens inverse, un étranger peut ne pas avoir droit à la suspension de la prescription, alors qu'un Français, placé dans les mêmes conditions que lui, pourrait l'invoquer.

Si l'on ne se préoccupait que de l'intérêt du propriétaire, on dirait que sa loi nationale, seule compétente pour déterminer la protection à laquelle il a droit à raison de son incapacité, ne lui ayant pas donné la faveur de la suspension, il ne convient pas à la législation française de la lui accorder. — Mais, en remarquant que la suspension intéresse les tiers, notamment les ayants-cause de l'incapable étranger qui ont acquis de lui l'immeuble qu'une autre personne est en train de prescrire, nous dirons que l'ordre public, tel qu'il est organisé en France au point de vue de la sauvegarde du crédit général, est encore en cause, et nous en conclurons que la suspension pourra être invoquée d'après la *lex rei sitæ*. Toutefois, puisqu'on doit tenir uniquement compte, dans ce cas, de la loi territoriale, il ne faudra accorder à l'étranger la suspension que pendant le temps fixé par cette même loi. Si donc il s'agit d'un étranger qui, d'après sa loi nationale, n'est majeur qu'à 25 ans, on décidera, lorsque l'immeuble est situé en France, que la suspension prendra fin dès qu'il aura atteint l'âge de 21 ans (1).

622. A la prescription acquisitive se rattache intimement la prescription extinctive des actions réelles, telles que la revendication (art. 2262 C. C), et les actions confessoire et négatoire des servitudes. Pour les raisons exposées ci-dessus, il faudra appliquer exclusivement la *lex rei sitæ* soit pour la durée, soit pour les conditions de la prescription extinctive des différents droits réels (art. 617, 706 C. C.).

623. II. Prescription des meubles. — Conformément au principe généralement adopté pour les meubles, on faisait régir, dans l'ancien droit, la prescription de ce genre de biens par la loi du domicile du propriétaire (2). Aujourd'hui, la prescription des meubles est dominée par le principe : *En fait de meubles possession vaut titre* (art. 2279 C.C.), qui, depuis le XVIIIᵉ siècle, a remplacé définitivement en France les prescriptions très variables des anciennes coutumes. Or, que l'on voie dans cette règle une prescription instantanée établie par le législateur pour les meubles, ou un genre d'acquisition spécial et venant *ipso facto* de la possession des biens mobiliers, ou enfin une simple présomption de propriété formulée par la loi en faveur de ceux qui détiennent des meubles corporels avec juste titre et bonne foi, il n'en est pas moins certain que la règle elle-même est fondée sur une considération d'ordre public ; elle a pour but, en effet, de sauvegarder le crédit des acquéreurs de meubles et d'assurer la sécurité dans les transactions si rapides et si fréquentes portant sur ce genre de biens. Aussi la disposition de l'art. 2279 C. C. s'impose-t-elle nécessairement à tous, sur le territoire français, sans distinction entre les nationaux et les étrangers (3). C'est encore, et pour les mêmes raisons, la *lex rei sitæ* qu'il faudra

(1) *Contrà :* Laurent, *loc. cit.,* VIII, p. 342 à 343.

(2) Pothier, *Prescription,* nº 251.

(3) Trib. Seine, 17 avril 1885, *Le Droit,* 18 avril 1885.

exclusivement appliquer pour fixer la prescription spéciale des meubles perdus ou volés qui, en France, est de trois ans (art. 2279, alin. 2, C. C.), en Italie de deux ans (art. 2146, Code civil italien), en Prusse de quarante ans (Code, art. 648).

624. Mais que faut-il entendre par la *lex rei sitæ* en ce qui concerne les meubles ? Généralement on décide que c'est la loi du pays où le meuble se trouve au moment où l'on invoque le droit de propriété résultant de la prescription (1). Du moment en effet qu'il s'agit de l'application d'une règle concernant l'organisation de la propriété et touchant à l'ordre public, il faut en conclure que la loi du pays où le bien se trouve matériellement situé quand on le revendique doit être appliquée. C'est ainsi qu'un meuble possédé d'abord en France, dans les conditions déterminées par l'art. 2279 C. C., est acquis au possesseur quelles que soient les dispositions de la loi du pays où ce meuble sera transporté plus tard. De même, un meuble possédé d'abord en Autriche où la prescription est de trois ans (Code civil, art. 1466) sera immédiatement la propriété du possesseur si celui-ci se rend en France et y détient ce meuble dans les conditions fixées par l'art. 2279 C. C. Si, au contraire, le meuble était resté en Autriche, il ne serait acquis au détenteur, même au point de vue des tribunaux français, qu'après une possession de trois ans.

(1) P. Fiore, *loc. cit.*, p. 346, 347.

APPENDICE

De la faillite en Droit international privé.

———

625. Par la complexité même de ses effets, la faillite est une institution qui soulève un très grand nombre de difficultés, soit en elle-même, soit surtout lorsqu'on l'envisage au point de vue des conflits de législations auxquels elle peut donner lieu. L'intérêt pratique que présente l'étude de ces dernières difficultés se comprend sans peine, si l'on songe que les relations de commerce international ont déjà pris un développement qui va tous les jours en croissant, et qui met sans cesse en rapport des créanciers de nationalité différente venant se partager le patrimoine d'un débiteur dont les biens sont souvent situés dans des pays éloignés les uns des autres. Du reste, même dans l'ordre du droit civil, la question des faillites a une importance capitale au point de vue international, car, par suite d'une évolution dans les idées qui s'accentue tous les jours davantage, le droit commercial tend de plus en plus à s'absorber dans le droit civil, ou pour mieux dire, ce dernier tend à emprunter au premier ses institutions plus faciles, d'une réglementation plus simple, et plus protectrices des intérêts privés : c'est ainsi que le Code des faillites de l'empire allemand, du 10 février 1877, assimile la déconfiture du non commerçant à la faillite du commerçant (1), et cette innovation est vivement réclamée dans d'autres pays (2).

(1) V. encore assimilation presque complète entre la faillite et la déconfiture en Autriche, loi du 25 décembre 1868, en Angleterre depuis 1869, en Danemark depuis 1872, aux Etats-Unis depuis 1867.

(2) V. *De la déconfiture et des améliorations dont notre législation en cette matière est susceptible*, 1880, par M. Garraud; Thézard, *De l'influence des relations commerciales sur le développement du droit privé*, Rev. critique, 1874, t. III, p. 103-117, 166-182, 250-266.

Le principe fondamental qui devrait être appliqué pour régler la faillite dans les relations internationales peut se déduire aisément de l'idée essentielle sur laquelle repose cette institution. On sait que, le patrimoine d'un débiteur étant le gage commun de ses créanciers, dès qu'un commerçant cesse ses paiements, c'est-à-dire tombe en faillite, le but poursuivi par le législateur est de faire de l'insolvabilité de ce débiteur un malheur commun pour tous les créanciers, de telle sorte que chacun ait, au prorata de sa créance, une part de l'actif du failli, sans qu'aucun, sauf des exceptions limitativement indiquées, puisse obtenir un paiement intégral au détriment des autres créanciers. Aussi semble-t-il que, lorsqu'un débiteur est déclaré en état de faillite dans un pays quelconque, aurait-il des biens situés dans divers états et ses créanciers seraient-ils de nationalité différente, la faillite doit avoir un effet universel, et tous les biens du failli, réunis en une seule masse, doivent être attribués à tous les créanciers sans distinction, proportionnellement au montant de leur créance. Tous les créanciers, en effet, lorsqu'ils ont traité avec le failli, ont compté que ses biens seraient leur gage commun, en quelque lieu qu'ils soient situés, et ont pensé qu'en cas d'insolvabilité du débiteur son patrimoine entier leur serait partagé au marc le franc. Il va sans dire d'ailleurs que cette unité et cette universalité de la faillite ont, au point de vue pratique, le grand avantage d'éviter la multiplicité des frais, la perte de temps et la contrariété possible des jugements que provoquerait la répétition d'une même déclaration de faillite dans différents pays ; or cet avantage est particulièrement précieux dans une matière où l'économie et la rapidité sont si recherchées et avec juste raison.

Mais ce *desideratum* de l'unité et de l'universalité de la faillite est-il réalisé par les législations modernes et spécialement par la nôtre ? En réalité, la plupart des lois actuellement en vigueur ne mettent pas d'obstacle positif à son application ; elles ne disent rien ou donnent peu d'indications sur les conflits de lois en matière de faillite ; aussi la doctrine et la jurisprudence sont-elles souvent hésitantes, parfois même confuses et contradictoires. C'est par les traités que l'on peut espérer arriver à une entente internationale sur ce point, comme on y est arrivé pour la protection de la propriété industrielle, et les résolutions votées par le Congrès juridique italien à Turin, en 1880, serviront probablement de base à cette entente (1). C'est d'ailleurs dans le sens de l'unité et de l'universalité de la faillite que l'opinion de la doctrine s'accentue chaque jour davantage, et c'est sur ce terrain que l'accord des différents pays, s'il se réalise, se fera sous la forme d'un traité (2).

(1) Voici quelles devraient être, d'après le congrès de Turin, les règles principales des traités à conclure au sujet des faillites.

I. Le tribunal compétent pour déclarer la faillite et en continuer la procédure jusqu'à son terme sera celui du lieu où le commerçant a son principal établissement commercial.

II. Le jugement déclaratif de faillite et les autres jugements à intervenir pendant la procédure de faillite auront, sur le territoire des états contractants, la même autorité de chose jugée que dans l'état où ils ont été rendus, et ils pourront donner lieu à des mesures conservatoires, d'urgence et d'administration, à la condition d'être rendus publics conformément à l'art. V, lettre a. — Quand, en vertu de ces jugements, il y a lieu de procéder à quelque acte d'exécution forcée dans un autre état, on devra d'abord obtenir une ordonnance de *pareatis* de l'autorité de l'état, si on veut procéder à l'exécution. — Cette autorité sera désignée dans le traité ; elle prononcera sur simple requête des intéressés et sans qu'il soit besoin d'un débat contradictoire ; elle ne pourra refuser le *pareatis* que dans les deux cas suivants : a) Quand le jugement aura été rendu par un tribunal incompétent d'après la règle de l'art. I ; b) quand le jugement ne sera pas encore exécutoire dans le pays où il a été rendu. — Cette ordonnance sera susceptible d'opposition par la voie contentieuse, mais l'opposition n'aura pas d'effet suspensif.

III. Les restrictions à la capacité commerciale du failli, la nomination et les pouvoirs des administrateurs de la faillite, les formes à suivre dans la procédure de la faillite, l'admissibilité, la formation de l'actif entre tous les créanciers nationaux ou étrangers, seront réglés par la loi du lieu où la faillite a été déclarée.

IV. Les droits réels, les raisons de préférence par hypothèque, privilège et gage, les droits de revendication, distraction et rétention sur les biens immobiliers et mobiliers du failli, seront réglés par la loi du lieu de la situation matérielle des biens à l'époque de l'acquisition des droits. Il appartiendra au traité international de déterminer d'une manière précise quel doit être le tribunal compétent pour juger les procès relatifs à ces droits.

V. Des dispositions spéciales seront introduites dans le traité : a) pour régler les mesures à prendre afin que les jugements rendus en matière de faillite dans l'un des états contractants puissent être connus dans les autres états ; b) pour déterminer les rapports respectifs des autorités judiciaires des divers états contractants, en ce qui touche l'exécution du traité.

VI. Le traité pourra se restreindre, quant à présent, à la faillite des commerçants, et les lois des divers états relativement à l'insolvabilité des non commerçants resteront en pleine vigueur. Pareillement aucune dérogation ne sera apportée aux règles sur l'action pénale en cas de banqueroute, et aux dispositions des traités d'extradition.

(2) Consult. *La faillite dans le Droit intern. privé*, par G. Carle, trad. Dubois, 1875 ; Fiore, *Del fallimento secondo il diritto privato internazionale*, Pise, 1873.

Dans quatre sections nous allons examiner : 1° la compétence en matière de faillite ; 2° les effets extraterritoriaux du jugement déclaratif de faillite ; 3° la loi qui régit les conséquences de la faillite ; 4° le Concordat et la Réhabilitation.

SECTION I

COMPÉTENCE EN MATIÈRE DE FAILLITE

626. Si un débiteur peut être assigné, pour l'exécution de ses obligations, dans différents lieux, notamment dans celui qui est fixé dans la convention, dans celui où la promesse a été faite et la marchandise livrée, ou enfin à son domicile, dès qu'il s'agit de liquider son patrimoine pour en distribuer le montant à ses créanciers, un seul tribunal devient compétent, c'est celui de son domicile. Après la faillite, en effet, la personnalité du failli s'efface en quelque sorte, et ceux qui ont traité avec lui n'ont plus affaire qu'avec son patrimoine représenté par le syndic : or c'est au lieu du principal établissement du débiteur que son patrimoine, considéré dans sa masse et comme *universitas juris*, peut et doit être réputé avoir son assiette.

C'est en s'inspirant de cette considération et aussi en tenant compte de l'avantage pratique résultant de l'unité de la procédure au point de vue de l'économie de temps et de frais, comme de la facilité qu'on trouve en général au domicile du débiteur pour recueillir les renseignements propres à édifier sur son bilan, que toutes les législations attribuent compétence pour la déclaration de faillite au tribunal du lieu où l'insolvable est domicilié (art. 59 P. C.).

Lorsqu'il s'agit d'une faillite dont les conséquences dépassent les limites d'un seul et même pays, les mêmes raisons subsistent pour justifier encore la compétence exclusive du tribunal du lieu où le failli est domicilié (1). On a objecté, il est vrai, que « la concentra- » tion de l'actif dans un autre pays peut-être lointain, et la nécessité » d'y faire valoir ses droits dans des conditions souvent défavora- » bles, presque toujours différentes de celles qui avaient été prévues » lors du contrat, la difficulté d'y surveiller toutes les opérations » de la faillite », sont de nature à faire hésiter sur le bien fondé de

(1) Carle, *loc. cit*, p. 31 à 33 ; Asser, *loc. cit.*, p. 239.

cette décision (1). Mais les inconvénients que l'on signale sont, croyons-nous, beaucoup moins considérables que ceux qui résulteraient de l'attribution de compétence pour déclarer la faillite aux tribunaux des différents pays dans lesquels le débiteur peut avoir des biens ou un établissement de commerce. On peut ajouter, du reste, que les inconvénients que l'on redoute sont moins une conséquence de la solution qui attribue compétence exclusive à la juridiction du lieu où le failli est domicilié, que du fait même d'entrer en relations d'affaires avec une personne qui est établie en pays étranger, ou qui a des biens sur le territoire de plusieurs états où il est toujours plus ou moins difficile de faire valoir ses droits.

Du principe posé il résulte qu'un étranger peut être déclaré en faillite en France, n'aurait-il dans notre pays qu'un domicile de fait et sans autorisation, mais non s'il a simplement sa résidence sur le territoire français (2).

La question de savoir si le domicile de l'étranger est en France constituant une question de fait, les tribunaux sont souverains pour décider si un étranger qui se prétend domicilié hors de France est fondé dans son dire, et spécialement si une société prétendue étrangère a son siège social dans notre pays et peut y être déclarée en faillite (3).

Réciproquement, un Français domicilié à l'étranger peut être déclaré en faillite par la juridiction étrangère (4).

Les raisons qui font attribuer compétence exclusive au tribunal du domicile réel du débiteur sont même tellement graves et touchent tellement à l'intérêt général, qu'il ne serait pas possible d'y apporter une dérogation en vertu d'une élection de domicile faite par le débiteur dans ses rapports avec les créanciers. Du reste, la plupart du temps, cette élection de domicile n'est relative qu'à un ou à quelques-uns des créanciers, elle ne concerne qu'une affaire spéciale, tandis que la faillite intéresse tous les créanciers et a pour but de donner à tous une situation identique dans leurs rapports avec le débiteur : or, le seul moyen d'unifier cette situation au point de

(1) Bard, *Précis de Droit international*, p. 339.

(2) Req., 24 novembre 1857, Sir., 58. 1. 65.

(3) C. de Paris, 20 juin 1874, J. Clunet, 1874, p. 154, affaire du Crédit foncier suisse.

(4) Carle, *loc. cit.*, note 50 de M. Dubois, I, II et V.

vue de la déclaration de faillite est d'attribuer compétence à un seul tribunal connu de tous, c'est-à-dire à celui du domicile du failli (1).

627. On sait que l'art. 14 C. C. permet aux Français de soustraire leurs débiteurs étrangers à leurs juges naturels en les assignant en France ; faut-il en conclure qu'un créancier français peut assigner en France, pour l'y faire déclarer en faillite, son débiteur étranger domicilié dans un autre état ?

On a déjà vu que, dans la pratique, on maintient l'application de l'art 14, même dans les cas spéciaux prévus par l'art. 59 P. C. et pour lesquels la loi établit une compétence exceptionnelle : notamment on permet à un Français d'user de la faveur que lui donne l'art. 14 pour assigner en France son cohéritier étranger, afin de procéder au partage d'une succession ouverte en pays étranger, bien que le tribunal compétent soit, en pareil cas, celui du lieu où la succession est ouverte (art. 59, § 6, P. C.) (2). Admettre cette solution pour la déclaration de faillite, c'est désorganiser complètement l'unité de celle-ci qui doit être uniquement établie par le tribunal du domicile du débiteur, et créer des conflits de compétence très préjudiciables aux intérêts des parties, car, en pays étranger, on n'acceptera évidemment pas que le créancier français puisse centraliser devant la juridiction de son pays toute la liquidation de la faillite. Mais, quoi qu'on en ait dit (3), il semble bien difficile d'affirmer que notre cas ne rentrait pas dans les prévisions du législateur quand il a écrit l'art. 14 C. C. Cette dernière disposition, on l'a déjà vu, est la manifestation d'un esprit de méfiance absolue à l'égard des juridictions étrangères (4), et, à raison de la généralité de son texte comme du but en vue duquel elle a été rédigée, il faut décider que toujours, même pour la déclaration de faillite, un Français peut assigner en France son débiteur étranger. Cette dernière conséquence doit être une raison de plus pour hâter l'abrogation d'une disposition qui jure dans le droit des gens moderne (5).

(1) Cass., 29 juin 1870, Sir., 70. 1. 417.
(2) V. n° 223 *in fine.*
(3) Bertauld, *loc. cit.*, t. I, n° 204, p. 160.
(4) V. n°s 223 à 227.
(5) Bard, *loc. cit.*, p. 339, n° 255 ; Cass., 12 novembre 1872, J. Clunet, 1874, p. 180. C. de Paris, 7 mars 1878, J. Clunet, 1878, p. 606. *Contrà :* Carle, *loc, cit.* note 50, III, de M. Dubois.

628. Souvent le failli a plusieurs établissements dont le siège est dans des pays différents, et l'on peut, en pareil cas, hésiter pour décider dans quel lieu doit être prononcée la déclaration de faillite.

Il est, tout d'abord, deux cas qui ne sauraient présenter de difficultés sérieuses, au moins au point de vue de la solution théorique à fournir et abstraction faite de la question de fait.

Si le débiteur est associé dans des établissements *distincts* situés dans des pays différents, la faillite devra être déclarée au siège de chacun de ces établissements, d'une manière indépendante, bien que, par suite des relations d'affaires existant entre eux, la faillite de l'un des établissements ait entraîné celle de l'autre (1).

Si le commerçant a, dans différents pays, plusieurs établissements dont l'un joue le rôle de siège principal par rapport aux autres qui ne sont que des annexes ou des succursales, la faillite devra être déclarée par la juridiction dans le ressort de laquelle l'établissement principal se trouve. Cette manière de voir est confirmée par la jurisprudence française qui reconnaît aussi, avec raison, que la détermination de l'établissement qui doit être qualifié de principal est une question de fait abandonnée à l'appréciation des tribunaux : c'est ainsi qu'il ne faut pas accepter d'une façon absolue l'autorité des statuts d'une société qui fixent le siège social dans un lieu, tandis qu'en fait le centre des affaires est dans un autre (2).

Enfin, le failli, simple particulier ou société, peut avoir dans différents pays plusieurs établissements parfaitement distincts et ayant chacun leur administration séparée. En pareil cas, on décide généralement, soit en France, soit à l'étranger, que la faillite peut être déclarée pour chacun de ces établissements d'une manière indépendante, de telle sorte qu'il y a autant de faillites que d'établissements distincts (3).

Cette opinion est fondée sur cette idée que les créanciers, distincts pour chacun des établissements indépendants du failli, ont eu en vue uniquement la fraction de patrimoine du débiteur repré-

(1) Carle, *loc. cit.*, p. 36.

(2) Trib. com. Seine, 10 août 1872, J. Clunet, 1874, p. 124 ; id. 5 mars 1874, id. p. 96 ; comp. Cour de Genève, 25 mai 1874, J. Clunet, 1874, p. 154.

(3) Merlin, *Rep.*, v° Faillite, sect. II, § 2, art. 10 ; P. Fiore, *Del fallimento…*, p. 21. — La jurisprudence française n'est pas nettement établie, v. Carle, *loc. cit.*, note 47 de M. Dubois.

sentée par l'établissement à propos duquel ils sont entrés en relation avec lui, sans se préoccuper de la personnalité du débiteur ni de l'ensemble de ses biens : suivant la parole de Stracca, *unusquisque creditor magis merci, quàm creditori credidit.*

Cette raison nous semble peu décisive. Les créanciers, en effet, comptent que le patrimoine entier du débiteur sera leur gage (art. 2092 C. C.), alors même qu'ils ne traitent qu'à propos d'un des établissements qui lui appartiennent ; cela est si vrai que telle entreprise qui périclite trouvera du crédit, si son propriétaire a d'autres établissements de commerce et d'industrie dont la prospérité est regardée comme une garantie suffisante. On ne saurait morceler, en quelque sorte, la personnalité du débiteur en autant d'individus qu'il a d'établissements distincts ; pareille fiction, autorisée et recommandée même pour la bonne tenue d'une comptabilité, serait, si on en faisait une réalité, la négation même de ce principe fondamental de droit et de justice que *tout* le patrimoine d'un débiteur répond de ses engagements.

Aussi, afin d'éviter que la même personne ne soit en faillite pour une de ses entreprises et non pour les autres, afin d'empêcher que quelques-uns de ses créanciers ne subissent son insolvabilité tandis que les autres ne perdraient rien, faut-il décider qu'un seul tribunal pourra déclarer la faillite : c'est celui du lieu où se trouve l'établissement principal. D'autre part, la faillite ainsi déclarée englobera tous les biens du débiteur qui formeront une masse unique pour tous les créanciers, sans distinguer suivant qu'ils relèvent de l'établissement à propos duquel la faillite a été déclarée ou d'un autre (1).

629. La règle établie pour la compétence en matière de déclaration de faillite ne saurait être écartée par le fait que le failli a des immeubles situés dans différents pays. Ceux qui maintiennent encore la vieille notion du statut réel, d'après laquelle tout ce qui concerne les meubles dépend de la *lex rei sitæ*, prétendent que la souveraineté de l'Etat serait compromise si la déclaration de faillite émanant d'une juridiction étrangère s'étendait aux immeubles situés dans un autre pays. Mais nous savons déjà que cette conception du statut réel est erronée ; la souveraineté de l'Etat ne peut être

---

(1) Carle, *loc. cit.,* p. 36 à 39.

compromise que par la violation des règles d'ordre public, et, en ce qui concerne les immeubles, ces règles sont celles que le législateur a établies pour l'organisation de la propriété et la sauvegarde du crédit public (v. n° 95). Or, la déclaration de faillite, en elle-même, ne fait nullement échec à ces règles ; mais si certaines des conséquences qu'elle entraîne d'après la loi du pays où elle est prononcée avaient ce résultat, on les écarterait dans le pays où les biens sont situés. L'application de cette idée sera indiquée lorsque nous déterminerons la loi à suivre pour régler les droits de préférence des créanciers en cas de faillite (v. n° 641).

630. La compétence du tribunal du domicile du failli subsiste encore bien que les créanciers soient de nationalité différente. Comme l'a dit justement M. Carle, « on ne viole nullement le droit » des créanciers en substituant cette juridiction unique aux diver- » ses juridictions spéciales aux obligations qui avaient été contrac- » tées avec eux. Ils devaient prévoir, en contractant, l'éventualité » de la faillite et savoir que, dans le cas où cette éventualité se » réaliserait, il serait dérogé aux règles communes, à la rigueur de » leur droit propre et à la diversité des jugements qui pouvaient » résulter des conventions : le tout, parce que, en cas de faillite, » l'intérêt particulier de chaque créancier cède le pas à l'intérêt » général de tous, à quelque nationalité qu'ils appartiennent » (1).

D'ailleurs, on abandonne aujourd'hui la distinction que l'on admettait jadis entre les créanciers nationaux du pays où la faillite est déclarée et les étrangers, distinction en vertu de laquelle les premiers étaient admis à faire valoir leurs droits, tandis que les seconds étaient exclus. Cependant, dans quelques législations, cette admission des créanciers étrangers sur le même pied que les nationaux est subordonnée à la condition de réciprocité. C'est ainsi que la loi autrichienne de 1868 sur les faillites (art. 51 et 52) écarte les créanciers étrangers de la faillite déclarée en Autriche, si, d'après la loi du pays auquel ces étrangers appartiennent, les Autrichiens ne peuvent pas faire valoir leurs droits sur les biens de leur débiteur déclaré en faillite dans ce pays. De même, le Code des faillites allemand, du 10 février 1877, art. 4, tout en accordant aux créanciers étrangers les mêmes droits qu'aux nationaux, dis-

(1) *Loc. cit.*, p. 34, n° 20. — Comp. Bard, *loc. cit.*, p. 339.

pose que « le chancelier de l'empire pourra, avec l'assentiment du
» conseil fédéral, ordonner l'application d'un système de repré-
» sailles envers les personnes de nationalité étrangère ou envers
» leurs successeurs à titre universel ou particulier. »

631. Pour couper court à toutes les difficultés en matière de
faillite, le seul moyen pratique est d'établir une entente entre les
états au moyen de traités. Malheureusement, la France n'a encore
conclu de convention spéciale sur ce point qu'avec la Suisse.

En ce qui concerne la compétence, le traité franco-suisse du
15 juin 1869, art. 6, alin. 1, dispose ce qui suit : « La faillite d'un
» Français ayant un établissement de commerce en Suisse pourra
» être prononcée par le tribunal de sa résidence en Suisse, et réci-
» proquement celle d'un Suisse, ayant un établissement de com-
» merce en France, pourra être prononcée par le tribunal de sa
» résidence en France. »

On a critiqué, avec raison, cette disposition trop large qui attribue compétence au tribunal du lieu où le failli a un établissement
et réside ; le domicile seul doit fixer la compétence : sinon, en effet,
la faillite peut être déclarée à la fois pour une même personne par
le tribunal de son domicile en France et par celui de sa résidence
en Suisse. C'est ce qui est arrivé pour le Crédit foncier suisse qui
avait son siège social à Paris et une succursale à Genève ; déclarée
en faillite par le tribunal de commerce de la Seine et la Cour de
Paris, cette société le fut aussi par le tribunal de Genève et par
la Cour du canton : heureusement que le Conseil fédéral suisse
annula, le 21 juin 1875, les décisions du tribunal et de la Cour
de Genève en disant, par interprétation du traité de 1869, que
la liquidation de la faillite devait être maintenue dans le lieu
où les intérêts les plus importants étaient engagés et où la société
faillie avait le centre principal de ses affaires, c'est-à-dire, dans
l'espèce, à Paris (1).

SECTION II

EFFETS EXTRATERRITORIAUX DU JUGEMENT DÉCLARATIF DE FAILLITE

632. Le but même de la faillite montre bien que l'on ne saurait
trop faire pour assurer son unité, son universalité et son indivisi-

(1) V. J. Clunet, 1874, p. 95 et 154 ; 1875, p. 80.

bilité : cette institution tend, en effet, à placer tous les créanciers sur un pied d'égalité en présence du malheur commun qui les atteint, c'est-à-dire l'insolvabilité du débiteur ; or, pour que ce résultat soit obtenu, il faut que la faillite soit prononcée par un tribunal unique afin d'éviter la contrariété des décisions sur la déclaration même de faillite ; il faut, de plus, que le jugement rendu par ce tribunal produise ses conséquences dans tous les pays où la faillite peut avoir son contre-coup ; il est nécessaire enfin que, nulle part, un créancier ne puisse agir individuellement sur les biens qui sont à sa portée, de manière à se faire payer intégralement et sans tenir compte du dividende auquel il est réduit par la faillite prononcée en pays étranger.

Le premier *desideratum*, c'est-à-dire l'unité de la faillite, résulte de l'unité de compétence du tribunal dans le ressort duquel le failli est domicilié, comme il a été établi à la précédente section. Mais il faut rechercher si les effets de la déclaration de faillite pourront se faire sentir dans un autre pays que celui où siège le tribunal qui l'a prononcée, si, en un mot, l'universalité de la faillite peut être réalisée.

633. La déclaration de faillite constitue une décision de justice dont l'effet essentiel est de dessaisir le failli de l'administration de ses biens, et de confier celle-ci à des syndics nommés par le juge qui ont pour mission de liquider l'actif du failli au bénéfice de ses créanciers.

On a proposé de donner un effet extraterritorial à la déclaration de faillite en la considérant comme un acte de juridiction gracieuse approuvant une procuration donnée aux syndics par le failli pour réaliser ses biens et payer ses créanciers au prorata de leurs droits : de même, a-t-on dit, que le mandat a des effets universels, comme tout contrat, de même la procuration donnée par le failli, avec le concours de la justice qui la rend authentique, doit produire les mêmes résultats (1).

Cette manière de voir est inexacte, parce que, la plupart du temps, la déclaration de faillite et la nomination des syndics qui en est la suite est imposée au débiteur : on ne peut donc considérer ce dernier comme conférant un mandat aux syndics. En réalité, la

_____

(1) Fœlix et Demangeat, *loc. cit.*, n° 468 ; Bonfils, *loc. cit.*, n°s 245 et 246.

déclaration de faillite est un vrai jugement, presque toujours contradictoire entre le failli et ses créanciers, ce qui exclut toute idée d'adhésion volontaire de la part du failli, et dont l'effet capital est de dessaisir ce dernier de ses biens : quant à la nomination des syndics, elle n'est qu'une conséquence de ce dessaisissement et l'œuvre directe du tribunal comme le dessaisissement lui-même, sans que la volonté du failli y participe en rien.

634. La déclaration de faillite devant être considérée comme un vrai jugement contentieux et non pas comme un acte de juridiction gracieuse, il en résulte qu'il faut lui appliquer les principes déjà indiqués à propos de l'autorité des jugements étrangers, lorsqu'on veut apprécier ses conséquences hors du pays où elle a été prononcée.

Or, on sait que l'exécution dans un pays d'un jugement émanant d'une juridiction étrangère n'est possible que lorsque ce jugement a été revêtu de l'*exequatur* par l'autorité locale compétente. Par conséquent, aucun acte d'exécution ne sera possible de la part des syndics nommés en pays étranger que lorsque le jugement de faillite aura été déclaré exécutoire ; c'est ainsi que les syndics ne pourront saisir les biens du failli, ni les faire vendre, avant d'avoir obtenu l'*exequatur* de la sentence qui les a investis de l'administration du patrimoine du failli pour le compte de ses créanciers (v. n° 239). Ils ne pourraient davantage prendre inscription hypothécaire au bénéfice de la masse, comme la loi les y autorise dans la plupart des pays ; car ce n'est pas là seulement une mesure conservatoire, mais encore un acte qui conduit à l'exécution (1).

Mais, d'autre part, un jugement étranger, même non déclaré exécutoire, vaut comme titre authentique rédigé en pays étranger et peut autoriser tous les actes qui ne constituent pas une exécution proprement dite, c'est-à-dire qui peuvent être accomplis sans recourir à la force publique s'il y a lieu (v. n° 249). Aussi, sans être revêtu de l'*exequatur*, le jugement de faillite étranger peut être invoqué comme déterminant l'époque de la cessation des paiements, comme fixant la condition du failli, et enfin comme exception aux poursuites qu'un créancier voudrait exercer pour son compte per-

(1) Carle, *loc. cit.*, p. 97, 98, et Dubois, *ibid.* note 99 ; v. n° 239, p. 247, et art. 2123 *in fine*, C. C.

sonnel sans tenir compte des pouvoirs dont les syndics sont investis pour la masse (v. nᵒ 636).

Cette distinction, au point de vue de la nécessité de l'*exequatur*, entre les conséquences de la faillite qui constituent des actes d'exécution et celles qui n'ont pas le même caractère est acceptée par la jurisprudence française (1), italienne (2) et belge (3).

635. De ce qui précède, il résulte que l'état même de faillite doit être reconnu pour le débiteur en vertu d'un jugement rendu en pays étranger et que l'on doit en accepter partout la conséquence principale, c'est-à-dire le dessaisissement du failli, la nomination du syndic et l'exercice de son administration des biens du failli (4), même sans concession préalable de l'*exequatur*, puisque cette conséquence ne constitue en aucune manière un acte d'exécution.

Mais, dans le système consacré par la jurisprudence française, les jugements étrangers n'ont pas l'autorité de la chose jugée en ce sens que, si les parties ne se soumettent pas volontairement à leur exécution, il y aura lieu de les réviser quant au fond. Cette révision s'impose encore avant d'accorder l'*exequatur* demandé pour procéder à des actes d'exécution proprement dite sur le territoire français en vertu d'un jugement de faillite étranger (v. nᵒ 243). Les tribunaux de notre pays en concluent que, lorsque la déclaration de faillite prononcée en pays étranger est contestée en France, soit en fait, soit au point de vue de son bien fondé, le syndic ne peut être reconnu qu'après que le jugement de faillite est déclaré exécutoire par les juges français (5). En examinant la demande d'*exequatur*, le tribunal français révise la sentence étrangère et peut, la trouvant mal fondée, lui refuser toute autorité dans notre pays. Ce sera un grave échec porté au principe de l'universalité de la faillite qui, admise en pays étranger, n'aura pas d'effet en France; mais, étant donné l'état de notre législation, on ne peut éviter absolument ce résultat qu'au moyen de traités qui accordent

---

(1) C. de Paris, 7 mars 1878, J. Clunet, 1878, p. 608.

(2) C. de Milan, 15 décembre 1876, J. Clunet, 1879, p. 77.

(3) Humblet, J. Clunet, 1880, p. 93.

(4) Notamment la tierce-opposition faite par le syndic contre une décision judiciaire qui nuit aux créanciers; v. J. Clunet, 1878, p. 606 à 609.

(5) Trib. Seine, 21 décembre 1877, J. Clunet, 1878, p. 376; C. de Bordeaux, 2 juin 1874, J. Clunet, 1875, p. 269.

aux jugements étrangers l'autorité de la chose jugée et qui limitent
la mission du juge, dans l'examen de la demande d'*exequatur*, à
l'étude de la question de savoir si l'ordre public est violé par le
jugement étranger et si ce jugement émane de l'autorité compétente (v. n° 243).

C'est ainsi que le traité franco-suisse du 15 juin 1869, art. 6,
alin. 2, dispose ce qui suit : « La production d'un jugement de
» faillite dans l'autre pays donnera au syndic ou représentant de la
» masse, après toutefois que le jugement de faillite aura été déclaré
» exécutoire, conformément aux règles établies en l'art. 16 ci-après,
» le droit de réclamer l'application de la faillite aux biens, meubles
» et immeubles, que le failli possède dans ce pays ». Or, aux termes de l'art. 16 du traité, dans les rapports de la France et de la
Suisse, l'autorité de la chose jugée est reconnue à tous les jugements et l'*exequatur* est accordé sous la seule condition que leur
exécution ne viole pas l'ordre public. La même observation s'applique d'ailleurs à tous les pays avec lesquels la France a conclu un
traité pour l'exécution des jugements (v. n° 256).

Cependant, le texte du traité franco-suisse de 1869, art. 6, exige
une explication particulière. On pourrait conclure des termes généraux dans lesquels il est conçu que l'*exequatur* est nécessaire,
même pour que le jugement déclaratif de faillite puisse être produit et pour que le syndic nommé dans l'un des pays puisse invoquer ses pouvoirs dans l'autre. Or, d'après ce qui a été dit plus
haut par application des principes généraux, la formule exécutoire ne doit être demandée que si les syndics veulent procéder à
un acte d'exécution proprement dite, tandis que, en tant qu'il
déclare la faillite et nomme les syndics, le jugement a un effet universel (v. n° 634).

Mais interpréter ainsi le traité de 1869 serait méconnaître l'esprit qui l'a inspiré. C'est pour faciliter les relations entre les deux
peuples que l'on a renoncé à imposer la révision des jugements
quant au fond avant d'accorder l'*exequatur* ; or, il serait étrange
que, en se montrant libéral à ce point de vue, on eût été plus rigoureux en ce qui concerne les jugements de faillite auxquels on
cherche à accorder le caractère d'universalité, et qu'on les eût
astreints à la formalité de l'*exequatur*, même en tant qu'ils ne donnent pas lieu à des actes d'exécution, alors que les jugements ordi-

naires en sont dispensés en pareil cas. Aussi est-il bien certain, malgré les termes trop généraux du traité de 1869, que les déclarations de faillite prononcées en Suisse ou en France ne sont pas soumises à l'*exequatur* pour être invoquées dans l'autre pays, à moins que les syndics ne veuillent procéder à de véritables actes d'exécution (1).

636. L'universalité du jugement déclaratif de faillite doit conduire à cette conséquence, déjà signalée, que la faillite est *indivisible,* c'est-à-dire qu'on peut l'invoquer en n'importe quel pays contre un créancier qui voudrait exercer des poursuites en son nom personnel, de manière à agir sur les biens qui sont à sa portée sans tenir compte de la faillite prononcée en pays étranger (v. nᵒ 634 *in fine*). Mais cette conséquence logique de l'universalité et de l'indivisibilité de la faillite est complètement écartée, dans notre législation, par l'application de l'art. 14 C. C.

Nous avons déjà constaté que cette disposition permet à un créancier français de faire déclarer son débiteur étranger en faillite devant un tribunal français, bien que ce débiteur soit domicilié à l'étranger, ce qui détruit absolument le principe de l'unité de la faillite (v. nᵒ 627).

Nous constatons maintenant que ce même texte autorise les créanciers français à agir contre leur débiteur étranger, malgré la déclaration de faillite prononcée contre ce dernier par le tribunal d'un autre pays. En vain a-t-on invoqué contre cette solution le principe rationnel de l'unité et de l'indivisibilité de la faillite : la généralité et l'esprit de l'art. 14 C. C. montrent bien que sa disposition, quelque regrettable qu'elle soit, s'applique dans tous les cas et sans aucune distinction (2). Aussi la jurisprudence autorise-t-elle les actions exercées pour son compte individuel par un créancier français contre son débiteur étranger déclaré en faillite dans un autre pays. Cependant, on atténue peu à peu la rigueur de l'art. 14 C. C. et l'on reconnaît, dans une certaine mesure, l'universalité et l'indivisibilité de la faillite prononcée en pays étranger. C'est ainsi que l'on autorise une saisie-arrêt faite par un Français contre un

---

(1) Cass., 17 juillet 1882, v. Bernard, *Des effets du traité franco-suisse du 15 juin 1869 en matière de faillite,* J. Clunet, 1882, p. 269 et suiv.

(2) Lyon-Caen, *De la condition légale des sociétés étrangères en France,* nᵒ 37 ; v. nᵒˢ 627 et 224 à 229 ; *Contrà :* Carle, *loc. cit.,* p. 46, note 50, VI, de M. Dubois.

étranger déclaré en faillite hors de France, par application de
l'art. 14 C. C., mais sans permettre de percevoir la somme pour
laquelle la saisie-arrêt est opérée et dont le saisissant ne touchera
qu'un dividende conformément aux résultats de la faillite déclarée
à l'étranger; la saisie-arrêt n'étant plus ainsi qu'une mesure conservatoire, les effets de la faillite quant à la limitation des droits des
créanciers français sont acceptés en France (1).

Le Code des faillites allemand de 1877 n'admet pas non plus
qu'une déclaration de faillite prononcée en pays étranger fasse obstacle aux poursuites individuelles d'un créancier sur les biens du
failli qui sont en Allemagne, et cela que le créancier soit allemand
ou étranger; cependant des exceptions peuvent être apportées à
cette règle par le chancelier de l'Empire avec l'assentiment du Conseil fédéral (art. 207). Par où l'on voit que la loi allemande repousse
le principe de l'universalité et de l'indivisibilité de la faillite, non
pas seulement pour les créanciers nationaux comme cela a lieu en
France par application de l'art. 14 C. C., mais d'une façon
absolue (2).

SECTION III

DE LA LOI QUI RÉGIT LES CONSÉQUENCES DE LA FAILLITE

637. Après avoir établi quel est le juge compétent au point de
vue international pour déclarer la faillite, après avoir vu encore
dans quelle mesure le jugement de faillite peut produire ses effets
en pays étranger, il faut préciser quels seront ces effets. Les conséquences qu'entraîne la faillite variant suivant les diverses législations, la question revient à celle-ci : quelle loi faut-il consulter pour
déterminer les effets du jugement déclaratif de faillite?

638. Il est tout d'abord bien certain que tout ce qui concerne les
formalités de la faillite est régi par la loi du pays où la déclaration
de faillite est prononcée, conformément à la règle *Locus regit
actum*. C'est donc par cette loi qu'il faudra déterminer les règles à
suivre pour provoquer la faillite et la rendre publique.

(1) C. de Paris, 13 août 1875, J. Clunet, 1877, p. 40.

(2) Asser, *loc. cit.*, p. 123, note 1 ; Kauffmann, *Des biens sis en Allemagne
appartenant à un failli étranger*, J. Clunet, 1885, p. 33.

De même la *lex fori* s'appliquera exclusivement pour tout ce qui est relatif à la procédure de la faillite, par exemple pour la convocation et les délais de comparution des créanciers, les pouvoirs du juge commissaire et des syndics, etc. (1).

Les effets mêmes du jugement déclaratif de faillite dépendent encore, en principe, de la *lex fori*, car c'est en s'inspirant de sa propre loi que le juge déclare la faillite et en attachant à sa sentence les conséquences que cette loi en fait résulter, par exemple : le dessaisissement du failli par rapport à ses biens, l'exigibilité des créances à terme, la suspension du cours des intérêts, etc. Mais quelques points présentent des difficultés particulières.

639. Incapacités du failli. — Par suite de la déclaration de faillite, le débiteur est mis dans l'impossibilité d'accomplir des actes par lesquels il pourrait disposer de son patrimoine au préjudice de ses créanciers. Beaucoup d'auteurs ont vu dans cette conséquence de la faillite une véritable incapacité, comparable à celle qui résulte d'un jugement d'interdiction, et ils en ont conclu qu'elle fait partie du statut personnel. En se plaçant à ce point de vue, on doit logiquement décider que l'incapacité provenant de la faillite est fixée par la loi nationale du failli, car on ne pourrait admettre que des tribunaux pussent modifier la condition juridique d'un individu autrement que ne le permet la loi de son pays (2).

Mais il est inexact que la faillite entraîne une véritable incapacité : le failli conserve la situation juridique qu'il avait, seulement il est dessaisi de ses biens dont il ne peut disposer au préjudice de ses créanciers. Il est vrai de dire que la faillite rend les biens du failli indisponibles pour lui, plutôt qu'elle ne le rend incapable d'en disposer (3). On peut donc mettre hors de cause le statut personnel du failli et ne pas s'occuper des dispositions de sa loi nationale. L'indisponibilité des biens du failli, en ce qui concerne les actes accomplis par lui, apparaît comme une conséquence directe du jugement de faillite et doit être réglée d'après la loi conformément à laquelle ce jugement a été rendu, c'est-à-dire d'après la *lex fori* (4).

(1) V. n° 210 ; Carle, *loc. cit.*, p. 92, n° 44, et 98, n° 47.
(2) Aubry et Rau, t. I, p. 96, note 35.
(3) Cass., 12 janvier 1864, Sir., 64. 1. 17.
(4) Carle, *loc. cit.*, p. 49, note 51 de M. Dubois.

Cependant, la faillite peut créer une véritable incapacité au point de vue politique : en France, les faillis non réhabilités ne sont ni électeurs, ni éligibles. Il est bien certain qu'une juridiction étrangère ne peut, en le déclarant en faillite, modifier la capacité politique d'un Français, et ce dernier ne pourra être frappé de déchéance à ce point de vue que par l'autorité de son pays : cette dernière interviendra, en pareil cas, en accordant l'*exequatur* au jugement déclaratif de faillite rendu en pays étranger (v. décret du 2 février 1852, art. 15, n° 17).

640. Nullité des actes faits par le failli. — Certains actes accomplis par le failli à une époque rapprochée de la faillite sont déclarés nuls ou annulables ; mais, pour statuer sur ces cas de nullité, on se demande quelle loi il faut appliquer, lorsque les actes sont accomplis à l'étranger, ou avec des étrangers, ou enfin à propos de biens situés en pays étranger.

Si la déclaration de faillite entraînait une véritable incapacité, on devrait apprécier la validité de ces actes d'après la loi nationale du failli ; on arriverait ainsi à un résultat satisfaisant, puisque la loi appliquée serait celle que les parties s'attendent à voir appliquer, quand elles contractent, pour fixer la validité de l'acte.

Mais nous savons déjà que la faillite ne crée pas d'incapacité, et c'est à un tout autre point de vue qu'il faut se placer pour résoudre notre question.

La situation du failli après la déclaration de faillite et l'impossibilité pour lui d'accomplir certains actes sont fixées par la *lex fori* (v. n° 639) ; or, le jugement déclaratif de faillite a un effet rétroactif au jour indiqué comme étant celui où a commencé l'insolvabilité de fait du débiteur, et c'est pour les actes accomplis dans cette période par le failli que la nullité peut ou doit être prononcée : par conséquent, la *lex fori* qui détermine les effets du jugement déclaratif de faillite quant à la nullité des actes accomplis par le failli après le jugement, les déterminera aussi dans le passé jusqu'au jour où ils remontent (1).

641. Répartition de l'actif entre les créanciers. — Le principe fondamental de la faillite est que l'actif doit être réparti entre les créanciers proportionnellement au montant de leur

_____
(1) Carle, *loc. cit.*, p. 94 et 95 ; Asser, *loc. cit.*, p. 241, n° 127.

créance. L'application de ce principe ne souffre pas de difficulté lorsqu'il n'y a que des créanciers chirographaires en présence ; mais un conflit de lois est possible quand certains créanciers invoquent un droit de préférence sur des biens situés dans un autre pays que celui où la faillite est déclarée.

Sur les immeubles, ces droits de préférence peuvent provenir des hypothèques ou des privilèges. Nous n'avons pas à revenir sur la question de savoir quelle est la loi qui détermine les causes de ces droits réels et les circonstances dans lesquelles ils peuvent être invoqués ; mais nous devons rappeler que, pour tout ce qui se rattache au crédit public, la loi de la situation des biens est seule applicable. Or, la détermination de l'ordre de préférence des créanciers hypothécaires et privilégiés, ainsi que les restrictions du droit de préférence en cas de faillite du débiteur, par exemple en ce qui concerne l'hypothèque légale de la femme du failli (art. 563 Co. com.), intéressent particulièrement le crédit public : on devra donc, pour tous ces points, appliquer exclusivement la *lex rei sitæ* (1). Cette solution est formellement consacrée dans le traité franco-suisse de 1869, art 6, alin. 5.

Pour les meubles, le principe généralement admis est que, quelque soit le pays où ils se trouvent, leur valeur est distribuée par le syndic entre tous les créanciers, conformément à la loi du pays où la faillite est déclarée : telle est, notamment, la règle consacrée dans le traité franco-suisse de 1869, art. 6, alin. 4.

Néanmoins, l'application de la loi du pays où la faillite est déclarée peut être écartée en ce qui concerne les questions intéressant l'organisation de la propriété, absolument comme lorsqu'il s'agit d'immeubles. C'est ainsi qu'il faudra suivre la loi du pays où les meubles du failli sont situés pour fixer le droit de préférence appartenant à un créancier sur les meubles par suite de privilèges, et la mesure dans laquelle ce droit est restreint en cas de faillite du débiteur : (v. loi du 12 février 1872 sur la restriction du privilège du bailleur d'immeuble en cas de faillite du locataire, et l'art. 550 Co. com. sur la suppression du privilège du vendeur de meubles quand l'acheteur est failli).

La plupart des législations autorisent le vendeur d'effets mobi-

(1) Carle, *loc. cit.*, p. 125 et 126.

liers à les revendiquer lorsqu'ils n'ont pas été encore reçus par le failli (art. 576 Co. com. français et art 689 Co. com. italien), pourvu que le vendeur paie les frais déboursés par le failli pour recevoir la marchandise, tels que fret, voiture, etc., et pourvu que, avant sa réception, la marchandise n'ait pas été revendue sans fraude par le failli, sur factures, connaissements ou lettres de voiture signés par l'expéditeur.

Or, au fond, cette revendication n'est qu'une résolution de la vente résultant de la faillite elle-même ; il est donc logique de la faire régir, soit quant à son admission, soit quant aux conditions auxquelles elle est assujétie, par la loi du pays où la faillite est déclarée (1). On ne pourrait appliquer la loi qui régit la vente elle-même, parce que la résolution dont il s'agit intéresse le crédit public par le préjudice qu'elle peut causer aux autres créanciers ; aussi le juge qui déclare la faillite doit-il appliquer sa propre loi qui est d'ordre public en ce qui concerne la réglementation de cette résolution de la vente, sans tenir compte des dispositions différentes de la loi étrangère à laquelle le vendeur et le failli se seraient référés en contractant.

SECTION IV

DU CONCORDAT ET DE LA RÉHABILITATION

§ I. *Du Concordat.*

642. On est d'accord pour régler d'après la loi du pays où la faillite est déclarée tout ce qui se rattache à la procédure du Concordat, conformément au principe déjà établi en ce qui concerne les *ordinatoria litis* (v. n° 210) : c'est ainsi que cette loi s'appliquera pour indiquer la manière de former le concordat, la réunion où il doit être accepté et la majorité qui peut le voter, la nécessité de l'homologation et ses effets, les formes des oppositions, etc. (2).

La loi du lieu où la faillite est prononcée s'appliquerait encore pour fixer les oppositions admises contre le concordat, ainsi que les actions en résolution ou annulation du concordat ; la raison en

(1) Carle, *loc. cit.,* p. 140 et p. 141, note 160 de M. Dubois.
(2) Carle, *loc. cit.,* n° 50.

est que le concordat est régi par la loi du pays où il est conclu, c'est-à-dire par celle du lieu où la faillite est déclarée (1), et que, par conséquent, la même loi doit s'appliquer à ses causes de nullité ou de résolution (2).

643. La capacité requise pour obtenir le concordat semblerait devoir être régie par la loi nationale du failli ; mais il faut remarquer que l'incapacité établie par le législateur en pareille matière est toujours motivée par une considération d'ordre public, spécialement par le désir d'empêcher un indigne, par exemple un banqueroutier frauduleux (art. 510 Co. com.), d'échapper aux conséquences de la faillite : aussi, quelles que soient les dispositions de sa loi nationale, un failli pourra se voir refuser le concordat d'après la loi du pays où la faillite a été déclarée, s'il est dans un cas d'incapacité prévu par cette dernière loi (3).

644. Le concordat obtenu dans le pays où la faillite a été déclarée aura-t-il effet dans les autres états ? Telle est la question capitale à laquelle le concordat donne lieu au point de vue international.

Bien des systèmes ont été proposés pour trancher cette question ; mais ils n'ont guère rallié d'autres partisans que leurs auteurs (4). Il est facile, croyons-nous, d'arriver à une solution à la fois juridique et rationnelle en établissant quelques distinctions.

On doit, en premier lieu, se demander si le concordat homologué par le tribunal qui a déclaré la faillite est opposable aux créanciers appartenant à un autre pays ; si, en un mot, ces derniers sont liés par ce concordat. En second lieu, il faut résoudre la question de savoir, en supposant l'affirmative établie pour le premier point, s'il est nécessaire d'obtenir l'*exequatur* pour rendre le concordat opposable en pays étranger.

645. En ce qui concerne la première question, aucune controverse n'est possible quand tous les créanciers ont adhéré au concordat ; ce dernier est un véritable contrat qui les lie tous, quelle que soit leur nationalité.

Dans le cas contraire, il semble, tout d'abord, qu'il y a quelque

(1) V. n° 645.
(2) Carle, *loc. cit.*, p. 112, n° 53.
(3) Carle, *loc. cit.*, p. 104.
(4) Carle, *loc. cit.*, p. 105 à 107.

difficulté à admettre que l'homologation d'un tribunal étranger, donnée au concordat auquel les créanciers d'un autre état n'ont pas adhéré, puisse obliger ces derniers à l'accepter. Cependant, on verra que ce résultat n'est pas de nature à trop surprendre si l'on s'inspire du principe, déjà établi, de l'unité de compétence en matière de faillite (v. section I). Puisque, par la force même des choses, les créanciers, à quelque pays qu'ils appartiennent, doivent accepter la compétence d'un tribunal unique pour la déclaration de faillite (v. n⁰ 630); puisque ce tribunal est le seul à même, par conséquent, de surveiller les opérations de la faillite par l'organe du juge-commissaire qu'il délègue, et de se prononcer en connaissance de cause sur l'opportunité d'accorder ou de refuser le concordat, il faudra bien reconnaître que l'homologation sera opposable à tous les créanciers comme la déclaration de faillite l'est elle-même. Du reste, les droits des créanciers étrangers ne sont nullement compromis, puisqu'ils peuvent faire opposition au concordat et en demander l'annulation ou la résolution (1).

646. On se demande, en second lieu, si le jugement homologuant le concordat ne peut être opposé en pays étranger qu'autant qu'il est revêtu de l'*exequatur*.

Il n'est pas douteux que l'*exequatur* est nécessaire si l'on veut arriver à de véritables actes d'exécution sur les biens du failli, par exemple à la saisie et à la vente de ces biens pour en distribuer la valeur aux créanciers conformément au concordat. En pareil cas, il faudrait rendre exécutoire, non-seulement le jugement homologuant le concordat, mais encore le jugement déclaratif de faillite dont le jugement d'homologation n'est que l'application (2).

Mais en est-il de même si le concordat n'est invoqué que comme moyen d'exception, par exemple pour faire opposition aux poursuites individuelles d'un créancier étranger qui n'y a pas adhéré? On s'accorde, en général, pour reconnaître qu'en pareil cas l'*exequatur* n'est pas nécessaire, mais la raison qu'on en donne n'est pas très satisfaisante. Ce n'est pas, comme on l'a dit, parce que le concordat n'est qu'une convention approuvée par la justice qu'il n'est pas nécessaire d'obtenir la formule exécutoire, car le concordat ne

_____

(1) V. Carle, *loc. cit.*, p. 108.

(2) Carle, *loc. cit.*, p. 110, note 116 de M. Dubois.

peut être considéré comme un contrat constituant une transaction
que pour les créanciers qui l'ont accepté : or, nous étudions la
question de savoir si on peut l'opposer sans *exequatur* aux créanciers étrangers qui n'y ont pas souscrit.

La dispense de l'*exequatur* dans le cas qui nous occupe se justifie
par d'autres raisons. De l'unité de compétence pour la déclaration
de faillite résulte, comme nous l'avons établi (v. n° 645), la nécessité pour tous les créanciers, à quelque pays qu'ils appartiennent,
d'accepter le concordat approuvé par le tribunal qui a déclaré la
faillite ; or, la décision de ce tribunal homologuant le concordat ne
constitue pas une sentence contentieuse, mais bien un acte de juridiction gracieuse qui peut être considéré comme une formalité
essentielle du concordat réalisé au lieu où le failli a son domicile ;
par conséquent, appliquant le principe déjà établi pour les actes de
juridiction gracieuse et nous inspirant de la règle *Locus regit actum*,
nous dirons que le jugement d'homologation est opposable partout
sans qu'il soit nécessaire de le revêtir de l'*exequatur*, au moins
quand il ne donne pas lieu à une exécution proprement dite sur les
biens du failli (v. n° 245) (1).

Le traité franco-suisse du 15 juin 1869, art. 8, dispose « que les
» stipulations du concordat produiront, par la production du juge-
» ment d'homologation déclaré exécutoire conformément à l'art. 16,
» tous les effets qu'il aurait dans le pays de la faillite ». Cette disposition, comme celle de l'art. 6, alin. 2, du même traité relative à
l'universalité du jugement déclaratif de faillite, est trop générale
(v. n° 635). Il serait contraire à l'esprit de la convention, qui a pour
but de faciliter les relations entre la France et la Suisse, d'exiger
l'*exequatur* pour que le jugement d'homologation rendu dans l'un
des pays soit opposable dans l'autre, alors que, d'après ce que
nous avons dit, la concession de la formule exécutoire n'est pas
nécessaire pour obtenir ce résultat : ce n'est que lorsque le jugement d'homologation du concordat donnera lieu à une exécution
proprement dite que l'*exequatur* sera nécessaire (2).

647. Du concordat, il faut rapprocher les sursis de paiement
(*moratorium*, lettres de répit) que certaines législations autorisent,

(1) Comp. Carle, p. 109, note 116 de M. Dubois.

(2) V. Carle, *loc. cit.*, p. 111, note 118 de M. Dubois.

et en vertu desquels l'autorité judiciaire peut, dans certains cas, accorder un délai au débiteur pour s'exécuter.

On est généralement d'accord pour refuser tout effet en pays étranger aux sentences judiciaires qui accordent ces sursis. Elles constituent en effet une dérogation très grave au droit des créanciers tel qu'il résulte de la convention et ne sauraient avoir d'effet ailleurs que dans le pays où la loi les autorise et où siège le tribunal qui les accorde (1). D'ailleurs, il est certain que si l'*exequatur* d'un jugement est demandé dans un pays où la loi permet de donner de ces sursis, le débiteur pourra les obtenir s'il se trouve dans un cas où cette loi les autorise, alors même qu'il n'y aurait pas droit d'après la loi du pays où le jugement a été rendu, parce que, lorsqu'un législateur permet d'accorder ces délais de grâce, il s'inspire de considérations d'humanité qu'il regarde, à tort ou à raison, comme intéressant l'équité et, par conséquent, l'ordre public. Du reste, à peu près partout, on s'accorde pour demander l'abolition de ces sursis qui sont contraires au principe fondamental du respect des conventions librement consenties (2).

§ II. *De la Réhabilitation.*

648. Le jugement de réhabilitation ne peut être rendu en connaissance de cause que par le tribunal même qui a déclaré la faillite, c'est-à-dire par le tribunal du domicile du failli ; ce tribunal a seul, en effet, les éléments nécessaires pour apprécier les circonstances de la faillite, la moralité du failli et les indications indispensables pour se prononcer sur le bien fondé de la demande en réhabilitation.

La compétence exclusive de ce tribunal étant ainsi établie, il faut conclure logiquement que la réhabilitation pourra produire ses effets dans tous les pays ; l'*exequatur* ne sera même pas nécessaire en pareil cas, puisque la sentence dont il s'agit ne fait que constater la situation nouvelle du failli, sans donner lieu à aucun acte d'exécution. On éprouve du reste d'autant moins de difficulté à accepter cette universalité du jugement de réhabilitation, que pres-

---

(1) Asser, *loc. cit.*, p. 245, n° 131 ; Fœlix, *loc. cit.*, II, n° 368.
(2) Comp. Carle, *loc. cit.*, p. 113, note 121 de M. Dubois.

que toutes les législations exigent, pour qu'il soit rendu, que le failli ait entièrement payé ses créanciers : on ne pourra donc pas objecter, la plupart du temps, que le failli réhabilité en pays étranger ne satisfait pas aux conditions requises par la loi locale pour sa réhabilitation (1).

(1) Carle, *loc. cit.*, p. 145, n°s 72 et 73.

FIN

TABLE DES MATIÈRES

LIVRE II

Droit des personnes ou Statut personnel.

LIVRE III

Des Obligations.

LIVRE IV

Des Successions et des Donations.

LIVRE V

Statut réel.

APPENDICE

De la faillite.

www.ingramcontent.com/pod-product-compliance
Lightning Source LLC
Chambersburg PA
CBHW060821220326
41599CB00017B/2247